每天读点
金融学

张卉妍 编著

中国华侨出版社
·北京·

图书在版编目（CIP）数据

每天读点金融学 / 张卉妍编著 . -- 北京 : 中国华侨出版社，2015.1（2024.1重印）
ISBN 978-7-5113-5170-8

Ⅰ . ①每… Ⅱ . ①张… Ⅲ . ①金融学－基本知识 Ⅳ . ① F830

中国版本图书馆 CIP 数据核字（2015）第 024785 号

每天读点金融学

编　　著：张卉妍
责任编辑：唐崇杰
封面设计：冬　凡
美术编辑：潘　松
经　　销：新华书店
开　　本：720mm×1020mm　1/16开　　印张：35　　字数：608千字
印　　刷：三河市兴博印务有限公司
版　　次：2015年4月第1版
印　　次：2024年1月第4次印刷
书　　号：ISBN 978-7-5113-5170-8
定　　价：78.00元

中国华侨出版社　北京市朝阳区西坝河东里 77 号楼底商 5 号　邮编：100028
发 行 部：（010）88893001　　传　真：（010）62707370
网　　址：www.oveaschin.com　E－m a i l：oveaschin@sina.com

如果发现印装质量问题，影响阅读，请与印刷厂联系调换。

前　言

　　当今社会，除非你的生活能够远离金钱，否则，不管你是否喜欢，人人都需要关注金融，不仅要关注国内的金融，还要关注国际的金融。这些年来，全球经济已经一体化，可谓大家都生活在一个地球村，任何地方发生的财经事件，都有可能间接或直接影响到你的切身利益。说白了，金融的变化将直接关系到你我钱包的厚度。于是，有关普通百姓如何应对通货膨胀、货币、金融问题的根本，以及美元贬值策略、中国企业转型迫在眉睫、人民币走向国际等系列话题，都成了街头巷尾的谈资。

　　法国哲学家狄德罗说，人们谈论最多的事情，往往是最不熟悉的事情。金融也许就是这样。它不仅在历史的长河中主宰着各国的兴衰变迁，也在现实生活中与我们如影随形。可以说，我们的生活时刻被金融学的影子所萦绕，日常生活的点点滴滴都与金融学有着或远或近的关系，每一件小事背后其实都有一定的金融学规律和法则可循，我们的生活已经离不开金融学。这是一个金融的世界，人人难以置身其外。金融与我们每个人一生的幸福息息相关，与一个国家强弱盛衰的运势息息相关。经济全球化是历史发展的必然趋势，中国无法置身于外。我们只有参与到全球产业链的竞争与合作中去，才能分享全球化带来的好处。我们既要参与国际游戏，享受全球化带来的好处，又要注意防范国际游戏的风险和陷阱。这就要求我们必须熟悉和掌握国际游戏的规则。毋庸置疑，历史上任何一个国家的兴衰变迁，都离不开金融的力量，一切国际大事件的背后都蕴含着这样一个真理——金融在改变国家的命运。

　　人类已经进入金融时代、金融社会，金融无处不在并已形成一个庞大体系，金融学涉及的范畴、分支和内容非常广，如货币、证券、银行、保险、资本市场、衍生证券、投资理财、各种基金（私募、公募）、国际收支、财政管理、贸易金融、地产金融、外汇管理、风险管理等。金融学尽管主宰着大国的命运和我们生活当中的方方面面，但因为其具有专业性、学术性以及需要精深的数学工具才能深悟其运行机理，所以一般读者很难剥去金融学复杂的表象。当面对众多复杂的金融变量和令人眩晕的金融数据时，很多人只好选择逃避。于是神圣的金融学往往被束之高阁，成为专家手里的玩偶。知识只有普及大众，才能显示出其持久的生命力。如何把博大精深、抽象难懂的金融学知识转化为通俗易懂的语言，如何让它从高深的学术殿堂上走下来、步入寻常百姓家，已成为人们期待解决的问题。

为了帮助广大普通读者轻松、愉快、高效地了解金融学知识，我们特精心编写了这本金融学通俗读物——《每天读点金融学》，本书系统讲述了金融学的基本理论知识及其在现实社会生活中的应用，以浅显的语言普及经济学常识，以轻松的笔墨回答金融学问题。书中没有艰深晦涩的专业术语，而是以金融学的基本结构作为骨架，以生活中的鲜活事例为血肉将金融学内在的深刻原理与奥妙之处娓娓道来，让读者在快乐和享受中，迅速了解金融学的全貌，并学会用金融学的视角和思维观察、剖析种种金融现象，读懂国际热点事件背后蕴藏的金融原理。书中将金融学中最生动的一面呈现在读者面前。通过回顾金融的演化历史，以通俗易懂的语言为读者解释金融专业术语和金融原理在现实生活中的应用，并通过历史上金融家的故事，让读者身临其境地去感受金融学的魅力，这是我们的编写宗旨。希望读者在阅读之后可以有所启发，在大的金融背景下，运用所学指导自己的行为，解决生活中遇见的各种难题，从而更快地走向成功。读过本书，你就会发现，金融学一点儿也不枯燥难懂，而是如此的贴近生活，如此的有趣，同时又是如此的实用。

目　录

· 第二篇 ·

基础篇：走近金融的世界

· 第三篇 ·

操作篇：打理金融生活

·第四篇·

历史篇：解读金融的历史

· 第五篇 ·

热点篇：与金融大事面对面

第一篇
入门篇：开启金融之门

·第一章·

我们生活在富饶的"金融时代"

——什么是金融学

推开金碧辉煌的金融学殿堂的大门

人人都喜欢的东西是什么？人民币？对，但狭隘了。钱？对，虽然感觉有点儿俗，但至少没有人是排斥钱的吧？既然大家都喜欢钱，那务必要了解一下金融学，因为金融学研究的就是关于金钱的问题，货币就是它的研究对象。更重要的是，当你推开金融学的大门，你会发现，金融无处不在。在这里，你不仅能接触到银行存款和银行贷款，还能知道物价上涨会对利率产生影响，不仅能懂得利用基金股票来理财投资，还知道外汇期货也是好的金融工具；在这里，你不仅能从美国金融中心华尔街漫步到香港，还能从北京金融大街畅游到上海陆家嘴金融中心；在这里，你不仅能欣赏庄严古朴的建筑，还能欣赏神奇的以钱生钱术，甚至还有金融操纵控制政治的强大力量。

随着社会经济的不断进步与发展，金融投资活动越来越多地被人所认识并接受，成为平常百姓家的一个常见的话题，金融学早已走下学术的"神坛"，飞入了寻常百姓家。

改革开放以前，由于人们日常生活中很难接触或利用到金融投资方面的知识，并且与西方发达国家的交流很少，所以，在绝大部分人的观念中，金融学与金融投资是一项必须通过专业知识的学习与训练才能掌握的高深学问或技巧，而一般人也很难有专业的学习与训练机会。但是，改革开放以来，随着社会经济的发展，大量西方发达国家的金融知识或金融产品被引入，同时普通民众接触到越来越多的关于金融的实际问题。伴随着金融业的发展、老百姓日常理财和投资需要的增加，特别是网络这一全方位学习媒介的普及，越来越多的人通过学习理论知识、亲身参与金融理财实践，加深了对金融学认识的广度和深度，而这些金融学知识也往往成为他们获取更多财富的重要路径。

以前，企业经济和金融甚至都可以分开，联系还不是那么紧密；而现在，全球经济紧紧地绑在一起，企业经济和金融也无法分开，更重要的是，金融已经和每个人绑在一起了，金融和实体经济相互影响和渗透，跟人们的生活密切相关。

所以无论是生活还是经营，在现在这个社会里，都已经离不开金融了。金融学并不是庄严神圣的人民大会堂，普通人不可以随便进出，它就像是一个项目丰富而又幽深的公园，谁都可以进，至于你怎么利用它，就得看个人的知识和功力了。有些人走错道，可能走进了可怕的鬼屋，好端端吓病一场；有些人好好研究了，可能就走出了正确道路，不仅有美丽的风景，也许还有很多美味诱人的果实。

越来越多的财富是由金融活动创造的

财富是怎么创造出来的？我们说，有投入才有产出，产出就是财富。所有的产业都一样，包括农业、工业和服务业，都是以创造财富为目的的。在早期的农业社会，财富是粮食，是农作物；在工业社会，财富就是产品，生产出多少产品就是创造了多少财富；在现在服务业发达的今天，财富的创造逐渐从农业和制造业转移到服务业上，而服务业里面，创造财富最多的，莫过于金融业了。

财富被产生出来的标志就是用少量成本或者不用成本创造出更多价值来。这种所谓不花成本的东西，我们称之为生产要素，主要包括自然资源、劳动力以及资本。资本呢，在有些场合可以俗称钱。那么很显然，用钱生钱似乎比用其他两种要素生钱效率更高，这就是金融业的作用。

那么，金融是怎么创造财富的呢？我们都知道，同样是钱，同样是财富，在不同的时间和不同的地点，它们带来的效益是不一样的。举个例子，同样100块钱，对于一个富人来说可能毫不在意，随手撕掉毫不放在心上；但是对一个穷人来说，100块钱很有用，也许可以为孩子买一罐奶粉，也许正好给年迈的父母买上一盒急用药，也许是家里好几天的买菜钱。这就是资金的效用不同。另外，相同的钱用在不同的地方带来的收益也完全不同。比如还是那100块钱，有些人可能拿来买吃的，被消费掉了；而有些人则有可能拿来投资，放到股市里从而赚到更多的钱。金融就有这么一个作用，在没有金融的时候，人们钱多了只能储藏起来，而有金融系统以后，人们钱多了则有很多选择，可以放在银行里拿利息；可以放到证券市场上去投资，等待股息分红；可以购买保险、国债等等。这些活动有一个共同的地方，就是有闲钱的人把暂时闲置的资金拿出来，同时还有一定的收益可能；而另外一些资金可能不足但是有大好商机的人就可以先利用这一笔钱去赚钱，只需给提供资金的人一些回报就行。当然，金融是有风险的，这个风险则是每个人都需要承担的。但是与风险相对应的就是收益，金融创造出的巨大财富吸引广大资金闲置者将剩余资金放到金融市场里，以便为自己创造更多的财富。

作为老牌的欧美强国英国，资产阶级革命以后，随着资本市场的逐渐发展，股票和债券市场也随之建立起来。英国政府借助债券市场的力量，以较低的利率筹集到大量资金，不仅满足了各项经费开支，还利用这些资金建立起了一支强大的军队。英国在股票市场上也很有作为，英国的企业在股票市场上筹集到企业运营所必需的资金，同时所有的股东都根据投资额度而享有相应的有限责任，因此许多投资者都能够积极参与到企业的发展中去，全心为企业的发展着想。

美国的金融市场更不必说，几乎可以这么说，美国的崛起与金融是密不可分的。美国的独立战争以及南北战争，也欠下很多的战争债务。在独立战争之后，面对各种债务，财长汉密尔顿很轻松地化解了这些难题，其途径其实特别简单，就是发行了三只新债，并且进行债务重组，除了化解债务危机之外，还为华尔街的兴起奠定了坚实基础。

华尔街所创造的财富自然不必在这里强调，几乎大部分资本都会跑到华尔街。这充分证实金融对财富创造的一个巨大贡献。另外，几乎人尽皆知的一个人物——股神巴菲特，他近六百亿美元的资产几乎都是通过股市这一金融活动所赚来的。再近一点儿，我国的上海陆家嘴金融中心，那里林立的高楼中没有工厂，也不生产任何我们能看一看摸一摸的产品，但那些写字楼里坐着的，都是收入远远高于富士康那些工厂里日夜不停劳作的工人的有钱人。这些有钱人都是被金融创造出来的，金融不只创造了巴菲特一个，而且创造了千千万万拥有很多资产的人。

从个人来说，重要的就是个人理财。时间往前倒退个二三十年，大部分人说起理财恐怕只有一个途径：存钱。而现在，很多人都知道投资理财有多种途径，鸡蛋不能放在同一个篮子里。我们除了要规避投资风险，同样要注意储蓄的收益可能被通胀抵销，所以很多人会进行股票、债券、保险、国债、基金以及不同期存款搭配选择来进行资产的保值增值。很显然，这种选择全是在金融系统里运作。

所以说，如今的生活中，越来越多的财富是被金融创造出来的，金融在经济生活中的作用也将越来越重要，我们每个人都应当越来越重视金融的作用，要更加深入地去了解和学习金融知识。当然，国家也必须加快金融制度建设，加快法制建设以促进金融的发展。

为什么钱多了却没有感到富有

钱多起来了，这句话用来形容中国确实一点儿也不过分。首先国家很富有，这没的说，我们的外汇储备多得都让专家们忧虑了；从人们的个人财富上来说，也确实多了起来，农民们盖起小洋楼，电灯电话不用说，家用电器全齐了，虽然消费习惯和设施选择等方面的差异还是很大，但室内设施其实已经跟城里并没太大差别了。

为什么中国人钱多了许多人却没有感到富有？

陈志武教授说过这么一段话：以前基于亲情和友情从而实现的互助互惠的经济活动，如今已经是市场化、经济化的东西了，全部都渗透了隐性的金融交易。而现实里显性金融服务，如保险、养老、信贷以及其他投资产品又无法跟上，保障不够健全，那么中国人在钱多起来的同时，可能仍旧很不安，甚至更加不安。就像我们古有养儿防老的说法，而现在老子不要养儿子已经很好了，生活压力似乎远超过我们的收入，即使今天能过着富有的生活，但人们对未来总是惴惴不安。这会导致人们的一个储蓄偏好，消费跟不上收入水平，因而会导致内需不足，无法增长，总体的经济增长仍然需要大量依靠外需来拉动，而国人的幸福感也无法提升。

所以，虽然人们富起来了，但是金融工具没跟上。

中华民族是古老勤劳的民族，勤劳一直都是美德，但是中国人历来勤劳却不够富有。因为我们缺少金融工具，没有丰富的产业资本和生产资金。改革开放之初，我们是没有资金，无法解决发展中需要资金的问题，因此要广引外资，借助外资的力量和技术来带动我们自身经济的发展。随着改革开放的深入，我们资金也引来了，技术也引来了，制度也开始效仿和创新了，各方面都发展上去了，但是金融的创新还没跟上。

另外，随着经济每年稳步增长，经济增长率在世界也是备受瞩目，人们财富增加的同时消费水平也逐渐提高，很平常的日常活动也需要大量金钱的支持，收入多了，支出也多了，于是总体上人们就感觉不到财富增加了多少。另外，还有一个很重要的因素，通货膨胀一直伴随着人们的生活，通胀预期从来就没有减少，甚至日趋加深。人们的财富因通胀抵销的程度很大，甚至导致了人们不敢消费又不敢储蓄的双重困境。一方面，因未来一个不确定性以及防范风险和意外的需要导致不敢消费；另一方面，储蓄所得收益甚至都比不上通胀率，钱放在银行里不仅没有增值，反而保值都困难，大量储蓄面临贬值的风险。

现在的保障体系还不完善，城市居民可以享受到比较健全的保险，农村居民的保险还有很多不健全的地方。经济活动的广泛导致生活环境质量日益下降，一些百姓生活最关心最重要的问题仍然不能够很好地解决，所以说个不好听的比喻，即使人们睡觉的时候手中还捏着钱，也许做的梦还是不安稳的，更提不上幸福感。

所以有些时候，所谓"富二代""官二代"这些字眼特别醒目，并不是民众有仇富心理而放大这些字眼，而是人们的幸福指数真的不够高，这个需要我们重视起来。

在幸福感里面，一个很突出的问题就是房子的问题。在中国的文化里，本身就有一种置业文化，类似于有房才有家的感觉。没有房子，即使结婚生子，却仍让人感觉浮萍无根，内心始终不觉得安定和充实，总有那么一种空虚感。因此，不管怎样，每个人几乎都有这么一个目标：要为房子而奋斗。即使是老年人，也许也还要为下一代操心，为儿女的房子付上首付才算完事。这反映了一个现实：除了房子这个本身不动产不可流通之外，人们的消费力度越发下降，流通性越发减弱，因此更加阻碍了经济的增长。

我们再想一想，为什么我们总感觉美国人那么有钱？为什么他们很乐意全世界到处乱跑去旅游？为什么他们敢于赚多少钱花多少钱，花没了再去赚？这一方面是观念上的差异，东西方消费观确实存在很大的不同；另一方面是西方国家保障比较好，而我们则还有相当的差距。还有一个重要的原因，就是美国金融系统发达，他们的资金很自由。相对来说，中国金融则没那么发达，这是我们在经济和制度方面需要努力发展和创新的方面之一。

掌控世界的不是政治家而是投资家

掌控世界需要哪些条件？肯定很多人首先想到：要有权。没权，你说话谁听？当然，还必须得有钱。美国选总统要不要钱？要，不仅要钱，还得用钱砸出来。因此两类人最有可能掌控世界：政治家和投资家。那么，掌控世界的是政治家还是投资家？我想分享两个故事就明了了。

对金融有所了解的人都知道有个神秘的罗斯柴尔德家族，对普通人来说，人们知道拿破仑，知道威灵顿，知道林肯，知道巴菲特、乔布斯等人，但对这个名字和家族却比较陌生。那么，从现在开始，我们要了解它了。不管我们认为谁会掌控世界，它的力量有助于我们了解真相。罗斯柴尔德家族的第一个成员叫梅耶，他是一个投资奇才。1970年，梅耶成为法兰克福的皇宫代理人，之后还获得了罗马帝国"帝国皇家代理"的头衔，奠定了罗斯柴尔德家族在法兰克福的金融地位。除了他自己之外，梅耶有五个儿子，同样都是投资奇才。大儿子阿姆斯洛驻扎法兰克福，其他几个儿子则补虚通被分派到欧洲其他国家。最后形成的家族格局是以法兰克福为中心，所罗门驻扎维也纳，内森占领伦敦，卡尔分管那不勒斯，詹姆斯占据巴黎。

首先来介绍一下内森占领英国的故事。1789年法国大革命爆发后，政治家忙着战争，投资家也没闲着。当拿破仑和威灵顿将军在前线激烈交战的时候，英国的内森在密切关注战事，他利用自己的间谍在第一时间内打探到滑铁卢战争的胜负，迅速抄底英国国债，一天之内就狂赚了20倍的金钱。而其他人得到前线传来的战争结果比内森的情报整整晚了一天！威灵顿和拿破仑在几十年战争中所赚到财富的总和，都不及内森在这一天里所赚的多！

再来说说所罗门。当时的奥地利四处征战，大家都知道战争不仅仅需要人力，还需要武器，需要武器就需要大量经济力量的支撑。所罗门首先结交外交大臣梅特涅，在取得梅特涅的信任和重用之后，所罗门便向奥地利提供大量贷款，迅速成为王室最大的债权人，控制了奥地利的财权。

在巴黎的詹姆斯也一样。利用家族的关系，詹姆斯大量购买法国国债以哄抬国债价格，价格被哄抬以后他们又大量抛出，致使国债价格急剧下跌，而詹姆斯则财富空前，成为法国名副其实、无可争议的金融寡头。卡尔在那不勒斯建立那不勒斯银行，正好意大利需要大量军用贷款，借此机会卡尔成为意大利宫廷的财政主脉。在法兰克福的阿姆斯洛也凭借在德意志的影响成为德意志的财政部长。

自此，罗斯柴尔德家族强大的金融网在欧洲铺开，缔造了世上强大的金融帝国。所以归结起来，他们的强大财富除了本身的金融眼光和投资才能之外，主要外力都是借助战争。但是他们的获利，却远远超过政治家们，甚至因为经济和财政的原因，政治家也不得不听从他们家族的安排。

另外一个故事是索罗斯狙击英镑。1990年，英国打算加入西欧国家所创立的新货币体系，这个欧洲汇率体系会让体系内各国的货币转而相互钉住，而不是像之前各国货币钉住黄金或者美元的机制，这样会导致汇率的浮动比较大。尤其是两年后马斯特里赫特条约的签订，让很多欧洲货币被高估。索罗斯判断，一旦成员国国家市场发生动荡，如果核心国不牺牲自己利益来帮助欧盟成员，成员国自己是很难渡过难关的。当时英国经济处于低迷不景气的状态，索罗斯正是看清了这一点，于是就不断加大投资规模，随着时间的推移，英国政府无力维持高利率，但核心国德国联邦银行又拒绝英国降息的要求，于是英国经济日益衰退。经济的不景气导致英镑疲软，对马克的汇率不断下跌，索罗斯看准时机对包括英镑在内的其他疲软货币进行攻击，大量抛售，使得英镑不断贬值。索罗斯投入的是一场巨大的赌博，仅他一人就动用了近100亿美元。加之其他投机者的力量，最终迫使英镑退出欧洲汇率体系，至今仍在体系之外。索罗斯也成为打败英国政府，击垮英格兰银行的人。

由此可见，投资家的实力甚至能比一个政府还强大。

经济与政治从来都是密不可分的，经济与生活也从来都是密不可分的。用马克思主义的一句话来说，经济基础决定上层建筑，从某种意义上也可以说投资家可以控制政治家。所以真正善于投资的投资家，会关注世界的每一个角落，会关注每一个政策动态，会关注任何一个小小的事故。比如有这样一个故事：有一天一个投资家在家看电视，新闻里讲到赞比亚发生战争。于是该投资家马上就决定购买期货，囤积铜。果不其然，之后铜的价格大涨，他狠狠地赚到一笔。看上去这个新闻和这个决定是两个八竿子打不着的独立事件，但在投资家眼里就是机会。正所谓内行人看门道，外行人看热闹。原来非洲的赞比亚是盛产铜的国家，赞比亚发生战争，投资家判断必然会对世界铜的供应产生影响，一旦供不应求，铜的价格必定会上涨。因此，他果断决定囤积铜以备后续之需。事实证明他这个决策是多么正确。

人人都可以做投资家，只要我们的眼光比政治家还要宽。

金融治国，政府有钱不如民间富有

人们常说"国富民强"，这也一直是国家和人民追求的。可是藏富于国和藏富于民是一回事儿吗？会带来一样的结果吗？为什么负债累累的政府国民过得比较幸福，经济制度比较健全，能真正酿出民主、自由，发展科学，达到全面繁荣？而有巨额财富，拥有强大外汇储备，是别国政府大债主的政府反而不能带给国民幸福，甚至发展不够健全，各种问题层出不穷？为什么不是富有者更加具有民主法治？为什么不是有钱了才更好办事？

回想历史，国富民安的朝代多采取休养生息、轻徭薄赋的政策，这也是儒家思想治国的核心之一。但是今天，似乎真正将此思想发扬光大并运用到实际中。"国富"和"民富"不是一回事儿了吗？国家富起来难道不等于国民富起来？人民富裕了对国家影响到底如何？

国富，就是财富都集中于国家。比如商鞅时期，鼓励农业生产，但是必须"家不积粟"，农民需要努力耕地种粮食，但是收成必须上交国家，不许自己私藏。出于商鞅的考虑，也许富有的人民不好管理，他们有自己的实力可以和政府对抗，而贫穷的百姓则好管理得多，他们能解决温饱即可。可是再想一想，多少农民起义不是因为赋税严重，苛捐严税，如硕鼠害民？

民富，则是指财富归百姓所有，藏富于民。这种结果多因为国家轻赋税重发展而致。试想，国家如果不大力发展生产，财富无法生成。而百姓即使有大量财富，如果都被征收税赋，则依然没有财富可言。

到底藏富于国有利于发展，还是藏富于民有利于发展呢？

陈志武曾举这么一个事例，有两组国家，一组是 1600 年时国库丰盛的国家，如印度、土耳其以及日本；另一组是负债累累的国家，比如像英国、意大利城邦、荷兰、西班牙、法国等。但是，从 400 年前直到 19 世纪、20 世纪，当时负债累累的那组国家如今都是经济发达国家，且民主法制建设都很好；而除日本明治维新之后改变命运逐步发展并进入发达国家之外，那些"腰缠万贯"的国家反而都是发展中国家。

财富在民间和国家之间的分配与自由、民主、法治的发展有着相当微妙的关系。看似八竿子打不着的民主、自由、法制的建设与金融市场之间，其实有着依赖的关系。

拿美国来说，通过国债的价格的涨跌变化能够对具体政策与制度作出相应评价，可以反映出市场对国家的未来定价。国家需要通过国债来收集资金，则当国债价格下跌时政府就必须对法律或者政策作出调整以让公众满意。也就是说，负债累累的政府对百姓的税收很依赖，只有促进民主制约专制让百姓满意，百姓才愿意缴税。当政府有求于百姓时，它就不得不为百姓做事。政府钱不够用时自然需要金融市场的运作，到市场上去融资，为了能更好地融资，势必就要建设好民主和法治。

这里一个很关键的词语：税收。通过阐述，国家依赖税收这个杠杆则依赖于民众。那么税收应该处在一个什么样的水平呢？是不是越多越好？显然不是。不收税是不行的，国家缺钱也无法发展建设，民主、自由、法治皆为空谈。但是税收超过民众的负担，劳动之后的成功全部被政府掠夺，则再也不会有人愿意劳动了，谁愿意辛辛苦苦却白白干活？所以关于税收，正如拉弗曲线所反映，控制在一定的程度才能达到效益最大化，既不能不收，又不可多收。

对任何一个百姓来说，都希望国家强大繁荣。国乃家之根本，是家和个人的强大后盾。但是，对于每一个普通百姓来说，生活是具体的，要的是公众温和友爱，善待他人，告别冷漠，看到别人需要帮助时不会不敢站出来帮一把，自己需要帮助时有人愿意搭把手，这些都需要政府的帮助，因此没有人不愿意依法纳税。但是开门七件事，样样都要钱。国家富有之外，百姓也需要富有，这样才能够相互支撑，也才有能力负担税赋，以让国家充实国库，更好发展。

从根本上说，国家的财富也是来源于民众的创造，是无数百姓将自己小份额的财产让渡给国家，才汇聚成国家的巨大财富。就好像一条大河，主干道充足的河水必定是由众多支流汇聚一起才得以形成强大水流的。小河里有水才能保证大河不干涸，而若大河抽干了所有小河里的水，大河离干涸也不远了。

因此，可以说，民富是民主、法治以及自由的基本条件。藏富于民则政府有求于民，有求于完善的金融市场，政府必定要全力建设好才能够让民众心甘情愿让渡出财富，致力于发展的政府才无余力扩张政府权力专制。

金融出问题了，对我们有什么影响

辛格夫妇都是工厂工人，如今退休在家，拿着养老金，日子过得闲适。一天辛格夫妇在街上散步，听到很多人议论纷纷，说是金融危机来了，金融业许多公司倒闭，很多老板跳楼。二老一边唏嘘，一边高兴地说，我们虽然没什么钱，但这个时候我们比那些有钱人幸福。我们不投资，不买股票，没有债券，有点儿积蓄存银行里，多安全啊！当初不买基金，那个卖基金的小伙子还说咱们老顽固呢！这下是我们对了吧！

辛格夫妇说得到底对不对呢？是不是金融只对从事金融活动的人有影响，对普通老百姓没影响呢？金融出问题了，到底会带来哪些后果？

我们先回顾一下历史上人尽皆知的几次金融危机。1929 年经济大崩溃，大批银行倒闭，产品大量剩余积压，资本家们把成桶的牛奶倒入河里，企业纷纷破产，工人失业是普遍的现象，每天排队等候领取救济粮的失业工人不计其数。1997 年东南亚金融危机，自泰国货币危机始，短短几个月内金融危机很快席卷整个东南亚，甚至波及日本、韩国地区，并且不断在向全球扩散。更近一点儿，2008 年美国金融危机，因次贷而起，波及整个金融领域以致几乎引起全面的经济危机。受此影响，国内股市大跌，股民损失惨重，散户从 2007 年短暂的股市春天里获利的日子就此成为历史上的记忆。更甚，对外贸的影响至今尚未恢复，就危机爆发的头几个月里广东沿海许多出口加工型的企业都已经纷纷倒闭。这虽是国际性金融危机，但是也波及了国民个人，比如造成失业，股市暴跌，金融市场不稳定等。如果是国内金融出现问题，像解放前期国统区的通货膨胀，那种民不聊生的情况相信经历过的人都会永难忘记。

金融危机对我们生活的具体影响主要有以下几个层面：

第一个层面，与金融系统有关。既然金融出现问题，那么首先受影响的就是金融系统。基金债券公司倒闭，投行关门，金融从业者失业。比如 2008 年金融危机，让全球开始瞩目和震惊的就是因为雷曼兄弟破产，随后在同一天美林证券被美国银行收购，接着美国保险集团 AIG 也陷入危机，更有"两房"（房利美和房地美），让许多人艳羡的华尔街金融从业人员顷刻间纷纷失业，并且在相当一段时间内很难找到工作。除投行外，与民众联系更密切的银行也一样。如果银行倒闭，除银行工作人员失业外，市民的存款皆付之一炬，如果把全部存款都放在银行，且是同一个银行，则风险更大。现在国际金融系统联系越来越大，在开放系统下，任何一个国家出现问题都会影响到全球金融。

第二个层面，对实体经济的影响。金融危机的爆发会使实体经济进入低迷状态。金融为什么会影响实体呢？工人在工厂加工制造衣服、鞋子和帽子，和金融有什么关系？是的，看上去似乎有点儿不可思议，一个西方国家的人贷款买房的问题居然让一个在东方国家工厂里工作的工人失业了，似乎是不可能关联上的两件事，但它们就是切实联系在一起的。这个联系其实不复杂。工人制造的衣服鞋帽需要卖给西方人，当西方发生经济危机时，那边的工人失业，购买力低，银行倒闭或者资金紧缩，那边的企业也无法有贷款，企业也没能力继续购买衣服帽子。工厂里成品卖不出去，无法接到订单，企业无法回收成本，工人工资难以为继，并且也不再需要工人干活，于是东方的工厂里工人也失业了。就从经济体内部讲，金融发生问题，企业融资势必就困难，并且有相当一部分企业本身会因在金融市场投资而失利，于是企业进行的生产就将萎缩，社会产出减少；大量工人失业，收入减少，购买力进一步下降，有效需求减弱，经济进一步萎靡；如果是全球性的问题，不仅国内需求减少，国际需求也逐渐减少，有效需求进一步降低，经济增长势必放缓，出现负增长也不是不可能，这时候的 GDP 增长很显然会受到影响。

第三个层面，就是金融危机对金融以及实体经济的影响会逐渐渗透到对人身心的影响，也就是市场信心的问题。当金融低迷时，投资者对市场信心就小，如果持续低迷，则信心越来越弱。如果金融问题影响到投资者信心，则预期收益会减少，投资者宁愿观望也不愿投资，投资需求则减少，投资需求是有效需求的一部分，有效需求不足会造成经济发展失衡，影响产出增长。

任何一次金融危机，都对经济带来了不同程度的影响，并且都会造成经济增长停滞或者放缓。严重的金融危机还会引起金融秩序的变化，很可能需要重新建立金融秩序。

所以，若金融出现问题，不仅是国家经济增长和产出变化的问题，而且和我们每个人都息息相关。金融危机一旦发生，每一个人的日子都将变得艰难。所以国家需要建立起完善的金融系统。而对个人虽无法控制大环境，但是在理财和投资方面要注意避免将所有资产投资在一个方面，避免把鸡蛋放在同一个篮子里，否则，当发生危机时所有财产都会如水东流。

· 第二章 ·

金融如何改变了我们的生活

——为什么要读点金融学

我们的财富去哪里了——个人的"资产流失"

"新财富 500 富人榜"于 2003 年首度发布，作为中国本土第一份也是唯一的一份富人排名，是透视中国民营企业发展的最佳窗口。2009 年已是第七度推出"新财富 500 富人榜"，经历了"中国经济最困难"的 2008 年，各项财富指标首次出现下降趋势。

2009 年"新财富 500 富人榜"上榜富人的财富总额为 16285.6 亿元，较 2008 年的 26027 亿元大幅下降 37.4%，蒸发 9741.4 亿元；上榜富人的人均财富由 2008 年的 52.1 亿元下跌到 32.6 亿元。2009 年的上榜门槛也由 2008 年的 13.5 亿元略微下降至 13.4 亿元。值得一提的是，如果以 2008 年上榜的 500 名富人（剔除 14 位目前财富状况不明者）2008—2009 年的财富数额变动计算，其总财富更由 2008 年的 25625.2 亿元下降到 2009 年的 13511.4 亿元，缩水幅度达到 47.3%。

超级富人的数量同样大大削减。2008 年财富超过 300 亿元的富人有 8 位，而 2009 年首富沈文荣的财富也只有 200 亿元；2008 年财富数额达到或超过 200 亿元的富人有 26 位，2009 年只有 1 位；2008 年身家达到或超过百亿元的有 53 位，2009 年仅有 17 位；2008 年有 366 位富人财富达到或超过 20 亿元，而 2009 年的数据是 337 位。这些统计数据显示，过去一年富人们经历了一场空前的财富蒸发过程。

有些人能够守得住自己的财富，有些人却失败了。《福布斯》杂志从 1982 年公布"福布斯 400"富豪排行榜以来，到 2011 年，只有 50 位富豪依然榜上有名，也就是说高达87%的富豪富不过一代，甚至像流星一样一闪而过。

就像网络泡沫的蒸发，他们的钱也是在不知不觉中被挥发掉了。想当初，他们的财产也是经过千辛万苦一点儿一点儿积累起来的，应该说他们很善于理财投资，但是为什么却最后坠落？《福布斯》杂志的调查显示，除因为投资失败带来的财产蒸发，多数失败者并没有在生活上时刻注意，他们的钱时刻被一些昂贵的奢侈品花去，交付巨额物业管理费用，转移财产被爱人或情人侵蚀了。

当大家在拼命攒钱的时候，你是否曾想过，自己辛辛苦苦积累下来的资产，正在被其他东西无声无息地侵蚀掉？这种你在拼命赚钱，但不断被扯后腿亏钱的感觉实在很不爽。一提到"资产流失"这几个字眼，人们首先想到的是国有资产的流失。其实，在生活中，一不小心，你的资产便会不知不觉地流失。想让个人财务正常运转，就从找出财务漏洞开始吧！个人因为财务漏洞导致的资产流失的主要集中在下面几个领域。

1. 储蓄流失增值机会

如果你每年的花销超过了资产的7%，那么20年后，你花光所有钱的可能性高达80%，原因很简单，就是"通货膨胀"。很多人经常有意无意地忽略"通货膨胀"的因素，其实"通货膨胀"是财产的强"腐蚀剂"。20年后，由于"通货膨胀"的因素，人们手中的钱将贬值20%，这还算是乐观的估计。

因此我们提倡"适度"储蓄，过度储蓄将可能使财产增值机遇流失。经济专家有观点认为，中国人的9万亿储蓄存款，假如相对于同期的国债之间1%左右的利息差（斟酌到存款的本钱税和国债的免税因素），那么中国人将会在每年流失掉900亿元左右的资本增值的潜在获利机会。

对大多数居民来说，避免这类散失，最好的办法是将银行储蓄转为同期的各类债券。从目前来看，不仅有交易所市场还有银行柜台市场都能够很便利地实现这类交易，而且流动性很强。在国人的传统观念中认为应该尽力地辛劳工作，也理解节约节俭、储蓄和爱护财富，但咱们不应该只是"擅长"储蓄，还应当"善待"储蓄，合理地储蓄才能将财富发挥到增长的最大价值。

2. 股市缩水几千亿元

中国股市十几年的发展成绩斐然，按较保守估计，中国股市的实际参与者至少应在2500万户左右，涉及近亿人群，这其中不乏数量庞大的新兴的中产阶级。但是从2001年下半年以来中国股市陷入了长达一年半的下跌和疲软状态，到2010年根据这十几年来的相关统计，股市中共投入资金约为23000亿元，这些资金换成了股票的资金，因为股价下跌、缴纳各种税费等，如今的证券市场的流通市值只剩下了13000亿～14000亿元。也就是说十几年来股市黑洞共吞噬了近万亿元的资金，如果排除其他背景的资金损失，那么中国普通老百姓家庭的资产在股市上至少流失了数千亿元。

3. 过度和不当消费

消费的原因多种多样，很多时候你逛完商场时看到手里拎着的大包小包，回家一看却发现，有些东西其实不买也可以。这就是所谓的"过度"与"不当"的消费，它们也会让资产无形流失。所以，花钱买什么，一定要想清楚。

过度消费可以分解为"情绪化"消费或"冲动性"消费。例如，看到打折商品就兴奋不已，在商场里泡上半天，拎出一大包便宜的商品，看似得了便宜，实际上买了很多并不需要或者暂时不需要的东西，纯属额外开支。特别是在对大件消费品上，比如楼盘、汽车、高档家电的一时冲动，往往会造成"过度"消费。这样，不仅造成家庭财政的沉重负担，而且会导致家庭资产隐性流失。

不当消费是指为了"面子"而不是因为需求的消费。在消费上总喜欢跟别人较劲，人家能花的我也要花，不论有没有必要。

4. 理财观念薄弱

中国家庭的活期储蓄总是太多，这让银行或其他金融机构白吃了大把大把的息差，其实只要稍加运作就能有效地减少利息损失。对单个家庭来说，"不当"储蓄的损失可能十分细微，但由于基数的宏大，中国家庭因此而流失的资产就是个天文数字，且仅对单个家庭来说随着时间的流逝，其累计损失也是无比大的。资产流失很多时候都不显山露水，但只要稍一放松就可能造成大量资产的流失。所以，只有不断地强化理财意识才能成功积累财富。

不注意平日里的财富漏洞，即使你是富翁也不免要沦落到穷人的下场，何况作为平凡人的我们本来就没有多少财产，就更应该提防财富漏洞，将财产的流失防患于未然。

为什么钱也会嫌多——流动性过剩

流动性过剩通俗地讲就是钱太多了，乍一听是件好事，钱多了还不好吗？俗话说，物极必反，金钱也是同样的道理，虽然有钱是好事，但是太多了，也会带来危机。比如说现在市场上只有价值10元的商品，按道理国家只发10元的钞票就足够了，但是现在因为种种原因，市场上有 20 元的钞票，如果大家用这 20 元买了 10 元的东西，结果原本值 10 元的东西其价值就是 20 元了。

通常意义的"流动性"指整个宏观经济的流动性，即在经济体系中货币的投放量的多少。"流动性过剩"一词，是指市场上的钱太多，大大超过了长期资本的数量，至于多到多少才算"过剩"，似乎并无统一的定论。现在研究者对"流动性过剩"的识别，大多是从结果和原因来判断："流动性过剩"的结果是资产市场泡沫严重，具体说就是股价、房价虚高；"流动性过剩"的原因一般则归结为货币升值预期下的外汇涌入，为控制汇价导致央行大量投放货币，从而形成"流动性过剩"。

由于贫富差距的扩大，富人获得社会财富的比重将更上一层楼，而穷人则只能获得"做大的蛋糕的更小份额"，而富人的消费倾向很低（因为相对穷人，该买的都买了），让富人获得了更多蛋糕，他们却不会拿来消费。为了追求保值增值，他们只好将资金投向资本市场。根据上面的论述，这会使得投资增长速度大于消费，最终会形成全社会性的生产过剩，也就是我们所熟悉的经济萧条或者"经济危机"。提起 2007 年的全球性金融危机，大家应该都深有感触，而这场危机的源头，正是流动性过剩。

当前，流动性过剩已经成为全球经济的一个重要特征。流动性过剩可由多个原因单个或共同导致。总的来说包括了中央银行实行扩张性货币政策（一般手段包括调降准备金率和利率，回购国债以放入资金到市场），经济周期的变化，汇率制度的缺陷，热钱大量涌入等。这些因素皆可大大提高流动性，当过度时，便会引起流动性过剩。另外，流动性过剩也可理解为伴随通货膨胀或者源于通货膨胀，即部分引起通货膨胀的因素也可能引起流动性过剩。

目前，我国银行体系中存在的流动性过剩，这是国内外多种因素共同作用的结果。从内部因素来看，有经济结构不平衡、储蓄和投资倾向强于消费倾向等。储蓄投资缺口，造成了贸易顺差和外汇储备的急剧增长。按目前的外汇管理制度，我国的外汇收入必须结售给中国人民银行，而央行为收购外汇必须增加货币发行。与此相关的是，贸易顺差的大量增加，人民币升值预期加大，国外资本的流入显著增加。

2006 年末，我国外汇储备达到了 10663 亿美元，而央行为收购这些外汇储备就需要发行货币超过 8 万亿元，这是我国流动性过剩的主要内部原因。从外部因素来看，美国 9·11 事件以后，全球各主要经济体一度普遍实行低利率政策，导致各主要货币的流动性空前增长，出现了全球流动性过剩。在全球经济失衡的诱导下，大量资金从美国流入以中国为代表的亚洲新兴经济体，这是造成目前我国流动性过剩的重要外部原因。

流动性过剩，已经成为经济金融体系稳健运行的隐患，是影响金融稳定的核心因素。经济过热、通货膨胀、股市波动，这些都与流动性过剩密切相关。

1. 经济过热

中国经济的持续增长，使得外商投资不断加大，再加上长期以来的贸易顺差，大量资金通过各种途径进入中国，客观上加剧了中国的流动性过剩。而这些多余的资金，必然要寻找投资出路，于是就出现了经济过热的现象。

所谓经济过热，是指经济的发展速度与资源供给不成比例。当经济的发展速度高于资源的承受能力时，就会出现原材料因供给不足而产生的物价上涨，可以理解为商业投资加大导致了商品生产增多，从而使得生产商品的资源供货短缺，并带来原料资源的物价上涨，也就是生产成本的提高，这样一来，成本的提高自然也就带来物价的全面上涨。同时，在一定时期内，如果社会的需求总量不变，长时间的生产过剩，商品卖不出，投资没有回报，就会产生经济危机。

2. 通货膨胀

20世纪80年代末，日本股票价格和不动产价格急剧上升，但物价指数却相当平稳，因而没有提高利率，紧缩银根。泡沫破裂后，日本陷入战后最严重的经济危机，资本市场的过度发展激活了处于冬眠状态的沉积货币，暂时退出流通的货币也重返流通领域去追逐商品，从而导致通货膨胀；所以，流动性过剩是通货膨胀的前兆，从流动性过剩到通货膨胀只有一步之遥。

流动性过剩不仅能够造成一国的经济危机，甚至能够引发全球金融危机，这一点，美国次贷危机就是一个很好的例子。

3. 股市波动

在股票市场，我们提到流动性就整个市场而言指参与交易资金相对于股票供给的多少，这里的资金包括场内资金（已购买了股票的资金，也就是总流通市值）以及场外资金，就是还在股票账户里准备随时入场的资金。如果在股票供给不变的情况下，或交易资金增长速度快于股票供给增长速度的话，即便公司盈利不变，也会导致股价上涨，反之亦然，这是很简单的需求供给关系，但这种股价上涨是有限度的，受过多或过剩的资金追捧导致股价过度上涨而没有业绩支撑，终难持久，这种资金就是我们常说的热钱。

针对于股票投资的个股而言，流动性是指股票买卖活动的难易，也就是说投资者买了这只股票后是否容易卖出，我们常说这只股票流动性很差，就是指很难按理想价格卖出，所以流动性差的股票多是小盘股或高度控盘的股票，是不适合大资金运作的，即便买完之后股价涨上去了，但卖不掉，对于大资金风险更大，所以他们更愿意在流动性很好的大盘股里运作，那里交投活跃，大量买卖也不会引起股价明显变动。不过中小投资者就自由多了，由于资金量少，可以有很多选择。

　　货币实质上是中央银行代替社会发行的一部分人对另一部分人的负债。信用货币表明了一种债权债务关系，而流通纸币则实际上是一种特殊形式的债券。当存在流动性过剩时，货币与其他商品实现交易的速度大大加快了。这表明，持有货币的债权人希望尽快把货币与其他商品交换，实现自己的债权。由于所有的债权人都希望用货币换回其他商品，货币就出现了贬值的压力。货币流通速度越快，则货币贬值压力越大。这时，如果货币持有人手中的债券无法得到等值的偿还，就会发生抢购风潮，物价飞涨的现象，整个社会就会出现通货膨胀。

农副产品“疯涨”背后的甲流金融学

　　继“蒜你狠”“豆你玩”“姜一军”“苹什么”“糖高宗”之后，“盐王爷”终于来了。随着3·11日本本州岛海域地震，受所谓的碘盐抢购影响，盐价开始飙升，流行语“盐王爷”出炉。

　　“今天你买盐了吗？”“涨到5元一包了”“货架空了？！”……在路上、在超市里时不时能听到关于诸如此类的买盐对话；而在网络上也诞生了诸如“盐如玉”“盐王爷”的热词。2011年3月15日，因为日本核电站泄漏事故，有谣言称日本核辐射会污染海水导致以后生产的盐都无法食用，而且吃含碘的食用盐可防核辐射，因此引起一些市民疯狂抢购食盐。

　　无独有偶，从2009年起，大蒜批发价格从4月份的每公斤0.2元，到5月份的每公斤0.3元，到6月份的每公斤1元，到8月份的每公斤2.5元，再到12月份的每公斤4元，直至2010年年初的每公斤19元，一路猛涨。

　　以前去小饭馆吃顿饭，因大蒜不值钱可以免费吃，可现在最起码得要一块钱一个了，最贵时飙升到每公斤19元，于是有网友就送给了大蒜一个外号叫“蒜你狠”。同样，表现不俗的还有“豆你玩”的绿豆等，它们带来的是新一轮的农产品涨价。平时“老实巴交”的农产品领域，为何一改往日的淳朴形象，同时走上了"疯涨"的路子？

这还得从 2009 年 3 月出现的甲流（甲型 H1N1 流感）疫情说起。那时，国内就盛传大蒜具有预防甲型流感的功效，甚至有媒体称美国专家也把大蒜列为九大消毒蔬菜之首。虽然期间有政府和专家出面解释：大蒜的抗甲流作用并未有临床证明，也没有科学依据。但是这期间，不单是中国，国际上也出现了"一蒜难求"的局面，从 2009 年起多个国家开始加大大蒜进口力度，其中日本、韩国以及东南亚等国家，大量向中国采购大蒜，使得中国的大蒜出口量大幅增加。

究竟是什么原因造成了我们日常生活的必需品出现如此疯狂涨价的局面？

物价变动是指商品或劳务的价格不同于它们以前在同一市场上的价格。物价是商品或劳务在市场上的交换价格，有输入价格和输出价格两种。输入价格是为生产或销售目的而取得商品或劳务的价格。输出价格是作为产品销售的商品或劳务的价格。企业按某一输入价格购买一项商品，再按较高的输出价格售给客户，这种情况不能视为该项商品的价格发生了变动，只有同是输入价格或输出价格增高或降低，才算物价发生了变动。

从 2007 年以来物价就一直走高。日前，国家统计局发布的 2011 年 2 月份居民消费价格指数（CPI）同比上涨 4.9%，涨幅与 1 月份持平，大大超过 3% 的警戒线。粮、肉、蛋、菜等产品上涨幅度较大，商品房价格居高不下，这些问题都直接与民生相关。通胀压力加大，物价普涨，不涨价的商品越来越少。消费者会紧盯这些价格低廉和平稳的生活必需品的价格波动，并随时采取抢购和囤积行动，这其中就包括食盐。这些客观原因的存在，使得本来并不值钱的农副产品，一夜之间，身价百倍，成为金贵的东西，被百姓一路追捧。

物价变动的原因，一般说来有以下几个主要方面：一是劳动生产率的变化。某种商品生产率普遍提高，该种商品的价格就会下跌；反之，如果劳动生产率普遍降低，则价格就会相应上涨。二是技术革命。技术进步，一方面使有关产品中凝结的人类复杂劳动增多，从而导致其价值增加，价格上涨；另一方面，使原有产品的经济效能相对降低，价值受贬，价格下跌。三是货币价值的变动。货币所表现的价值是商品的相对价值，即商品价值量同时发生等方面等比例的变动，商品的价格不变。但如果二者任何一方的价值单独发生变动，都会引起价格的涨跌。如果货币价值不变而商品价值提高，或者商品价值不变而货币价值降低，商品价格就会上涨。反之，如果货币价值不变而商品价值降低，或者商品价值不变而货币价值提高，商品价格就会下跌。四是供求关系。在市场经济条件下，商品价格在很大程度上受供求情况的影响。当商品供不应求时，价格就会上涨；反之，当商品供过于求时，价格就会下跌。五是竞争和垄断。竞争引起资本在各生产部门之间的转移，促使商品的价格发生变动，通常为价格下跌。垄断引起商品价格的操纵，使物价发生变动，通常为价格上涨。

防止物价过度变动，保持物价平稳，已经成为稳定人心、稳定社会的第一要素。确保物价平稳，尤其避免物价暴涨，不仅是重大民生，而且是当今最大的政治。

中国古话说："他山之石，可以攻玉。"当前物价上涨是全球性现象，原因错综复杂。各国为稳定物价，都采取了一些积极有效的措施。日本一直是世界上零售物价最稳定的国家之一，其稳定物价的成功做法主要有以下几个方面。

1. 高度重视生活必需品供给的稳定

日本提出，确保市场上生活必需品的供给，对于物价总水平的稳定具有决定性的意义。以蔬菜为例，蔬菜等鲜活农产品的生产和供给状况极易受气候影响，价格波动的频度和幅度远大于其他生活必需品。因此，日本的各种经济组织，一方面指导蔬菜等农产品的生产和上市有计划地进行；另一方面当出现菜价一定程度或大幅度上升时，"稳定蔬菜供给基金"等组织，根据市场的有效需要，不失时机地向市场增投蔬菜，扩大供应，保证需求，从而平抑菜价。

2. 政府紧握流通的批发环节，调控生产和市场，稳定物价

在日本，农产品批发业主要是经营粮食、蔬菜、果品的批发。农产品批发的主要组织形式是各类农产品批发市场。考虑到分散交易很难看准市场的动态和价格变动的走向，只有当众多的交易对象聚集在一起时，才能通过"供求竞争"形成合理的价格。因此，政府高度重视并充分利用批发市场的作用，促进流通，调节供求，稳定物价。为此，大藏省和东京都联合出资兴建农产品中央批发市场，以便于政府对东京整体市场进行有效监督和调控，并促进市场的繁荣，进而为稳定物价奠定坚实的基础。

3. 建立、健全有效的统计和信息系统，及时公开经济信息，引导消费，稳定物价

日本不仅把统计和信息系统作为制定政策的重要依据，而且把及时公开经济信息作为强化民众监督、防止"搭车涨价"和不正当竞争的手段加以运用，尽可能迅速地向国民提供有关商品供求、价格变动的正确信息，引导消费者保持合理的消费行为，防止因抢购、囤积等不正当的行为引起物价上涨。在经济企划厅物

价局设置"物价热线电话"，倾听消费者对物价的意见和建议，接受消费者的投诉，解答消费者的咨询等。可靠信息、有效传递，是稳定民心进而稳定物价不可或缺的环节。

为什么次贷危机的根源不是中国而是美国

受华尔街金融风暴拖累，全球经济陷入泥淖，不能解脱。美国前财长保尔森曾放出惊人之语，说中国等新兴市场国家的高储蓄率造成全球经济失衡，是导致金融危机的原因。美联储现任主席伯南克则干脆把美国房地产泡沫归咎于外国人尤其是中国人的高额储蓄。

2008年12月26日，《纽约时报》发表了题为《美元的移动：美国人口袋空空如也的时候中国人口袋厚厚鼓起》的分析文章说，在过去10年里，中国利用规模庞大的对美贸易顺差向美国的安全资产投资。中方花费约1万亿美元购买美国财政部债券和美国政府提供担保的抵押（住宅担保贷款）证券。这使美国国内利息下降、消费扩大和住宅市场出现泡沫。

美联储主席本·伯南克曾表示："如果早点（通过人民币升值）改善国际资金流向的不均衡，就能大幅减轻金融危机的冲击。但是，仅仅依靠美国的力量是不可能实现的，只有通过国际合作才能实现。"

《纽约时报》报道称："美国现在才知道依靠从外国借来的资金无法支撑过分的消费生活，但即便如此也很难解决问题。为了解决金融危机并扶持经济，现在反而要从外国借更多的钱。"美国当时如同瘾君子一样，正如议员林赛·格雷厄姆说："谁都不想断这个药。"

自美国引发全球性经济危机后，美国认为是中国纵容了美国的高消费，美国国内舆论企图将制造经济危机的罪名嫁祸给中国。

美国经济研究专家社科院荣誉学部委员陈宝森先生认为，这种说法根本是美国在推卸自己的责任，没有任何道理。美国政府和人民的过度消费观念不是在和中国打交道之后开始的。他们这种消费理念的形成也不是一朝一夕完成的，而是有着很长的历史。所有发生的问题，都是美国人自己造成的。而且，美国指责中国等发展中国家购买美国国债过多也是没有道理的，因为这都是双方的自愿行为，如果美国认为这样有损其利益可以不卖。美国《纽约时报》的文章完全可以看出其是在推卸责任，并在为自己找替罪羊。

孔子说过："见不贤而内自省也。"即使在美国国内学术界，也有观点认为美国的储蓄率持续下降，经常项目长期恶化，是美国自身的原因。在诸多原因中，被人们广泛诟病的就是长期的低利率造成的全社会超前消费的习惯，市场监管的缺失导致的金融衍生品的滥用等一系列问题。

自 20 世纪 90 年代走出经济衰退以来，美国一直以充分就业、价格稳定和长期保持低利率作为其货币政策的最终目标。很明显，低利率是美国多年前就开始奉行的政策，那时无论是中国还是其他新兴市场国家，都还没有多大的贸易顺差，也谈不上高额储蓄。因此，保尔森关于新兴市场国家造成低利率的说法刚好颠倒了因果。

被称为"世上最伟大央行行长"的美联储前主席艾伦·格林斯潘恐怕没有想到，在退休两年多之后，对他的"清算"之声来得如此凶猛。

美联储前任主席格林斯潘在国会就金融危机做证时，承认他过去抗拒对金融市场监管的做法，有部分的过错。格林斯潘在《华尔街日报》发表的文章中承认，他任职期间实施的低利率政策可能助长了美国房价泡沫。

1992—1995 年，在美国经济一片向好的情形下，格林斯潘未雨绸缪，7 次提高联邦利率，为经济适度降温。而 1998 年亚洲金融危机扩散到全球，格林斯潘又在 10 周内连续三次减息，创造了美国历史上最快的减息速度，稳定了经济。同样在 2001 年网络泡沫破灭、恐怖分子袭击美国后，格林斯潘在短短一年内将利率从 6.5% 降至 1.75%，刺激经济增长。那些悲观论者曾经认为恐怖袭击后，美国经济将不可避免地出现负增长，但当年美国经济增长达到了 3.5%。

格林斯潘当初奉行的低利率政策导致流动性过剩，正是当年颇有成效的宽松货币政策可能导致了房地产泡沫以及次贷危机的爆发。

应该承认，造成这场危机的原因包括全球贸易和投资的不平衡，但因果关系必须搞清楚，是美元在美国监管层纵容下的过度投放，致使全球流动性过剩问题越来越严重，通货膨胀压力不断加大，才最终使得美元低利率政策难以为继。

当一个人陷入困境，如果他诚实本分，就必然会先从自身找原因；而如果他一贯自以为是，就会怨天尤人，把责任推到别人头上。

回头看看，当美国的房地产商、投资银行、保险公司等像传销一样玩弄五花八门的金融衍生品的时候，当华尔街的"精英"们把泡沫吹大从中捞取数千万美元乃至上亿美元年薪的时候，保尔森或者伯南克在哪里？号称全球最先进最健全的美国金融体系的监管者又在哪里？

追本溯源，美国的次贷危机是美国自身造成的，美国不应该埋怨别人，而更多的应该责怪自己。

经济危机带来投资的良机——大环境决定小投资

2008年初的时候，美国金融市场陷入恐慌，股市接连出现暴跌，美国联邦储备局连续六次降息，希望挽回投资市场的信心。但收效甚微，反而使美林、花旗银行等大型金融机构遭受了前所未有的损失，投资市场缺少内在的投资动力，只能被动地依赖美联储出台的救市措施，市场随时可能出现大盘探底的局面。小布什政府连夜召集经济学家紧急召开会议并决定向金融机构调拨1600亿美元，而此前的金融机构大多亏损严重，这些资金对经济的缓和作用并不明显。可见，这次危机已经"病入膏肓"。

到了2008年9月，美国雷曼兄弟公司向美国政府申请破产保护，这个美国第四大投资银行的倒闭无疑给金融投资界带来不小的地震。与此同时，美国大型投资银行已经有三家破产，剩下的高盛和摩根斯坦利投行也面临着高风险。高盛公布了年度财务报表，报表上表明高盛在第二、三季度已经出现了亏损。由此可以看出，美国金融业百年一遇的灾难发生了。

危机的危害性在于它绝对不会按规定的方式出牌，因此危机可以随意地给投资者带来致命的打击，无论是你创办的企业或是你购买的股票，都可能在一夜之间灰飞烟灭。

巴菲特曾经说过："金融投资中处处都有机遇，市场情况良好的时候，会有投资机会，市场出现低迷的时候，同样也会有机遇，只不过此时的投资者由于过分害怕风险而忽视了这些机遇，从而使自己与投资收益擦肩而过。"

金融大鳄索罗斯曾经这样说道："虽然国际经济形势不容乐观，希腊债务危机又接踵而来，国际原油价格出现下跌，我所投资的伊朗石油项目也出现了亏损情况。这些虽然让我的投资受到了一些损失，但我及时调整了我的投资策略，下一步我会更加关注于发展中国家，我会把精力更多投入发展中国家的投资中。"

在日常生活中，积极的投资者首先是要提高自己认清金融大环境的能力，提高自己应对危机的能力，这就需要我们理性地审视自身存在哪些可能诱发危机出现的薄弱环节。关注社会政治经济环境，有助于科学地预测何时会出现危机。俗话说："知己知彼才能百战百胜。"对竞争对手的防范也是必不可少的。竞争对手有可能在哪些方面对自己造成无法规避的打击，这些都是我们需要详细搜集的应对危机的信息。只有在日常就建立起危机的预警机制，做好应急方案，锻炼抵抗危机的能力，提高应急处理的能力，才能在危机降临时，从容不迫，抓住危急中的有利点，化逆势为机遇。

·第三章·

大家都在讲的 CPI 是什么

——每天读点金融学名词

这年头没有人讲中文了，都讲 CPI

有人曾经列举了 30 多年前的 1 元钱与现在的 1 元钱之间的区别：

30 多年前，1 元钱能做什么？

交一个孩子 0.6 个学期的学杂费（一个学期 1.6 元），治疗一次感冒发烧（含打针），买 20 个雪糕、7 斤大米、50 斤番茄、20 斤小白菜、20 个鸡蛋，到电影院看 5 次电影，乘 20 次公交车。

现在的某个不特定时间点，1 元能够做什么？

乘公交车 1 次（非空调车）、买 2 个鸡蛋，夏天买 0.5 斤小白菜、0.8 斤番茄、0.7 斤大米，看病挂号 1 次（最便宜的门诊），缴纳小孩学杂费的 1/800，看 0.05 次电影。

为什么会有如此巨大的差异？简单地说，是由于物价（CPI）上涨了，钱不值钱了，所以 1 块钱能买的东西越来越少了。

经济危机之后，普通居民对物价的感觉是更贵了，CPI 恐怕是大家谈论最多的经济词汇了。对于普通老百姓而言，大家对 CPI 的关注归根结底还是对日常生活所需品的价格变化，比如说猪肉的价格变化、面粉的价格变化、蔬菜的价格变化等的关注。那么 CPI 能如实地反映出老百姓最关心的日常生活费用的增长吗？

我们先来了解一下到底什么是 CPI。

CPI 是居民消费物价指数（Consumer Price Index）的缩写。我国的 CPI 指数是按食品、烟酒及用品、衣着、家庭设备用品及服务、医疗保健及个人用品、交通和通信、娱乐教育文化用品及服务、居住这八大类来计算的。这八大类的权重总和加起来是 100。其中，食品占比重最大，包括：粮食、肉禽及其制品、蛋、水产品、鲜菜、鲜果。

在每一类消费品中选出一个代表品，比如，大多数人是吃米还是吃面，是穿皮鞋还是穿布鞋等。国家统计局选出一定数量的代表品，把这些代表品的物价按每一月、每一季、每一年折算成物价指数，定期向社会公布，就是我们所说的官方的 CPI 指数。

CPI 就是反映市场物价的一个最基本的术语。在中国现实的社会中，物价是和柴米油盐息息相关的，物价成为国家高度关注的问题。CPI 是反映与居民生活有关的产品及劳务价格统计出来的物价变动指标，通常作为衡量通货膨胀水平的重要指标。

物价指数计算的基本方法，是以计算期各种商品的价格乘以计算期各种商品的销售量，再除以基期各种商品的价格乘以基期各种商品的销售量。即 CPI=（一组固定商品按当期价格计算的价值）/（一组固定商品按基期价格计算的价值）×100%。

CPI 是反映城乡居民消费水平和消费品价格变动情况的重要指标，也被作为观察通货膨胀水平的重要指标。如果 CPI 在过去的 12 个月中上升了 2.3%，那么就表示当下的生活成本比 12 个月前平均要高出 2.3%，这无疑是不被欢迎的。而当生活成本提高时，你的金钱价值随之下降。如果 CPI 在 12 个月内上升了 2.3%，那么去年的 100 元纸币，今年只可以买到价值 97.7 元的商品或服务。所以，CPI 升幅过大，就表明货币贬值幅度过大，通货膨胀就成为经济不稳定的因素。因此，CPI 指数也是反映通货膨胀程度的有力指标。一般来说，当 CPI 增幅大于 3% 时，就已经引发了通货膨胀；而当 CPI 的增幅大于 5% 时，就已经是严重的通货膨胀了。一般在这种情况下，央行为了抑制通货膨胀，会有紧缩货币政策和财政政策的举措，但这种举措有可能造成经济前景不明朗。

编制物价指数的目的，是为国家分析物价变动对国民经济与人民生活的影响，从而制定有关物价宏观调控政策，加强物价管理提供依据。同时，也为企业作出相应的经济决策提供依据。物价上涨，有可能是由以下几种原因造成的。

1. 市场的波动

市场的格局发生了一些变化，导致某一种商品或者很多商品的价格上涨。

最明显的例子是石油价格上涨，比如，由于伊拉克打仗或者伊朗的形势紧张，导致市场参与者预期石油的供应可能会紧张，这会推动石油价格上涨。但是，这种上涨跟通货膨胀没有关系。

2. 价格的自由波动

这种涨跌恰恰就是市场机制在发挥作用。在计划经济条件下经常出现商品长期短缺，但在市场机制下，如果一种商品短缺，价格就会上涨。很快就会有很多企业去生产这些商品，短缺也就不存在了。因此，由于市场格局变化引起的物价上涨，实际上是市场启动了自己校正自己的一个过程，这个过程就可以驱动资源的重新配置。市场进行资源的有效配置，就是通过价格信号进行的。把这种物价上涨当作通货膨胀而对它进行调控，结果就是市场重新配置资源的机制被打断，只会扰乱市场秩序。

3. 通货膨胀型物价上涨

奥地利学派认为，通货膨胀是一种货币现象，是由于货币供应量持续、过快地增长，导致物价上涨。在奥地利学派看来，通货膨胀型物价上涨不一定是物价的普遍上涨。在通货膨胀期内，不同行业、不同商品、不同服务的价格，会在不同的时间上以不同的幅度上涨。这样，每一类的商品、服务上涨持续的时间也不一样，最后累计上涨的幅度也不一样。物价上涨并不是同时发生物价的普遍上涨，而是呈现为一个波浪式的上涨过程。

这就如同向水中扔进一块石头，涟漪从中心向四周扩散，而且，可以说，最早上涨的那些价格必然会一直领先于其他价格。因为，在特定时期，新增货币源源不断地流入这些行业。相反，越往后，价格上涨的幅度会越小，相关企业及其员工所能获得的收入增加就会越少。

相对来说，价格最晚上涨的，肯定是距离权力最远的企业和行业。而所有这些价格上涨会波及较为重要的最终消费品——食品。应当说，距离权力最远者，比如农民，也可能因为猪肉、粮食价格上涨而享受到一点儿好处，但在他们所生产的产品价格上涨之前，其他商品与服务价格早就涨上去了，而彼时，他们的收入却并无增加。更重要的是，一旦这些商品和服务价格上涨，通货膨胀就已经成熟，政府必然要采取强有力措施干预价格，于是，他们本来要得到的好处就流失了。总的来看，他们是通货膨胀的净损失者。

国家经济状况的晴雨表：GDP

小镇上，一个荒淫的富人死了。全镇的人都为他哀悼，当他的棺材被放进坟墓时，四处都是哭泣、哀叹声，就连教士和圣人死去时，人们都没有如此悲哀。第二天，镇上的另一个富人也死了，与前一个富人相反，他节俭禁欲，只吃干面包和萝卜。他一生对宗教都很虔诚，整天在豪华的研究室内学习法典，当他死后，除了他的家人外，没有人为他哀悼，葬礼冷冷清清。

一个陌生人对此迷惑不解，就问道："请向我解释一下这个镇上的人为什么尊敬一个荒淫的人，而忽略一个圣人。"镇上的居民回答说："昨天下葬的那个富人，虽然他是个色鬼和酒鬼，却是镇上最大的施舍者。他荒淫奢侈，整天挥霍自己的金钱，但是镇上的每一个人都从他那儿获益。他向一个人买酒，向另一个人买鸡，向第三个人要奶酪，小镇的 GDP 因为他不断增长。可死去的另一个富人又做了什么呢？他成天吃干面包和萝卜，没人能从他身上赚到一文钱，当然没有人会想念他的。"

那么什么是 GDP，它在我们的日常生活中起到了哪些作用呢？

GDP 即国内生产总值。通常对 GDP 的定义为：一定时期内（一个季度或一年），一个国家或地区的经济中所生产出的全部最终产品和提供劳务的市场价值的总值。GDP 是三个英文单词首字母的组合：Gross，即毛的、总的；Domestic，即国内的；Product，即产值，翻译成汉语就是"国内生产总值"。GDP 是指一个国家在一年内，所生产的全部最终产品（包括劳务）的市场价格的总和。

在经济学中，GDP 常用来作为衡量该国或地区的经济发展综合水平通用的指标，这也是目前各个国家和地区常采用的衡量手段。GDP 是宏观经济中最受关注的经济统计数字，因为它被认为是衡量国民经济发展情况最重要的一个指标。

GDP 的计算方法通常有以下几种。

1. 生产法

生产法是从生产角度计算国内生产总值的一种方法。从国民经济各部门一定时期内生产和提供的产品和劳务的总价值中，扣除生产过程中投入的中间产品的价值，从而得到各部门的增加值，各部门增加值的总和就是国内生产总值。

计算公式为：总产出 – 中间投入 = 增加值。

GDP = 各行业增加值之和。

也可以表示为 GDP = ∑ 各产业部门的总产出 – ∑ 各产业部门的中间消耗。

2. 收入法

收入法是从生产过程中各生产要素创造收入的角度计算 GDP 的一种方法。即各常住单位的增加值等于劳动者报酬、固定资产折旧、生产税净额和营业盈余四项之和。这四项在投入产出中也称最初投入价值。各常住单位增加值的总和就是 GDP。

计算公式为：GDP = ∑ 各产业部门劳动者报酬 + ∑ 各产业部门固定资产折旧

+ Σ各产业部门生产税净额 + Σ各产业部门营业利润。

3. 支出法

支出法是从最终使用的角度来计算 GDP 及其使用去向的一种方法。GDP 的最终使用包括货物和服务的最终消费、资本形成总额和净出口三部分。

计算公式为：GDP = 最终消费 + 资本形成总额 + 净出口。

从生产角度，等于各部门（包括第一、第二和第三产业）增加值之和；从收入角度，等于固定资产折旧、劳动者报酬、生产税净额和营业盈余之和；从使用角度，等于总消费、总投资和净出口之和。

现今世界上，每个国家都非常关心经济增长。因为没有经济的适当增长，就没有国家的经济繁荣和人民生活水平的提高。例如，西方国家认为中国富强，就是因为它的 GDP 增长迅速，同其他世界大国相比，在经济总量、GDP 大小上，中国已经位居世界前二。

2011 年 2 月，日本内阁府公布 2010 年全年经济数据，按可比价格计算，2010 年日本名义 GDP 为 5.4742 万亿美元，比中国低 4000 多亿美元，排名世界第三。这也是 1968 年以来，日本经济首次退居世界第三。

2010 年日本实际 GDP 增长 3.9%，名义 GDP 增长 1.8%。其中第四季度日本实际国内生产总值环比下降 0.3%，这是日本经济五个季度来首次出现负增长。

日本内阁官房长官枝野幸男公开表示，对日本 GDP 被中国赶超表示欢迎。他还表示，人均 GDP 方面日本仍然是中国的 10 倍多，重要的是日本应当如何汲取其活力。为了将发展优势传给下一代，日本将继续推进经济增长战略。

GDP 是目前衡量国民财富总量无可替代的指标。中国在古代社会和农业社会一直位列全世界最发达的国家行列，自清代中后期以来才在工业革命浪潮中落后。上世纪初，中国 GDP 总量在世界排名最后二十位，现在终于上升到世界第二，说明中国国力的增强。

"中国仍然是一个发展中国家，人均 GDP 不但只有日本的十分之一，甚至不到世界平均水平的一半。而日本的发展，比如城乡之间、经济社会之间的发展比较平衡，而我们发展不平衡问题突出，差距很大。"北京大学国民经济核算研究中心研究员蔡志洲表示。

按照国际标准，中高等发达国家的人均 GDP 在 5000 美元至 1 万美元，而中国人均 GDP 才 4000 美元左右。刘霞辉表示，即便中国今后一直保持 8% 的增长速度，人均 GDP 要达到发达国家的高限标准——人均 GDP1.2 万美元以上，也需要 15 年到 20 年。

GDP 对于任何一个国家来讲都是非常重要的，但是不能盲目崇拜 GDP 的增长。没有发展的增长和虚假无效的增长，短期行为的增长，不可持续的增长和结构失衡的增长都将破坏社会经济的和谐与发展。

体现国家的经济水平：GNP

1929 年，爆发了一次史无前例的世界性经济危机，对世界经济的破坏程度如同是投下了一颗原子弹。可是奇怪的是，当危机爆发之时，人们却浑然不知，当时的美国总统胡佛甚至认为经济形势正在转好。

我们没有理由嘲笑当时人们的无知，因为当时除了苏联统计机构有尚不完善的国民经济平衡表之外，有关国民经济的统计几乎是一片空白，所以人们当然不知道经济形势已经坏到什么地步。这次危害巨大的经济危机激发了人们对国民经济状况的了解的渴望。于是，美国参议院财经委员会委托西蒙库兹涅茨，建立一系列用来统计核算一国投入和产出的指标，由此发展出"国民收入账户"。这就是国民生产总值 GNP 的雏形。1933 年，当 1929—1932 年的国民收入统计资料被公开时，人们才发现这次经济危机竟是这么可怕。

国民生产总值（GNP），是指一个国家（地区）所有常住机构单位在一定时期内（年或季）收入初次分配的最终成果。一个国家常住机构单位从事生产活动所创造的增加值（国内生产总值）在初次分配过程中主要分配给这个国家的常住机构单位，但也有一部分以劳动者报酬和财产收入等形式分配给该国的非常住机构单位。同时，国外生产单位所创造的增加值也有一部分以劳动者报酬和财产收入等形式分配给该国的常住机构单位，从而产生了国民生产总值概念。它等于国内生产总值加上来自国外的劳动报酬和财产收入减去支付给国外的劳动者报酬和财产收入的差。

随着外商注入中国市场，我国 GDP 增长率逐年上升。但外商投资（外国国民）在中国的产出计入中国的 GDP，却不是中国的 GNP。因此，外商投资大规模进入中国的必然结果是，中国的 GNP 将明显小于 GDP，GNP 的增长率也会低于 GDP。

中国的国民生产总值<国内生产总值，资本输出国（如日本）的国民生产总值>国内生产总值，如果长期存在这一现象，中国经济的前途和社会福利将受到长远深刻的影响；如果中国自己企业的竞争力没有随着中国经济的增长和经济规模的扩大而持续提高，而只是单纯地依靠比较成本优势，甚至只是向跨国公司提供我们的比较优势资源，那么，即使中国的制造业规模有很大的扩张，在更大程度上也将只是"世界工场"，而不是真正的"世界工厂"。

在发达国家，GDP 与 GNP 比较接近，因此常用 GDP 来衡量并没有什么问题。然而用 GDP 而不是 GNP 看中国国力，其中的巨大差异则会导致对中国国力与财富创造能力的严重高估。这也就是为什么世界银行用平价购买力一算，就与原来的差别那么大的原因。

国民生产总值与社会总产值、国民收入有所区别：一是核算范围不同，社会总产值和国民收入都只计算物质生产部门的劳动成果，而国民生产总值对物质生产部门和非物质生产部门的劳动成果都进行计算。二是价值构成不同，社会总产值计算社会产品的全部价值；国民生产总值计算在生产产品和提供劳务的过程中增加的价值，即增加值，不计算中间产品和中间劳务投入的价值，国民收入不计算中间产品价值，也不包括固定资产折旧价值，即只计算净产值。

国民生产总值反映了一个国家的经济水平，按可比价格计算的国民生产总值，可以计算不同时期、不同地区的经济发展速度（经济增长率）。

在现代金融生活中，只有正确评估国力，才能提高经济发展、开放效益和对外谈判的主动性。不论 GNP 或 GDP，都只是我们眼前能够看到的经济增长或变化，是近期能够切实感受的经济数值、经济水平，但要考虑到今后我们的下一代、甚至是子孙后代经济发展时，是不是应该计算"绿色 GNP"了呢？"绿色 GNP"即在考虑经济发展的同时添加上资源的损耗和可再生资源的恢复。

经济发展的动力是我们的生活发展，生活最根本的则是我们身边的一草一木，是生命。如果有一天我们迎来了资源的全面枯竭，那将毫无疑问意味着经济发展的结束，甚至生活的衰竭、生命的完结。而"绿色 GNP"是摆在我们面前刻不容缓的问题。

国家经济的"体温计"：PPI

2007 年 PPI 统计数字显示：工业品出厂价格上涨 3.1%，其中生产资料价格上涨 3.2%，生活资料价格上涨 2.8%，原材料、燃料、动力购进价格上涨 4.4%，农产品生产价格上涨 18.5%。

这一年某地农民张某种了约20亩棉花，由于夏天的雨灾，收成比去年下降了1/3。此前一年棉花价格的上涨让他笑逐颜开，但这一年棉价的下跌又让他有些失望。"今年的收成比去年减少了，化肥、人工等成本却比去年提高不少，如果价格再上不去，估计明年棉花的种植面积还会下降。"

在这个故事中PPI跑赢CPI，说明生产者的成本增加速度明显超过了终端消费品的提价速度，这无疑会给企业经营带来巨大经营压力。虽然每月国家统计局都会发布PPI，不过，对于大多数人来说，PPI还是一个十分陌生的概念。PPI到底是什么？代表了什么呢？

PPI是生产者物价指数的英文缩写，它是站在生产者的角度来观察不同时期货物和服务商品价格水平变动的一种物价指数，反映了生产环节价格水平，也是制定有关经济政策和国民经济核算的重要依据。PPI可以称得上是了解国家经济发展状况的"体温计"。通过PPI的变化，我们就能大体判断国家经济的运行状况，并可由此预判未来国家的宏观经济政策。

生产者物价指数是一个用来衡量制造商出厂价的平均变化的指数，它是统计部门收集和整理的若干个物价指数中的一个。如果生产物价指数比预期数值高，表明有通货膨胀的风险；如果生产物价指数比预期数值低，则表明有通货紧缩的风险。生产者物价指数主要的目的是衡量各种商品在不同的生产阶段的价格变化情形。

一般而言，商品的生产分为三个阶段：一是原始阶段：商品尚未做任何的加工；二是中间阶段：商品尚需做进一步的加工；三是完成阶段：商品至此不再做任何加工手续。PPI是衡量工业企业产品出厂价格变动趋势和变动程度的指数，是反映某一时期生产领域价格变动情况的重要经济指标。

在我国，PPI一般指统计局公布的工业品出厂价格指数。目前，我国PPI的调查产品有4000多种，包括各种生产资料和生活资料，涉及调查种类186个。其中，能源原材料价格在PPI构成中占较大比重。通常情况下，PPI走高意味着企业出厂价格提高，因此会导致企业盈利增加；但如果下游价格传导不利或市场竞争激烈，走高的PPI则意味着众多竞争性领域的企业将面临越来越大的成本压力，从而影响企业盈利，整个经济运行的稳定性也将受到考验。

因此，PPI可以用来对通货膨胀进行初期预测。理由很简单，企业成本上升时，企业通常会提高价格。一般而言，当生产者物价指数增幅很大而且持续加速上升时，该国央行相应的反应是采取加息对策阻止通货膨胀快速上涨，则该国货币升

值的可能性增大；反之亦然。

美劳工部会在25000多家企业做调查，得出产品价格，根据行业不同和在经济中的比重、分配比例和权重、PPI能够反映生产者获得原材料的价格波动等情况，推算预期CPI，从而估计通胀风险。总之，PPI上升不是好事，如果生产者转移成本，终端消费品价格上扬，通胀上涨。如果不转移，企业利润下降，经济有下行风险。

在美国，生产者物价指数的资料搜集由美国劳工局负责，他们以问卷的方式向各大生产厂商搜集资料，搜集的基准月是每个月包含13日在内该星期的2300种商品的报价，再加权换算成百进位形态，为方便比较，基期定为1967年。真正的经济学家可以通过对PPI的关注，从而正确判断物价的真正走势——这是由于食物及能源价格一向受到季节及供需的影响，波动剧烈。

对于老百姓来说，PPI通常作为观察通货膨胀水平的重要指标。由于食品价格因季节变化加大，而能源价格也经常出现意外波动，为了能更清晰地反映出整体商品的价格变化情况，一般将食品和能源价格的变化剔除，从而形成"核心生产者物价指数"，进一步观察通货膨胀率变化趋势。

生活水平的衡量尺度：恩格尔系数

西安34岁的章先生是一家企业的管理人员，从事经营工作，家庭年收入在30万元到40万元。说起记账的初衷，章先生说，记账习惯与年龄无关，他五六年前就开始记账，是因为觉得只有把家庭生活经营好了，才能把自己的经营管理工作做得更好。"做家庭账本和做公司的账一样，我每个月都要把家里的收入、支出、存量做平，对支出记账还要进行分类。"

"以我们的家庭收入，在西安应该还算是比较富裕的家庭。"章先生说，他们一家三口，孩子上幼儿园，现在已经不喝奶粉了，比起那些小孩喝奶粉的家庭，他们减少了这项支出。孩子每月托费1200元，平均下来每月花在孩子身上的钱就是2000元左右。其余的支出，除了吃，大项支出就是养车、房贷。每天记账，可以及时了解家庭支出的合理性。他以记账情况得出的结论仍是：食物支出过大，生活质量有所下降。

过去，人们见面的第一句话通常是："吃了没？"由此可见食物对人们的重要性。消费支出是指一个家庭日常生活的全部支出，包括食品、衣着、家庭设备用品及服务、医疗保健、交通和通信、娱乐教育文化服务、居住、杂项商品和服务八大类。消费支出反映了居民的物价消费水平，是很重要的宏观经济学变量，被作为宏观调控的依据之一。这里我们所讲的恩格尔系数就是食品支出总额占个人消费支出总额的比重。

恩格尔系数，是指居民家庭中食物支出占消费总支出的比重。德国统计学家恩格尔根据经验统计资料对消费结构的变动提出这一看法：一个家庭收入越少，家庭收入中或者家庭总支出中用来购买食物的支出所占的比例就越大，随着家庭收入的增加，家庭收入中或者家庭支出中用来购买食物的支出将会下降。恩格尔系数是用来衡量家庭富足程度的重要指标。

恩格尔定律主要表述的是食品支出占总消费支出的比例随收入变化而变化的一定趋势。恩格尔系数是国际上通用的衡量居民生活水平高低的一项重要指标，国际上常常用恩格尔系数来衡量一个国家和地区人民生活水平的状况。

吃是人类生存的第一需要，在收入水平较低时，其在消费支出中必然占有重要地位。随着收入的增加，在食物需求基本满足的情况下，消费的重心才会开始向穿、用等其他方面转移。因此，一个国家或家庭生活越贫困，恩格尔系数就越大；反之，生活越富裕，恩格尔系数就越小。

根据联合国粮农组织提出的标准，恩格尔系数在 59% 以上为贫困，50% ～ 59% 为温饱，40% ～ 50% 为小康，30% ～ 40% 为富裕，低于 30% 为最富裕。恩格尔系数一般随居民家庭收入和生活水平的提高而下降。按此划分标准，20 世纪90 年代，恩格尔系数在 20% 以下的只有美国，达到 16%；欧洲、日本、加拿大，一般在 20% ～ 30%，是富裕状态。东欧国家，一般在 30% ～ 40%，相对富裕，剩下的发展中国家，基本上分布在小康。

简单地说，一个家庭或国家的恩格尔系数越小，就说明这个家庭或国家经济越富裕。反之，如果这个家庭或国家的恩格尔系数越大，就说明这个家庭或国家的经济越困难。当然数据越精确，家庭或国家的经济情况反映也就越精确。

人民网网友曾提问：近些年来致力于农村恩格尔的系数是一直像预期那样的直线下降呢？还是有波动？这些数据对我们来讲有没有意义？是否预示着我们已经进入相对富裕的行列，还是只是小康水平。

国家统计局新闻发言人回答，恩格尔系数是指居民的消费支出之中，食品支出占整个消费支出的比重。它所代表的含义，一般是用来反映消费水平生活质量变化的一个很重要的指标。恩格尔系数随着收入水平的提高、消费水平的提高，食品消费支出的比重会下降。改革开放以来，我们国家无论是农村还是城市，恩格尔系数都是往下走的。不排除个别年份，因为物价水平的变化，恩格尔系数稍微有一些波动，但总的趋势是往下的。从农村来讲，基本上在42%左右。从城市来讲，居民的恩格尔系数已经下降到40%以下，充分说明我们国家随着收入水平的提高，人们由总体小康向全面小康变化，已经摆脱了原来以吃、喝、穿这种生存意义的消费结构，正在进入以住和行消费为引导的消费升级的新阶段。

国家统计局的资料显示，改革开放以来，由于收入持续快速增长，我国居民家庭的恩格尔系数呈现下降趋势，与1978年的57.5%相比，2007年我国城镇居民家庭恩格尔系数为43.1%，这是居民消费结构改善的主要标志。这表明，我国人民以吃为标志的温饱型生活，正在向以享受和发展为标志的小康型生活转变。

随着经济的迅速发展，人们花在食物上的支出相对于以前多出不少，但是食物支出占整个家庭支出的比例已经呈现下降的趋势，花在住房、汽车、教育、娱乐等其他方面的支出占据越来越大的比重。这就是恩格尔系数在不断降低，但不排除在某一特殊时期会上升，如金融危机时期、通货膨胀时期，前面章先生的食品支出加大就是由通货膨胀所造成的。

在使用恩格尔系数时应注意：一是恩格尔系数是一种长期趋势，时间越长趋势越明显，某一年份恩格尔系数波动是正常的；二是在进行国际比较时应注意可比口径，在中国城市，由于住房、医疗、交通等方面存在大量补贴，因此进行国际比较时应调整到相同口径；三是地区间消费习惯不同，恩格尔系数略有不同。

恩格尔定律是根据经验数据提出的，它只有在假定其他一切变量都是常数的前提下才适用的，因此在考察食物支出在收入中所占比例的变动问题时，还应当考虑城市化程度、食品加工、饮食业和食物本身结构变化等因素都会影响家庭的食物支出增加。只有达到相当高的平均食物消费水平时，收入的进一步增加才不对食物支出产生重要的影响。

当然，恩格尔系数也并不是对每一个人或每一个家庭都完全适合。如自诩为美食家的人，以吃尽天下美食为己任，他花在食物上的消费比例肯定比其他消费多，但依此断定他贫困或富裕就失之偏颇。在适用恩格尔系数进行国际比较时，由于各国的价格体系、福利补贴等方面差异较大，所以，要注意个人消费支出的实际构成情况，注意到运用恩格尔系数反映消费水平和生活质量会产生误差。

第四章

为什么贫者越贫，富者越富

——每天读点金融学原理

货币也会排斥异己的——劣币驱逐良币

"劣币驱逐良币"是经济学中的一个著名定律，在两种实际价值不同而面额价值相同的通货同时流通的情况下，实际价值较高的通货（所谓良币）必然会被人们熔化、收藏或输出而退出流通领域；而实际价值较低的通货（所谓劣币）反而会充斥市场。这就是著名的格雷欣法则。在现实生活中，我们也经常会看到类似的现象。

假定 A 男，B 男，美女 C，从客观条件和个人禀赋来看，A 男较有优势，B 男稍逊。若从资源配置来看，A、C 结合实属天作之合，然而现实并非如此简单。A 男因自身禀赋或客观条件好，选择面比较广，"吊死在一棵树上"的机会成本过大。而 B 男则相反，可能是"一无所有"，索性"孤注一掷，拼命一搏"。这样 B 男在追求美女 C 的努力程度上显然会大于 A 男，而美女 C 只能凭借对方的行为表现来判断其爱恋自己的程度。往往会被 B 男刻意粉饰的"海枯石烂，一心一意"的倾慕和忠诚而迷惑，被 B 男拖入婚姻的"围城"。于是，婚恋角逐画上了句号。

在铸币时代，当那些低于法定重量或者成色的铸币——"劣币"进入流通领域之后，人们就倾向于将那些足值货币——"良币"收藏起来。最后，良币将被驱逐，市场上流通的就只剩下劣币了。当事人的信息不对称是"劣币驱逐良币"现象存在的基础。因为如果交易双方对货币的成色或者真伪都十分了解，劣币持有者就很难将手中的劣币用出去，或者即使能够用出去也只能按照劣币的"实际"而非"法

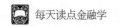

定"价值与对方进行交易。

18世纪20年代之后，由于某人不懈努力，白银终于变为非主流，黄金成为货币世界永恒的主题。此人叫作艾萨克·牛顿，与你认知的牛顿是同一个人。牛顿是伟大的数学家、物理学家，是经典力学、微积分的奠基人。对物理和数学来说，牛顿是奠基人；对牛顿来说，物理和数学只是业余爱好。牛顿的本职工作，是英国王室造币大臣。在这个职位上他一干就是三十多年，那是相当敬业就业。

牛顿当政之前，"造币大臣"只是一个闲职，没有任何实权。各家银行自己发行银行券，自行铸造铸币，日子过得那是相当滋润，关造币大臣何事。黄金为币，始于牛顿。

18世纪初，金银同为英国货币，但牛顿发现黄金越来越多，白银越来越少。因为，黄金在欧洲大陆购买力低于英国，白银的情况则恰恰相反。也就是说，在英国本土金贱银贵，在海外金贵银贱。

牛顿不但掏空了国库的白银家底，而且收购英国居民银器，就是为了增加白银铸币。费了九牛二虎之力才拿出约700万英镑白银，依然不能扭转金贱银贵的局面，新铸的银币也在流通中消失得无影无踪了。

牛顿很伤心，伤心之后就明白了：既然黄金在本土便宜，无论铸多少银币都会被人藏起来，即所谓"劣币驱逐良币"。

"劣币驱逐良币"现象最早是由英国的托马斯·格雷欣爵士发现并加以明确表述的。格雷欣是英国著名的金融家、慈善家，格雷欣学院的创建者，英国王室财政顾问和金融代理人。1559年，他根据对当时英国货币流通状况的考察，上书英国女王伊丽莎白一世，建议收回成色不足的劣币，以防止成色高的良币外流，并重新铸造足值的货币，以维护英国女王的荣誉和英国商人的信誉。格雷欣在建议书中首次使用"劣币驱逐良币"的说法，指出由于劣币与良币按面额等值使用，因此人们往往把良币贮藏起来或运往外国使用。这样就出现市面上所流通的都是劣币，而良币被驱逐出流通领域的货币现象。

格雷欣法则是金属货币流通时期的一种货币现象。但随着时代变迁，金属货币被纸制货币所代替。第一代纸币是可兑换的信用货币，其主要的、完善的形式是银行发行的银行券。它是银行的债务凭证，承诺其持有人可随时向发行人兑换所规定的金属货币。所以，这一种纸币叫作可兑换纸币。第二代纸币是由银行券蜕化而成的不可兑换纸币，它通常由中央银行发行，强制通用，本身价值微乎其微，被认为是纯粹的货币符号。

英国经济学家马歇尔在其《货币、信用与商业》一书中写道："可兑换的纸币——即肯定可以随时兑换成金币（或其他本位硬币）的纸币——对全国物价水平的影响，几乎和面值相等的本位硬币一样。当然，哪怕对这种纸币十足地兑换成本位硬币的能力稍有怀疑，人们就会对它存有戒心；如果它不再十足兑现，则其价值就将跌到表面上它所代表的黄金（或白银）的数量以下。"显然，硬币是良币，可兑换纸币是劣币。在正常情况下，两者完全一样，但当纸币兑换成硬币发生困难时，其名义价值就会贬值，严重时就会发生挤兑。这时纸币就会被卖方拒收，流通困难，从而迫使其持有人不得不涌向发行银行要求兑换硬币。这种情况，实际上宣告格雷欣法则的失效，即已经不是作为劣币的纸币代替硬币，而是相反，人们将持有硬币以代替纸币。

在现实生活中，实现格雷欣法则要具备如下条件：劣币和良币同时都为法定货币；两种货币有一定法定比率；两种货币的总和必须超过社会所需的货币量。"劣币驱逐良币"的现象不仅在铸币流通时代存在，在纸币流通中也有。大家都会把肮脏、破损的纸币或者不方便存放的镍币尽快花出去，而留下整齐、干净的货币。这种现象在现实生活中也比比皆是。譬如，平日乘公共汽车或地铁上下班，规矩排队者总是被挤得东倒西歪，几趟车也上不去，而不遵守秩序的人倒常常能够捷足先登，争得座位或抢得时间。最后遵守秩序排队上车的人越来越少，车辆一来，众人都争先恐后，搞得每次乘车如同打仗，苦不堪言。再如，在有些大锅饭盛行的单位，无论水平高低、努力与否、业绩如何，所获得的待遇和奖励没什么差别，于是，年纪轻、能力强、水平高的就都另谋高就去了，剩下的则是老弱残兵、平庸之辈，敷衍了事。这也是"劣币驱逐良币"。再有，官场上的腐败现象如同瘟疫一样蔓延，不贪污受贿损公肥私只能吃苦受穷。而且，在众人皆贪的时候，独善其身者常常被视为异己分子，无处容身，被迫同流合污，否则就会被排挤出局。最后廉吏越来越少，越来越无法生存。这还是劣币驱逐良币原则在起作用。

什么让你一夜暴富，或一夜破产——财务杠杆率

曾经的次贷危机使整个发达国家的金融体系受到波及，除新世纪金融公司、美国的 Countrywide、英国的诺森罗克银行、北岩银行因其业务主要集中在抵押贷款领域而遭受重创外，花旗集团、美林证券、瑞士银行等大型综合银行和投资银

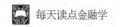

行也都未能幸免。

美林证券有稳定的经纪业务，花旗集团有大量的零售银行业务和全球化的分散投资，瑞士银行有低风险的财富管理业务，一贯享受着最高的信用评级，房地产抵押贷款只是他们利润来源的一小部分。但正是因为这个抵押贷款业务让这些金融寡头遭受了沉重的打击。在 20 倍的高杠杆放大作用下，各大金融集团在次贷危机中的投资损失率竟然达到 18% 至 66%，平均损失约 30%。

很多投资银行在追求暴利的驱使下，采用 20 ~ 30 倍的杠杆操作。假设一个银行 A 自身资产为 30 亿，30 倍杠杆就是 900 亿。也就是说，这个银行 A 以 30 亿资产为抵押去借 900 亿的资金用于投资，假如投资盈利 5%，那么 A 就获得 45 亿的盈利，相对于 A 自身资产而言，这是 150% 的暴利。反过来，假如投资亏损 5%，那么银行 A 赔光了自己的全部资产还欠 15 亿。

通过以上的案例可以看出，高杠杆率对投行的影响是双向的，它既能放大投行的盈利，也能放大投行的风险损失；其资产的小幅减值或业务的微小损失都有可能对孱弱的资本金造成严重冲击，令其陷入绝境。

所谓的杠杆率即一个公司资产负债表上的风险与资产之比率。杠杆率是一个衡量公司负债风险的指标，从侧面反映出公司的还款能力。一般来说，投行的杠杆率比较高，美林银行的杠杆率在 2007 年是 28 倍，摩根斯坦利的杠杆率在 2007 年为 33 倍。

财务杠杆之所以叫杠杆，有它省力的因素。物理杠杆通过增加动力臂长度，提高动力的作用，来节省所付出的力量；而财务杠杆则通过增加贷款数量来节约自有资金的支出，增加资金的流动性，进一步提高收益水平。这里需要符合一个基本的条件，就是贷款利率低于资金利润率，也就是说，用借来的钱赚得的钱要比借钱的利息高，否则贷得越多，赔偿就会越多。

财务杠杆率等于营业利润与税前利润之比，反映的是由于存在负债，所产生的财务费用（利息）对企业利润的影响，在一定程度上反映企业负债的程度和企业偿债能力，财务杠杆率越高反映利息费用越高，导致 ROE 指标越低。

简单地讲就是把你的资金放大，这样你的资金成本就很小，同时你的风险和收益就放大了，因为盈亏的百分比不是依据原来的资金，而是放大后的资金来衡量的。也可以把财务杠杆简单看作公司利用债务资产的程度，即公司负债与公司净资产的比值。可以确定的是，该比值越高，公司的杠杆比率就越大，说明公司的经营风险越高；比值越低，公司的杠杆比率就越低，公司的经营风险也就越低。

财务杠杆是用公司的资本金去启动更多的资金，在金融学中，经常用杠杆比例这一指标来表示。杠杆比例是总资产与净资产之比，这一比例越高，风险就越大。我们从一个简单的例子来看看高杠杆所带来的高收益与高风险。

以投资股票为例，假如某投资者有 1 万元可用于投资，欲购买 A 股票，当前价格 10 元，他可买 1000 股，在不计手续费的情况下，股价上涨至 15 元，他可获利 5000 元，股价下跌至 5 元，他将损失 5000 元。

又假如他可以按 1：1 的比例融资（其杠杆是 2 倍），那么，他可购买 2000 股 A 股票。股价上涨至 15 元，他可获利 1 万元，股价下跌至 5 元，他将损失 1 万元。如此，收益和风险都扩大了 2 倍。

再假如他使用 4 倍的杠杆融到 4 万元，则其可以买 4000 股股票，如果股价同样从 10 元上涨至 15 元，他每股盈利 5 元，可以赚 2 万元，股票下跌至 5 元，他将损失 2 万元。其投资的收益与风险与初始投资相比，也放大了 4 倍。

在现实生活中很多人为了更多更快地获得资产性收益，利用财务杠杆开始压缩生活杠杆，通过炒股炒房获得资本，尝到甜头之后，往往抵押房地产炒股，甚至继续利用房地产抵押买来的股票做抵押再炒股炒房，杠杆比例持续上升。当资产价格上涨，这些杠杆带来正面效应，获得大量收益的时候，个人往往因为钱来得太容易而昏头，冲动买入大量奢侈品，刺激了生活杠杆。但是，如果资产价格下跌，这些杠杆作用的威力也是巨大的，你所有的资产均可能会化为泡影，成为负债累累的负翁。

因此，控制杠杆是分散业务风险的前提，在金融创新中要秉持"可以承受高风险，绝不承受高杠杆"的原则，当风险不可测时，控制杠杆比控制风险更重要。

随大流是明智还是愚蠢——博傻理论

在艺术品市场中，商品琳琅满目，很多人对艺术品一知半解，也完全不去管某件艺术品的真实价值，即使它一文不值，也愿意花高价买下。这是因为大部分人都在期望会有比自己更不在行的人，可能会凭借一时冲动，或者喜欢它的做工和外表，而再以更高的价格从自己手中买走。像其中所描述的一样，投资成功的关键就在于能否准确判断究竟有没有比自己更大的笨蛋出现。只要你不是最大的笨蛋，就仅仅是赚多赚少的问题。如果再也找不到愿意出更高价格的更大笨蛋从你手中买走这件艺术品的话，那么，很显然你就是最大的笨蛋了。

"博傻理论"所要揭示的就是投机行为背后的动机，关键是判断是否有比自己更大的笨蛋，只要自己不是最大的笨蛋，那么自己就一定是赢家，只是赢多赢少的问题。如果再没有一个愿意出更高价格的更大笨蛋来做你的"下家"，那么最终最大的笨蛋就是你。任何一个投机者对"最大的笨蛋"理论都深信不疑。

那什么是博傻？在股票和期货市场上，博傻是指在高价位买进股票，等行情上涨到有利可图时迅速卖出。这种操作策略通常被市场称为傻瓜赢傻瓜，所以只能在股市处于上升行情中适用。从理论上讲博傻也有其合理的一面，博傻策略是高价之上还有高价，低价之下还有低价，其游戏规则就像接力棒，只要不是接最后一棒都有利可图，做多者有利润可赚，做空者减少损失，只有接到最后一棒者倒霉。投机狂潮最有力的动机解释就是博傻理论。

1593 年，一位维也纳的植物学教授到荷兰的莱顿任教，他带去了在土耳其栽培的一种荷兰人此前没有见过的植物——郁金香。荷兰人对此非常痴迷，于是教授认为可以大赚一笔，但他所出示的高价令人望而却步。不得不让人想到了其他秘密的举动。终于在一个深夜，教授带来的全部郁金香球茎都被一个窃贼收入囊中，并以比教授低很多的价格很快卖空。

郁金香就以这种方式出现在荷兰人的花园里。后来郁金香受到花叶病的侵蚀，病毒使花瓣生出一些反衬的彩色条纹或"火焰"。富有戏剧性的是带病的郁金香成了珍品，以致一个郁金香球茎越古怪价格越高。于是有人开始囤积病郁金香，又有更多的人出高价从囤积者那儿买入并以更高的价格卖出。1638 年，最大的笨蛋出现了，持续了五年之久的郁金香狂热悲惨落幕，球茎价格竟然跌到了一只洋葱头的售价。

经济学家凯恩斯认为，专业投资者不愿将精力用于估计内在价值，而宁愿分析投资大众将来如何作为，分析他们在乐观时期如何将自己的希望建成空中楼阁。成功的投资者会估计出什么样的投资形势最容易被大众建成空中楼阁，然后在大众之前先行买入股票，从而占得市场先机。

在如此这般疯狂的投资世界，每分钟都会诞生无数个傻瓜——他之所以出现就是要以高于你投资支付的价格购买你手上的投资品。只要有其他人可能愿意支付更高的价格，再高的价格也不算高。发生这样的情况，正是大众心理在发酵。

凯恩斯本身也是在投机行为中发现了"博傻理论"。

经济学家凯恩斯为了能够专注地从事学术研究，经常外出讲课以赚取课时费，但课时费的收入毕竟是有限的，在不满足的情况下，他在 1919 年 8 月，借了几千英镑去做远期外汇这种投机生意。仅仅 4 个月，凯恩斯净赚 1 万多英镑，这相当于他讲课 10 年的收入。刚开始有惊无险，狂妄之余仍然任由自己的欲望膨胀，仅仅 3 个月之后，凯恩斯就把赚到的利润和借来的本金输了个精光。赌徒的心理是输掉的总要想尽办法赢回来，上帝总是眷顾幸运的人，7 个月后，凯恩斯又涉足棉花期货交易，又大获成功。

其间凯恩斯把期货品种几乎做了个遍，还涉足股票。到 1937 年他因病而"金盆洗手"的时候，他已经积攒起一生享用不完的巨额财富。

与一般赌徒不同，作为经济学家的凯恩斯在这场投机的生意中，除了赚取可观的利润之外，最大也是最有益的收获是发现了"笨蛋理论"，也有人将其称为"博傻理论"。

对于博傻行为，可以分为两种：一种是感性博傻；另一种是理性博傻。前者是在行动时不知道自己已经进入一场未知结果的博傻游戏，而后者是清楚地知道博傻及其相关的规则，只是相信一定会有更傻的投资者会介入，因此会拿些少量的资金来赌一把。

始于 1720 年的英国股票投机狂潮有这样一个插曲：一个无名氏创建了一家莫须有的公司。自始至终无人知道这是什么公司，但认购时近千名投资者争先恐后把大门挤倒。没有多少人相信它真正获利丰厚，而是预期更大的笨蛋会出现，价格会上涨，自己要赚钱。饶有意味的是，牛顿参与了这场投机，并且不幸成了最大的笨蛋。他因此感叹："我能计算出天体运行，但人们的疯狂实在难以估计。"

理性博傻能够赚取利润的前提是，会有更多的傻子来跟风，这是对大众心理的判断，当投资者发现当前的价位已经偏高准备撤离时，市场的高点也真正到来了。所以"要博傻，不是最傻"这句话说起来简单做起来并不容易，没有人能准确地判断出会有多少更傻的人介入，如果理性博傻者成为最大的傻瓜，那么为何当初会加入理性博傻的队伍中。所以参与博傻的前提是要对大众心理进行研究和分析，并控制好自己的心态。对于博傻现象，完全放弃也不一定是完全合理的理性，在自己可以完全掌控的状况下，适当保持一定的理性博傻，也不失是一种投资策略。

贫者越贫，富者越富——马太效应

《圣经》中有这样一个故事：

一位富人将要远行去国外，临走之前，他将仆人们叫到一起并把财产委托给他们保管。主人根据每个人的才干，给了第一个仆人五个塔伦特（注：古罗马货币单位），第二个仆人两个塔伦特，第三个仆人一个塔伦特。拿到五个塔伦特的仆人把它用于经商，并且赚到了五个塔伦特；同样，拿到两个塔伦特的仆人也赚到了两个塔伦特；但拿到一个塔伦特的仆人却把主人的钱埋到了土里。过了很长一段时间，主人回来了。拿到五个塔伦特的仆人带着另外五个塔伦特来见主人，他对自己的主人说："主人，你交给我五个塔伦特，请看，我又赚了五个。""做得好！你是一个对很多事情充满自信的人，我会让你掌管更多的事情，现在就去享受你的土地吧。"同样，拿到两个塔伦特的仆人带着他另外两个塔伦特来了，他对主人说："主人，你交给我两个塔伦特，请看，我又赚了两个。"主人说："做得好！你是一个对一些事情充满自信的人，我会让你掌管很多事情，现在就去享受你的土地吧。"最后，拿到一个塔伦特的仆人来了，他说："主人，我知道你想成为一个强人，收获没有播种的土地。我很害怕，于是就把钱埋在了地下。看那里，埋着你的钱。"主人斥责他说："又懒又缺德的人，你既然知道我想收获没有播种的土地，那么你就应该把钱存在银行，等我回来后连本带利还给我。"说着转身对其他仆人说："夺下他的一个塔伦特，交给那个赚了五个塔伦特的人。""可是他已经拥有十个塔伦特了。""凡是有的，还要给他，使他富足；但凡没有的，连他所有的，也要夺去。"

这个故事出自《新约·马太福音》。20世纪60年代，知名社会学家罗伯特·莫顿首次将"贫者越贫，富者越富"的现象归纳为马太效应。

马太效应无处不在，无时不有。任何个体群体或地区，一旦在某一个方面如金钱、名誉、地位等获得成功和进步，就会产生一种积累优势，就会有更多的机会取得更大的成功和进步。如今，马太效应在经济领域的延伸意义就是贫者越贫，富者越富。

其实这一点很容易理解，因为在金钱方面也是如此：即使投资报答率相同，一个本钱比他人多十倍的人，收益也多十倍；股市里的大庄家可以兴风作浪，而小额投资者往往血本无归；资本雄厚的企业可以纵情运用各种营销手腕推广自己的产品，小企业只能在夹缝中生活。

随着社会的发展，渐渐地马太效应适用的领域越来越广泛。经济学规律告诉我们，财富的增减有时候以几何的形式呈现。每一个有志于扩张财富的人，都应掌握财富增长的规律，去实现自己的计划。

对于投资者来说，储蓄和投资是积累财富的两大重要途径。从表面上看似乎是最没有风险的，而且可以获得稳定的利息，殊不知在低利率时代仅仅依靠储蓄不可能满足你积累财富的要求。因为通货膨胀一方面会使你手中的货币贬值，另一方面，投资会使以货币计量的资产增值，你持有了能够增值的资产，自然就不用担心资金购买力的侵蚀了。

不如我们先看个案例：

光成和青楠是同一个公司的职工，他们每月的收入都是 2000 元，光成刚开始每个月从工资中拿出 400 元存在银行做储蓄，经过 3 年，积累了近 15000 元。然后，他将其中的 5000 元分别存在银行和买了意外保险。再将剩下的 1 万元投资了股市。起初，股票上的投资有赔有赚，但经过 2 年多，1 万元变成了 4 万元多，再加上后面两年投入的资本所挣得的赢利以及留存在银行里的储蓄，他的个人资产差不多达到了七八万。

而青楠则把钱全都存在了银行，五年下来扣除利息税，再加上通货膨胀，他的钱居然呈现了负增长。也就是说如果他和光成一样，每月存 400 元，那 5 年后，他的存款也不过是 24000 元，再扣除通货膨胀造成的损失（假定为 0.03%）7.5 元，则剩下 23992.5 元。

五年间，就让两个人相差将近 5 万元！一年就是 1 万，那么 40 年后呢？就是更大的数字了。而且，光成因为积蓄的增多，还会有更多的机会和财富进行投资，也就是能挣更多的钱。青楠则可能因为通货膨胀，积蓄变得更少。

案例正应了马太效应里的那句话，让贫者更贫，让富者更富。即便是再小的钱财，只要你认真累积，精心管理，也会有令人惊讶的效果，并让你有机会、有能力更加富有。

一些工薪族认为，每个月的工资不够用，即便省吃俭用也没剩下多少。即便理财，效果也不大，还有必要理财吗？

这种想法是错误的。只要理财，再少的钱都可能给你带来一份收益，而不理财则再多的钱也会有花光的时候。再者，理财中还有一种奇特的效应，叫作马太效应。

只要你肯理财，时间久了，也就积累了更多的财富，有更多的机会收获成功。不要让你的财富陷入负增长的不健康循环中去，善理财者会更富有，而不懂得运作金钱赚钱的人会日益贫穷，这就好比马太福音中的那句经典之言：让贫者越贫，富者越富！

不可违背的"太太定律"——市场意志原理

投资基于信念。比如，同样的消息释放出来，听闻的投资者会有截然不同甚至相反的理解；不同的分析师也会根据不同的数据得出五花八门的结论；所有的交易单，有多少买方就必定有多少卖方。市场里的每一位交易者，其实都是在根据自己的"信念系统"进行交易。而所谓的"基本面研究"和"技术分析"，不过是辅助手段，或者说让自己的交易单下得更加符合自己的心理预期。

信念是认知、情感和意志的有机统一体，是人们在一定的认识基础上确立的对某种思想或事物坚信不疑并身体力行的心理态度和精神状态。对于市场信念各学派有着不同的见解。

奥地利学派的信念是：市场是自然的函数，任何人都不能对抗自然，而只能顺应自然。奥地利学派相信，个体与整体受同样的规则约束。如果说某种原则对个人有益，譬如节俭，那么对私有实体、国家也同样有益。经济学不存在任何的"集合悖论"，也不应人为地规划所谓的"宏观经济学"和"微观经济学"。

自然界有既定的自然规律，比如阴阳交替，潮涨潮落，那么人类本身也难逃自然规律而经历繁荣和衰败，经济活动是人所为，也无法摆脱自然的约束。奥地利学派认为，经济荣枯循环不可避免。任何国家都不可能无休止地维持增长，当乐观情绪蔓延，每个人都以为自己只需炒股投资，坐收渔利的时候，实际的储蓄逐渐被耗尽，财产的消亡必会来临。在衰退期，最好的方式就是顺其自然，不要与经济规律对抗。

经济学家凯恩斯学派的信念则完全相反，认为市场是"人类意志"的函数，是可以依靠人力改变的。他们否认个体与整体的同一性，主张用两套理论解释经济：研究国家用"宏观经济学"，研究个人行为和公司行为则用"微观经济学"。凯恩斯之所以如此"创新"，很可能是受到了当时物理学界变革的影响，那时牛顿的万有引力定律饱受质疑，而量子力学则方兴未艾。物理学家倾向于用量子力学解释微观的原子，而仍然沿用牛顿定律来解释宏观的天体。

然而经过时代的变迁，物理学家已经发现了这种人为界定"宏观"与"微观"

的缺陷。天体是由原子所组成，国家是由个人所组成，一国的经济活动也是无数个人行为的结果。究竟哪一点才是宏观与微观的界线？

现代科学已经证实，宇宙的规律在于"分形"，即在不同尺度显现出同样的规律，彼此相似却不尽相同。自然界处处都是分形的例子。例如海岸线，无论是放大 100 倍还是缩小到 1%，都是海岸线的形状，你无法区分出自己看到的究竟是哪个尺度的海岸线。类似的还有山脊、雪花，以及天体每个层级的公转无不显现出分形的特质。同样，在市场中，艾略特的波浪理论清晰地展示了各个浪级之间的关系。但是和自然界所有其他分形一样——相似但不尽然。你无法发现两条完全一样的海岸线，也无法看到两组完全一样的波浪形态。

遗憾的是，凯恩斯主义者永远也不认同人类经济活动遵循分形的规律。勤俭节约对个人和家庭是美德，但到了社会层级，就变成了坏事。

凯恩斯主义者还把人类意志独立在自然之外，相信依靠人的力量可以扭转经济走势。一旦经济低迷，就用放松货币的方式实施刺激，从而实现恒久增长，彻底消除起伏不定的经济周期。总而言之，就是"人定胜天"。他们相信，市场不必由"虚无缥缈"的自然规律左右，而完全可以依靠决策者的财政或货币政策来控制。

"相信自然"与"相信意志"，是两套水火不容的信念。信念的区别决定了思维的差异。例如，看涨黄金与看涨美元就是一个典型。前者在"自然阵营"，相信天然货币，相信滥发钞票定会诱发恶性通胀的自然规律；后者则处于"意志与强权阵营"，信任人造货币（还有"国债"），其逻辑是"美元是国际储备货币""强势美元最符合美国利益"。

信念的分歧会产生交易。有人可能会问：黄金从 200 美元上升到 1900 美元，为什么却总是有人愚蠢地卖出或做空？如果你认为市场是自然的函数，就应该顺应市场；若相信人的意志（或强权意志）可以改变市场，相信"人定胜天"，那么就会本能地选择与市场对抗。

自里根政府大力缩减政府职能，将很多原来由国家控制的工业放手推向市场以来，美国人一直陶醉在自由经济耀眼迷离的光环之中。20 世纪 60 年代总共只占到美国国民生产总值的 4% 的金融业和保险业在放开监管的宽松环境里追逐利益迅速膨胀，到 2006 年已经占到了国民生产总值的 8%。这个庞大体系内的游戏参与者以超过自身资金储备几十甚至几百倍的杠杆率相互借贷套利并转嫁风险，在没有裁判的情况下攫取似乎没有穷尽的利润。

但席卷全球的金融风暴让美国人从云端跌落下来。2009年2月份29万处房产因房主无法还贷而收到强制拍卖通知，比去年同期再上升30%。3月份全美失业人口达到1320万，失业率再创新高达到8.5%。摔得鼻青脸肿的人们，带着满身伤痛互相质问："这到底是为什么？"这正是自由市场信念过度的结果。

因此，用人的意志来左右市场，或许只会给信奉自然的信徒们一个无风险的交易机会而已。如果违背经济规律，风险将无处不在。

·第五章·

金融界那些叱咤风云的人

——每天读点金融学家

美国金融教父——汉密尔顿

亚历山大·汉密尔顿（1757—1804年）是美国的开国元勋之一，宪法的起草人之一，财经专家，美国的第一任财政部长，因政党恶斗而丧失生命的知名政治人物。

汉密尔顿出生于英属西印度群岛，由于母亲的不合法婚姻，他成了一个私生子，被剥夺了继承私人遗产的权利。在他13岁的时候母亲去世，在亲戚朋友的帮助下，汉密尔顿在圣克罗伊岛做会计助手，很快显露出他的精明能干，也同时练就了商人的机警和野心。他从小就才智出众，阅读了很多不同语言的书籍，积累了商业和经济知识并可以清晰地阐述自己的观点，为以后的新生活奠定了基础。他的才华最终被一个牧师发现，资助其到北美深造，从此改变了他的命运。汉密尔顿敏捷的才智、清晰的思维和表达能力在学院得到了充分的施展。

在美国的开国元勋中，没有哪位的生与死比亚历山大·汉密尔顿更富戏剧色彩了。在为美国后来的财富和势力奠定基础方面，也没有哪位开国大员的功劳比得上汉密尔顿。

1776年，美国独立战争爆发，汉密尔顿作为乔治·华盛顿的副官，利用他的政治思想和沟通技巧为战争的胜利立下了战功。革命结束后，他推动了费城制宪会议的召开，并为宪法的批准作出了很大贡献。他与麦迪逊、杰伊三人为争取新宪法批准在纽约报刊上共同以"普布利乌斯"为笔名发表的一系列论文，留下了一部政治学的经典——《联邦党人文集》。联邦政府成立后，汉密尔顿担任了美国政府的第一任财政部长，创建了美联储的前身——合众国第一银行；为推动美国经济的发展，他制定了一系列影响深远的政策，塑造了美国财政经济体制的框架，将美国引入一条新的经济发展道路，为美国日后成为世界一流强国奠定了坚实的基础。

切尔诺夫的结论极具说服力："如果说杰斐逊提供了美国政治论文的必要华丽诗篇，那么汉密尔顿就撰写了美国的治国散文。没有哪位开国元勋像汉密尔顿那样对美国未来的政治、军事和经济实力有如此的先见之明，也没有哪个人像他那样制定了如此恰如其分的体制使全国上下团结一心。"

汉密尔顿于 1789 年 9 月 11 日出任美国第一任财政部长，任职至 1795 年，当时美国在经济上也处于十分艰难的境地，贸易逆差巨大，政府债台高筑，财政极为困难。在其任财政部长期间，汉密尔顿分别向国会呈交了《关于公共信用的报告》《关于国家银行报告》《关于制造业的报告》，他通过向国会提交报告的形式，阐述了他的财政经济纲领。在报告中，他不仅提出了整顿财政的措施，还提出了加快工业化以推动美国由农业国向工业国转变的措施。因此，他的财政纲领实际上是一个旨在美国确立资本主义制度的纲领。汉密尔顿虽然没有受过财政金融方面的专门训练和实际的经历，但是凭借他之前读过相关的经济学著作，以及研究过亚当·斯密的经济学理论，并虚心向专业人士请教，上任财政部长后显示出他过人的胆量和才智。他不负华盛顿的重托，做出了一流的业绩，不但解决了联邦政府的财政困难，奠定了联邦政府的财政基础，也奠定了后来多届美国联邦政府经济发展的模式与基础。

首先，通过国债制度的建立，沉重的战争债务得到解决，濒危的公共信用又重新建立起来。

到 1794 年底，旧国债已经全部还清，同时发行了新的国债。美国在欧洲的信用也很快恢复，1791 年 2 月，财政部驻阿姆斯特丹代办威廉·肖特报告，荷兰银行家表示愿意向美国提供上百万弗罗林的贷款，使美国信用出现了新的转机。

其次，建立起全国统一的关税制度和税收制度。合众银行的建立，进一步完善了信用制度。1790 年 12 月，汉密尔顿提交增加消费税的报告，为联邦政府建立了一套完整的关税和税收制度，结束了过去各州不同的税收制度和以关税为武器的商业竞争局面，为商业发展创造了有利条件，更重要的是为联邦政府提供有保障的财政收入。第一银行的建立使政府有了稳定的资金来源，政府财政得到了好转。

最后，汉密尔顿财政政策的实施不仅使政府建立了一套完善的财政制度，而且以发行国债、股票为契机进行美国金融业的变革，揭开了美国金融史的新篇章。随着财政金融状况的改善，流通货币的增加，股份公司大量出现，进一步促进了证券市场的形成，纽约和费城逐渐成为证券交易中心。汉密尔顿吸取英国的经验，用短短几十年，使西欧和英国经过上百年才形成的财政金融制度在美国初步建立起来，不能不说是金融业的创举。这对美国的经济起了很大的促进作用，尤其是推动了商业和航海业的发展。

汉密尔顿所推行的政策和采取的手段，是建立在维护金融资产阶级、大商人和国家利益基础上的。他有意扶持商业和金融资产阶级，使他们从政策中获取利益。

汉密尔顿不仅是美国的第一任财政部长，他还是一位战场英雄、国会议员、纽约银行的创立者、制宪会议的成员、演说家、辩论家、律师、坚定的废奴主义者、外交理论家。对于汉密尔顿在美国历史上的贡献，切诺的评价可谓恰如其分，他说，"如果华盛顿是美国之父，麦迪逊是宪法之父，那么汉密尔顿便毫无疑问是美国政府之父。

虽然亚历山大·汉密尔顿也身为美国建国之父之一，却始终没能像别的人那样做上美国总统，而且在与其主要政治对手托马斯·杰斐逊的竞争中更似乎是输得惨不忍睹。

可孰能料到历史的戏剧性就在于此，在亚历山大·汉密尔顿过世之后，他的政治遗产，包括"工业建国之路"和建立一个强有力的中央政府等，却在此后的美国历史中起着越来越显著的作用，甚至一些影响了美国历史进程的总统，如林肯和西奥多·罗斯福，他们所施行的政策就是建立在汉密尔顿的遗产基础上的。

一位学者这样描述汉密尔顿一生的经历：亚历山大·汉密尔顿是美国历史上罗曼蒂克式的人物。在我们诸多的政治人物当中，也许唯有他可以适合充当戏剧、悲情歌剧或者芭蕾舞剧的英雄角色。亚历山大·汉密尔顿从一个来自英属西印度群岛的私生子和无家可归的孤儿一跃成为乔治·华盛顿最信任的左膀右臂，但他后来卷入一桩性丑闻，在与副总统阿伦·伯尔的决斗中命丧黄泉。伴随着屈辱、忏悔和各种自我导致的剧变，亚历山大·汉密尔顿的一生富于多种戏剧化的因素。他的死也是其个性张扬的尤为特别的一幕。

金融投资大鳄——索罗斯

1930 年 8 月 12 日，在匈牙利首都布达佩斯城的一个犹太中产阶层家庭里，一个瘦弱的男孩出生了。这只是普通的一天，一个普通的孩子的到来。但是，几十年后，当美国《商业周刊》这样评价他，"任何一位投资家都没能取得如此出色的成就，彼得·林奇没有做到，沃伦·巴菲特也没有做到"，谁也无法忽视这个曾经普通得不能再普通的人了。

这个人就是乔治·索罗斯，一个极具争议性的人物。有人称他为"金融怪才""世纪金融强人""金钱魔术师""资本舵手""最伟大的慈善家"；有人称他为"金融大盗""股市鳄鱼""国际金融界的坏孩子""最疯狂的小偷""投机魔王""该死的货币赌徒"。

人们对索罗斯个人的称呼和评价也褒贬不一，但无论称呼他什么，最重要的是他极其善于利用资金，透过资金的力量创造利润，而且速度极其惊人。从白手起家到纵横世界金融市场的金融巨头，索罗斯腰缠雄厚资金，攻击各国金融体制漏洞，无往不至，横扫天下。

在华尔街，索罗斯和巴菲特被称为"最伟大的投资经理人"。深刻的哲学头脑、渊博的金融知识、丰富的投机经验，加上敏锐的投机嗅觉，这是索罗斯在金融大潮中成为成功者的重要原因。索罗斯基金管理公司的投资管理经理加里·葛雷斯坦言："索罗斯的天才在于，在其他任何人之前便看出了未来发展的整个趋势，他不必看到现实的变化与发展，在他的头脑中，事情发展的过程和结果早就形成了。"

作为索罗斯基金董事会的主席，他拥有的量子基金曾经是美国规模最大的基金。在近 30 年的投资历史中，量子基金称得上是全世界所有投资基金中业绩最好的。从最初创立双鹰基金，到后来成为量子基金的总裁；从以 25 万美元闯华尔街起家，到 1993 年以 11 亿美元的年收入成为美国历史上第一个年收入超过 10 亿美元的人，索罗斯通过他建立和管理的国际投资资金，积累了大量财富。他在 1969 年注入量子基金的 1 万美元在 1996 年底已增值至 3 亿美元，增长近 3 万倍。

然而，就是这样一位华尔街有史以来收入最高的超级基金经理人，却生活朴素，没有游艇、高级轿车和私人飞机，外出都搭普通民航飞机、坐出租车甚至搭巴士。他掌管着数十亿甚至上千亿的资金，在一日之内就能赚进 20 亿美元，却总是心平气和，处变不惊，保持着一贯的沉着冷静。

索罗斯不仅是功勋卓著的金融投资家，更是国际大师级别的金融理论家。索罗斯凭借着非凡的投资才华和智慧和在长期的投资过程中形成的独具一格的投资理论，使他能够叱咤金融市场并取得辉煌战绩。

索罗斯的独具一格的投资理论，即他始终坚信金融市场是没有理性、难以预测的。他设法"在混沌中寻找秩序"，创造出独特的投资理论，并试图以这种对经典经济学的突破和颠覆，为其行动寻找根据。

索罗斯将哲学与投资实践相结合，创造了"反射理论""枯荣相生理论"等一系列对全球投资界具有深远影响的投资理论。在这些理论的指导下，几十年来，投资市场变化万端，无数投资人在市场无情的折磨下黯然离去，许多投资机构也在不知不觉中烟消云散。索罗斯却在这险象环生的市场里取得了辉煌的投资战绩。他出色的投资才能和高超的投资技巧更是使无数投资者深受启发。

他纵横全球金融市场几十年，书写了由平民到具备全球影响力人物的传奇。几乎所有投资家都将索罗斯视为自己的榜样，仔细分析索罗斯的生平，特别是他的投资技巧和那些经典的投资案例，期望从中寻找到投资窍门，探索出投资成功的捷径。

他的投资经历为世界上所有投资者所惊叹，就像他摧毁英格兰银行、狙击墨西哥比索、掀起东南亚金融风暴……所有这一切都表现出了一个卓越的投资家非凡的战略眼光。

21 世纪来临后，进入古稀之年的索罗斯在国际投机金融市场上逐渐失去了往日的风采。从 2000 年投资美国纳斯达克市场失败之后，索罗斯逐渐意识到是该果断退出的时候了，于是他果断地关闭了量子基金，将所有剩余的基金份额全部用于服务慈善事业，正式向世人宣布退出世界金融市场的历史舞台，从而给他长达三十余年的金融投资事业画上了一个圆满的句号。

谁在抄底华尔街——股神巴菲特

巴菲特被世人尊称为"股神""投资大师""最负盛名的投资家""世界有史以来最成功的投资者"。他以微不足道的 100 美元起家，发展成为目前拥有巨额资产的世界首富，是世界上唯一一个单靠投资发家而成为世界顶尖富豪的人。自 1993 年荣登世界首富后的十多年来，在《福布斯》一年一度的全球富豪榜上，巴菲特一直稳居前三名。2007 年，巴菲特以 520 亿美元居《福布斯》全球排行榜上第二位，仅次于首富比尔·盖茨的560亿美元。2008年，根据3月5日《福布斯》财富榜的最新报道，巴菲特的净资产增长了100亿，达到了620亿美元，居全球首位；而比尔·盖茨的净资产增加了20亿，达580亿美元，位居全球第三。

1930年8月30日，沃伦·巴菲特出生于美国内布拉斯加州的奥马哈市，沃伦·巴菲特从小就极具投资意识，他钟情于股票和数字的程度远远超过了家族中的任何人。他满肚子都是挣钱的道儿，五岁时就在家中摆地摊兜售口香糖。稍大后他带领小伙伴到球场捡大款用过的高尔夫球，然后转手倒卖，生意颇为红火。上中学时，除利用课余时间做报童外，他还与伙伴合伙将弹子球游戏机出租给理发店老板，挣取外快。

巴菲特可以算得上是有史以来最伟大的投资家，他依靠股票、外汇市场的投资，成为世界上数一数二的富翁。他倡导的价值投资理论风靡世界。

价值投资并不复杂，巴菲特曾将其归结为三点：把股票看成许多微型的商业单元；把市场波动看作你的朋友而非敌人（利润有时候来自对朋友的愚忠）；购买股票的价格应低于你所能承受的价位。"从短期来看，市场是一架投票计算器。但从长期看，它是一架称重器"——事实上，掌握这些理念并不困难，但很少有人能像巴菲特一样数十年如一日地坚持下去。巴菲特似乎从不试图通过股票赚钱，他购买股票的基础是：假设次日关闭股市或在五年之内不再重新开放。在价值投资理论看来，一旦看到市场波动而认为有利可图，投资就变成了投机，没有什么比赌博心态更影响投资。

这在很大程度上受益于他的老师格雷厄姆，格雷厄姆教给他的学生巴菲特两个最重要的投资规则：第一条规则：永远不要亏损；第二条规则：永远不要忘记第一条。

格雷厄姆将自己的投资规则解释为："我大胆地将成功投资的秘密精炼成四个字的座右铭：安全边际。"巴菲特始终遵循导师的教诲，坚持"安全边际"原则。这正是巴菲特永不亏损的投资秘诀。

巴菲特经过多年的投资实践，始终相信"安全边际"是投资中最为重要的概念："在《聪明的投资人》一书中，本·格雷厄姆多次强调'安全边际'原则。我读过这本书已经四十二年了，至今我仍然认为'安全边际'的概念非常正确。许多投资者忽视了这个非常简单的投资理念，从而导致了他们从20世纪90年代以来遭受的重大损失。"

对于优秀企业的股票，巴菲特选择长期持有。

价值投资正是利用股市中价值与价格的背离，以低于价值的价格买入，以相当于或高于价值的价格卖出，从而获取超额利润。格雷厄姆认为价值投资的核心是价值与价格之间的差距，即"安全边际"。在证券的市场价格明显低于计算所得的内在价值时买进股票，最终必将产生超额回报。

"投资的秘密在于，在适当的时机挑选好的股票，只要它们的状况良好，就一直长期持有下去。如果不愿意持有一家股票十年，那就不要考虑持有它十分钟。"巴菲特之所以强调长期持有，他认为一方面股票价格只有经过较长时间才能回归其真实价值；另一方面长期持有将通过复利的巨大作用使投资收益率的微小差异积累成巨大的财富；同时，长期持有还能大大地降低交易成本，减少资本利得税，使总体收益远远超过短期频繁交易的所得。

正如安迪·基尔帕特里克所说的，如果你在1956年把27美元交给巴菲特，它今天（2002年）就会变成2.7亿美元，而且还税后收入。巴菲特就是这样一个神话般的传奇人物。

巴菲特无愧于股神的称号，他是第一位靠证券投资成为拥有几百亿美元资产的世界顶级富豪。伯克希尔·哈撒韦公司的股票在1964年的账面面值仅为每股19.46美元。在巴菲特接手之后，一度濒临破产的伯克希尔·哈撒韦公司不仅很快起死回生，而且已成长为资产达1350亿美元的"巨无霸"。如今，伯克希尔·哈撒韦公司旗下已拥有各类企业约50家，其中最主要的产业系是以财产保险为主的保险业务（包含直接与间接再保）。此外，伯克希尔·哈撒韦公司还生产从油漆、毛毯到冰激凌等一系列产品，该公司同时持有诸如沃尔玛和宝洁等许多大型企业的股票。而到1999年底，每股交易价格达到了51000美元，1998年6月，其每股价格更达到创纪录的80900美元。尤其难能可贵的是，伯克希尔·哈撒韦公司已经是一家资产总额高达1300多亿美元的巨型企业。

商场如战场，成王败寇。从普通人成为富翁，是无数人的梦想；从平凡人成为世界富翁，更是无数人想所未想。通过投资实现发家为这个梦想提供了一条捷径。巴菲特因其仅仅通过投资成为世界富翁而受到世人的顶礼膜拜。他的投资方向可以称得上是世界金融市场的"风向标"；他的一举一动、一言一行，可以繁荣一个市场，亦可以衰退一个市场；他的投资理念和投资哲学被全世界广泛关注和研读，对世界金融领域的投资者产生了深远影响。在四十四年时间里——从艾森豪威尔时代到克林顿执政，再到乔治·布什掌权，无论股市行情牛气冲天还是疲软低迷，无论经济繁荣还是萧条，巴菲特在市场上的表现总是出奇地好。他的投资理念为自己创造了惊人的佳绩。

历史上最早的融资者——吉拉德

1750年5月20日，吉拉德出生于法国港口城市波尔多。他的早年充满了苦涩和艰辛。父亲皮埃尔·吉拉德是个水手，一大家子人都靠他的微薄收入为生。身为长子，吉拉德从小就承担着照顾弟弟妹妹的责任。八岁时，因为一次偶然事故，吉拉德的右眼失明了。

1774年7月，吉拉德第一次来到纽约。纽约商人托马斯·兰德尔看上了精力充沛的吉拉德，二人开始了一段收益丰厚的合作——纽约与新奥尔良之间的航运。这使他很快积累了一定的资本并获得一艘船的一半所有权。事业刚刚有所起色，他的梦想就被突如其来的战争打破，被迫前往人生地不熟的费城。

无论从哪个方面来看，这个法国小商贩的成功概率都是微乎其微。他的资金少，经营业务琐碎，几乎不会说英语；他身体矮胖、表情麻木、眉毛浓密，仅剩的一个左眼目光迟钝。而且他个性冷漠，举止矜持，邻居们都不喜欢他，甚至有点儿害怕他。没有人想到，多年后，这个陌生的小商贩竟然逐渐成为这片大陆上最富有的人。

从1780年到1800年的二十年，是吉拉德海上贸易的黄金期。拿破仑战争损害了欧洲的商业，给吉拉德提供了良机。尽管禁运、阻塞、海盗和扣押商船之类的事件仍时有发生，但是情况已大有改观。因为吉拉德的商船上挂着美利坚的国旗，处于国家的保护之下。

1795年，吉拉德公司的商船"伏尔泰"号满载谷子从宾夕法尼亚出发，前往波尔多补充一些酒和水果，然后前往圣彼得堡换得亚麻和铁，再航行至阿姆斯特丹出售，得到铸币。接着又前往中国和印度，购买整整一船的瓷器、丝绸和茶，最后返回宾夕法尼亚，销售一空。

这是当时吉拉德的全球贸易的一个缩影。"伏尔泰""卢梭""孟德斯鸠""爱尔维修"等18艘以法国启蒙思想家命名的商船在大洋上航行。在远东、南美、加勒比海、波罗的海、地中海，到处可见它们的身影。

1791年，美利坚第一银行成立，公众被允许购买部分股份。史蒂芬·吉拉德趁机进入金融领域，购买了大量股份。到1811年第一银行的20年营业有效期截止时，吉拉德已经成为该银行的最大股东。国会经过激烈辩论，最终没有与第一银行续约。吉拉德投入120万美元，购买了第一银行的所有股份和资产，成立吉拉德银行。至此，吉拉德毫无争议地成为这个国家最富有的人。

作为一个美国公民，他经过艰难的讨价还价，计划和坚持建立起自己的财富。他控制着以法国哲学家命名的拥有18艘船的舰队，运送小麦、鱼、面粉、木材、糖和咖啡。尽管时常会发生禁运、阻塞、海盗和扣押等，但没有对他产生太多伤害，因为吉拉德和码头上最丑恶的人有资金往来。他是一个不能容忍愚蠢的精明商人，他宣称工作"是我在世上唯一的快乐"。吉拉德这个独眼、苦难的法国人从不休息，相信"劳动就是生活、幸福及一切"。

在19世纪早期吉拉德就已经拥有了一个百万资产的航运帝国，用数百万开立了自己的私人银行。

随着他的"唯一的快乐"的高涨和国际声誉的鹊起，吉拉德和伦敦的巴林兄弟投资费城房地产、保险和美国第一银行时，获取了100万美元的利润。1811年，政治骚动正在酝酿，第一银行的特许权被国会终止，这时吉拉德抽出他的海外资本，用过去投资于美国银行的1/4——120万美元创造了他非常有名的斯蒂芬·吉拉德银行。斯蒂芬·吉拉德没有银行业和金融业前辈的指示可遵照，他是一个开拓者。他具有早期美国的利己主义者的本质，他不仅能同海盗和政治家（两者有很多相似之处）平等地做生意，也能同银行家和商人平等地做生意。

当吉拉德的巨额资本可以不受限制地投资时，他选择组建了一个私人银行来补充海运公司的信用。"我的商业资本使我能够进行赊销，能够用手头的现金无须折扣开展海运生意。"他曾经这样告诉一位巴林兄弟。然而，不像其他通常与大商业机构往来的私人银行，吉拉德——以他的诚信闻名——将他的银行和生意小心翼翼地分开。

除了他独立而保守的银行操作以外，吉拉德被认为是他那个时代独特的象征。他与大口喝酒、偷盗货物的海盗进行斗争，在商业经济中变得富有；然后，在逐渐合作化、文明化的世界中担任着积极进取的商业银行家的角色。随着商业银行新时代的到来，老化的吉拉德不断抵制它的合作化本质，他预示即将产生的事物——全能的私人投资银行家。如果再活75年，富有而又有影响的吉拉德可能就能与强大的J.P.摩根相抗衡！

吉拉德是早期美国的公民品质和资本精神的代表。他征服了财富，也抵抗住了财富的进攻。在征服与抵抗之际，他当之无愧跻身"美国经济领域里的建国之父"

行列，因为他不仅影响了美国的经济发展史，而且影响了美国人对财富的观念。

吉拉德只是一个商人，一个公民。他富可敌国，却勤俭节约，过着清苦的生活；他吝啬、苛刻，从不施舍，却在死后把巨额财富捐给慈善事业；他自称"启蒙时代的儿子"，笃信理性，认为"宗教在我心中没有任何位置"。韦伯以工作为灵魂，相信"劳动就是生活、幸福及一切"；他谨慎，自私，却在瘟疫突发，城市混乱之际挺身而出，冒着生命危险救治伤员，维持秩序。吉拉德正是靠这种资本主义精神建立了庞大的财富帝国，也凭着它抵抗住了财富的进攻，以节俭和捐赠诠释出一种真正健康的财富观。

按照《福布斯》杂志在2006年给出的数据，他去世留下的财富大约600万美元。当然，这不像人们认为的那么多。一生中在某个地方，他一定失去了一部分财富，而损失在任何地方都没有记录。1831年的600万美元，在消费品价格调整后，不可思议地，只相当于现在的8000万美金。因此，在他最富有的时候，也不及现在"福布斯400"中的任何一个人。在某种意义上，他的财富反映了早期的美国金融界贫穷的状况。

吉拉德以一张遗嘱完整地阐释了资本主义精神：它不仅仅是对财富的理性追求，也是对财富的理性应用。让人幸福和快乐的是对财富的追求，而不是无节制地享受财富。这种财富观是"吉拉德留给美国人的最宝贵的遗产，在美国人心中播下了一颗免于堕落的种子"。

华尔街的老船长——范德比尔特

在19世纪末20世纪初的"镀金年代"，范德比尔特无疑是亿万富翁的代表之一。他是著名的航运、铁路、金融巨头，美国史上第三大富豪，身家远超过比尔·盖茨。他还是电脑游戏《铁路大亨》的原型人物。从100美元起家到成为亿万富豪，范德比尔特被誉为"华尔街船长"。

1794年，范德比尔特出生于纽约斯坦顿岛上，他的父亲拥有一个农场，站在那儿可以俯视整个纽约湾。范德比尔特的父亲供养着一大家子人，但不是一个很有雄心的人。相比较而言，母亲对范德比尔特的影响更大。

在他只有16岁的时候，他就渴望开始自己的事业。一次，在里士满港口出售帆驳船的时候，他看到了机会。在蒸汽机出现以前，由荷兰人引进的这种帆驳船是纽约港主要的运输工具，平底双桅杆的帆驳船最长可达18米，宽7米，有足够的空间来装载货物。由于吃水浅，它们几乎可以在纽约水域上自由航行。范德比尔特向他的母亲借了 100 美元来购买帆驳船，这在 1810 年可不是一个小数目。母亲和他进行了一个很苛刻的交易，母亲告诉他，如果能够在他生日以前把那块未经开垦的 3.2 公顷土地清理干净，并且犁好种上作物，她就会给他钱。当时离他的生日只有 4 个星期了，但范德比尔特组织起一些邻居小孩及时地完成了这个任务，成功购买了帆驳船。

1812 年的战争确保了范德比尔特事业的成功。军队需要他们能够完全信任和依赖的供货商向保卫纽约港的要塞运送物资，虽然范德比尔特的报价与其他人的报价相比并不是最低的，但他们还是和他签了合同。但在大部分时间里，纽约的运输业务并不是靠合同来获得的，更准确地说，是看谁先抢到生意，然后设法保住它。

到 1817 年底，范德比尔特已经有了 9000 美元，同时还拥有数目可观的帆船运输队，但是他还是时刻关注着任何出现的变化和机会。他很快就在轮船中看到了他的未来。他卖了他的帆船，开始为托马斯·吉本斯工作，成为吉本斯一艘名为"斯托廷格"（Stoudinger）蒸汽船的船长。这艘蒸汽船由于船体很小，绰号"老鼠船"，航行于纽约、新不伦瑞克和新泽西三个港口之间。

在快到 70 岁的时候，范德比尔特已经成为美国当时最富有的 6 个人之一，就在这时，他决定放弃所钟爱的蒸汽船并开始涉足铁路事业。1863 年，当这位船长最初开始购买铁路股票时，他简直是被嘲笑着离开了华尔街。人们看到对铁路一无所知的年老的航运富豪完成了这件事——他正在把萧条的哈莱姆河与哈德孙河航线全部买下来！"让他们笑吧"，范德比尔特吼道——他从来不会斥责公众舆论。

当路面电车特许权被取消的时候，股票下跌了。随着股价的下跌，范德比尔特不停地买进，直到他认购了比实际存在的还多 27000 股的股份，他再次囤积了哈莱姆的股票。

老船长最终获得胜利的要诀是："绝不要买任何你不想买的东西，也不要卖你没有的！"这次，股票涨到了 285 美元，卖空的人心惊胆战，但是船长不满意。他冷酷地喊道："涨到 1000 吧，这种智力游戏会经常发生的。"但是，由于整个股票市场的恐慌，以及受船长囤积股票的明显惊吓，这个老傻瓜在 285 美元的时候出手了。

范德比尔特两次围歼熊市投机商，给他和他的同伴带来了 300 万美元的巨额财富。这次金融战也被公认为金融操纵史上的杰作。《纽约先驱报》曾宣称："华尔街市场上从未看到过这么成功的股票坐庄。"

科尼利厄斯·范德比尔特在他那个时代，是世界上最富有的白手起家的人，这位美国资本家通过从事船运业和铁路建筑等，去世时积累了1.05亿美元的财富，据测算占当时GDP的比例为1∶87。他住在华盛顿区很舒服的繁华市中心里的相对一般的房子里，并将第五街留给他的子孙们。但是，他还是不能完全拒绝使自己名垂千古的诱惑。1896年时，他为他的纽约和哈得孙河铁路公司在下曼哈顿建了一个新的货仓，他还为自己准备了巨大的纪念碑作为这个建筑物的组成部分。这只是他的一个自传而已，用10万磅铜来镌刻。这个建筑物的山墙，有30英尺高，150英尺长，上面满是对自己的描述，用了高级的浮雕，说明了范德比尔特在船舶公司和铁路公司的工作经历。这些都位于他的船队队长的中央雕像的两侧，雕像整整高12英尺，重4吨。

这在19世纪的富豪中是一个特例。除了为自己树一个塑像之外，有钱人大部分将他们的名字与某个巨大的有用的事物联系在一起，这些事物为公众服务，也表现了它们的创造者们的虚荣心。单单纽约城就到处充斥着这样的东西：卡内基音乐厅、库珀联合学院、洛克菲勒大学、佩雷公园和惠特尼博物馆、古根海姆博物馆等等，比比皆是。

第二篇
基础篇：走近金融的世界

·第一章·

看透钱的本质，就了解了金融的真谛

——每天读点货币知识

货币的起源：谁人不识孔方兄

在太平洋某些岛屿和若干非洲民族中，以一种贝壳——"加马里"货币来购物，600个"加马里"可换一整匹棉花。再如美拉尼西亚群岛的居民普遍养狗，所以就以狗牙做货币，一颗狗牙大约可买100个椰子，而娶一位新娘，必须给她几百颗狗牙做礼金！

在太平洋加罗林群岛中的雅浦岛，这里的居民使用石头货币。这里每一枚货币叫作"一分"，但这样的"一分"，绝不可以携带在身上。因为它是一个"庞然大物"的圆形石头，中心还有一个圆窟。照当地人的规定，"分"的体积和直径越大，价值就越高。因此有的价值高的"分"的直径达到5米。这种货币是用石灰岩的矿物——文石刻成的，但雅浦岛上没有文石，当地人要远航到几百里外的帕拉乌岛把大石打下，装在木筏上运回。单是海上那惊险百出的航程，就要历时几个星期。

巨大的石头货币，有优点也有缺点，优点是不怕盗窃，不怕火烧水浸，经久耐磨，缺点是不易搬运，携带不便。所以用这种货币去购物时，必须把货主带到石头货币旁边察看成色，然后讲价。

由于搬运艰难，人们卖掉货物换来的石头货币，只好打上印戳，让它留在原地，作为自己的一笔"不动产"。

为什么狗牙和石头也能成为货币？货币为什么能买到任何东西？要解开货币的有关疑问，就必须了解货币是怎么来的。

货币的前身就是普普通通的商品，它是在交换过程中逐渐演变成一般等价物的。货币是商品，但又不是普通商品，而是特殊商品。货币出现后，整个商品世界就分裂成为两极，一极是特殊商品——货币，另一极是所有的普通商品。普通商品以各种各样的使用价值的形式出现，而货币则以价值的体化物或尺度出现，普通商品只有通过与货币的比较，其价值才能得到体现，所有商品的价值只有通过与货币的比较之后，相互之间才可以比较。

货币是商品交换长期发展过程中分离出来的特殊商品，是商品交换发展的自然结果。原始社会后期，由于社会生产力的发展，在原始公社之间出现了最初的实物交换。随着生产力的进一步发展，商品交换逐渐变成经常的行为。但是，直接的物物交换中常会出现商品转让的困难，必然要求有一个一般等价物作为交换的媒介。

美国著名的金融学家米什金在其著作《货币金融学》中提到，任何履行货币功能的物品必须是被普遍接受的——每个人都愿意用它来支付商品和服务。一种对任何人而言都具有价值的物品是最有可能成为货币的。于是，经过长期的自然淘汰，商品货币发展到后期，人们自然地选择金银等贵金属作为支付货币。在绝大多数社会里，作为货币使用的物品逐渐被金属所取代。使用金属货币的好处是它的制造需要人工，无法从自然界大量获取，同时还易储存。数量稀少的金、银和冶炼困难的铜逐渐成为主要的货币金属。

随着文明的发展，人们逐渐建立了更加复杂而先进的货币制度。人们开始铸造重量、成色统一的货币。这样，在使用货币的时候，既不需要称重量，也不需要测试成色，方便得多。货币上面通常印有国王或皇帝的头像、复杂的纹章和印玺图案，以免被伪造。

中国最早的金属货币是商朝的铜贝。商代在我国历史上也称青铜器时代，当时相当发达的青铜冶炼业促进了生产的发展和交易活动的增加。于是，在当时最广泛流通的贝币由于来源的不稳定而使交易发生不便，人们便寻找更适宜的货币材料，自然而然集中到青铜上，青铜币应运而生。人们将其称为铜贝。随着冶炼技术的发达，铜不再是稀贵的金属，人们开始用更加难以获得的金和银作为铸造货币的金属材料。此后的相当长的一段时间内，金银都是被普遍使用的货币。16世纪，哥伦布发现"新大陆"，大量来自美洲的黄金和白银通过西班牙流入欧洲，金银货币更加得到了世界范围内的流通。

在金融学中，由贵金属或其他有价值的商品构成的货币统称为商品货币。在人类发展的很长一段时间之内，几乎在任何一个国家和社会中，商品货币都发挥了交易媒介的功能。但随着人类文明的发展，商品货币还是被淘汰了，原因在于金属货币太重了，使用不方便，并且流通困难，很难从一地运送到另一地。因此，纸币也就应运而生了。

中国北宋时期四川成都出现了一种"交子"，这就是世界上最早的纸币。北宋初年，成都一带商业十分发达，通货紧张，而当时铸造的铁钱却流通不畅。于是当地 16 家富户开始私下印制一种可以取代钱币、用楮树皮造的券，后来被称作"交子"。当地政府最初想取缔这种"新货币"，但是这种"新货币"在经济流通中作用却十分明显，于是决定改由官方印制。但是"交子"的诞生地却一直没人发现。

后据历史考证，"交子"最早在成都万佛寺内印制。《成都金融志》中说："北宋益州的'交子铺'实为四川历史上最早的货币金融机构，而益州的交子务则是最早由国家批准设立的纸币发行机构。""交子"的出现，便利了商业往来，弥补了现钱的不足，是我国货币史上的一大创新。此外，"交子"作为我国乃至世界上发行最早的纸币，在印刷史、版画史上也占有重要的地位，对研究我国古代纸币印刷技术有着重要意义。

今天，我们已经不用金元宝或银锭、铜板买东西了，而是用一些"纸"。这些"纸"的价值几乎可以忽略不计，但是它却有神奇的力量，可以换来任何你想要的东西，甚至连黄金也可以交换，这似乎让人觉得不可思议。

在商品货币时代，金属货币使用久了，就会出现磨损，变得不足值。人们就意识到可以用其他的东西代替货币进行流通，于是就出现了纸币。纸币在货币金融学中最初的定义为发挥交易媒介功能的纸片。最初，纸币附有可以兑现金属货币的作用，但是最后演变为不兑现纸币。不兑现纸币是不能兑换成黄金或者白银的，但它却拥有同样的购买力，因为它的购买力源于政府的权威和信誉。只要政府宣布它为法定偿还货币，那么在支付债务时，人们都必须接受它，而不能再把它转化为金属货币后再支付。这样一来，纸币比金属货币轻得多，流通方便，加上不需要耗费昂贵的原材料，于是很快就被人们接受了。

事实上，接受纸币也是需要一些条件的。只有人们对货币发行当局有充分的信任，并且印刷技术发展到足以使伪造极为困难的高级阶段时，纸币方可被接受为交易媒介。

纸币出现的另一个深层次的原因是由此建立的法定货币体制彻底摆脱了黄金

和白银对货币总量的制约，这使得当局对货币的控制更加有弹性，更加灵活。如果这样，政府可以无限制地增加货币供应来获得政府收益。当然，由此引发的通货膨胀问题逐渐被引导到经济学研究的重要课题上。凯恩斯对此曾说："用（通货膨胀）这个办法，政府可以秘密地和难以察觉地没收人民的财富，一百万人中也很难有一个人能够发现这种偷窃行为。"而这些都是建立在以不兑现纸币为基础的法定货币体制之上的。

其实严格来说，纸币并不是货币，因为货币是从商品中分离出来的、固定充当一般等价物的商品。纸币由于没有价值，不是商品，所以也就不是货币。在现代金融学中，纸币是指代替金属货币进行流通，由国家发行并强制使用的货币符号。今天我们使用的人民币或者美元等都是由国家信用作为保障强制流通的货币符号。而纸币本身没有和金属货币同样的内在价值，它本身的价值也比国家确定的货币价值小得多，它的意义在于它是一种货币价值的符号。因为它可以执行货币的部分功能：流通手段和支付手段，部分国家的纸币还可以执行世界货币职能（如美元、欧元、人民币等）。纸币的发行量由国家决定，但国家不能决定纸币的实际价值。

货币演进：从"以物易物"到纸币做"媒"

你知道我们交换用的货币是怎么演化来的吗？关于货币的演化，让我们先来听听经济学家弗里德曼讲述的关于上一节中的雅浦群岛的故事吧。

太平洋加罗林群岛中有个雅浦群岛，岛上不出产金属，人们使用打制成圆形的石头作为交换媒介，岛民们把这种当货币使用的圆石叫作"费"。

刚开始时由于小岛上居民们的需求量不大，大家都以各自的出产互相交换所需物品，公平买卖。随着岛屿的扩大和人口的增加，商品流通规模随之增加。现有的"费"数量明显不够，岛上居民需要更多的"费"来衡量交易物品的价值。由于采集、打磨石头是一件很费工夫的事情，于是雅浦群岛出现了类似"铸币厂"的地方。

随着岛上商品经济的发展，"费"的使用已经极大地制约了商品流通。于是人们想出了一个办法，在岛上发行一种可以代表"费"的纸币。为了便于计算，纸币的面额一般为100费、50费、20费、10费、5费、2费、1费、0.5费、0.2费、0.1

费等。这样一来，商品流通效率提高，各地物产、贸易量增加，岛上居民收入提高，就业率也保持稳定增长。

这就是货币的形象产生过程。货币自诞生以来，经历了实物货币、金属货币、信用货币等数次转变。货币的"祖先"脱胎于一般的商品。某些一般的商品由于其特殊的性能，适合用作交易媒介，于是就摇身一变成了商品家族的新贵——货币。比如贝壳，今天的人们已经很难想象它曾经是叱咤风云的"钱"。除了贝壳，还有龟壳、布帛、可可豆、鲸鱼牙，甚至玉米等，都曾在不同地区的不同时代充当过货币。后来，取代实物货币的是金属，比如金、银、铜、铁等，它们都曾长时间扮演过货币的角色。在金属货币之后诞生了纸币，也就是所谓的信用货币。

货币的发展一共经历了如下几个阶段：

1. 物物交换

人类使用货币的历史产生于物物交换的时代。在原始社会，人们使用以物易物的方式，交换自己所需要的物资，比如用一头羊换一把石斧。但是有时候受到用于交换的物资种类的限制，不得不寻找一种能够为交换双方都能接受的物品。这种物品就是最原始的货币。牲畜、盐、稀有的贝壳、珍稀鸟类羽毛、宝石、沙金、石头等不容易大量获取的物品都曾经作为货币使用过。

在人类早期历史上，"贝壳"因为其不易获得，充当了一般等价物的功能，"贝壳"因此成为最原始的货币之一。今天的汉字如"赚""赔""财"等，都有"贝"字旁，就是当初贝壳作为货币流通的印迹。

2. 金属货币

早期的金属货币是块状的，使用时需要先用试金石测试其成色，同时还要称量重量。随着人类文明的发展，逐渐建立了更加复杂而先进的货币制度。古希腊、罗马和波斯的人们铸造重量、成色统一的硬币。这样，在使用货币的时候，既不需要称重量，也不需要测试成色，无疑方便得多。这些硬币上面印有国王或皇帝的头像、复杂的纹章和印玺图案，以免被伪造。

铜贝产生以后，是与贝币同时流通的，铜贝发展到春秋中期，又出现了新的货币形式，即包金铜贝，它是在普通铜币的外表包一层薄金，既华贵又耐磨。铜贝不仅是我国最早的金属货币，也是世界上最早的金属货币。

3. 金银

西方国家的主币为金币和银币，辅币以铜、铜合金制造。随着欧洲社会经济的发展，商品交易量逐渐增大，到15世纪时，经济发达的佛兰德斯和意大利北部各邦国出现了通货紧缩的恐慌。从16世纪开始，大量来自美洲的黄金和白银通过西班牙流入欧洲，挽救了欧洲的货币制度，并为其后欧洲的资本主义经济发展创造了起步的条件。

4. 纸币

随着经济的进一步发展，金属货币同样显示出使用上的不便。在大额交易中需要使用大量的金属货币，其重量和体积都令人感到烦恼。金属货币使用中还会出现磨损的问题，据不完全统计，自从人类使用黄金作为货币以来，已经有超过两万吨的黄金在铸币厂里、或者在人们的手中、钱袋中和衣物口袋中被磨损掉。于是作为金属货币的象征符号的纸币出现了。世界上最早的纸币为宋朝年间于中国四川地区出现的"交子"。

目前世界上共有两百多种货币，流通于世界190多个独立国家和其他地区。作为各国货币主币的纸币，精美、多侧面地反映了该国历史文化的横断面，沟通了世界各国人民的经济交往。目前世界上比较重要的纸币包括美元、欧元、人民币、日元和英镑等。

随着信用制度的发展，我们对存款货币和电子货币也已经不感到陌生了，但新的货币形式还将不断出现。货币如同魔术师的神秘魔术，它神奇地吸引着人们的注意力，调动着人们的欲望，渗透到每一个角落，用一种看不见的强大力量牵引着人们的行为。我们要正确认识货币，更要正确使用货币。

货币本质：从贝壳到信用卡，什么才是货币

货币是我们在日常生活中经常接触到的东西。在一般人看来，所谓货币，无非就是可以拿来买东西的人民币、美元或英镑等。以上所说的货币，其实是指"钱"，即流通中的现金或通货。不过在金融学或经济学里，这样定义货币是不准确的，货币的范围要比这个大得多。在今天，支票、信用卡、银行卡都可以作为我们购物时的支付工具。实际上，在现代经济生活中，无论是商品、劳务还是金融产品的交易，用现金支付的只占极小的比重。

在日常生活中有很多人将货币等同于财富。一个人很富有，我们会说他很有钱；一个人囊中羞涩、生活拮据时，我们会说他没什么钱。这里的钱就是指财富，但财富的范围又要比货币宽泛得多。人们购买的股票、债券、基金等金融资产和

拥有的住宅、轿车等都归为财富之类，但它们不属于货币的范畴。

那么，金融学到底是如何定义货币的呢？通常经济学家将被人们普遍接受的，可以充当交易媒介、价值尺度、价值贮藏、支付手段和安全流动的商品看作货币，其本质是一般等价物。它既可以是黄金白银这样的有形物品，也可以是一种被普遍接受的符号。只要它具有以上五个方面的功能，经济学家都称它为货币。

货币的本质是固定地充当一般等价物的商品，它能和所有的商品交换，充当商品交换的媒介。货币的发展是一个漫长的过程，由贝壳、金、银、铜等这些实物货币发展到纸币、银行券这些信用货币，现在市场上又出现了虚拟的电子货币，如我们日常生活中常用到的储值卡、信用卡、电子支票、电子钱包等。

在现代社会中，金钱可以说是无处不在，它早就渗透了人们衣、食、住、行的各个方面。一个人如果没有钱，那么他在社会上就寸步难行；如果有了钱，就可以得到物质享受。由于钱有这个作用，所以它就有了一种令人疯狂的魔力，被蒙上了一层神秘的面纱。但是钱并不完全等于货币。按照经济学理论的解释，任何一种能执行交换媒介、价值尺度、延期支付标准或完全流动的财富储藏手段等功能的商品，都可被看作货币。有人不禁要质疑上述论断：人民币、美元、欧元是货币，肥皂、洗衣粉之类的商品也能说是货币吗？在我们的生活中，肥皂、洗衣粉当然不能算是货币，这是为什么呢？

货币的本质至少包括以下几方面的内容：其一，货币是由国家或国家许可的机构发行的，是国家产生后的产物，在国家没有诞生前，货币也不可能产生。其二，货币的发行范围是在全国性的。其三，货币分配的对象是商品。

由货币的本质我们可以看出，货币具有以下本质特征。

（1）货币没有价值。它之所以能够交换到有价值的产品，是国家通过控制货币的发行数量并使普通民众无法伪造货币的方法来实现的。

（2）货币代表的是一种权力，即随时从社会商品总库存中兑现一定份额商品的权力。货币的效用是通过兑现到的商品的数量来决定的。

（3）货币不是商品。无论马克思主义经济学还是西方经济学都把金银等贵重金属商品看作货币的主要形式，这是不对的。

首先，金银只是在19世纪以后才作为主要货币而存在了一段时间，在这之前，主要的货币形式是贝壳、贱金属铸币和纸币，这样，在货币至少四五千年的发展历史中，金银作为主要货币形式的时间是极为短暂的。

其次，货币的本质只是一种分配商品的权力，所以，贝壳、铸币、纸、金银等都只是权力的载体，就像货币穿的衣服。货币本来没有价值，但因为国家经常会超出商品交易的需要而发行货币，给商人、地主、手工业主、农民等民间群体造成损失，民间就和国家发生了矛盾。经过长期的斗争，民间力量强迫国家给货币穿上有价值的衣服，比如一定量的铜、铁，这就是铸币的来源。

但是国家仍然不会严格按照铸币币材的价值来发行货币，而是经常贬值发行，这种情况是史不绝书的。为了保护自己的利益，民间公认把金银作为交换中介物，与货币并列流通，制约国家对货币的发行。金银是作为与货币并列的交换中介物而存在的，它的功能主要在于保值，通常会作为财富的贮藏手段而持有。除了一些大宗商品交易之外，社会上大部分的商品流通仍然是用货币来执行的。当历史进入资本主义社会后，国家侵犯民间利益的情况大为改善，纸币很快成为主要的货币形式，金银只在国际贸易中能充当交换中介物的重要角色。

（4）单位货币所能分配到的商品数量取决于两个因素，一是货币兑现总数量；二是商品总数量，两者之间是反比的关系。假如货币兑现总数量增加了一倍而商品总数量不变，则商品的平均价格就会增加一倍。假如货币兑现总数量不变而商品总数量减少了一倍，商品的平均价格也会增加一倍。但是，是不是说，假如货币兑现总数量不变而商品总数量增加一倍时，商品的平均价格会下降一倍呢？这种情况是很少发生的，因为当商品总数量超过相应的货币兑现总数量的时候，如果货币兑现总数量不增加，那么商品平均价格就会下降，这时候生产者为了保护自己的利益会减缓商品的供给以降低价格的下降幅度，降到一定程度后，商品的供给数量就会重新下降到与货币发行数量适应的程度。与此同时，因为国家对货币的供给相对充裕，一般也不会发生货币发行量不能满足商品交易需要的情况。反而是在通常情况下，国家总会超出商品交易的需要而过量发行货币。在封建社会，皇帝或国王过量发行货币可以用于满足自己穷奢极欲的消费需求和战争的需要。在现代社会里，国家为了弥补财政赤字，冲销银行死账等，也会过量发行货币。

（5）人们从获得货币、保存货币到兑现货币，总会保持一个或短或长的时间。其能够实行的基础是人们对社会商品供给具有连续性的预期。货币所能兑现到的商品数量不是取决于货币获得时社会的商品供需状况，而是取决于兑现时社会商品供需状况。由于社会兑现货币总数量和商品供应总数量是经常变动的，所以单位货币所能兑现到的商品数量，也就是货币的价值也是经常变动的。

货币的发明是人类社会组织史上具有重要意义的里程碑。货币的发明，不但促进了产品交换、税收管理、产品分配的发展，更重要的是找到了一种在血缘关系和婚姻关系之外的新型社会生产组织形式，并直接导致了国家的诞生。

货币功能：货币为什么能买到世界上所有的商品

经济学家艾文只能做一件事：讲授经济学原理。物物交换的经济社会中，如果艾文想要获得食物，他就必须找到一个农场主，这个农场主必须既生产他所喜欢的食物，又想学习经济学。可以想象，这需要一定的运气和大量的时间。如果我们引入货币，情况又如何呢？艾文可以为学生讲课，收取货币报酬。然后艾文可以找到任何农场主，用他收到的钱购买他所需要的食物。这样需求的双重巧合问题就可以避免了。艾文可以节省大量的时间，用这些时间，他可以做他最擅长的事：教书。

从这个例子中可以看到，货币大大降低了花费在交换物品和劳务上的时间，提高了经济运行的效率。同时，它使人们可以专注于他们最擅长的事情，同样也可提高经济运行的效率。因此，货币就是买卖的桥梁，是商品流通的中介。在一手交钱，一手交货的买卖中，货币承担着交易媒介的功能。从远古时期的贝壳，到后来的金银铜，再到纸币，再到现在的电子货币，货币的每一次进步都使买卖变得更加便利。

想要了解货币具有哪些功能，我们需要从以下几个方面来认识货币。

1. 价值尺度

正如衡量长度的尺子本身有长度，称东西的砝码本身有重量一样，衡量商品价值的货币本身也是商品，具有价值；没有价值的东西，不能充当价值尺度。

在商品交换过程中，货币成为一般等价物，可以表现任何商品的价值，衡量一切商品的价值量。货币在执行价值尺度的职能时，并不需要有现实的货币，只需要观念上的货币。例如，1辆自行车值200元人民币，只要贴上个标签就可以了。当人们在做这种价值估量的时候，只要在他的头脑中有多少钱的观念就行了。用来衡量商品价值的货币虽然只是观念上的货币，但是这种观念上的货币仍然要以实在的货币为基础。人们不能任意给商品定价，因为，在货币的价值同其他商品之间存在着客观的比例，这一比例的现实基础就是生产两者所耗费的社会必要劳动量。

商品的价值用一定数量的货币表现出来，就是商品的价格。价值是价格的基础，价格是价值的货币表现。货币作为价值尺度的职能，就是根据各种商品的价值大小，把它表现为各种各样的价格。例如，1头牛价值2两黄金，在这里2两黄金就是1头牛的价格。

2. 交换媒介

在商品交换过程中，商品出卖者把商品转化为货币，然后再用货币去购买商品。在这里，货币发挥了交换媒介的作用，执行流通手段的职能。

在货币出现以前，商品交换是直接的物物交换。货币出现以后，它在商品交换关系中则起媒介作用。以货币为媒介的商品交换就是商品流通，它由商品变为货币（W—G）和由货币变为商品（G—W）两个过程组成。由于货币在商品流通中作为交换的媒介，它打破了直接物物交换和地方的限制，扩大了商品交换的品种、数量和地域范围，从而促进了商品交换和商品生产的发展。

由于货币充当流通手段的职能，使商品的买和卖打破了时间上的限制，一个商品所有者在出卖商品之后，不一定马上就买；也打破了买和卖空间上的限制，一个商品所有者在出卖商品以后，可以就地购买其他商品，也可以在别的地方购买任何其他商品。

3. 贮藏手段

货币退出流通领域充当独立的价值形式和社会财富的一般代表而储存起来的一种职能。

货币作为贮藏手段，是随着商品生产和商品流通的发展而不断发展的。在商品流通的初期，有些人就把多余的产品换成货币保存起来，贮藏金银被看成富裕的表现，这是一种朴素的货币贮藏形式。随着商品生产的连续进行，商品生产者要不断地买进生产资料和生活资料，但他生产和出卖自己的商品要花费时间，并且对能否卖掉也没有把握。这样，他为了能够不断地买进，就必须把前次出卖商品所得的货币贮藏起来，这是商品生产者的货币贮藏。随着商品流通的扩展，货币的权力日益增大，一切东西都可以用货币来买卖，货币交换扩展到一切领域。谁占有更多的货币，谁的权力就更大，贮藏货币的欲望也就变得更加强烈，这是一种社会权力的货币贮藏。货币作为贮藏手段，可以自发地调节货币流通量，起着蓄水池的作用。

4. 支付手段

货币作为独立的价值形式进行单方面运动（如清偿债务、缴纳税款、支付工资和租金等）时所执行的职能。

因为商品交易最初是用现金支付的。但是，由于各种商品的生产时间不同，有的长些，有的短些，有的还带有季节性。同时，各种商品销售时间也是不同的，有些商品就地销售，销售时间短，有些商品需要远销外地，销售时间长。商品的让渡同价格的实现在时间上分离开来，即出现赊购的现象。赊购以后到约定的日期清偿债务时，货币便执行支付手段的职能。货币作为支付手段，开始是由商品的赊购、预付引起的，后来才慢慢扩展到商品流通领域之外，在商品交换和信用事业发达的经济社会里，就日益成为普遍的交易方式。

在货币当作支付手段的条件下，买者和卖者的关系已经不是简单的买卖关系，而是一种债权债务关系。货币一方面可以减少流通中所需要的货币量，节省大量现金，促进商品流通的发展。另一方面货币进一步扩大了商品经济的矛盾。在赊买赊卖的情况下，许多商品生产者之间都发生了债权债务关系，如果其中有人到期不能支付，就会引起一系列的连锁反应，使整个信用关系遭到破坏。

5. 世界货币

货币在世界市场上执行一般等价物的职能。由于国际贸易的发生和发展，货币流通超出一国的范围，在世界市场上发挥作用，于是货币便有了世界货币的职能。作为世界货币，必须是足值的金和银，而且必须脱去铸币的地域性外衣，以金块、银块的形状出现。原来在各国国内发挥作用的铸币以及纸币等在世界市场上都失去作用。

在国内流通中，一般只能由一种货币商品充当价值尺度。在国际上，由于有的国家用金作为价值尺度，有的国家用银作为价值尺度，所以在世界市场上金和银可以同时充当价值尺度的职能。后来，在世界市场上，金取得了支配地位，主要由金执行价值尺度的职能。

国际货币充当一般购买手段，一个国家直接以金、银向另一个国家购买商品。同时作为一般支付手段，国际货币用以平衡国际贸易的差额，如偿付国际债务、支付利息和其他非生产性支付等。国际货币还充当国际间财富转移的手段，货币作为社会财富的代表，可由一国转移到另一国，例如，支付战争赔款、输出货币资本或由于其他原因把金银转移到外国去。在当代，世界货币的主要职能是作为国际支付手段，用以平衡国际收支的差额。

货币制度：没有"规矩"难成方圆

没有规矩，不成方圆，货币也有货币的规矩——货币制度。货币制度是国家对货币的有关要素、货币流通的组织与管理等加以规定所形成的制度，完善的货币制度能够保证货币和货币流通的稳定，保障货币正常发挥各项职能。货币制度由国家以法律的形式规定下来。

1. 货币制度需要明确的几个问题

（1）规定货币材料。规定货币材料就是规定币材的性质，确定不同的货币材料就形成不同的货币制度。比如，货币是用贝壳还是铜铁，是用金银还是纸张，但是哪种物品可以作为货币材料不是国家随心所欲指定的，而是对已经形成的客观现实在法律上加以肯定。目前各国都实行不兑现的信用货币制度，对货币材料不再做明确规定。

（2）规定货币单位。货币单位是货币本身的计量单位，规定货币单位包括两方面：一是规定货币单位的名称，二是规定货币单位的值。比如，过去铜钱的单位是"文""贯"，金银的单位是"两""斤"，人民币的单位是"元"。在金属货币制度条件下，货币单位的值是每个货币单位包含的货币金属重量和成色；在信用货币尚未脱离金属货币制度条件下，货币单位的值是每个货币单位的含金量；在黄金非货币化后，确定货币单位的值表现为确定或维持本币的汇率。

（3）规定流通中货币的种类。规定流通中货币的种类主要指规定主币和辅币。主币是一国的基本通货和法定价格标准，辅币是主币的等分，是小面额货币，主要用于小额交易支付。金属货币制度下主币是用国家规定的货币材料按照国家规定的货币单位铸造的货币，辅币用贱金属并由国家垄断铸造；信用货币制度下，主币和辅币的发行权都集中于中央银行或政府指定机构。

（4）规定货币法定支付偿还能力。货币法定支付偿还能力分为无限法偿和有限法偿。无限法偿指不论用于何种支付，不论支付数额有多大，对方均不得拒绝接受；有限法偿即在一次支付中有法定支付限额的限制，若超过限额，对方可以拒绝接受。金属货币制度下，一般而言主币具有无限法偿能力，辅币则是有限法偿。

（5）规定货币铸造发行的流通程序。货币铸造发行的流通程序主要分为金属货币的自由铸造与限制铸造、信用货币的分散发行与集中垄断发行。自由铸造指公民有权用国家规定的货币材料，按照国家规定的货币单位在国家造币厂铸造铸币，一般而言主币可以自由铸造；限制铸造指只能由国家铸造，辅币为限制铸造。信用货币分散发行指各商业银行可以自主发行，早期信用货币是分散发行，目前各国信用货币的发行权都集中于中央银行或指定机构。

（6）规定货币发行准备制度。货币发行准备制度是为约束货币发行规模维护货币信用而制定的，要求货币发行者在发行货币时必须以某种金属或资产作为发行准备。在金属货币制度下，货币发行以法律规定的贵金属作为发行准备；在现代信用货币制度下，各国货币发行准备制度的内容比较复杂，一般包括现金准备和证券准备两大类。

2. 货币制度的演变

在漫漫历史长河中，随着货币的演变，货币制度也在不停地演变，先后存在过银本位制、金银复本位制、金本位制、纸币本位制。银本位制的本位货币是银；金本位制则以金为本位货币；金银复本位制的本位货币是金和银；纸币发行以这些金属货币为基础，可以自由兑换。后来随着经济社会的发展，金属货币本位制逐步退出了历史舞台，世界各地都确立了不兑现的信用货币制度，即纸币本位制。

（1）银本位制。是指以白银为本位货币的一种货币制度。在货币制度的演变过程中，银本位的历史要早于金本位。银本位制的运行原理类似于金本位制，主要不同点在于以白银作为本位币币材。银币具有无限法偿能力，其名义价值与实际含有的白银价值一致。银本位分为银两本位与银币本位。

（2）金本位制。是指以黄金作为本位货币的货币制度。其主要形式有金币本位制、金块本位制和金汇兑本位制。

①金币本位制。金币本位制是以黄金为货币金属的一种典型的金本位制。其主要特点有：金币可以自由铸造、自由熔化；流通中的辅币和价值符号（如银行券）可以自由兑换金币；黄金可以自由输出输入。在实行金本位制的国家之间，根据两国货币的黄金含量计算汇率，称为金平价。

②金块本位制。金块本位制是指由中央银行发行、以金块为准备的纸币流通的货币制度。它与金币本位制的区别在于：其一，金块本位制以纸币或银行券作为流通货币，不再铸造、流通金币，但规定纸币或银行券的含金量，纸币或银行券可以兑换为黄金；其二，规定政府集中黄金储备，允许居民当持有本位币的含金量达到一定数额后兑换金块。

③金汇兑本位制。金汇兑本位制是指以银行券为流通货币，通过外汇间接兑换黄金的货币制度。金汇兑本位制与金块本位制的相同处在于规定货币单位的含

金量，国内流通银行券，没有铸币流通。但规定银行券可以换取外汇，不能兑换黄金。本国中央银行将黄金与外汇存于另一个实行金本位制的国家，允许以外汇间接兑换黄金，并规定本国货币与该国货币的法定比率，从而稳定本币币值。

（3）复本位制。复本位制指一国同时规定金和银为本位币。在复本位制下金与银都如在金本位制或银本位制下一样，可以自由买卖，自由铸造与熔化，自由输出输入。

复本位制从表面上看能够使本位货币金属有更充足的来源，使货币数量更好地满足商品生产与交换不断扩大的需要，但实际上却是一种具有内在不稳定性的货币制度。"劣币驱逐良币"的现象，即金银两种金属中市场价值高于官方确定比价不断被人们收藏时，金银两者中的"贵"金属最终会退出流通，使复本位制无法实现。

（4）纸币本位制。纸币本位又称作信用本位制，由于从国家法律而论，纸币已经无须以金属货币作为发行准备。纸币制度的主要特征是在流通中执行货币职能的是纸币和银行存款，并且通过调节货币数量影响经济活动。

纸币制度自实行之日起就存在着不同的争论。主张恢复金本位制的人认为只有使货币能兑换为金，才能从物质基础上限制政府的草率行为，促使政府谨慎行事。赞同纸币本位制的人则认为，在当今的经济社会中，货币供应量的变化对经济的影响十分广泛，政府通过改变货币供应量以实现预订的经济目标，已经成为经济政策的不可或缺的组成部分。

货币的时间价值：今日的1元未来价值多少

一个虔诚的教徒有一天遇见了上帝，就问："上帝啊，对你而言，一百年意味着什么？"上帝回答说："不过一瞬间而已。"教徒又问："那100万元呢？""不过1元钱而已。"于是教徒很高兴地说："上帝呀，请给我100万元钱吧！"上帝给了他一个让人绝望的回答："没问题，请等我一瞬间。"会心一笑后请认真思考一下，这个幽默小故事告诉了我们一个什么样的道理呢？请回答这样一个问题：相同的1元钱在今天和将来的价值是否相同？

很多人都会说是的，但经济学家说：不同。为什么？回答是，因为人们具有时间偏好——人们在消费时总是抱着赶早不赶晚的态度，认为现期消费产生的效用要大于对同样商品的未来消费产生的效用。因此，即使相同的 1 元钱在今天和未来都能买到相同的商品，其价值却不相同——因为相同的商品在今天和未来所产生的效用是不相同的。正是人们的时间偏好使货币具有了时间价值。这也正是上面那个幽默小故事的寓意所在：货币是具有时间价值的。今天的 1 元钱到明年可能就不是 1 元钱了，通常今天 1 元钱的价值要多于明天的 1 元钱。

本杰明·弗兰克说：钱生钱，并且所生之钱会生出更多的钱。这就是货币时间价值的本质。货币的时间价值这个概念认为，目前拥有的货币比未来收到的同样金额的货币具有更大的价值，因为目前拥有的货币可以进行投资，在目前到未来这段时间里获得复利。即使没有通货膨胀的影响，只要存在投资机会，货币的现值就一定大于它的未来价值。专家给出的定义：货币的时间价值就是指当前所持有的一定量货币比未来获得的等量货币具有更高的价值。如果从投资者角度分析，投资就是将目前的消费推迟到将来，把这 1 元钱用于投资而不是用于消费，投资是要求报酬的，这个报酬就是货币时间价值。当然也可以这样考虑，由于投资者消费时间向后推迟，货币的时间价值就可以理解为是对投资者牺牲当前消费的一种补偿。

投资可以获得收入、银行存款可以给储户带来利息，今天收到的 1 元钱比明天收到的 1 元钱更值钱。我们用一个简单的例子来说明。

如果您将现在的 100 元存入银行，存款利率假设为 5%，那么一年后将可得到 105 元。这 5 元就是货币的时间价值，或者说货币的时间价值是 5%。

假设一年后，我们继续把所得的 105 元按同样的利率存入银行，则又过一年后，您将获得 110.25 元。第二年的利息比第一年多出 0.25 元，这是由第一年 5 元利息创造的利息。这就是通常所说的复利计算或者利滚利。以此方式年复一年地存款，则当初的 100 元将会不断地增加，年限够长的话，到时可能是当初的几倍，几十倍。通过科学计算，如果将 100 元存入银行连续 50 年，假设每年利率维持在 5%，50 年后您将有 1146.74 元！

在现实生活中，货币的时间价值有两种计算方式：单利和复利。

单利是指在计算利息时，每一次都按照原先融资双方确认的本金计算利息，每次计算的利息并不转入下一次本金中。比如，A 借给 B100 元，双方商定年利率为 5%，3 年归还，按单利计算，则 A3 年后应收的利息为 $3 \times 100 \times 5\% = 15$ 元。

在单利计算利息时，隐含着这样的假设：每次计算的利息并不自动转为本金，而是借款人代为保存或由贷款人取走，因而不产生利息。

复利是指每一次计算出利息后，即将利息重新加入本金，从而使下一次的利息计算在上一次的本利和的基础上进行，说白了也就是利滚利。上例中，如 A 与 B 商定双方按复利计算利息，那么 A3 年后应得的本利和计算如下：

第 1 年利息：$100 \times 5\% = 5$。

转为本金后，第 2 年利息（$100+5$）$\times 5\% = 5.25$。

转为本金后，第 3 年利息（$105+5.25$）$\times 5\% = 5.5125$。

加上本金，第 3 年的本利和为 $105+5.25+5.5125=115.7625$。

从上面的例子中，我们已经看到了复利带来的巨大利润。事实上对于财富来说，复利是最大的奇迹。假设您将 1 元钱投资到股票市场，每次收到的红利都进行再投资，如果每年投资能获得 15% 的收益率，根据科学计算，1 元钱连续投资 100 年后的收益将近 120 万元！

无论是从公司还是从投资者的角度来说，财务决策的制定主要是依据不同投资选择的收益。例如，如果今天你手中有 1 万美元想投资，你必须决定怎样运用这笔钱来取得最大的收益。如果你用这笔钱投资，在 5 年后可以获得 1.5 万美元的收益，或者是在 8 年后可获得 2 万美元的回报，你将如何选择？为了回答这个问题，你必须决定这两项投资哪项给你带来的收益最大。

从另一方面来讲，早得到的 1 美元就比晚得到的 1 美元更有价值，这是因为 1 美元得到得越早，它就可以越快地进行投资获得收益。这意味着 5 年期投资比 8 年期投资更有价值吗？不一定，因为 8 年期的投资收益率通常高于 5 年期的投资。为了得知哪项投资更有价值，我们需要比较同一时点上两项投资的报酬率，也就是说，我们要比较所谓的等值货币。因此，我们可以通过重新估价来求得上面两项投资的现值和在未来不同时点的预期收益（5 年后的 1.5 万美元和 8 年后的 2 万美元）。

货币的时间价值的巨大效应正在于此，货币在经历了一定时间的投资和再投资后，会增加价值。换句话说，货币用于投资并经历一定时间后会增值，增值部分即为时间价值。今天的 1 元钱和一年后的 1 元钱的潜在经济价值是不相等的，前者要大于后者，因为现在的 1 元钱在一年之后，可以超过 1 元钱。如果把这 1 元钱用于投资，从社会的角度分析，投资会有一个收益，而这个收益就是时间的价值。

时间就是金钱。货币的时间价值对个人理财很重要的启示是：理财要尽早规划，尽早行动，这样才能让您的财富不断增值。

·第二章·

没有信用，金融市场就失去了基础

——每天读点信用知识

信用：富人赚钱的智慧

在以熊彼特为代表的"信用创造学派"的眼中，信用就是货币，货币就是信用；信用创造货币；信用形成资本。在财富的世界里，还有什么比信用更可宝贵的呢？富人之所以富有，就是因为他们真正理解了信用的价值所在。那么什么是信用呢？

一个名叫 J.P. 摩根的人曾经主宰着美国华尔街的金融帝国。而他的祖父，也就是美国亿万富翁摩根家族的创始人——老摩根，当年却是个一无所有的人。

1835 年，当时的老摩根还是个普普通通的公司职员，他没有想过发什么大财，只要能在稳定的收入之余得到一笔小小的外快就足以让他心满意足。

一个偶然的机会，老摩根注册成为一家名叫"伊特纳火灾"的小保险公司的股东，因为这家公司不用马上拿出现金，只需在股东名册上签上名字就可成为股东。这正符合当时摩根先生没有现金却想获得收益的情况。

然而在摩根成为这家保险公司的股东没多久，一家在"伊特纳火灾"保险公司投保的客户发生了火灾。按照规定，如果完全付清赔偿金，保险公司就会破产。股东们一个个惊慌失措，纷纷要求退股。

这个时候，老摩根斟酌再三，认为自己的信誉比金钱更重要，于是他便四处筹款并卖掉了自己的住房，低价收购了所有要求退股的股份，然后他将赔偿金如数付给了投保的客户。

一时间，"伊特纳火灾"保险公司声名大噪。

身无分文的老摩根成为保险公司的所有者，但是保险公司资金严重短缺濒临破产。无奈之下他打出广告：凡是再到"伊特纳火灾"保险公司投保的客户，理赔金一律加倍给付。

他没有料到的是，没多久，指名投保火险的客户蜂拥而至。原来在很多人的心目中，"伊特纳火灾"保险公司是最讲信誉的保险公司，这一点使它比许多有名的大保险公司更受欢迎。"伊特纳火灾"保险公司从此崛起。

结果，摩根不仅为公司赚取了利润，也赢得了信用资产。信用资产不仅让他自己终身受用，还让他的后代子孙受益。

在约瑟·摩根先生的孙子J.P.摩根主宰了美国华尔街金融帝国后，大女婿沙特利在日记中记载了J.P.摩根生前最后一次为众议院银行货币委员会所做的证词，他的核心证词只有两个字："信用！"

从经济学的角度来看，《新帕尔格雷夫经济学大辞典》中，对信用的解释是："提供信贷意味着把对某物（如一笔钱）的财产权给以让度，以交换在将来的某一特定时刻对另外的物品（如另外一部分钱）的所有权。"可见，信用是和资本、财产密切相关的。因此，若我们想在财富上有所作为，就不能不向富人们看齐，随时注意自己的信用。

信用不仅是个人获得财富的智慧，更是现代经济生活中的基石，无论个人还是现代经济社会，都在遵循着一个重要的法则——无信不立。

美国加州的威尔·杰克是百万富翁。起初他身无分文，直到外出工作，才有了一些积蓄。每个周末威尔会定期到银行存款，其中一位柜员注意到了他，觉得他天生聪慧，了解金钱的价值。后来威尔决定创业，从事棉花买卖，那位银行工作人员知道了，便给他贷款。这是威尔第一次使用别人的钱，很快他便还清了银行的贷款，赢得了良好的声誉。一年半之后，他改为贩卖马和骡子，逐渐积累了一些财富。后来，有两个创业失败但很优秀的保险业务员找他，希望他能以个人信誉作担保，从银行贷款相助。威尔见这两个人的确很优秀，现在只不过是一时之艰，于是决定帮助他们。威尔向加州银行贷款。银行非常愿意把钱贷给像威尔这样有诚信的人。由于威尔的贷款额度不受限制，所以他用贷出来的钱买下了那两位业务员创立的公司的全部股份。此后，在短短10年内，这家寿险公司，从原来只有40万的资本，通过基本客户群制度获利4000万。

由此可见，信用对金融生活中的生意往来和财富积累都有着非常关键的作用。

分析信用对金融生活的影响，我们可以从积极作用和消极作用两个方面来看。

信用在经济中起到的积极作用主要表现在以下几个方面：

第一，现代信用可以促进社会资金的合理利用。通过借贷，资金可以流向投资收益更高的项目，获得一定的收益。

第二，现代信用可以优化社会资源配置。通过信用调剂，让资源及时转移到需要这些资源的地方，就可以使资源得到最大限度的运用。

第三，现代信用可以推动经济的增长。一方面通过信用动员闲置资金，将消费资金转化为生产资金，促进经济增长；另一方面信用可以创造和扩大消费，通过消费的增长刺激生产扩大和产出增加，也能起到促进经济增长的作用。

同时，信用对经济的消极作用也不容忽视，它主要表现在信用风险和经济泡沫的出现。信用风险是指债务人无法按照承诺偿还债权人本息的风险。在现代社会，信用关系已经成为最普遍、最基本的经济关系，社会各个主体之间债权债务交错，形成了错综复杂的债权债务链条，这个链条上有一个环节断裂，就会引发连锁反应，对整个社会的信用联系造成很大的危害。经济泡沫是指某种资产或商品的价格大大地偏离其基本价值。经济泡沫的开始是资产或商品的价格暴涨。价格暴涨是供求不均衡的结果，即这些资产或商品的需求急剧膨胀，极大地超出了供给，而信用对膨胀的需求给予了现实的购买和支付能力的支撑，使经济泡沫的出现成为可能。

国家信用：最可信赖的信用形式

战国时，商鞅准备在秦国变法，唯恐老百姓不信，于是命人在都城的一个城门前放了一根高三丈长的木柱，并到处张贴告示："谁能把城门前那根木柱搬走，官府就赏他五十金。"老百姓看到告示后议论纷纷。大家怀疑这是骗人的举动，但一个年轻力壮、膀大腰圆的小伙子说："让我试试看吧！我去把城门那木柱搬走，要是官府赏钱，就说明他们还讲信用，往后咱们就听他们的；如果不赏钱，就说明他们是愚弄百姓。他们往后说得再好，我们也不信他们那一套了。"说罢来到城门前把那根木柱搬走了。商鞅听到这一消息，马上命令赏给那人五十金。那位壮汉看到自己果真得到了五十金，不禁开怀大笑，一边炫耀那五十金，一边对围观的老百姓说："看来官府还是讲信用的啊！"这事一传十，十传百，不久就传遍了整个秦国。"移木立信"后，国家信用深深植根于社会，社会信用由此孕育发展，商鞅下令变法，秦国于是政行令通。

移木立信的故事我们都曾听说过，它其实就是国家信用的树立过程。那么，国家信用在金融市场中起到了什么样的作用呢？国债与国家信用又有什么样的关系呢？

国家信用既是国家为弥补收支不平衡、建设资金不足的一种筹集资金方式，也是实施财政政策、进行宏观调控的一种措施与手段。

国家信用是一种特殊资源，政府享有支配此种资源的特权，负责任的好政府绝不能滥用国家信用资源。政府利用国家信用负债获得的资金应该主要用于加快公共基础设施的建设，以及为保障经济社会顺利发展并促进社会公平的重要事项，以向社会公众提供更多的公共物品服务，并实现社会的和谐与安宁。

国家信用的财务基础是国家将来偿还债务的能力，这种偿债能力源于属于国家（全体人民）的财务资源。它的现金流来源于三个方面：国家的税收收入、政府有偿转让国有资产（包括土地）获得的收入以及国家发行货币的专享权力。

国家信用的基本形式是发行政府债券，包括发行国内公债、国库券、专项债券、财务投资或借款等。公债是一种长期负债，一般在1年以上甚至10年或10年以上，通常用于国家大型项目投资或较大规模的建设，在发行公债时并不注明具体用途和投资项目；国库券是一种短期负债，以1年以下居多，一般为1个月、3个月、6个月等；专项债券是一种指明用途的债券，如中国发行的国家重点建设债券等；财政透支或借款是在公债券、国库券、专项债券仍不能弥补财政赤字时，余下的赤字即向银行透支和借款。透支一般是临时性的，有的在年度内偿还。借款一般期限较长，一般隔年财政收入大于支出时（包括发行公债收入）才能偿还。有的国家（如中国）只将财政向银行透支和借款算为财政赤字，而发行国库券和专项债券则作为财政收入而不在赤字中标示。国家信用的产生是由于通过正常的税收等形式不足以满足国家的财政需要。国家信用应当由国家的法律予以保障。

在我国，20世纪50年代初期曾发行过公债券，后来一度取消。1979年经济改革以来，从1982年开始发行国库券，后又发行国家重点建设债券等国家信用工具，一方面筹集部分资金弥补财政赤字，另一方面主要是为了增加生产投资，加快国家重点建设。到20世纪90年代，国家信用已成为我国筹集社会主义建设资金的重要工具，债券、发行市场和流通市场也有了很大发展。

国家信用是以国家为主体进行的一种信用活动。国家按照信用原则以发行债券等方式，从国内外货币持有者手中借入货币资金。说白了，国家信用其实是一种国家负债。

随着资本主义的发展，国家信用甚至从国内发展到了国外，即一国政府以国家名义向另一国政府或私人企业、个人借债以及在国际金融市场上发行政府债券。它既成为弥补一国财政赤字的手段，也成为调节国际收支、调节对外贸易的有力杠杆。这种国家信用主要不是用于弥补经常性财政收支出现的赤字，而是聚集资金用于经济建设的手段。特别是对国外发行政府债券，一方面可以弥补国内建设资金的不足，另一方面也可以引进国外先进技术，扩大对外贸易，调节国际收支。

国家信用影响了金融市场发展的全过程。在资本的原始积累时期，国家信用是强有力的杠杆之一。在资本主义制度下，政府债券主要是通过资本主义大银行或在公开金融市场上发行的，银行不仅可以从中取得大量回扣，而且政府发行的各种债券为银行的股份公司提供了大量虚拟资本和投机的重要对象。并且随着资本主义经济危机和财政危机的加深，通过国家信用取得的收入，已成为国家财政收入的重要来源，是弥补亏空的主要手段。在现代西方发达国家，国家信用已不单纯是取得财政收入的手段，而且已成为调节经济运行的重要经济杠杆。

国际信用：管用的《君子协定》

大家常会提到"君子协定"一词，但是大家可能不知道，"君子协定"最早其实是金融学上的一个概念，也称为"绅士协定"。它专门用于国际事务之间，意思是说这是一种相对购买方式，双方如果有一方无法履行购买义务，对方便不能对它进行有效制裁。

《君子协定》出台的具体背景是，经济合作与发展组织为了协调各成员国之间的出口信贷政策，开始处理出口信贷事务。《君子协定》虽然是一个正式协定，却没有强制力。不过，由于经济合作与发展组织的22个成员国几乎囊括了全球最发达的国家和地区，所以该协定在全球经济事务中具有极大的发言权。不仅如此，就连一些没有参加《君子协定》的国家和地区，在办理出口信贷时也往往自觉参照该规定行事，其效力可见一斑。

众所周知，商品进出口贸易需要得到金融支持，出口信贷能够在一定程度上提高本国产品的国际竞争力，促进商品出口。可是，随着市场竞争的加剧，每个国家尤其是发达国家都竞相给本国企业提供越来越优惠的出口信贷条件，这便大大激化了国际贸易争端，同时也大大增加了各国出口信贷的补贴支出。

正是在这种情况下，各国政府慢慢醒悟过来，渐渐意识到如果一味这样在出口信贷优惠条件方面攀比，对大家都没好处，于是开始在这方面寻求协调和合作的可能性。国际信用是指一个国家的政府、银行及其他自然人或法人对别国的政府、银行及其他自然人或法人所提供的信用。随着国际经济联系的不断加强，国际信用在国际商务中的地位日益显赫。

国际信用具有经济性。国际商业信用不仅是一种信誉和荣誉，也是一种国际范围内不受限制的社会资源，是企业全球化发展的一种柔性资本，具有经济性。高认可的商业信用可以促使企业提供更好的产品和服务、获取经济规模、树立积极形象，从而可以提高客户合作意愿，强化客户忠诚度。

国际信用是一种竞争力。随着企业出口产品、服务、项目的增多，面对国外市场的竞争对手越来越多。国际信用作为柔性竞争力在争取国外生产订单、维系客户、获取市场资源、开拓市场等方面表现出高度的匹配性。所以，注重维护并不断提高国际信用，是进入国际市场的每一个企业必须重视的战略营销问题。

国际信用的种类：

1. 贸易信用

贸易信用是指以各种形式与对外贸易业务联系在一起的信用。贸易信用有商业信用和银行信用两种形式。

（1）商业信用发生于下列情况：

①预付款信用。进口商向外国出口商预付的货款，将来由出口商供货偿还。

②公司信用。进口商从外国出口商方面以商品形态获得的信用，然后定期清偿债务。

（2）银行信用可分为以下三种：

①银行对出口商提供的短期信用，如商品抵押贷款或商品凭证抵押贷款。

②由卖方（出口方）银行提供给出口商的中长期信贷，称为卖方信贷。这与大型成套设备及技术的出口密切相关。出口商（卖方）以分期付款和赊销的方式将主要机器或成套设备卖给进口商，然后根据协议由进口商分期偿付货款。由于出口商要在全部交货若干年后才能陆续收回全部货款，因此为保持企业正常经营，往往需向当地银行获取这种信贷。

③银行对进口商提供的信用。这主要包括以下三种：一是承兑信用。即当出

口商提供商业信用给进口商时，出口商往往要求由银行承兑票据。二是票据贴现。如果出口商在汇票到期前需要现款，可以将已经进口商或其银行承兑的汇票拿到银行中去贴现。三是买方信贷。即卖方（出口方）银行提供给买方企业（进口方）或买方银行的中长期信贷。

2. 金融信用

金融信用没有预先规定的具体运用方向。金融信用包括偿还债务，进行证券投资等。金融信用有银行信用和债券形式的信用之分。

我国由于企业信用缺失每年造成的经济损失，不得不引起人们对企业信用的重视。企业的国际信用不足集中体现在以下几方面：

一是国际信用总体水平偏低。出口主体增多、出口机动性明显，市场无序竞争加强。

二是对知识产权重视不够。这也成为影响企业国际信用的重要因素。

三是信用工具的限制。随着现代通讯技术的发展，金融工具的增多，越来越多的机构和市场融资者发行大量的债券、股票、商业票据和其他证券，各种信用工具广泛应用。一些经营者自身的水平限制信用工具的使用，影响企业的经营效益和效率。

四是品牌缺失抑制信用提升。在当今市场竞争中，品牌已经成了企业综合竞争力在信用上的最聚焦的体现。我国企业长期以来过分依赖于成本竞争理念，忽视塑造知名品牌，品牌信用尚未较好地建立。良好的国际信用是企业无形的竞争资本，信用建设理应成为企业发展战略之一。

国与国之间打交道和人与人之间交往一样，都需要讲信用，而《君子协定》就是国家交往的信用，从金融学上来说就是国际信用。所谓国际信用，是国与国之间发生的借贷行为。这种借贷行为既可以是通过赊销商品提供的国际商业信用，也可以是通过银行贷款提供的国际银行信用，还可以是政府之间相互提供的信用。因此，《君子协定》在各国提供出口信贷时虽然不具备法律效力，但由于各国信守诺言，实际上它比法律更管用。

银行信用：把钱放进银行最放心

生活中，不管是老人还是年轻人，当手中有了一部分闲置资金以后，首先想到的一定会是在银行存一笔钱。在回答为什么要把钱存进银行这个问题时，我想读者朋友们的答案一定是："银行安全啊！"可是银行究竟为什么安全呢？这就涉及我们今天的话题——银行信用。

　　1976年，一位曾经在美国读过书的经济学家尤努斯，将27美元借给42名农村妇女用于生产，使她们摆脱了贫穷。随后，他逐步建立起了孟加拉国乡村银行——格莱泯银行。任何妇女，只要能够找到4个朋友，在必要的时候同意归还贷款，那么格莱泯银行就向其发放贷款。如果借款人违约，其他人在贷款还清之前就不能借。这一做法非常成功，今天，格莱泯银行拥有超过2500个分支机构，超过98%的还款率超过世界上任何一家成功运作的银行。这家成功的银行已经向超过750万人提供贷款，其中97%是女性，65%的借款人以此摆脱了贫穷线。目前，在亚洲、非洲、拉丁美洲，已经有90多家模仿该做法的银行。传统的经济理论无法支撑这种想法，尤努斯却为此打开了一扇新的大门。

　　我们从故事里的借贷中看到的就是银行信用。银行信用有什么特点呢？银行信用是由商业银行或其他金融机构授给企业或消费者个人的信用。在产品赊销过程中，银行等金融机构为买方提供融资支持，并帮助卖方扩大销售。商业银行等金融机构以货币方式授予企业信用，贷款和还贷方式的确定以企业信用水平为依据。商业银行对不符合其信用标准的企业会要求提供抵押、质押作为保证，或者由担保公司为这些企业作出担保。后一种情况实际上是担保公司向申请贷款的企业提供了信用，是信用的特殊形式。银行信用的概念说起来有点儿烦琐，其实，生活中我们每个人都曾经感受过银行信用，比如向银行贷款、申领信用卡等。

　　在社会信用体系中，银行信用是支柱和主体信用，是连接国家信用和企业信用、个人信用的桥梁，在整个社会信用体系的建设中具有先导和推动的作用。可以说，银行信用的正常化，是整个社会信用健全完善的重要标志，也是构筑强健金融体系的基石。银行信用是以存款等方式筹集货币资金，以贷款方式对国民经济各部门、各企业提供资金的一种信用中介形式，它对个人贷款的审批是非常严格的。

　　刘女士在北京东四环看中一套价值400万元的房子，按照首付四成的比例，她需要拿出160万元的首付款。虽说刘女士夫妇年收入不算低，但她表示最近股市比较好，不太想动用股市里的钱支付首付款，而是想通过抵押自己现有住房去支付首付款，然后再办理住房按揭贷款。也就是说，400万元的房款全部通过银行贷款的方式支付。

刘女士这一算盘打得不错。但她向建行、招行、北京银行等银行工作人员咨询了一圈下来，发现银行根本无法满足她的要求。所有银行均表示抵押贷款不能作为购买房子的首付款，也有银行直接告知，房屋抵押率最多只能做到七成左右，有的银行还表示利率上浮10%。

　　招商银行的一位工作人员说，只要是用于购房、买车、装修、旅游等消费，均可以申请办理个人抵押贷款，但是必须出具贷款用途证明。例如，抵押贷款用于购房，客户需要提供购房合同、首付款收据等。为了降低经营风险和控制放贷规模，一些银行已经开始停办个人贷款业务，虽然有些银行仍然可以办理个人贷款，但对贷款的用途审查得更加严格。

　　银行对贷款部门或个人进行严格的审批，降低了银行收回贷款的风险，这样在一定程度上就能够保证储户存款的安全。试想，如果银行放松了对贷款的审批，人们不管是买房还是买车，只要向银行申请就能贷到款，但贷款人却没有能力去偿还银行的贷款，长期下去，银行所面临的将不仅是储户的存款不保，甚至还有可能倒闭，美国次贷危机不就是个很好的证明吗？

　　一般来说，银行信用具有以下特点：

　　第一，银行信用是以货币形态提供的。银行贷放出去的已不是在产业资本循环过程中的商品资本，而是从产业资本循环过程中分离出来的暂时闲置的货币资本，它克服了商业信用在数量规模上的局限性。

　　第二，银行信用的借贷双方是货币资本家和职能资本家。由于提供信用的形式是货币，这就克服了商业信用在使用方向上的局限性。

　　第三，在产业周期的各个阶段上，银行信用的动态与产业资本的动态往往不一致。

　　此外，商业银行都会进行信用评级，这是对银行内在的安全性、可靠性的判断，反映了对银行陷入困境而需要第三方（如银行所有者、企业集团、官方机构等）扶持的可能性的意见。商业银行财力级别定义为：

　　AAA级银行拥有极强的财务实力。通常情况下，它们都是一些主要的大机构，营运价值很高且十分稳定，具有非常好的财务状况以及非常稳定的经营环境。

　　AA级银行拥有很强的财务实力。通常情况下，它们是一些重要的大机构，营运价值较高且比较稳定，具有良好的财务状况以及较稳定的经营环境。

　　A级银行拥有较强的财务实力。通常情况下，它们具有一定的营运价值且相对稳定。这些银行或者在稳定的经营环境中表现出较好的财务状况，或者在不稳定的经营环境中显示出可以接受的财务状况。

BBB 级银行的财务实力一般，它们常常受到以下一个或多个因素的限制：不稳固或正处于发展中的营运价值，较差的财务状况，或不稳定的经营环境。

BB 级银行财务实力很弱，周期性地需要或最终需要外界的帮助与支持。这类机构的营运价值不可靠，财务状况在一个或多个方面严重不足，经营环境极不稳定。

B 级银行是银行财务实力最弱的一个级别。这类银行缺乏必要的营运价值，财务状况很差，经营环境极不稳定，经常需要外界的扶持。

当然，为了维护银行信用，避免坏账，银行在发放贷款时通常都要求提供抵押物，就是根据借款客户的全部或者部分资产作为抵押品的放款。放款银行有权接管、占有抵押品，并且在进一步的延期、催收均无效时，有权拍卖抵押品，以此收益弥补银行的呆账、坏账损失。

个人信用：您的"经济身份证"

俗话说，好借好还，再借不难。眼看着房价飙升，一天上一个台阶，可手里资金不足，怎么办？贷款。周末，同事都开着私家车去郊游了，你也想买辆车享受一下美满人生，可现金不够，怎么办？还是贷款。

对很多中国人来说，个人信用还是一个新鲜的词汇。那么个人信用指什么呢？它会对我们的金融生活产生什么样的影响呢？

所谓个人消费信用是指个人以赊账方式向商业企业购买商品，包括金融机构向个人提供的消费信贷。个人消费信用的对象主要是耐用消费品，如房屋、汽车、家具、电器等，甚至包括教育、医疗及各种劳务。个人经营信用是企业信用的人格化和具体化，是企业信用关系在经营者个人身上的集中反映。

6月初，胡小姐好不容易看中一套满意的二手房，自己的存款外加亲友能够提供的借款刚好够首付，但她去银行申请贷款时，意外出现了，胡小姐因个人信用不良被银行拒贷。原因很简单：她读大学期间申请了一笔助学贷款，毕业后一直是父母帮着偿还贷款。但是因为疏忽大意有时没有及时还贷，致使她的个人信用报告出现了负面记录。胡小姐大呼郁闷，但也无计可施，好不容易看好的房子就这样失之交臂，而且她还不知道这个信用污点会不会给以后的生活带来负面影响……

个人信用可以算得上是你的另一种"身份证"，千万不要小看了个人信用。良好的信用记录是你的宝贵财富，可以在你申请信贷业务、求职、出国时带来便利。不过，如果由于种种原因，在你的信用报告中出现了一些负面的信息，例如，信用卡没有及时足额还款、贷款逾期偿还等，这些信息都会如实展示在个人信用报告上，当这些记录数量较多或金额较大时，可能在你申请信用卡或贷款时，金融机构会认为你的信用意识不强或还款习惯不好而拒绝给你贷款或降低贷款的额度。这就会给你带来很大的麻烦。

　　当你去银行申请贷款时，银行的工作人员就会在您的授权下查询你的信用记录。如果记录显示有借款未及时归还、有费用没有按时缴清，你申请新的贷款可能就会批不下来，毕竟赖账的人是不受欢迎的。如果信用记录良好，你就能够更顺利地获得贷款，甚至还能获得一些优惠。

　　当然，对于银行来说，信用记录只是进行贷款审查与管理的重要参考，而不是唯一的依据，银行还会通过其他渠道对个人的信用状况进行全面调查和核实。个人征信系统里，就客观地记录着一个人过去的信用活动，它主要包括二类信息：第一类是基本信息，包括个人的姓名、证件号码、家庭住址、参加社会保险和公积金等信息；第二类是个人的信用活动信息，包括贷款、信用卡、担保、电信缴费、公共事业缴费等信息；第三类则是个人的公共信息，包括欠税、法院判决等信息。

　　发达国家个人信用有着精确的判断标准，并实行动态管理。以国外某些汽车金融公司汽车消费贷款为例，在贷款后管理上，是以天约定，不是按月约定，还款日不还贷，就是违约，就形成不良信用记录；过几天不还，信用等级又要下调；在超过规定天数不还，银行就要采取法律手段并准备核销。

　　目前，我国银行对个人信用的判断标准还比较粗放，尚未达到精细化要求，如个人按揭贷款三个月内不还款仍视为正常贷款，实际上已严重影响了银行资金周转。很多本是不守信用的贷款，却没有反映出来。银行在维护自身不良贷款比率名声的同时，纵容了客户的失信行为，而自己也背上了经营管理不善的沉重包袱。

　　在我们国家，个人信用还处在刚刚起步的阶段，但在信用体系发达的国家，个人信用记录应用非常广泛，在贷款、租房、买保险甚至求职时都会用到。一份良好的信用记录会给个人带来许多实惠，他可以享受到更低的贷款利率——一笔切切实实的财富。

　　我国的个人信用体系发展情况如何呢？

目前，中国人民银行建设了两大征信系统，一是企业征信系统，为 470 多万户借款企业建立了信用档案，收录人民币信贷余额 17 万多亿元；二是个人征信系统，到 2014 年，这个系统为 5 亿多人建立了信用档案，保存了 5000 多万人的信贷记录。这两个系统在为银行了解企业和个人的信用记录、贷款审查、防范信贷风险以及帮助企业和个人积累信用财富、获得更优惠的金融服务、获得更多的发展机会等方面将发挥越来越重要的作用。

而作为个人来说，我们就应努力建立和保持良好的信用记录。这里有三个要点：

首先，要尽早建立您的信用记录。可能有的人会说，为了免除信用污点，我干脆不借款好了，这样不就一清二白了吗？这里要说明的是，不从银行借钱不等于就有好的信用，没有信用的历史记录，银行就难以判断个人信用状况。所以，建立信用记录的一个简单方法就是与银行发生借贷关系。

其次，要努力保持良好的信用记录。这就是说要重视信用，树立诚实守信观念，及时归还贷款及信用卡透支款项，按时缴纳各种费用，否则就会对个人信用造成影响。

最后，要多关心自己的信用记录。生活繁忙，金融交往也很频繁，由于一些无法避免的原因，你的信用报告中的信息可能会出现错误，因此我们一定要早发现。一旦发现自己的个人信用记录内容有错误，应尽快联系提供信用报告的机构，及时纠正错误信息，以免使自己受到不利的影响。

个人信用已经成为我们的"第二身份证"——今后个人想申请贷款买房或是办理信用卡时，各家银行都会先查询申请人有没有"不良记录"，再决定是否办理。而在银行有信用污点的人，在全国各地都会遭到"封杀"，就算是办理一般金融业务也会"非常费力"。良好的信用记录，将为你带来更优惠的信贷条件或额度，而逾期还贷、恶意透支等不良的信用记录，则有可能在全国范围内使个人的各种有关金融、消费的行为受到制约。

信贷消费：是"时尚"还是"陷阱"

消费信贷是个人和家庭用于满足个人需求（房产抵押贷款例外）的信贷，与企业信贷相反。消费信贷是商业企业、银行或其他金融机构对消费者个人提供的信贷，主要用于消费者购买耐用消费品（如家具、家电、汽车等）、房屋和各种劳务。消费信用是指工商企业、银行和其他金融机构提供给消费者用于消费支出的信用，即消费者利用自己的信用进行超前消费。

随着生产力的发展，人民生活水平逐渐提高，市场消费总供给结构不断发生变化，价格昂贵耐用的消费品及住房建设等迅速发展。但对收入水平不够高的居民来说，购买耐用消费品如住房的价款，在短时间内难以备齐。于是，消费信用便成了解决这一问题的办法之一。

26岁的小张在北京一家投资管理公司工作。刚工作两年的她虽然只有5万元的存款，但她却毫不犹豫地买下了北京某房产公司开发的一套价值100万元的公寓。

小张乐观地说："这套房子的首付款要20万元，我自己的存款虽然不够，但父母会给我提供一些'财政援助'。剩下的，我会申请房屋按揭贷款。如果按照25年还本付息计算，每月还款大约在5000元。我现在每个月可以挣1万元，以后还会越来越好，所以还款不会出现问题。"

小张只是我国众多大胆"超前消费"年轻人中的一个。随着我国经济以接近十个百分点的持续快速增长，我国青年消费预期普遍提前，越来越多的年轻人敢于"花明天的钱享受今天的生活"。

那么，消费信贷的形式有哪些呢？

一是赊销。零售商向消费者提供的短期信贷，即用延期付款的方式销售商品。西方国家对此多采用信用卡的方式，定期结算清偿。

二是分期付款。消费者在购买高档消费品时，只支付一部分货款，然后按合同分期支付其余货款。如果消费者不能按时偿还所欠款项，其所购商品将被收回，并不再退回已付款项。

三是消费贷款。银行通过信用放款或抵押放款以及信用卡、支票保证卡等方式向消费者提供的贷款。

现阶段，贷款买房已成为我国一个重要的经济现象，房地产业已成为我国国民经济的一个新增长点，房地产业的发展有力地刺激了我国经济的发展，增强了经济发展的后劲，带动新的消费热点，扩大市场需求，使消费结构更加合理，反过来又促进生产的增长，使生产与消费处于良性循环之中。对于个人来讲，超前消费不仅可以帮助我们购买超出目前购买能力的消费品，改善生活状况，还可将挣钱还贷的压力转换成自己的动力。但同时超前消费也带来了一些弊端，如加大个人生活压力，引发社会问题等。

美国人的超前消费行为是出了名的，买房子贷款、上大学贷款、买汽车贷款、买台电脑贷款，甚至还贷款结婚、贷款旅游、贷款办生日派对等。美国人到银行贷款就像是家常便饭。同时，由于销售商提供的分期付款服务，有人甚至买套餐具、被褥也分期付款。

超前消费的一种形式就是信用卡消费，相信对于信用卡年轻人并不陌生。在美国，有些人就是利用银行信用卡30天免息透支消费，然后用新贷还旧贷，结果背上一身卡债。这就是所谓的信用卡"灾"。在美国，贷款消费无处不在，没有使用过贷款消费的美国人几乎不存在。

现在，在很多银行申请信用卡的时候一般会免掉用户的第一年年费，开卡送礼也已经不是新鲜事了，从迪士尼玩具到SWATCH手表，银行显得异常慷慨而且宽容。但是，银行在提供给你礼物的同时，也具备了收取以后每年信用卡年费及其他各项费用的权利。

第一年免年费并不意味着年年免费，一般情况下，一旦申请成功并拿了礼物，半年内是不能销卡的，稍加忽略就很容易跨越两个收费年度。而且需要提醒的是，信用卡一旦激活即使从来没用过，也要收取年费。如果持卡人到期没有缴纳年费，银行将会在持卡人账户内自动扣款，如果卡内没有余额，就算作透支消费。免息期一过，这笔钱就会按年利率"利滚利"计息。

因此，信贷消费应该遵循超前消费与量入为出，相当于攻与守、进与退的对立统一。鼓吹超前消费或者抵制超前消费都是失之偏颇的，物极必反，二者必先调和，否则后果不堪设想。

在具体消费时，应注意以下几点：

首先，避免盲目性消费。缺乏计划，随大流抢购市场热销而自己并不急需的商品，这种消费方式是不可取的。

其次，杜绝浪费性消费。浪费性消费通常表现在生活的细枝末节上，如食品多了变质，水龙头漏水，不随手关灯等。

再次，减少积压性消费。造成积压性消费的原因往往是抢购和赶时髦，购进大量家庭一时用不完或暂时用不了的东西，造成积压，使商品的使用价值逐渐减少甚至失去，也可能使自己丧失购买更急需或更合心意的商品的支付能力。

最后，抑制冲动性消费。冲动性消费往往源于享乐意识，看见某件喜爱的东西，明知价格偏高，亦毫不犹豫地买下，等日后在其他地方发现同样的东西价格要便宜得多，便后悔不迭。或者一时兴起，上饭店大吃一顿，去娱乐场所痛玩一场等，一个月的生活费在几小时内挥霍一空。这种冲动性消费对工薪阶层危害不小，应理智地予以控制。

这是一个消费时代，各种消费方式五花八门，每个人、每个家庭的消费观和消费目标千差万别，年轻的夫妻在走上家庭生活道路时，选择一种正确的消费方式非常重要，因为合理的消费可以为未来的发展打下良好的基础。

·第三章·

格林斯潘调节金融的"利器"

——每天读点利率知识

利息：利息是怎样产生的

利息是金融学中一个非常重要的概念，也许每一位读者对此都不陌生，但不意味着就对银行利息究竟说明什么、究竟是怎样产生的会有一个正确认识。总体来看，利息是借款人付给贷款人的报酬；同时它还必须具备一个前提，那就是两者之间必须存在着借贷关系。

什么是利息呢？利息是资金所有者由于向国家借出资金而取得的报酬，它来自生产者使用该笔资金发挥营运职能而形成的利润的一部分。是指货币资金在向实体经济部门注入并回流时所带来的增值额，其计算公式是：利息＝本金 × 利率 × 时间。

利息是剩余价值的特殊转化形式，它的最高水平是利润。利息作为资金的使用价格在市场经济运行中起着十分重要的作用，并影响着个人、企业和政府的行为活动。

现实生活中，贷款人把收取利息收入看作理所当然的。在会计核算中，全球各国的会计制度都规定，借款所发生的利息支出首先要作为财务费用列入成本，只有在扣除这一部分后，剩下的部分才能作为经营利润来看待。

刘先生在银行任职。多年来，在他的办公桌的玻璃台板下总压着一张储蓄存款利率表。凡穿西装的季节，在他西装衣袋里也总有一个票夹子，票夹子里藏着一张储蓄存款利率表。储蓄存款利率升了降，降了升，升了降，降了又降，对历年的利率变化难以记牢，所以刘先生就随处备有利率表，为的是与人方便、与己方便。

一次，一位中年妇女在储蓄柜台取款后迟迟没有离去，以为银行把她存款的利息算错了。刘先生把几次变化的利率一行一行抄给她，把利率计算的方法告诉她，她这才打消了心中的疑团。

还有一位熟人曾让刘先生帮她计算利息。说3年前向姐夫借了12000元钱，当时没有约定还款时间，也没有约定还款时加上多少利息，只想手头宽裕了，把借款和利息一次还清。刘先生就将随身带的利率表递上，并把利息计算的方法、保值贴补的时间段很明白地告诉她，由她根据自己的实际和承诺计算利息，末了她连声道谢。另外，刘先生家与亲戚家也有过几次借款关系，在还款时也是参照储蓄存款的利率还款的，双方都乐意接受，利率表起了中间人的作用。

在生活中，常常有民间借贷，有承诺的也好，无承诺的也好，还款时常要与同期的储蓄存款利息比一比。在炒股生涯中，常常要对自己的股票或资金算一算，自然而然要想到与同期的利率作比较。储蓄存款利率变了又变，涉及千家万户，千家万户要谈论储蓄存款利率。随身备有一张利率表，起到的作用真的很大。但令人费解的是，利率为什么在不同的时期有不同的变化？这代表着什么？利率的高低又是由什么决定的？

现代经济中，利率作为资金的价格，不仅受到经济社会中许多因素的制约，而且利率的变动对整个经济产生重大的影响。从形式上看，利息是因借款人在一定时期使用一定数量的他人货币所支付的代价。代价越大，说明利率越高。利率的高低，成为衡量一定数量的借贷资本在一定时期内获得利息多少的尺度。那么，是利率决定利息还是利息决定利率呢？

利息出现的原因主要有以下五点：一是延迟消费，当放款人把金钱借出，就等于延迟了对消费品的消费。根据时间偏好原则，消费者会偏好现时的商品多于未来的商品，因此在自由市场会出现正利率。二是预期的通胀，大部分经济会出现通货膨胀，代表一个数量的金钱，在未来可购买的商品会比现在较少。因此，借款人需向放款人补偿此段期间的损失。三是代替性投资，放款人有选择地把金钱放在其他投资上。由于机会成本，放款人把金钱借出，等于放弃了其他投资的可能回报。借款人需与其他投资竞争这笔资金。四是投资风险，借款人随时有破产、潜逃或欠债不还的风险，放款人需收取额外的金钱，以保证在出现这些情况后，仍可获得补偿。五是流动性偏好，人会偏好其资金或资源可随时供立即交易，而不是需要时间或金钱才可取回。利率亦是对此的一种补偿。

现实生活中，贷款人把收取利息收入看作理所当然的。利息在国民生活中所发挥的重要作用主要表现为以下几个方面：

1. 影响企业行为的功能

利息作为企业的资金占用成本已直接影响企业经济效益水平的高低。企业为降低成本、增进效益，就要千方百计减少资金占压量，同时在筹资过程中对各种资金筹集方式进行成本比较。全社会的企业若将利息支出的节约作为一种普遍的行为模式，那么，经济成长的效率也肯定会提高。

2. 影响居民资产选择行为的功能

在我国居民实际收入水平不断提高、储蓄比率日益加大的条件下，出现了资产选择行为，金融工具的增多为居民的资产选择行为提供了客观基础，而利息收入则是居民资产选择行为的主要诱因。居民重视利息收入并自发地产生资产选择行为，无论对宏观经济调控还是对微观基础的重新构造都产生了不容忽视的影响。从我国目前的情况看，高储蓄率已成为我国经济的一大特征，这为经济高速增长提供了坚实的资金基础，而居民在利息收入诱因下作出的种种资产选择行为又为实现各项宏观调控作出了贡献。

3. 影响政府行为的功能

由于利息收入与全社会的赤字部门和盈余部门的经济利益息息相关，因此，政府也能将其作为重要的经济杠杆对经济运行实施调节。例如，中央银行若采取降低利率的措施，货币就会更多地流向资本市场；当提高利率时，货币就会从资本市场流出。如果政府采用信用手段筹集资金，可以用高于银行同期限存款利率来发行国债，将民间的货币资金吸收到手中，以用于各项财政支出。

利率：使用资本的应付代价

利率，就表现形式来说，是指定时期内利息额同借贷资本总额的比率。利率是单位货币在单位时间内的利息水平，表明利息的多少。

凯恩斯把利率看作"使用货币的代价"。利率可以看作因为暂时放弃货币的使用权而获得的报酬，是对放弃货币流通性的一种补偿，如果人们愿意推迟消费，则需要为人们这一行为提供额外的消费。从借款人的角度来看，利率是使用资本的单位成本，是借款人使用贷款人的货币资本而向贷款人支付的价格；从贷款人的角度来看，利率是贷款人借出货币资本所获得的报酬率。

当你去银行存钱，银行会按照存期划分的不同利率来给客户计算利息。利率的存在告诉我们，通过放弃价值1元的现期消费，能够得到多少未来消费。这正是现在与未来之间的相对价格。整体利率的多少，对于现值至关重要，必须了解现值才能了解远期的金融现值，而利率正是联系现值和终值的一座桥梁。

哪些因素会导致利率的变化？通常情况下，影响利率的因素大致有4种：

1. 货币政策

政府制定货币政策的目的就是促进经济稳定增长。控制货币供给和信贷规模，可以影响利率，进而调节经济增长。扩大货币供给，会导致利率下降；反之，则造成利率上升。

2. 财政政策

一个国家的财政政策对利率有较大的影响，通常而言，当财政支出大于财政收入时，政府会在公开市场上借贷，以此来弥补财政收入的不足，这将导致利率上升。而扩张性的经济政策，往往扩大对信贷的需求，投资的进一步加热又会导致利率下降。

3. 通货膨胀

通货膨胀是指在信用货币条件下，国家发行过多的货币，使过多的货币追求过少的商品，造成物价普遍上涨的一种现象。通货膨胀的成因比较复杂，因此，通货膨胀使得利率和货币供给之间的关系相对复杂。如果货币供给量的大幅增长不是通货膨胀引起的，那么利率不仅会下降，反而会上升，造成高利率的现象，以弥补货币贬值带来的损失。因此，利率水平随着通货膨胀率的上升而上升，随着通货膨胀率的下降而下降。

4. 企业需求和家庭需求

企业对于信贷的需求往往成为信贷利率变化的"晴雨表"，每当经济步入复苏和高涨之际，企业对信贷需求增加，利率水平开始上扬和高涨；而经济发展停滞时，企业对信贷的需求也随之减少，于是，利率水平转趋下跌。家庭对信贷的需求也影响到利率的变化，当需求增加时，利率上升；需求减弱时，利率便下跌。

经济学家一直在致力于寻找一套能够完全解释利率结构和变化的理论，可见利率对国民经济有着非常重要的作用。曾经有人写了这么一则场景故事：

1993年初的某一天，克林顿先生上台不久，他就经济问题召见格林斯潘先生。

克林顿："老爷子，现在经济这么低迷，您看，下一步怎么办？"

格林斯潘："没什么，我只要挥舞一下手中的魔棒，那帮人就会推动市场。"老爷子像打哑谜一样应付这位上任不久的帅小伙子。

克林顿："真的？什么魔棒？哪些人？怎么推动市场？"总统先生显得非常着急。他从座位上站起来，手里拿着一支笔，在房间里走来走去。两眼一直望着格林斯潘。

格林斯潘："就是华尔街那帮金融大亨，我的老相识、老朋友们，他们都得听我的。"

"听您的，不听我的？"克林顿有点儿不服气。

"当然是听我的。不信，你瞧瞧！"格林斯潘用不容争辩的口气说。

"我对您手中的那根魔棒感兴趣，是什么东西？"

"利率。"

利率为什么具有如此魔力？因为利率是资金使用的价格，它的涨跌关系着居民、企业、政府各方的钱袋，能不让人紧张吗？

利率是经济学中一个重要的金融变量，几乎所有的金融现象、金融资产均与利率有着或多或少的联系。当前，世界各国频繁运用利率杠杆实施宏观调控，利率政策已成为各国中央银行调控货币供求，进而调控经济的主要手段，利率政策在中央银行货币政策中的地位越来越重要。合理的利率，对发挥社会信用和利率的经济杠杆作用有着重要的意义，而合理利率的计算方法是我们关心的问题。那么利率的水平是怎样确定的呢？换句话说，确定利率水平的依据是什么呢？

首先，是物价总水平。这是维护存款人利益的重要依据。利率高于同期价上涨率，就可以保证存款人的实际利息收益为正值；相反，如果利率低于物价上涨率，存款人的实际利息收益就会变成负值。因此，看利率水平的高低不仅要看名义利率的水平，更重要的是还要看是正利率还是负利率。

其次，是国有大中型企业的利息负担。长期以来，国有大中型企业生产发展的资金大部分依赖银行贷款，利率水平的变动对企业成本和利润有着直接的影响。因此，利率水平的确定必须考虑企业的承受能力。

再次，是国家财政和银行的利益。利率调整对财政收支的影响，主要是通过影响企业和银行上交财政税收的增加或减少而间接产生的。因此，在调整利率水平时，必须综合考虑国家财政的收支状况。银行是经营货币资金的特殊企业，存贷款利差是银行收入的主要来源，利率水平的确定还要保持合适的存贷款利差，以保证银行正常经营。

最后，是国家政策和社会资金供求状况。利率政策要服从国家经济政策的大方针，并体现不同时期国家政策的要求。与其他商品的价格一样，利率水平的确且也要考虑社会资金的供求状况，受资金供求规律的制约。

利率通常由国家的中央银行控制，在美国由联邦储备委员会管理。现在，所有国家都把利率作为宏观经济调控的重要工具之一。当经济过热、通货膨胀上升时，便提高利率、收紧信贷；当过热的经济和通货膨胀得到控制时，便会把利率适当地调低。因此，利率是重要的基本经济因素之一。

复利：银行存款如何跑过 CPI

根据计算方法不同，利息可以划分为单利和复利。单利是指在借贷期限内，只在原来的本金上计算利息；复利是指在借贷期限内，除了在原来本金上计算利息外，还要把本金所产生的利息重新计入本金，重复计算利息。爱因斯坦曾经这样感慨道："复利堪称是世界第八大奇迹，其威力甚至超过原子弹。"古印度的一个传说证实了爱因斯坦的这种感慨。

古印度的舍罕王准备奖励自己的宰相西萨班达依尔，此人发明了国际象棋。舍罕王问西萨班达依尔想要什么，西萨班达依尔拿出一个小小的国际象棋棋盘，然后对国王说："陛下，金银财宝我都不要，我只要麦子。您在这张棋盘的第1个小格里，放1粒麦子，在第2个小格里放2粒，第3个小格放4粒，以后每个小格都比前一小格多一倍。然后，您将摆满棋盘上所有64格的麦子，都赏给我就可以了！"

舍罕王看了看那个小棋盘，觉得这个要求实在太容易满足了，当场就命令了下来。

不过，当国王的奴隶们将麦子一格格开始放时，舍罕王才发现：就是把全印度甚至全世界的麦子都拿过来，也满足不了宰相的要求。

那么这个宰相要求的麦粒究竟有多少呢？有人曾计算过，按照这种方式填满整个棋盘大约需要820亿吨麦子。即使按照现在全球麦子的产量来计算，也需要550年才能满足西萨班达依尔的要求。

复利竟有如此神奇的力量，那么究竟什么是复利呢？

复利是指在每经过一个计息期后，都要将所生利息加入本金，以计算下期的利息。这样，在每一个计息期，上一个计息期的利息都将成为生息的本金，即以利生利。复利和高利贷的计算方法基本一致，它是将本金及其产生的利息一并计算，也就是人们常说的"利滚利"。

复利的计算是对本金及其产生的利息一并计算，也就是利上有利。复利计算的特点是：把上期末的本利和作为下一期的本金，在计算时每一期本金的数额是不同的。复利的计算公式是：$S=P(1+i)n$。

复利现值是指在计算复利的情况下，要达到未来某一特定的资金金额，现在必须投入的本金。所谓复利也称利上加利，是指一笔存款或者投资获得回报之后，再连本带利进行新一轮投资的方法。复利终值是指本金在约定的期限内获得利息后，将利息加入本金再计利息，逐期滚算到约定期末的本金之和。

例如，拿10万元进行投资的话，以每年15%的收益来计算，第二年的收益并入本金就是11.5万，然后将这11.5万作为本金再次投资，等到15年之后拥有的资产就是原来的八倍也就是80万，而且这笔投资还将继续以每5年翻一番的速度急速增长。

这其实是一个按照100%复利计算递增的事例。不过在现实中，理想中100%的复利增长是很难出现的，即使是股神巴菲特的伯克希尔·哈撒韦公司，在1993年到2007年的这15年里年平均回报率也仅为23.5%。不过，即使只有这样的复利增长，其结果也是惊人的。

还记得那个24美元买下曼哈顿岛的故事吗？这笔交易确实很划算，但如果我们换个角度来重新计算一下呢？如果当初的24美元没有用来买曼哈顿岛，而是用来投资呢？我们假设每年8%的投资收益，不考虑中间的各种战争、灾难、经济萧条因素，这24美元到2004年会是多少呢？说出来你或许会吓一跳：4307046634105.39也就是43万亿多美元。这不但仍然能够购买曼哈顿，如果考虑到由于9·11事件后纽约房地产的贬值的话，买下整个纽约也是不在话下的。

金融领域有个著名的72法则：如果以1%的复利来计息，经过72年后，本金就会翻一番。根据这个法则，用72除以投资回报率，就能够轻易算出本金翻番所需要的时间。

比如，如果投资的平均年回报率为10%，那么只要7.2年后，本金就可以翻一番。如果投资10万元，7.2年后就变成20万元，14.4年后变成40万元，21.6

年之后变成 80 万元，28.8 年之后就可以达到 160 万元。每年 10% 的投资回报率，并非难事，由此可见复利的威力。

要想财富增值，首先必须进行投资。根据 72 法则，回报率越高，复利带来的效应收益越大。而银行的存款利息过低，所以储蓄并不是增值财富的根本选择。要想保持高的收益，让复利一展神奇的话，那就需要进行高回报率的投资。

从复利的增长趋势来看，时间越长，复利产生的效应也就越大。所以，如果希望得到较高的回报，就要充分利用这种效应。进行投资的时间越早，复利带来的收益越大。在条件允许的情况下，只要有了资金来源，就需要制定并开始执行投资理财的计划。

复利的原理告诉我们，只要保持稳定的常年收益率，就能够实现丰厚的利润。在进行投资的选择时，一定要注重那些有着持续稳定收益率的领域。一般情况下，年收益率在 15% 左右最为理想，这样的收益率既不高也不低，稳定且易于实现。找到稳定收益率的领域后，只要坚持长期投资，复利会让财富迅速增值。

还要注意到，复利的收益是在连续计算的时候，才会有神奇的效应。这就要求我们在投资的时候，要防止亏损。如果一两年内，收益平平还不要紧，一旦出现严重亏损，就会前功尽弃，复利的神奇也会消失殆尽，一切又得从头开始。利用复利进行投资时，需要谨记的是：避免出现大的亏损，一切以"稳"为重。

华人世界的首富李嘉诚先生自 16 岁白手起家，到 73 岁时，57 年的时间里他的资产达到了 126 亿美元。对于普通人来说，这是一个天文数字，李嘉诚最终却做到了。李嘉诚的成功并不是一次两次的暴利，而在于他有着持久、稳定的收益。

让李嘉诚的财富不断增值的神奇工具就是复利。复利的神奇在于资本的稳步增长，要想利用复利使财富增值，就得注重资本的逐步积累。改掉随意花钱的习惯，这是普通人走向复利增值的第一步。

所以，我们要学会每天积累一些资金，现在花了 1 元钱，持续投资，将种子养成大树。所以说成功的关键就是端正态度，设立一个长期可行的方案持之以恒地去做，这样成功会离我们越来越近。

负利率：利息收入赶不上物价上涨

2008 年 11 月，日本 6 个月期的国库券的利率为负，即 −0.004%，投资者购买债券的价格高于其面值。这是很不寻常的事件——在此之前的 50 年中，世界上没有任何一个其他国家出现过负利率。这种情况是如何发生的呢？

我们通常假定，利率总是为正。负利率意味着你购买债券所支付的金额低于你从这一债券所获取的收益（从贴现发行债券的到期收益中可以看出）。如果出现这样的情况，你肯定更愿意持有现金，这样未来的价值与今天是相等的。因此，负利率看上去是不可能的。

日本的情况证明这样的推理并不准确。日本经济疲软与负的通货膨胀率共同推动日本利率走低，但这两个因素并不能解释日本的负利率。答案在于，大投资者发现将这种 6 个月期国库券作为价值储藏手段比现金更为方便，因为这些国库券的面值比较大，并且可以以电子形式保存。出于这个原因，虽然这些国库券利率为负，一些投资者仍然愿意持有，即使从货币的角度讲，持有现金更为划算。显然，国库券的便利性使得它们的利率可以略低于零。例如一个 1000 块钱的东西一年后值 1065 块钱，但是 1000 块存在银行一年后负利率才 1038 块，还没有它升值快，存钱不赚反赔。

当物价指数（CPI）快速攀升，存银行的利率还赶不上通货膨胀率，导致银行存款利率实际为负，就成了负利率。用公式表示：负利率 = 银行利率 - 通货膨胀率（CPI 指数）。这种情形下，如果你只把钱存在银行里，会发现随着时间的推移，银行存款不但没有增加，购买力反而逐渐降低，看起来就好像在"缩水"一样。

假如你把钱存进银行里，过一段时间后，算上利息在内没有增值，反而贬值了，这就是负利率所引发的。负利率是指利率减去通货膨胀率后为负值。当你把钱存入银行，银行会给你一个利息回报，比如某年的一年期定期存款利率是 3%，而这一年整体物价水平涨了 10%，相当于货币贬值 10%。一边是银行给你的利息回报，一边是你存在银行的钱越来越不值钱了，那么这笔存款的实际收益是多少呢？用利率（明赚）减去通货膨胀率（暗亏），得到的这个数，就是你在银行存款的实际收益。

例如 2008 年的半年期定期存款利率是 3.78%（整存整取），而 2008 年上半年的 CPI 同比上涨了 7.9%。假设你在年初存入 10000 元的半年定期，存款到期后，你获得的利息额：（10000×3.78%）-（10000×3.78%）×5% = 359.1 元（2008 年上半年征收 5% 的利息税）；而你的 10000 元贬值额 =10000×7.9% = 790 元。790-359.1 = 430.9 元。也就是说，你的 10000 元存在银行里，表面上增加了

359.1 元，而实际上减少了 430.9 元。这样，你的银行存款的实际收益为 -430.9 元。

负利率的出现，意味着物价在上涨，而货币的购买能力却在下降。即货币在悄悄地贬值，存在银行里的钱也在悄悄地缩水。在负利率的条件下，相对于储蓄，居民更愿意把自己拥有的财产通过各种其他理财渠道进行保值和增值，例如购买股票、基金、外汇、黄金等。如果银行利率不能高过通货膨胀率那么就这意味着：存款者财富缩水，国家进入"负利率时代"。

虽然理论推断和现实感受都将"负利率"课题摆在了百姓面前，但有着强烈"储蓄情结"的中国老百姓仍在"坚守"储蓄阵地。银行储蓄一向被认为是最保险、最稳健的投资工具。但也必须看到，储蓄投资的最大弱势是：收益较之其他投资偏低，长期而言，储蓄的收益率难以战胜通货膨胀，也就是说，特殊时期通货膨胀会吃掉储蓄收益。因此，理财不能单纯依赖"积少成多"的储蓄途径。

负利率将会对人们的理财生活产生重大影响。以货币形式存在的财富如现金、银行存款、债券等，其实际价值将会降低，而以实物形式存在的财富如不动产、贵金属、珠宝、艺术品、股票等，将可能因为通货膨胀的因素而获得价格的快速上升。因此，我们必须积极地调整理财思路，通过行之有效的投资手段来抗击负利率。

面对负利率时代的来临，将钱放在银行里已不合时宜。对于普通居民来说，需要拓宽理财思路，选择最适合自己的理财计划，让"钱生钱"。抵御负利率的手段有很多。

首先，是进行投资，可以投资基金、股票、房产等，还可以购买黄金珠宝、收藏品。当然，我们必须以理性的头脑和积极的心态来进行投资，不要只看到收益，而忽视风险的存在。除了投资之外，还要开源节流，做好规划。其中首先就是精打细算。在物价不断上涨的今天，如何用好每一分收入显得尤为重要。每月收入多少、开支多少、节余多少等，都应该做到心中有数，并在此基础上分清哪些是必要的开支、哪些是次要的、哪些是无关紧要的或可以延迟开支。只有在对自己当前的财务状况明白清楚的情况下，才能做到有的放矢。

其次，是广开财源，不要轻易盲目跳槽，在条件允许的情况下找一些兼职，与此同时也要不断地提升自我，增强职场与市场竞争力。

最后，就是要做好家庭的风险管理，更具体来说，就是将家庭的年收入进行财务分配，拿出其中的一部分来进行风险管理。而提及风险，就必然要提到保险，保险的保障功能可以使人自身和已有财产得到充分保护，当发生事故的家庭面临资产入不敷出的窘境时，保险金的支付可以弥补缺口，从而降低意外收支失衡对家庭产生的冲击。从这一点来说该买的保险还是要买，不能因为省钱而有所忽视。

负利率时代的到来，对于普通老百姓尤其是热衷于储蓄的人来说是一个不得不接受的事实；而在积极理财、投资意识强的人的眼中，它却意味着赚钱时代的到来。我们只有通过科学合理的理财方式来进行个人的投资，才能以行之有效的投资手段来抵御负利率。抵御负利率的手段有很多，如减少储蓄，多消费，甚至以理性的头脑和积极的心态进行投资（如股票、房产等）。因为你的投资收益越大，抵御通货膨胀的能力也就越强。所以，负利率不可怕，可怕的是面对负利率却无动于衷！

利息税：储蓄也要收税

刚从银行出来的王先生有点儿郁闷："前些天，我哥哥打算买房，让我支援一下，这不，今天我就从银行取出了一个一年期 15 万元存款。然而最后到手的利息只有 3024 元，被扣掉的利息税就有 756 元，这是不是太夸张了？利息已经够低的了，怎么还要扣这么多利息税？炒股红利这些都不收税，储蓄为什么要收利息税？"

王先生的疑惑也是很多存款人的疑惑，为什么在低利率的时代还要征收利息税呢？这种利息税是不是应该取消呢？

什么是利息税呢？利息税实际是指个人所得税的"利息、股息、红利所得"税目，主要指对个人在中国境内储蓄人民币、外币而取得的利息所得征收的个人所得税。对储蓄存款利息所得征收、停征或减免个人所得税（利息税）对经济具有一定的调节功能。

新中国成立以来，利息税曾三度被免征，而每一次的变革都与经济形势密切相关。1950 年，我国颁布《利息所得税暂行条例》，规定对存款利息征收所得税。但当时国家实施低工资制度，人们的收入差距也很小，因而在 1959 年停征了存款利息所得税。1980 年通过的《个人所得税法》和 1993 年修订的《个人所得税法》，再次把利息所得列为征税项目。但是，针对当时个人储蓄存款数额较小、物资供应比较紧张的情况，随后对储蓄利息所得又作出免税规定。

根据 1999 年 11 月 1 日起开始施行的《对储蓄存款利息所得征收个人所得税的实施办法》，不论什么时间存入的储蓄存款，在 1999 年 11 月 1 日以后支取的，1999年11月1日起开始产生的利息要按20%征收所得税。全国人大常委会在2007年6月27日审议了国务院关于提请审议全国人大常委会关于授权国务院对储蓄存款利息所得停征或者减征个人所得税的决定草案的议案，国务院决定自2007年8月15日起，将储蓄存款利息个人所得税的适用税率由现行的20%调减为5%。而到了2008年10月8日，国家宣布次日开始取消利息税。

征收利息税是一种国际惯例，几乎所有西方发达国家都将储蓄存款利息所得作为个人所得税的应税项目，多数发展中国家也都对储蓄存款利息所得征税，只是征税的办法有所差异。

美国纳所得税，一般约39%，没有专门的利息税，但无论是工资、存款利息、稿费还是炒股获利，美国纳税局都会把你的实际收入统计得清清楚楚，到时寄张账单给你，你的总收入在哪一档，你就按哪一档的税率纳税。

德国利息税为30%，但主要针对高收入人群。如果个人存款利息单身者低于6100马克、已婚者低于1.22万马克，就可在存款时填写一张表格，由银行代为申请免征利息税。

日本利息税为15%。

瑞士利息税为35%，而且对在瑞士居住的外国人的银行存款也照征不误。

韩国存款利息被算作总收入的一部分，按总收入纳税，银行每3个月计付一次利息，同时代为扣税。

瑞典凡通过资本和固定资产获得的收入，都要缴纳资本所得税，税率为30%。资本所得包括存款利息、股息、债息及房租等收入。但政府为了鼓励消费，会为那些申请了消费贷款的人提供30%的贷款利息补贴。

菲律宾利息税为20%，在菲的外国人或机构(非营利性机构除外)也照此缴纳。

澳大利亚利息计入总收入，一并缴纳所得税。所得税按总收入分不同档次，税率由20%至47%不等。

当然，也有不征收利息税的国家，例如埃及、巴西、阿根廷及俄罗斯等。

而关于中国是否征收利息税，向来有所争论。取消利息税基于以下理由。

一是利息税主要来源于中低收入阶层，加重了这些弱势群体的经济负担。中低收入者与高收入者相比很难找到比银行存款回报率更高的投资渠道；征收利息税使中低收入者的相对税收高于高收入者。

二是自从1999年征收利息税以来，利息税的政策目标并没有很好地实现。恢复征收利息税以来，居民储蓄存款势头不但没有放慢，反而以每年万亿元以上的速度增长。

2008 年，在央行下调存贷款利率的同时，国务院作出暂停征收利息税的决定。这两个政策一道出台，特别是自 1999 年 11 月 1 日开征以来便一直争议不断的利息税的暂停，对老百姓究竟有啥影响呢？

我们以 2008 年政策的出台为界点，免征利息税可以说对老百姓的影响很小。在存款利率和利息税调整前，一个人 1 万元的一年期定期存款，按照调整前 4.14%的存款利率，扣除 5% 的利息税后，一年实际可以拿到 393.3 元的利息收入；在下调存款利率和暂时免征利息税后，一个人 1 万元一年期的定期存款按照目前3.87% 的利率，拿到手里的利息收入有 387 元，反而比政策调整前少了 6.3 元钱。

免征存款利息税，部分弥补了降低利率给普通百姓带来的利息收入的损失，尽管这种补偿是象征性的，但重大财经政策背后的这种"补偿民生"的思维值得肯定。毕竟在现实中，将自己财产的很大一部分放在银行存着以使今后的生活有保障的还是普通百姓。他们多数人对投资理财并不擅长，市场上也无太多投资工具可以为他们服务，因此，他们最信赖的还是存款。

利率调整：四两拨千斤的格林斯潘"魔棒"

1987 年 10 月 19 日，这一天对于华尔街的投资人来说是个难忘的"黑色的星期一"。这一天的道·琼斯指数在三小时内暴跌了 22.6%，六个半小时内股票市值缩水 5000 多亿美元。当天，38 名富豪告别了《福布斯》富豪榜，当时的亿万富翁亚瑟·凯恩在家中饮弹自尽。第二天早上，刚任美联储主席两个月的格林斯潘下令降低联邦基金利率，随后，市场长期利率也随之下降。经过几个月的调整，华尔街的投资者们逐步获得了投资回报和信心，美国有惊无险地渡过了一场经济泡沫破裂的浩劫。格林斯潘由此挥舞着"利率"这根魔棒开始了他辉煌的传奇人生。

在此后的 18 年里，格林斯潘改变了美国货币政策的工具，使联邦基金利率成为连接市场和政策的指示器，利率工具在他的手中就像是一根"魔棒"，引导着美国经济乃至世界经济的走势。在格林斯潘时代，美国经济保持了长达十多年的新经济增长，创造了一个世纪传奇。

不少人认为，美国经济的长期增长归功于格林斯潘的利率政策。在当前我国社会经济领域里，能够撬动整个经济的杠杆倒有不少，其中运用得最多的要数存贷利率。当我国被认为处于"通货膨胀"时期实行从紧货币政策时，有关方面频繁调高存贷款利率。以一年期定期存款利率为例，自2007年3月18日起，在不到9个月里，连续6次上调，使此前2.52%的年利率，飙升至2007年12月20日的4.14%，增幅为64.3%。曾几何时，风云突变，被认为处于"通货紧缩"时期实行宽松货币政策时，有关方面频繁调低存贷款利率。仍以一年期定期存款利率为例，自2008年9月16日起，在不到3个月里，连续4次下调，使此前4.14%的年利率，猛降至2008年12月23日的2.25%，跌幅为45.7%，达到2006年8月19日以前的水平，或者说已经将利率降到了2002年的水平，离改革开放以来的最低点1.98%只差0.27个百分点。而且有人说仍有下调空间，或者说有可能实行零利率。目的是十分明显的，这就是要运用利率杠杆去撬动整个社会经济。

真正控制货币乘数阀门的却是利率。对于贷款投资者而言，利率就是资金的使用成本，利率高到一定程度，说明资金的成本太高了，厂商就不愿意贷款投资了，生产受到一定的限制；当利率降低到一定程度，投资需求就会逐渐增加。相反，当利率向下降的时候，物价指数下降，说明经济已经开始变冷了。在资金市场里，利息率如同一个裁判，在各种投资项目面前树起一个标杆。凡是投资收益率高于利息率的项目就能成立，否则不然。这就为资源流向何处提供了调节机制。

利率对经济调控的重要作用主要表现在两个方面：一是究竟要达到什么目的？二是调整的依据何在？

从利率调整的目的来看，主要是解决以下几方面的问题：

1. 调节社会资金总供求关系

在其他条件不变的情况下，调高银行利率有助于吸引闲散资金存入银行，从而推迟社会消费品购买力的实现，减少社会总需求。与此同时，银行利率的提高也会增加企业贷款成本，抑制商品销售，减少企业盈利。

所以，当出现社会资金总需求大于总供给引发通货膨胀时，银行会采取提高利率来进行干预。调低银行利率的作用恰恰相反。

2. 优化社会产业结构

政府通过对需要扶持、优先发展的行业实行优惠利率政策，能够很好地从资金面来支持其发展；相反，对需要限制发展的行业或企业，则可以通过适当提高银行利率的方式来提高其投入成本。两者相结合，就能很好地调节社会资源，实现产业结构优化配置。

3. 调节货币供应量

当全社会的货币供应量超过需求量时会引发通货膨胀,导致物价上涨。所以,政府可以通过调整银行利率来调节货币供应量。这主要是通过提高利率来减少信贷规模、减少货币投放,来达到压缩通货膨胀、稳定物价的目的。

4. 促使企业提高经济效益

银行通过提高利率水平,会间接地迫使企业不断加强经济核算、努力降低利息负担,这在客观上提高了企业管理水平,促进了企业和全社会经济效益的提高。

如果企业认识不到这一点,或者根本做不到这一点,一旦整个企业的资金使用效益还够不上银行利息,或者贷款到期时无法正常归还贷款,就可能会被迫关门。

5. 调节居民储蓄

银行通过提高利率水平,可以吸引居民把闲余资金存入银行,减少社会货币总量,抑制通货膨胀。通过降低利率水平,可以使储蓄从银行转入消费领域,促进消费。

而在这个过程中,利率的调整就会对居民储蓄结构产生实质性影响,调节实物购买、股票投资比重。

6. 调节国际收支

银行通过调整利率水平,不但会在国内金融市场产生影响,而且会在国际金融市场产生联动作用,调节国际收支。具体地说,如果国内利率水平高于国际水平,就会吸引国外资本向国内流动,从而导致国际收入大于国际支出。反之亦然。利率调整的目的,就是要保持国际收支基本平衡,至少是不能大起大落,否则是会影响国家金融安全的。

利率作为资本的价格,与普通商品一样,它的价格调整必定会受到货币供求状况影响。市场经济越成熟,资金供应状况对利率调整的影响作用就越大,利率调整对资金供应状况的调节作用也就越大。总的来看,当资金供应不足时利率水平会上升,当资金供大于求时利率水平会下降。一方面,资金供应状况会促使银行调整利率;另一方面,利率水平的调整也会改善资金供应状况,两者是相辅相成的。

在社会平均利润率一定的时候,利率的调整实际上就是把社会平均利润重新划分为利息、企业利润两部分,而这个比率应当尊重借贷资本供求双方的竞争性关系。因此,利率调整主要应尊重价值规律要求。如果像自然科学家那样研究出各种各样的调整模型来,即使有效,其中也会带有个人偏见的。

· 第四章 ·

世界金融的构成与发展

——每天读点金融体系知识

国际金融体系：构成国际金融活动的总框架

国际金融体系是国际货币关系的集中反映，它构成了国际金融活动的总体框架。在市场经济体制下，各国之间的货币金融交往，都要受到国际金融体系的约束。金融体系包括金融市场、金融中介、金融服务企业以及其他用来执行居民户、企业和政府的金融决策的机构。有时候特定金融工具的市场拥有特定的地理位置，例如纽约证券交易所和大阪期权与期货交易所就是分别坐落于美国纽约和日本大阪的金融机构。然而，金融市场经常没有一个特定的场所，股票、债券及货币的柜台交易市场——或者场外交易市场的情形就是这样，它们本质上是连接证券经纪人及其客户的全球化计算机通信网络。

金融中介被定义为主要业务是提供金融服务和金融产品的企业。它们包括银行、投资公司和保险公司。其产品包括支票账户、商业贷款、抵押、共同基金以及一系列各种各样的保险合同。

就范围而言，当今的金融体系是全球化的。金融市场和金融中介通过一个巨型国际通信网络相连接，因此，支付转移和证券交易几乎可以 24 小时不间断地进行。举个例子：

如果一家位于德国的大型公司希望为一项重要的新项目融资，那么它将考虑一系列国际融资的可能性，包括发行股票并将其在纽约证券交易所或伦敦证券交易所出售，或是从一项日本退休基金那里借入资金。如果它选择从日本退休基金那里借入资金，这笔贷款可能会以欧元、日元甚至美元计价。

1. 国际金融体系的主要内容

（1）国际收支及其调节机制。即有效地帮助与促进国际收支出现严重失衡的国家通过各种措施进行调节，使其在国际范围能公平地承担国际收支调节的责任和义务。

（2）汇率制度的安排。由于汇率变动可直接地影响到各国之间经济利益的再分配，因此，形成一种较为稳定的、为各国共同遵守的国际间汇率安排，成为国际金融体系所要解决的核心问题。一国货币与其他货币之间的汇率如何决定与维持，一国货币能否成为自由兑换货币，是采取固定汇率制度，还是采取浮动汇率制度，或是采取其他汇率制度等等，都是国际金融体系的主要内容。

（3）国际储备资产的选择与确定。即采用什么货币作为国际间的支付货币；在一个特定时期中心储备货币如何确定，以维护整个储备体系的运行；世界各国的储备资产又如何选择，以满足各种经济交易的要求。

（4）国际间金融事务的协调与管理。各国实行的金融货币政策，会对相互交往的国家乃至整个世界经济产生影响。因此，如何协调各国与国际金融活动有关的金融货币政策，通过国际金融机构制定若干为各成员国所认同与遵守的规则、惯例和制度，也构成了国际金融体系的重要内容。国际金融体系自形成以来，经历了金本位制度、布雷顿森林体系和现行的浮动汇率制度。

2. 金融体系的重要作用

金融体系包括金融市场和金融机构。金融市场和人们常见的市场一样，在那里人们买卖各种产品，并讨价还价。金融市场可能是非正式的，例如社区的跳蚤市场；也可能是高度组织化和结构化的，比如伦敦或者苏黎世的黄金市场。金融市场和其他市场的唯一区别在于，在这个市场上，买卖的是股票、债券和期货合约等金融工具而不是锅碗瓢盆。最后，金融市场涉及的交易额可能很大，可能是风险巨大的投资交易。当然，一笔投资的回报可能让你赢得盆满钵满，也可能让你输得一贫如洗。由于金融市场具有较高的价格挥发性，比如股票市场，因此金融市场的消息很值钱。

金融机构也是金融体系的一部分，和金融市场一样，金融机构也能起到将资金从储蓄者转移到借款者的作用。然而，金融机构是通过销售金融债权获取资金并用这些资金购买公司、个人和政府的金融债权来为它们融资的。金融机构包括：商业银行、信用社、人寿保险公司以及信贷公司，它们有一个特殊的名字：金融中介机构。金融机构控制着整个世界的金融事务，为消费者和小企业提供各种服务。尽管金融机构不像金融市场那样受到媒体关注，但它却是比证券市场更重要的融资来源地。这一现象不仅在美国如此，在世界其他工业化国家亦是如此。

国际金融机构：为国际金融提供便利

第二次世界大战后建立了布雷顿森林国际货币体系，并相应地建立了几个全球性国际金融机构，作为实施这一国际货币体系的组织机构，它们也是目前最重要的全球性国际金融机构，即国际货币基金组织、简称世界银行的国际复兴开发银行、国际开发协会和国际金融公司。

适应世界经济发展的需要，先后曾出现各种进行国际金融业务的政府间国际金融机构，国际金融机构的发端可以追溯到 1930 年 5 月在瑞士巴塞尔成立的国际清算银行。它是由英国、法国、意大利、德国、比利时、日本的中央银行和代表美国银行界的摩根保证信托投资公司、纽约花旗银行和芝加哥花旗银行共同组成，其目的就是处理第一次世界大战后德国赔款的支付和解决德国国际清算问题。此后，其宗旨改为促进各国中央银行间的合作，为国际金融往来提供额外便利，以及接受委托或作为代理人办理国际清算业务等。该行建立时只有 7 个成员国，现已发展到 45 个成员国和地区。

从 1957 年到 20 世纪 70 年代，欧洲、亚洲、非洲、拉丁美洲、中东等地区的国家为发展本地区经济的需要，同时也为抵制美国对国际金融事务的控制，通过互助合作方式，先后建立起区域性的国际金融机构。如泛美开发银行、亚洲开发银行、非洲开发银行和阿拉伯货币基金组织，等等。

国际金融机构是指从事国际金融管理和国际金融活动的超国家性质的组织机构，能够在重大的国际经济金融事件中协调各国的行动；提供短期资金缓解国际收支逆差稳定汇率；提供长期资金促进各国经济发展。按范围可分为全球性国际金融机构和区域性的国际金融机构。

国际金融机构在发展世界经济和区域经济方面发挥了积极作用。不过，这些机构的领导权大都被西方发达国家控制，发展中国家的呼声和建议往往得不到应有的重视和反映。

1. 国际开发协会

国际开发协会是专门对较穷的发展中国家发放条件优惠的长期贷款的金融机

构。成立协会的建议是 1957 年提出的，正式成立于 1960 年 9 月。

国际开发协会的组织机构与世界银行相同。其资金来源主要有：（1）会员国认缴的股本；（2）工业发达国家会员国提供的补充资金；（3）世界银行从净收益中拨给协会的资金；（4）协会业务经营的净收益。

协会的贷款条件是：1972 年按人口平均国民生产总值不到 375 美元的发展中国家的政府或企业。贷款不收利息，只收 0.75％ 的手续费，贷款期限 50 年。至 1988 年财政年度，协会提供信贷资金总额为 508.91 亿美元。

近年来我国与国际开发协会的业务往来日益增多，至 1995 年 6 月末，我国共利用协会贷款 100.61 亿美元。

2. 国际金融公司

国际金融公司建立于 1956 年 7 月。申请加入国际金融公司的国家必须是世界银行的会员国。国际金融公司的组织机构和管理方式与世界银行相同。

国际金融公司的主要任务是对属于发展中国家的会员国中私人企业的新建、改建和扩建等提供资金，促进外国私人资本在发展中国家的投资，促进发展中国家资本市场的发展。其资金来源主要是会员国认缴的股本、借入资金和营业收入。

国际金融公司提供贷款的期限为 7 ～ 15 年，贷款利率接近于市场利率，但比市场利率低，贷款无须政府担保。

3. 亚洲开发银行

1966 年在东京成立，同年 12 月开始营业，行址设在菲律宾的首都马尼拉。成立初期有 34 个国家参加，1988 年增加到 47 个，其中亚太地区 32 个，西欧和北美 15 个。其管理机构由理事会、执行董事会和行长组成。

亚洲开发银行的宗旨是通过发放贷款和进行投资、技术援助，促进本地区的经济发展与合作。其主要业务是向亚太地区加盟银行的成员国和地区的政府及其所属机构、境内公私企业以及与发展本地区有关的国际性或地区性组织提供贷款。贷款分为普通贷款和特别基金贷款两种。前者贷款期为 12 ～ 25 年，利率随金融市场的变化调整；后者贷款期为 25 ～ 30 年，利率为 1％ ～ 3％，属长期低利优惠贷款。

亚洲开发银行的资金来源主要是加入银行的国家和地区认缴的股本、借款和发行债券以及某些国家的捐赠款和由营业收入所积累的资本。

我国在亚洲开发银行的合法席位于 1986 年恢复。1988 年末我国在亚行认缴股本 16.17 亿美元，为亚行第三大认股国。至 1996 年 12 月末，已获亚行贷款项目 59 个，总额达 63.8 亿美元；此外还接受亚行提供的无偿技术援助 237 项，金额 1.036 亿美元。

4. 非洲开发银行

非洲开发银行于 1963 年 9 月成立，1966 年 7 月开始营业，行址设在科特迪瓦的经济首都阿比让。我国于 1985 年 5 月加入非洲开发银行，成为正式成员国。

非洲开发银行的宗旨是：为成员国经济和社会发展服务，提供资金支持；协助非洲大陆制定发展的总体规划，协调各国的发展计划，以期达到非洲经济一体化的目标。其主要业务是向成员国提供普通贷款和特别贷款。特别贷款条件优惠，期限长，最长可达 50 年，贷款不计利息。非洲开发银行的资金主要是成员国认缴的股本，为解决贷款资金的需要，它还先后设立了几个合办机构：非洲开发基金、尼日利亚信托基金、非洲投资开发国际金融公司和非洲再保险公司。

国际金融中心：冒险者的天堂

国际金融中心就是指能够提供最便捷的国际融资服务、最有效的国际支付清算系统、最活跃的国际金融交易场所的城市。

金融市场齐全、服务业高度密集、对周边地区甚至全球具有辐射影响力是国际金融中心的基本特征。目前，公认的全球性国际金融中心是伦敦、纽约。除此之外，世界上还存在着许多区域性的国际金融中心，如欧洲的法兰克福、苏黎世、巴黎，亚洲的中国香港、上海、新加坡、日本东京等。

1. 法兰克福金融中心

法兰克福作为世界著名金融中心，全世界十大银行中有九家、五十大银行中有四十六家在此地立足，有五十多个国家的二百家外国银行在这里设立分行或办事处，其中包括中国银行。德国的三大商业银行，即德意志银行、德雷斯顿银行和商业银行的总部都设在此地。此外还有三百四十多家银行，共三万三千多人在这里从事银行业。但最引人注目的还是法兰克福证券交易所，这是仅次于纽约和东京的交易所，有六千九百种各国证券和股票在这里上市和交易。交易所设在建于 1879 年的古典风格大楼，游客可在楼上观看交易活动。交易厅的一面墙壁上，是九十平方米大小的显示荧幕，由电脑控制，上边各大企业的股票价格清晰可见，是德国经济的晴雨表。最特别的自然是证券交易所门前空地的牛雕像和熊雕像，分别代表股市的牛市和熊市。

2. 苏黎世金融市场

苏黎世金融市场是另一个重要的国际金融市场，瑞士的苏黎世金融市场和伦敦金融市场、纽约金融市场构成世界著名的三大国际金融市场。瑞士原本是一个传统的债权国，其中央银行（瑞士国家银行）设在苏黎世，其作为国际金融中心具备许多有利的条件：瑞士从 1815 年起成为永久中立国，没有受到历次战争的破坏，瑞士法郎又长期保持自由兑换。因此，在国际局势紧张时期，瑞士成为别国游资的避难场所，黄金、外汇交易十分兴隆。它对资本输出没有什么限制；具备国际游资分配中心的作用；它保护私人财产，允许资本自由移动；瑞士的政治、经济稳定，有连续性；瑞士法郎是世界上比较稳定的货币之一；二战后欧洲经济的恢复和发展促进了苏黎世金融市场的发展。

3. 香港国际金融中心

香港国际金融中心，金融机构和市场紧密联系，政府的政策是维护和发展完善的法律架构、监管制度、基础设施及行政体制，为参与市场的人士提供公平的竞争环境，维持金融及货币体系稳定，使香港能有效地与其他主要金融中心竞争。香港地理环境优越，是连接北美洲与欧洲时差的桥梁，与亚洲和其他东南亚经济体系联系紧密，又与世界各地建立了良好的通信网络，因此能够成为重要的国际金融中心。资金可以自由流入和流出本港，也是一项重要的因素。香港金融市场的特色是资金流动性高。市场根据有效、透明度而又符合国际标准的规例运作。香港的工作人口有一定教育水平，海外专业人士来港工作也十分容易，进一步推动了金融市场的发展。

4. 新加坡国际金融中心

新加坡是一个面积很小的岛国，1965 年才取得独立。新加坡自然资源缺乏，国内市场狭小，这对一个国家的经济发展是不利因素。但新加坡也存在许多优势。首先，新加坡的地理位置优越，而且基础设施比较发达，使得它成为东南亚的重要贸易中心和港口，也为金融业的发展奠定了基础；其次，英语在新加坡广泛使用，而英语是国际金融业中通用的语言，这就为新加坡金融业的发展提供了有利条件。到 20 世纪 70 年代初，新加坡已经发展成为亚太地区金融业最发达的国家，成为亚洲美元市场的中心。通过新加坡的金融市场，地区外的资金得以被吸收到东南亚地区，为本地区的经济发展筹集了急需的资金。对新加坡自身而言，金融业的发展促进了经济发展，而经济发展又为金融的进一步深化提供了动力。

作为国际金融市场的枢纽，国际金融中心为世界经济的发展作出了巨大贡献。

同时国际金融中心的发展也给当地经济带来显著的收益。全球性金融中心、地区性金融中心和大批离岸金融市场构成了全球性的金融网络，使各国的经济和金融活动紧密地联系在一起。24 小时不间断运行的外汇市场提供了货币交易的国际机制，而这种货币交易是跨国经济活动的重要基础。日益证券化的国际资本市场使发达国家的资本供给和发展中国家的投资机会得以连接，形成了资本有效配置的国际机制。在国际金融活动中，制度、政策和货币的障碍越来越小，有力地推动了经济全球化进程。

世界金融组织：谁在负责处理我们的钱

当代国际金融的一大特点是，国际金融组织相继出现，并且在全球化经济发展中起着越来越重要的作用。所以，我们简单了解一些全球性金融组织概况是很有必要的。

关于全球性金融组织，可以主要关注以下两个：

1.世界银行集团

之所以称之为集团，是指这不仅仅是一家银行，它实际上包括国际复兴开发银行、国际开发协会、国际金融公司、国际投资争端解决中心、多边投资担保机构等一系列组织。

成立世界银行集团的目的，最早是给西欧国家战后复兴提供资金援助，1948年后转变为帮助发展中国家提高生产力、促进社会进步和经济发展、改善和提高人民生活。世界银行集团的主要业务机构有以下三个：

（1）国际复兴开发银行。

国际复兴开发银行简称世界银行，是与国际货币基金组织同时成立的另一个国际金融机构，也是联合国的一个专门机构。

国际复兴开发银行成立于 1945 年 12 月，1946 年 6 月 25 日开始正式营业。当时以美国为代表的许多国家认为，为了能够在第二次世界大战结束后尽快恢复受战争破坏的各国经济、开发发展中国家经济，有必要成立这样一个国际性金融组织，利用其自有资金和组织私人资本，为生产性项目提供贷款或投资。

所以，《国际复兴开发银行协定》规定，它的宗旨是：对生产性投资提供便利，协助成员国的经济复兴以及生产和资源开发；促进私人对外贷款和投资；鼓励国际投资，开发成员国的生产资源，促进国际贸易长期均衡发展，维持国际收支平衡；配合国际信贷，提供信贷保证。

（2）国际开发协会。

国际开发协会成立于 20 世纪 50 年代。当时的背景是亚洲、非洲、拉丁美洲地区的发展中国家经济十分落后，外债负担沉重，自有资金严重不足，迫切需要获得大量外来资金摆脱困境，发展经济。可与此同时，国际货币基金组织、国际复兴开发银行的贷款门槛高，贷款数量又有限，无法满足上述国家免息低息、数量庞大的贷款需求。

在这种情况下，1958 年美国提议建立一个能为上述国家提供优惠贷款的开发性国际金融机构。1960 年，世界银行集团正式成立国际开发协会并开始营业，总部设在美国首都华盛顿。

国际开发协会的宗旨是：向符合条件的低收入国家提供长期优惠贷款，帮助这些国家加速经济发展，提高劳动生产率，改善人民生活。国际开发协会与国际复兴开发银行虽然在法律地位、财务上相互独立，可是在组织机构上却是中国人熟悉的"两块牌子、一套人马"。

（3）国际金融公司。

《国际复兴开发银行协定》规定，世界银行的贷款对象只能是成员国政府，如果对私营企业贷款必须由政府出面担保；而且，世界银行只能经营贷款业务，不能参与股份投资，也不能为成员国私营企业提供其他有风险的贷款业务。这样一来，就在很大程度上限制了世界银行的业务范围，不利于发展中国家发展民族经济。

为了弥补这一缺陷，1956 年世界银行集团成立了国际金融公司，主要是为成员国的私营企业提供国际贷款。

国际金融公司的宗旨是：为发展中国家的私营企业提供没有政府机构担保的各种投资；促进外国私人资本在发展中国家的投资；促进发展中国家资本市场的发展。

2. 国际清算银行

国际清算银行是西方主要国家中央银行共同创办的国际金融机构，是由美国的几家银行集团与英国、法国、德国、意大利、比利时、日本等国家的中央银行在 1930 年共同出资创办的，总部设在瑞士巴塞尔，享有国际法人资格以及外交特权和豁免权，并且不需要纳税。

成立国际清算银行，最早的目的是处理第一次世界大战后德国对协约国赔偿的支付以及处理同德国赔款的"杨格计划"的相关业务。后来则转变为促进各国中央银行之间的合作，为国际金融业务提供便利条件，作为国际清算的代理人或受托人。

说得更明确一点就是，最早美国是要利用这个机构来掌握德国的财政，并且把欧洲债务国偿还美国的债务问题置于美国监督之下。1944 年布雷顿森林会议后，国际清算银行的使命实际上已经完成了，是应当解散的，但美国仍然把它保留了下来，并作为国际货币基金组织和世界银行的附属机构。国际清算银行不是政府之间的金融决策机构，它实际上相当于西方国家中央银行的银行。

中国于 1984 年与国际清算银行建立业务联系，办理外汇与黄金业务；派员参加国际清算银行股东大会，以观察员身份参加年会。国际清算银行从 1985 年起开始对中国提供贷款，并于 1996 年接纳中国、中国香港、巴西、印度、俄罗斯等加入该组织。

国际清算银行的服务对象是各国中央银行、国际组织（如国际海事组织、国际电信联盟、世界气象组织、世界卫生组织）等，不办理个人业务。目前，全球各国的外汇储备约有 1/10 存放在国际清算银行。这样做的好处是：外汇种类可以自由转换；免费储备黄金，并且可以用它作为抵押取得 85％的现汇贷款；可以随时提取，不需要说明任何理由。

世界银行：条件苛刻的世界贷款银行

世界银行集团是一家国际金融组织，总部设在美国首都华盛顿，但国际金融组织不仅仅是世界银行集团一家。除了世界银行集团外，还有国际货币基金组织、国际开发协会、国际金融公司、亚洲开发银行等。其中，国际开发协会、国际金融公司是世界银行集团的附属机构。我们平常所说的世界银行，一般是指世界银行集团下的国际复兴开发银行。

2009 年 12 月 6 日，巴勒斯坦与世界银行和其他援助方签署了 6400 万美元的援助协议，以推进巴勒斯坦建国步伐。受金融危机的影响，非洲食品和燃油价格上涨，同时引发了货币贬值和证券价格的下跌。世界银行 2009 年公布，将向受金融危机影响的非洲国家提供 770 亿美元的援助，以帮助这些国家减轻由金融危机带来的负面影响。

中国是世界银行的创始国之一，1980 年 5 月 15 日，中国在世界银行和所属国际开发协会及国际金融公司的合法席位得到恢复。1980 年 9 月 3 日，该行理事会通过投票，同意将中国在该行的股份从原 7500 股增加到 12000 股。我国在世界银行有投票权。在世界银行的执行董事会中，我国单独派有一名董事。我国从 1981 年起开始向该行借款，此后，我国与世界银行的合作逐步展开、扩大。世界银行通过提供期限较长的项目贷款，推动了我国交通运输、行业改造、能源、农业等国家重点建设以及金融、文卫、环保等事业的发展。同时，还通过本身的培训机构，为我国培训了大批了解世界银行业务、熟悉专业知识的管理人才。

世界银行集团目前由国际复兴开发银行（世界银行）、国际开发协会、国际金融公司、多边投资担保机构和国际投资争端解决中心五个成员机构组成。这五个机构分别侧重于不同的发展领域，但都运用其各自的比较优势，协力实现其共同的最终目标，即减轻贫困。

通过向国际金融市场借款、发行债券和收取贷款利息以及各成员国缴纳的股金三种渠道，世界银行获得资金来源。

在通过对生产事业的投资，协助成员国经济的复兴与建设，鼓励不发达国家对资源的开发方面，世界银行仍然发挥着不可小觑的作用。另外，世界银行通过担保或参加私人贷款及其他私人投资的方式，促进私人对外投资。规定当成员国不能在合理条件下获得私人资本时，可运用该行自有资本或筹集的资金来补充私人投资的不足，并与其他方面的国际贷款配合，鼓励国际投资，协助成员国提高生产能力，促进成员国国际贸易的平衡发展和国际收支状况的改善，对经济的复兴和发展起到了重要的作用。

总的来看，世界银行提供的贷款具有以下几点特征：

第一，贷款期限较长。按借款国人均国民生产总值，将借款国分为 4 组，每组期限不一。第一组为 15 年，第二组为 17 年，第三、四组为最贫穷的成员国，期限为 20 年。贷款宽限期为 3 ～ 5 年。

第二，贷款利率参照资本市场利率而定，一般低于市场利率，现采用浮动利率计息，每半年调整一次。

第三，借款国要承担汇率变动的风险。

第四，贷款必须如期归还，不得拖欠或改变还款日期。

第五，贷款手续严密，从提出项目、选定、评定，到取得贷款，一般要用 1

年半到2年。

第六，贷款主要向成员国政府发放，且与特定的工程和项目相联系。

世界银行的工作经常受到非政府组织和学者的严厉批评，有时世界银行自己内部的审查也对其某些决定质疑。往往世界银行被指责为美国或西方国家施行有利于它们自己的经济政策的执行者，此外往往过快、不正确的、按错误的顺序引入的或在不适合的环境下进行的市场经济改革对发展中国家的经济反而造成破坏。世界银行的真正掌控者是世界银行巨头，他们最终的目的是追逐利润，现在的状况可以说是一个妥协的结果。

今天世界银行的主要帮助对象是发展中国家，帮助它们建设教育、农业和工业设施。它向成员国提供优惠贷款，同时世界银行向受贷国提出一定的要求，比如减少贪污或建立民主等。世界银行与国际货币基金组织和世界贸易组织一道，成为国际经济体制中最重要的三大支柱。

世界贸易的协调者：WTO

世界贸易组织（WTO）是一个独立于联合国的永久性国际组织。1995年1月1日开始正式运作，负责管理世界经济和贸易秩序，总部设在瑞士日内瓦。世贸组织是具有法人地位的国际组织，在调解成员争端方面具有很高的权威性。它的前身是1947年订立的关税及贸易总协定。与关贸总协定相比，世贸组织涵盖货物贸易、服务贸易以及知识产权贸易，而关贸总协定只适用于商品货物贸易。世界贸易组织是多边贸易体制的法律基础和组织基础，是众多贸易协定的管理者，是各成员贸易立法的监督者，是就贸易进行谈判和解决争端的场所。是当代最重要的国际经济组织之一，其成员间的贸易额占世界贸易额的绝大多数，被称为"经济联合国"。

世贸组织成员分四类：发达成员、发展中成员、转轨经济体成员和最不发达成员。到2011年为止，世贸组织正式成员已经达到156个。

世界贸易组织主要有以下几方面的基本职能：管理和执行共同构成世贸组织的多边及诸边贸易协定；作为多边贸易谈判的讲坛；寻求解决贸易争端；世界贸易组织总部监督各成员国贸易政策，并与其他同制定全球经济政策有关的国际机构进行合作。世贸组织的目标是建立一个完整的、更具有活力的和永久性的多边贸易体制。与关贸总协定相比，世贸组织管辖的范围除传统的和乌拉圭回合确定的货物贸易外，还包括长期游离于关贸总协定外的知识产权、投资措施和非货物贸易（服务贸易）等领域。世贸组织具有法人地位，它在调解成员争端方面具有更高的权威性和有效性。

世界贸易组织的一个重要原则就是互惠原则。尽管在关贸总协定及世贸组织的协定、协议中没有十分明确地规定"互惠贸易原则"，但在实践中，只有平等互惠互利的减让安排才可能在成员间达成协议。世贸组织的互惠原则主要通过以下几种形式体现。

一是通过举行多边贸易谈判进行关税或非关税措施的削减，对等地向其他成员开放本国市场，以获得本国产品或服务进入其他成员市场的机会，即所谓"投之以桃，报之以李"。

二是当一国或地区申请加入世贸组织时，由于新成员可以享有所有老成员过去已达成的开放市场的优惠待遇，老成员就会一致地要求新成员必须按照世贸组织现行协定、协议的规定缴纳"入门费"——开放申请方商品或服务市场。

三是互惠贸易是多边贸易谈判及一成员贸易自由化过程中与其他成员实现经贸合作的主要工具。关贸总协定及世贸组织的历史充分说明，多边贸易自由化给某一成员带来的利益要远大于一个国家自身单方面实行贸易自由化的利益。因为一国单方面自主决定进行关税、非关税的货物贸易自由化及服务市场开放时，所获得的利益主要取决于其他贸易伙伴对这种自由化改革的反应，如果反应是良好的，即对等地也给予减让，则获得的利益就大；反之，则较小。相反，在世贸组织体制下，由于一成员的贸易自由化是在获得现有成员开放市场承诺范围内进行的，自然这种贸易自由化改革带来的实际利益有世贸组织机制作保障，而不像单边或双边贸易自由化利益那么不确定。因此，多边贸易自由化要优于单边贸易自由化，尤其像中国这样的发展中的大国。

因为世界贸易组织促进世界范围的贸易自由化和经济全球化，通过关税与贸易协定使全世界的关税水平大幅度下降，极大地促进了世界范围的贸易自由化。此外，世界贸易组织还在农业、纺织品贸易、安全保障措施、反倾销与反补贴、投资、服务贸易、知识产权以及运作机制等方面都作出有利于贸易发展的规定。这些协定和协议都将改善世贸自由化和全球经济一体化，使世界性的分工向广化与深化发展，为国际贸易的发展奠定稳定的基础，使对外贸易在各国经济发展中的作用更为重要。

世界贸易组织追求自由贸易，但不是纯粹的自由贸易组织，它倡导的是"开放、公平和无扭曲竞争"的贸易政策。世界贸易组织是"经济联合国"，它所制定的规则已成为当今重要的国际经贸惯例，如果一个国家被排斥在世界贸易组织之外，就难以在平等的条件下进行国际间产品和服务交流，而且会受到歧视待遇。中国自 2001 年底加入世界贸易组织后，经济与贸易发展极为迅速。

世界贸易组织的所有成员方都可以取得稳定的最惠国待遇和自由贸易带来的优惠，自加入世贸组织以来，我国的出口连年上新台阶。当然，出口扩大了，可增加先进技术的进口，使我国在科技上更快跟上世界产业发展的潮流。

加入世界贸易组织后，带动了国民经济的快速发展，一定程度上解决了就业难的问题。同时，有利于提高人民生活水平，"入世"后关税降低了，中国老百姓可以同等的货币，购买优质产品。

此外，促进了我国对外服务贸易的发展。我国的服务贸易严重落后，只占世界服务贸易总量的1%。我国的人口众多，资源有限，所以一定要发展服务贸易，包括银行、保险、运输、旅游等方面的引进和出口。

加入世界贸易组织，意味着中国可以参与制定国际经济贸易规则，这样可以提高中国在国际社会的地位，获得更多发言权。目前西方国家对中国产品反倾销调查现象很严重，中国可以利用世界贸易组织的争端解决机制，使这一问题公平合理地得到解决，提高中国产品在国际市场上的声望。

当然，加入世贸组织对我国的弱势产业也是一个严峻的挑战。随着市场的进一步扩大，关税的大幅度减让，外国产品、服务和投资有可能更多地进入中国市场，国内一些产品、企业和产业免不了面临更加激烈的竞争。

实践已经证明，世界贸易组织为中国提供了宽广的舞台。

·第五章·

雾里看花的金融市场

——每天读点金融市场知识

金融市场：走进财富的游乐场

曾经有一个非常贫穷的皮匠，他所拥有的皮革只够做一双靴子。一天半夜里，当他熟睡后，两个好心的小精灵替他做了一双漂亮的靴子。皮匠醒来看到新靴子后很高兴，而当他把靴子出售后，惊奇地发现所赚到的钱足够用来购买制作两双靴子所需要的皮革。第二天夜里，两个小精灵又替他做了两双靴子。以后的事大家很容易就可以猜到了：皮匠可以用来出售的靴子越来越多，出售靴子换来的钱可以买到的皮革也越来越多，然后他发了财。

我们可以为这个故事构想一个新的结局：如果两个小精灵继续它们惊人的生产速度，那么，到了第四十天，它们制造出来的靴子将会多到地球上所有的男人、女人和孩子平均每人可以拥有 200 双。从这个角度出发，我们应该庆幸那两个小精灵没有存在于现实当中，否则它们生产靴子的行为将破坏市场的平衡，扰乱货币流通，并最终耗尽地球的资源。

在皮匠的故事中，他所面临的问题既不是人们不想买他的靴子，也不是靴子的价格过低，而是他需要更多的资本去购买更多的皮革，从而生产出更多的靴子。换句话来讲，这就叫作"钱生钱"。所有的生意都离不开资本，离不开市场。而在"钱生钱"的过程中，金融市场是必不可少的，它正逐渐成为我们生活中重要的组成部分。对金融市场这个名词或许大家已经非常熟悉，可是这并不代表你真正了解金融市场。

金融市场是指资金供应者和资金需求者双方通过信用工具进行交易而融通资金的市场，广言之，是实现货币借贷和资金融通、办理各种票据和有价证券交易活动的市场。金融市场是交易金融资产并确定金融资产价格的一种机制。金融市场又称为资金市场，包括货币市场和资本市场，是资金融通市场。所谓资金融通，是指在经济运行过程中，资金供求双方运用各种金融工具调节资金盈余的活动，是所有金融交易活动的总称。在金融市场上交易的是各种金融工具，如股票、债券、储蓄存单等。

金融市场上资金的运动具有一定规律性，由于资金余缺调剂的需要，资金总是从多余的地区和部门流向短缺的地区和部门。金融市场的资金运动起因于社会资金的供求关系，最基本的金融工具和货币资金的形成，是由银行取得（购入）企业借据而向企业发放贷款而形成的。银行及其他金融机构作为中间人，既代表了贷者的集中，又代表了借者的集中，对存款者是债务人，对借款者是债权人。因而，它所进行的融资是间接融资。当银行创造出大量派生存款之后，为其他信用工具的创造和流通建立了前提。当各种金融工具涌现，多种投融资形式的形成，金融工具的流通轨迹就变得错综复杂，它可以像货币一样多次媒介货币资金运动，资金的交易不只是一次就完成，金融市场已形成了一个相对独立的市场。

在市场经济条件下，各种市场在资源配置中发挥着基础性作用，这些市场共同组成一个完整、统一且相互联系的有机体系。金融市场是统一市场体系的一个重要部分，属于要素市场。它与消费品市场、生产资料市场、劳动力市场、技术市场、信息市场、房地产市场、旅游服务市场等各类市场相互联系、相互依存，共同形成统一市场的有机整体。在整个市场体系中，金融市场是最基本的组成部分之一，是联系其他市场的纽带，对一国经济的发展具有多方面功能。主要体现在以下几个方面。

1. 资金"蓄水池"

金融市场在把分散资金汇聚起来重新投入社会再生产、调剂国民经济各部门及各部门内部资金、提高利用率方面功不可没。

2. 经济发展的"润滑剂"

金融市场有利于促进地区间的资金协作，有利于开展资金融通方面的竞争，提高资金使用效益。目前，我国银行对个人信用的判断标准还比较粗放，尚未达到精细化要求。

3. 资源优化配置和分散风险

金融市场优化资源配置、分散金融风险，主要是通过调整利率、调整各种证券组合方式以及市场竞争来实现的。

企业经济效益好、有发展前途，才能贷到款、按时归还贷款；善于利用各种证券组合方式以及对冲交易、套期保值交易等手段，才能更好地提高资金安全性和盈利性，规避和分散风险。

4. 调节宏观经济

金融市场对宏观经济具有直接调节作用。通过银行放贷前的仔细审查，最终只有符合市场需要、效益高的投资对象才能获得资金支持。大家都这样做，整个宏观经济面就会得到改善。

金融市场也会为政府对宏观经济的管理起到间接调节作用，这主要反映在政府相关部门通过收集、分析金融市场信息作为决策依据上。

5. 国民经济的"晴雨表"

金融市场是公认的国民经济信号系统，主要表现在：股票、债券、基金市场的每天交易行情变化，能够为投资者判断投资机会提供信息；金融交易会直接、间接地反映货币供应量的变动情况；金融市场上每天有大量专业人员从事信息情报研究分析，及时了解上市公司发展动态；金融市场发达的通信网络和信息传播渠道，能够把全球金融市场融为一体，及时了解世界经济发展变化行情。

货币市场：一只手交钱，另外一只手也交钱

一个商业公司有暂时过剩的现金。这家公司可以把这些钱安全地投入货币市场1～30天，或者可以投入更长的时间，赚取市场利率，而不是让资金闲置在一个无息活期存款账户里。另一种情况是，如果一家银行在联邦账户上暂时缺少储量，它可以到货币市场上购买另一机构的联邦基金，来增加联邦储备账户隔夜数额，满足其临时储备需要。这里的关键想法是，参与者在这些市场调节其流动性——他们借出闲置资金或借用短期贷款。

货币市场是一个市场的汇集，每个交易都使用明显不同的金融工具。货币市场没有正式的组织，如纽约证券交易所针对产权投资市场。货币市场的活动中心是经销商和经纪人，他们擅长一种或多种货币市场工具。经销商根据自己的情况购买证券，当一笔交易发生时，出售他们的库存证券，交易都是通过电话完成的，尤其是在二级市场上。由于那里金融公司集中，市场集中在纽约市曼哈顿区，主要参与者使用电子方式联系遍及美国、欧洲和亚洲的主要金融中心。

货币市场也有别于其他金融市场，因为它们是批发市场，参与大型的交易。尽管一些较小的交易也可能发生，多数是 100 万美元或更多。由于非个人的、竞争的性质，货币市场交易是所谓的公开市场交易，没有确定的客户关系。比如说，一家银行从一些经纪人那里寻找投标来交易联邦基金，以最高价出售并以最低价买进。但是，不是所有的货币市场交易都像联邦基金市场一样开放。例如，即使银行没有以当前的利率积极地寻找资金，货币市场的银行通常给经销商"融资"，这些经销商是银行的好顾客，因为他们出售他们的可转让存单。因此，在货币市场上，我们找到了一些"赠送"，不是这么多形式的价格优惠，而是以通融资金的形式。

1. 货币市场活动的目的

主要是保持资金流动性，以便能随时随地获得现实的货币用于正常周转。换句话说，它一方面要能满足对资金使用的短期需求，另一方面要为短期闲置资金寻找出路。

2. 货币市场的几个基本特征

（1）期限较短。货币市场期限最长为 1 年，最短为 1 天、半天，以 3 ~ 6 个月者居多。

（2）流动性强。货币市场的流动性主要是指金融工具的变现能力。

（3）短期融资。货币市场交易的目的是短期资金周转的供求需要，一般的作用是弥补流动资金临时不足。

3. 货币市场的功能

主要包括：媒介短期资金融通，促进资金流动，对社会资源进行再分配；联络银行和其他金融机构，协调资金的供需；显示资金形式，有助于进行宏观调控。让我们详细地研究，为什么货币市场工具具有这些特点。

首先，如果你有资金可以暂时投资，你只想购买最高信用等级企业的金融债券，并且尽量减少任何违约对本金的损失。因此，货币市场工具由最高等级的经济机构发行（最低的违约风险）。

其次，你不想持有长期证券，因为如果发生利率变化，它们与短期证券相比有更大的价格波动（利率风险）。此外，如果利率变化不显著，到期期限与短期证券相差的时间不是很远，这时可以按票面价值兑换。

再次，如果到期之前出现意外，急需资金，短期投资一定很适合市场销售。因此，许多货币市场工具有很活跃的二级市场。为了高度的市场可售性，货币市场工具必须有标准化的特点（没有惊喜）。此外，发行人必须是市场众所周知的而且有良好的信誉。

最后，交易费用必须低。因此，货币市场工具一般都以大面值批发出售——通常以100万美元到1000万美元为单位。比如说，交易100万美元至1000万美元的费用是50美分至1美元。

4. 个别货币市场工具和这些市场的特点

关于货币市场，可以从市场结构出发来重点关注以下几个方面：

（1）同业拆借市场。同业拆借市场也叫同业拆放市场，主要是为金融机构之间相互进行短期资金融通提供方便。参与同业拆借市场的除了商业银行、非银行金融机构外，还有经纪人。

同业拆借主要是为了弥补短期资金不足、票据清算差额以及解决其他临时性资金短缺的需要。所以，其拆借期限很短，短则一两天，长则一两个星期，一般不会超过一个月。

正是由于这个特点，所以同业拆借资金的利率是按照日利率来计算的，利息占本金的比率称为"拆息率"，而且每天甚至每时每刻都会发生调整。

（2）货币回购市场。货币回购主要通过回购协议来融通短期资金。这种回购协议，是指出售方在出售证券时与购买方签订的协议，约定在一定期限后按照原定价格或约定价格购回出售的证券，从而取得临时周转资金。这种货币回购业务实际上是把证券作为抵押品取得抵押贷款。

（3）商业票据市场。商业票据分为本票和汇票两种。所谓本票，是指债务人向债权人发出的支付承诺书，债务人承诺在约定期限内支付款项给债权人；所谓汇票，是指债权人向债务人发出的支付命令，要求债务人在约定期限内支付款项给持票人或其他人。而商业票据市场上的主要业务，则是对上述还没有到期的商业票据，如商业本票、商业承兑汇票、银行承兑汇票等进行承兑和贴现。

货币市场的存在使得工商企业、银行和政府可以从中借取短缺资金，也可将它们暂时多余的、闲置的资金投放在市场中作为短期投资，生息获利，从而促进资金合理流动，解决短期性资金融通问题。各家银行和金融机构的资金，通过货币市场交易，从分散到集中，从集中到分散，从而使整个金融体系的融资活动有机地联系起来。

货币市场在一定时期的资金供求及其流动情况，是反映该时期金融市场银根松紧的指示器，它在很大程度上是金融当局进一步贯彻其货币政策、宏观调控货币供应量的帮手。

资本市场：货币市场的金融工具

假设某企业购买一个预期经济寿命为15年的厂房。因为短期利率往往低于长期利率，乍看起来，短期融资似乎更划算。但是，如果利率像20世纪80年代初期那样急剧上升，该企业不得不为短期债务再融资，从而发现其借款成本不断飙升。在最糟糕的情况下，企业会发现它已经没有足够的现金流来支撑债务而被迫破产。同样，如果市场状况像2001年衰退时那样动荡，债务发行方会发觉自己无力为短期债务再融资；如果找不到其他贷款人，破产的厄运会再次降临。

在为资本支出而发行债务的时候，企业经常把资产的预期寿命和债务的期限结合起来不足为奇。资本市场可以把长期资金的借款方和供应方汇集在一起，还允许那些持有以前发行的证券的人在二级资本市场上交易这些证券以获得现金。

1. 资本市场概念

资本市场，亦称"长期金融市场""长期资金市场"，是指期限在1年以上的各种资金借贷和证券交易的场所。资本市场上的交易对象是1年以上的长期证券。因为在长期金融活动中，涉及资金期限长、风险大，具有长期较稳定收入，类似于资本投入，故称之为资本市场。狭义的资本市场就是指股票和债券市场；广义的资本市场，在此基础上还包括银行里的长期存贷款市场（如中长期存款、设备贷款、长期抵押贷款、房产按揭贷款等）。如果没有特别说明，一般情况下我们总是从狭义概念出发来理解资本市场。

2. 资本市场功能

资本市场就是指股票和债券市场。资本市场有哪些功能呢？在高度发达的市场经济条件下，资本市场的功能可以按照其发展逻辑而界定为资金融通、产权中介和资源配置三个方面。

（1）融资功能。本来意义上的资本市场即是纯粹资金融通意义上的市场，它与货币市场相对称，是长期资金融通关系的总和。因此，资金融通是资本市场的本源职能。

（2）配置功能。资本市场的配置功能是指资本市场通过对资金流向的引导而对资源配置发挥导向性作用。资本市场由于存在强大的评价、选择和监督机制，而投资主体作为理性经纪人，始终具有明确的逐利动机，从而促使资金流向高效益部门，体现出资源优化配置的功能。

（3）产权功能。资本市场的产权功能是指其对市场主体的产权约束和充当产权交易中介方面所发挥的功能。产权功能是资本市场的派生功能，它通过对企业经营机制的改造、为企业提供资金融通、传递产权交易信息和提供产权中介服务而在企业产权重组的过程中发挥着重要的作用。

上述三个方面共同构成资本市场完整的功能体系。如果缺少一个环节，资本市场就是不完整的，甚至是扭曲的。资本市场的功能不是人为赋予的，而是资本市场本身的属性之一。从理论上认清资本市场的功能，对于我们正确对待资本市场发展中的问题、有效利用资本市场具有重要的理论与实践意义。

全国证券交易自动报价系统于1990年12月5日开始运行，系统中心设在北京，连接国内证券交易比较活跃的大中城市，为会员公司提供有价证券买卖价格信息和结算。1992年7月1日开始法人股流通转让试点。

1993年4月28日开始运行的全国电子交易系统，是由中国证券交易系统有限公司开发设计的，系统中心也设在北京，主要为证券市场提供证券集中交易及报价、清算、交割、登记、托管、咨询等服务。

3.资本市场需要关注的几个问题

对于资本市场，可以主要关注以下几个方面：

（1）证券和有价证券。

证券是一种法律凭证，用来证明持有人有权按照上面所记载的内容获得相应权益。有价证券，是指这种证券代表的是某种特定财产，并且对这部分特定财产拥有所有权或债权。

有价证券包括商品证券、货币证券、资本证券。最常见的商品证券是提货单、运货单证；货币证券主要是指商业证券和银行证券，如商业汇票、商业本票、银行汇票、银行本票；资本证券主要指与金融投资有关的证券，如股票、债券、基金、期货、期权、互换协议等。

（2）证券发行市场。证券发行市场就是大家通常所说的一级市场、初级市场。许多股票投资者喜欢在新股发行时打新股，这种"打新股"就是在一级证券市场上购买第一手股票。

①发行证券时，按照证券发行对象的不同，可以分为私募发行和公募发行两大类。

私募发行也叫不公开发行，它的发行对象是特定投资者。正因如此，私募发行的手续比较简单，筹备时间也比较短。

公募发行也叫公开发行，它的发行对象是不特定的投资者，社会影响大，所以发行手续比较烦琐，筹备时间较长，条条框框非常严格。例如，发行者必须向证券管理机关递交申请书和相关材料，并获得批准；某些财务指标和信用等级必须达到要求；必须如实向投资者提供相关资料等等。

②发行证券时，按照证券发行方式的不同，可以分为直接发行和间接发行两种。

直接发行就是指通过承销机构，由发行人自己向投资者发行。它的优点是可以节约成本；缺点是必须由发行者自己承担发行风险，其前提条件是发行者要熟悉发行手续，精通发行技术，否则很多工作将无法开展下去。

间接发行也叫委托发行，是指通过承销机构，如投资银行、证券公司等中介金融机构代理发行证券。它的优点是可以节省发行者大量的时间和精力，减少发行风险，并且可以借助中介机构的力量提高自身知名度；缺点是需要投入费用，提高发行成本。

间接发行更受证券发行人青睐，因而这也是目前最普遍的证券发行方式。确定发行价格是证券发行中的一个重要环节。发行价格过高，发行数量就会减少甚至发不出去，无法筹集到所需资金，证券承销商也会蒙受损失；发行价格过低，虽然证券发行工作比较顺利甚至会火爆起来，可是发行公司却会遭受损失。

4. 资本市场特点

资本市场主要有以下几方面的特点：

（1）融资期限长。资本市场的融资期限至少在1年以上，也可以长达几十年，甚至无到期日。

（2）流动性相对较差。在资本市场上筹集到的资金多用于解决中长期融资需求，所以流动性和变现性相对较弱。

（3）风险大而收益较高。由于融资期限较长，发生重大变故的可能性也大，市场价格容易波动，投资者需承受较大风险。同时，作为对风险的报酬，其收益也较高。

股票市场：由狼和羊组成的金融生态

股票的交易都是通过股票市场来实现的。股票市场是股票发行和流通的场所，也可以说是指对已发行的股票进行买卖和转让的场所。一般地，股票市场可以分为一、二级。一级市场也称为股票发行市场，二级市场也称为股票交易市场。股票是一种有价证券。有价证券除股票外，还包括国家债券、公司债券、不动产抵押债券等等。国家债券出现较早，是最先投入交易的有价债券。随着商品经济的发展，后来才逐渐出现股票等有价债券。因此，股票交易只是有价债券交易的一个组成部分，股票市场也只是多种有价债券市场中的一种。目前，很少有单一的股票市场，股票市场不过是证券市场中专营股票的地方。

股票是社会化大生产的产物，至今已有将近 400 年的历史。很少有人知道，中国最早的股票市场是由精明的日商于 1919 年在上海日领事馆注册的，而蒋介石竟然是中国最早的股民之一。

1919 年，日商在上海租界三马路开办了"取引所"（交易所）。蒋介石、虞洽卿便以抵制取引所为借口，电请北京政府迅速批准成立上海证券物品交易所。

这时的北京政权为直系军阀所控制，曹锟、吴佩孚等人不愿日本人以任何方式介入中国事务。于是，中国以股票为龙头的第一家综合交易所被批准成立了。

1920 年 2 月 1 日，上海证券物品交易所宣告成立，理事长为虞洽卿，常务理事为郭外峰、闻兰亭、赵林士、盛丕华、沈润挹、周佩箴等六人，理事十七人，监察人为周骏彦等。交易物品有七种，为有价证券、棉花、棉纱、布匹、金银、粮食油类、皮毛。1929 年 10 月 3 日《交易所法》颁布以后，它便依法将物品中的棉纱交易并入纱布交易所；证券部分于 1933 年夏秋间并入证券交易所，黄金及物品交易并入金业交易所。

一般交易所的买卖是由经纪人经手代办的。经纪人在交易所中缴足相当的保证金，在市场代理客商买卖货物，以取得相应的佣金。拥有资金实力的蒋介石、陈果夫、戴季陶等人便成了上海证券物品交易所的首批经纪人。但因为财力有限，他们不是上海证券物品交易所的股东，而只是他们所服务的"恒泰号"的股东。而恒泰号只是上海证券物品交易所的经纪机构之一。

恒泰号的营业范围是代客买卖各种证券及棉纱，资本总额银币 35000 元，每股 1000 元，分为 35 股。股东包括蒋介石在内，共有十七人，但为避嫌，在合同中却多不用真名，蒋介石用的是"蒋伟记"的代号。

蒋介石是中国首批经纪人，这个消息对很多在股市中混迹的人来说，恐怕都足够爆炸的。但据此看来，确有其事。当时的大宗证券交易，只有蒋介石这样的四大财团才有实力入市一搏，精明的老蒋当然不会错过这个机会。事实上，在蒋介石当经纪人的时候，上证所的主要业务还是棉花等大宗期货商品。当时还未真正形成股票市场。

而股票市场是已经发行的股票按时价进行转让、买卖和流通的市场，包括交易市场和流通市场两部分。股票流通市场包含了股票流通的一切活动。股票流通市场的存在和发展为股票发行者创造了有利的筹资环境，投资者可以根据自己的投资计划和市场变动情况，随时买卖股票。由于解除了投资者的后顾之忧，它们可以放心地参加股票发行市场的认购活动，有利于公司筹措长期资金，股票流通的顺畅也为股票发行起了积极的推动作用。对于投资者来说，通过股票流通市场的活动，可以使长期投资短期化，在股票和现金之间随时转换，增强了股票的流动性和安全性。股票流通市场上的价格是反映经济动向的晴雨表，它能灵敏地反映出资金供求状况、市场供求，行业前景和政治形势的变化，是进行经济预测和分析的重要指标。对于企业来说，股权的转移和股票行市的涨落是其经营状况的指示器，还能为企业及时提供大量信息，有助于它们的经营决策和改善经营管理。可见，股票流通市场具有重要的作用。

转让股票进行买卖的方法和形式称为交易方式，它是股票流通交易的基本环节。现代股票流通市场的买卖交易方式种类繁多，从不同的角度可以分为以下三类。

其一，议价买卖和竞价买卖。从买卖双方决定价格的不同，分为议价买卖和竞价买卖。议价买卖就是买方和卖方一对一地面谈，通过讨价还价达成买卖交易。它是场外交易中常用的方式。一般在股票上不了市，交易量少，需要保密或为了节省佣金等情况下采用。竞价买卖是指买卖双方都是由若干人组成的群体，双方公开进行双向竞争的交易，即交易不仅在买卖双方之间有出价和要价的竞争，而且在买者群体和卖者群体内部也存在着激烈的竞争，最后在买方出价最高者和卖方要价最低者之间成交。在这种双方竞争中，买方可以自由地选择卖方，卖方也可以自由地选择买方，使交易比较公平，产生的价格也比较合理。竞价买卖是证券交易所中买卖股票的主要方式。

其二，直接交易和间接交易。按达成交易的方式不同，分为直接交易和间接交易。直接交易是买卖双方直接洽谈，股票也由买卖双方自行清算交割，在整个交易过程中不涉及任何中介的交易方式。场外交易绝大部分是直接交易。间接交易是买卖双方不直接见面和联系，而是委托中介人进行股票买卖的交易方式。证券交易所中的经纪人制度，就是典型的间接交易。

其三，现货交易和期货交易。按交割期限不同，分为现货交易和期货交易。

现贷交易是指股票买卖成交以后，马上办理交割清算手续，当场钱货两清。期货交易则是股票成交后按合同中规定的价格、数量，过若干时期再进行交割清算的交易方式。

有人说，如果把股市比喻成一个草原，普通股民是羊，那些企图捕食羊的利益团体是狼，政府就是牧羊人。但千万不要以为牧羊人就只保护羊，实际上，牧羊人也得保护狼，因为假如狼不够，羊没有天敌，就会繁衍得太多，而太多羊则会毁灭草原的植被，进而毁灭整个草原。说到底，政府他既不保护羊也不保护狼，而是保护整个草原的生态平衡。因为牧羊人并不以保护羊为第一目标，他只在整个草原可能出现毁灭倾向时才会真正焦急。这样的比喻似乎比较清晰地揭示了股市运作的道理。

真实的股市在每一个股民的眼中都是不一样的。表面上看，股市就永远像庙会那样人山人海，热闹非凡；而实际上，置身其中，就会发现股市就如一个百鸟园一般充满不同的声音，而你却不知谁说的才是真的。真假难辨，是股民心中对股市一致的印象。

证券市场：风云变幻的"大舞台"

在普通老百姓的眼里，证券市场似乎总是那么虚幻、不可捉摸。一谈到证券市场，人们就会立刻想到那些一夜间变成百万富翁，又一夜间沦为乞丐的传奇故事。在中国，人们首先想到的是股票市场，因为股票市场和老百姓接触最多。像大多数国家的股票市场一样，中国的股票市场也凝聚了"股民"们太多的情感，它有时让人激动兴奋、为之着魔，有时又让人绝望沮丧、失魂落魄。证券市场是现代金融市场体系的重要组成部分，主要包括股票市场、债券市场以及金融衍生品市场等。在现代市场经济中，证券市场发挥的作用越来越大。

证券市场是证券发行和交易的场所。从广义上讲，证券市场是指一切以证券为对象的交易关系的总和。从经济学的角度，可以将证券市场定义为：通过自由竞争的方式，根据供需关系来决定有价证券价格的一种交易机制。在发达的市场经济中，证券市场是完整的市场体系的重要组成部分，它不仅反映和调节货币资金的运动，而且对整个经济的运行具有重要影响。

从经济学的角度来看，证券市场具有以下三个显著特征：第一，证券市场是价值直接交换的场所。有价证券是价值的直接代表，其本质上只是价值的一种直接表现形式。虽然证券交易的对象是各种各样的有价证券，但由于它们是价值的直接表现形式，所以证券市场本质上是价值的直接交换场所；第二，证券市场是财产权利直接交换的场所。证券市场上的交易对象是作为经济权益凭证的股票、债券、投资基金券等有价证券，它们本身仅是一定量财产权利的代表，所以，代表着对一定数额财产的所有权或债权以及相关的收益权。证券市场实际上是财产权利的直接交换场所。第三，证券市场是风险直接交换的场所。有价证券既是一定收益权利的代表，同时也是一定风险的代表。有价证券的交换在转让出一定收益权的同时，也把该有价证券所特有的风险转让出去。所以，从风险的角度分析，证券市场也是风险的直接交换场所。

证券的产生已有很久的历史，但证券的出现并不标志着证券市场同时产生，只有当证券的发行与转让公开通过市场的时候，证券市场才随之出现。因此，证券市场的形成必须具备一定的社会条件和经济基础。股份公司的产生和信用制度的深化，是证券市场形成的基础。

证券市场是商品经济和社会化大生产发展的必然产物。随着生产力的进一步发展和商品经济的日益社会化，资本主义从自由竞争阶段过渡到垄断阶段，依靠原有的银行借贷资本已不能满足巨额资金增长的需要。为满足社会化大生产对资本扩张的需求，客观上需要有一种新的筹集资金的手段，以适应经济进一步发展的需要。在这种情况下，证券与证券市场就应运而生了。

证券市场是市场经济发展到一定阶段的产物，是为解决资本供求矛盾和流动而产生的市场。因此，证券市场有几个最基本的功能。

其一，融通资金。融通资金是证券市场的首要功能，这一功能的另一作用是为资金的供给者提供投资对象。一般来说，企业融资有两种渠道：一是间接融资，即通过银行贷款而获得资金；二是直接融资，即发行各种有价证券使社会闲散资金汇集成为长期资本。前者提供的贷款期限较短，适合解决企业流动资金不足的问题，而长期贷款数量有限，条件苛刻，对企业不利。后者却弥补了前者的不足，使社会化大生产和企业大规模经营成为可能。

其二，资本定价。证券市场的第二个基本功能就是为资本决定价格。证券是资本的存在形式，所以，证券的价格实际上是证券所代表的资本的价格。证券的价格是证券市场上证券供求双方共同作用的结果。证券市场的运行形成了证券需求者竞争和证券供给者竞争的关系，这种竞争的结果是：能产生高投资回报的资本，市场的需求就大，其相应的证券价格就高；反之，证券的价格就低。因此，

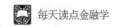

证券市场是资本的合理定价机制。

其三，资本配置。证券投资者对证券的收益十分敏感，而证券收益率在很大程度上取决于企业的经济效益。从长期来看，经济效益高的企业的证券拥有较多的投资者，这种证券在市场上买卖也很活跃。相反，经济效益差的企业的证券投资者越来越少，市场上的交易也不旺盛。所以，社会上部分资金会自动地流向经济效益好的企业，远离效益差的企业。这样，证券市场就引导资本流向能产生高报酬的企业或行业，从而使资本产生尽可能高的效率，进而实现资源的合理配置。

其四，分散风险。证券市场不仅为投资者和融资者提供了丰富的投融资渠道，而且具有分散风险的功能。对于上市公司来说，通过证券市场融资可以将经营风险部分地转移或分散给投资者，公司的股东越多，单个股东承担的风险就越小。另外企业还可以通过购买一定的证券，保持资产的流动性和提高盈利水平，减少对银行信贷资金的依赖，提高企业对宏观经济波动的抗风险能力。对于投资者来说，可以通过买卖证券和建立证券投资组合来转移和分散资产风险。投资者往往把资产分散投资于不同的对象，证券作为流动性、收益性都相对较好的资产形式，可以有效地满足投资者的需要，而且投资者还可以选择不同性质、不同期限、不同风险和收益的证券构建证券组合，分散证券投资的风险。

基金市场：让投资专家打理你的财富

通俗地说，基金就是通过汇集众多投资者的资金，交给银行托管，由专业的基金管理公司负责投资于股票和债券等证券，以实现保值、增值目的的一种投资工具。基金增值部分，也就是基金投资的收益，归持有基金的投资者所有，专业的托管、管理机构收取一定比例的管理费用。基金以"基金单位"作为单位，在基金初次发行时，将其基金总额划分为若干等额的整数份，每一份就是一个基金单位。

为了进一步理解基金的概念，我们可以做一个比喻：

假设你有一笔钱想投资债券、股票等进行增值，但自己既没有那么多精力，也没有足够的专业知识，钱也不是很多，于是想到与其他几个人合伙出资，雇一个投资高手，操作大家合出的资产进行投资增值。但在这里面，如果每个投资人都与投资高手随时交涉，那将十分麻烦，于是就推举其中一个最懂行的人牵头办理这件事，并定期从大伙合出的资产中抽取提成作为付给投资高手的劳务费报酬。

当然，牵头人出力张罗大大小小的事，包括挨家跑腿，随时与投资高手沟通，定期向大伙公布投资盈亏情况等，不可白忙，提成中也包括他的劳务费。

上面这种运作方式就叫作合伙投资。如果这种合伙投资的活动经过国家证券行业管理部门（中国证券监督管理委员会）的审批，允许这项活动的牵头操作人向社会公开募集吸收投资者加入合伙出资，这就是发行公募基金，也就是大家现在常见的基金。

基金包含资金和组织的两方面含义。从资金上讲，基金是用于特定目的并独立核算的资金。其中，既包括各国共有的养老保险基金、退休基金、救济基金、教育奖励基金等，也包括中国特有的财政专项基金、职工集体福利基金、能源交通重点建设基金、预算调节基金等。从组织上讲，基金是为特定目标而专门管理和运作资金的机构或组织。这种基金组织，可以是非法人机构（如财政专项基金、高校中的教育奖励基金、保险基金等），可以是事业性法人机构（如中国的宋庆龄儿童基金会、孙冶方经济学奖励基金会、茅盾文学奖励基金会，美国的福特基金会、富布赖特基金会等），也可以是公司性法人机构。

基金有广义和狭义之分。从广义上说，基金是机构投资者的统称，包括信托投资基金、单位信托基金、公积金、保险基金、退休基金、各种基金会的基金。在现有的证券市场上的基金，包括封闭式基金和开放式基金，具有收益性功能和增值潜能的特点。从会计角度透析，基金是一个狭义的概念，意指具有特定目的和用途的资金。因为政府和事业单位的出资者不要求投资回报和投资收回，但要求按法律规定或出资者的意愿把资金用在指定的用途上，而形成了基金。

基金将众多投资者的资金集中起来，委托基金管理人进行共同投资，表现出一种集合理财的特点。通过汇集众多投资者的资金，积少成多，有利于发挥资金的规模优势，降低投资成本。基金与股票、债券、定期存款、外汇等投资工具一样也为投资者提供了一种投资渠道。它具有以下特点。

其一，集合理财，专业管理。基金将众多投资者的资金集中起来，由基金管理人进行投资管理和运作。基金管理人一般拥有大量的专业投资研究人员和强大的信息网络，能够更好地对证券市场进行全方位的动态跟踪与分析。将资金交给基金管理人管理，使中小投资者也能享受到专业化的投资管理服务。

其二，组合投资，分散风险。为降低投资风险，中国《证券投资基金法》规定，基金必须以组合投资的方式进行基金的投资运作，从而使"组合投资，分散风险"

成为基金的一大特色。"组合投资、分散风险"的科学性已为现代投资学所证明，中小投资者由于资金量小，一般无法通过购买不同的股票分散投资风险。基金通常会购买几十种甚至上百种股票，投资者购买基金就相当于用很少的资金购买了一篮子股票，某些股票下跌造成的损失可以用其他股票上涨的盈利来弥补。因此可以充分享受到组合投资，分散风险的好处。

其三，利益共享，风险共担。基金投资者是基金的所有者。基金投资人共担风险，共享收益。基金投资收益在扣除由基金承担的费用后的盈余全部归基金投资者所有，并根据各投资者所持有的基金份额比例进行分配。为基金提供服务的基金托管人、基金管理人只能按规定收取一定的托管费、管理费，并不参与基金收益的分配。

其四，严格监管，信息透明。为切实保护投资者的利益，增强投资者对基金投资的信心，中国证监会对基金业实行比较严格的监管，对各种有损投资者利益的行为进行严厉的打击，并强制基金进行较为充分的信息披露。在这种情况下，严格监管与信息透明也就成为基金的一个显著特点。

其五，独立托管，保障安全。基金管理人负责基金的投资操作，本身并不经手基金财产的保管。基金财产的保管由独立于基金管理人的基金托管人负责。这种相互制约、相互监督的制衡机制对投资者的利益提供了重要的保护。

基金管理公司就是这种合伙投资的牵头操作人，为公司法人，其资格必须经过中国证监会审批。一方面，基金公司与其他基金投资者一样也是合伙出资人之一；另一方面，基金公司负责牵头操作，每年要从大家合伙出的资产中按一定的比例提取劳务费，并定期公布基金的资产和收益情况。当然，基金公司的这些活动必须经过证监会批准。

为了保证投资者的资产安全，不被基金公司擅自挪用，中国证监会规定，基金的资产不能放在基金公司手里，基金公司和基金经理只负责交易操作，不能碰钱，记账管钱的事要找一个擅长此事信用又高的角色负责，这个角色当然非银行莫属。于是这些出资就放在银行，建立一个专门账户，由银行管账记账，称为基金托管。当然银行的劳务费也得从这些资产中按比例抽取按年支付。所以，基金资产的风险主要来自投资高手的操作失误，而因基金资产被擅自挪用造成投资者资金损失的可能性很小。从法律角度说，即使基金管理公司倒闭甚至托管银行出事了，向它们追债的人也无权挪走基金专户的资产，因此基金资产的安全是很有保障的。

·第六章·

谁在负责处理我们的钱

——每天读点金融机构知识

银行：金融界当之无愧的"大哥"

中世纪的时候，世界上只有两种人有钱，一种是贵族，另一种是主教。所以，银行是不必要的，因为根本没有商业活动。

到了17世纪，一些平民通过经商致富，成了有钱的商人。他们为了安全，都把钱存放在国王的铸币厂里。那个时候还没有纸币，所谓存钱就是指存放黄金。因为那时实行"自由铸币"制度，任何人都可以把金块拿到铸币厂里，铸造成金币，所以铸币厂允许顾客存放黄金。

但是这些商人没意识到，铸币厂是属于国王的，如果国王想动用铸币厂里的黄金，那是无法阻止的。1638年，英国国王查理一世同苏格兰贵族爆发了战争，为了筹措军费，他就征用了铸币厂里平民的黄金，美其名曰贷款给国王。虽然，黄金后来还给了原来的主人，但是商人们意识到，铸币厂不安全。于是，他们把钱存到了金匠那里。金匠为存钱的人开立了凭证，以后拿着这张凭证，就可以取出黄金。

后来商人们就发现，需要用钱的时候，其实不需要取出黄金，只要把黄金凭证交给对方就可以了。再后来，金匠突然发现，原来自己开立的凭证，具有流通的功能！于是，他们开始开立"假凭证"。他们惊奇地发现，只要所有客户不是同一天来取黄金，"假凭证"就等同于"真凭证"，同样是可以作为货币使用的！

这就是现代银行中"准备金"的起源，也是"货币创造"的起源。这时正是17世纪60年代末，现代银行就是从那个时候起诞生的。所以，世界上最早的银行都是私人银行，最早的银行券都是由金匠们发行的，他们和政府没有直接的关系。

现代银行中的纸币竟然是这样发展而来的，恐怕人们都想象不到。从上面这段资料，大家就可以看出，银行起源于古代的货币经营业。而货币经营业主要从事与货币有关的业务，包括金属货币的鉴定和兑换、货币的保管和汇兑业务。当货币经营者手中大量货币聚集时就为发展贷款业务提供了前提。随着贷款业务的发展，保管业务也逐步改变成存款业务。当货币活动与信用活动结合时，货币经营业便开始向现代银行转变。1694年，英国英格兰银行的建立，标志着西方现代银行制度的建立。

银行一词，源于意大利 Banca，其原意是长凳、椅子，是最早的市场上货币兑换商的营业用具。英语转化为 Bank，意为存钱的柜子。在我国有"银行"之称，则与我国经济发展的历史相关。在我国历史上，白银一直是主要的货币材料之一。"银"往往代表的就是货币，而"行"则是对大商业机构的称谓，所以把办理与银钱有关的大金融机构称为银行。

在我国，明朝中叶就形成了具有银行性质的钱庄，到清代又出现了票号。第一次使用银行名称的国内银行是"中国通商银行"，成立于1897年5月27日；最早的国家银行是1905年创办的"户部银行"，后称"大清银行"；1911年辛亥革命后，大清银行改组为"中国银行"，一直沿用至今。

在我国，银行有多种分类方法，一般大而化之的分类方法是把银行按如下方法分类。

第一类是中国人民银行，它是中央银行，在所有银行当中起管理作用。

第二类是政策性银行，如农业发展银行、国家开发银行、进出口银行，一般办理政策性业务，不以盈利为目的。

第三类是商业银行，又可分为全国性国有商业银行，如工行、农行、中行、建行；全国性股份制商业银行，如招商银行、华夏银行、民生银行；区域性商业银行，如广东发展银行；地方性商业银行，如武汉市商业银行，已上市的南京银行。不过，随着银行业务范围的扩大，这三种银行的区别正在缩小。

第四类是外资银行。外资银行有很多，比较著名的有花旗银行、汇丰银行等等。在现在，外资银行一般都设在一线城市，它的业务与国内银行有很大不同，现在已逐步放开它的业务范围。

值得注意的是，银行是经营货币的企业，它的存在方便了社会资金的筹措与融通，它是金融机构里面非常重要的一员。商业银行的职能是由它的性质所决定的，主要有五个基本职能。

其一，信用中介职能。信用中介是商业银行最基本、最能反映其经营活动特征的职能。这一职能的实质，是通过银行的负债业务，把社会上的各种闲散货币集中到银行里来，再通过资产业务，把它投向经济各部门；商业银行是作为货币资本的贷出者与借入者的中介人或代表，来实现资本的融通，并从吸收资金的成本与发放贷款利息收入、投资收益的差额中，获取利益收入，形成银行利润。商业银行通过信用中介的职能实现资本盈余和短缺之间的融通，并不改变货币资本的所有权，改变的只是货币资本的使用权。

其二，支付中介职能。银行除了作为信用中介，融通货币资本以外，还执行着货币经营业的职能。通过存款在账户上的转移，代理客户支付，在存款的基础上，为客户兑付现款等，成为工商企业、团体和个人的货币保管者、出纳者和支付代理人。

其三，信用创造功能。商业银行在信用中介职能和支付中介职能的基础上，产生了信用创造职能。以通过自己的信贷活动创造和收缩活期存款，而活期存款是构成贷款供给量的主要部分。因此，商业银行就可以把自己的负债作为货币来流通，具有了信用创造功能。

其四，金融服务职能。随着经济的发展，工商企业的业务经营环境日益复杂化，许多原来属于企业自身的货币业务转交给银行代为办理，如发放工资、代理支付其他费用等。个人消费也由原来的单纯钱物交易，发展为转账结算。现代化的社会生活，从多方面给商业银行提出了金融服务的要求。

其五，调节经济职能。调节经济是指银行通过其信用中介活动，调剂社会各部门的资金短缺，同时在央行货币政策和其他国家宏观政策的指引下，实现经济结构、消费比例投资、产业结构等方面的调整。此外，商业银行通过其在国际市场上的融资活动还可以调节本国的国际收支状况。

政策性银行：肩负特殊的使命

第二次世界大战后的德国民生凋敝、百废待兴，人民亟待重建家园。为了筹集巨额重建资金，1948 年，德国政府出资 10 亿马克组建德国复兴信贷银行（KFW）。德国复兴信贷银行成立以后，立即通过发行中长期债券筹措巨额款项，为德国人民在废墟上重建家园提供了大量资金。德国复兴信贷银行为战后德国的复兴立下

了汗马功劳，它也因此与美丽的莱茵河一样闻名遐迩。

那么，政策性银行与商业银行有何不同呢？政策性银行的职能是什么呢？政策性银行又将走向何方呢？

说起政策性银行，可能很多人都会感到陌生。政策性银行就是指那些由政府创立、参股或保证的，不以营利为目的，专门为贯彻、配合政府社会经济政策或意图，在特定的业务领域内，直接或间接地从事政策性融资活动，充当政府发展经济、促进社会进步、进行宏观经济管理工具的金融机构。我国的三大政策性银行分别是中国进出口银行、国家开发银行、中国农业发展银行。

在经济发展过程中，常常存在一些商业银行从盈利角度考虑不愿意融资的领域或者其资金实力难以达到的领域。这些领域通常包括那些对国民经济发展、社会稳定具有重要意义，且投资规模大、周期长、经济效益见效慢、资金回收时间长的项目，如农业开发项目、重要基础设施建设项目等。为了扶持这些项目，政府往往采取各种鼓励措施，各国通常采用的办法是设立政策性银行，专门对这些项目融资。这样做，不仅是从财务角度考虑，而且有利于集中资金，支持重大项目的建设。

政策性银行的产生和发展是国家干预、协调经济的产物。政策性银行与商业银行和其他非银行金融机构相比，有共性的一面，如要对贷款进行严格审查，贷款要还本付息、周转使用等。但作为政策性金融机构，也有其特征：一是政策性银行的资本金多由政府财政拨付；二是政策性银行经营时主要考虑国家的整体利益、社会效益，不以盈利为目标，但政策性银行的资金并不是财政资金，政策性银行也必须考虑盈亏，坚持银行管理的基本原则，力争保本微利；三是政策性银行有其特定的资金来源，主要依靠发行金融债券或向中央银行举债，一般不面向公众吸收存款；四是政策性银行有特定的业务领域，不与商业银行竞争。

政策性银行的职能，主要表现在它的特殊职能上。它的特殊职能包括以下方面。

1. 补充性职能（亦称弥补性职能）

通过前述政策性银行存在根据和运行机制的分析可以看到，政策性银行的融资对象，一般限制在那些社会需要发展，而商业性金融机构又不愿意提供融资的那些事业上。对于那些能够获得商业性资金支持的事业，政策性银行就没有必要把有限的资金投入进去。因此，政策性银行具有在融资对象上为商业性融资拾遗补缺的功能。需要注意的是，需要政策性银行提供资金支持的具体事业范围不是不变的，而是随着社会、经济、技术等的发展在不断变化的。同时，其具体范围和内容还与具体国情等有关。

2. 倡导性职能

所谓倡导性职能，即提倡引导的职能。政策性银行的倡导性职能主要是通过以下途径发挥的。

（1）政策性银行通过自身的融资行为，给商业性金融机构指示了国家经济政策的导向和支持重心，从而消除商业性金融机构对前景模糊的疑虑，带动商业性资金参与。

（2）政策性银行通过提供利息补贴，弥补投资利润低而无法保证市场利息收入的不足，从而使商业性资金参与。

（3）政策性银行通过向商业性融资提供利息和本金的偿还担保，促成商业性资金参与。

（4）政策性银行通过为商业性金融机构提供再融资的方式，促使商业性资金的参与等等，通过这些方式，诱使和引导商业性资金参与特殊事业融资。

3. 经济调控职能（亦称选择性职能）

政策性银行的经济调控职能，是倡导性职能的必然结果。正是因为前两项职能，国家通过政策性银行业务可以实现区域经济、产业、行业、产品结构、生产力布局、固定资产投资规模和结构等合理化，实现经济的协调发展。

4. 特殊领域的金融服务职能

政策性银行以其服务对象的特殊性，决定了其所熟悉和擅长的领域的特别性。它在其服务的领域积累了丰富的实践经验和专业技能，聚集了一大批精通业务的业务技术人员，从而在这些特殊的领域方面，从投资论证到投资步骤、投资管理、投资风险防范等等方面，政策性银行可以为经济发展在这些领域提供专业化的有效服务。

而这些方面恰恰是商业银行所不熟悉或不擅长的业务领域，有效弥补商业性金融机构在这些领域所提供服务的不足。

资产管理公司自身在实际运营中必须积极地把握如何将业务创新与制度创新相结合，将企业的发展模式与持续经营能力联系在一块儿考虑。金融资产管理公司只有在实际工作中探索，形成符合自身发展的运营模式与经营风格，才能真正在市场化的竞争中取得一席之地。

当今世界上许多国家都建立有政策性银行，其种类较为全面，并构成较为完整的政策性银行体系，如日本著名的"二行九库"体系，包括日本输出入银行、日本开发银行、日本国民金融公库、住宅金融公库、农林渔业金融公库、中小企业金融公库、北海道东北开发公库、公营企业金融公库、环境卫生金融公库、冲绳振兴开发金融公库、中小企业信用保险公库；韩国设有韩国开发银行、韩国进出口银行、韩国中小企业银行、韩国住宅银行等政策性银行；法国设有法国农业信贷银行、法国对外贸易银行、法国土地信贷银行、法国国家信贷银行、中小企业设备信贷银行等政策性银行；美国设有美国进出口银行、联邦住房信贷银行体系等政策性银行。这些政策性银行在各国社会经济生活中发挥着独特而重要的作用，构成各国金融体系两翼中的一部分。

保险公司：无形保险有形保障

我们的生命总是免不了要受到各种伤害的威胁，所以，我们必须采用一种对付人身危险的方法，即对发生人身危险的人及其家庭在经济上给予一定的物质帮助，人寿保险就是以人的生命为保险标的，以生、死为保险事故的一种人身保险。

财产保险是指投保人根据合同约定，向保险人交付保险费，保险人按保险合同的约定对所承保的财产及其有关利益因自然灾害或意外事故造成的损失承担赔偿责任的保险。它包括财产保险、农业保险、责任保险、保证保险、信用保险等以财产或利益为保险标的的各种保险。

人身意外伤害保险，是以人的身体为标的，以意外伤害而致身故或残疾为给付条件的保险。它是指被保险人由于意外原因造成身体伤害或导致残废、死亡时，保险人按照约定承担给付保险金责任的人身保险合同。保险人的给付，通常包括丧失工作能力给付，丧失手足或失明的给付，因伤致死给付，以及医疗费用给付。意外伤害保险必须满足两点要求：一是伤害必须是对人体的伤害；二是伤害必须是意外事故所致。

保险业是大家经常接触的，那对于保险业的相关知识，大家了解多少呢？

保险公司是指经营保险业的经济组织，包括直接保险公司和再保险公司。保险关系中的保险人，享有收取保险费、建立保险费基金的权利。同时，当保险事故发生时，有义务赔偿被保险人的经济损失。在解读保险公司之前，先明确一下保险公司的定义。什么是保险公司呢？就是销售保险合约、提供风险保障的公司。保险公司分为两大类型——人寿保险公司、财产保险公司。平常人们最常接触的三种保险是人寿保险、财产保险、意外伤害保险。

保险公司属于资金融通的渠道，所以也是金融的一种。它是以契约的形式确立双方的经济关系。从本质上讲，保险体现的是一种经济关系，这主要表现在保险人和被保险人的商品交换关系以及两者之间的收入再分配关系。从经济角度来看，保险是一种损失分摊方法，以多数单位和个人缴纳保费建立保险基金，使少数成员的损失由全体被保险人分担。

保险是最古老的风险管理方法之一。保险和约中，被保险人支付一个固定金额（保费）给保险人，前者获得保证；在指定时期内，后者对特定事件或事件所造成的任何损失给予一定补偿。

大家日常所接触的保险公司就是经营保险业务的经济组织。具体说来，它是指经中国保险监督管理机构批准设立，并依法登记注册的商业保险公司。保险公司是采用公司组织形式的保险人，经营保险业务。

"我想问一下，保险公司收取投保人那些保金，可每当发生事故时，保险公司要赔给投保人十几倍甚至几十倍的赔金。据我所知，每个企业都是以盈利为目的的，那么我想问一下保险公司这样怎能赚钱呀？究竟它是怎么运营的？"

很多人都存在这样的疑问，那保险公司究竟是怎样实现盈利的呢？

其实保险公司是以投资为主的，每年收的保费相对于保险公司投资收益来说是很小的一部分。保险公司有9大投资渠道，"国十条"出来后，投资渠道更多，保险公司的收益更大，所以买分红保险的客户分得的利益会更多。

具体说来，保险公司的盈利就是通过"三差益"来实现的，即死差益——指实际死亡人数比预定死亡人数少时产生的利益；费差益——指实际所用的营业费用比依预定营业费用率所计算之营业费用少时所产生的利益；利差益——指保险资金投资运用收益率高于有效保险合同的平均预定利率而产生的利益。

分别举例来说明。先说第一种死差。比如现在是100个得癌症的人要死90个，于是保险公司就按照这样的概率来定保费。客户在交了钱后，如果因患癌症死亡就可以获得赔偿。假设保险公司就是按照收多少赔多少的方式收取的保费，那么按理说这100个人死到90个的时候，保险公司收的钱就该都花出去了才对。但是，偏偏在这个时候，癌症已经不是绝症了，本来应该死90个人，但实际只死了20个人，那么之前收的那笔钱就有了相对的结余，这就是"死差益"。当然这个也可能是负的，比如死了99个，那保险公司就变成了"死差损"了。这种情况在一年内出现变化不明显，但是放在20年或者更长的时间中，就可能有可以确定的利润了，因为医疗水平只会越来越高，很多疾病都是会被慢慢攻克。相同的疾病随着时间的推移存活比例只会越来越高。

第二种是"费差"。本来预计为了维持这部分保费的运作，保险公司需要向每个客户收取一定的费用，但是在收取后，管理水平提高了，保险公司不需要那么多人、那么多钱来管理就可以达到更好的管理效果，那么就可能出现费用方面的结余。

第三种是"利差"。保险公司承诺在交钱的20年后将返还你双倍的钱，但当到了20年后，保险公司用你的钱赚了400%的收益，那么除了给你2倍之外，剩下的就成了保险公司的收益了。

这样解说是为了让论述更浅显易懂，让大家读起来也容易明白。其实，在实际操作中，会通过会计年度的结算方法，一般每年都会在账面上体现一定的盈利或者亏损，并不是等到钱都还给客户后统一结算，相信有点儿现代财务知识的人都应该懂。

至于有人说保险公司是骗钱，这个理论不具有说服力，这笔钱在个人手中更因多的可能性就是明明准备养老的，但是被子女拿去花了；明明准备看病的，可能一次不明智的投资就亏出去了。其实只要你没有存进去就不取出来的决心，所谓的养老钱、看病钱，根本不可能到了你需要的时候你才取出来用，所以先有保险规划是十分必要的选择。至于纯概率收益，那可能是指财产类吧，例如车险，比如去年车祸损失有50亿元，（这个只是随意打个比方，数据没有有效性），那么今年保险公司就可能需要收80亿元的保费了，免得发生更多就赔不起。这样的收费看起来可能就只有盈利，但这种利润保险存在，其实很多行业都存在，例如石油、电信、移动等。

金融中介：供求之间的桥梁

2008年3月，美国第五大投资银行贝尔斯登因濒临破产而被摩根大通收购近半年之后，华尔街再次爆出令人吃惊的消息：美国第三大投资银行美林证券被美国银行以近440亿美元收购，美国第四大投资银行雷曼兄弟因为收购谈判"流产"而破产。华尔街五大投行仅剩高盛集团和摩根斯坦利公司。美国联邦储备局星期日深夜宣布，批准美国金融危机发生后至今幸存的最后两大投资银行高盛和摩根斯坦利"变身"，转为银行控股公司。这个消息也意味着，独立投资银行在华尔街叱咤风云超过 20 年的黄金时代已宣告结束，美国金融机构正面临上世纪 30 年代经济大萧条以来最大规模和最彻底的重组。

金融中介机构指一个对资金供给者吸收资金，再将资金对资金需求者融通的媒介机构。通常我们所知道的商业银行、信用社和保险公司等都可以归为金融中介机构。

金融中介机构对资金供给者吸收资金，再将资金对资金需求者融通。它的功能主要有信用创造、清算支付、资源配置、信息提供和风险管理等几个方面。

金融中介机构可以分为三类：存款机构（银行）、契约性储蓄机构与投资中介机构。

1. 存款机构

存款机构（银行）是从个人和机构手中吸收存款和发放贷款的金融中介机构。货币银行学的研究往往特别关注这类金融机构，因为它们是货币供给的一个重要环节——货币创造过程的参与者。这些机构包括商业银行以及被称为储蓄机构的储蓄和贷款协会、互助储蓄银行和信用社。

2. 契约性储蓄机构

例如保险公司和养老基金，是在契约的基础上定期取得资金的金融中介机构。由于它们能够相当准确地预测未来年度里向受益人支付的金额，因此它们不必像存款机构那样担心资金减少。于是，相对于存款机构而言，资产的流动性对于它们并不那么重要，它们一般将资金主要投资于公司债券、股票和抵押贷款等长期证券方面。

3. 投资中介机构

这类金融中介机构包括财务公司、共同基金与货币市场共同基金。财务公司通过销售商业票据（一种短期债务工具）、发行股票或债券的形式筹集资金。它们将资金贷放给那些需要购买家具、汽车或是修缮住房的消费者以及小型企业。一些财务公司是母公司为了销售其商品而建立的。例如，福特汽车信贷公司就是向购买福特汽车的消费者提供贷款的。

金融中介实现了资金流、资源、信息三者之间的高效整合。金融中介扩大了资本的流通范围，拓展了信息沟通，减少了投资的盲目性，实现了调节供需失衡的作用。金融中介使资源配置效率化。金融中介在构造和活化金融市场的同时，进而活化整个社会经济，使整个社会的资源配置真正进入了效率化时代。金融中介发展推动了企业组织的合理发展。金融中介的活动，把对企业经营者的监督机制从单一银行体系扩展到了社会的方方面面，使企业的经营机制获得了极大改善，提高了企业应对市场变化的能力。

在进行投资和融资的过程当中，难免会存在风险，限制性契约就是人们用来缓解道德风险的一种方式。但是，尽管限制性契约有助于缓解道德风险问题，但并不意味着能完全杜绝它的发生。制定一份能排除所有有风险的活动的契约几乎是不可能的。另外，借款者可能会十分聪明，他们能发现使得限制性契约无法生效的漏洞。

从20世纪50年代，尤其是70年代以来，金融机构的发展出现了大规模全方位的金融创新，同时，随着跨国公司国际投资的发展，金融中介机构也逐步向海外扩张。在这些条件的促进下，金融中介机构的发展也出现了许多新的变化。这主要表现在：金融机构在业务上不断创新，而且发展方向趋于综合化。兼并重组成为现代金融机构整合的有效手段，这促使了大规模跨国界的金融中介机构的不断涌现，从而加速了金融机构在组织形式上的不断创新。与此同时，金融机构的经营管理也在频繁创新，但是，金融机构的风险性变得更大、技术含量要求也越来越高。

为了达成中介的功能，金融中介机构通常发行各种次级证券，例如定期存单、保险单等，以换取资金，而因为各种金融中介机构所发行的次级证券会存在很大差异，因此，经济学家便将这些差异作为对金融中介机构分类的依据。一般而言，发行货币性次级证券如存折、存单等的金融中介机构称为存款货币机构，而这些由存款货币机构发行的次级证券不但占存款货币机构负债的大部分，一般而言，也是属于货币供给的一部分；至于非存款货币机构所发行的次级证券如保险单等，则占非存款货币机构负债的一大部分，而且这些次级证券也不属于货币供给的一部分。

根据定义来看，我们可以了解到金融中介机构其实就是金融产品的设计者和交易者。如我们所知，金融中介机构，特别是银行，只要它们主要提供私人贷款，就有能力避免搭便车问题。私人贷款是不交易的，所以没有人能搭中介机构监督和执行限制性契约的便车。于是，提供私人贷款的中介机构获得了监督和执行契约的收益，它们的工作减少了潜藏于债务合约中的道德风险问题。道德风险概念为我们提供了进一步的解释，说明金融中介机构在沟通资金从储蓄者向借款者流动的过程中发挥的作用比可流通的证券更大。

导致逆向选择和道德风险问题现象的出现，主要是由金融市场当中信息的不对称引发的，这极大地影响了市场的有效运作。解决这些问题的办法主要包括：由私人生产并销售信息、政府加强管理以增加金融市场的信息，在债务合约中规定抵押品和增加借款者的净值以及进行监管和运用限制性契约，等等。经过分析，我们不难发现：在股票、债券等可流通的证券上存在着搭便车问题，表明了金融中介机构，尤其是银行在企业融资活动中应发挥比证券市场更大的作用。

投资银行："为他人作嫁衣裳"

2008年是华尔街的多事之秋。2008年9月15日至21日是华尔街历史上最黑暗的一周。雷曼兄弟申请破产保护、美林被美洲银行收购、摩根斯坦利与高盛宣布转为银行控股公司。再加上2008年3月被摩根大通收购的贝尔斯登，曾经风光无限的华尔街五大投行集体消失。对于熟悉美国金融体系的专业人士来说，如此巨变可谓是"天翻地覆"！那么，投资银行在整个金融生态链中处于什么地位？投资银行业的前景又如何呢？

投资银行家是这样一群人：他们的鞋是白色的，"血"是蓝色的，戒指是祖母绿的，皮鞋是意大利定制的；他们每周去圣公会教堂做礼拜，坐在第一排；除了手工制作的深色西装和燕尾服，从不穿别的衣服……他们是金融领域内的贵族，就如同投资银行在金融界的地位一样。

投资银行是主要从事证券发行、承销、交易、企业重组、兼并与收购、投资分析、风险投资、项目融资等业务的非银行金融机构，是资本市场上的主要金融中介。在中国，投资银行的主要代表有中国国际金融有限公司、中信证券、投资银行在线等。

投资银行其实是一个美国词汇，在其他的国家和地区，投资银行有着不同的称谓：在英国被称为"商人银行"，在其他国家和地区则被称为"证券公司"。需要指出的是，虽然都被称为"银行"，但商业银行与投资银行其实是两种不同的金融机构。在传统的金融学教科书里，"银行"是经营间接融资业务的，通过储户存款与企业贷款之间的利息差赚取利润；而投资银行却是经营直接融资业务的，一般来说，它既不接受存款也不发放贷款，而是为企业提供发行股票、债券或重组、清算业务，从中抽取佣金。

投资银行是与商业银行相对应的一个概念，是现代金融业适应现代经济发展形成的一个新兴行业。它区别于其他相关行业的显著特点是：其一，它属于金融服务业，这是区别一般性咨询、中介服务业的标志；其二，它主要服务于资本市场，这是区别商业银行的标志；其三，它是智力密集型行业，这是区别其他专业性金融服务机构的标志。

现代意义上的投资银行产生于欧美，主要是由 18、19 世纪众多销售政府债券和贴现企业票据的金融机构演变而来的。伴随着贸易范围和金额的扩大，客观上要求融资信用，于是一些信誉卓越的大商人便利用其积累的大量财富成为商人银行家，专门从事融资和票据承兑贴现业务，这是投资银行产生的根本原因。证券业与证券交易的飞速发展是投资银行业迅速发展的催化剂，为其提供了广阔的发展天地。投资银行则作为证券承销商和证券经纪人逐步奠定了其在证券市场中的核心地位。

资本主义经济的飞速发展给交通、能源等基础设施造成了巨大的压力，为了缓解这一矛盾，19 世纪欧美掀起了基础设施建设的高潮，这一过程中巨大的资金需求使得投资银行在筹资和融资过程中得到了迅猛的发展。而股份制的出现和发展，不仅带来了西方经济体制中一场深刻的革命，也使投资银行作为企业和社会公众之间资金中介的作用得以确立。

让很多投资人感到好奇的是，投资银行是怎样来的呢？在美国，投资银行往往有两个来源：一是由商业银行分解而来，其中典型的例子就是摩根斯坦利；二是由证券经纪人发展而来，典型的例子如美林证券。

追溯起来，美国投资银行与商业银行的分离最早发生在 1929 年的大股灾之后，当时联邦政府认为投资银行业务有较高的风险，禁止商业银行利用储户的资金参加投行业务，结果一大批综合性银行被迫分解为商业银行和投资银行，其中最典型的例子就是摩根银行分解为从事投资银行业务的摩根斯坦利以及从事商业银行业务的 J.P. 摩根。不过这种情况并没有发生在欧洲，欧洲各国政府一直没有这样的限制，投资银行业务一般都是由商业银行来完成的，如德意志银行、荷兰银行、瑞士银行、瑞士信贷银行等等。有趣的是这样做在欧洲不但没有引起金融危机，反而在一定程度上加强了融资效率，降低了金融系统的风险。

近二十多年来，在国际经济全球化和市场竞争日益激烈的趋势下，投资银行业完全跳开了传统证券承销和证券经纪狭窄的业务框架，跻身于金融业务的国际化、多样化、专业化和集中化之中，努力开拓各种市场空间。这些变化不断改变着投资银行和投资银行业，对世界经济和金融体系产生了深远的影响，并已形成鲜明而强大的发展趋势。

由于投资银行业的发展日新月异，对投资银行的界定也显得十分困难。投资银行是美国和欧洲大陆的称谓，英国称之为商人银行，在日本则指证券公司。国际上对投资银行的定义主要有四种：第一种：任何经营华尔街金融业务的金融机构都可以称为投资银行。第二种：只有经营一部分或全部资本市场业务的金融机构才是投资银行。第三种：把从事证券承销和企业并购的金融机构称为投资银行。第四种：仅把在一级市场上承销证券和二级市场交易证券的金融机构称为投资银行。

投资银行以其强大的盈利能力而为世人所瞩目。以最常见的股票发行业务为例，投资银行一般要抽取7%的佣金，也就是说，如果客户发行价值100亿美元的股票，投资银行就要吃掉7亿美元。

在公司并购业务中，投资银行同样大赚特赚。19世纪80年代以来，美国至少经历了四次公司并购浪潮，这为投资银行提供了相当可观的收入来源。近年来欧美动辄发生价值几百亿甚至几千亿美元的超级兼并案，如美国在线兼并时代华纳、沃达丰兼并曼内斯曼、惠普兼并康柏等，背后都有投资银行的推波助澜。因为兼并业务的技术含量很高，利润又很丰厚，一般被认为是投资银行的核心业务，从事这一业务的银行家是整个金融领域最突出的人物。

信托投资公司：受人之托代人理财的机构

1979年10月，以中国国际信托投资公司的成立为标志，揭开了新中国金融信托业发展的序幕。而在经历了推倒重来、整改和起死回生的洗礼后，信托投资公司已经成为我国金融体系中不可或缺的重要力量。但是在我国，信托投资公司的业务范围主要限于信托、投资和其他代理业务，少数确属需要的经中国人民银行批准可以兼营租赁、证券业务和发行一年以上的专项信托受益债券，用于进行有特定对象的贷款和投资，但不准办理银行存款业务。此外，信托投资公司市场准入条件非常严格，比如信托投资公司的注册资本不得低于人民币3亿元，并且其设立、变更、终止的审批程序都必须按照金融主管部门的规定执行。

信托投资公司都有哪些种类？它们的发展现状又如何呢？

信托投资公司是这样一种金融机构：它以受托人的身份代人理财；它的主要业务：经营资金和财产委托、代理资产保管、金融租赁、经济咨询、证券发行以及投资等。信托投资公司与银行信贷、保险并称为现代金融业的三大支柱。

我国信托投资公司主要是根据国务院关于进一步清理整顿金融性公司的要求建立。信托业务一律采取委托人和受托人签订信托契约的方式进行，信托投资公司受委托管理和运用信托资金、财产，只能收取手续费，费率由中国人民银行会同有关部门制定。

信托投资公司与其他金融机构无论是在其营业范围、经营手段、功能作用等各个方面都有着诸多的联系，同时也存在明显的差异。从我国信托业产生和发展的历程来看，信托投资公司与商业银行有着密切的联系和渊源。在很多西方国家由于实行混业经营的金融体制，其信托业务大都涵盖在银行业之中，同时又严格区分。在此以商业银行为例，与信托投资公司加以比较，其主要区别体现在以下方面。

其一，经济关系不同。信托体现的是委托人、受托人、受益人之间多边的信用关系；银行业务则多属于与存款人或贷款人之间发生的双边信用关系。

其二，基本职能不同。信托的基本职能是财产事务管理职能，侧重于理财；银行业务的基本职能是融通资金。

其三，业务范围不同。信托业务是集"融资"与"融物"于一体，除信托存贷款外，还有许多其他业务，范围较广；银行业务则是以吸收存款和发放贷款为主，主要是融通资金，范围较窄。

其四，融资方式不同。信托机构作为受托人代替委托人充当直接筹资和融资的主体，起直接融资的作用；银行则是信用中介，把社会闲置资金或暂时不用的资金集中起来，转交给贷款人，起间接融资的作用。

其五，承担风险不同。信托一般按委托人的意图经营管理信托财产，在受托人无过失的情况下，一般由委托人承担；银行则是根据国家金融政策、制度办理业务，自主经营，因而银行承担整个存贷资金运营风险。

其六，收益获取方式不同。信托收益是按实绩原则获得，即信托财产的损益根据受托人经营的实际结果来计算；银行的收益则是按银行规定的利率计算利息，按提供的服务手续费来确定的。

其七，收益对象不同。信托的经营收益归信托受益人所有；银行的经营收益归银行本身所有。

其八，意旨的主体不同。信托业务意旨的主体是委托人，在整个信托业务中，委托人占主动地位，受托人受委托人意旨的制约；银行业务的意旨主体是银行自身，银行自主发放贷款，不受存款人和借款人制约。

当我们说起信托投资公司的时候，就不得不提到它的四个类型，或者说四个阶段。

第一种是起步期信托投资公司。顾名思义，起步期信托投资公司就是指信托业务刚刚起步，业务经验积累不足，资产规模较小，信托产品品种不多的信托投资公司。这类信托投资公司刚刚起家，业务上还是以模仿为主。它们的信托产品多为集合资金信托，投资领域也多集中在股东和原来固定客户方向。这类公司需要在模仿中逐渐积累业务经验，挖掘自身优势，培养核心竞争力，形成在某一行业、某一领域的业务优势。

第二种是成长期信托投资公司。从这里开始就算是转入正轨了，这个时期的信托投资公司经过一段时间的发展，积累了一定的经营经验，有一定客户基础。拥有中等的资产规模，业务模式不断成熟，逐渐形成具有竞争力的优势业务领域。成长期的信托投资公司一般积极探索信托业务创新，能够根据自身优势寻找优质项目资源，设计盈利能力显著的信托产品，而且这类信托投资公司一般注重市场形象，在市场中频频亮相，具有很强的发展前景。信托业务品种不仅限于集合资金信托，尝试涉足其他相关熟悉领域的投资等业务。

第三种是成熟期信托投资公司。成熟期的信托投资公司业务经验丰富，资产规模雄厚，经营效益好，并在某一行业或领域形成自己的优势产品，有自己的核心盈利模式，具有很强的竞争实力。成熟期信托投资公司能为客户提供富有特色的金融产品和服务，具有稳定而忠诚的客户群。这是一种非常理想的状态，但还是要在业务领域继续创新探索，或者支援筹备公司上市，或者寻求与国际著名金融机构的战略合作，谋求更大发展。

第四种是高峰期信托公司。高峰期信托投资公司是指在信托市场中占据主导地位，被公认为市场领袖，占有极大的市场份额，业务领域全面，资金实力和业务能力均很突出。它们在市场上从多个方面表现出资产规模最大、经营品种最多、信托产品创新迅速以及业务范围广泛等特点。

信托投资公司的终极目标就是让信托产品覆盖面广，业务门类齐全，把信托投资公司办成一个大型的金融超市。同时整合自身资源，扩大自身实力，使信托投资公司真正成为全能银行。目前我国的信托投资公司还需要扩大自身影响力，要有全球化的国际营销视野，这样才能发展得又快又好！

·第七章·

金融体系的"神经中枢"

——每天读点中央银行知识

中央银行：货币的发行者

清代有没有中央银行呢？1897年5月27日成立的中国通商银行，清政府授予其发行纸币特权。1904年3月14日清政府开始计议设立大清户部银行，1905年8月在北京成立户部银行，制定章程32条，授予户部银行铸造货币、代理国库、发行纸币之特权。这是中国最早的中央银行，发行的纸币实为银两兑换券。1908年户部银行改名大清银行，发行的纸币同户部银行相差无几。清末钱庄、银钱店、官银局都发行纸币，有银两票、银元票、钱票等三种。都以当时银价定值，缴纳钱粮赋税均可通用，谁家发行由谁家负责兑现。既未规定发行限额，也未建立发行准备制度。1909年6月清政府颁布《兑换纸币则例》19条，明确规定纸币发行权属于清政府，一切发行兑换事务统归大清银行办理，所有官商钱行号，一概不准擅自发行纸币。

所以我们可以看到中央银行的一个特征：货币发行垄断权。那么中央银行是怎样发行货币，怎样维持币值稳定的，人民币的发行程序又是怎样的呢？

钞票是大家再熟悉不过的东西，但您是否知道它们的来历？随意拿几张人民币，您会发现它们上面都印着"中国人民银行"的字样。世界上的其他许多地方也是如此：欧元钞票上印着"欧洲中央银行"，日元钞票上印着"日本银行"。钞票由中央银行独家印制和发行，这在许多国家都是如此。为什么会这样呢？

其实并不是一开始就由中央银行垄断发行货币的权力的。距今300多年前，中央银行才出现。在此之前，流通中的钞票是由一些商业银行发行的，我们称之为银行券。这是一种信用货币，如果发钞银行倒闭了，它发行的钞票差不多就变成一张张废纸，买不来任何东西。在 19 世纪的美国，有 1600 多家银行竞相发行钞票，一时间竟有 3 万多种钞票进入市场流通。这些钞票良莠不齐，很多钞票根本无法兑现，既不便于流通，也在无形中劫掠了平民百姓的财富。混乱的货币秩序让很多国家吃过苦头，反反复复的教训使人们意识到，需要有一家银行垄断货币的发行。于是，许多国家纷纷通过立法将发行货币的特权集中到本国的一家银行，中央银行由此逐渐演变形成。

早期许多国家成立中央银行的初衷是利用它来为政府筹钱，帮政府理财，中央银行一开始就与政府建立了密切的联系。正是有政府信用作为支撑，加之自身有发行货币的垄断性特权，中央银行的实力和信誉远远超过同时代的其他银行。当有银行发生资金周转困难或濒临倒闭时，中央银行会拿出钱来帮助银行，它也由此开始承担起"最后贷款人"的角色。此后，中央银行发现，等到银行出事后再去救助，太过于被动，应该在平时就主动监督管理银行，使之稳健经营。这样，中央银行又具有了监管其他银行的权利，随后又逐渐利用手中的工具调控国家的经济。至此，现代意义的中央银行便演变形成一个由政府组建的机构，负责控制国家货币供给、信贷条件，监管金融体系，特别是商业银行和其他储蓄机构。

中央银行是一国最高的货币金融管理机构，在各国金融体系中居于主导地位。中央银行的主要业务有：货币发行、集中存款准备金、贷款、再贴现、证券、黄金占款和外汇占款、为商业银行和其他金融机构办理资金的划拨清算和资金转移的业务等。现代中央银行的鼻祖是英格兰银行，它使中央银行成为一种普遍的制度，是从 1920 年开始的。布鲁塞尔国际经济会议决定，凡未成立中央银行的国家，应尽快成立，以稳定国际金融，消除混乱局面。

有权利当然也就有义务，中央银行的义务就是代政府管钱，并且保持币值的稳定。一个国家的公民持有本国的货币，他会要求手中的钱能够买到足值的东西。保证货币足值和币值稳定的任务就落到中央银行的头上。

中央银行发行一国货币，币值的稳定与否是一国经济是否健康的一个重要指标。如果一国货币在升值的话，就说明该国的经济好了。如果大家都认可你都来要你的货币的时候，你的货币就会升值；如果大家都不相信你，都去抛出你的货币，当然你的货币就要贬值。所以货币标志着一个国家的经济实力，它是一种信心的象征，人们愿意要这种货币是因为它的足值和稳定。如果市场上的货币太多，物价自然就会上涨。

非洲国家津巴布韦在罗伯特·穆加贝当总统的这几年中，中央银行不断地印刷钞票，政府的收入中超过50%来自发行钞票的铸币收入。结果是物价暴涨——物价每小时就涨一倍。

媒体《先驱报》报道，津巴布韦中央银行从2008年18日开始发行一套新的货币，最大面值为1000万津元，最小面值为100万津元，成为当时世界上面值最大的货币。这是从2007年12月津巴布韦储备银行推出面值75万津元、50万津元和25万津元的货币以来，第二次发行巨额面值的钞票。储备银行行长戈诺说，发行新币主要是为了解决津巴布韦目前市面现金短缺的问题。按照津巴布韦当时的官方汇率，1美元可兑换3万津元。自2007年10月以来，津巴布韦出现现金短缺现象，人们在银行门口和自动取款机前排成长队，等候取钱，但往往排一天队也取不到钱。据官方公布的统计数字，2007年10月津巴布韦的通胀率接近8000%。

那么，如何防范中央银行滥发纸币呢？各国的货币发行制度因国情不同而内容各异，最核心的是设置发行准备金原则的区别。发行准备金一般分为两种。一种是现金准备，包括有十足货币价值的金银条块、金银币和可直接用于对国外进行货币清算的外汇结存。另一种是保证准备（又称信用担保），即以政府债券、财政短期库券、短期商业票据及其他有高度变现能力的资产作为发行担保。从历史上看，货币发行准备金制度有过五种基本类型。

十足现金准备制又称单纯准备制，即发行的兑换券、银行券要有十足的现金准备，发行的纸质货币面值要同金银等现金的价值等值，实际上这种纸质货币只是金属货币的直接代用品，只是为了便于流通。这种制度仅在金属货币时代适用。

部分准备制，又称部分信用发行制、发行额直接限定制、最高保证准备制。部分准备制最先在英国出现，其要点是由国家规定银行券信用发行的最高限额，超过部分须有百分之百的现金准备，随着发行权的集中，这种限额可以在一定限度内增加。

发行额间接限制制包括：证券托存制，即以国家有价证券作为发行保证，在这种制度下，国家公债是银行券发行的保证，如1863年美国的《国民银行条例》；伸缩限制制，即国家规定信用发行限额，经政府批准的超额发行须缴纳一定的发行税，1875年德国曾采用此制。

比例准备制，即规定纸币发行额须有一定比例的现金准备，如1913年美国的《联邦储备法》。

最高限额发行制，又称法定最高限额发行制，即以法律规定或调整银行券发行的最高限额，实际发行额和现金准备比率由中央银行掌握。法国自 1870 年起采用这一制度。

　　中央银行通过以上发行准备金制度的实行，就可以在最大程度上保证无法滥发纸币，进而维持币值的稳定。

联邦储备体系：美联储的诞生

　　美国国会通过《联邦储备条例》，美联储成立。该条例赋予美联储很高的独立性，规定美联储直接对国会负责。禁止美联储向财政透支或直接购买政府债券；美联储完全不依赖于财政拨款，能够拒绝审计总署的审计。此外，所有联邦储备体系理事会成员任期 14 年，不仅任期超过总统，而且存在与所提名总统交错任职的情况，从而避免了总统直接操纵的可能。因此，美联储是世界上公认的独立性较高的中央银行。

　　在美国，联邦储备体系（简称美联储）承担着中央银行的职能，对美国乃至全球经济有着重要的影响力。那么美联储到底是怎样一个机构呢？ 20 世纪初的时候，美国还没有中央银行，那时美国的商业银行经常出现支付危机。因为银行把钱都贷出去了，当储户来取钱的时候，它们没钱支付。一家银行如果没有钱的话，风声一旦传出，其他银行的门前就会排起长队，大家都去提款。因为所有的人都害怕明天取不出钱来了，如果大家都去取，钱就真的取不出来了，这就是挤兑。说起中央银行，并不是说自从有了从事存贷款业务的商业银行那天起就同时有了中央银行。中央银行的出现有一个过程，也是有原因的。

　　1907 年，美国经济出现了一些问题，大公司一个接一个倒闭。西奥多·罗斯福总统命人赶快去请金融巨头摩根，让他出面请求银行家们合作。摩根立刻把所有的银行家请到自己的私人图书馆里，让他们商量该怎么办。然后他出去，把门锁上，自己到另一间房子里，坐在桌前悠闲地玩纸牌，等待着谈话的结果。这些银行家一整夜都在那儿讨论，究竟怎样才能解除这场危机。大家知道，当企业要倒闭时，银行是不愿借钱给企业的。越没有钱，企业倒闭得就越快。如果银行见死不救的话，经济就会呈现连锁反应，整个经济就会崩溃，他们自身也会遭殃。于是这些银行家争来争去，有人说出 500 万元，有人说 1000 万元。最后快到天亮的时候，摩根推门进去说："这是合约，这是笔，大家签字吧！"他拿出早已让别人起草好的合约，让银行家们签字。这些筋疲力尽的银行家拿起笔在合约上签了字，同意出2500万美元来解除这场危机。几天后，美国经济就恢复了。

故事中，摩根一个人充当了中央银行的角色，美国的经济是在没有央行的情况下运行的。

缺少了央行，就无法动用适当的货币政策调节经济，并且，没有了最后的贷款人，金融系统也更容易出问题。试想一下，如果世界各国缺少了央行，到了1907年，蔓延的危机就会把美国的金融系统推向崩溃的边缘。好在当时的金融巨头摩根及时出手，凭借一人之力，扮演了央行的角色，挽救了整个系统。

现在有一种观点：美国的中央银行美联储其实是一家私人的银行。这确实是一个惊人的内幕，一家私人机构拥有货币发行权，这对金融市场乃至全球金融市场意味着什么？美联储与华尔街巨头之间是怎样的关系？有没有什么幕后不为人知的秘密？

经过次贷危机，美联储的曝光率越来越高，谈论它的人也越来越多，而关于美联储是一家私人机构的说法也甚嚣尘上。人们说：美联储，被认为是与市场实现了完美互动，并被奉为中央银行的"标杆"。然而在这光鲜的背后，美联储在本质上却是一家私有的机构。

不管怎么说，这样的事实是无法否认的：美联储是股份公司，而拥有股份的并不是美国政府，政府只是拥有美联储理事的提名和任命权。而因此引起的种种问题也让人难以回答：其一，我们知道货币发行权属于一国央行所有，而美国宪法明确规定国会拥有货币发行权，那么现在改由私有的美联储来执行货币发行权，是否在本质上符合美国宪法？这个问题的争论曾经导致第一、二合众国被关闭，这意味着这种讨论不是没有价值。

其二，在美元本位之下，美联储不仅是美国的央行，甚至还是全世界的央行，但没有任何国际机构对美联储的行为进行监管，私有本质对美联储在全球金融市场上发挥作用是否起到了很大的影响。由此我们需要进一步来分析中央银行与政府之间的关系。

一是中央银行应对政府保持一定的独立性。中央银行的独立性表现在制定政策方面，除了有权制定货币政策外，它可以从证券资产中，或者至少从其对银行的贷款中，获得客观的、独立的收入来源，不必受制于国会控制的拨款。

二是中央银行对政府的独立性是相对的。各国中央银行应力求与政府（特别是财政部）保持密切合作，因为国家的经济政策（包括财政政策）和货币政策是不可分割的。美联储结构的法律也是由国会颁布的，并且可以随时调整。因此，美联储仍然要受到国会影响，过分的强调独立性，容易与政府关系不协调。

纽约大学经济学家Nourie1Roubini指出，央行和政府之间的界越来越模糊，通货膨胀虽然是政府最不能抗拒的事情，但央行失去独立性以及和政府之间的清晰界限对国民经济来说，将更加危险。一方面，如果美联储受制于更多政治压力，就会被财政部当作密布巨额预算赤字的工具，会导致经济中出现严重的通货膨胀倾向，因此独立的美联储更能够有力地抵制来自财政部的压力。另一方面，政治家缺乏解决复杂经济事务的才能，如此重要的货币政策不应该交由政治家来解决。事实上，独立的央行体系可能推行政治上不受欢迎但符合公共利益的政策。因此，近年来，加强中央银行的独立性已成为全球的一种共识和趋势。

理清美联储到底是国有还是私有的问题并非无关紧要，毕竟现在我们正处于国际金融体系的调整期，明确美联储的私有性质，明确美国货币发行的本质将有助于我们认清国际金融市场的本质，以及国际金融体系的前进方向。

当代中央银行体制：世界趋势与中国选择

中央银行制度已经成为人类社会的基本经济制度之一。但在其演变发展过程的不同时期以及同一时期的不同国家，中央银行体制却存在明显的差异。从历史的角度来看，中央银行体制的总体变化趋势反映了其制度变迁的规律性；从国别的角度来看，中央银行体制的差异则反映了各国的经济、政治和文化特色，也是各国基本经济制度差异的一个重要方面。

很多西方国家的中央银行法都明确赋予中央银行以法定职责，或赋予中央银行在制定或执行货币政策方面享有相当的独立性。如西德联邦银行法中规定，"德意志联邦银行为了完成本身使命，必须支持政府的一般经济政策，在执行本法授予的权势，不受政府指示的干涉"。联邦银行的权力是非常广泛的。在贴现、准备金政策、公开市场政策等方面，联邦银行都可以独立地作出决定；日本银行法中，曾多次提到日本银行要受主管大臣（只大藏大臣）的监督。并规定，"主管大臣认为日本银行在完成任务上有特殊必要时，可以命令日本银行办理必要业务或变更条款或其他必要事项"。这些规定与前述日本银行的隶属关系是一致的。在独立性方面，日本银行小于德意志联邦银行。

央行独立性的发展趋势是趋于归政府所有。目前很多西方国家的中央银行资本归国家所有，其中主要是英国、法国（以上两国的中央银行都是在第二次世界大战后收归国有的）、联邦德国、加拿大、澳大利亚、荷兰、挪威、印度等国。有些国家中央银行的股本是公私合有的，如日本、比利时、奥地利、墨西哥和土耳其等国。另外一些国家的中央银行虽然归政府管辖，但资本仍归个人所有，如美国和意大利等国。凡允许私人持有中央银行股份的，一般都对私人股权规定一些限制。例如日本银行的私人持股者只领取一定的红利，不享有其他的权利。意大利只允许某些银行和机关持有意大利银行的股票，美国联邦储备银行的股票只能由会员银行持有。中央银行资本逐渐趋于国有化或对私人股份加以严格的限制主要是出于以下的考虑，即中央银行主要是为国家政策服务的，不能允许私人利益在中央银行中占有任何特殊的地位。

从世界范围来看，目前主要有四种央行独立性模式。

第一，美国模式，直接对国会负责，较强的独立性。美国 1913 年《联邦储备法》建立的联邦储备系统行使制定货币政策和实施金融监管的双重职能。美联储（FED）实际拥有不受国会约束的自由裁量权，成为立法、司法、行政之外的"第四部门"。第二，英国模式，名义上隶属财政部，具有相对独立性。尽管法律上英格兰银行隶属于财政部，但实践中财政部一般尊重英格兰银行的决定，英格兰银行也主动寻求财政部支持而相互配合。1997 年英格兰银行事实上的独立地位向第一种模式转化。第三，日本模式，隶属财政部，独立性较小。大藏大臣对日本银行享有业务指令权、监督命令权、官员任命权以及具体业务操作监督权，但是 1998 年 4 月日本国会通过了修正《日本银行法》以法律形式确认中央银行的独立地位，实现向第一种模式转化。第四，中国模式，隶属于政府，与财政部并列。1995 年的《中华人民共和国中国人民银行法》规定："中国人民银行是中华人民共和国的中央银行。中国人民银行在国务院领导下，制定和实施货币政策，对金融业实施监督管理。"

当代世界范围的中央银行体制变革集中表现为三大趋势：更强的独立性、更高的透明度以及金融监管职能从中央银行分离。这些趋势的形成首先得到了理论上的支持。增强中央银行的独立性主要基于"时间不一致性"理论、政治性经济周期理论的发展完善；金融监管职能从中央银行分离主要依据利益冲突说、道德风险说、成本—效率说等理论。然而上述理论存在许多争议，批评和质疑的观点也相当尖锐。因此，还必须从历史发展的轨迹当中寻找其形成的现实基础。

世界上对于央行独立性的争论从来没有停止过，一方面，支持独立性的人们认为：支持美联储独立性的最强有力的理由是，如果中央银行受制于更多的政治压力，就会导致货币政策出现通货膨胀倾向。根据很多观察家的观点，民主社会的政治家受赢得下次选举的目标驱动，通常是短视的。如果将此作为主要目标，这些人就不可能重视物价稳定等长期目标，而是寻求短期内解决高失业率或高利率等问题的方案，这些方案从长期来看会导致不利的后果。将美联储置于总统的控制之下（使其受到财政部更大的影响）被认为是相当危险的。因为美联储会被财政部当作弥补巨额预算赤字的工具，要求其购买更多的国债。财政部要求美联储帮助解除困境的压力可能会导致经济中出现更严重的通货膨胀倾向。

支持中央银行独立性的另外一个理由是，事实已经反复证明，政治家缺乏解决复杂经济事务（如削减预算赤字或改革银行体系）的才能，而货币政策又如此重要，当然不能交给政治家。

另一方面，央行独立性的反对者认为：由一批不对任何人负责的精英分子控制货币政策（它几乎影响到经济社会中的每个人）是不民主的。公众认为总统和国会应当对国家的经济福利负责，但他们却对决定经济健康运行至关重要的某个政府机构缺乏控制。另外，为了保持政策连续性，促进经济稳定增长，货币政策需要和财政政策（对政府支出和税收的管理）相互协调，只有将货币政策交由管理财政政策的政治家控制，才能防止这两种政策背道而驰。

但是，从历史发展的角度来看，维护中央银行独立性是当今世界的一大趋势，《中国人民银行法》以法律形式明确规定了中国人民银行的法律地位，即"中国人民银行是中华人民共和国的中央银行""中国人民银行在国务院领导下，制定和实施货币政策，对金融业实施监督管理"。这些规定确立了其具有相对独立性。

世界各国中央银行体制纷纷进行改革和调整的时期，也正是中国经济对外开放不断扩大与加深的时期，因此世界趋势对中国的影响相当明显，这种影响往往通过制度移植得以实现。中国人民银行自1984年专门履行中央银行职能以来，其独立性、透明度不断改进，金融监管职能也已基本分离出去。然而作为一个新兴的转轨国家，追随世界潮流的同时也带来了一些问题，突出表现为实际独立性增强的同时未能相应提高透明度与责任性，这种条件下的监管职能分离又为金融稳定留下隐患。

当前中国人民银行体制需要解决的突出问题集中在下述三个方面：其一是货币政策决策体制，应适当借鉴发达国家经验，建立一整套包括决策中枢、决策咨询和决策信息在内的货币政策决策系统，其中最为关键的是完善我国的货币政策委员会制度；其二是组织管理体制，特别是分支机构的改革要适应独立性、透明度的要求，金融监管职能分离以后，大区分行的功能定位应转向金融稳定和货币政策调查研究；其三是与金融监管机构的协调机制，在充分、全面地认识国际上中央银行体制与金融监管体制发展共性特征的基础上，可以看出中国人民银行分离监管职能并非金融体系结构变化的要求，而主要是出于利益冲突的考虑以及对此前分支机构超前改革的适当调整。有鉴于此，建立一个由国务院牵头、以中国人民银行为主导的金融稳定委员会，可能是一条切实可行的正确途径，而现有的三家金融监管部门未来整合为单一的综合性监管机构，将是必然的选择。

央行的独立性：微妙的轻重

1963 年 6 月 4 日，美国总统肯尼迪签署了一份鲜为人知的 1110 号总统令，着令美国财政部"以财政部所拥有的任何形式的白银，包括银锭、银币和标准白银美元银币作为支撑，发行白银券"，并立刻进入流通。

如果这个计划得以实施，那么将使美国政府逐渐摆脱当时必须从"美联储"借钱，并支付高昂利息的窘迫境地。"白银券"的流通将逐渐降低美联储发行的"美元"的流通度，很可能最终迫使美联储银行破产。美联储作为私有的中央银行，它的背后有国际财团的强大支撑。肯尼迪此举无疑为自己带来了危险。1963 年 11 月 22 日，肯尼迪总统在德克萨斯州的达拉斯市遇刺身亡。分析人士从许多迹象中得出，这份关系到美联储货币发行权的总统 1110 号令很可能就是为肯尼迪带来杀身之祸的直接原因。

货币发行权是央行最基本的权力。保住央行的货币发行权，也是为了保住央行的独立性以及在经济中的地位。如果失去货币发行权，美联储将失去中央银行的地位，也意味着失去影响、控制美国经济的权力。美联储作为一个私有的中央银行，自有历史以来就与美国政府保持着距离，这使得它的独立性得到了极大的发挥。美联储对于美国经济的作用是不言而喻的，也正因如此，美国历史上从来不缺少捍卫美联储的斗士。

1996 年，美国民主党参议员萨巴尼斯曾经提出一个"馊主意"，遭到经济学家一致唾骂。他提出应该剥夺地区联邦储备银行总裁在联邦公开委员会中的投票权。民主党另一众议员冈萨雷斯则补充提出，地区联邦储备银行总裁由总统任命并由参议院确认。这两个建议受到经济学家一致抨击。当时，被认为有可能接替格林斯潘美联储主席的著名经济学家马丁·费尔德斯坦对此著文疾呼"不要踩在美联储的头上"。

为什么"不要踩在美联储的头上"？因为全地球的人都知道，美国经济的成功在很大程度上得益于美联储的货币政策。货币政策的正确又依赖于美联储决策的独立性。美联储的七位高层主席由总统任命并经参议院确认，美联储的货币政策决策者为联邦公开市场委员会，其成员包括美联储7位理事和12个地区联邦储备银行的总裁。这些总裁中有五位有投票权，除纽约联邦储备银行总裁总有投票权外，其他总裁轮流享有投票权，地区联邦储备银行总裁由这些银行的理事会选出，不对政府负责，这些总裁来自美联储的雇员，许多人支持稳健的货币政策目标。这种人事任命和决策制度是美联储和货币政策独立性的制度保证。而这两位议员的提议正是要削弱美联储的独立性，理所当然地引起了费尔德斯坦的愤怒和经济学家一致反对。

美联储的独立性保证了在作出货币政策决策时可以摆脱来自政府或议会的政治压力。作为政治家的总统和议员，其行为目标是连选连任，这就要迎合选民的意见，选民往往是目光短浅的，只看眼前的经济繁荣，而很少想到这种繁荣在未来引起的通胀压力。因此，他们通常都喜欢能刺激经济的低利率政策，而不喜欢提高利率。就总统而言，大选前的经济繁荣、失业率低对他连选连任是有利的。因此，在大选前会选择刺激经济的政策，当选后又会实行紧缩，以遏制通胀。这就是说，当包括货币政策在内的经济政策为政治服务时，政策本身有可能成为经济不稳定的根源之一。

随着历史的发展，美联储作为中央银行的地位日趋稳固，它越来越倾向于扮演调节经济稳定的角色。在美联储独立性保卫战中，人们看到了保持央行独立性的重要性。中央银行独立性是指中央银行履行自身职责时法律赋予或实际拥有的权力、决策与行动的自主程度。

中央银行是一国金融体系的核心，不论是某家大商业银行逐步发展演变成为中央银行，比如英国，还是政府出面直接组建成立中央银行，比如美联储，都具有"发行的银行""银行的银行""政府的银行"三个特性。各个国家的中央银行的产生是为了解决商业银行所不能解决的问题。中央银行独立性，一般就是指中央银行在履行制定与实施货币职能时的自主性。费雪把中央银行独立性划分为目标的独立性与手段的独立性两个方面。

央行的独立性意味着货币政策不受其他政府部门的影响、指挥或控制。从广义上看，央行的独立性包含两层含义：一是中央银行目标的独立性，即央行可以自行决定货币政策的最终目标；二是央行政策工具的独立性，即央行可以自行运用货币政策工具。

央行独立性的程度即依赖于一系列可观察的因素，如法律差异，又依赖于某些不可观察的因素，如其他政府部门的非正式的安排等。

因此，要保证央行政策的独立性，需要做到以下几点。

其一，前提是央行对货币政策具有最终决策权。

其二，货币政策委员会成员具有较长的任期，而且重新任命的机会有限，这是央行顺利实施操作独立性的有效保证。

其三，将央行排除在政府工作分配之外，可以确保货币政策操作的独立性。

其四，确保央行不直接参与国债成交。

提倡央行政策的独立性目的是要使央行从短期、短视的政治压力下解放出来。独立性有助于提高央行实现价格稳定的可靠性及其他好处。

从美国银行体系看央行的稳定性

美国联邦体系通过监督、调节、审查、存款保险以及向陷入困境的银行贷款等手段维持其稳定性。50多年以来，这些防范措施防止了银行系统恐慌。当今这个世界上，所有的银行系统实际上都是受到管制的。

1913年根据一项国会法案，联邦储备成为美国的中央银行。尽管从技术上讲它归作为其成员的商业银行所有，但是实际上联储是一家政府机构。它的委员会设在华盛顿，听取参议院的建议并由其批准，由美国总统任命。委员会有效地控制构成整个系统的12家银行的政策。我们看上去有12家中央银行，但是这只是表面现象，这是过去那个年代遗留下来的痕迹。那时，美国大多数地区充斥着平民论式的猜疑，这些猜疑来自东部人、华尔街大亨和身着燕尾服与条纹长裤的人们。通过将银行分布全国，减少了这些猜疑。但是联储实际上是单独的一家银行（有分行），至少在20世纪30年代国会修改立法之后是这样。12家地区银行中，任何一家的权力都绝大部分取决于其通过政策所发挥的影响力的大小，这些政策是由其执行官和研究人员制定的。

由于其制定银行法定存款准备金制度的权力（国会制定的范围限制内）和扩大或缩小美元储备量的权力，联储控制着商业银行系统的放贷活动，从而控制着货币的制造过程，这是大家都知道的。联储还决定什么可以算作法定存款准备金。从 20 世纪 60 年代起，法定存款准备金包括银行的金库现金和商业银行自己在本地区联邦储备银行的存款。

在美国，最基本的规范，也是对于货币制造最根本的约束，是法定存款准备金制度。银行的储蓄负债数量不得超过其一定倍数的存款准备金数量。存款准备金制度是用百分比的形式表现出来的，被称为法定存款准备金比率，这是银行业的重要游戏规则。法定存款准备金比率是指银行必须在金库现金中或在地区联邦储备银行储蓄中持有的全部准备金的比例。

例如，25% 的法定存款准备金比率意味着拥有总计 1 亿美元支票存款的银行必须在金库中持有 2500 万美元，其余的 7500 万美元作为银行的超额准备金，是银行用来进行获利性投资的，一般采用贷款的形式进行。不要忘了商业银行是要获取利润的。它们计划以低利率借进（例如，在它们支付你的储蓄账户的时候），以高利率借出，之间的差额就代表了潜在的利润，当然是在银行的其他开支都被刨除之后。

现在的法定存款准备金比率平均约为 7% ～ 8%。这就意味着，一个拥有总计 1 亿美元储备的普通商业银行可能在金库中有 800 万美元，而且联邦储备允许其将其余的 9200 万美元投资到可以获得（合理）利润的活动当中，银行金库里的美元无法赚取利息。因此，从个体银行家的角度看，法定存款准备金对他们来说像是某种税金：提高法定存款准备金比率意味着银行的超额准备金减少了，这会减弱它们提供贷款的能力，给它们带来更高的成本，并且降低它们潜在的盈利能力。

银行无法随意地发放贷款。首先，银行必须找到愿意来银行借钱的人，同时银行也愿意出借，而且这些人要有能力让银行相信他们会按照约定还款。其次，每家银行必须在其准备金限制范围内运作。这种限制是政府当局实施的，用来控制银行放贷，从而控制其钱币制造过程。每家银行都必须依照法律规定持有准备金。银行只有在拥有超额准备金，也就是说准备金的数量大于法律规定其必须持有的最小量时，才能借出新的贷款，制造货币。联储有权增加或减少银行系统的准备金数量，或者增加或减少银行必须持有的准备金在其总存款负债中的比例。银行法定存款准备金的作用是限制流通中货币数量的增长，这似乎和通常概念上的储备基金没什么关系，储备基金是可以在紧急情况下使用的。如今法定存款准备金实际上已经不再履行大量储备的功能了。当今，法定存款准备金制度主要是法律施加的一种限制，用于限制商业银行系统扩大货币存量的能力。

如果人们突然间由于某种原因失去了对一家银行的信任，想要把存款都以现金形式取出来，这家银行会无法兑现所有提款，银行不得不破产，让所有顾客的存款化为乌有。如果发生了这样的情况，这种信任的丧失会波及其他银行，击垮银行系统中的大部分银行。

从20世纪30年代以来，美国实际上没有出现过这样的金融恐慌。但是其原因与银行准备金水平无关。在听到银行财务危机的传言时，银行的顾客不再冲去银行提取存款，因为现在联邦储蓄保险公司为他们的存款上了保险。不论出于何种原因，如果银行破产，其储户可以在几天之内从联邦政府的保险系统中获得赔偿。

1933年联邦储蓄保险公司成立之时对银行为存款投保收取的保险金额度太低，如果银行关门，联邦储蓄保险公司为了赔付储户的存款，自己也会破产。但是联邦储蓄保险公司的存在终止了银行挤兑的现象；而没有了挤兑行为，银行破产现象也不再像原来那么多了。由此，联邦储蓄保险公司收取的保险金也被证明是足够多的了。联邦储蓄保险公司制度可能是20世纪30年代制定的最稳定的一项货币改革措施。

美联储清楚地知道，不论银行持有多少数量的准备金，它都有责任为银行系统提供现金。因此，通过从联储调取现金，现在的银行可以满足任何对现金的需求，不管需求有多大。如果银行快要用完全部的准备金，联邦储备会借给银行准备金，将借款银行资产中的部分"欠条"作为担保。只要银行对准备金有合理需求，银行就能享受这种借款特权，这让整个银行和货币系统在应对不断变化的环境时更加灵活，面对危机和暂时的混乱状况时也有更强的抵御能力。20世纪30年代以来，美联储通过改善联邦储备的程序，获得了广大储户的充分的信任。

金融稳定：央行的神圣职责

世界银行的研究表明，自20世纪70年代以来，共有93个国家先后爆发117起系统性银行危机，还有45个国家发生了51起局部性银行危机。促进金融稳定日益成为各国中央银行的核心职能。而我国在加入世界贸易组织以后，金融体系面临巨大的挑战和新的风险，维护金融稳定已经成为促进经济增长的关键因素，是国民经济健康稳定发展和社会长治久安的保障。

金融是现代经济的核心，金融市场一旦出现动荡，整个经济和社会都会大受影响。在历史上，股灾、银行倒闭、金融危机屡见不鲜，而金融危机的后果往往是经济发展停滞和社会动荡。历史的惨痛教训，值得人们深思。

金融稳定是指一种状态，即一个国家的整个金融体系不出现大的波动，金融作为资金媒介的功能得以有效发挥，金融业本身也能保持稳定、有序、协调发展，但并不是说任何金融机构都不会倒闭。"金融稳定"一词，目前在我国的理论、实务界尚无严格的定义。西方国家的学者对此也无统一、准确的理解和概括，较多地是从"金融不稳定""金融脆弱"等方面来展开对金融稳定及其重要性的分析。

金融稳定是一个具有丰富内涵、动态的概念，它反映的是一种金融运行的状态，体现了资源配置不断优化的要求，服务于金融发展的根本目标。具体而言，金融稳定具有以下内涵。

1. 金融稳定具有全局性

中央银行应立足于维护整个宏观金融体系的稳定，在密切关注银行业运行态势的同时，将证券、保险等领域的动态及风险纳入视野，重视关键性金融机构及市场的运营状况，注意监测和防范金融风险的跨市场、跨机构乃至跨国境的传递，及时采取有力措施处置可能酿成全局性、系统性风险的不良金融机构，保持金融系统的整体稳定。

2. 金融稳定具有动态性

金融稳定是一个动态、不断发展的概念，其标准和内涵随着经济金融的发展而发生相应地改变，并非一成不变而固化的金融运行状态。健康的金融机构、稳定的金融市场、充分的监管框架和高效的支付清算体系的内部及其相互之间会进行策略、结构和机制等方面的调整及其互动博弈，形成一种调节和控制系统性金融风险的整体的流动性制度架构，以适应不断发展变化的金融形势。

3. 金融稳定具有效益性

金融稳定不是静止的、欠缺福利改进的运行状态，而是增进效益下的稳定。一国金融体系的稳定，要着眼于促进储蓄向投资转化效率的提升，改进和完善资源在全社会范围内的优化配置。建立在效率不断提升、资源优化配置和抵御风险

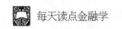

能力增强等基础上的金融稳定，有助于构建具有可持续性、较强竞争力和良好经济效益的金融体系。

4. 金融稳定具有综合性

金融稳定作为金融运行的一种状态，需要采取不同的政策措施及方式（包括货币政策和金融监管的手段等）作用或影响金融机构、市场和实体经济才能实现，从而在客观上要求对金融稳定实施的手段或政策工具兼具综合性的整体考量。

中央银行承担着维护金融稳定的重要职责，为了实现这一目标，中央银行建立了一套完备的制度。维护金融乃至社会稳定，最重要的是防患于未然。中央银行也正是这么做的，它平时就在密切注视着金融市场的运行，尽早发现隐患，尽可能地采取有效措施迅速消除隐患。而当危机真正来临时，中央银行也能够及时伸出援手，帮助陷入危机的金融机构渡过难关，阻止事态扩大，稳定市场信心。

人们渴望幸福安定的生活。虽说好日子各有各的过法，但从经济角度说，有些标准还是共同的，比如说，有一份稳定的收入，最好还能有健全的社会保障，口袋里的钞票不要贬值，钱可以放心地存入银行。要享受这样的生活，就需要中央银行努力维持币值的稳定，就需要金融体系正常运转，为人们提供便捷的金融服务。

币值稳定是金融稳定的基础，所以中央银行义不容辞地承担起了维护金融稳定的职责。为了履行好这一职责，中央银行建立起一整套完整的制度体系，科学合理地操控着手中的各种政策工具。例如，中央银行能够利用货币政策工具中的"三大法宝"来控制社会流通中的货币数量，从而有效保障币值的稳定。它还能够利用利率政策和汇率政策，调节资金，使其有序流动，防止大规模资金异常出入。当出现强烈冲击时，中央银行还能维持支付清算体系的正常运转，保证资金的正常流动。正是凭借如此强大的力量，中央银行才能够有效履行职责，使金融体系承受住各种冲击。

值得注意的是，金融稳定指的是一个国家的整个金融体系不出现大的波动，并不是说任何金融机构都不会倒闭。金融机构常常同时面临许多种类的风险，其中的某个环节出现问题，都有可能使一家金融机构遭受"灭顶之灾"。防范和控制风险，需要各方共同努力，而中央银行要做的，是尽可能地控制整个金融体系面临的系统性风险。当然，要确保金融体系时时刻刻都在安全运转是非常困难的，但中央银行确实在为这一目标而竭尽全力。当您在享受安定生活的同时，应当理解中央银行所作出的努力！

第三篇
操作篇：打理金融生活

·第一章·

怎样让钱生钱，存银行还是投资

——每天读点个人理财知识

存款储蓄：最传统的理财方式

投资理财计划中，一个最重要的环节是储蓄。储蓄这个"积谷防饥"的概念在中国人眼中并不陌生，但在西方国家则不同。以西方国家为例，上一代的人仍知道储蓄的重要，但现在的人只懂得消费，已经忘记了储蓄，美国的人均储蓄率是负数。意思是美国人不单没有储蓄，反倒先使未来钱，利用信用卡大量消费，到月底发工资时才缴付信用卡账单，有些更是已欠下信用卡贷款，每个月不是缴费，而是偿还债务。

储蓄是一种习惯，是一种积少成多的"游戏"。每个月开始之前先把预定的金额存起来，这对日常生活不会造成很大的影响；相反，把钱放在口袋里，最后都是花掉，连花到哪里也忘记了。

很多人错误地认为，只要好好投资，储蓄与否并不重要。实际上，合理储蓄在投资中是很重要的。储蓄是投资之本，尤其是对于一个月薪族来说更是如此。如果一个人下个月的薪水还没有领到，这个月的薪水就已经花光，或是到处向人借钱，那这个人就不具备资格自己经营事业。要想成功投资，就必须学会合理地储蓄。

很多人不喜欢储蓄，认为投资可以赚到很多的钱，所以不需要储蓄；有的人认为应该享受当下，而且认为储蓄很难，要受到限制；有的人会认为储蓄的利息没有通货膨胀的速度快，储蓄不合适。然而，事实并不是这样。

首先，不能只通过收入致富，而是要借储蓄致富。有些人往往错误地希望"等我收入够多，一切便能改善"。事实上，我们的生活品质是和收入同步提高的。

你赚得愈多，需要也愈多，花费也相应地愈多。不储蓄的人，即使收入很高，也很难拥有一笔属于自己的财富。

其次，储蓄就是付钱给自己。有一些人会付钱给别人，却不会付钱给自己。买了面包，会付钱给面包店老板；贷款时，利息缴给银行，却很难会付钱给自己。赚钱是为了今天的生存，储蓄却是为了明天的生活和创业。

我们可以将每个月收入的 10% 拨到另一个账户上，把这笔钱当作自己的投资资金，然后利用这 10% 达到致富的目标，利用 90% 来支付其他费用。也许，你会认为自己每月收入的 10% 是一个很小的数目，可当你持之以恒地坚持一段时间之后，你将会有意想不到的收获。也正是这些很小的数目成了很多成功人士的投资之源泉。

晓白工作已经 5 年了，从一名普通的职员，慢慢做到公司的中层，薪水也一直稳中有升，月薪已有近万元，虽然比上不足，但比下有余。昔日的同窗，收入未必高过自己，可在家庭资产方面已经把自己甩在了后面。

随着晓白的年龄逐步向 30 岁迈进，可还一直没有成家。父母再也坐不住了，老两口儿一下子拿出了 20 万元积蓄，并且让晓白也拿出自己的积蓄，付了买房首付，早为结婚做打算。可是让晓白开不了口的是，自己所有的银行账户加起来，储蓄也没能超过六位数。

其实，晓白自己也觉得非常困惑。父母是普通职工，收入并不高，现在也早就退休在家。可是他们不仅把家中管理得井井有条，还存下了不少的积蓄。可是自己呢？虽说收入不算少，用钱不算多，可是工作几年下来，竟然与"月光族""白领族"没有什么两样。不仅是买房拿不出钱来付首付，前两年周边的朋友投资股票、基金也赚了不少钱，纷纷动员晓白和他们一起投资。晓白表面上装作不以为然，其实让他难以开口的是，自己根本就没有储蓄，又拿什么去投资？

晓白出现这种情况的原因就是缺乏合理的储蓄规划。虽说储蓄是个老话题，然而在年轻人中间这却始终是个普遍的问题。很多像晓白这样的人，收入看上去不少，足够应对平时生活中的需要，可是他们就是难以建立起财富的初次积累。原因就在于，他们在日常生活中没有合理的储蓄规划。

随着时代的发展，今天的社会与从前发生了很大的变化，现实中许多人没有看到储蓄的任何好处，因为现实中利息低、通货膨胀等因素确实都实实在在地存在着。从另一个角度来看，选择合理的储蓄方式，能够让优秀的投资者们成为千万富翁，优秀的投资者们可以轻而易举地在银行存折中多出20%或更多的金钱，通货膨胀甚至还会帮助他们。储蓄并不是件一无是处的事情，相反它还会给你带来很多好处。下面我们就来详细地剖析优秀的投资者们一定要储蓄的理由。

1.持续的储蓄让你积累更多的投资基金

许多优秀的投资者都有一个错误的观点，他们认为投资会使自己自然而然地变得越来越富有。然而事实上，这是不可能实现的！也许优秀的投资者们并不认同我们的观点，也许他们会问：为什么投资不一定使自己变得富有呢？因为优秀的投资者的投资越多，风险也越大。也有的优秀的投资者会这么说："我同意储蓄，但我的方法是每年储蓄一次，把全年需要储蓄的金额一次放到银行里不就行了！"我们不得不说，这种想法也是很难实现的。

2.储蓄是善待自己的最好方法

说到善待自己，许多优秀的投资者也许都会觉得他们正在这么做，他们会每天吃最好的食物、把自己打扮得美丽动人、享受艺术与娱乐带来的休闲乐趣，但这一切在我们看来不过是表面的浮夸罢了。优秀的投资者们都忽视了一点：他们正在持续地付钱给别人，可从来没有付给过自己。买了最好的食物，他们会付钱给厨师或食品店老板；打扮自己，他们会付钱给美容院和理发师；享受艺术与娱乐带来的乐趣，他们会付钱给电影院和酒吧……

但是优秀的投资者们什么时候付钱给过自己？在你们的生活中，自己的地位应该不亚于厨师、理发师和电影院老板吧！

优秀的投资者们应该付钱给自己，而这正是通过储蓄来实现的。每个月将收入的固定一部分（可能是10%或者15%）存入自己的账户，这样一来，优秀的投资者们就可以利用这笔钱达到致富的目标。这样做以后，优秀的投资者们将会思考：是用收入的全部还是90%或85%来支付生活所需的费用，而后者让优秀的投资者们还拥有了10%或15%的储蓄。

3.积累原始资本

储蓄还能够帮助优秀的投资者进行原始资本的积累。优秀的投资者们可以用固定的一部分收入来进行这种资本的投入。假设这部分资本金的固定额度是家庭总收入的10%，那么优秀的投资者们应该如何累计这部分资本呢？首先优秀的投资者需要开设一个存储账户，每个月初，将收入的10%存入这个账户；要把持住自己，任何时候都不要轻易动用这个账户里的钱；找到适当的机会，用这个账户里的钱进行投资；当这个账户里的金额越来越多时，优秀的投资者们将得到更多

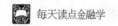

的投资机会和安全感。

债券投资：储蓄的近亲

债券作为一种重要的融资手段和金融工具，以其风险小、信用好等优势赢得了很多投资者的青睐。债券是一种有价证券，是社会各类经济主体为筹措资金而向债券投资者出具的，并且承诺按一定利率定期支付利息和到期偿还本金的债权债务凭证。由于债券的利息通常是事先确定的，所以，债券又被称为固定利息证券。

债券相较于其他的投资产品，是一种较为保守的投资方式，但是其安全性的确吸引了不少人的目光。尤其对于那些年龄较大、缺乏投资经验、追求稳健的投资者来说，债券就是他们心目中较为理想的投资对象。

美国微软公司董事长比尔·盖茨向大众透露了他的投资理念，他认为，把宝押在一个地方可能会带来巨大的收入，但也会带来同样巨大的亏损。对待股市，他就是抱着这样的看法。在股市上投资时，为了能分散甚至是规避这些风险他经常采用的方法就是利用债券市场。

一般，盖茨会在买卖股票的同时，也在将自己建立的"小瀑布"的投资公司控制的资产投入债券市场，特别是购买国库券。当股价下跌时，由于资金从股市流入债券市场，故而债券价格往往表现为稳定上升，这时就可以部分抵消股价下跌所遭受的损失。

从投资效果看，盖茨这样的组合投资已取得相当好的成绩，他的财富几乎总是以较快的速度增长。而在概括投资战略时，盖茨说："你应该有一个均衡的投资组合。投资者，哪怕是再大的超级富豪，都不应当把全部资本压在涨得已经很高的科技股上。"

有人戏称债券是理财的天堂，认为在众多的金融产品中，债券独受宠爱，是投资者眼中较为理想的投资对象，尤其是对那些厌恶风险的投资者来说，债券简直是最好的选择。

对于投资来说，每种投资项目都有其优势，你如果不熟悉地掌握其特点，就不可能对其加以利用，扬长避短。那么，债券到底有什么优点？

其一，较高的安全性。债券一般是由相关的机构直接向社会发行的，与企业和政府相关机构挂钩，但与它们的业绩没有联系，收益比较稳定。一般政府的债券有绝对的安全性，而对于企业的债券，只要它不违约，就能够保证投资者的利益。

其二，较好的流动性。投资者可以直接进入市场进行交易，买卖自由，变现性颇高，且不会在转让时在价值上出现很大损失。

其三，扩张信用的能力强。由于国债安全性高，投资者用其到银行质押贷款，其信用度远高于股票等高风险性金融资产。投资者可通过此方式，不断扩张信用，从事更大的投资。

其四，收益性略高。对投资者来说，债券属于"比上不足，比下有余"的类型。它的收益高于银行存款，但低于股票投资。可是它又比股票投资稳定，所以，很适合略趋保守的投资者。

正是因为以上这些优点，人们才愿意选择债券作为自己的投资项目。一般情况下，即使经济环境有所变化，债券的收入也大都会很稳定，不会受到太大的影响，投资者大可放心。

基于上述种种优势，许多投资者都把目光聚集到它身上，并且公认其为个人投资理财的首选。

众所周知，在做任何事的时候，你若能在事前了解其原则，抓住其规律，就必然能在行动时事半功倍。同理，在决定投资债券之前，投资者须先清楚债券投资的原则，这样就能在投资时取得更好的效果。

债券投资的基本原则主要有三个：安全性原则、流动性原则、收益性原则，经常被人称为债券投资原则之"三足鼎立"。这三个原则是债券投资中必须要遵守的内容，是最基本的原则。

第一足：安全性原则

说债券是安全的投资方式只是相对而言。比起股票、基金等，它的确安全很多。但实际上，除了国债，其他债券也都是有风险的。因为债券根据发行的主体不同，可主要分为企业债券、国债、金融债券三类。国债暂且不论，仅从企业债券看，如果企业运营的安全性降低或因经营不善而倒闭，就会有违约的危险。因此，本着安全第一的原则，你最好在投资债券的时候，利用组合理论，分别投资多种债券，以分散风险。

第二足：流动性原则

流动性原则是指收回债券本金的速度快慢。债券的流动性越强，就越能以较快的速度转化成货币，也就越能减少在这个过程中的无形损失。反之，则可能影响甚至大大削弱资产的价值。一般而言，债券的期限越长，流动性越差，由于外界各种因素的变化，容易造成无形损失，相对也就不适合投资，而期限越短则相反。债券根据不同的类型，流通性不同。一般政府发行的债券流通性较高，在市场上交易方便。而企业发行的债券则根据具体企业的情况而有所不同，比较之下，大企业的债券流动性更好些。

第三足：收益性原则

任何一个投资者进行投资的目的都是获取利润，债券也不例外。因此，投资者都非常关心债券的收益率。而仅从收益上来说，短期收益率要受市场即期利率、资金供求的影响，而长期收益率要受未来经济的增长状况、通货膨胀因素等不确定性因素的影响，所以收益也可能会有所波动。

在众多债券中，国债因其是依靠政府的财政，有充分的安全保障，所以没什么风险；而企业发行的债券则存在是否能按时偿付本息的风险。不过，大多数情况下，企业发行的债券收益比国债要高，如果投资者选择的企业是大企业，就会略有保障。

以上便是投资债券的原则。对于刚开始进行投资的投资者，在选择债券的时候，应当在考虑自身整体资产与负债的状况的基础上，遵守投资原则的要求，只有这样才可能避免血本无归，空忙一场。

保险：以小博大的保险理财

说起保险，经常会有人说："好好的，买什么保险！即使生病了，我不每月都有工资吗？几年下来存的钱也够应付'飞来横祸'了，所以我根本用不着买保险！"

事实是这样吗？是的，你工作了五年，努力攒下了50万元，可是你能保证这50万元能够支付你或者家人的突发疾病？你能保证这50万元能够让你应对事业上的进退维谷？……退一万步来讲，即使利用这50万元能够应对一切难料之事，然而，当这50万元花完之后，你还拿什么来养活自己和家人，保证以往的生活品质？

实际上，世界上只有一种人是可以不用买保险的，就是一生之中永远有体力、有精力赚钱，同时不生病、不失业的人。当然，还得家里人都不生病，房子不会遭水、遭贼，不开车，或是车不会被剐蹭、被盗抢，等等。

你是这种人吗？如果不是，那就赶紧加入保险投资的大军中来吧！

如果我们把理财的过程看成建造财富金字塔的过程，那么买保险就是为金字塔筑底的关键一步。很多人在提起理财的时候往往想到的是投资、炒股，其实这些都是金字塔顶端的部分，如果你没有合理的保险做后盾，那么一旦自身出了问题，比如失业，比如大病，我们的财富金字塔就会轰然倒塌。没有保险，一人得病，全家致贫。如果能够未雨绸缪，一年花上千八百块钱，真到有意外的时候可能就有一份十几万元、几十万元的保单来解困，何乐而不为呢？

如今买保险也像进超市一样，品种五花八门，有的似乎还看不懂。"你买保险了吗？"随着人们保险意识的提升，这句问候语逐渐流行，保险已经不仅仅是一个消费品，品种更加多元化，集投资与保障于一体。不同的人对于保险的观念与需求是大不相同的。

1.60 多岁的人群：增强买保险的意识

人生步入了老年，风险承受能力开始逐步降低。在这个阶段里，购买保险是非常必要的，它可以为老年的生活降低风险的侵袭。因此在这个阶段里，增强买保险的意识尤为重要。

李老伯和刘阿姨是国企退休职工，现在住在工作单位分的职工家属楼，如今他们二人都已经退休了，每个月退休工资总共也有五六千元，子女都已经成家立业，而且生活上没有什么经济压力。二老决定跟儿子一起住，于是将老城区那套房出租，另外买了一套新房，与儿子住隔壁。李老伯说自己既享受公费医疗，又有退休金，现在和老伴儿每个人一个月退休金有两三千元，并且夫妻俩身体都很硬朗，他们觉得每年花上千元的钱来购买保险完全没有必要。还不如把钱花在平时，吃得好一点儿，保养身体比什么都重要。

相比城市退休老人来说，农村老人就更加不会有买保险的意识，住在花都区某农村的王阿姨说，自己一辈子在家务农，儿女在外地工作，近几年才有了农村社保。王阿姨说，以前什么保障都没有，大家不也都安度晚年了嘛？况且，本来经济就不宽裕，又怎么舍得花钱买保险？花钱来买保险哪里有养儿防老靠得住？

2.30 ~ 40 岁：没保险自己也要买保险

上世纪 70—80 年代出生的人正是当前社会的中流砥柱。赵先生是 70 年代生人，经营了一家医疗机械制药厂，生意在国内做得十分红火。早在 5 年前，赵先生不仅为自己和太太购买了寿险和重大疾病险，还为自己 4 岁的儿子买了一份教育金保险。

赵先生说，自己做生意的不同于在企事业单位工作的人，没有社保，只能自己买保险，再说做生意风险大，也不敢打包票工厂能一直维持下去，一旦将来有什么意外，有份保险还是踏实一些，即便将来退休了，也有个保障。

除了做生意的人之外，就是单位福利待遇较好，社保齐全的情况下，一些人也开始未雨绸缪。有位事业单位的职员说："医疗费用太高，一旦生了大病，社保可能不够，所以我额外买了重大疾病保险。"

3.20 多岁的 90 后：各类费用高，主动买保险

90 后们刚刚步入社会不久，或正处于事业起步阶段，因此经济条件普遍不算宽裕。

90 后普遍受到了科学的理财观念的影响，并且一般受到了比较好的教育，因此对于投资保险来说，观念还是比较跟得上时代发展的。他们认为，小的投入可以为自己增添一份保障，保险是非常必要的。

如果你和家人的健康能够得到很好的保障，你们的财产能够得到充分的保护，生活也就轻松很多了。保险就是这样一个理财工具，它为你的生活提供更多安全，带来更大改变。

黄金投资：用黄金挽救缩水的钱包

欧先生是从 2007 年底开始炒"纸黄金"的。2008 年初，他追高入市，结果被深套。但他遇到了一个好时机，2008 年四五月开始，黄金行情走出了一波大行情，2008 年累积涨幅已经达到了 40% 左右。得益于金价的大涨，欧先生不仅解了套，而且还小有盈利。

2009 年，欧先生打算转战兴业银行推出的实物黄金业务。"即使不想炒了，也可以提取实物，不会贬值啊。"欧先生乐观地表示。

黄金，一个足以令人耳热心跳的名字！因其稀少、特殊和珍贵，自古以来被视为五金之首，有"金属之王"的称号，享有其他金属无法比拟的盛誉。在投资市场上，黄金的地位也非常高，投资者们仍十分喜欢购买黄金。因为黄金不仅由于其本身的稀缺性而有较高的商业价值，而且有着重大的美学价值。正因如此，与其他投资方式相比，投资黄金突显其避险保值功能。因此，投资黄金成为一种稳健而快捷的投资方式。

1. 黄金投资基本无风险

黄金投资是使财产保值增值的方式之一。黄金的保值增值功能主要体现在它的世界货币地位、抵抗通货膨胀及政治动荡等方面。黄金可以说是一种没有地域及语言限制的国际公认货币。也许有人对美元或港币会感到陌生，但几乎没有人不认识黄金。世界各国都将黄金列为本国最重要的货币之一。

黄金代表着最真实的价值——购买力。即使是最坚挺的货币也会因通货膨胀而贬值，但黄金却具有永恒的价值。因此，几乎所有的投资人都将黄金作为投资对象之一，借以抵抗通货膨胀。

黄金之所以能够抵抗通货膨胀，主要是因为它具有高度的流通性，全球的黄金交易每天 24 小时进行，黄金是最具流通能力的资产。除此之外，黄金还有另一个受人青睐的特性：黄金在市场上自由交易时，其价格可与其他财物资产的价格背道而驰。事实证明，黄金的价格与其他投资工具的价格是背道而驰的，与纸币的价值也是背道而驰的。

黄金不仅是抵抗通货膨胀的保值工具，而且可对抗政治局势的不稳定。历史上许多国家在发生革命或政变之后，通常会对货币的价值重新评估，但不管发生了多么严重的经济危机或政治动荡，黄金的价值是不会降低的，通常还会升高。

2. 黄金不会折旧

无论何种投资，主要目的不外乎是使已拥有的财产保值或增值，即使不能增值，最基本的也应维持在原有价值水平上。如果财产价值逐渐减少的话，就完全违背了投资的目的。最符合这种标准的莫过于黄金了。

3. 黄金是通行无阻的投资工具

只要是纯度在 99.5% 以上，或有世界级信誉的银行或黄金运营商的公认标志与文字的黄金，都能在世界各地的黄金市场进行交易。

4. 黄金是投资组合中不可缺少的工具

几乎所有的投资理论都强调黄金投资的重要性，认为在投资组合中除拥有股票及债券等外还必须拥有黄金。特别是在动荡不安的年代，众多的投资人都认为只有黄金才是最安全的资产。由于害怕其他财物资产会因通货膨胀等而贬值，人们都一致把黄金作为投资组合中不可缺少的部分。

5. 黄金也是一种艺术品

目前我国黄金市场上的金条、金砖都已经工艺化、艺术化了，金条、金砖的外部构图，都可以说是精美绝伦的。

目前市场上的黄金品种主要有：黄金的实物交易、纸黄金交易、黄金现货保证金交易、黄金期货这四种。那么究竟哪种适合自己，还要看个人的风险偏好及对黄金市场的了解程度。具体介绍如下。

（1）黄金的实物交易。

顾名思义，是以实物交割为定义的交易模式，包括金条、金币，投资人以当天金价购买金条，付款后，金条归投资人所有，由投资人自行保管；金价上涨后，投资人携带金条，到指定的收购中心卖出。

优点：黄金是身份的象征，古老传统的思想使国人对黄金有着特殊的喜好，广受个人藏金者青睐。

缺点：这种投资方式主要是大的金商或国家央行采用，作为自己的生产原料或当作国家的外汇储备。交易起来比较麻烦，存在着"易买难卖"的特性。

（2）纸黄金交易。

什么叫纸黄金？简单一点儿来说，就相当于古代的银票！投资者在银行按当天的黄金价格购买黄金，但银行不给投资者实金，只是给投资者一张合约，投资者想卖出时，再到银行用合约兑换现金。

优点：投资较小，一般银行最低为10克起交易，交易单位为1整克，交易比较方便，省去了黄金的运输、保管、检验、鉴定等步骤。

缺点：纸黄金只可买涨，也就是说只能低买高卖，当黄金价格处于下跌状态时，投资者只能观望。投资的佣金比较高，时间比较短。

（3）黄金现货保证金交易。

通俗地说，打个比方，一个100块钱的石头，你只要用1块钱的保证金就能够使用它进行交易，这样如果你有100块钱，就能拥有100个100块钱的石头，如果每个石头价格上涨1块，变成101块，你把它们卖出去，这样你就净赚100块钱了。保证金交易，就是利用这种杠杆原理，把资金放大，可以充分利用有限资金来以小博大。

（4）期货黄金。

现货黄金交易基本上是即期交易，在成交后即交割或者在数天内交割。期货黄金交易主要目的为套期保值，是现货交易的补充，成交后不立即交易，而由交易双方先签定合同，交付押金，在预定的日期再进行交割。主要优点在于以少量的资金就可以掌握大量的期货，并事先转嫁合约的价格，具有杠杆作用。黄金期货风险较大，对专业知识和大势判断的能力要求较高，投资者要在入市前做足功课，不要贸然进入。

收藏品投资：艺术与理财的完美结合

俗话说："盛世玩古物，乱世收黄金。"当金融危机逐渐远离，经济稳步发展的时候，人们将越来越多的目光投到资产保值、升值上。收藏品的种类有很多，最初人们热衷于古玩、名家字画，现在一些新奇特的艺术品也都被列入了收藏品的范围。

如今，随着人们文化素质的不断提高，古玩、名人字画之类的收藏品也越来越受到大众的重视。民间收藏现在已经成为收藏界的主力军。据介绍，目前全国已有民间收藏品交易市场和拍卖行200余家，人们从事收藏，除了它们自身珍贵的艺术、历史意义之外，它们的经济价值也越来越高。

收藏品主要有如下种类：书画、古籍善本、瓷器、陶器、玉器、赌石、奇石、家具、印纽、金石、各种材质的雕刻艺术品、古今钱币、邮品单证、各种刺绣、茶品、琴棋、古今兵器、车辆等，还有火花、民间剪纸、皮影等民俗。如果嗜好动物也算一种收藏行为的话，有些人也喜欢收藏名贵的品种，比如古人有圈养良驹骏马的习惯。

某些收藏品的时空分为：高古、远古、明清、近代、现代，也有收藏横跨整个人类社会活动的时空的藏品。

总之收藏是一种涉及范围很广的人类社会活动和兴趣爱好。随着民间收藏的日益兴盛，收藏品种类越来越多，从过去的古玩工艺品、名人字画收藏已经发展到现在火花、票证、奇石、连环画等，连神舟飞船的一些实物都被爱好者收藏。

相关资料显示，目前我国收藏品的种类达7400多种，老式家具、瓷器、字画、毛泽东像章、文革票证、打火机、邮票、纪念币、拴马桩都成为新的收藏热点，在一些拍卖会上经常有藏品被拍出惊人高价，一些有实力的企业和个人也纷纷投入这一前景看好的行业，这些企业和个人收藏的数量之多、品种之全、品位之高令人瞠目，因收藏品众多而举办的民间博物馆也越来越多。而且，民间收藏有利于发掘、整理历史和文化资料。

对于许多收藏投资者来说，把握收藏投资的基本方向，使自己在浩瀚无边的艺术海洋中不会迷失方向，这是最重要的。有一些老一辈收藏者收藏效果不好，花大代价买入一大堆文化垃圾。其实，很多时候，其收藏不利的原因不在于财力不够，也不在于心态不端，热衷于暴富神话，更根本的原因是没有处理好收藏投资的基本原则问题。

收藏投资的基本原则简要概括为九字箴言：真、善、美、稀、奇、古、怪、精、准。其奥妙在于收藏的实践活动中能灵活运用，举一反三，融会贯通，要求对每一藏品都得用九字原则在九个方面或者更多方面上进行全方位评估。九字箴言合理内涵如下。

1. "真"即藏品必须是真品

这是收藏藏品的前提条件，任何伪或劣藏品均无收藏意义，存真去伪永远是收藏的主旋律。在兴趣和嗜好的引导下，潜心研究有关资料，经常参加拍卖会，游览展览馆，来往于古玩商店和旧货市场之间。有机会也不妨"深入"穷乡僻壤和收藏者的家中，多看，多听，少买，在实践中积累经验，不断提高鉴别收藏真品的水平，此外要大量地阅读古玩或艺术品图录，以学者的严谨态度认真研究，寻找同类规律或同时代风格等，这种严谨的态度是收藏成功与否的保证。藏家有如电视剧描写的人物：唐代狄仁杰断案的精明，宋代提刑官宋慈的逻辑严谨，分析透彻，在收藏领域不成功也难。

2. "善"即藏品的器形

藏品存在的形式在藏家的位置及心理的地位。比如帝王的印玺，名人的印章，官窑瓷品的创新精品，文房用品，宋元字画，玉雕神品，青铜重器，皇家或名人注录的藏品，等等；对收藏品要树立长期投资的意识，这样的收藏品投资是一种长期投资，只有长期持有，才能获利丰厚。

3. "美"即藏品的艺术性表现出来使人愉悦的反映

文物是文化之物，也是文化的载体，艺术性是评判文物价值最重要的准绳。人们不会忘记秦兵马俑的雄伟，汉马踏飞雁铜奔马的洒脱以及姿态的优美，宋代书画的线条描绘的繁华，人物的动感传神以及宋代字体的独特字迹的稳重和狂草的不拘一格，宋代官瓷的宁静致远，小中见大，等等，好的艺术精品会摄人魂魄，让人神交，产生共鸣。

4. "稀"是指稀有

稀，对藏品的主观评测来讲，指稀有，也是存世量的小。稀有性要求以存量小来凸显藏品的存在价值，比如玉的数量因受资源限制数量远远少于瓷器，唐宋元时期的字画因年代久远不易保存，数量往往珍稀，近现代字画存世量大，其价值往往不尽如人意（商业欺诈，恶意炒作除外），等等。

5. "奇"是指具有特点

"奇"是指艺术性中的个体特征，有特点并且符合人们的审美情趣，越会吸引艺术市场细分化的艺术观众群体。有些古玩存世量不多，但往往是不足为"奇"，因而，影响力不足。

6. "古"和"怪"是指年代越古越好

"古"是时空的概念，也只有艺术性强的古代艺术品，才会有沧海桑田的感受，才会有数量珍稀，制作难度大的联想。"怪"与"奇"相似，怪更侧重于代表性，表现形式的张扬和个性的特别，如三星堆铜器的艺术表现的独特。

7. "精"而"准"，是指选择收藏品要少而精，且量财力而行

收藏品种类繁多、范围广，应根据个人兴趣和爱好，选择其中的两三样作为投资的对象。这样，才能集中精力，仔细研究相关的投资知识，逐步变为行家里手。同时，选择收藏品还要考虑自身的支付能力。如果是新手，不妨选择一种长期会稳定升值的收藏品来投资或从小件精品入手。

投资收藏品，不仅是一种获取收益的手段，而且是一门艺术，对投资者的眼光有着更高的要求。因此，掌握投资收藏品的方法，更多地学习收藏品的知识对投资者来说显得更加重要。

专家提醒：并非所有的金银收藏品都值得拥有，因此消费者在选择投资产品时要注意谨慎选择购买有价值的收藏品进行投资。

房产投资：不应忽略的投资宝地

如今，也许没有什么东西能比房子更能搅动大家的心了，不少人因之一夜暴富。据《福布斯》公布的数据，1996 年全球十大富豪中，一半人的财富都是以房地产为标的。许多世界一流的大企业，在经营各类不同产业的同时，也都把经营房地产业作为重要的利润来源，并且从中获取巨额利润。其实，房地产投资的巨大优势，很早就被许多颇具眼光的人认识到了。他们之中的许多人正是通过把房地产投资作为一种手段进而富甲一方的。

房地产投资为什么令那么多人着迷，它究竟有什么特点呢？现在就让我们细细地盘点一下，看看其中的奥妙。房地产投资一个最显著的特点就是：可以用别人的钱来赚钱。

几乎所有的人，在购买房屋时，都会向银行或金融机构贷款，越是有钱的人越是如此。在房地产投资中，你可以靠借钱买房，也就是举债，人们称之为投资房地产的"债务杠杆"。

银行之所以乐意贷款给你，主要是因为房地产投资的安全性和可靠性。除房地产外，你要投资其他类型的项目，可能就不会有这么好的运气轻而易举地借到钱了，通常，对于那些回报不太有保障的项目，银行多采取审慎的态度。

接下来的问题就是付贷款和利息了，很多投资人通过租房就能把这一问题轻松解决，因为投资人的债务都是由房客来承担的。从房地产投资的一般性资金流向来看，投资人在贷款购买房地产后，都是通过把所属房产出租来获得收益，然后再把租金收入还付给银行以支付贷款利息和本金。

此外，因为房地产是一项有关人们基本生存的资产，因此各国对房地产方面的融资总是予以最大的宽容，不但贷款的期限长，而且利率也较之于其他消费贷款低很多。如果在房地产投资中，合理且最大化地利用房地产贷款这一优势，那就等于把房地产变成你的银行，它为你的房地产投资和其他方面的消费贷款提供数额可观的资金，但是只需支付很低的利息。

房地产投资的另外一个显著的特点就是它具备很大的增值潜力。随着经济的发展和城市化进程的加快，在城市地区，大量有效的土地被一天天增多的人所占据，土地资源越来越少，其价值由此变得越来越高。

以日本和美国的土地价值作比较，美国在地理上比日本大25倍，但从20世纪90年代的统计看，日本物业的价值相当于全美物业总值的5倍。从理论上说，日本可以卖掉东京，而买下全美国；卖掉皇宫，就可以买下整个加州。从1955年至1990年，日本房地产的价值增长了75倍，物业的总价值为10万亿美元，相当于当时世界总财富的20%之多，也是当时全球股市总市值的两倍。日本这种土地的巨大价值，是极度稀缺的土地之于它所拥有的巨大生产能力而言的。

与现在城市房地产需求不断增加相联系的是，房地产投资的周期长，获利的空间就大，赢利时间也就长。一般情况下，一个房子的寿命在100年左右，最短也在60年以上。从借钱买房的角度来看，投资房地产不但得到了物业的产权，而且可以赢得至少40年以上的获利时间。房地产增值潜力表现的另一方面是，它能够有效地抵消通货膨胀带来的负面影响。在通货膨胀发生时，房地产和其他有形资产的建设成本不断上升，房地产价格的上涨也比其他一般商品价格上涨的幅度更大，而像钞票这样的非实质资产却因此不断贬值。在这个意义上，许多人都把房地产作为抵抗通货膨胀、增值、保值的手段。

在房产投资中主要有以下几种投资的方法。

1. 投资好地段的房产

房地产界有一句几乎是亘古不变的名言就是：第一是地段，第二是地段，第三还是地段。作为房地结合物的房地产，其房子部分在一定时期内，建造成本是相对固定的，因而一般不会引起房地产价格的大幅度波动；而作为不可再生资源的土地，其价格却是不断上升的，房地产价格的上升也多半是由于地价的上升造成的。在一个城市中，好的地段是十分有限的，因而更具有升值潜力。所以在好的地段投资房产，虽然购入价格可能相对较高，但由于其比别处有更强的升值潜力，因而也必将能获得可观的回报。

2. 投资期房

期房一般指尚未竣工验收的房产，在香港期房也被称作"楼花"。因为开发商出售期房，可以作为一种融资手段，提前收回现金，有利于资金流动，减少风险，所以在制定价格时往往给予一个比较优惠的折扣。一般折扣的幅度为10%，有的达到20%甚至更高。同时，投资期房有可能最先买到朝向、楼层等比较好的房子。但期房的投资风险较高，需要投资者对开发商的实力以及楼盘的前景有一个正确的判断。

3. 投资"尾房"

是指楼盘销售到收尾阶段，剩余的少量楼层、朝向、户型等不是十分理想的房子。一般项目到收尾时，开发商投入的资本已经收回，为了不影响其下一步继续开发，开发商一般都会以低于平常的价格处理这些尾房，以便尽早回收资金，更有效地盘活资产。投资尾房有点儿像证券市场上投资垃圾股，投资者以低于平常的价格买入，再在适当时机以平常的价格售出来赚取差价。尾房比较适合砍价能力强的投资者投资。

4. 投资商铺

目前的一些新建小区中，附近都建有沿街的商铺或是大型的商场店铺。一般这些店铺的面积不大，在30～50平方米左右，比较适合搞个体经营。由于在小区内搞经营有相对固定的客户群，因而投资这样的店铺风险较小，无论是自己经营还是租赁经营都会产生较好的收益。

近年来，房产投资成为一种流行的一种投资方式。房屋不仅可以用来居住，还可以作为一种家庭财产保值增值的理财工具，如果你有数额较大的闲置资金，将其投资在房产上是一个不错的选择。总的来说，在房产投资中，投资人应秉持房产投资的原则。但除此之外，投资人自身也要加强巩固房产投资的相关知识，保持良好的投资心态。

·第二章·

资金管理是企业经济管理的命脉

——每天读点公司理财知识

公司金融：为什么要了解公司金融

所谓金融，简单地讲就是资金的融通，再简单点儿讲就是研究钱与钱之间的关系。金融是货币流通和信用活动以及与之相联系的经济活动的总称。

企业是金融市场的一个重要组成部分，因此，对企业来说，了解公司金融显得至关重要。公司金融是考察公司如何有效地利用各种融资渠道，获得最低成本的资金来源，并形成合适的资本结构，研究如何有效地配置公司金融资源以实现公司的经营目标。它会涉及现代公司制度中的一些诸如委托——代理结构的财务安排、企业制度和性质等深层次的问题。

随着市场竞争越来越激烈，企业面临的生存环境也变得越来越复杂，对于企业现金流的管理水平要求越来越高，只有合理控制营运风险，提升企业整体资金利用效率，才能不断加快企业自身的发展。

在经济学中，企业是指追求"利润最大化"的经济组织，即企业经营的目标是实现"利润最大化"，那么企业理财的目标是否也是"利润最大化"呢？公司理财的目标不仅是要达到利润最大化，还要做到收入最大化、管理目标的实现、社会福利的获得以及股东财富最大化。目前我国的企业现状是：有些企业虽然账面盈利颇丰，却因为现金流量不充沛而倒闭；有些企业虽然长期处于亏损当中，却能够依赖着自身拥有的现金流得以长期生存。所以，对于企业的持续性发展经营来说，靠的不是高利润，而是良好的资金管理。

假如你想出售你的房子，你是否希望获得可能的最高价格？

你是否认为想买你房子的人希望支付尽可能低的价格？

假如你想投资一笔钱，你是否愿意在下一年变成原来的三倍？但是你是否愿意冒失去你所有钱的风险？

如果我欠你100美元，你是愿意今天收回，还是半年以后？

以上这些问题都属于公司金融的范畴，相信掌握好公司金融，它一定能够很好地帮助你解决这些问题。在认识公司金融的同时，我们也必须认识一下公司金融的原则，它主要有以下十点。

第一，风险与收益相权衡的原则。对额外的风险需要有额外的收益进行补偿。

第二，货币的时间价值原则。合理利用公司的每一分钱，要认识到今天的一元钱价值要高于未来的一元钱。

第三，价值的衡量要考虑的是现金而不是利润。现金流是企业所收到的并可以用于再投资的现金；而按权责发生制核算的会计利润是赚得收益而不是手头可用的现金。

第四，增量现金流量原则。在确定现金流量时，只有增量现金流与项目的决策相关，它是作为一项结果发生的现金流量与没有该项决策时原现金流的差。

第五，在竞争市场上没有利润特别高的项目。寻找有利可图的投资机会的第一个要素是理解它们在竞争市场上是如何存在的；此外，公司要着眼于创造并利用竞争市场上的不完善之处，而不是去考察那些看起来利润很大的新兴市场和行业。

第六，资本市场效率原则。市场是灵敏的，价格是合理的。在资本市场上频繁交易的金融资产的市场价格反映了所有可获得的信息，而且面对"新"信息能完全迅速地作出调整。

第七，代理问题。代理问题的产生源自所有权和经营权的分离，尽管公司的目标是使股东财富最大化，但在现实中，代理问题会阻碍这一目标的实现，人们往往花费很多时间来监督管理者的行为，并试图使他们的利益与股东的利益相一致。

第八，纳税影响业务决策。股价过程中相关的现金流应该是税后的增量现金流。评价新项目时必须考虑所得税，投资收益要在税后的基础上衡量。否则，公司就不能正确地把握项目的增量现金流。

第九，风险分为不同的类别。人们常说"不要把所有的鸡蛋放到一个篮子里"。分散化是好的事件与不好的事件相互抵消，从而在不影响预期收益的情况下降低整体的不确定性。当我们观察所有的项目和资产时，会发现有一些风险可以通过分散化消除，有一些则不能。

第十，道德行为就是要做正确的事情，而在金融业中处处存在着道德困惑。

正因如此，当中国的金融市场化进程为部分企业提供了发展机遇时，我们应该发挥各自的竞争优势，管理好公司金融。

公司金融是围绕资金运动展开的，资金运动是企业生产经营主要过程和主要方面的综合体现，具有很强的综合性。掌握了资金运动，犹如牵住了企业生产经营的"牛鼻子"，做到"牵一发而动全身"。

任何一个企业都和每一个人一样，没有随随便便成功的，除了员工的拼命工作，产品质量的安全可靠，企业管理的合理有效，还有一个很重要的因素，那就是了解公司金融。如果你打算自己创业，那么你就要考虑，摆在你面前的几个项目，该如何作出最优的选择以获得最大的利润？外部的金融资源该如何利用？是否应该开展企业并购……了解公司金融就是要培养你解决这些问题的思路和方法，帮助你的企业获得更大的成功。

事实上，公司金融的理论非常丰富，绝不是一两千字就能够很好地诠释的，因此，在接下来的论述中，我们将会从多个方面来和大家一同认识公司金融，希望大家在以后的实践过程中，能够合理运用公司金融，以帮助企业更快更好地发展。

资金管理：聪明的人能够更好地解决问题

假如将一个正常经营的企业交给你接管，相信短期内你一定也会管理得有条不紊。可是，如果让你自己创业，管理一个新企业，这就要难很多了，因为创立一家新企业，远比管理一家现成的企业困难得多。因此，那些成功的企业家不但是经营管理的能手，更是融资的能手。

资本管理是指将现有财富，即资金、资产等不具生命的物质，转换成生产所需的资本，也就是以人为本，使知识、才能、理想、及策略融合而成的有机体，透过管理来因应社会环境的需要，以创造源源不绝的长期价值。因此，资本管理不但是返璞归真，更在格局及眼界上加以提升，为人类经济、社会、环境各方面，有形及无形财富的创造，奠定长久的基础。

中小企业银行贷款难的问题一直是社会普遍关心的经济问题之一。某服装公司是服装加工出口型企业，规模属小型（其品牌开发和竞争能力相对有限），主导产品为混纺针织服装，外销市场主要为欧洲地区。

一直以来，纺织业是我国在国际市场竞争力强的产业之一，也是与欧美国家发生贸易摩擦最大的行业。借款人从事商贸业务18年，开展服装生产经营3年，与国外客户建立较为良好稳定的合作关系，购销渠道畅通。

借款人新成立企业3年，便能在较短时间内、较大幅度地扩大产品的销售和实现企业的盈利，可见借款人的个人行业资源积累已成为企业发展的重要支撑和保证。同时，借款人购入生产设备和对自行研制纺织机械的投入，以及陆续对企业投入个人资金（列入其他应付款项），这在一定程度上反映了借款人立足该行业发展并积极发展该企业的信心和能力。

成功的融资案例揭示着融资双方共同努力以及良好沟通的结果，他们在具体的经济活动中进行有效融资申请和保证高效率的审批和风险评估。

在企业发展中，贯穿全过程的是资金，缺乏资金企业将丧失最基本的生存权利，更谈不上企业发展和获利。因此，推行以资金管理为核心的财务管理工作更有利于实现企业管理目标。资金是企业经济活动的第一推动力，也是一个持续推动力。对企业的经营和发展来说，能否获得稳定的资金、能否筹集到生产过程中所需要的足够的资金，都是至关重要的。而民营企业在发展中遇到的最大障碍就是融资困境，大约80%的被调查民营企业认为融资难是一般的或主要的制约因素。

聪明的人总是能够很好地解决问题，而愚昧的人总是被问题解决。智慧的作用就是解决现实中的矛盾，但是如果需要智慧真正地发挥作用，必须具备一些基本的条件，也就是说，智慧的真正作用是如何正确地利用有限的条件、资源以及如何更好地利用有限的条件重新组合成某种竞争优势，这种组合就是再创造。这种再创造是需要一系列有关的基本条件作基础，而并非无中生有或凭空设想。

在竞争日益激烈的今天，资金是企业生存发展的物质基础，也是企业生产经营的血液和命脉，更是企业管理的主题。好的管理资金是取得胜利的根本，这不是个别言辞的吹嘘，也不是一两个聪明的脑袋就能够实现的，而是由市场规律的本质所决定的。不过，聪明的脑袋的确可以将资金或资源的利用率降到最低或者是最合理的程度，也可以想到很多融资的办法，但是并不意味在竞争中可以空手套白狼。即使有这种可能，那也是在某些特殊环境下、特殊的条件下的偶然事件。如果只是坐等这种机遇的降临，那么无异是在期望着"天上掉馅饼"的事情发生。

北京建工四建工程建设有限公司（以下简称四建公司）是国内一家大型的建筑企业，下设水电设备安装、装饰、市政、钢结构、房地产开发、物业管理等多个专业公司和15个土建施工项目经理部，组织机构庞杂，管理方式较为粗放，致使公司总部资金管理能力较弱，企业核算难度较大。

认识到这一问题后，企业采取了一系列措施来改善企业状况。公司通过NC系统客户化对会计科目、客商档案、项目档案等基础数据的管控以及系统参数配置，确保了公司制定的统一的会计核算制度、政策在下属单位的贯彻执行；财务数据集中管理，将全公司财务数据共享，方便查询与实时监控下属单位财务情况；通过NC系统的协同凭证功能，解决内部对账难以及及三角债问题；通过资金计划系统，加强了资金管理，公司及时掌握各单位及全公司未来一段时间的资金流入流出情况，统筹安排资金；并通过资金结算平台，统一办理对内及对外支付业务，实时掌控各项资金支付情况。通过内部信贷及资金计息，强化下属单位加强日常资金管理，提高资金使用效率；快速准确的编制公司报表及报表分析。

自2007年11月四建公司财务信息化项目启动以来，现已建立公司统一的财务管理系统平台，实现了对下属单位财务状况进行实时监控管理。建立统一的报表管理系统，满足了公司及下属单位各项报表的要求，进行及时、准确的汇总合并。建立资金管理系统，满足公司集中的资金管理要求，掌控下属单位资金的流入和流出情况。与用友的合作已经基本达到了预期的公司财务集中管理目标。公司的财务信息化进程已经进入了新的阶段。

资金管理是企业管控的重中之重，企业管理以财务管理为核心，而财务管理则以资金管理为核心。有了充足的资金，企业才有做事情的底气，才能够真正地做到干什么都可以得心应手，而资金不足就会让企业在机会面前畏首畏尾，不但束缚了管理者的思维方式，还会极大地破坏管理者的投资心态，想做的事情不敢做，可以想的事情却又不敢想。在竞争过程中，很多的成功都必须依靠充足的资金来实现，如果因资金不足，退而求其次，则很可能会变主动为被动，从而丧失了大好的获胜机会。

此外，资金不足还可能导致部分企业领导者偏激的投资心态，不是之前的畏首畏尾，便是倾向于孤注一掷，不能顾全大局，做不到全面地思考问题，以至于盲目乐观、自信，甚至一厢情愿地幻想着事情不会那么糟糕，最终走向惨败。

社会主义市场经济不断发展的今天，强化企业资金管理，对加强内部管理、提高经济效益、贯彻落实企业战略方针以及实现企业经营目标任务都具有重大的战略意义。抓住资金管理，一切问题就迎刃而解。

资金配备：被资金问题绊倒的企业数不胜数

资金是企业进行生产、经营等一系列经济活动中最基本的要素，资金管理贯穿于企业整个生产经营的始末，具有举足轻重的作用，资金管理是财务管理的集中表现，只有抓住资金管理这个中心，采取行之有效的管理和控制措施，疏通资金流转环节，才能提高企业经济效益。因此，加强资金的管理及控制具有十分重要的意义。

"现金为王"一直以来都被视为企业资金管理的中心理念。传统意义上的现金管理主要涉及企业资金的流入流出。广义上的现金管理，其所涉及的范围就要广得多，通常包括企业账户及交易管理、流动性管理、投资管理、融资管理和风险管理等。

经过几代人努力而编织出"中国羊毛衫名镇"神话的东莞大朗镇，几乎家家户户都与毛织业有关系。以大朗为中心、涵盖周边地区的整个毛织产业集群内，有近万家毛织行业企业，仅大朗就有3000多家（其中规模以上100多家）。整个产业集群市场年销售额超过12亿件，在大朗集散的就有8亿件。

大朗的毛衣60%出口到意大利、美国等80多个国家和地区，吸引了POLO、袋鼠、金利来等10多个世界顶级品牌和鄂尔多斯、杉杉等20多个国内名牌在大朗设厂生产。

大朗业已成为国际毛织产品的研发生产、流通集散、价格发现、质量认证、时尚展示、信息发布中心之一，成为重要的毛织产品外贸采购基地。

但随着劳动力成本的上涨、原料价格上升，许多大厂生存艰难，靠大厂订单生存的中小毛织厂更是频频倒闭，有企业因为资金短缺，开张两个月就不得不关门。

达尔文说："能够生存下来的不是最强壮的物种，而是那些最能适应变化的物种。"在竞争激烈的商场上，企业要想获得最后的胜利，除了要提高适应能力和竞争能力，也要锻炼企业资金配备的能力，只有实时适应这种危机四伏的恶劣环境，才能生存与发展下去。对于企业来说，资金是生存的最终源泉，巧妇难为无米之炊，只有加强资金配备的能力，才能够帮助企业更快更好地发展。

众所周知，在企业经营中需要钱的地方比比皆是，可以说每个部门每天都在不停地消耗资金，尤其是投入的前期，任何一个部门缺少了资金都会导致效率下降，甚至出现经营危机。如果此时企业只有产出而没有收入，那么相信用不了多久，管理者就会尝到资金危机带来的苦果。

近年来，国内的企业却接二连三地爆发财务危机，有关珠三角企业的负面新闻不断，南方高科、熊猫音响、东洋空调等等也纷纷倒闭或衰退。直到今天，企业倒闭的消息仍是不时传出，此起彼落。有人惊呼：中国企业的"寿命"如此短暂！

福州的一家房地产商在 2007 年底开发一个楼盘的过程中资金链断裂，全高18 层的楼已经盖到 12 层，并且拿到了预售许可证，当时报给房管局和物价局的价格是 8300 元／平米，在市场上出售的打折价格为 7800 元／平米。要建设剩下的 6 层楼，开发商面临巨大的资金压力。该房地产商当时找到杨少锋的北京联达四方房地产经纪公司，报出了 6200 元／平米的代理价格。

"这个楼盘一平米的价格只卖 5500 元，如果按照开发商的地价和成本来算的话，加上税收和管理成本，成本大概在 5800 元／平米，给我们的条件是 6200的底价，这等于开发商并没有赚取多少利润。如此低价格的转让条件是我们一次性支付给开发商 3000 万，也就是将近 20% 的预付款。如果不是因为他的资金链紧张得快断了，那他会痛苦地作出这样的决定吗？这个时候，开发商考虑的不是赚钱，而是怎么在短时间回流，不会导致破产。"杨少锋对《中国经济周刊》说。

所以，一个管理者或创业者不但要有经营管理能力、决策规划能力，还必须知道如何解决资金问题，因为只有资金充足，你的宏伟蓝图才有可能变成现实。如果你没有足够的资金，所有的投入就很可能会打水漂。比如做饭，本来做一锅饭两捆柴就够了，而你只用了一捆柴或者更少的柴，那么不但做不好饭，连先前的所有投入都白费了。

著名的滑铁卢之战，拿破仑之所以败北，其中很重要的一个原因就是在交战双方精疲力尽的时候，敌方来了一支生力军，而己方的援军因情报未能及时送达而没有赶来增援！

第二次世界大战中的苏德会战也是如此，在双方僵持阶段，德军已无援兵，而苏联从远东调集了几十个师的援军，正是这批后备力量的出现才使得战局扭转。

为了加强资金管理，提高资金使用效益，企业应注重以下几个方面。

一是加强现金流量分析预测。严把现金流出关，保证支付能力和偿债能力。有的企业树立了"钱流到哪里，管理就紧跟到哪里"的观念，将现金流量管理贯穿于企业管理的各个环节，高度重视企业的支付风险和资产流动性风险；严把现金流量的出入关口，对经营活动、投资活动和筹资活动产生的现金流量进行严格管理。

二是建立健全结算中心制度。建立结算中心制度，杜绝多头开户和资金账外循环，保证资金管理的集中统一。下属单位除保留日常必备的费用账户外，统一在结算中心开设结算账户，充分发挥结算中心汇集内部资金的"蓄水池"作用，并使下属单位资金的出入处于集团的严密监管之下，减少银行风险，营造新型的银企关系。

三是推行全面预算管理，严格控制事前、事中资金支出，减少支出的随意性，保证资金的有序流动。建立预算编制、审批、监督的全面预算控制系统。预算范围由过去单一的经营资金计划扩大到生产经营、基建、投资等全面资金预算，由主业的资金预算扩大到包括多种经营、二级核算单位在内的全方位资金预算。计算机网络技术的广泛运用，也为资金的全面预算和及时结算提供了可能，从而使资金的集中管理成为可能。

产业模式：资金是经济发展的第一推动力

随着市场经济的进一步发展，我国经济环境发生了根本性变化，企业经济增长方式由粗放型逐步转向集约型，如何提高经济效益已成为企业的一项迫在眉睫的任务。在企业的财务活动中，资金始终是一项值得高度重视的、高流动性的资产，因此资金管理是企业财务管理的核心内容。

对企业而言，面对不同的社会经济环境，其主导经营手段、发展战略也会有所不同。对于那些已经具有相当规模的企业而言，即使处于不同的发展阶段，资金早已经成为企业竞争的利器和创造利润的源泉。

中国的修船行业，在产业结构上，由中远、中船总南公司和北公司、中海等几家国企集团构成行业"四大"，其余则有多达700多家的中小修船厂，它们共同形成中国修船业"散、乱、差、弱"的总体格局。综合分析，中国修船的深层症结是产业结构问题。任何试图承接世界产业转移机会、做强做大这一产业的业者，首先必须致力于产业结构的改良，而后才可指望经营盈利上的好转。结论就这样出来了：产业整合是这个行业志存高远者的首选战略！

截至 2005 年初，中远修船产业的发展态势发生了根本性的变化。目前，中远船务工程集团已经由最初的三家修船厂通过并购重组发展成 13 家子公司，中远船务工程集团是我国最大的修船企业集团，被誉为中国修船业的"航母"。

总结原因，中远投资（新加坡）有限公司在国内拥有的修船厂由 3 家增至 13 家，由资本强势带来产业强势，中远船务工程集团初步确立在国内市场的领袖地位，全面的产业整合才刚刚拉开序幕，在世界修船产业转移过程中，一个强势民族船务工业正在悄然崛起。

如果一个企业没有资金，或者是资金不足，那么再好的计划、再好的项目，都是空想，再好的投资活动都有可能半途而废。因为充足的资金是企业经营活动顺利进行的重要保障之一，起着根本性的作用。企业的启动和发展必须靠足够的资金来解决，而不是项目。企业之所以在运转，完全是因为资金在不停地流动。

没有融资能力的计划者，与其说是思想家，倒不如说是空想家、幻想家。因为任何性质的投资都是用金钱来落实自己的计划，没有资金一切都是痴人说梦。这就是为什么在现实当中那些拥有优秀项目或发展方案的管理者或创业者到最后仍然两手空空的主要原因之一。

充足的资金是企业竞争的最大的优势，它不但代表企业实力的雄厚，还代表企业随时有可能完成一个大的动作。何况现实中，企业的竞争在很多同等情况下往往是资金实力决定胜负，而不是管理能力决定胜负，更有甚者，有时候这种情况会直接演变到看哪一方的资金充足而不是哪一方的管理更好，事实难道不是这样吗？

珠海恒通置业是以国有法人股为主的股份公司，主营业务为房地产、航运、高科技、商贸、文化、旅游，公司发展迅速，实力雄厚，意欲在上海选择较大的投资项目。棱光实业是由国营上海石英玻璃厂改制而成的上市公司，它的最大控股股东为上海建材集团，主业为半导体用多晶硅而非建材产品，受整个行业不景气的影响，主营业务利润甚微，经营艰难，其国家股为 1879.9 万股，占总股本的 55.62%，上市流通股数为 1100 万股，占总股本的 32.55%，属沪市中小盘三线股。

1994 年 4 月 28 日，三家公司协商达成协议，由恒通以每股 4.3 元的价格受让棱光国有股 1200 万股，成为棱光实业的第一大股东，占棱光总股本的 35.5%。该项协议收购使恒通获得一条低成本进行资本市场的有效通道，若要在二级市场完成，恒通至少需要花费约 2 亿元资金，而通过协议受让国有股的方式，只花了四分之一的资金。

收购完成后，恒通将通过棱光重点发展电子式电能表，有利于扩大生产规模、提高市场占有率，为其未来的发展打下了良好的基础。建材集团获得 5000 多万元资金进行资本运营，取得了巨大的效益。恒通与建材集团作为棱光的两大股东，发挥各自的优势和影响力，有利于改善棱光的公司素质、投资结构、产品结构。因此，这种善意收购对于各方均有利。

恒通之所以能够整合成功，是因为相关负责人有很好的战略意识，合理运用控股式兼并，而不是整体式购买，这种兼并使被兼并企业作为经济实体仍然存在，具有法人资格。兼并企业作为被兼并企业的新股东，对被兼并企业的原有债务不负连带责任，其风险仅以控股出资的股金为限。

恒通产业整合取得的成功，简单地说，就是以资本运作为纽带，通过企业控股制兼并、整合企业，增强其核心竞争力；同时，在全球范围内积极寻求战略合作，提高产品的市场占有率和市场份额，增加市场资金流动，最终达到超常规发展的目的。

在产业整合过程中，我们要特别注重资金充裕性，宁可走得慢一些，也要扎实一点儿。德隆公司的主要问题就在这里，它每年都有超过 5 亿元人民币以上的资金缺口需要用银行贷款弥补。当然，除此以外，民营企业在宏观政策面上把握不够的天然局限性，也是一个重要原因。

产业整合在结构上要能取长补短，尤其是在投资节奏的长中短期方面达到平衡。如果长期投资比重过高，就必定会影响资产流动性。因此，充足的资金是企业竞争最大的优势。在现实社会的竞争中，假设企业与企业之间其他情况基本相同，资金实力往往决定了竞争胜负。作为企业的领导层，我们必须认识到，资金是经济发展的第一推动力。

融资计划书：如何做好融资计划

融资是指为支付超过现金的购货款而采取的货币交易手段，或为取得资产而集资所采取的货币手段。通常是指货币资金的持有者和需求者之间，直接或间接地进行资金融通的活动。

而如何才能成功融资，商务计划书是企业经营者必须做好的一步。一般情况下，投资方在了解融资方时，往往都是通过商务计划书开始对企业进行一步步深入了解的。

颜先生的公司需要获得一大笔投资，企业的规模扩张才能完成。为此，他让公司相关的人作出了一份商务计划书。为了保证让投资者看得明白，他还特意叮嘱做计划书的人一定要做得简练一点儿。这份简练的计划书作出来之后只有三五页，颜先生看了很高兴，一些主要的内容都有了，细节省去了，看上去一目了然。颜先生想，这下子一定有戏。计划书递给投资方两天之后，对方打来电话，对颜先生说："你的项目很好，但是我还有些事情不明白，麻烦你给我写个说明补充一下吧。"颜先生赶紧写了个补充性质的说明书递过去。三天之后，对方又打来电话说，计划书里有一个地方的账目没算清楚，要颜先生再给算一下，颜先生就专程派人过去给算了一下。过了半个月之后，对方又打电话给颜先生说实在弄不明白他们公司的财务净现值到底是怎么算出来的，需要颜先生处理一下。就这样，来来回回四五次之后，对方终于没有耐性了，就干脆拒绝了颜先生的融资请求。

从颜先生的经历中可以看出，一份好的融资计划书非常重要。那一份好的融资计划书的要求是什么呢？

融资时，写融资计划书的主要目的就是吸引投资人。融资计划书的详略要根据企业的具体情况而定，既不能过于烦琐，也不能过于简单。如果企业面临非常激烈的市场竞争和复杂的商业环境，那么融资计划书就要详细一点儿；如果企业的业务单一，但管理队伍很精干，那么融资计划书就可以简洁一点儿。不论详尽与否，融资计划书都一定要做到重点突出，根据企业的长期发展目标来合理安排，千万不能主次不分。

做完一份融资计划书后，我们也要懂得如何来对它进行修改。我们都知道，融资计划书是围绕企业面临的商机，对影响企业发展的条件作出的合理、充分的分析和说明，而商机不是固定不变的，只有符合一定的条件才能成立，所以企业在制定融资计划书时要随时调整融资计划书的内容和实施情况，以便更好地顺应变动的市场条件，而不是不切实际地幻想让市场条件适合自己的计划。

后来，公司又找到一家投资公司。颜先生吸取了上次的教训，让人认真地另做了一份详细的计划书。在这份计划书里，涉及本企业融资的所有信息都事无巨细地写进去了。看着这份融资计划书，颜先生以为这次应该不会有上次的那种麻烦了，没想到这次过了很久，他也没有得到对方的回应。最后颜先生实在耐不住了，就打电话过去问，才知道原来他的计划书实在是太厚了，被对方给放到一大堆计划书的最后面去了。

这就说明颜先生并不懂得如何修改融资计划书。之前的一份融资计划书过于简练，以至于连必要的数据分析等都没有，给投资者带来了太多的不便，最后放弃了融资的计划。而经过修改以后，却洋洋洒洒地写出厚厚一本来，从一开始就被投资者放在所有融资计划书的最后。

融资计划书其实是一份说服投资者的证明书，对它的撰写，一般分为以下五个步骤。

第一，融资项目的论证。主要是指项目的可行性和项目的收益率。

第二，融资途径的选择。作为融资人，应该选择成本低，融资快的融资方式。比如说发行股票、证券、向银行贷款、接受入伙者的投资。如果你的项目和现行的产业政策相符，可以请求政府财政支持。

第三，融资的分配。所融资金应该专款专用，以保证项目实施的连续性。

第四，融资的归还。项目的实施总有个期限的限制，一旦项目的实施开始回收本金，就应该开始把所融的资金进行合理的偿还。

第五，融资利润的分配。

在这几个步骤的操作中，还有一些注意事项需要我们留意。

一是适当地阐述产品的功能。很多投资者每天要看许多份融资计划书，太过具体冗长的"产品介绍"很难调动起他们的兴趣。我们要知道，写融资计划书的目的是阐述一个切实可行的良好商机而不是无谓地闲聊，其阅读者往往是投资方，因此一定要避免与主题无关的一些内容，开门见山地切入主题，用真实、简洁的语言描述所要表述内容的中心思想和投资者所可能关心的一些问题。然而有些企业经营者并不能抓住投资者的这种心理，常常担心因为投资方不了解自己的产品而影响到融资的成功，就在融资计划书中把产品写得非常具体。事实上，投资者更关心的是企业的产品能够帮助用户解决什么问题，所以，在融资计划书里，可以适当地说明产品，详细介绍产品能为用户解决什么问题。

二是做好财务预测。它是融资计划书的重要内容。财务预测是企业经营者对企业的未来发展情况的预期，也是对企业进行合理估值以吸引投资者的基础。

三是透彻描述竞争对手的情况。一个成长中的企业往往会面临不同的竞争对手，透彻地了解竞争对手的情况有助于企业及时采取应对措施，并坚持正确的发展路线，而这也是决定融资成败的一个重要因素。但总有一些企业在融资的时候会回避对竞争对手的情况的分析，更不愿意承认竞争对手的竞争优势。其实，如果让投资者看到企业对行业内竞争对手的透彻分析，他们会非常相信企业对同行业的理解力和对企业前景的正确把握。

四是要有明确而正确的融资目标。有些企业在融资的时候不是按照企业的发展需求来进行融资的，而是来者不拒，上不封顶；有些企业则是看到其他企业的融资情况就进行"攀比"。其实，企业融资额只有既能满足企业对资金的需求，又能将企业因为融资面临的风险降到最低，企业融资才是合理的，融资成本也会更低，也更能促进企业的发展。所以在写计划书的时候一定要对此有一个明确的认识。

啄食顺序原则：资金结构安排大有讲究

20世纪八九十年代，一个创业者只要有聪明的头脑和微薄的资金就可以很好地创业，并且在1～3年内就可以收回成本，转向获利。而那些拥有雄厚资金，却不是聪明的人，甚至靠着胡乱地使用资金也同样可以创造丰厚的利润。但是在目前这个完全经济化的社会中，仅仅靠白手起家或小本经营来谋求较大的发展，这样的机会将会越来越少。在现代社会中，只有将能力、技术、知识核算成贡献价值参股到企业中或创业股份，合理的资金结构才能够促进企业更好更快地发展。

在一些发展中国家，支持小资金创业是提高人民平均收入、提高社会就业率、推动社会经济发展的重要力量，很多成熟的大型企业都是由小本创业发展起来的。小资金创业是一个国家整个社会经济发展的春天。然而，过度地采取强制性管制措施、政策手段对小资金创业的发展极为不利，既抑制了小资金创业者的创造成果，也抑制了社会经济的健康发展，这种将许多未来的大企业扼杀在襁褓之中的做法令人痛惜。

金融学上有一个啄食顺序原则，它是基于非对称信息情况下对公司新项目融资决策的研究，讲的就是资金结构的安排艺术。

啄食顺序原则是20世纪60年代初美国哈佛大学教授戈顿·唐纳森最早发现的。他在对企业如何建立资本结构进行的一项广泛调查后，发现企业在安排资本结构时会按照以下次序来进行。

第一，企业内部产生的资金，如留存收益、折旧基金等。

第二，如果有剩余留存收益，会用于购买证券或偿还债务；如果没有足够的剩余留存收益来支持不可取消的投资项目，会出售部分有价证券。

第三，如果需要外部筹资，会首先选择发行债券，然后才是发行股票。

第四，企业留存收益加上折旧，如果能适应资本性支出，那么就会根据未来的投资机会和预期未来现金流，来确定目标股利的发放率。

第五，企业一般会保持现金股利的刚性，尤其是不愿意削减股利让股东感到不满意。

这表明，企业筹资一般都会遵循先内源融资，后银行贷款，再发行债券，最后才是发行股票这样一种融资顺序，这就是戈顿·唐纳森教授所称的筹资"啄食顺序"。

资金结构安排是资金管理一项重要又容易忽视的内容。据《中国证券报》的相关数据（1997-2003）统计显示：约 3/4 的企业偏好股权融资，在债务融资中偏好短期债务融资。对比国内外上市公司在这方面的差异，能够更清楚地看出我国企业中存在的问题，我国企业现在的融资顺序偏好与啄食顺序原则不同。

中国企业融资的啄食顺序是：外源融资、内源融资、直接融资、间接融资、股票融资、债券融资。即在内源融资和外源融资中首选外源融资；在外源融资中的直接融资和间接融资中首选直接融资；在直接融资中的债券融资和股票融资中首选股票融资。中国企业融资的啄食顺序正好与西方国家企业的融资啄食顺序相反：内源融资比例低，而外源融资比例高，在外源融资中，股权融资比例高，债券融资比例低。

第三章

企业缺钱怎么办，成为资本运作高手

——每天读点企业融资知识

融资技巧：如何摆脱融资之"难"

近年来，融资难已经成为广受关注的问题。您是否觉得融资对您来说毫无关系？如果说您觉得自己根本不需要融资，那您又是否遇到过缺钱急用、需要周转急的时候？

其实对"融资"最浅显的解释，就是找钱用。随着经济的发展，利用自己和社会已有的金融资源为自己办事，解决我们所面对的一时之需，已经成为社会规律。无论个人还是企业，在需要用钱或者资金周转时，就要进行融资。无论是自己的企业面临资金周转问题，还是准备创业却缺少起步资金，您都需要学会如何融资。

在商场中，无论哪类企业，在初始资本金注入以后，后期的资金投入都是相对巨大的。当企业创立以后，马上就会需要有足够的资金来应对支出和业务费用。除非公司股东实力雄厚，否则长时间地生产运营，肯定会需要不少的资金，特别是高新技术类项目，会非常耗费资金。此外，即使产品生产出来了，完成生产和销售也需要很多的现金投入。对于商业服务类企业，且不说服务平台和网络的建设需要一定的先期固定投资，吸引客户、提供服务、完成业务等等都需要后续现金投入。特别是在初创阶段，对市场营销的投入将会有非常大的现金消耗。而对于科技型企业来说，大多数企业创始人都不具备雄厚的资金资源，因此向外寻求资金的注入，特别是机构投资人大额资金的注入，是非常关键和必要的。

一次演讲，成就融资百万：

从小在苏北农村长大的王丹玲从小家境困难，在亲戚的周济下，王丹玲勉勉强强读到高二，就再也无力读下去了。辍学后的王丹玲随表姐外出打工，她们先后在皮鞋厂当过工人，倒卖过大白菜，而正是那次本该赔本的卖白菜的经历启发了王丹玲，也成了她生意的开始。

由于贫穷，王丹玲对经济有着特殊的敏感，她一直在自学经济学方面的课程，读了许多财富方面的书籍。她的知识积累派上了用场。在暂时租借的一家学校的礼堂演讲那天，前来听讲的人爆满整个礼堂。王丹玲激动异常，她讲得声情并茂，台下不时爆发热烈的掌声。

演讲结束后，王丹玲向所有听讲者发了自己的名片，希望能够寻找到合作者。第二天，就有几位有投资意向的人给她打来电话，约她详谈。几经筛选，王丹玲最终选择了一位在市场上倒卖鸡蛋的暴发户。

几个月后，王丹玲有着自己独特创意的"亮脸"公司营业了。

企业既然有融资的需求和必要，融资的时机就成了非常关键的问题。因为，如果融资早了，可能不会有非常显著的效果；而如果融资晚了，资金链随时有断裂的危险，对公司正常的经营会有严重的威胁。在公司不同发展阶段，企业的估值水平也是随时变化的，所以，企业应该选择在能体现最大价值的状态下进行融资。

在确定融资的必要和选定时机后，企业还需要选择融资的方式。目前，通常的融资渠道有股权融资、金融租赁、银行贷款以及风险投资等等。面对变化的经济形势和行业状态，企业在不同的发展阶段，对资金有着不同的诉求。因为企业融资不是简单的需要多少钱的问题，成功的企业都是懂得在何时用何种方式达到何种目的"聪明"企业。

妙计擦鞋收拢巨额投资：

"亮脸"公司开业后业绩蒸蒸日上，王丹玲自是喜上眉梢，"倒蛋大王"更是心花怒放。但是，时隔不久，王丹玲就觉得市场需求如此巨大，而自己的"道场"又实在太小了。她敏锐地意识到必须趁大好时机，扩大规模，走规模经营的道路。

王丹玲把自己的想法告诉"倒蛋大王"，"倒蛋大王"却颇感为难，因为他又玩股票又炒房子，摊子铺得太大，实在无力再出资，他让王丹玲再等等，等手上资金充裕了再作打算，不急在一时。

王丹玲心想："等面包被别人拿光了，你就只能捡一些面包屑吃了。做生意有时候也必须与时间赛跑，与时间赛跑就是与财富赛跑，谁跑得快，谁掘得的金子就越多。"

就在王丹玲一筹莫展的时候，韩国一家公司的中国市场部经理杨经理来南京考察市场，王丹玲闻风而动，决定前往游说。

杨经理是一位久经沙场的老生意人，即使王丹玲侃侃而谈，杨经理仍不为所动。王丹玲有些心灰意冷。临走的时候，王丹玲执意要为杨经理擦一次皮鞋，并笑着说："我在皮鞋厂打过工，跟一位老师傅学了一手擦鞋的手艺。我招进来的每一位员工，我都会为他们擦一次鞋。"

杨经理还是不解："可我不是你们公司的员工。"

王丹玲说："对待合作伙伴和可以成为合作伙伴的朋友，我都会为他擦一次鞋，只一次。生意归生意，朋友归朋友，要想真正在一起合伙捡金子，首先要成为真诚的朋友。为朋友擦一次鞋，就算是一片诚意和见面礼了，没什么丢颜面的。"

其实，王丹玲当时也只是死马当活马医，一时突发奇想，想出擦鞋这一令她自己也有些哭笑不得的一招。没想到这次临场发挥，拉近了她与杨经理的距离。

半个月以后，杨经理陪同公司总部的老总登门"拜访"，王丹玲喜出望外，向这位老总捧出了自己的计划书。

时隔不久，杨经理带来好消息，韩国总部认为王丹玲是一位有能力有潜力并且值得信赖的合作伙伴，决定投资1500万元。

现在，王丹玲的亮脸公司正在呈遍地开花之势奋力发展。昔日的农家女早已脱胎换骨，成了远近闻名的"金凤凰"。

融资除了能解决资金问题外，还有一个功能就是引进战略投资人，优化企业的股权结构和治理结构。对于大部分企业来说，机构投资人能够带给企业的不仅是强大的资金资源，更会在公司治理、行业整合、业务拓展等方面获得全方位的支持。

在正常情况下，一个人有个好主意，大家都可以来投资，结果就是大家都可以发一笔财。但是如果"各人自扫门前雪，不问他人瓦上霜"的思想太过于浓厚的话，富裕的很可能只是一小部分人。在融资过程中，企业要放开，要懂得融资，个人也要放开，要敢于投资。而这里面存在一个很大的问题，那就是信任。可以说，信任也是融资中的一个制胜技巧，因为如果大家对张三或李四这个人都信不过，那无论他开的是餐馆还是物流公司，他的想法多么新颖，也不会有人敢向他们的

公司投资。

制定融资策略：找钱之前必修课

金融市场就是一片广阔的大海，它不可能始终风平浪静，它总是变化莫测，暗潮汹涌。但是它最大的优势就在于，可以实现资金需求者与资金供给者的直接交流、沟通、交易，也就是金融学上所说的直接融资；而如果资金需求者与资金供给者是通过银行类金融机构来间接发生联系的话，那就又叫作间接融资。

在进入金融市场前，你就必须认清一个事实，那就是：投资有风险，入市需谨慎。这句看似简单的话却有着无穷的含义，如果你不愿意承担风险，却还幻想着能够得到高收益，那你就可能是守着乌托邦的幸福，只能无功而返。

在进行融资之前，我们必须要了解融资，根据企业自身的特点，制定自己的融资策略，帮助企业早日融资成功，促进企业发展。

1. 无形资产资本化策略

企业进行资本运营，不仅要重视有形资产，而且要善于对企业的无形资产进行价值化、资本化运作。一般来说，名牌优势企业利用无形资产进行资本化运作的主要方式是，以名牌为龙头发展企业集团，依靠一批名牌产品和企业集团的规模联动，达到对市场覆盖之目标。

2. 特许经营中小企业融资策略

现代特许经营的意义已超越这一特殊投资方式本身，并对人们经济和文化生活产生重大的影响。特许经营实际上是在常见的资本纽带之外又加上一条契约纽带。特许人和受许人保持各自的独立性，经过特许合作共同获利。特许人可以以较少的投资获得较大的市场，受许人则可以低成本地参与分享他人的投资，尤其是无形资产带来的利益。

3. 交钥匙工程策略

交钥匙工程是指，跨国公司为东道国建造工厂或其他工程项目，当设计与建造完成并初步运转后，将该工厂或工程项目的所有权和管理权的"钥匙"，依照合同完整地"交"给对方，由对方开始经营。

交钥匙工程是在发达国家的跨国公司向发展中国家投资受阻后发展起来的一种非股权投资方式。另外，当它们拥有某种市场所需的尖端技术，希望能快速地大面积覆盖市场，所能使用的资本等要素又不足时，也会考虑采用交钥匙工程方式。

4. 回购式契约策略

国际回购式契约经营，实际上是技术授权、国外投资、委托加工，以及目前仍颇为流行的补偿贸易的综合体，也被称为"补偿投资额"或"对等投资"。

这种经济合作方式，一般说来是发达国家的跨国公司向发展中国家的企业输出整厂设备或有专利权的制造技术，跨国公司得到该企业投产后所生产的适当比例的产品，作为付款方式。投资者也可以从生产中获得多种利益，如机器、设备、零部件以及其他产品的提供等。

5. BOT 中小企业融资策略

BOT（建设—运营—移交）是一种比较新的契约型直接投资方式。BOT 中的移交，是 BOT 投资方式与其他投资方式相区别的关键所在。契约式或契约加股权式的合营，指投资方大都在经营期满以前，通过固定资产折旧及分利方式收回投资，契约中规定，合营期满，该企业全部财产无条件归东道国所有，不另行清算。而在股权合资经营的 BOT 方式中，经营期满后，原有企业有条件地移交给东道国，条件如何，由参与各方在合资前期谈判中商定。独资经营的移交也采用这种有条件的移交。

6. 项目中小企业融资策略

项目中小企业融资是为某一特定工程项目而发放的一种国际中长期贷款，项目贷款的主要担保是该工程项目预期的经济收益和其他参与人对工程修建不能营运、收益不足以及还债等风险所承担的义务，而不是主办单位的财力与信誉。

项目中小企业融资主要有两种类型：一是无追索权项目中小企业融资，贷款人的风险很大，一般较少采用；二是目前国际上普遍采用的有追索权的项目中小企业融资，即贷款人除依赖项目收益作为偿债来源，并可在项目单位的资产上设定担保物权外，还要求与项目完工有利害关系的第三方当事人提供各种担保。

7. DEG 中小企业融资策略

德国投资与开发有限公司（DEG）是一家直属于德国联邦政府的金融机构，其主要目标是为亚洲、非洲和拉丁美洲的发展中国家及中、东欧的体制转型国家的私营经济的发展提供帮助。DEG 的投资项目必须是可盈利的，符合环保的要求，属于非政治敏感性行业，并能为该国的发展产生积极的影响。

8. 申请世界银行 IFC 无担保抵押中小企业融资策略

世界银行国际金融公司（IFC），采用商业银行的国际惯例进行操作，投资有稳定经济回报的具体项目。现在主要通过三种方式开展工作，即向企业提供项目中小企业融资、帮助发展中国家的企业在国际金融市场上筹集资金及向企业和政府提供咨询和技术援助。IFC通过有限追索权项目中小企业融资的方式，帮助项目融通资金。IFC通过与外国投资者直接进行项目合作、协助进行项目设计及帮助筹资来促进外国在华投资。

9. 中小企业融资租赁策略

中小企业融资租赁是指：出租人根据承租人的请求及提供的规格，与第三方（供货商）订立一项供货合同，出租人按照承租人在与其利益有关的范围内所同意的条款，取得工厂、资本货物或其他设备（以下简称设备），并且出租人与承租人订立一项租赁合同，以承租人支付租金为条件授予承租人使用设备的权利。

10. 成立财务公司策略

根据我国的现行金融政策法规，有实力的企业可以组建财务公司，企业集团财务公司作为非银行金融机构的一种，可以发起成立商业银行和有关证券投资基金，产业投资基金。申请设立财务公司，申请人必须是具备一系列具体条件的企业集团。

财务公司可以经营：吸收成员单位的本、外币存款，经批准发行财务公司债券，对成员单位发放本、外币贷款，对成员单位产品的购买者提供买方信贷等，中国人民银行根据财务公司具体条件，决定和批准的业务。

11. 产业投资基金策略

投资基金是现在市场经济中一种重要的中小企业融资方式，最早产生于英国，发展于美国。目前，全球基金市场总值达3万亿美元，与全球商品贸易总额相当。进入20世纪90年代以来，利用境外投资基金已成为我国利用外资的一种新的有效手段。

投资基金的流通方式主要有两种：一种是由基金本身随时赎回（封闭型基金）；另一种是在二级市场上竞价转让（开放型基金）。

12. 重组改造不良资产商业银行策略

银行在我国可以算是特殊的政策性资源，企业完全可以抓住机会以银行资产重组的形式控股、兼并、收购地方性商业银行。银行资产重组，根据组织方式和重组模式的不同，可分为政府强制重组、银行自主重组；重组的措施可以是资产形态置换和现金购买。总之是力求控股银行，对控股银行进行股份制再改造，申请上市和开设国内外分行，筹措巨额资金以支持业内企业的发展，形成实质上的产业银行。

13. 行业资产重组策略

资产重组是通过收购、兼并、注资控股、合资、债权转移、联合经营等多种方式，对同行业及关联行业实现优势企业经营规模的低成本快速扩张，并迅速扩大生产能力和市场营销网络。

14. 资产证券化中小企业融资策略

资产证券化是传统中小企业融资方法以外的最新现代化中小企业融资工具，能在有效地保护国家对国有企业和基础设施所有权利益和保持企业稳定的基础上，解决国有大中型企业在管理体制改革中面临的资金需求和所有制形式之间的矛盾。

15. 员工持股策略

目前我国股份公司发行新股，为了反映职工以往的经营成果，可以向职工发行职工股。该公司职工股的数额不能超过发行社会公众股额度（A股）的10%，且人均不得超过5000股；这部分公司职工股从新股上市之日起，期满半年后可上市流通。在公司上报申请公开发行股票材料时，必须报送经当地劳动部门核准的职工人数和职工预约认购股份的清单，中国证券监督管理委员会将进行核查，以后企业公开发行股票时有可能不再安排公司职工股份额。

融资成本：融资不能病急乱投医

融资是一种技术，更是一种艺术。对于融资企业而言，最重要的是两件事：第一，是要认清自己，明确自己的定位；第二，结合自己的定位，找到合适的金融工具或者金融工具的组合。而在融资之前，企业不得不考虑一个重要的因素，那就是融资成本。

2011年，多家银行公布了赴香港发行人民币债的计划，累计赴港发债的规模达到800亿左右。赴港发行人民币债券是指境内金融机构依法在香港特别行政区内发行的、以人民币计价的、期限在1年以上按约定还本付息的有价证券。

从近几年赴港发债的几家银行来看，数量并不大，频率也不高；截至2011年，境内银行累计在香港发行人民币债券，总融资额为460亿元人民币。

业内人士认为，"低成本发行的环境是多家银行选择赴港发债的重要原因"。根据北京银行发布的公告称，根据以往发行情况，在港发行人民币债券的利率较同期境内金融债券的利率低平均约 65bps。其中 2008 年 8 月进出口银行发行的香港人民币债券和境内金融债券的发行利差更是达到了 130bps，融资成本优势明显。

融资成本是资金所有权与资金使用权分离的产物，其实质是资金使用者支付给资金所有者的报酬。由于企业融资是一种市场交易行为，有交易就会有交易费用，资金使用者为了能够获得资金使用权，就必须支付相关的费用。如委托金融机构代理发行股票、债券而支付的注册费和代理费，向银行借款支付的手续费等等。企业融资成本实际上包括两部分：融资费用和资金使用费。融资费用是企业在资金筹资过程中发生的各种费用；资金使用费是指企业因使用资金而向其提供者支付的报酬，如股票融资向股东支付股息、红利，发行债券和借款支付的利息，借用资产支付的租金等等。

2011 年上半年，上海中小企业利润增长趋缓，部分企业利润持平或下滑，甚至面临亏损停产。国家统计局上海调查总队发布对部分区县中小企业当前经营状况的调查报告。调查报告显示，奉贤区半数以上的受访企业利润总额同比下降或亏损；青浦区受访的 29 家企业中，有 18 家企业表示盈利空间受到一定程度挤压。

大部分企业反映，2011 年央行三次加息，银行资金管制力度加大，进一步提高了中小企业融资成本和贷款难度。青浦区有部分企业表示 2011 年融资成本明显上升。闵行区也有一些企业表示从银行贷款比较困难。浦东新区张江高科技园区的企业反映，目前银行贷款利率上升，企业贷款成本已达贷款额的 11% 以上，即使部分企业有贴息项目（贴息 2%）也要 9% 以上。

在融资成本的构成中，除了财务成本外，企业融资还存在着机会成本或称隐性成本。此外，另一个重要的因素是企业外在环境的变化和内在业务发展的状况都会影响企业融资的成本。

融资成本不仅对中小企业至关重要，它也是上市公司进行再融资方式选择时考虑的重要方面，公司的融资偏好在很大程度上取决于债券融资和银行贷款、股权融资成本的对比。下面我们就来看一看不同融资成本是如何计算的。

在公司资本成本的计量方面，从 20 世纪 90 年代以来，西方公司财务研究基本上认可了资本资产定价模型（CAPM）在确定经过风险调整之后的所有者权益成本中的主流地位。在借鉴相关研究的基础上，顾银宽等（2004）建立了中国上市公司的债务融资成本、股权融资成本和融资总成本的计量模型或公式。

1. 融资资本的计算

融资资本包括债务融资资本和股权融资资本，DK 代表债务融资资本，EK 代表股权融资资本，则分别有：

DK=SD1+SD2+LD

其中：SD1 代表短期借款，SD2 代表一年内到期的长期借款，LD 代表长期负债合计。

EK=EK1+EK2+EK3+EK4+EK5+ER1+ER2

其中：EK1 代表股东权益合计，EK2 代表少数股东权益，EK3 代表坏账准备，EK4 代表存货跌价准备，EK5 代表累计税后营业外支出，ER1 代表累计税后营业外收入，ER2 代表累计税后补贴收入。

2. 债务融资成本的计算

对上市公司来说，债务融资应该是一种通过银行或其他金融机构进行的长期债券融资，而股权融资则更应属长期融资。根据大多数上市公司募集资金所投资项目的承诺完成期限为 3 年左右，因此可以将债务融资和股权融资的评估期限定为 3 年。以 DC 代表债务融资成本，则 DC 可直接按照 3～5 年中长期银行贷款基准利率计算。

3. 股权融资成本的计算

股权融资成本 Ec 必须根据资本资产定价模型（CAPM）来计算。CAPM 模型就是：

ri=rf+ β i（rm·rf）

其中：ri 为股票 i 的收益率，rf 为无风险资产的收益率，rm 为市场组合的收益率， β i 代表股票 i 收益率相对于股市大盘的收益率。

4. 融资总成本的计算

上市公司的总成本是债务融资与股权融资成本的加权平均，即有：

C=DC$^×$（DK/V）$^×$（1−T）+EC$^×$（EK/V）

其中 C 代表融资总成本，T 代表所得税率，V 代表上市公司总价值，并且有：

V=E+Ds+DL

其中：E 代表上市公司股票总市值，Ds 代表上市公司短期债务账面价值，DL 代表上市公司长期债务账面价值。

通常情况下，企业所处行业的景气程度提高，同行业领头企业的成功融资，或者同行业上市企业的优异表现等等，都会对提升企业的价值有着或多或少的作用。而企业内部业务的发展、技术的突破、产品的试制成功等等也都可以实质性提升企业的价值。融资对企业来讲是生存的基础，也是持续发展的基础，但融资确实也给企业带来风险。企业能否获得稳定的资金来源、及时足额筹集到生产要素组合所需要的资金，对经营和发展都是至关重要的。因此企业方应该审时度势，未雨绸缪，更好地帮助企业发展。

债券融资：拿别人的钱为自己办事

债券融资，又叫债务融资，是指企业通过借钱的方式进行融资，债权融资所获得的资金，企业首先要承担资金的利息，另外在借款到期后要向债权人偿还资金的本金。债权融资的特点决定了其用途主要是解决企业营运资金短缺的问题，而不是用于资本项下的开支。

债券是企业直接向社会筹措资金时，向投资者发行、承诺按既定利率支付利息并按约定条件偿还本金的具有法律效力的债权债务凭证。

债券发行人就是债务人，投资者为债权人，二者之间是一种债务债权关系。企业通过发行公司债券达到融资目的，这是直接融资的一种有效形式。发行债券所融得的资金期限较长，资金使用自由，购买债券的投资者无权干涉企业的经营决策，现有股东对公司的所有权不变，债券的利息还可以在税前支付，并计入成本，具有"税盾"的优势。因此，发行债券是许多企业愿意选择的融资方式。

某房地产开发企业，项目总投资1亿元，自有资金3000万元，银行未偿还贷款5000万元，以企业名下物业（评估值1亿元）作为抵押。尚需借款1亿元，用于偿还银行到期贷款并完成项目建设工程（因为银行借款未还，且已经展期，因此，不能从银行再贷款，只能寻求其他融资渠道）。最后，这家房地产开发企业从一个金融公司融资，金融公司先偿还了银行5000万元借款，同时物业重新作抵押登记，再借出5000万元为其完成项目后期施工。

目前，我国债券市场规模偏小，品种单一，有待于进一步完善。

债券融资具有一定的风险性，企业要规避风险，就必须寻求一个有利于债券发行的时机。

企业确定债券发行的时机需要考虑企业负债水平、融资预期收益以及国家的宏观经济环境等因素。

国际对企业资产负债率的考察标准为最高不超过 50%，因为企业负债一旦超过了这一界限，就容易发生财务危机。因此，企业应选择在负债率较低的时机发行债券，并进行融资收益预期，如果预测收益前景乐观，发行债券融资就是企业的最优方案；反之，企业就没有必要发行债券了。债权融资，相对股权融资面对的风险简单，主要有担保风险和财务风险。作为债权融资主要渠道的银行贷款一般有三种方式：信用贷款、抵押贷款和担保贷款，为了减少风险，担保贷款是银行最常采用的形式。

　　企业应根据自己的经营状况、资金状况及所具备的条件，决定本企业的举债结构，并随时间及企业经营状况的变化随时调整这一举债结构。

　　大冶有色金属集团控股有限公司（下称公司）于 2010 年经国家发改委批准发行 7 亿元、8 年期的公司债，简称"10 大冶有色债"。在 2009 年国家有色金属行业振兴规划出台的背景下，公司作为中国五大铜原料基地之一，通过发行公司债券募集资金，将资金主要投入在国家产业政策鼓励的铜冶炼节能减排改造和矿山深部开采等关系公司发展后劲的项目上，有利于公司贯彻执行国家产业政策，及时筹措资金满足公司重点项目建设需求。

　　要了解债券融资方式，我们先来看看债券融资的特点。

　　其一，发行债券的期限长短不限，由债务人自行确定。

　　其二，购买企业债券的投资者不得过问企业生产经营决策。这意味着企业所有权不受任何影响，不像股票那样分散股东对公司的控制权，它有利于保持企业的控制权。

　　其三，债券利息也是固定的，企业可从税前利润支付。当企业举债经营所获得的投资报酬率高于债券利率时，举债越多，对企业越有利。

　　由于公司企业信誉一般要比商业银行信誉低，因此，与银行贷款相比，发行债券融资成本较高，发行债券融资的风险性较大，到期还本付息会对企业构成较重的财务负担。一旦违约，企业就有遭遇倒闭破产的可能。但是企业发行债券融资也能够在一定程度上弥补股票融资和向银行借贷的不足。

　　然而，公司债券是不能够随随便便发行的，企业必须符合一定的条件才能够发行。企业要发行债券融资，必须有良好的生产经营状况，有连续三年的盈利记录，而不能因为生产经营发生亏损才想起发行债券融资。

　　债券的发行并非多多益善，受资金的限制，债券的发行是有数量限制的，企业需计算成本，融集资金如果不用就意味着浪费。

企业发行债券必须有担保，这是发行的重要条件之一。企业用自己的固定资产作为抵押，或者让一家有一定资金实力的公司作为第三方保证担保。对于投资者而言，担保可以增加投资安全性，减少投资风险，使债券更具吸引力。当然，并不是说具有担保的债券就一定安全，只是相较于无担保债券风险要小一些。

企业如何选择发行价格，这不是由企业管理层单方面决定的，而是要根据市场情况来决定。债券发行价格主要有平价发行、溢价发行、折价发行三种。一般而言，公司根据自身的情况来选择贷款的种类，对于资金量需求大的、市场利率趋高、债市发达的企业来说，适合发行中、长期债券；反之，则应以短期债券为主。在偿还时，偿还期限越长，公司需支付的利息就越多。因此，公司应从资金需要的各个阶段、未来市场利率的趋势、证券市场流通程度等各方面因素进行综合分析，确定债券偿还期限。

债券融资因为自身的特点，使得企业在使用这笔通过发行债券融到的资金时，仍有一些限制，例如，不得用于弥补生产经营亏损和非生产性支出，不得用于炒作股票、房地产以及进行高风险的期货交易等与企业生产经营无关的风险性投资。

目前，中小企业普遍反映融资难，债券融资作为融资的一种金融工具和渠道，在现行发行债券的法律法规和政策的夹击下仍面临着不利的局面，中小企业只有深入研究掌握债券发行的知识，才能充分利用这一自主便捷的融资工具为自身服务。

股权融资：上市公司以权力换资金

股权融资一直是企业融资的主要方式之一，也是证券公司投资银行业务最重要的收入来源之一。

股权融资是指企业的股东愿意让出部分企业所有权，通过企业增资的方式引进新的股东的融资方式。股权融资所获得的资金，企业无须还本付息，但新股东将与老股东同样分享企业的盈利与增长。

投资银行的股权融资业务主要是帮助融资方公开或非公开发行股票筹集资金，并为其提供发行前的股份制改造以及证券产品设计、定价、寻找投资者、路演及承销等方面的服务。

股权融资按融资的渠道来划分，主要有两大类，即公开市场发售和私募发售。所谓公开市场发售就是通过股票市场向公众投资者发行企业的股票来募集资金，包括我们常说的企业的上市、上市企业的增发和配股，都是利用公开市场进行股权融资的具体形式。所谓私募发售，是指企业自行寻找特定的投资人，吸引其通过投资人入股企业的融资方式。因为绝大多数股票市场对于申请发行股票的企业都有一定的条件要求，例如，我国对公司上市除了要求连续3年盈利之外，还要企业有5000万的资产规模。因此，对大多数中小企业来说，较难达到上市发行股票的门槛。私募成为民营中小企业进行股权融资的主要方式。

某民营企业是由国企改制而成的，改制后有超过两年完整的经营记录，发展也比较顺利。2004年该企业的净利润超过人民币2000万元，2005年净利润超过3000万元。2005年净资产约7500万元人民币。企业产品销售市场稳定，其中60%的产品出口国外。后来该企业为了提升生产能力，降低生产成本，从而增强盈利能力，计划购入约5000万元生产设备，并确定引进策略投资者以股权投资方式解决购买设备所需资金。

这家企业联系了一个大型金融公司，经过一轮接洽，最终确定操作性最可行的香港某投资机构，投资者先后对企业进行了多次实地考察，并进行市场等多方面的分析后，最终签订了投资意向书。随后投资者对该公司进行投资前的尽职调查，包括财务方面及法律方面的尽职调查，这方面的工作，投资者聘请了境外的会计师及律师来完成。由于该公司前期进行了充分的准备，尽职调查工作进展顺利，结果令人满意。在专业机构调查报告结果正确的基础上，投资者很快决定了对该公司的股权投资，以5000万元港币投资占该公司约30%的股权。在投资完成后，该公司正在为下一步申请直接上市作准备。

这是一次完整的股权融资过程，这样的案例并不少见，股权融资已经成为很多企业的融资选择。如果没有股权融资，四川长虹集团不可能发展成为中国的彩电大王；如果没有股权融资，青岛海尔也不可能成为海内外享有盛誉的特大型、多元化、国际化企业集团。这就是股权融资的神奇之处，从全国投资者手中汇集大量资金，扶植企业更好更快地发展。

然而，在股权融资的过程中，也有很多企业管理者，因为忙于融入资本，就没有过多地考虑企业的控股权，结果最后被人扫地出门。例如，点击科技的王志东在创办点击科技前，曾创办新浪网，由于在中小企业融资过程中，股权释放过快，导致由创始人变成小股东，最后在与投资方意见不合时，又被投资方一脚踢出了新浪网，给王志东的心灵造成了很大的伤害。之后中国企业网创始人张冀光又是另一个例子。1998年，张冀光创办中国企业网，1999年9月被当时中国数码收购80%的股份。中小企业融资后，张冀光担任总经理，对方另派一人担任董事长。结果，张冀光后来还是不得不离开了自己一手创办的中国企业网。但是，在争夺创业控制权方面，也有一个非常成功的例子，那就是当当网的李国庆及其团队，其利用奇妙的战术，达成了自己绝对控股当当网51%的心愿。

当当网成立于1999年底，在国内互联网公司大多还处于泡沫破灭，大赔其钱，投资者看不到胜利希望的时候，李国庆及其团队异常团结，大家同进同退，取得了最后胜利。

2003年6月，当公司全面盈利已经成为现实的时候，李国庆向当当网的三大原始股东IDG（美国数据集团）、卢森堡剑桥、日本软银提出要股东奖励创业股份的要求，希望将增值部分的50%分给管理团队作为奖励，但是这一计划遭到了三大原始股东的强烈反对，认为李国庆要价太高。李国庆当即采取了一个措施，马上宣布将另起炉灶，做一个与当当网竞争的公司，并随即将这一消息广泛传播，让对方觉得"此事已定，没有商量"。

2003年10月28日，所有当当网的员工、IDG投资及中国国内一些企业高层都收到了一封题为"我的感谢以及任期"的电子邮件。由于当当网系由李国庆与其创业团队一手做起来的，三大原始股东一直并未插手经营，对网上书店不熟悉，李国庆突然宣布辞职，三大原始股东来不及安排人接班，也没有时间来学习。首先在意志上打击和动摇了对手。其次当时正有美国的老虎基金也看好当当网的前景，准备加入。老虎基金也不希望李国庆带领团队离开当当另起炉灶，与当当展开竞争。李国庆就是利用了这一有利形势，推动老虎基金出面与当当网的三大原始股东谈判，最后达成协议，由老虎科技基金出面，向三大原始股东购买一部分当当网的股份，转而赠给李国庆及其管理团队。

2003年12月31日，协议正式签署，三方各自获利，李国庆以当当网的核心竞争力（团队）为筹码，并通过巧妙地运作，终于赢得了这场与资本方的博弈，实现了其"视王志东为榜样却坚决不愿成为王志东第二"的誓言。

1602年，第一个股票交易所在阿姆斯特丹建立。之后，无数的公司经过投资银行这个"接生婆"登陆证交所，成为公众持股的上市公司。截至2009年，纽约证交所上市公司达到4000余家，纳斯达克交易所上市公司约5000家，伦敦证交所上市公司约3200家，我国上海交易所和深圳交易所上市公司近1900家。这些公司在各个行业内都处于领军地位，它们都是以权力换资金，而投资银行在这些公司的上市过程中起到了关键性的作用。合理运用股权融资，可以帮助企业取得良好的发展，但是如果忽略了企业的控股权，后果也将不可估量。

金融租赁：借鸡下蛋，卖蛋买鸡

曾经看过这样一首称赞金融租赁的诗：

租赁业务万花筒，法规定义各不同。

概念混淆捆手脚，吃透概念显神通。

知识密集有挑战，实践经验练真功。

现代租赁大发展，经济腾飞攀高峰。

租赁并不是一个新兴行业，它是一个较为古老的行业。金融租赁是指由出租人根据承租人的请求，按双方的事先合同约定，向承租人指定的出卖人购买承租人指定的固定资产。在出租人拥有该固定资产所有权的前提下，以承租人支付所有租金为条件，将一个时期的该固定资产的占有、使用和收益权让渡给承租人。

150年前的伦敦东部地区，煤矿已经采用租赁的方式从制造商处获得烧煤的机车，当时人们普遍采用的方式是签订以星期为单位的租赁，并将其展期至数年。实际上，这已经初步具备了现代融资租赁的雏形。

但是，真正现代意义上的融资租赁产生于美国。在大西洋彼岸的美国，租赁业务从19世纪中后期开始也有很大的进步，1877年美国贝尔电话公司向企业和个人出租电话机。电话租赁业务得到普及；19世纪末，美国联合制鞋公司向制鞋商出租制鞋机等。

第二次世界大战以后，世界经济开始复苏，由于国际竞争加剧，制造商降低成本的要求非常迫切。而当时的美国经济也面临着从战时的军工生产向民用工业转变。但是美国政府的金融紧缩政策，使大多数企业很难筹措到资金。在这种情况下，出现一种不依靠自有资金和借款即可引进设备的机制也就变得顺理成章了。

1952年，美国加利福尼亚州一家小型食品加工厂的经理亨利·斯克费尔德，因没有资金更新陈旧的带小型升降机的卡车，便考虑以每月125美元的代价租用卡车，并和经纪人达成了协议。

据此，亨利·斯克费尔德产生了建立租赁公司的设想，并向一家商会的负责人提出了建议。正好该商会当时正准备引进价值 50 万美元的新设备，但又不想为此一次性支付全部购买款项。于是，双方动员了一些支持者，共同努力提出了租赁方案，并成功地从美国银行获得了约 50 万美元的贷款，作为出租给该商会设备的购入资金。

由于此次交易非常成功，1952 年，亨利·斯克费尔德创建了美国租赁公司，其主营业务是根据顾客的需要从其他制造商处购进设备，再租赁给顾客。这样，既解决了顾客尽早利用机器设备的问题，也解决了顾客资金不足，难以一次性付款的难题。亨利的公司被公认为是世界上第一家现代意义的融资租赁公司。

金融租赁实质是依附于传统租赁上的金融交易，是一种特殊的金融工具。一般分为三类，分别是直接融资租赁、经营租赁和出售回租。在金融租赁过程中，由于租赁物件的所有权只是出租人为了控制承租人偿还租金的风险而采取的一种形式所有权，在合同结束时仍需要转移给承租人，因此租赁物件的购买由承租人选择，维修保养也由承租人负责，出租人只提供金融服务。

租金计算原则是：出租人以租赁物件的购买价格为基础，按承租人占用出租人资金的时间为计算依据，根据双方商定的利率计算租金。

在整个过程中，金融租赁的完成需要几个关键要素，它们分别为：承租方主体、出租方主体、期限、租赁标的。而随着市场的发展和需求的多样性，金融租赁的表现形式已经丰富多样，出现了许多新式的租赁服务，比如回租、委托租赁、转租赁、合成租赁、风险租赁等，但总起来讲不外乎两种基本的模式，一种是出租方将标的物购买后移交承租方使用；另一种则是将购买标的物的资金以类似于委托贷款的方式交给承租方，由租赁方购买既定的标的物。而通过金融租赁实现融资的基本特征在于承租方的最终的目的是取得标的物的所有权。

因此，金融租赁的期限一般也是有限制的，通常会接近标的物的使用寿命。在相对成熟的金融租赁市场中，这个期限一般界定为设备使用寿命的 75%，而从租金的总额度上来看，也会接近标的物的购买价格，通常界定为购买价格的 90%，或者双方约定在期满后承租人以某种方式获取标的物的所有权。

2004 年 4 月初，在沪上金融租赁公司新世纪金融租赁有限责任公司的成功运作下，全国首个房地产"售后回租 + 保理"融资项目正式签约——沪上一家大型房地产公司将其拥有的海南一家著名大酒店出售给金融租赁公司，并签订了 5 年的"售后回租"合同；金融租赁公司又与一家股份制商业银行签订"国内保理业务"合同，将房地产售后回租形成的租金应收款卖给银行，房地产公司一次性完成融资金额高达 6 亿元。

金融租赁在融资过程中的重要作用，体现了这样几个特征：第一，可以获得全额融资；第二，可以节省资本性投入；第三，无须额外的抵押和担保品；第四，可以降低企业的现金流量的压力；第五，可以起到一定的避税作用；第六，从某种意义上来说，可以用作长期的贷款的一个替代品。

融资租赁将金融与产业更有效地结合起来，在金融日益产业化和产业日益金融化的今天，融资租赁不应该仅仅是一种可有可无的修饰和点缀，而应该承担更大的责任。金融租赁适用的范围也非常广，对于企业来说，从厂房、设备、运输工具，甚至软件、信息系统都可以适用，无论是大型的国有企业、医院，还是中小型的企业，都可以采用金融租赁的方式。

目前全球近 1/3 的投资是通过金融租赁的方式完成的。在美国，固定资产投资额度的 31.1% 以租赁的方式实现，加拿大的比例是 20.2%，英国为 15.3%。下面就让我们来看一看金融租赁对于企业发展到底具有哪些好处。

其一，经营租赁融资，可以实现表外融资，保持合理负债。收入支出匹配，均衡企业利税。租赁融资不是"高利贷"，而是企业均衡税负，持续发展的新型融资机制。

其二，多种渠道融资，改善财务结构。减少支付压力，改善现金流量。

其三，设备租赁管理，集中扣税资源，减少机会成本，追求服务便利。

其四，资产变现筹资，企业滚动发展实现税前还贷，避免资产损失。

员工持股制：让员工做企业的主人

ESOP（Employee Stock Ownership Plans），又称公司职工持股计划，是指由企业内部员工出资认购本企业部分股权，委托一个专门机构（如职工持股会、信托基金会等）以社团法人身份托管运作，集中管理，并参与董事会管理，按股份分享红利的一种新型股权安排方式。

ESOP 是一种由企业员工拥有本企业产权的股份制形式，包括两种方式：非杠杆型 ESOP 和杠杆型 ESOP。非杠杆型 ESOP 指实行员工持股计划的过程中，不依赖于外部资金的支持，主要采取股票奖金或者是股票奖金与购买基金相结合的方法予以解决。杠杆型 ESOP（LESOP），通常由公司出面以 LESOP 所要购买的股票作为抵押，向商业银行或其他金融机构融资，所得款项用于购买股票，只有在 LESOP 定期利用公司的捐赠偿还本金和利息时才能逐步、按比例将这部分股票划入员工的私人账户。

改革开放以后，随着我国经济体制的改革，我国也有一部分企业开始学习欧美地区关于成熟员工持股（ESOP）的经验，将部分股权转让给内部企业员工。员工持股不仅仅是将企业财富分配给企业员工，也是将员工的命运与企业的市场竞争力捆绑在一起。我们都知道，工资和奖金是激励员工的一项最基本手段。通过员工持股的形式来增加企业的凝聚力，让员工做企业的主人，以达到企业发展的最佳效果。

上海浦东大众出租汽车股份有限公司是全国出租汽车行业的第一家股份制企业，是由上海大众出租汽车公司（后改制为股份有限公司）、上海煤气销售有限公司、交通银行上海浦东分行等单位共同发起，公开募集股本组建的，公司于 1991 年 12 月 24 日成立，于 1993 年 3 月 4 日正式挂牌在上海证券交易所上市。

上海浦东大众出租汽车股份有限公司的总股本为 25896.78 万股，其中有流通股 11509 万股，占总股本的 44.44%。总资产 7.1 亿元，没有对外负债。年营业收入 1.9 亿元，年总利润为 1.09 亿元（1997 年的财务数据）。公司目前拥有出租汽车 1000 多辆，是浦东新区客运行业的骨干企业之一。公司主营业务有汽车客运、汽车配件销售、房地产开发、商务咨询等。下属企业有上海浦东大众出租汽车配件公司、上海浦东房地产发展有限公司、上海浦东大众公共交通有限责任公司、上海久企贸易交通有限责任公司、上海久企贸易实业公司、上海发发出租汽车公司、上海浦东大众长途客运公司、上海浦东大众快餐公司。

1997 年 9 月 18 日，上海浦东大众出租汽车股份有限公司职工持股会暨首次会员大会召开，标志着浦东大众职工持股的正式运作。

职工持股会会员 2800 余人，持有上海大众企业管理有限公司 90% 的股份，股份总额为 6800 万股，每股 1 元。而上海大众企业管理有限公司通过股权转让方式受让浦东大众法人股 2600 万股，每股受让价格为 4.3 元，持有浦东大众总股本 20.08% 股权，成为浦东大众的最大股东，拥有了浦东大众的管理权。因此，浦东大众职工持股会直接持有上海大众企业管理有限公司 90% 的股权，间接持有浦东大众 20.08% 的股权。持股会通过上海大众企业管理有限公司对浦东大众具有间接影响。

在浦东大众，股东大会是最高权力机构。但由于上海大众企业管理有限公司掌握了企业的控制权，而职工持股会又是上海大众企业管理有限公司的最高权力机构，因此职工持股会相当于浦东大众的第二个法人治理机构。职工持股会的代表要进入董事会、监事会，参与决策、决算和监督，以从根本上改变决策者不负经济责任的状况。

上海浦东大众出租汽车股份有限公司之所以建立职工持股会，也是有自己的考虑的。让劳动者成为有产者，确立职工的主人翁地位，使企业与员工真正成为利益的共同体，减少企业与员工之间的利益矛盾，强化了企业内部的监督机制，改变企业的治理结构。

在我国竞争激烈的严峻形势下，中小企业面临着生存困难的问题。大型企业的低价排挤，使得中小企业往往坚持不了多久就面临倒闭的绝境。但是如果通过内部融资，以入股的形式进行融资，这样，公司流动资金自然就会增加，无形中增加了公司设备的投入，厂房也扩大了。

唐村实业有限责任公司的前身是唐村煤矿，始建于1958年，是兖州矿业（集团）有限责任公司建矿最早和第一坐进入衰老期的矿井，1991年经政府批准注销了生产能力。同所有的资源型企业一样，在结束了鼎盛期后，矿区陷入了困境，企业连续6年严重亏损，人心思走，以煤矿生产维系的小社会难以为继。为摆脱困境，寻找衰老矿区重新振兴的新路子，1993年，集团公司把唐村矿列为"内部特区"试点，并于1997年按照建立现代企业制度的要求，进行资产重组，通过吸收社会法人股、职工持股，建立唐村实业有限责任公司。经过五年多的转机改制和产业调整，使矿区初步摆脱困境，基本解决了企业生存自立问题，形成以非煤产业为主导的经济实体，生产经营呈现出良好的发展势头。唐村实业公司以唐村矿改制时的经营性资产，经评估后作为注册资本，集团公司控股56%，其余的44%产权出售变现，其中社会法人股以现金购买14%股本，唐村矿内部职工通过职工持股会购买30%股本。公司设立股东会、执行董事、经理层和监事会。股东会由出资人按出资比例推举股东代表组成，公司不设董事会。

在职工持股的运作方面，一般情况下，职工股是由职工直接出资获得的。职工持股会章程规定，职工所持有的股份，没有特殊情况，一不能转让，二不能抛售，一直到退休。会员出资认购的股票，可以在公司职工间转让。职工和会员离开企业，如调离、被公司辞退、除名或死亡，其所持股票必须全部由持股会收购。员工持股制在中国企业中的实践证明，效果的确是卓有成效的。

·第四章·

调节宏观经济"看不见的手"

——每天读点金融调控与政策知识

金融调控：当亚当·斯密遇见凯恩斯

几个世纪以来，围绕着政府与市场间的界限问题，很多经济学家和政治家、企业家都争议不断，甚至到了今天，自由派和保守派都还在为政府是否应在教育、医疗、扶贫等方面进行干预而进行讨论。实际上，政府逐渐侵占了市场的地盘，为什么呢？

"冬去春花次第开，莺飞燕舞各徘徊。疾风骤雨旦夕至，高唱低吟有去来。"这首古诗说的是自然界自有其生杀消长、生生不息的规律，市场经济也同样有其运作的规律。但同时，市场经济在运作中也会出现种种问题，比如资源配置不协调等矛盾，这就需要政府发挥宏观调控的作用。在宏观调控中，金融调控是必不可少的一环。

金融调控是指国家综合运用经济、法律和行政手段，调节金融市场，保证金融体系稳定运行，实现物价稳定和国际收支平衡。金融调控是宏观经济调控的重要组成部分。在现代经济生活中，金融调控职能主要由中央银行来履行。中央银行通过货币政策调控货币总量及其结构，通过保持货币供求总量和结构的平衡来促进社会总需求与总供给的均衡。1993—1999 年，我国执行的是适度从紧的货币政策，1999—2007 年我国执行的是稳健的货币政策，从 2008 年起，我国开始执行从紧的货币政策。从紧货币政策是为防止经济增长过热和通货膨胀所采取的宏观调控政策，其内涵包括两方面：一是人民银行通过货币政策工具减少货币供应量，控制信贷规模过快增长；二是严格限制对高耗能、高污染和产能过剩行业中落后企业贷款投放，加大对"三农"、中小企业、节能环保和自主创新等薄弱环节的支持。

在现代市场经济的发展中，市场是"看不见的手"，而政府的引导被称为"看得见的手"。为了克服"市场失灵"和"政府失灵"，人们普遍寄希望于"两只手"的配合运用，以实现在社会主义市场经济条件下的政府职能的转变。可见宏观调控在经济活动中的作用。

宏观调控亦称国家干预，就是国家运用计划、法规、政策等手段，对经济运行状态和经济关系进行干预和调整，把微观经济活动纳入国民经济宏观发展轨道，及时纠正经济运行中的偏离宏观目标的倾向，以保证国民经济的持续、快速、协调、健康发展。而在多种调控手段中，金融调控往往是最为关键的环节。

通常，中国的金融调控手段主要从以下五方面入手：一是央行将着力于正确处理内需和外需的关系，进一步扩大国内需求，适当降低经济增长对外需、投资的依赖，加强财政、货币、贸易、产业、投资的宏观政策的相互协调配合，扩大消费内需，降低储蓄率，增加进口，开放市场来推动经济结构调整，促进国际收支趋于平衡。

二是改善货币政策传导机制和环境，增强货币政策的有效性，促进金融市场的发育和完善，催化金融企业和国有企业改革，进一步转换政府经营管理，完善间接调控机制，维护和促进金融体系稳健运行。

三是积极稳妥地推进利率市场化改革，建立健全由市场供求决定的、央行通过运用货币政策工具调控的利率形成机制，有效利用和顺应市场预期，增强货币政策透明度和可信度。

四是加强货币政策与其他经济政策间的协调配合，加强货币政策与金融监管的协调配合，根据各自分工，着眼于金融市场体系建设的长期发展，努力促进金融业全面协调可持续发展，加强货币政策与产业政策的协调，以国民经济发展规划为指导，引导金融机构认真贯彻落实国家产业政策的要求，进一步优化信贷结构，改进金融服务。

五是进一步提高金融资金，主动、大力拓展债券市场，鼓励债券产品创新，推动机构投资者发展，加大对交易主体和中介组织的培育，加快债券市场基础制度的建设，进一步推进金融市场协调发展。

金融调控是宏观调控的重要组成部分，它与战略引导、财税调控一起构成宏观调控的主要手段，互相联系，互相配合，共同的目标是促进经济增长，增加就业，稳定物价，保持国际收支平衡。相对而言，金融调控侧重于国民经济的总量和近期目标，但是为宏观经济内在的规律所决定，其作用也必然影响到长远目标。

金融学家"看不见的大手"理论已经深入人心，只是，人们对它的理解还要更深一层。在市场经济的发展中，市场是"看不见的手"，而政府的调控被称为"看得见的手"。"看不见的手"促进大多数国家的市场发展，"看得见的手"为市场搭建法律和管理框架，两者完美结合，才会让市场更完善，经济发展更迅速，缺了任何一个，都会像小儿麻痹患者一样，走路不稳，容易摔倒。因此，为了克服"市场失灵"和"政府失灵"，人们希望"两只手"配合运用，实现在社会主义市场经济条件下的政府职能的重要转变。

宏观调控：看得见的物价，看不见的手

英国经济学家凯恩斯在其著名的《就业、利息和货币通论》一书中记述了这样一则寓言：

乌托邦国处于一片混乱之中，整个社会的经济处于完全瘫痪的境地，工厂倒闭，工人失业，人们无家可归，饿殍遍野，人们束手无策。这个时候，政府采用了一个经济学家的建议，雇用200人挖了一个很大很大的大坑。这200人开始购买200把铁锹，于是，生产铁锹的企业、生产钢铁的企业、生产锹把的企业相继开工了，接下来工人开始上班、吃饭、穿衣……于是，交通部门、食品企业、服装企业也相继开工了，大坑终于挖好了；然后，政府又雇用200人把这个大坑再填埋上，这样又需要200把铁锹……萧条的市场就这样一点点复苏了，启动起来了。经济恢复之后，政府通过税收，偿还了挖坑时发行的债券，一切又恢复如常了，人们在灿烂的阳光下过着幸福的生活……

这则寓言说明了一个深刻的道理：国家的经济陷入危机的时候，国家要担当起自己的责任，应该采用宏观调控的办法干预经济生活，使经济走上正常的轨道。

在斯密那只"看不见的手"的指引下，英国的经济首先呈现出高速的发展，然后美国、欧洲的经济都获得了空前的发展。但是到了1929年，形势急转直下，世界范围内爆发了一场空前的经济危机。这个时候人们才发现，斯密的那只"看不见的手"失灵了，这就是人们常说的"市场失灵"。与此同时，在经济生活中，人们意外地发现了另外一只手，发现有一只让人们"看得见的手"在挥舞，它开始频繁地进入人们的经济生活，这只"看得见的手"指什么呢？其实就是指"国

家对经济生活的干预"。对市场的失灵，政府并不是无所作为的，不能坐而视之，而应该通过适当干预，刺激市场、启动市场，解决社会存在的经济问题。就像寓言中那样，在整个社会经济不好的时候，国家积极地进入了角色，开始干预经济生活，稳定社会的经济。

这只"看得见的手"曾一度使整个资本主义经济从危机的泥沼中走出来，并使资本主义社会的经济在世界范围内蓬勃发展。那么，国家是通过什么办法来调控整个社会的经济的呢？

国家主要是通过财政政策和货币政策在宏观上对经济进行调控的。财政政策主要依靠消费、投资、出口这三辆马车；货币有汇率的变动、利息率的变动、货币发行量的变动、发行国债等，都会对一国的经济走势起到宏观调控的作用。

也就是从凯恩斯那个时候开始，各国分析和预测经济问题的视角发生了彻底的转变。过去人们重视微观经济问题，也就是个人、家庭、企业对社会经济的影响；而现在人们更看重宏观经济的问题。一个经济学家这样比喻：比如在剧场里看戏，当一两个人站起来的时候，这相当于微观经济，我们自己说了算；当全场的人都站起来的时候，这就相当于宏观经济，这个时候每一个人都无法左右全场的局面，他只能想办法去适应这个局面。

在亚当·斯密发现"看不见的手"之后，市场规律指导资本主义经济繁荣了150多年；凯恩斯倡导的宏观调控，又让资本主义经济蓬勃发展了近50年。然而，事实证明，宏观调控并不是万能的。

例如，20世纪80年代的日本，由于国际贸易顺差较大，在美国等的压力下于1985年签署了《广场协议》，此后，日元开始迅速升值，兑美元汇率从1985年9月的240∶1一直上升至1988年的120∶1，整整升值了一倍。由于担心出口下滑、经济减速，日本采取了扩张性政策，放松银根，利率从5%降到2.5%、货币供应增幅是名义GDP增速的2倍，出现了流动性过剩，资金大量涌入股票和房地产市场，形成了市场泡沫。

1985—1990年，日本的土地资产总值增长了24倍，达到15万亿美元，相当于同期GDP的5倍，比美国土地总值多4倍。同期日经指数从12000点上升到39000点，股票总价值增加了47倍，市盈率1989年达到70.6倍（但日本股票收益率仅为0.4%～0.7%，只有同期欧美企业的1/6左右）。1986—1989年，日本国民资产总额增加了2330万亿日元，其中60%以上为地价、股价上涨所带来的增值收益。

等到经济泡沫破灭后，股价从 1989 年最高时的 39000 点下跌到 1992 年的 14000 点，2004 年达到最低的 7600 点，跌幅高达 80%；房价跌幅也高达 70%。股票和地价造成的资产损失相当于 GDP 的 90%，达 5 万亿～6 万亿美元。虽然此后政府采取了刺激经济的措施，不断降低利率，但又陷入"流动性陷阱"，零利率政策不起作用；加之扩大内需政策缺乏连续性，致使经济陷入十多年的大萧条，出现了银行坏账、设备、人员三大过剩，日本经济长期处于滞涨状态。

同样，在当前世界金融危机的威胁下，虽然各国的经济刺激方案纷纷出台，但并没有取得预期的效果，宏观调控显得越来越力不从心。

这是因为以信息技术为基础的全球化经济打破了传统工业社会中的主权经济、主权社会和主权政治的统一性，正成为当今世界发展中的基本矛盾。主权经济、主权社会和主权政治的重合缺失增加了主权国家宏观经济调控和社会管理的难度。

也就是说，全世界的经济依然成为全球互相依赖的基础，但是各个国家依然是主权国家。进一步说，在国际经济中，关税、出口配额、汇率、统计口径、生产要素等是一个主权国家可以控制和管理的，但又不完全取决于一个国家的选择。在这样的情况下，主权国家的经济社会政策会造成出乎政策制定者们预料的结果，有时甚至会造成相反的效果。这犹如在传统的工业社会中，企业是市场的主体，不同企业之间进行竞争和博弈，采取各自的策略，有时会造成市场不公平竞争，最后不得不由政府出面进行宏观调控，保持经济的稳定增长和社会秩序。在经济全球化下，全球市场的失灵会造成不公平竞争和主权国家宏观调控政策的失灵。

财政调控：国家履行经济职能的基础

财政，也称国家财政、政府财政或公共财政，是指以国家为主体，通过政府税收、预算等收支活动，用于履行政府职能和满足社会公共需要的经济活动。

财政在整个国民经济运行中具有重要地位。因为全社会的最终需求有不同性质的两类：一类是食品、衣物等个人消费品以及企业生产经营所需要的生产资料，通称"私人物品或服务"；另一类是行政管理、国家安全、环保等"公共物品或服务"。由于私人物品或服务的获得具有排他性和竞争性，其交易活动要求双方利益边界清楚，并通过市场实现；而公共物品或服务的需要和消费是公共的和集合的，市场对这些物品的提供是失效的，只能由政府并通过财政的物质支撑加以满足。

市场经济条件下，财政发挥着市场不可替代的关键作用。其主要作用：一是为国家履行其职能提供经济基础，并为国家通过直接配置公共资源来间接引导全社会资源的市场配置创造前提条件。二是财政政策与货币政策、收入政策、产业政策一起构成国家宏观调控的重要政策手段。三是财政具有再分配功能，是国家调节收入分配的重要工具。

财政调控的手段主要有：国家预算、税收、财政支出和国债等。

（1）国家预算。国家预算是国家为实现其职能需要、有计划地筹集资金，使用由国家集中掌握的财政资金的重要政策工具，是国家的基本财政收支计划。国家预算包括中央预算和政府预算。中央预算是我国财政政策的主要工具，它对经济总量、经济结构和各经济层面都发挥着调节作用。其调节功能主要在年度财政收支规模、收支差额和收支结构中预先制定，并通过预算执行中的收支追加追减，以及收支结构变化等实现。

（2）税收。税收是国家为实现其职能需要，凭借其政治权力，按照预定标准，无偿地取得的一种强制性的财政收入，也是国家进行宏观调控的工具之一。其调节作用的实现形式主要是确定税率、分配税负以及税收优惠和惩罚。

税收对经济的调节作用主要有：一是影响社会总供求。这种影响因税种不同而不同。流转税的征税效应侧重于总供给，提高流转税率可以限制供给；反之会增加供给。所得税的征税效应侧重于总需求。政府可以根据税收的自动稳定器作用，制定相机抉择的增减税措施，减缓经济波动。二是通过调整税率影响产业结构，限制或促进某些产业发展。三是通过征收累进所得税和社会保险税等有效调节收入分配，维护社会稳定，实现社会公平。

（3）财政支出。财政支出是政府为履行其职能，将由其集中掌握的社会资源（或资金）按照一定的政治经济原则，分配、运用于满足社会公共需要各种用途的过程和耗费资金的总和，是宏观经济调控工具之一。

（4）国债。国债是中央政府通过中央财政，按照信用原则，以债务人身份在国内外发行债券或向外国政府和银行借款所形成的债务。债券或借款要还本付息。国债以国家信誉为担保，比其他信用形式可靠和稳定，因而又称其为"金边债券"。国债政策是国家根据宏观经济发展要求，通过制定相关政策对国债发行、流通等过程实施有效管理，实现对宏观经济有效调控的目的。国债产生的主要动因是弥补财政赤字。但随着社会经济的不断发展，信用制度的日臻完善，国债政策已经成为一项较为成熟的财政政策工具，在平衡财政收支、调节经济运行和影响货币政策等方面发挥着日益重要的作用。

中央银行通过买卖国债的公开市场业务操作，吞吐基础货币，调节货币供应量，为货币政策服务，国债又成为连接财政和货币两大政策手段的桥梁。

财政的基本功能主要有以下几个方面。

一是资源配置功能。通过财政再分配，将国民总收入的一部分集中起来，形成财政收入；通过财政支出活动，引导社会资金流向，为社会公共需要提供资金保障。二是收入分配功能。通过税收、转移支付、补贴等财政手段调整社会成员间、地区间的收入分配格局，实现社会公平的目标。三是稳定经济功能。通过实施财政政策，对宏观经济运行进行调节，促使总供求基本平衡，调整优化经济结构，实现社会经济的可持续发展。

我国社会主义市场经济体制下的财政职能，除具有上述财政的一般基本功能外，还具有社会主义基本制度内在要求的特殊性，即监督管理功能。通过对宏观和微观经济运行、对国有资产保值增值等营运、对财政管理工作自身等方面的监督管理，保证国家政令统一，提高财政支出效率，维护国家和人民的根本利益。

我国财政调控的范围很广，既有总量调控，又有结构调整；既包括对财政收入的组织，又包括对财政支出的规范。随着改革的逐步深化，财政调控方式也日臻完善。计划经济体制的高度集中、统收统支的直接调控模式已经被打破，直接调控、间接调控和法律规范相结合的调节格局基本形成，国民经济运行逐步走向规范化、法制化和市场化与必要的行政管理相结合的稳步发展轨道。

一方面，通过财政收支实现国家预算对供求总量的影响。财政收入一般反映财政参与国民收入分配过程的活动；财政支出是通过改变政府支出规模和方向，实现财政的资源配置、收入分配和稳定经济功能，体现政府宏观调控的意图。预算对经济调节的具体形态主要有三种，即赤字预算、盈余预算和平衡预算，分别反映财政政策的扩张性、紧缩性和中性政策取向。为了实现财政平衡或节余，政府主要采取偏紧的政策选择，即增加收入或减少政府公共工程等支出。因此，盈余政策可以对总需求膨胀起到有效抑制作用。平衡预算在总供求相适应时可以维持总需求的稳定增长。财政出现赤字时主要通过发行国债方式弥补，但为应对经济紧缩趋势，政府主要通过扩大预算赤字、直接增加政府支出方式，带动经济增长，实现供求平衡。因此，赤字预算政策在有效需求不足时作用明显。

另一方面，通过实施财政结构政策实现国家预算对经济结构调整的影响。在财政收支差额既定情况下，调整财政收支结构（主要是财政支出结构），调节宏观经济运行。一是通过降低（或提高）短线产品（长线或高利产品）的税率，引导社会资金投向"瓶颈"产业，缓解结构失衡；二是在供需结构失衡时，通过增加（或减少）财政投资，扩大（或抑制）社会有效供给（或需求），实现产业或产品结构调整的目的。

个人所得税：收入分配的调节器

埃及总统穆巴拉克，只知道穷人没有饭吃会造反，所以大饼便宜得很，保证人人能够填饱肚皮。埃及有一种肚皮舞，跳得很美，它告诉你，肚皮吃饱了。但穆巴拉克不懂得贫富差距太大，人们吃饱了还是要造反。最后，现代埃及法老穆巴拉克只好选择逊位，并且献出自家几亿美元资产，以求破财免灾。

从经济学角度来说，不管人均 GDP 是高是低，只要贫富差距扩大化，就会引发社会革命。我国改革开放以来，分配体制改革不断深化，市场机制在国民收入初次分配中日益发挥基础性调节作用。但随着经济的不断发展，呈现出扩大的趋势，我国居民的收入差距在不断拉大，各国通过基尼系数来衡量财富分配是否平均，而我国的基尼系数已经超过了国际警戒线。过大的收入分配差距会导致一些矛盾，与建设社会主义和谐社会显得很不协调。

个人所得税是调整征税机关与自然人（居民、非居民人）之间在个人所得税的征纳与管理过程中所发生的社会关系的法律规范的总称。自 1798 年在英国创立至今，已有 200 多年历史。很多国家都把它作为调节收入差距的重要税种。我国法律规定：凡在中国境内有住所，或者无住所而在中国境内居住满一年的个人，从中国境内和境外取得所得的，以及在中国境内无住所又不居住或者无住所而在境内居住不满一年的个人，从中国境内取得所得的，均为个人所得税的纳税人。

新税改以前，我国个人所得税存在较多问题。我国的个人所得税制度采用分类课征的方式，这种税制不利于调节高收入，缓解个人收入差距悬殊矛盾。在公平性上存在缺陷，容易造成不同项目、不同纳税人之间的税负不公平。两种超额累进税率的施行，税率级别划分过多，税率计算烦琐，程序复杂，而且在一定程度上造成了税负不公，与国际上减少税率档次的趋势不相吻合，不利于征收与管理。全国使用统一的费用扣除标准，不能有效调节收入差距。我国不同地区的人均收入水平有一定差距，居民收入差距导致消费支出水平的不同。基于财税一般原理，税收起征点的定位在很大程度上体现着该种税收的功能指向，而"个税"起征点设计未能体现其基本功能。中国是一个发展中的大国，生产力发展水平与社会保障条件与发达国家相比存在很大差距，在收入分配差距不断拉大的背景下，"个税"功能指向理当定位于"富人税"。而且，税收征管不到位。缺乏记录个人取得收入的制度、纳税人编码制度、财富实名制等相关配套制度；税源控制不力，代扣代缴不到位。企业对不固定发放的其他形式的奖金、实物等不扣缴税款，导致代扣代缴难以全面落实到位；基础性配套制度不健全，影响了税收检查工作的开展；违反税法的行为惩罚力度不够。

2011年6月30日，十一届全国人大常委会通过了修改个人所得税法的决定，将个税起征点提高到3500元，将超额累进税率中第1级由5%降到3%。修改后的个税法于2011年9月1日起施行。

税收作为国民收入再分配的重要手段，在调节社会成员收入差距方面有一定作用。开征个人收入所得税，实行累进税率（包括其他财产税、遗产税等等），目的就是调节并缩小贫富差距，缓和阶级矛盾，维持社会的长治久安。

1. 加大了高收入者的征收力度

个人所得税是我国目前所得税种中最能体现调节收入分配差距的税种。在降低低收入者税收负担的同时，争取最大限度地发挥利用个人所得税调整收入差距扩大的作用，加大对高收入者的调节力度。在征管方面研究新措施、引进新手段，是个人所得税征管的关键。

本次修订的个人所得税法，提出了对富人进行重点征管的内容。《中华人民共和国个人所得税法实施条例》中提出了加强对高收入者的税收征管，将以前的单项申报改为双项申报，即将原来由纳税人所在单位代为扣缴个人所得税，改为高收入者的工作单位和其本人都要向税务机关进行申报，否则视为违法。条例规定，扣缴义务人都必须办理全员全额扣缴申报，这就形成了对高收入者双重申报、交叉稽核的监管制度，有利于强化对高收入者的税收征管，堵塞税收征管漏洞。实施条例中，高收入者也有了明确的定义："年收入超过12万元以上的个人。"

2. 缩小收入差距，降低基尼系数

我国区域经济发展水平不平衡，各地居民收入、生活水平存在一定差距，全国统一工薪所得费用扣除标准，有利于促进地区间的公平。如果对高收入地区实行高费用扣除标准，低收入地区实行低费用扣除标准，反而将加剧地区间的不平衡，这将与个税本来的调节意义背道而驰。目前，各地实行统一的纳税标准，对收入较低的西部地区将产生很大益处，西部相当部分中低收入阶层将不必缴纳个人所得税，该地区纳税人的税收负担将会减轻，有利于鼓励消费，促进落后地区经济的发展。

个人所得税在所有税种里最能调节收入分配差距，对收入进行二次平衡。富人和穷人是财富分配链中的两端，要缩小贫富差距，就是要从富人那里分割一定的财富，用来补贴穷人。而在我国近十多年来个人收入分配差距不断加大，基尼系数达到 0.45。按照国际惯例，基尼系数达到或者超过 0.4，说明贫富差距过大。贫富差距凸显与个人所得税制度失效是因果相生的。统计数字显示，工薪阶层是目前中国个人所得税的主要纳税群体。2004 年个人所得税收入中 65% 来源于工薪阶层，违背了大家公认的"二八定律"。而中国的富人约占总人口的 20%。占收入或消费总额的 50%，但是，这 20% 的富人对个人所得税的贡献竟然只有 10%。这充分说明，个税不但没有实现从富人到穷人的"调节"，相反，这种财富的二次分配还处于一种"倒流"状态中。长期"倒流"下，只能是富人越富，穷人越穷，社会贫富差距仍将继续加大。有人称，中国富人的税收负担在世界上是最轻的。只有通过政府的税收强制手段才是完成"调节"的最有效方式。

中国公众缩小贫富差距、实现"共同富裕"的期待，很大程度上寄托在个税制度的归位中。税收制度对广大中等收入群体有重要的导向作用，作用原理是"限高，促中，提低"。加大对高收入者的征收力度，对降低基尼系数有明显的作用。

利率政策："四两拨千斤"的政策

利率政策作为货币政策的重要组成部分，也是货币政策实施的主要手段之一。央行根据货币政策实施的需要，适时地运用利率工具，对利率水平和利率结构进行调整，进而影响社会资金供求状况，实现货币政策的既定目标。利率上调有助于吸收存款，抑制流动性，抑制投资热度，控制通货膨胀，稳定物价水平；利率下调有助于刺激贷款需求，刺激投资，拉动经济增长。利率这个经济杠杆使用起来要考虑它的利弊，在什么时间、用什么幅度调整都是讲究艺术的。

以日本 10 年漫长的经济衰退时期的零利率政策为例：

20 世纪 90 年代初，泡沫经济崩溃后，大量借款不能偿还，给银行机构造成大量不良资产，日本经济陷入长期萧条。中小企业因资金周转不开而大量倒闭，殃及中小银行金融机构跟着破产。为了刺激经济复苏，日本政府扩大公共事业投资，年年增发国债，导致中央政府和地方政府负债累累，财政濒临崩溃，国家几乎无法运用财政杠杆调节经济。为了防止景气进一步恶化，刺激经济需求，日本银行于 1999 年 2 月开始实施零利率政策。2000 年 8 月，日本经济出现了短暂的复苏，日本银行一度解除了零利率政策。2001 年，日本经济又重新跌入低谷。2001 年 3 月，日本银行开始将金融调节的主要目标从调节短期利率转向"融资量目标"，同时再次恢复实际上的零利率政策。2006 年 7 月 14 日，日本央行解除实施了 5 年零 4 个月的零利率政策，将短期利率从零调高至 0.25%。零利率的解除，标志着日本经济开始明显复苏。

　　在经济跌入低谷时，低利率利率政策的实施减轻了企业的债务负担，为市场提供了充足的资金，但其负面影响也是不容忽视的。例如，由于市场利率的下降引起存款利率的下降，使储蓄者蒙受一定损失，直接影响到个人消费的提高；另外，由于短期资金唾手可得，助长了某些金融机构的惰性。在低利率政策下，金融机构别说实行证券化、开发衍生金融产品，就是连传统的存贷业务利润空间都很小，特别是保险行业经营已出现困难。因此，过低的利率使金融机构丧失了扩展业务与进取开拓的内在动力。更为严重的是，低利率甚至零利率政策意味着日本利用金融手段刺激经济的余地也越来越小。

　　不同国家的利率标准也不尽相同。中国央行领导人曾用"橘子是不能跟苹果相比"的形象比喻来说明各个国家利率手段的内涵和定价机制不同。受金融危机的影响，2009 年西方很多国家和过去 10 年中的日本一样，开始实行零利率政策。西方各国对于中国实行零利率政策的呼声很高。这是为什么呢？

　　因为利率对本国汇率和对他国汇率都有重要的影响。利率是货币供求关系的产物，增加货币投放量，市场上货币增多，供大于求，导致利率下降；反之减少货币投放量，市场上流通的货币减少，供不应求，利率提高。以中国和美国为例，如果中国增加货币投放量，利率降低，而假设美国利率不变，在外汇市场上导致人民币对美元贬值；反之如果美国降息，而中国利率不变，将导致美元对人民币贬值。因此，一国的利率政策不仅会影响到本国人民的利益和经济发展，还会通过汇率作用于他国的经济。

2007 年初以来，中国人民银行先后五次上调人民币存贷款基准利率。其中，一年期存款基准利率累计上调 1.35 个百分点，一年期贷款基准利率累计上调 1.17 个百分点。2007 年底，央行发表报告认为，利率政策的累积效应逐步显现：一是融资成本适度上升，有利于合理调控货币信贷投放，抑制过度投资；二是连续多次加息，有利于引导居民资金流向，稳定社会通胀预期。在物价水平走高的情况下，中央银行提高存款收益水平并努力使实际利率为正，有利于保护存款人的利益。居民储蓄问卷调查显示，居民储蓄意愿下降速度已明显放缓，在当前的物价和利率水平下，认为"更多储蓄"最合算的居民占比，第一、二、三季度降幅分别为 5.6、4 和 0.9 个百分点，幅度明显减小。第三季度，储蓄存款余额下降趋势在一定程度上得以缓解。在五次上调人民币存贷款基准利率的过程中，中国人民银行适度缩小金融机构存贷款利差，一年期存贷款基准利率利差在各次利率调整后分别为 3.60%、3.51%、3.51%、3.42%、3.42%，利差从年初的 3.60% 逐步缩小为 3.42%，累计缩小 0.18 个百分点。

央行表示，利率政策的累积效应逐步显现。

近年来，中国人民银行加强了对利率工具的运用。央行采用的利率工具主要有：一是调整中央银行基准利率，包括再贷款利率，指中国人民银行向金融机构发放再贷款所采用的利率；再贴现利率，指金融机构将所持有的已贴现票据向中国人民银行办理再贴现所采用的利率；存款准备金利率，指中国人民银行对金融机构交存的法定存款准备金支付的利率；超额存款准备金利率，指中央银行对金融机构交存的准备金中超过法定存款准备金水平的部分支付的利率。二是调整金融机构法定存贷款利率。三是制定金融机构存贷款利率的浮动范围。四是制定相关政策对各类利率结构和档次进行调整等。

从目前来看，我国利率调整逐年频繁，利率调控方式更为灵活，调控机制日趋完善。随着利率市场化改革的逐步推进，作为货币政策主要手段之一的利率政策将逐步从对利率的直接调控向间接调控转化。利率作为重要的经济杠杆，在国家宏观调控体系中将发挥更加重要的作用。改革开放以来，中国人民银行加强了对利率手段的运用，通过调整利率水平与结构，改革利率管理体制，使利率逐渐成为一个重要杠杆。1993 年 5 月和 7 月，中国人民银行针对当时经济过热、市场物价上涨幅度持续攀高，两次提高了存、贷款利率，1995 年 1 月和 7 月又两次提高了贷款利率，这些调整有效控制了通货膨胀和固定资产投资规模。1996 年 5 月和 8 月，1997 年 10 月和 1998 年 3 月，针对我国宏观经济调控已取得显著成效，针对市场物价明显回落的情况，央行又适时四次下调存、贷款利率，在保护存款人利益的基础上，对减轻企业、特别是国有大中型企业的利息负担，促进国民经济的平稳发展产生了积极影响。

货币政策：扩张好还是紧缩好

由人民出版社出版的《朱镕基答记者问》一书正式面世，受到海内外读者的热捧，其中收录了前国务院总理朱镕基兼任央行行长时期的几篇专访。朱镕基和他在央行行长短短两年经历，也再次成为媒体关注的焦点。

1993年7月2日，全国人大八届二次会议作出决定，时年65岁的朱镕基被任命为中国人民银行行长。在任命前的当年3月，朱镕基在八届一次会议上刚被任命为国务院副总理。

当年6月，中央采取严格控制货币发行等十六条措施，旨在抑制日益严重的通货膨胀。此时由副总理兼任央行行长。

1993年8月到10月，面对由于经济发展过热引起的通货膨胀问题，刚刚担任中国人民银行行长不久的朱镕基，先后主持召开了8次会议，集中讨论了宏观调控措施实施的程度及货币投放量控制的程度。

会上，朱镕基以中国人民银行行长身份，命令属下的行长们在40天内收回计划外的全部贷款和拆借资金。"逾期收不回来，就要公布姓名，仍然收不回来，就要严惩不贷。"

截至当年7月底，拆借的资金收回来332亿元，还增加了405亿元的储蓄。以此为储备，银行又可以发行几百亿元去收购夏粮，国库券又有人买了，财政部不再找银行借钱发工资了，股市也止跌企稳了，"宏观调控初见成效"。

"通过这种办法和我们的努力，我们基本上成功实现了经济增长的缓慢减速，没有发生经济增长率的急剧下跌，也没有发生大规模的价格波动。"在朱镕基《朱镕基答记者问》一书中如此评价其上任初的货币政策。

货币政策是指政府或中央银行为影响经济活动所采取的措施，尤指控制货币供给以及调控利率的各项措施，用以达到特定或维持政策目标——比如，抑制通胀、实现完全就业或经济增长。直接地或间接地通过公开市场操作和设置银行最低准备金（最低储备金）。

货币政策通过政府对国家的货币、信贷及银行体制的管理来实施。一国政府拥有多种政策工具可用来实现其宏观经济目标。货币政策工具是指中央银行为调控货币政策中介目标而采取的政策手段。根据央行定义，货币政策工具库主要包括公开市场业务、存款准备金、再贷款或贴现以及利率政策和汇率政策等。从学术角度，它大体可以分为数量工具和价格工具。价格工具集中体现在利率或汇率水平的调整上。数量工具则更加丰富，如公开市场业务的央行票据、准备金率调整等，它聚焦于货币供应量的调整。

货币政策工具主要包括：一是由政府支出和税收所组成的财政政策。财政政策的主要用途是通过影响国民储蓄以及对工作和储蓄的激励，从而影响长期经济增长。二是货币政策由中央银行执行，它影响货币供给。通过中央银行调节货币供应量，影响利息率及经济中的信贷供应程度来间接影响总需求，以达到总需求与总供给趋于理想的均衡的一系列措施。

货币政策可以分为扩张性的和紧缩性的两种。

扩张性的货币政策是通过提高货币供应增长速度来刺激总需求，在这种政策下，取得信贷更为容易，利息率会降低。因此，当总需求与经济的生产能力相比很低时，使用扩张性的货币政策最合适。

紧缩性的货币政策是通过削减货币供应的增长率来降低总需求水平，在这种政策下，取得信贷较为困难，利息率也随之提高。因此，在通货膨胀较严重时，采用紧缩性的货币政策较合适。

2011年3月18日早，日本央行行长白川方明在七国集团同意联手干预日元后表示，日本仍将保持超宽松的货币政策。白川方明在央行当天的声明表示："日本央行将会推行强有力的宽松货币政策，并继续提供充足的流动性，以保持市场稳定。"3月18日早，七国集团财长决定联手干预日元汇率，随后日本央行又向金融系统注资3万亿日元（合370亿美元）。此前产经新闻报道，日本政府可能发行超过10万亿日元（约合1268亿美元）的紧急债券，而日本央行会全部买下这些债券。

地震、海啸和核危机给日本经济造成的损失超过20万亿日元。他还表示，重建需要的预算肯定会超过1995年阪神大地震后3.3万亿的重建费用。日本央行继续向金融系统注入资金，数量超过银行能够消化的数额，以保持较低市场利率。而回顾过去，2001年至2006年，在通货紧缩的长期困扰下，日本中央银行曾将政策利率降至零并定量购买中长期国债的政策就是一种典型方式。这些政策的最终意图是通过扩大中央银行自身的资产负债表，进一步增加货币供给，降低中长期市场利率，避免通货紧缩预期加剧，以促进信贷市场恢复，防止经济持续恶化。

量化宽松有利于抑制通货紧缩预期的恶化，但对降低市场利率及促进信贷市场恢复的作用并不明显，并且或将给后期全球经济发展带来一定风险。中国国际经济研究会副会长张其佐认为："毫无疑问，主要央行量化宽松货币政策的开启，将带来全球通胀的风险。"实施量化宽松的货币政策，将形成日元走软、商品价格上涨的局面。

在通货膨胀较严重时，采用消极的货币政策较合适。货币政策调节的对象是货币供应量，即全社会总的购买力，具体表现形式为：流通中的现金和个人、企事业单位在银行的存款。流通中的现金与消费物价水平变动密切相关，是最活跃的货币，一直是中央银行关注和调节的重要目标。

财政赤字：影响国家经济的债务

中新网 2011 年 6 月 9 日电新加坡《联合早报》刊文称，美国财政赤字堆积如山，一直靠借债度日。但是，借债的额度是有法律上限的。这个债务极限在 5 月 16 日已经达到。国会如果不授权提高债务的上限，使政府继续借钱的话，联邦政府将破产。破产意味着什么？意味着美国政府将无法支付其承诺的许多义务。

财政赤字是财政支出大于财政收入而形成的差额，由于会计核算中用红字处理，所以称为财政赤字。它反映着一国政府的收支状况。财政赤字是财政收支未能实现平衡的一种表现，是一种世界性的财政现象。财政赤字即预算赤字，指一国政府在每一财政年度开始之初，在编制预算时在收支安排上就有的赤字。若实际执行结果收入大于支出，为财政盈余。

从理论上说，财政收支平衡是财政的最佳情况，在现实中就是财政收支相抵或略有节余。但是，国家经常需要大量的财富解决大批的问题，会出现入不敷出的局面。这是现在财政赤字不可避免的一个原因。不过，这也反映出财政赤字的一定作用，即在一定限度内，可以刺激经济增长。当居民消费不足的情况下，政府通常的做法就是加大政府投资，以拉动经济的增长，但是这绝不是长久之计。了解会计常识的人知道，赤字的出现有两种情况：一是有意安排，被称为"赤字财政"或"赤字预算",它属于财政政策的一种;二是预算并没有设计赤字,但执行到最后却出现了赤字,也就是"财政赤字"或"预算赤字"。

一国之所以会出现财政赤字,有许多原因。有的是为了刺激经济发展而降低税率或增加政府支出,有的则因为政府管理不当,引起大量的逃税或过分浪费。当一个国家财政赤字累积过高时,就好像一间公司背负的债务过多一样,对国家的长期经济发展而言并不是一件好事,对于该国货币亦属长期的利空,且日后为了解决财政赤字只有靠减少政府支出或增加税收这两项措施,对于经济或社会的稳定都有不良的影响。一国财政赤字若加大,该国货币会下跌,反之,若财政赤字缩小,表示该国经济良好,该国货币会上扬。

赤字财政政策是在经济运行低谷期使用的一项短期政策。在短期内,经济若处于非充分就业状态,社会的闲散资源并未充分利用时,财政赤字可扩大总需求,带动相关产业的发展,刺激经济回升。在当前世界经济增长乏力的条件下,中国经济能够保持平稳增长态势,扩张性赤字财政政策功不可没。从这个角度说,财政赤字是国家宏观调控的手段,它能有效调动社会资源,积累庞大的社会资本,支持经济体制改革,促进经济的持续增长。实际上财政赤字是国家为经济发展、社会稳定等目标,依靠国家坚实和稳定的国家信用调整和干预经济,是国家在经济调控中发挥作用的一个表现。

财政赤字的大小对于判断财政政策的方向和力度是至关重要的。财政政策是重要的宏观经济政策之一,而财政赤字则是衡量财政政策状况的重要指标。因此,正确衡量财政赤字对于制定财政政策具有十分重要的意义。非常遗憾的是,对于如何正确衡量财政赤字,经济学家并没有达成共识。一些经济学家认为,目前通常意义上的财政赤字并不是财政政策状况的一个好指标。这就是说,他们认为按照目前公认的方法衡量的财政赤字既不能准确地衡量财政政策对目前经济的影响,又不能准确地衡量给后代纳税人造成的负担。

以美国为例,美国财政部2009年公布的数据显示,在截至2009年6月30日的2008~2009财政年度的前9个月,美国联邦财政赤字首次超过1万亿美元。据奥巴马政府预计,联邦财政赤字到2009年年底将达1.84万亿美元,约占美国国内生产总值的13%,为1945年以来的最高水平。

《华尔街日报》2009年7月14日发表文章认为,公共债务和失业率攀升正在对奥巴马政府产生"政治影响"。财赤问题已经成为在野的共和党攻击政府的一大话题。美国国会少数党（共和党）领袖约翰·博纳说："1万亿美元财赤清楚地表明我们国家的财政状况已经岌岌可危，而政府却仍在不停借钱开销，让我们的子孙后代背负重债。"

由于财赤不断突破"红线"，奥巴马政府力推的医疗制度改革面临巨大阻力。尽管奥巴马称医疗改革在长期内会降低财赤水平，但这项改革却会使美国政府多支出1万亿美元。

如果财赤问题不尽早得到解决，美国经济很难实现可持续发展。美国联邦政府原总审计长戴维·沃克认为，美国面临的最大挑战是政府在财政方面不负责任。研究美国公共债务问题的华盛顿智库布鲁金斯学会经济学家威廉·盖尔担忧，财赤危机一旦到来，对美国经济乃至世界经济的影响将不可估量。

赤字财政政策并不是包治百病的良药。从长期来看，巨额的财政赤字有可能造成通货膨胀加剧、货币贬值，并对国家的主权信用产生不良影响。刺激投资就是扩大生产能力。实行扩张性政策，有可能是用进一步加深未来的生产过剩的办法来暂时减轻当前的生产过剩。因此，长期扩张积累的后果必然会导致更猛烈的经济危机的爆发。

因此，一国在采取赤字财政政策的时候必须审时度势，万分谨慎，要在促进经济发展的同时，为将来的政策调整留下空间和余地。

·第五章·

汇率上升，对我们的生活有影响吗

——每天读点国际贸易知识

汇率：天下也有免费的"午餐"

故事发生在美国和墨西哥边界的小镇上。有一个单身汉在墨西哥一边的小镇上付了1比索买了一杯啤酒，啤酒的价格是0.1比索，找回0.9比索。他转而来到美国一边的小镇上，发现美元和比索的汇率是1：0.9。他把剩下的0.9比索换了1美元，用0.1美元买了一杯啤酒，找回0.9美元。回到墨西哥的小镇上，他发现比索和美元的汇率是1：0.9。于是，他把0.9美元换成1比索，又买啤酒喝。这样他在两个小镇上喝来喝去，总还是有1美元或1比索。换言之，他一直在喝免费啤酒，这可真是个快乐的单身汉。

这个快乐的单身汉为什么能喝到免费的啤酒呢？这跟汇率有关系，在美国，美元与比索的汇率是1：0.9，但在墨西哥，美元和比索的汇率约为1：1.1。那么，什么才是汇率呢？

汇率亦称"外汇行市或汇价"，是一国货币兑换另一国货币的比率，是以一种货币表示另一种货币的价格。由于世界各国货币的名称不同，币值不一，所以一国货币对其他国家的货币要规定一个兑换率，即汇率。从短期来看，一国的汇率由对该国货币兑换外币的需求和供给所决定。外国人购买本国商品、在本国投资以及利用本国货币进行投机会影响本国货币的需求。本国居民想购买外国产品、向外国投资以及外汇投机影响本国货币供给。在长期中，影响汇率的主要因素有：相对价格水平、关税和限额、对本国商品相对于外国商品的偏好以及生产率。

各国货币之所以可以进行对比，能够形成相互之间的比价关系，原因在于它们都代表着一定的价值量，这是汇率的决定基础。

例如，一件价值100元人民币的商品，如果人民币对美元的汇率为0.1502，则这件商品在美国的价格就是15.02美元。如果人民币对美元的汇率降到0.1429，也就是说美元升值，人民币贬值，用更少的美元可买此商品，这件商品在美国的价格就是14.29美元，所以该商品在美国市场上的价格会变低。商品的价格降低，竞争力就变高，便宜好卖。反之，如果人民币对美元汇率升到0.1667，也就是说美元贬值，人民币升值，则这件商品在美国市场上的价格就是16.67美元，此商品的美元价格变贵，买的人就少了。

简要地说，汇率就是用一个单位的一种货币兑换等值的另一种货币。

在纸币制度下，各国发行纸币作为金属货币的代表，并且参照过去的做法，以法令规定纸币的含金量，称为金平价，金平价的对比是两国汇率的决定基础。但是纸币不能兑换成黄金，因此，纸币的法定含金量往往形同虚设。所以在实行官方汇率的国家，由国家货币当局规定汇率，一切外汇交易都必须按照这一汇率进行。在实行市场汇率的国家，汇率随外汇市场上货币的供求关系变化而变化。

随着经济全球化的发展，世界各国之间的经济往来越来越紧密，汇率作为各国之间联系的重要桥梁，发挥着重要作用。

（1）汇率与进出口。一般来说，本币汇率下降，即本币对外的币值贬低，能起到促进出口、抑制进口的作用；若本币汇率上升，即本币对外的比值上升，则有利于进口，不利于出口。汇率是国际贸易中最重要的调节杠杆。因为一个国家生产的商品都是按本国货币来计算成本的，要拿到国际市场上竞争，其商品成本一定会与汇率相关。汇率的高低也就直接影响该商品在国际市场上的成本和价格，直接影响商品的国际竞争力。

（2）汇率与物价。从进口消费品和原材料来看，汇率的下降会引起进口商品在国内的价格上涨。至于它对物价总指数影响的程度则取决于进口商品和原材料在国民生产总值中所占的比重。反之，本币升值，其他条件不变，进口品的价格有可能降低，从而可以起抑制物价总水平的作用。

（3）汇率与资本流出入。短期资本流动常常受到汇率的较大影响。当存在本币对外贬值的趋势下，本国投资者和外国投资者就不愿意持有以本币计值的各种金融资产，并会将其转兑成外汇，发生资本外流现象。同时，由于纷纷转兑外汇，加剧外汇供求紧张，会促使本币汇率进一步下跌。反之，当存在本币对外升值的趋势时，本国投资者和外国投资者就力求持有以本币计值的各种金融资产，并引发资本内流。同时，由于外汇纷纷转兑本币，外汇供过于求，会促使本币汇率进一步上升。

汇率是两种不同货币之间的比价，因此汇率多少，必须先确定用哪个国家的货币作为标准。由于确定的标准不同，于是便产生了几种不同的外汇汇率标价方法。

第一，直接标价法。

直接标价法，又叫应付标价法，是以一定单位（1、100、1000、10000）的外国货币为标准来计算应付出多少单位本国货币。就相当于计算购买一定单位外币所应付多少本币，所以又叫应付标价法。在国际外汇市场上，包括中国在内的世界上绝大多数国家目前都采用直接标价法。如日元兑美元汇率为151.11，即1美元兑151.11日元。

在直接标价法下，若一定单位的外币折合的本币数额多于前期，则说明外币币值上升或本币币值下跌，叫作外汇汇率上升；反之，如果用比原来少的本币即能兑换到同一数额的外币，这说明外币币值下跌或本币币值上升，叫作外汇汇率下跌，即外币的价值与汇率的涨跌成正比。

第二，间接标价法。

间接标价法又称应收标价法。它是以一定单位（如1个单位）的本国货币为标准，来计算应收若干单位的外汇货币。在国际外汇市场上，欧元、英镑、澳元等均为间接标价法。如欧元兑美元汇率为1.07062，即1欧元兑1.07062美元。在间接标价法中，本国货币的数额保持不变，外国货币的数额随着本国货币币值的变化而变化。如果一定数额的本币能兑换的外币数额比前期少，这表明外币币值上升，本币币值下降，即外汇汇率下跌；反之，如果一定数额的本币能兑换的外币数额比前期多，则说明外币币值下降，本币币值上升，即外汇汇率上升，这说明外汇的价值和汇率的升跌成反比。因此，间接标价法与直接标价法相反。

由于直接标价法和间接标价法所表示的汇率涨跌的含义正好相反，所以在引用某种货币的汇率和说明其汇率高低涨跌时，必须明确采用哪种标价方法，以免混淆。

世界上没有完美无缺的事物，对于任何一个国家来说，汇率都是一把"双刃剑"。汇率变动究竟会带来怎样的好处与坏处，要视一个国家的具体情况而定。

汇率指标：不同国家的适用程度不同

汇率作为国家间配置资源的重要工具，其水平的决定与作用机制非常复杂，同时汇率作为交易国家货币兑换的标准，发挥着在国家间配置资源的重要作用。为了解释与汇率相关的复杂经济现象，经济学理论提出了一系列汇率指标。在目前经济研究中，通过给出的汇率指标的统计来界定得到的相关汇率的数据。

1994年墨西哥货币贬值之前，汇率指标使墨西哥将通货膨胀率从1988年的100%以上降到了1994年的10%以下。在工业化国家，汇率指标的最大成本，是无法实施独立的货币政策以应对国内事务。如果中央银行可以认真负责地实施独立的国内货币政策，通过比较1992年后法国和英国的经历，可以发现，这实在是一个很大的成本。不过，要么由于中央银行缺少独立性，要么由于对中央银行的政治压力导致通货膨胀型的货币政策，不然不是所有的工业化国家都能够成功实施自己的货币政策。在这样的情况下，放弃对国内货币政策的独立控制权，可能不是很大的损失，而让货币政策由核心国的更有效运作的中央银行来决定，所带来的收益可能是相当大的。

意大利就是典型的案例。在所有的欧洲国家中，意大利公众是最赞成欧洲货币联盟的，这并非偶然。意大利货币政策的历史记录并不好，意大利公众意识到，让货币政策由更负责任的外人来控制，其收益会远远大于失去采用货币政策解决国内事务的能力所带来的成本。

工业化国家会发现以汇率为指标非常有用的第二个原因是，它促进了本国经济和邻国经济的融合。这可由一些国家如奥地利和荷兰长期将汇率钉住德国马克，以及先于欧洲货币联盟的汇率钉住的例子所证实。

除非在以下两种情况下，以汇率为指标可能不是工业化国家控制整体经济的最好的货币政策策略，即一是国内货币和政治机构不能作出良好的货币政策决策；二是存在其他重大的和货币政策无关的汇率指标利益。

以汇率为指标有以下几个优点。

其一，国际贸易商品的国外价格是由世界市场决定的，而这些商品的国内价格由汇率指标得以固定。汇率指标的名义锚将国际贸易商品的通货膨胀率和核心国相挂钩，从而有助于控制通货膨胀。例如，2002年之前，阿根廷比索对美元的汇率恰好是1：1，因此国际贸易中5美元/蒲式耳小麦的价格就被确定为5阿根廷比索。如果汇率指标是可信的（也就是预计能够固定住），那么汇率指标的另一个好处就是可将通货膨胀预期和核心国的通货膨胀率固定在一起。

其二，汇率指标为货币政策的实施提供了自动规则，从而缓解了时间一致性问题。当本国货币有贬值趋势时，汇率指标会促使推行紧缩的货币政策；当本国货币有升值的趋势时，汇率指标会促使推行宽松的货币政策。因此，就不大可能选择自由放任的一致性的货币政策。

其三，汇率指标具有简单和明晰的优点，使得公众容易理解。"稳定的货币"是货币政策易于理解的追求目标。过去，这一点在法国非常重要，建立"法郎堡垒"（坚挺的法郎）的要求经常被用来支持紧缩的货币政策。

尽管汇率指标有内在的优点，但人们针对这个策略还是有一些严厉的指责。问题在于，追求汇率指标的国家，由于资本的流动，钉住国不能再实施独立的货币政策，丧失了利用货币政策应对国内突发事件的能力。而且，汇率指标意味着核心国遭受的突发冲击会被直接传递到钉住国，因为核心国利率的变动会导致钉住国利率的相应变动。

汇率指标引起的第二个问题是，钉住国向冲击它们货币的投机者敞开了大门。实际上，德国统一的一个后果就是1992年9月的外汇危机。德国统一后的紧缩性货币政策意味着ERM国家会遭受需求的负面冲击，这种冲击会导致经济增长下滑和失业率提高。对这些国家的政府来说，在这样的情况下维持汇率相对于德国马克固定不变，当然是可行的，但是，投机者开始琢磨，这些国家钉住汇率的承诺是否会削弱？投机者断定，这些国家想要抵挡对其货币的冲击，必须保持相当高的利率，由此所引起的失业率上升是这些国家政府难以容忍的。

在新兴市场国家，汇率指标也是迅速降低通货膨胀率的有效手段。许多新兴市场国家的政治和货币机构特别薄弱，因而这些国家遭受了持续的恶性通货膨胀，对于这些国家，以汇率为指标可能是打破通货膨胀心理、稳定经济的唯一途径。另外，新兴市场国家对外汇市场信号效应的需求可能更为强烈，因为中央银行的资产负债表和行为不像工业化国家那样透明。以汇率为指标可能使得人们更难判断中央银行的政策举动，1997年7月货币危机之前的泰国就是如此。汇率指标是最后的稳定政策，公众不能监控中央银行以及政治家对中央银行施加的压力，使货币政策很容易变得过于扩张。然而，如果新兴市场国家以汇率为指标的制度没有一直保持透明，这些制度更有可能崩溃，通常导致灾难性的金融危机。

法国和英国通过将它们货币的价值钉住德国马克，成功地使用了汇率指标来降低通货膨胀率。1987年，当法国首次将汇率钉住德国马克，它的通货膨胀率是3%，高于德国通货膨胀率2个百分点。到1992年，它的通货膨胀率降到2%，该水平可以被认为是与物价稳定相一致的，甚至低于德国的通货膨胀率。到1996年，法国和德国的通货膨胀率十分相近，达到略低于2%的水平。类似地，英国在1990年钉住德国马克之后，到1992年被迫退出汇率机制之时，已经将通货膨胀率从10%降到3%。工业化国家已经成功地利用汇率指标控制了通货膨胀。

钉住汇率的货币政策策略由来已久。它的形式可以是，将本国货币的价值固定于黄金等商品，即前面所介绍的金本位制度的关键特征。近年来，固定汇率制度已经发展为将本国货币的价值同美国、德国等通货膨胀率较低的大国货币固定在一起。另一种方式是采用爬行指标或钉住指标，即允许货币以稳定的速率贬值，以使钉住国的通货膨胀率能够高于核心国的通货膨胀率。

经济规模小和经济实力较弱的发展中国家倾向于选择钉住汇率制，这主要是由于它们承受外汇风险的能力较差。这种钉住不同于布雷顿森林体系下钉住美元的做法，因为那时美元是与黄金挂钩的，而美元的金平价又是固定的。而布雷顿森林体系瓦解后，一些国家所钉住的货币本身的汇率却是浮动的。因此当时的固定汇率制本质上应该是浮动汇率制。

"巨无霸"指数——货币的实际购买力

1986年9月，英国著名的杂志《经济学人》推出了有趣的"巨无霸指数"，将世界各国麦当劳里的巨无霸汉堡包价格，根据当时汇率折合成美元，再对比美国麦当劳里的售价，来测量两种货币在理论上的合理汇率。巨无霸指数是一个非正式的经济指数，用以测量两种货币的汇率理论上是否合理，从而得出这种货币被"高估"或"低估"的结论。在一些西方经济学家眼中，麦当劳的巨无霸已经成为评估一种货币真实价值的指数，这个指数风靡全球。

两国的巨无霸的购买力平价汇率的计算法，是以一个国家的巨无霸以当地货币的价格，除以另一个国家的巨无霸以当地货币的价格。该商数用来跟实际的汇率比较，要是商数比汇率为低，就表示第一国货币的汇价被低估了；相反，要是商数比汇率为高，则第一国货币的汇价被高估了。

举例而言，假设一个巨无霸在美国的价格是 4 美元，而在英国是 3 英镑，那么经济学家认为美元与英镑的购买力平价汇率就是 3 英镑等于 4 美元。而如果在美国一个麦当劳巨无霸的价格是 2.54 美元，在英国是 1.99 英镑、在欧元区是 2.54 欧元，而在中国只要 9.9 元的话，那么经济学家由此推断，人民币是世界上币值被低估最多的货币。巨无霸指数是一个非正式的经济指数，用以测量两种货币的汇率理论上是否合理。这种测量方法假定购买力平价理论成立。

有关汇率决定的最著名的一个理论就是购买力平价理论。购买力平价理论最早是由 20 世纪初瑞典经济学家古斯塔夫·卡塞尔提出的。该理论指出，在对外贸易平衡的情况下，两国之间的汇率将会趋向于靠拢购买力平价。一般来讲，这个指标要根据相对于经济的重要性考察许多货物才能得出。简单地说，购买力平价是国家间综合价格之比，即两种或多种货币在不同国家购买相同数量和质量的商品和服务时的价格比率，用来衡量对比国之间价格水平的差异。

例如，购买相同数量和质量的一篮子商品，在中国用了 80 元人民币，在美国用了 20 美元，对于这篮子商品来说，人民币对美元的购买力平价是 4：1，也就是说，在这些商品上，4 元人民币购买力相当于 1 美元。如果当一国物价水平相对于另一国上升，其货币应当贬值（另一国货币应当升值）。假定相对于美国钢材的价格（仍然为 100 美元），日本钢材的日元价格上升了 10%（1.1 万日元）。如果日本的物价水平相对于美国上涨了 10%，美元必须升值 10%。

这一理论在长期实践中得到了证实。从 1973 年至 2002 年底，英国物价水平相对于美国上涨了 99%，按照购买力平价理论，美元应当相对于英镑升值，实际情况正是如此，尽管美元只升值了 73%，小于购买力平价理论计算的结果。

例如，如果有代表性的一组货物在美国值 2 美元，在法国值 10 法郎，汇率就应该是 1 美元等于 5 法郎。因此，购买力平价理论认为：一个平衡的汇率是使所比较的两种通货在各自国内购买力相等的汇率，偏离于使国内购买力相等的汇率是不可能长期存在的。如果一件货物在美国所值的美元价格相当于法国所值的法郎价格的 1/5，而汇率却是 1 美元等于 1 法郎，那么，每个持有法郎的人就会把法郎换成同数的美元，而能够在美国购买 5 倍的货物。但市场上对美元的需求会使汇率上涨，一直达到 1 美元等于 5 法郎为止，也就是达到它的货币购买力的比率与各国货币所表示价格水平的比率相等为止。

购买力平价理论认为，人们对外国货币的需求是由于用它可以购买外国的商品和劳务，外国人需要其本国货币也是因为用它可以购买其国内的商品和劳务。

因此，本国货币与外国货币相交换，就等于本国与外国购买力的交换。所以，用本国货币表示的外国货币的价格也就是汇率，决定于两种货币的购买力比率。由于购买力实际上是一般物价水平的倒数，因此两国之间的货币汇率可由两国物价水平之比表示。这就是购买力平价说。从表现形式上来看，购买力平价说有两种定义，即绝对购买力平价和相对购买力平价。

购买力平价决定了汇率的长期趋势。不考虑短期内影响汇率波动的各种短期因素，从长期来看，汇率的走势与购买力平价的趋势基本上是一致的。因此，购买力平价为长期汇率走势的预测提供了一个较好的方法。

购买力平价的大前提为两种货币的汇率会自然调整至一水平，使一篮子货物在该两种货币的售价相同（一价定律）。在巨无霸指数，该一"篮子"货品就是一个在麦当劳连锁快餐店里售卖的巨无霸汉堡包。选择巨无霸的原因是，巨无霸在多个国家均有供应，而它在各地的制作规格相同，由当地麦当劳的经销商负责为材料议价。这些因素使该指数能有意义地比较各国货币。

现行的货币汇率对购买力平价于比较各国人民的生活水平将会产生误导。例如，如果墨西哥比索相对于美元贬值一半，那么以美元为单位的国内生产总值也将减半。可是，这并不表明墨西哥人变穷了。如果以比索为单位的收入和价格水平保持不变，而且进口货物对墨西哥人的生活水平并不重要（因为这样进口货物的价格将会翻倍），那么货币贬值并不会带来墨西哥人的生活质量的恶化。如果采用购买力平价就可以避免这个问题。

一价定律：购买力平价之上的模型

假定美国钢材的价格为每吨 100 美元，与其同质的日本钢材的价为每吨 1 万日元。按照一价定律，日元和美元的汇率应当是 100 日元 / 美元（0.01 美元 / 日元），这样每吨美国钢材在日本的价格为 1 万日元（等于日本钢材的价格），而每吨日本钢材在美国的价格为 100 美元（等于美国钢材的价格）。如果汇率为 200 日元 / 美元，每吨日本钢材在美国的价格为 50 美元，是美国钢材价格的一半；而每吨美国钢材在日本的价格为 2 万日元，是日本钢材的两倍。由于美国钢材在这两个国家都比日本钢材价格高，并且与日本钢材同质，美国钢材的需求就会减少为零。假定美国钢材的美元价格不变，只有当汇率下跌到 100 日元 / 美元的水平上，由此产生的美国钢材超额供给才会消除，此时，美国钢材和日本钢材在这两个国家的价格都是相固定的。这就是金融学当中著名的一价定律。

一价定律即绝对购买力平价理论，它是由货币学派的代表人物弗里德曼提出的。一价定律可简单表述为：当贸易开放且交易费用为零时，同样的货物无论在何地销售，其价格都相同。这揭示了国内商品价格和汇率之间的一个基本联系。一价定律认为在没有运输费用和官方贸易壁垒的自由竞争市场上，一件相同商品在不同国家出售，如果以同一种货币计价，其价格应是相等的。按照一价定律的理论，任何一种商品在各国间的价值是一致的（通过汇率折算之后的标价是一致的）。若在各国间存在价格差异，则会发生商品国际贸易，直到价差被消除，贸易停止，这时达到商品市场的均衡状态。

1934年，英国经济学家格里高利首先提出了均衡汇率的概念。他说，实际上存在着三种汇率：第一，事实上的汇率，即市场上流行的汇率；第二，真实的均衡汇率，是根据购买力平价，再估计到国际收支方面的各项因素及和通货膨胀无关的其他各种因素而得出的汇率；第三，购买力平价，是按各国一般物价水平的对比而计算出来的汇率。格里高利认为，真实的均衡汇率只是极近似购买力平价，而不等于购买力平价。至于事实上的汇率，则既不同于真实的均衡汇率，又有别于购买力平价。

购买力平价理论是基于两国所有商品同质与运输成本和贸易壁垒很低的假定，得出汇率完全由物价水平的相对变化所决定的结论。并非所有商品和服务（其价格被包括在一国的物价水平当中）都可以跨境交易。住宅、土地以及餐饮、理发和高尔夫等服务都是不能进行交易的商品，因此，即使这些商品的价格上涨，导致该国相对于其他国家物价水平上升，也不会影响汇率。

我们的分析表明，有四个因素在长期影响汇率：相对物价水平、关税和配额、对国内和外国商品的偏好以及生产能力。任何增加国内商品相对于外国商品需求的因素都可能导致国内货币升值，因为即使当国内货币价值升高时，国内商品也能继续销售。同理，任何增加国外商品相对于国内商品需求的因素都可能导致国内货币贬值，因为只有当国内货币价值降低时，国内商品才会继续销售。

相对物价水平按照购买力平价理论，美国商品价格上升（假定外国商品价格不变），对美国商品的需求会减少，美元趋于贬值，使美国商品得以继续销售。相反，如果日本商品价格上升，美国商品的相对价格下跌，对美国商品的需求会增加，美元趋向升值，因为即使美元价值上升，美国商品也会继续销售良好。长期来看，一国物价水平的上升会导致其货币贬值，而一国相对物价水平的下跌会导致其货币升值。

自由贸易壁垒会影响汇率。假定美国提高关税，或者给予日本钢材以较少的配额，这些贸易壁垒增加了对美国钢材的需求，美元趋于升值，因为即使美元价值升高，美国钢材也会保持良好的销售态势，增加贸易壁垒导致该国货币长期内升值。

如果日本人偏好美国商品，譬如说佛罗里达州的柑橘和美国电影，对美国商品需求（出口）的增加导致美元升值，因为即使美元价值升高，美国商品的销售也会非常好。同样，如果相对于美国汽车而言，美国人更偏好日本汽车，对日本商品需求（进口）的增加导致美元的贬值。对一国出口的需求增加导致其货币长期内升值；相反，对进口的需求增加会导致该国货币贬值。

如果一国的生产能力相对于其他国家提高，该国的企业就能降低本国商品相对于外国商品的价格，并仍能赚取利润。于是，国内商品需求增加，国内货币趋于升值。然而，如果一国生产能力的提高滞后于其他国家，其商品的相对价格就会升高，其货币趋于贬值。从长期来看，一国相对于其他国家生产能力提高，其货币就会升值。

由此我们可以得出这样一个重要结论，即一价定律成立的前提条件有四个：一是对比国家都实行了同等程度的货币自由兑换，货币、商品、劳务和资本流通是完全自由的；二是信息是完全的；三是交易成本为零；四是关税为零。

同自由市场上其他任何商品或资产的价格相同，供给和需求共同决定了汇率。为了简化对自由市场上外汇决定的分析，我们将其分为两个步骤。首先，我们考察长期汇率是如何决定的；之后，我们利用长期汇率决定的知识来理解短期汇率决定机制。

一价定律在金融中的作用是，在评价成本和收益以计算净现值时，可以用任何一个竞争市场的价格来确定它们的现金价值，而不用考虑所有可能的市场价格。

汇率制度：固定汇率好还是浮动汇率好

自 2005 年 7 月 21 日起，我国开始实行以市场供求为基础、参考一篮子货币进行调节、有管理的浮动汇率制度。人民币汇率不再钉住单一美元，形成更富弹性的人民币汇率机制。

2005 年 7 月 21 日，美元对人民币交易价格调整为 1 美元兑 8.11 元人民币，作为次日银行间外汇市场上外汇指定银行之间交易的中间价，外汇指定银行可自此时起调整对客户的挂牌汇价。此后，每日银行间外汇市场美元对人民币的交易价仍在人民银行公布的美元交易中间价上下千分之三的幅度内浮动，非美元货币对人民币的交易价在人民银行公布的该货币交易中间价上下一定幅度内浮动。

中国人民银行将根据市场发育状况和经济金融形势，适时调整汇率浮动区间。同时，中国人民银行负责根据国内外经济金融形势，以市场供求为基础，参考一篮子货币汇率变动，对人民币汇率进行管理和调节，维护人民币汇率的正常浮动，保持人民币汇率在合理、均衡水平上的基本稳定，促进国际收支基本平衡，维护宏观经济和金融市场的稳定。至此，人民币汇率改革首次破冰，引发市场活跃。

人民币为什么要放弃固定汇率制度而改为浮动的汇率制度？为什么这一改革道路进行得颇为艰难？

固定汇率是将一国货币与另一国家货币的兑换比率基本固定的汇率，固定汇率并非汇率完全固定不动，而是围绕一个相对固定的平价的上下限范围波动，该范围最高点叫"上限"，最低点叫"下限"。当汇价涨或跌到上限或下限时，政府的中央银行要采取措施，使汇率维持不变。在 19 世纪初到 20 世纪 30 年代的金本位制时期、第二次世界大战后到 20 世纪 70 年代初以美元为中心的国际货币体系，都实行固定汇率制。

固定汇率的优点有以下两点：一是有利于经济稳定发展；二是有利于国际贸易、国际信贷和国际投资的经济主体进行成本利润的核算，避免了汇率波动风险。

缺点包括以下三点：一是汇率基本不能发挥调节国际收支的经济杠杆作用。二是为维护固定汇率制将破坏内部经济平衡。比如一国国际收支逆差时，本币汇率将下跌，成为软币，为不使本币贬值，就需要采取紧缩性货币政策或财政政策，但这种会使国内经济增长受到抑制、失业增加。三是引起国际汇率制度的动荡和混乱。东南亚货币金融危机就是一例。

浮动汇率是固定汇率的对称。根据市场供求关系而自由涨跌，货币当局不进行干涉的汇率。在浮动汇率下，金平价已失去实际意义，官方汇率也只起某种参考作用。就浮动形式而言，如果政府对汇率波动不加干预，完全听任供求关系决定汇率，称为自由浮动或清洁浮动。但是，各国政府为了维持汇率的稳定，或出于某种政治及经济目的，要使汇率上升或下降，都或多或少地对汇率的波动采取干预措施。这种浮动汇率在国际上通称为管理浮动或肮脏浮动。1973 年固定汇率制瓦解后，西方国家普遍实行浮动汇率制。

浮动汇率制度的主要长处是防止国际游资冲击，避免爆发货币危机；有利于促进国际贸易的增长和生产的发展；有利于促进资本流动等等。缺点是经常导致外汇市场波动，不利于长期国际贸易和国际投资的进行；不利于金融市场的稳定；基金组织对汇率的监督难以奏效，国际收支不平衡状况依然得不到解决；对发展中国家更为不利。

浮动汇率制度形式多样化，包括自由浮动、管理浮动、钉住浮动、单一浮动、联合浮动等。在浮动汇率制度下，汇率并不是纯粹的自由浮动，政府在必要的时候会对汇率进行或明或暗的干预。由于汇率的变化是由市场的供求状况决定的，因此浮动汇率比固定汇率波动要频繁，而且波幅大。特别提款权的一篮子汇价成为汇率制度的组成部分。有管理的浮动汇率制是指一国货币当局按照本国经济利益的需要，不时地干预外汇市场，以使本国货币汇率升降朝着有利于本国的方向发展的汇率制度。在有管理的浮动汇率制下，汇率在货币当局确定的区间内波动。区间内浮动有助于消除短期因素的影响，当区间内的汇率波动仍无法消除短期因素对汇率的影响时，中央银行再进行外汇市场干预以消除短期因素的影响。

在现行的国际货币制度下，大部分国家实行的都是有管理的浮动汇率制度。有管理的浮动汇率是以外汇市场供求为基础的，是浮动的，不是固定的。它与自由浮动汇率的区别在于它受到宏观调控的管理，即货币当局根据外汇市场形成的价格来公布汇率，允许其在规定的浮动幅度内上下浮动。一旦汇率浮动超过规定的幅度，货币当局就会进入市场买卖外汇，维持汇率的合理和相对稳定。

2005 年以来，中国开始了一篮子货币的浮动汇率制度，自此以后人民币汇率问题一直是国内外舆论关注的热点。2006 年人民币加速了升值的速度，随着 2007 年、2008 年两年经济的快速发展，人民币在一路"高升"之后渐趋于平稳。这让央行大大松了一口气。对央行来说，保持人民币汇率内外均衡一直是央行政策中的重点。但什么样的汇率水平才是均衡的？这一问题值得探讨。

在 1944 年，经济学家努克斯给均衡汇率下了一个更为简洁的定义，即"均衡汇率是这样一种汇率，它在一定时期内，使国际收支维持均衡，而不引起国际储备净额的变动"。1945 年，他又进一步对均衡汇率的概念进行修正：均衡汇率是在大约三年内，维持一国国际收支均衡状态而不致造成大量失业或求助于贸易管制时的汇率。自此以后，凯恩斯主义者们就以就业作为判断汇率是否均衡的标准。

均衡汇率理论实际上并不是关于解释汇率决定和汇率变动的理论，而是从一个国家的国内经济状况、国际收支的变动等诸方面来考虑汇率水平是否合理，判断汇率是高估还是低估，并决定汇率水平是否应当变动。因此，均衡汇率理论实际上是一种政策性工具。它未能回答汇率的决定政策问题，却在汇率理论和汇率政策之间架起了桥梁，因而也具有非常重要的意义。但是，均衡汇率理论的一些基本内容是建立在诸如"其他一切都不变化"的前提上，而这个条件在现实中是几乎不存在的，这个缺陷限制了均衡汇率理论作为一种政策工具的"可操作性"，因而降低了它的实际应用意义。

固定汇率制度和浮动汇率制度是两种不同的汇率制度，某个国家在某个经济周期，结合本国的经济结构，固定汇率制度可能优于浮动汇率制度，而另一个阶段，另一种经济结构下，浮动汇率制度又有可能优于固定汇率制度。所以，权衡固定汇率制度好还是浮动汇率制度好，一定要结合本国的具体国情和经济发展状况，才能作出客观理性的分析。

外汇交易：两种货币之间是怎样交易的

自从外汇市场诞生以来，外汇市场的汇率波幅越来越大。1985年9月，1美元兑换220日元，而1986年5月，1美元只能兑换160日元，在8个月里，日元升值了27%。近几年，外汇市场的波幅就更大了，1992年9月8日，1英镑兑换2.0100美元，11月10日，1英镑兑换1.5080美元，在短短大约两个月里，英镑兑美元的汇价就下跌了5000多点，贬值25%。不仅如此，目前，外汇市场每天的汇率波幅也不断加大，一日涨跌2%至3%已是司空见惯。1992年9月16日，英镑兑美元从1.8755跌至1.7850，英镑日下挫5%。正因为外汇市场波动频繁且波幅巨大，给投资者创造了更多的机会，吸引了越来越多的投资者加入这一行列。

外汇交易就是一国货币与另一国货币进行交换。与其他金融市场不同，外汇市场没有具体地点，也没有中央交易所，而是以电子交易的方式进行。"外汇交易"是同时买入一对货币组合中的一种货币而卖出另外一种货币，即以货币对形式交易，例如欧元/美元（EUR/USD）或美元/日元（USD/JPY）。

外汇交易中大约每日的交易周转的5%是由于公司和政府部门在国外买入或销售他们的产品和服务，或者必须将他们在国外赚取的利润转换成本国货币；而另外 95% 的交易是为了赚取盈利或者投机。对于投机者来说，最好的交易机会总是交易那些最通常交易的（并且因此是流动量最大的）货币，叫作"主要货币"。今天，大约每日交易的 85% 是这些主要货币，它包括美元、日元、欧元、英镑、瑞士法郎、加拿大元和澳大利亚元。这是一个即时的 24 小时交易市场，外汇交易每天从悉尼开始，并且随着地球的转动，全球每个金融中心的营业日将依次开始，首先是东京，然后是伦敦和纽约。不像其他的金融市场一样，外汇交易投资者可以对无论是白天或者晚上发生的经济、社会和政治事件而导致的外汇波动而随时反应。外汇交易市场是一个超柜台（OTC）或"银行内部"交易市场，因为事实上外汇交易是交易双方通过电话或者一个电子交易网络而达成的，外汇交易不像股票和期货交易市场那样，不是集中在某一个交易所里进行的。

从交易的本质和实现的类型来看，外汇买卖可分为以下两大类：一是为满足客户真实的贸易、资本交易需求进行的基础外汇交易；二是在基础外汇交易之上，为规避和防范汇率风险或出于外汇投资、投机需求进行的外汇衍生工具交易。属于第一类的基础外汇交易的主要是即期外汇交易，而外汇衍生工具交易则包括远期外汇交易，以及外汇择期交易、掉期交易、互换交易等。

外汇交易主要可分为现钞、现货外汇交易、合约现货外汇交易、外汇期货交易、外汇期权交易、远期外汇交易、掉期交易等。

1. 现钞交易

现钞交易是旅游者以及由于其他各种目的需要外汇现钞者之间进行的买卖，包括现金、外汇旅行支票等。

2. 现货外汇交易

现货外汇交易是大银行之间，以及大银行代理大客户的交易，买卖约定成交后，最迟在两个营业日之内完成资金收付交割。下面主要介绍国内银行面向个人推出的、适于大众投资者参与的个人外汇交易。个人外汇交易，又称外汇宝，是指个人委托银行，参照国际外汇市场实时汇率，把一种外币买卖成另一种外币的交易行为。由于投资者必须持有足额的要卖出外币，才能进行交易，较国际上流行的外汇保证金交易缺少保证金交易的卖空机制和融资杠杆机制，因此也被称为实盘交易。国内的投资者，凭手中的外汇，到工、农、中、建、交、招等六家银行办理开户手续，存入资金，即可透过互联网、电话或柜台方式进行外汇买卖。

3. 合约现货外汇交易（按金交易）

合约现货外汇交易，又称外汇保证金交易、按金交易、虚盘交易，指投资者和专业从事外汇买卖的金融公司（银行、交易商或经纪商），签订委托买卖外汇的合同，缴付一定比率（一般不超过10%）的交易保证金，便可按一定融资倍数买卖十万、几十万甚至上百万美元的外汇。

以合约的形式买卖外汇，投资额一般不高于合约金额的5%，而得到的利润或付出的亏损却是按整个合约的金额计算的。外汇合约的金额是根据外币的种类来确定的，具体来说，每一个合约的金额分别是12500000日元、62500英镑、125000欧元、125000瑞士法郎，每张合约的价值约为10万美元。每种货币的每个合约的金额是不能根据投资者的要求改变的。投资者可以根据自己定金或保证金的多少，买卖几个或几十个合约。一般情况下，投资者利用1千美元的保证金就可以买卖一个合约，当外币上升或下降，投资者的盈利与亏损是按合约的金额即10万美元来计算的。

这种合约形式的买卖只是对某种外汇的某个价格作出书面或口头的承诺，然后等待价格上升或下跌时，再做买卖的结算，从变化的价差中获取利润，当然也承担了亏损的风险。外汇投资以合约的形式出现，主要的优点在于节省投资金额。由于这种投资所需的资金可多可少，所以，近年来吸引了许多投资者的参与。

4. 外汇期货交易

外汇期货交易是指在约定的日期，按照已经确定的汇率，用美元买卖一定数量的另一种货币。期货市场至少要包括两个部分：一是交易市场，二是清算中心。期货的买方或卖方在交易所成交后，清算中心就成为其交易对方，直至期货合同实际交割为止。

期货外汇和合约外汇交易既有一定的联系，也有一定的区别。合约现货外汇的买卖是通过银行或外汇交易公司来进行的，外汇期货的买卖是在专门的期货市场进行的。外汇期货的交易数量和合约现货外汇交易是完全一样的。外汇期货买卖最少是一个合同，每一个合同的金额，不同的货币有不同的规定，如一个英镑的合同也为62500英镑、日元为1250000日元，欧元为125000欧元。外汇期货买卖与合约现货买卖有共同点亦有不同点。

目前，全世界的期货市场主要有：芝加哥期货交易所、纽约商品交易所、悉尼期货交易所、新加坡期货交易所、伦敦期货交易所。

· 第六章 ·

企业上市，奔向纳斯达克

——每天读点企业上市知识

拉开上市的大幕，了解上市的前期准备

企业上市，对公司来说是一件非常重要的事情，而且，企业上市对决策者与操作者的信念也是一种考验。因此，在正式上市之前，企业领导应谨慎考虑是否愿意与股东分享公司的制度、权利和资料文件。因为公司除了有权免费使用股东的资金作为公司运营需要外，还要对股东承担一定的义务，如向股东交代公司管理情况、资金运用情况、公司的发展策略、短期投资等等。

在上市的准备工作中，一项重要的步骤就是审计。往往审计的结果对企业是否能够成功上市发行融资起到了至关重要的作用。

一般情况下，要求中国公司在中国境内按照中国的会计准则进行财务数据记账处理；而企业在境外上市，则需要审计公司在对中国公司的财务数据按照中国会计准则进行核准并按照国际会计准则（IFRS）或目的上市所在地证券交易所（证券委、金融管理局）允许的会计准则进行转换。当前中国的会计准则已经非常接近于国际会计准则，但其中仍存在差距。

因此，企业可以根据自身的特点选择适合自己的审计机构，而并非全球"四大"（普华永道、毕马威、安永、德勤）不可。可是，企业需要注意的是，有些发行商需要审计师事务所提供不低于融资额50%的保险，而一些审计师事务所会要求客户支付该所所能承担的最大保险额以外的保险保费。

在全球资本市场范围内，几乎都需要准上市企业提供3年财务合并报表的审计报告以及上市前最近一个季度的财务审阅报告。例如，如企业准备在6月上市，则需要进行当年第一个季度的财务审阅；如企业在11月上市，则需要提供当年

前三个季度的财务审阅。最终的具体情况则需要根据上市目的地核准机构的要求。

企业在审计的时候最好能够提供电子账套，也就是说企业最好是使用财务软件，以便节约审计时间。毕竟，手工账套审计起来工作量会非常大，这体现在审计时间长，审计队伍和企业配合审计人员庞大上；这也间接提高了企业的审计费用。

审计报告完成的时间直接影响到招股说明书的完成时间、递交审批机构的时间以及发行商提早准备发行工作的时间。许多项目的延迟也是因为审计报告无法按时完成导致的，这将无形增加企业上市发行费用，企业应该密切注意，听从并配合审计师按计划完成工作。

董事会秘书作为企业高管，其定位具有角色的特殊性，用企业上市的先行官来形容董事会秘书一点儿也不过分。董事会秘书的职业操守包括专业素质直接影响着企业上市工作的成功与否。因为董事会秘书是企业融资、企业上市的主要策划人之一，也是具体的执行人。在选择中介机构、企业改制设立、申请及报批、发行上市等上市前的各环节中，始终起着关键作用。所以工作中，常常把董事会秘书定义为企业上市的先行官。《公司法》（2005年）第124条规定："上市公司设董事会秘书，负责公司股东大会和董事会会议的筹备、文件保管以及公司股东资料的管理，办理信息披露事务等事宜。"董事会秘书由董事长提名，经董事会聘任或解聘，董事会秘书应对董事会负责。

拟上市企业的董事会秘书在上市运作的整个过程中都应以上市公司董事会秘书的工作标准来要求自己，接受董事会秘书的专业培训，熟悉相关法规政策，理清思路，找准方向，审时度势，为企业拟定上市规划并报企业决策层审议通过后操作实施，同时配合中介机构进场协同作战。

一切准备就绪，就需要企业进入紧锣密鼓的上市筹备阶段。上市企业一般分为以下三个阶段，即上市筹备阶段、聘请中介机构、企业股份制改组阶段。

上市筹备阶段，由企业一把手挂帅，正式成立上市领导小组，全面负责上市工作，由拟选董事会秘书代理执行具体工作。

设立上市筹备组，主要成员单位有：办公室、财务部、法律部、生产部、市场销售部、科研开发部、后勤部等部门负责人及企业候选的董事会秘书等，各成员之间互相配合协同作战，其主要工作有：企业财务部配合会计师及评估师进行公司财务审计、资产评估及盈利预测编制工作；企业分管领导及董事会秘书负责协调企业与省、市各有关政府部门、行业主管部门、中国证监会派出机构以及各中介机构之间的关系，并把握整体工作进程；法律部与律师合作，处理上市有关法律事务，包括编写发起人协议、公司章程、承销协议、各种关联交易协议等；生产部、市场销售部、科研开发部负责投资项目的立项报批工作和提供项目可行性研究报告；董事会秘书完成各类董事会决议、申报主管机关批文、上市文件等，并负责对外媒体报道及投资者关系管理。

聘请中介机构阶段，企业股份制改组及上市所涉及的主要中介机构有：会计师事务所、证券公司及保荐人、资产评估机构、土地评估机构、律师事务所等。这些机构主要由董事会秘书及企业高管负责沟通与协调。与中介机构签署合作协议后，企业便在中介机构指导下开始股份制改组及上市准备工作。

企业股份制改组阶段，其工作重心就是确定发行人主体资格及公司法理、规范运作。

做好企业上市前的准备工作，帮助企业更好地迎来上市的重大时机，这是企业踏上上市之旅的良好起点，也是企业更好发展的光明路标。

严格遵守上市程序是企业成功上市的基础

我们常常说，没有什么成功是随随便便就能实现的。对上市企业来说，企业上市也只是迈出了全新的一步，并不能代表所谓的成功。在做好上市的充分准备之后，我们也要按照一定的程序来实现上市的目的，取得实质性的突破。

1. 股票发行不是简单的四个字，它往往需要企业符合一定的条件

（1）公司的生产经营符合国家产业政策。

（2）限发行一种普通股，以实现"同股同权"的原则。

（3）发行人近三年内无重大违法行为。

（4）发起人认购的股本数应占公司拟发行的股本总额的 35% 以上，且认购的部分不低于 3000 万元。

（5）面向社会公众发行的股本数不得低于公司拟发行的股本总额的 25%。

（6）公司职工认购的股本数不得超过向社会公众发行的股本总额的 10%。

（7）需符合证券规定的其他条件。

2. 根据《证券法》与《公司法》的有关规定，满足发行条件的企业上市的程序如下

（1）向证券监督管理机构提出股票上市申请。

股份有限公司申请股票上市，必须报经国务院证券监督管理机构核准。证券监督管理部门可以授权证券交易所根据法定条件和法定程序核准公司股票上市申请。股份有限公司提出公司股票上市交易申请时应当向国务院证券监督管理部门提交下列文件。

①上市报告书；

②申请上市的股东大会决定；

③公司章程；

④公司营业执照；

⑤经法定验证机构验证的公司最近三年的或公司成立以来的财务会计报告；

⑥法律意见书和证券公司的推荐书；

⑦最近一次的招股说明书。

（2）接受证券监督管理部门的核准。

对于股份有限公司报送的申请股票上市的材料，证券监督管理部门应当予以审查，符合条件的，对申请予以批准；不符合条件的，予以驳回；缺少所要求的文件的，可以限期要求补交；预期不补交的，驳回申请。

（3）向证券交易所上市委员会提出上市申请。

股票上市申请经过证券监督管理机构核准后，应当向证券交易所提交核准文件以及下列文件。

①上市报告书；

②申请上市的股东大会决定；

③公司章程；

④公司营业执照；

⑤经法定验证机构验证的公司最近三年的或公司成立以来的财务会计报告；

⑥法律意见书和证券公司的推荐书；

⑦最近一次的招股说明书；

⑧证券交易所要求的其他文件。

证券交易所应当自接到的该股票发行人提交的上述文件之日起六个月内安排该股票上市交易。《股票发行与交易管理暂行条例》还规定，被批准股票上市的企业在上市前应当与证券交易所签订上市契约，确定具体的上市日期并向证券交易所交纳有关费用。《证券法》对此未作规定。

3. 证券交易所统一股票上市交易后的上市公告

我国《证券法》（1999 年）第 47 条规定："股票上市交易申请经证券交易

所同意后，上市公司应当在上市交易的五日前公告经核准的股票上市的有关文件，并将该文件置备于指定场所供公众查阅。"

我国《证券法》第 48 条（1999 年）规定："上市公司除公告前条规定的上市申请文件外，还应当公告下列事项：（一）股票获准在证券交易所交易的日期；（二）持有公司股份最多的前十名股东的名单和持有数额；（三）董事、监事、经理及有关高级管理人员的姓名及持有本公司股票和债券的情况。"

此外，对于不同的版块来说，企业上市的条件也有所不同，下面来给大家简单地介绍一下。

第一，生产经营方面。中小板要求发行人生产经营符合国家产业政策；而创业板要求发行人应当主要经营一种业务，其生产经营活动符合国家产业政策及环境保护政策；对于像钢铁、水泥、平板玻璃、煤化工、多晶硅、风电设备（2.5兆瓦以上的除外）、电解铝、造船、大豆压榨等产能过剩行业和高能耗、高污染企业和资源型的"两高一资"企业被主板、中小板和创业板同时列为限制类企业。

证监会鼓励以下九个行业上创业板：新能源、新材料、信息、生物与新医药、节能环保、航空航天、海洋、先进制造、高技术服务。证监会要求保荐机构"审慎推荐"以下八个行业上创业板：（一）纺织、服装；（二）电力、煤气及水的生产供应等公用事业；（三）房地产开发与经营，土木工程建筑；（四）交通运输；（五）酒类、食品、饮料；（六）金融；（七）一般性服务业；（八）国家产业政策明确抑制的产能过剩和重复建设的行业。

第二，稳定性方面。中小板要求发行人最近三年内主营业务和董事、高级管理人员没有发生重大变化，实际控制人没有发生变更。同样的，创业板要求发行人最近两年内主营业务和董事、高级管理人员均没有发生重大变化，实际控制人没有发生变更。

第三，业绩方面。中小板要求最近三个会计年度净利润均为正数且累计超过人民币 3000 万元，净利润以扣除非经常性损益前后较低者为计算依据。在目前的实际操作中，一般要达到"报告期 3 年累计税后利润不低于一个亿，最近一年税后利润不低于 5000 万"的条件。创业板要求最近两年连续盈利，最近两年净利润累计不少于 1000 万元，且持续增长；或最近一年盈利，且净利润不少于 500万元，最近一年营业收入不少于 5000 万元，最近两年营业收入增长率均不低于30%。净利润以扣除非经常性损益前后孰低者为计算依据。在目前的实际操作中，一般要满足"报告期三年税后利润增长率平均不低于 30%，最近一年营业收入不低于 1 个亿，税后利润不低于 3000 万"这一条件。

第四，股本方面。中小板要求发行前股本总额不少于人民币 3000 万元。创业板要求发行后股本总额不少于 3000 万元。

第五，其他方面。中小板要求最近一期末无形资产（扣除土地使用权、水面养殖权和采矿权等后）占净资产的比例不高于 20%；最近三个会计年度经营活动产生的现金流量净额累计超过人民币 5000 万元；或者最近三个会计年度营业收入累计超过人民币 3 亿元。创业板要求最近一期末净资产不少于 2000 万元。满足以上几个条件，完成以上几个程序，企业就能够上市并进行交易了。在上市的过程中，如果上市公司丧失《公司法》规定的上市条件的，其股票依法暂停上市或终止上市。

上市公司有下列情形之一的，由证监会决定暂停其股票上市：

第一，公司股本总额、股份结构等发生变化，不再具备上市条件。

第二，公司不按规定公开其财务状况或者对财务会计报告做虚伪记载。

第三，公司有重大违法行为。

第四，公司最近三年连续亏损。

上市公司有前述的第二、三项情形之一，经查证属实且后果严重的；或有前述第一、四项的情形之一，在限期内未能消除，不再具备上市条件的，由证监会决定其股票上市。

量体裁衣，选择适合的融资方式

所谓融资方式，即企业融资的渠道。它可以分为债务性融资和权益性融资两类。前者包括银行贷款、发行债券和应付票据、应付账款等，后者主要指股票融资。债务性融资构成负债，企业要按期偿还约定的本息，债权人一般不参与企业的经营决策，对资金的运用也没有决策权。权益性融资构成企业的自有资金，投资者有权参与企业的经营决策，有权获得企业的红利，但无权撤回资金。

对于任何一个企业的发展，资金都起着至关重要的作用，它是企业经营活动正常运转的血液，也是进行收益分配的基础。而选择何种融资方式也是每个企业都会面临的问题。合理地选择融资方式，可以降低融资风险，减少资本成本。企业量体裁衣，选择合适自己的融资方式，才能做到既满足融资的需要，也能够不断积累，有利于企业的长远发展。

关于债务性融资我们在上一章做了一定的介绍，这一节我们主要来看一看权益性融资。权益性融资主要分为两种：普通股融资和优先股融资。

　　普通股是股份有限公司发行的不具特别权利的股份，是企业资本的最基本构成，它是股票的一种基本形式，在股票市场中，它的发行量最大，也最为重要。它代表满足所有债权偿付要求及优先股东的收益权与求偿权要求后对企业盈利和剩余财产的索取权。通常情况下，股份有限公司只发行普通股。

　　普通股的基本特点是其投资收益（股息和分红）不是在购买时约定，而是事后根据股票发行公司的经营业绩来确定。公司的经营业绩好，普通股的收益就高；反之，若经营业绩差，普通股的收益就低。

　　与其他筹资方式相比，普通股筹措资本具有如下优点：首先，发行普通股筹措资本具有永久性，无到期日，不需归还。这对保证公司对资本的最低需要、维持公司长期稳定发展极为有益。其次，发行普通股筹资没有固定的股利负担，股利的支付与否和支付多少，视公司有无盈利和经营需要而定，经营波动给公司带来的财务负担相对较小。由于普通股筹资没有固定的到期还本付息的压力，所以筹资风险较小。再次，发行普通股筹集的资本是公司最基本的资金来源，它反映了公司的实力，可作为其他方式筹资的基础，尤其可为债权人提供保障，增强公司的举债能力。最后，由于普通股的预期收益较高并可一定程度地抵消通货膨胀的影响（通常在通货膨胀期间，不动产升值时普通股也随之升值），因此普通股筹资容易吸收资金。

　　但是，从投资者的角度来说，由于普通股的资本成本较高，因此投资普通股相对来说风险也较高。而对于筹资公司来说，与债券利息不同，普通股股利从税后利润中支付，因而不具抵税作用。此外，普通股的发行费用一般也高于其他证券。

　　优先股是公司的另一种股份权益形式。所谓优先股，是指由股份有限公司发行的，在分配公司收益和剩余财产方面比普通股股票具有优先权的股票。优先股常被看成一种混合证券，介于股票与债券之间的一种有价证券。持有这种股份的股东先于普通股股东享受分配，通常为固定股利。优先股收益不受公司经营业绩的影响。

　　发行优先股对于公司资本结构、股本结构的优化，提高公司的效益水平，增强公司财务弹性无疑具有十分重要的意义。利用优先股股票筹集的资本称为优先股股本。

　　优先股与普通股相比，在分配公司收益方面具有优先权，一般只有先按约定的股息率向优先股股东分派了股息，普通股股东才能进行分派红利。因此，优先股股东承担的风险较小，但收益稳定可靠。不过，由于股息率固定，即使公司的经营状况优良，优先股股东一般也不能分享公司利润增长的利益。如果公司破产清算，优先股对剩余财产有优先的请求权。优先股股东的优先权只能优先于普通股股东，但次于公司债券持有者。从控制权角度看，优先股股东一般没有表决权（除非涉及优先股股东的权益保障时），无权过问公司的经营管理。我国的有关法规规定：优先股股东无表决权，但公司连续三年不支付优先股股息，优先股股东就享有普通股股东的权利。所以发行优先股一般不会稀释公司普通股股东的控制权。除此之外，发行人为了吸引投资者或保护普通股东的权益，对优先股附加了很多定义，如可转换概念、优先概念、累计红利概念等。

公司发行优先股，在操作方面与发行普通股无较大差别，但由于公司与优先股股东的约定不同，从而有多种类型的优先股。按照不同的标准，先后分为累积优先股与非累积优先股；全部参与优先股、部分参与优先股和不参与优先股；可转换优先股与不可转换优先股、可赎回优先股与不可赎回优先股、有投票权优先股与无投票权优先股。

从普通股股东的立场来看，优先股是一种可以利用的财务杠杆，可视为一种永久性负债。公司有时也可以赎回发行在外的优先股，当然要付出一定的代价，如溢价赎回的贴水。从债权人的立场来看，优先股又是构成公司主权资本的一部分，可以用作偿债的铺垫。

综合来看，不论是债务性融资还是权益性融资，随着企业的成长发展，经营风险的逐渐减少，吸引越来越多的投资人，因此，可供选择的融资方式也会越来越丰富。

资源来源	企业发展阶段		
	种子阶段	创业阶段	成长阶段
内源融资	家族积蓄	追加投资	存留利润
债权投资	亲朋好友借贷、政府扶持	典当、租赁融资	商业担保、贸易占款、流动资金贷款
股权融资	合作方投资	私募融资	国际私募

如上表所示，纵向来看，随着融资的成本的增加，企业可选择的融资方式自上而下也有所不同；横向来看，随企业成长风险的减小，企业可选择的融资方式也在不断升级，有所改善。

由于融资是双方风险和收益的分配，依次寻找投资人也就意味着是在找人分担风险，同时也是向其"销售"未来的收益。因此企业只要把握风险和收益这两个方面的问题，就能够准确地选择融资方式。

随着我国经济的发展，当企业发展稳定后，经营风险较之过往也已经大为降低，拥有不可限量的发展前景。因此，此时来自国内外的投资者会不请自来，使企业陷入"钱眼"的局面。此时，企业要保持清醒的头脑，量体裁衣，根据企业自身的特点来选择合适的融资方式，以免自己的创业成果遭人窃取。

融资成功，如何运作资本才是关键

对于企业发展来说，资本固然重要，它如同企业的血液，是企业生存的根源，但是融资不是目的，如果一个企业拥有大量的资金，却无法运作，也就如同一个植物人，它活着，但是不能有任何作为。通过融资，企业得到足够的资金，那么下一步关键就在于，企业应该懂得如何运作资本，真正地实现融资成功。

那到底什么是资本运作呢？资本运作又叫作资本经营，是指利用市场法则，通过资本本身的技巧性运作或资本的科学运动，实现价值增值、效益增长的一种经营方式。简言之，就是利用资本市场，通过买卖企业和资产而赚钱的经营活动和以小变大、以无生有的诀窍和手段发行股票、发行债券（包括可转换公司债券）、配股、增发新股、转让股权、派送红股、转增股本、股权回购（减少注册资本），企业的合并、托管、收购、兼并、分立以及风险投资等，资产重组，对企业的资产进行剥离、置换、出售、转让或对企业进行合并、托管、收购、兼并、分立的行为，以实现资本结构或债务结构的改善，为实现资本运营的根本目标奠定基础。

2006 年 1 月 8 日，蒙牛宣布与湖北最大的乳制品企业武汉友芝友保健乳品公司合资。在被称为"乳业市场整合年"的 2006 年首桩收购争夺战中，蒙牛夺得华中市场先机。

双方宣布，蒙牛和武汉友芝友保健乳品公司（下称"友芝友"）双方按 52% 对 48% 的比例共同投资人民币 2.9 亿元，合资成立蒙牛（武汉）友芝友乳业有限公司，其中蒙牛以现金出资，友芝友以土地、设备、人员作价。新公司成立后，友芝友将只作为股东身份存在，"友芝友"品牌被纳入蒙牛旗下，由蒙牛负责统一管理和销售。

据原友芝友高层介绍，伊利是最早与友芝友接触的企业，双方谈判前后达一年半，但在战略方向、品牌等根本性问题上始终没有达成共识。

恰在这时，蒙牛现身。2005年10月30日，蒙牛派大将陈广军来到武汉（此人现为蒙牛友芝友合资公司总经理），试探性地接触了友芝友。11月1日，蒙牛董事长牛根生打电话给袁谦，这个电话让袁谦开始"认识这位中国乳业的传奇人物"。

受牛根生之邀，袁谦飞赴呼和浩特与牛根生密谈。他们"一见如故""长谈达10个小时"，袁谦自觉"深深地被牛根生的人格魅力所打动"，当即决定拿出自己的品牌与资金和蒙牛合作。牛根生劝他回去考虑，袁谦说："不用考虑了，我就和你合作。"

10小时对18个月，在这个几近戏剧性的故事中，蒙牛拿下了友芝友。

友芝友乳业归属于芝友企业机构之下，芝友企业机构旗下公司众多，涉及机电、汽车、食品、生物科技等多个领域。虽然"友芝友"是湖北第一乳品品牌，但乳业并不是其主业，因此芝友企业机构董事长袁谦早有心将其拿出与人合作。

如何转移社会中的闲散资本，并给予集中利用？如何将集中起来的资本运行重组后再投放到国家或地方的建设项目中去，以达到援款资本的增值（就是产生利润）目的？这些问题都是对资本运作的肯定，正是在这个无限循环的过程中，才使得原始资本得以不断地增值、裂变，直到再生成巨大的资本（实现区域经济的跨越或发展）。

从资本的运动状态来划分，我们可以将其划分为存量资本经营和增量资本经营。存量资本经营指的是投入企业的资本形成资产后，以增值为目标而进行的企业的经济活动。资产经营是资本得以增值的必要环节。企业还通过对兼并、联合、股份制、租赁、破产等产权转让方式，促进资本存量的合理流动和优化配置。增量资本经营实质上是企业的投资行为。因此，增量资本经营是对企业的投资活动进行筹划和管理，包括投资方向的选择、投资结构的优化、筹资与投资决策、投资管理等。

德国的戴姆勒—奔驰公司和美国的克莱斯勒公司均为世界著名的汽车制造公司，戴姆勒—奔驰的拳头产品为优质高价的豪华车，主要市场在欧洲和北美；美国克莱斯勒公司的产品几乎全部集中于大众车，与戴姆勒—奔驰在产品和市场范围上正好互补，两家公司的合并是着眼于长远竞争优势的战略性合并。两家公司各自的规模以及在地理位置上分属欧洲大陆和美洲大陆，使合并的复杂程度和评估难度大大提高。

1998 年 5 月 7 日，德国的戴姆勒—奔驰汽车公司购买美国第三大汽车公司克莱斯勒价值约为 393 亿美元的股票，收购这家公司，组成"戴姆勒—克莱斯勒"股份公司，奔驰和克莱斯勒将分别持有其中 57%、43% 的股份。

这一并购行为涉及的市场交易金额高达 920 亿美元。合并后的新公司成为拥有全球雇员 42 万，年销售额达 1330 亿美元的汽车帝国，占据世界汽车工业第三把交椅。

通过蒙牛公司和奔驰公司，我们脑中对资本运作有了一个相对简单的概念，现在我们来看一看进行合理的资本运作的意义所在。

其一，资本运作是整合资源的法宝。资本运作是整合资源的非常重要的渠道，就像联想收购 IBM 的 PC 业务，就是通过不断地收购来达到整合资源的目的，所以企业才能够在长时间里一直占据领先地位。

其二，资本运作是企业发展壮大的捷径。这一点是不言而喻的，企业希望能实现跨越式的发展，并购是一个捷径。

其三，资本运作也是企业快速实现自身价值的利器。在转型变革的现行社会，机会就在我们身边，每一个创业者都是怀着一定的理想来创立一个企业的，而资本运作就是这样一个实现自身价值的强大武器。

资本作为现代化大生产的一种要素，其重要性不言而喻，企业通过合理地进行资本运作则是企业实现低成本扩张、跨越式发展的关键之举。企业通过提高资源配置效率，实现经济增长方式的转变；通过提高经济发展速度，促进企业经营机制的转变；建立现代企业制度，实现真正的融资成功。但是我们也必须认识到，资本运作也是一把双刃剑，它做得好就可以让企业发展壮大，但如果做得不好，也将前功尽弃，损失惨重。

公司并购，整合就像是滚雪球

2011 年 3 月 28 日，吉利终于在对沃尔沃的收购协议上双方达成协议，这桩汽车界的"跨国恋"终于让有情人成为眷属。用吉利董事长李书福的话说就是，"穷小子娶了大明星"。对这类传奇佳话所关注的永恒不变的主题就是，"穷小子"为什么能"娶了大明星"？

简单说，就是这个"穷小子"不差钱，至少在聘礼上让"大明星"满意。我们都可以看到的这个数字是18亿美元，当然还不包括需要投入的后续运营资金9亿美金。

一般来说，企业并购包括兼并和收购两个方面。兼并又称吸收合并，指两家或者更多的独立企业合并组成一家企业，通常由一家占优势的公司吸收一家或者多家公司。狭义的兼并相当于公司法和会计学中的吸收合并，而广义的兼并除了包括吸收合并以外，还包括新设合并和控股等形式。

收购是指一家企业用现金或者有价证券购买另一家企业的股票或者资产，以获得对该企业的全部资产或者某项资产的所有权，或对该企业的控制权。收购的内容较广，其结果可能是拥有目标企业几乎全部的股份或资产，从而将其吞并，也可能是获得企业较大一部分股份或资产，从而控制该企业，还有可能是仅仅拥有较少一部分股份或资产，而作为企业股东中的一个。吉利收购沃尔沃就是一种典型的企业并购行为。

与并购意义相关的另一个概念是合并，是指两个或两个以上的企业合并成为一个新的企业，合并完成后，多个法人变成一个法人。

并购的实质是在企业控制权运动过程中，权利主体依据企业产权作出的制度安排而进行的一种权利让渡行为。并购活动是在一定的财产权利制度和企业制度条件下进行的，在并购过程中，某一或某一部分权利主体通过出让所拥有的对企业的控制权而获得相应的收益，另一个部分权利主体则通过付出一定代价而获取这部分控制权。企业并购的过程实质上是企业权利主体不断变换的过程。

产生并购行为最基本的动机就是寻求企业的发展。寻求扩张的企业面临着内部扩张和通过并购发展两种选择。内部扩张可能是一个缓慢而不确定的过程，通过并购发展则要迅速得多，尽管它会带来自身的不确定性。

根据并购的不同功能或根据并购涉及的产业组织特征，可以将并购分为三种基本类型。

其一，横向并购。横向并购的基本特征就是企业在国际范围内的横向一体化。近年来，由于全球性的行业重组浪潮，结合我国各行业实际发展需要，加上我国国家政策及法律对横向重组的一定支持，行业横向并购的发展十分迅速。

其二，纵向并购。纵向并购是发生在同一产业的上下游之间的并购。纵向并购的企业之间不是直接的竞争关系，而是供应商和需求商之间的关系。因此，纵向并购的基本特征是企业在市场整体范围内的纵向一体化。

其三，混合并购。混合并购是发生在不同行业企业之间的并购。从理论上看，混合并购的基本目的在于分散风险，寻求范围经济。在面临激烈竞争的情况下，我国各行各业的企业都不同程度地想到多元化，混合并购就是多元化的一个重要方法，为企业进入其他行业提供了有力、便捷、低风险的途径。

从资本主义经济的发展历程来看，特别是从资本主义由原始资本积累到自由竞争阶段，再由自由竞争阶段进入垄断竞争阶段来看，并购是一种正常的市场行为。

金融在任何一宗并购中都是关键因素。金融的第一个巨大的作用是产生了金融危机，使得海外的很多企业经营困难，给了我们国内的企业"走出去"的机会。但这个机会也不是专门为我们准备的，也许有一天你就是别人"走进来"的机会，你也会被别人吃掉。这当是另一说。并购方几乎都是"不差钱"的主，而被并购的一方出此下策的原因一般都是"差钱"。从以上吉利并购的案例大家都可以看出来，这"不差钱"的主的钱不一定非要自己出，正是所谓"羊毛出在牛身上"。而这些"牛"也不是无私奉献，它是为了换取更多的回报——更多的毛，甚至是肉，牛也有吃肉的。

所以对任何一家有打算"走出去"的企业来说，金融策略都是重中之重。但金融不是唯一条件或者最重要的条件，更不是目的——除非是有着圈钱、洗钱等非法打算的企业。并购的目的概括来说无非是使自己的企业得到更好的发展，最好和并购企业最终实现双赢。"不差钱"的中国企业在之前系列的"跨国恋"中，都很好地发挥了金融的作用，TCL收购汤姆逊和阿尔卡特，联想收购IBM，上汽收购双龙，但我们还没有看到过我们最常说的所谓"双赢"，倒是不断有"双输"的消息传来。

在并购过程中，我们一定要切忌过分发挥金融的作用，用得不好它就是"洪水猛兽"。如果认为"不差钱"企业就可以大胆地"走出去"的话，那他很可能是走向了万丈悬崖。清晰的、不受外界无端变化所利诱的企业经营战略，才是企业的发展核心。并购不是目的，发展才是目的。做企业应该和做人一样，不管是在钱、机遇还是所谓"危机"面前，你都要经得起诱惑，才不会迷失自我。

后市维护是企业竞争的坚实后盾

当今社会，企业上市已经成为一种风尚，一家公司最终成为上市公司，但这并不意味着整个工作的结束，反而是全新工作的开始。那么当公司面临一个新的起点时，将如何进行后市维护呢？

企业上市，只是赢得了更大舞台的入场券，企业要想取得巨大的成本，获得巨大的利润，归根到底，还是要用实力说话，对于在 OTCBB 上市的公司来说，就更是如此。如果企业没有良好的后市维护作为支撑，美丽的景象也只是昙花一现。

企业的后市维护主要从三个方面来进行，分别是信息披露、投资者关系管理、企业危机管理。

1. 信息披露

信息披露主要是指公众公司以招股说明书、上市公告书以及定期报告和临时报告等形式，把公司及与公司相关的信息，向投资者和社会公众公开披露的行为。

上市公司信息披露是公众公司向投资者和社会公众全面沟通信息的桥梁。目前，投资者和社会公众对上市公司信息的获取，主要是通过大众媒体阅读各类临时公告和定期报告。投资者和社会公众在获取这些信息后，可以作为投资抉择的主要依据。真实、全面、及时、充分地进行信息披露至关重要，只有这样，才能对那些持价值投资理念的投资者真正有帮助。

博迪森农化公司是我国内地首家在美国、英国和德国三地上市的中小企业。2006 年 1 月，公司登上福布斯"中国最具发展实力的 100 强"榜单，排名第 16；2006 年 6 月，博迪森被纳入美国代表中小企业股票的罗素 2000 指数……然而，在 2007 年 3 月 22 日，由于信息披露、财务数据等一系列问题，博迪森被 AMEX 摘牌，股价也从最高时超过 20 美元，骤然滑落到 2 美元左右。

不同类型的投资者对信息的敏感程度也是不同的，因此，最公平的办法就是确保所有的公司信息都能作为一个整体在同一时间向市场公布。交易所通常要求上市公司在各种情形下进行公告，包括公司的重大发展、分红决定、半年及全年的财务数据以及董事会的任何变动。价格敏感性信息披露制度为交易所一线监管者提供了较为明确的标准。如果信息披露仅仅被看成上市公司应遵守的业务，信息披露管理工作将变得非常困难。应该让市场充分认识到，准确、及时的信息披露将提高市场效率，降低资本成本，对于投资者与上市公司是一个双赢的市场策略。

同样，作为上市公司的董事来说，可能并不容易精确地定义何种行为及信息应当是上市义务中需要披露的信息，特别是在处理所谓价格敏感信息的时候。因此，保持警醒并从经纪人或者律师处获得建议非常重要。

作为一家新上市的公司，您已经同意为您公司在上市过程中提交给市场的信息负责。您和您的董事、同事们也将个人以及集体地为您公司持续遵守上市规则及满足上市及披露条件承担责任。除了这些责任，董事还将需要满足一些进一步的要求，如个人行为方面的更大披露以及股票交易的限制。

董事在公司上市后的主要义务包括：

（1）董事非经法定程序不得同公司进行交易的义务。

（2）董事不得要求公司做与金钱有关或提供担保的义务。

（3）董事不得利用公司机会的义务。

（4）董事竞业禁止义务。

（5）董事不得违法分派股息或红利的义务。

（6）董事不得在公司最低法定注册资本缴付前以公司名义从事商事活动的义务。

（7）董事在公司招股说明书中不得有虚假或误导性陈述的义务。

（8）董事在公司清算时有作出法定声明、使公司及时进行清算的义务，董事不得从事欺诈性交易的义务。

2. 投资者关系管理

投资者关系管理，又叫作 IRM，是指运用财经传播和营销的原理，通过管理公司同财经界和其他各界进行信息沟通的内容和渠道，以实现相关利益者价值最大化并如期获得投资者的广泛认同，规范资本市场运作、实现外部对公司经营约束的激励机制、实现股东价值最大化和保护投资者利益，以及缓解监管机构压力等。IRM 还经常被通俗理解为公共关系管理。

美国的微软公司是最早设立 IRM 网站的公司之一，堪称与个人投资者沟通的典范。在微软每季业绩披露时，当时的公司 CEO 比尔·盖茨都会出来同投资者见面，并会带一个 IRM 团队参与。这些 IRM 人员会处理一些细节上的问题。

IRM 在西方资本市场上已有三十多年的历史。然而，对于在美国上市的中国企业而言，大多还不能充分理解 IRM 对公司长远发展的重要意义。

3. 企业危机管理

企业危机管理是指企业为避免、减轻或消除危机所带来的威胁和损害，而制定和实施规避危机、控制危机、解决危机等措施的一系列动态管理过程。这一定义强调两点：一是企业危机管理要求我们把握企业危机发生和发展的规律性，在动态的危机变化中挖掘有利因素；二是利用危机管理的系列方法与措施，努力避免危机所造成的危机和损失，并尽可能变害为利，转危为机，推动企业的持续发展。

近些年来，在商场中，一些声名赫赫的知名企业经常会遭遇一连串纠缠不清

的危机包围，接二连三地掉进不能解脱的泥潭。例如，2004年底，三九医药的"大股东占用资金已达37亿元"的信息披露，此非诚信行为导致企业信誉度直线下降，不仅为三九医药昔日辉煌画上句号，中小股东权益也因此受到严重损害。

这是个司空见惯的现象，只有重视危机，才可能及时地规避风险；只有加深对危机管理的认识，提高危机管理的能力，才能相应地减少更多的不利影响。加强危机管理，促进自身的健康发展，其实也就是促进证券市场的和谐发展，保护中小股东的权益。

对于企业危机管理，除上以所述之外，还应该包括公司内部的公关危机等方面。而树立员工的信心，整合企业文化，做到稳定员工队伍和情绪，统一员工的思想认识，这也是媒体管理的延伸，并有着举足轻重的作用。

·第七章·

政府先生与市场先生巅峰对决

——每天读点金融风险与监管知识

金融风险："玩钱者要承担的风险"

在 1997 年 7 月以来出现金融危机的国家中，泰国、马来西亚、印度尼西亚、菲律宾四个东南亚国家大体属于同一类型，韩国、日本、俄罗斯各属于一个类型，而 1999 年 1 月刚刚出现金融动荡的巴西又属于另一个类型。泰国等国的金融危机爆发带有突然性，不仅这些国家的政府没有准备，连国际货币基金组织等国际性金融机构事先也没有料到。

金融风险是金融机构在经营过程中，由于决策失误、客观情况变化或其他原因使资金、财产、信誉有遭受损失的可能性。

一定量的金融资产在未来的时期内到底能产生多大的货币收入流量，有相当的不确定性。这种预期收入遭受损失的可能性，就是通常所说的金融风险。一家金融机构发生的风险所带来的后果，往往超过对其自身的影响。金融机构在具体的金融交易活动中出现的风险，有可能对该金融机构的生存构成威胁；一家金融机构因经营不善而出现危机，有可能对整个金融体系的稳健运行构成威胁；一旦发生系统风险，金融体系运转失灵，必然会导致全社会经济秩序的混乱，甚至引发严重的政治危机。

当人们用自己的货币以一定的价格购买金融资产时，人们之所以关心系统金融风险问题，原因就在于系统金融风险发展到一定程度就会转化为金融危机，金融危机如果引发社会政治危机，就不仅会对统治者的证券构成威胁，还会导致经济发展的停滞或严重倒退。

在现代市场经济中，金融领域是竞争最激烈风险程度也最高的领域，没有风险就没有金融活动。因此，想要避免金融风险是不可能的，对于决策当局来说，有决策参考意义的是关注系统金融风险或全局性金融风险。我们的报刊上常用的提法所谓"化解金融风险"实际上是一句糊涂语言，系统金融风险或全局性金融风险一直存在，个别金融风险或局部性金融风险每天都在出现，生生不息，如何化解得了？如果说"化解"，只应该是化解危机，但在危机尚未出现时，我们要做的工作也只能是降低系统或全局性金融风险。

金融学所涉及的无非是风险与回报这两大话题。哪两个问题呢？第一个问题是风险与回报之间的关系到底是怎么样的。第二个问题是如何在降低或者控制风险的同时，获得尽可能高的回报。

为什么风险与回报的问题这么重要呢？原因很简单，因为不愿意承担风险是绝大部分人的本性，可是我们又想得到尽可能高的回报。所以，在从事金融活动中，我们就要尽可能控制风险，采取办法降低风险。而要控制风险、降低风险，我们就必须了解风险是怎么回事儿，哪些因素可能导致风险？怎么衡量风险的大小？

在金融活动中，因为不重视风险而吃了大亏的例子很多。

1994 年 12 月，美国加利福尼亚州奥兰治县政府宣布破产，成了美国历史上规模最大的政府破产案件。奥兰治县在洛杉矶附近，一直是一个比较富有的县，那它为什么会破产呢？因为它的财政局长在投资的时候，片面追求高回报，却不知道自己的风险有多大，也不知道自己的风险来自哪方面，当然，也就没有采取任何措施来控制风险。当美联储在 1994 年提高利率后，这个县亏损了大约 17 亿美元，也就只能破产了。

在奥兰治县政府破产这个案件中，还有更有意思的事情。在破产前的很多年中，这个县的投资回报都很不错，负责投资的财政局长也因此而连续 7 次当选财政局长，并多次被美国的一些刊物评为投资明星。

这个财政局长后来对 6 项重罪服罪，并被法院判刑 3 年半，外加社区服务1000 小时。因为没有发现他有什么贪污挪用公款等行为，县政府破产是因为他不重视风险、不懂控制风险导致的，所以，法院也没有让他去坐牢，而是让他在家里服刑。

从奥兰治县政府破产这个案件中，我们得到什么教训呢？就是要懂得风险与回报之间的关系，不能只强调回报，而不看风险。

那么，什么是风险呢？怎么衡量风险的大小呢？

在金融学中，风险是指我们投资实际获得的回报达不到我们的预期，也就是我们的投资可能遭受部分损失甚至是全部损失。

一般而言，投资者不会愿意承担较高风险，如果两项投资回报相当，但风险各异，投资者必定会选择低风险的一项。高风险必须有高的回报率，大家才会积极参与，所以理论上，二者是成正比的。

那么，是什么因素导致了金融学或者说投资中的风险呢？原因有很多。有些因素是政府政策方面的，有些是公司所特有的，有些甚至是天灾因素。绝大部分人都不喜欢风险，但风险又无法避免，那么，我们怎么办呢？我们可以采取办法预防、控制风险对我们的影响，这就是风险管理。对于系统性风险，我们没有办法避免，但是我们可以想办法减少它们对我们的不利影响。对于非系统性风险，我们可以想办法避免，也应该想办法避免。

在金融学中，我们把风险分为两大类。一类叫系统性风险，这类风险的特点是，只要你从事金融活动，你就要承担这种风险，谁也躲避不了，这类风险包括政府宏观经济政策等因素。例如，中国人民银行提高利率的时候，所有的人都会受到影响。再如，出现通货膨胀的时候，谁都会受到影响。有人说，那我到美国去投资，向美国的银行借款，中国人民银行提高利率以及中国国内的通货膨胀对我就没有影响了。其实你还是会受到影响，因为中国人民银行提高利率可能导致美国的美联储也跟着提高利率。所以，有些风险是谁也躲不开的。这就是系统性风险。

另一类风险叫作非系统性风险，就是每一个公司所独有的风险。比如，你购买了通用汽车公司的股票，通用汽车前不久宣布破产保护了，但别的很多公司并没有破产，而且在汽车行业内，很多公司也活得好好的。因此，破产就是通用汽车所独有的风险。再如，你购买了伯纳德·麦道夫发行的股票，结果被他骗了，但并非所有的人都是大骗子。因此，欺骗是伯纳德·麦道夫所开的公司独有的风险。

理论上，除了我们前面讲到的套利活动外，所有其他的金融资产、金融活动都是有风险的，因为谁也不能保证投资只赚不赔。"股神"巴菲特在2008年也亏损了不少。虽然所有的金融活动都有风险，但是，风险还是有大小之分的。因此投资者在进行金融投资之前，对风险进行了解，针对自己的风险承受能力酌情考虑是非常重要的。

资本控制：一个有效的金融措施

20世纪末期，由于受东南亚经济危机的影响，很多国家不得不改变原有的经济政策。这一点，尤其体现在对短期资本流动和资本外流的控制以及稳定本国的金融市场上，而且引起了世界范围内关于资本管制的讨论。而马来西亚关于资本管制的策略值得很多国家借鉴和学习。

马来西亚是在20世纪60年代末期开始不断提高国内金融市场的开放程度的，经过长时间的改革后慢慢地发展成了一个外汇交易十分自由的国家。20世纪90年代初期，马来西亚国内的通货膨胀加剧，政府实施了提高利率的金融政策，马来西亚货币的升值预期便大大增加，大量的资金开始涌进马来西亚。而当马来西亚政府试图采取措施来改变这种状况时，国内的利率和外资还在不断地上升，政府的政策根本起不到什么作用。于是，1994年前后马来西亚政府便公布了一些临时性的措施来制止短期资本的不断流入。这样，流入马来西亚的短期资本有效地减少，资金流入的结构也得到了很大的改变。

马来西亚在危机的时刻对资本的严格控制，给马来西亚带来了很大的影响。它的措施不仅给马来西亚国内和国际的金融市场创造了有利的条件，还改善了资本在国内和国外的流动情况。

马来西亚对资本进行严格的管制后，使得国内的金融市场和国外的金融市场成功分离开来，国内的利率水平也完全不会受国外利率水平的制约。在资本控制的措施实施不久，马来西亚国内的利率大幅度下降，很快就恢复到了危机爆发前的水平，并且国外的资本又开始不断地流向了马来西亚。

对于资本的控制在很大程度上帮助马来西亚恢复国内的金融和经济，同时它的这种措施也给其他的国家提供了一个在金融危机中恢复经济和金融市场的经验。在华尔街金融风暴不断加深扩大时，资本控制的措施值得每一个深陷危机中的国家思考和借鉴。

在经济学上，资本管制是一种货币政策工具，是国家政府机关等权力机构用来掌控资本从国家资本账户等的流进和流出，以及定向投资金额从国家或货币中的进出。资本管制从克林顿政府祈求通过国际社会的努力创建世界贸易组织（WTO）起变得越来越突出，最初是因为全球化已经提升了区域强势货币的加快速度，换句话说，给一些货币超出其自然地理界限的效用。

资本控制是对一国居民持有与交易外币资产的法律限制。中国资本管制的概念的形成与中国整体经济改革的进展是密切联系在一起的。1993 年 12 月 28 日，中国人民银行公布了《关于进一步改革外汇管理体制的公告》，从而把外汇体制改革放在了社会主义市场经济这块基石上，并提出了把实现经常账户下的可兑换作为突破性的第一步。从此，资本管制这一概念真正形成。资本管制对一国整体经济的发展具有重要意义。

　　其一，保持事实上的固定汇率制。如果没有资本管制，一国不可能同时实现货币政策独立性和汇率的稳定性，这就是所谓的"不可能三角"。对于任何一个国家来讲，独立的货币政策是一国获得非通货膨胀经济增长的前提条件，任何一个国家都不可能放弃独立的货币政策；另外，当一个国家经济缺乏弹性，为了减少本国货币汇率的波动，政府必须求助于资本管制。

　　其二，提高资源配置效率。除了为了实现独立的货币政策和汇率稳定性之外，实行资本管制的另外一个重要原因是提高资源的配置效率。金融市场是不完善的，主要表现是：市场的不发达，市场分割，利率控制和缺乏有效的激励机制。

　　其三，阻止过度借贷。企业、地方政府和外国投资者在过度借贷的过程中会相互勾结起来欺骗中央政府。在中央银行对国有商业银行的隐性担保下，银行系统会滋生道德风险问题。由于资本市场的不发达，具有高不良贷款特征的银行体系比较脆弱，使得金融体系没有足够的弹性应对由于高度流动的国际资本，尤其是短期投机资本带来的冲击。

　　资本管制的另一个目的是减少过度借贷，防止由于公司治理结构的缺陷导致的外部冲击。中国的金融和非金融机构在借款上几乎是不谨慎的。任何情况下，只要可能，他们能借多少就会借多少，从来不考虑偿还问题。资本管制首先可以阻止国际投机资本的流入，在国内金融市场和国际投机资本之间树立了一道屏蔽。

　　其四，防止非法资产转移。资本管制的另一项重要任务是防止非法资产从国内转移或以其他形式的资本外逃。以中国为例，由于中国转轨经济的特点，产权界定不清和"国有资产转手"的行为比较普遍，把这些资产转移到国外的动机是很强的。政策套利和利用法律的漏洞追求利润也是资本外逃的重要原因。资本外逃不仅会减少一国福利，而且也会导致一个民族的道德沦丧。

　　资本流动受国家施加的资本管制的影响。各国政府对进入该国的资本流量往往具有控制权。例如，一个国家的政府能够对本国投资者在国外资本所得课以特别税，这种税收迫使本国投资者不再向国外市场输出资金，因而增加了本国的资本账户余额。然而，其他受此税收影响的国家会对其本国投资者课以类似的税收加以报复，结果各国投资者在外国的投资均减少。

金融统计：为宏观经济"把脉"

像平常人一样，一个经济体也总有"生病"的时候——有时过热亢奋，有时过冷萧条，治病的关键是辨证施治、对症下药。医治"经济病"也如此，关键要及时发现问题，找准"病根"，及时采取针对性措施，金融统计在这时就派上了用场。

当经济出现明显波动时，人们在日常生活中很容易感觉出来。比如遇到通货膨胀，什么东西都变贵了，钞票不值钱了；当有通货紧缩时，什么生意都不好做了，工作不好找了。但当经济异常只是刚露出苗头时，人们的感觉就不那么灵敏了，昨天的菜价跌了，今天东边的楼盘又涨了，你怎么判断这就是通货膨胀或是通货紧缩？这时金融统计的作用就显现出来，它把成千上万个微观主体的经济活动分门别类地加以整理、记录、统计和汇总：这个月全国增加了多少存款，发放了多少贷款，货币供应量有多少……人们通过这些数据的变化，以及它们之间的关联性的分析，就能够判断当前的经济运行状况，能对未来较短时期内的经济走势有一个相对明确的预期。

据巴西发展、工业和外贸部 2009 年 1—2 月的统计数字，由于受到金融危机的影响，巴西向中国的进口额累计为 28 亿美元，比去年同期下降了 16.6%。另据巴西经济类报纸《价值报》报道，巴西工业生产萎缩是导致巴西从中国进口下降的主要原因。中国企业家理事会秘书长认为："工业领域向来是中国产品的主要进口方，今年前两个月出现的这种下跌，对巴西来说并不是一个好的迹象。"

金融统计是为了适应国家经济管理和金融事业发展的需要而建立和发展起来的。金融统计是国家统计体系的重要组成部分，集金融信息、金融分析与政策咨询于一体，以货币信贷及金融运行的各种数量关系为研究对象，以金融与经济统计数据为依托，运用定性与定量分析相结合的方法，分析、判断、预测国民经济运行及金融的发展情况，是中央银行货币政策决策的支持系统和国家进行宏观调控的重要工具。

一年到头，全国各地不知有多少人去银行开户、存款、贷款，不知有多少企业在与银行发生着资金往来。但用不了几天，全国存款规模、贷款规模、货币供应量等指标的年度数据就摆在决策者的案头。别小看这些小小的数字，它凝聚了成千上万名统计人员的心血。

张三上个月在甲银行存 75000 元，李四昨天向乙银行贷款 50 万元买房，像这样一例一例具体的经济活动构成金融统计数据的初始来源。中国人民银行要得出最后数字，首先需依靠各类金融机构为它报送以各种实际业务为基础的数据。数据只有标准一致才方便汇集加总，中国人民银行为此专门建立了通行的统计制度，统一科目，统一数据指标，规范数据源，制定编码规则。在计算机的帮助下，各类数据被分门别类、井井有条地加工处理，最后的统计结果很快就能显示出来。

由于经济周期的存在，一个经济体在发展中也会有冷热起伏，有时过热亢奋，有时过冷萧条，但如何了解经济运行冷热情况呢？政府需要根据金融数字统计这个温度计来制定相应的经济政策。

金融数字统计对居民生活的影响重大，当经济出现明显波动时，政府需要加强对金融数字统计的分析，防止社会经济动荡的发生。

金融数字统计是宏观经济形势下，国家发展的必然选择。随着中国市场经济的发展和金融全球化的深入，国内金融体系也在不断地发展、完善。金融创新和新型金融机构大量出现，需要金融机构大力推进金融统计的法制化和标准化。当前形势下，以金融统计法规为保障，尽快建立"全面、统一、协调、敏锐"的金融统计体系，是更好地服务于宏观调控和系统性金融风险防范的必然选择。

正所谓"以管窥豹"，只要看几个简单的金融统计数字，您就能清楚地了解全国金融体系的总体运行情况。

五类金融统计数据能帮助您大致认识全国的金融形势。一是货币供应量。中国人民银行定期公布各层次货币供应量的余额及增减情况，将货币供应量增长与经济增长及物价上涨三类指标相联系，您就能大致判断货币供应是否满足实际需要。二是金融机构存款与贷款的余额及变化情况。三是各种利率的水平及变化情况，还有汇率。四是国家的储备，如外汇储备、黄金储备，通过这类数据，您能直观感受一国政府掌握的财富。五是企业商品价格指数。中国人民银行选取了上千种在国内生产并销售的物质商品，按照一定分类，采用一定方法计算出价格指数，用以反映批发物价总体水平的变动情况。

将同一种数据不同时间段的数值加以比较分析，或者是将不同类型的数据结合起来观察，您就能深刻了解金融运行的总体态势，发现其中的一些特征。如果您还有更多的兴趣，不妨再探究一下统计数据变化背后的原因，思考相关问题的

解决办法。

金融监管：金融创新需有度

CCTV-2今日观察栏目中曾有两个评论员异口同声对美国新出台的金融监管法大加赞赏，说这是史上最严厉的金融监管。真的吗？

金融改革法案的主要内容：

第一，成立金融稳定监管委员会，负责监测和处理威胁国家金融稳定的系统性风险。该委员会共有10名成员，由财政部长牵头。委员会有权认定哪些金融机构可能对市场产生系统性冲击，从而在资本金和流动性方面对这些机构提出更加严格的监管要求。

第二，在美国联邦储备委员会下设立新的消费者金融保护局，对提供信用卡、抵押贷款和其他贷款等消费者金融产品及服务的金融机构实施监管。

第三，将之前缺乏监管的场外衍生品市场纳入监管视野。大部分衍生品须在交易所内通过第三方清算进行交易。

第四，限制银行自营交易及高风险的衍生品交易。在自营交易方面，允许银行投资对冲基金和私募股权，但资金规模不得高于自身一级资本的3%。在衍生品交易方面，要求金融机构将农产品掉期、能源掉期、多数金属掉期等风险最大的衍生品交易业务拆分到附属公司，但自身可保留利率掉期、外汇掉期以及金银掉期等业务。

第五，设立新的破产清算机制，由联邦储蓄保险公司负责，责令大型金融机构提前作出自己的风险拨备，以防止金融机构倒闭再度拖累纳税人救助。

第六，美联储被赋予更大的监管职责，但其自身也将受到更严格的监督。美国国会下属政府问责局将对美联储向银行发放的紧急贷款、低息贷款以及为执行利率政策进行的公开市场交易等行为进行审计和监督。

第七，美联储将对企业高管薪酬进行监督，确保高管薪酬制度不会导致对风险的过度追求。美联储将提供纲领性指导而非制定具体规则，一旦发现薪酬制度导致企业过度追求高风险业务，美联储有权加以干预和阻止。

这就是美国出台的所谓历史上最严厉的金融监管吗？

如果贪婪是人类与生俱来的本性，那么这一点在华尔街高管的身上显露无疑。

金融机构对高管的激励措施往往与短期证券交易受益挂钩，在高薪驱动下，华尔街的精英为了追求巨额短期回报，纷纷试水"有毒证券"，从而从事金融冒险。那些衣着光鲜的金融高管每天只消打几通电话或者在电脑键盘上敲击几下，就可以获得非洲、亚洲一个农民一年的收入。即使在金融危机爆发后，这些金融高管还要求发高额奖金。

华尔街过度创新的金融工具，缺少监管、过度杠杆化的金融风险，以及过高的金融高管的薪资压垮了华尔街。可以预见，如果失去了对华尔街的金融监管，世界将会变得多么危险。

金融监管是金融监督和金融管理的总称。纵观世界各国，凡是实行市场经济体制的国家，无不客观地存在着政府对金融体系的管制。从词义上讲，金融监督是指金融主管当局对金融机构实施的全面性、经常性的检查和督促，并以此促进金融机构依法稳健地经营和发展；金融管理是指金融主管当局依法对金融机构及其经营活动实施的领导、组织、协调和控制等一系列的活动。

金融监管有狭义和广义之分。狭义的金融监管是指中央银行或其他金融监管当局依据国家法律规定对整个金融业（包括金融机构和金融业务）实施的监督管理；广义的金融监管在上述含义之外，还包括了金融机构的内部控制和稽核、同业自律性组织的监管、社会中介组织的监管等内容。

实施监管的目的主要体现在以下几个方面。

一是维持金融业健康运行的秩序，最大限度地减少银行业的风险，保障存款人和投资者的利益，促进银行业和经济的健康发展。二是确保公平而有效地发放贷款的需要，由此避免资金的乱拨乱划，制止欺诈活动或者不恰当的风险转嫁。三是金融监管还可以在一定程度上避免贷款发放过度集中于某一行业。四是银行倒闭不仅需要付出巨大代价，而且会波及国民经济的其他领域。金融监管可以确保金融服务达到一定水平从而提高社会福利。五是中央银行通过货币储备和资产分配来向国民经济的其他领域传递货币政策。金融监管可以保证实现银行在执行货币政策时的传导机制。六是金融监管可以提供交易账户，向金融市场传递违约风险信息。

资本是逐利的，对于资本市场的企业家、金融家来说，他们最大的目的就是追逐资本利益最大化，因为资本本身的特性，就决定了它与社会、与政府博弈的本能。因此，要建立一个真正安全、高效、透明的中国华尔街，市场监管就显得尤为重要。从金融发展200年的历史来看，如何控制这个风险，如何监管这个市场，大体上需要从以下四个方面入手。

其一，要有完善的法制体系。在资本市场领域，法制体系的健全，除了我们讲的社会整个法律体系的完善，还必须有公司法、证券法以及其他与公司相配套的金融法律，比如信托法、基金法规等。此外，这个法制还必须是可诉的，投资人可以用来维权。既然可诉，必然就要有相应完善的司法体系，所以这是第一个必不可少的制度。

其二，整个企业的治理必须是可控而有效的。华尔街这一轮危机调控的失败，问题主要还是公司治理的失控。因为职业经理人为了追求个人利益最大化，有时候立场和股东是不一致的，所以公司的治理必须是有效的，大股东要发挥作用，监督机制要发挥作用，企业的内控制度要非常有效。像雷曼倒闭，就是因为内控彻底失效，风险机制彻底失效。

其三，政府的监管要做到可控有效。危机时期政府监管体系失控至少证明发达市场的监管体系存在严重漏洞，不能有效地检测风险，防范风险，发现风险以后也不能及时地化解和防范，致使最后风险积累到一起爆发。所以风险的防范体系很重要。

其四，整个社会形成真正的金融、资本市场文化。一定要有一个良好的投资文化，这个文化就是社会的诚信基础。良好的社会投资文化，不是一个追求短期利益、暴利的、激进的投机文化，而是一个拥有良好心态、长效的投资文化。

两三百年前的亚当·斯密曾经说过，即使健全的财政，健全的贸易，健全的货币政策也不会让它在一段时期长期繁荣或集中爆发。美国从 20 世纪 80 年代到 2000 年是长期繁荣，风险没有能够释放，所有人都在赚钱，所以 2000 年有个泡沫，格林斯潘通过撒钱把它解决了，但这只是从放贷上把钱撒到了房地产上，最后形成了房地产危机。

在资本市场中，人们总是期望能够维持 10 年牛市，20 年牛市，但这是不可能的，即使维持 20 年牛市，它也有可能会集中在某一天爆发出来，让人们一时无法承受。因此，法制建设、公司治理、市场监管、社会诚信文化、健全的宏观政策等等，这些都需要全面发展和完善，在资本市场不断创新的基础上，做好市场监管，保障市场更好地运营。

综合世界各国金融领域广泛存在的金融监管，我们认为，金融监管具有以下深层次的原因和意义：金融市场失灵和缺陷。金融市场失灵主要是指金融市场对资源配置的无效率。主要针对金融市场配置资源所导致的垄断或者寡头垄断及外部性等问题。金融监管试图以一种有效方式来纠正金融市场失灵，但实际上关于金融监管的讨论，更多地集中在监管的效果而不是必要性方面。

金融"三乱"：金融界中的"毒瘤"

1993 年到 1994 年，金华市区的王云香以高利为诱饵进行非法集资，涉及 400 多人，金额高达 985 万元，损失 650 万元，造成许多受骗群众血本无归。

金华市婺江寄售铺业主李亦东，为了谋取高额利差，1995 年下半年到 1999 年 5 月以寄售铺做生意需周转资金为名，非法吸收公众存款 444 万元，发放贷款 500 万元，案发后法院对李亦东判处有期徒刑 6 年零 6 个月，吸收的存款只清退了 10 万元。

永康市唐先镇村民施金龙等 4 人，从 1993 年开始以月息 15% ～ 20% 高利向当地村民非法吸收存款 597 万元，发放贷款 759 万元，涉及当地周边五六个乡镇、50 多个行政村，参加存款人数达 1000 多人，案发后只清退 50 万元。

从 1998 年底开始，一些地方出现了较为严重的金融风险恶化事件。许多非法民间基金会、投资公司因经营不善导致挤兑，进而造成部分地区出现严重的金融恐慌，在这种形势之下政府果断并且迅速地采取相应措施进行清理，由于"金融三乱"导致的混乱状态如果得不到合力整治危害将进一步扩大。

上述案例中所涉及的就是金融"三乱"的问题。所谓金融"三乱"，指地方、部门、企事业单位和个人乱集资、乱批设金融机构和乱办金融业务，简称金融"三乱"。金融"三乱"是由于我国在 20 世纪 80 年代初期开始的金融体制改革过程中出现了金融政策的偏差造成的一种特殊金融异化现象。

自 1998 年 7 月以来，国务院开始部署大规模整顿和查处金融"三乱"。然而，由于国有金融体制和工具创新的不足，国有金融体系中缺乏提供为高风险融资进行风险分摊的机制，并且不能向广大城镇居民投资者的巨大储蓄存量提供有效和较高收益的理财投资工具和途径。在许多发达国家，有专为私营中小企业提供金融服务和融资渠道的私营金融机构，如美国的风险投资公司或风险投资基金，如日本的乡村银行体系。另外，金融与市场经济既相互推动又不可分割，当金融与经济发展不相适应，就会出现相互脱节的金融混乱现象使社会经济的震荡摇摆和畸形发展。

正是由于"三乱"活动的形成以及其本身的复杂性，使得查处金融"三乱"存在法律界限不明晰的问题，即承担法律责任的主体是批准部门、主管单位或组建单位还是个人以及承担的是刑事责任、行政责任还是民事责任。因而，政府在整顿和查处过程中必须坚持三个基本原则。

第一，依法整顿和查处。《中国人民银行法》《商业银行法》《证券法》《企业债券管理条例》《非法金融机构和非法金融业务活动取缔办法》（以下简称《取缔办法》）《整顿乱集资乱批设金融机构和乱办金融业务实施方案》《金融违法行为处罚办法》，中共中央、国务院《关于深入金融改革、整治金融秩序、防范金融风险的通知》（以下简称《实施方案》）以及国务院有关清理整顿农村合作基金会、保险中介市场等的有关方案，《行政处罚法》《民法通则》《国家公务员暂行条例》《刑法》以及有关刑事法律的司法解释等等，都可以作为"三乱"问题的整顿和查处时的法律依据。

第二，谁主管，谁整顿；谁批准，谁负责；谁用钱，谁还债；谁担保，谁负相应责任。《取缔办法》中针对中国人民银行宣布取缔的非法金融机构，有批准部门、主管单位或组建单位的，提出了"谁批准、谁主管、谁组建，谁负责债权债务的清理清退。没有批准部门、主管单位或组建单位的，由所在地的地方人民政府负责组织清理债权债务。对中国人民银行宣布取缔的非法金融业务，提出了"谁从事，谁负责清理清退债权债务"原则。《实施方案》将这一原则进一步具体化，明确提出对各级地方政府以及国务院直属部门所批准或主管的各类涉足金融业务的非金融机构进行整顿。"谁主管，谁整顿"，主管单位应根据有关法律、法规、规章进行清理整顿；"谁批准，谁负责"，主要是由批准单位负责债权债务的清理清退；"谁用钱，谁还债""谁担保，谁负相应责任"主要指借款人、担保人应承担偿还债务义务。对于未经任何单位、部门批准而擅自设立非法金融机构和从事非法金融业务的行为主体应坚决追究其法律责任。因而清理整顿的过程同时也是查处违法犯罪的过程。

第三，既要彻底解决问题，又要确保社会稳定。"三乱"活动涉及资金数额巨大，范围广，影响群众多。因而国务院统一部署整顿查处方案，要求中国人民银行要加强对整顿"三乱"工作的领导、组织和协调；地方政府要高度重视，积极配合，分步实施，审慎处理，既要彻底解决"三乱"问题，尤其是各地方政府、部门、企事业单位、个人不得再从事"三乱"活动，又要确保社会稳定，特别是妥善解决群众个人到期债务的清偿问题，避免引起大的动荡。对清理整顿中发现和暴露的违纪、违法、犯罪行为，要彻底清查，从严惩处。

非法金融业务活动本身是违法行为，参与者的利益不受法律保护。因此，对待这些金融的"毒瘤"，不仅需要政府的监管，也需要广大市民的支持。

首先，广大市民应当加强金融法律常识的学习，加强法制意识，增强识别能力。

其次，广大市民要有风险意识，决策前首先要判断其合法性、合规性，不要盲目从众，学会自我保护，不要被高利息、高回报所引诱，要懂得高利的背后往往是高风险。

最后，市民发现金融"三乱"行为，应当及时向当地人民政府、人民银行、公安机关等相关部门举报，在政府领导下，由人民银行、公安机关等部门相互配合，及时查处。

金融诈骗：欺骗银行的罪犯

1996 年 6 月，海南 A 公司要求 B 商业银行以"以存放贷"的方式提供港币 3000 万给公司使用，B 商业银行除在存款银行获得正常利息外，还可由贷款企业付给高息。

A 公司法定代表人严某、总经理包某多方联系未果。时任海口市侨光物业发展总公司（以下简称侨光公司）总经理的范起明得知此事后，找到严、包二人称：如能把款存入范指定的银行，范起明就可将款贷出，但贷款后需两家平分使用。

此后，范起明多次找时任 C 银行分理处主任的陈子勉商量"以存放贷"之事。同年 7 月，陈子勉在明知分理处无权放贷的情况下，仍按范起明的要求对 B 商业银行和 A 公司的负责人谎称可以"以存放贷"，由用款单位支付高利差。B 商业银行因此打消顾虑决定以此方法给 A 公司融资。同年 7 月 8 日，A 公司与侨光公司签订协议，约定 A 公司负责联系存款 3000 万港币存入 C 银行分理处定期一年，侨光公司负责办理贷款手续，贷出的资金由 A 公司使用人民币 1500 万，到期后还本付息，其余款项由侨光公司使用并负责还本付息。同日，B 商业银行在 C 银行分理处开设了港币活期存款账户，并预留了印鉴。

自从钱被发明之后，骗子们就开始挖空心思从别人手中骗钱。金融诈骗即为当事人以非法占有为目的，利用非法集资、引资融资、骗贷、伪钞伪币、信用证、大额存单、信用卡、国债券等金融信用凭证和金融信用工具来实施诈骗。

近年来，金融诈骗犯罪的发案率逐年增加，犯罪手法不断翻新，诈骗金额也越来越大，已成为危及国家金融安全和社会稳定的重要因素。通过对众多案件的分析，可以看出现代金融诈骗犯罪具有以下几个特点。

其一，涉案数额越来越大。从1985年至1992年，我国金融诈骗犯罪曾经出现过两个高峰期。第一个高峰是在1984年期间，当时全国性大规模的重复建设、盲目投资，造成信贷规模失控，犯罪分子乘机进行贷款欺诈，出现第一个高发期。经过3年"严打"，金融诈骗犯罪的发案率有所下降。1988年国家紧缩银根，资金供求矛盾再度紧张，金融诈骗出现第二个高发期。近年来，随着金融体制改革的深入，新旧金融体制之间出现漏洞，加上新的信用工具的不断出现，金融诈骗犯罪又进入一个特殊的高发期。1995年以来，公安部承办了百余起金融领域的犯罪案件，每项案件涉及金额少则上百万元，甚至高达几百亿元。这些案件案值之巨、涉及面之广、受害者之众、社会影响之大无不令人震惊。就上海地区的分析显示：金融诈骗犯罪已经占到整个经济犯罪案件的三分之一，而涉案总金额已经超过三分之一将近三分之二。

其二，犯罪手段日趋智能化。随着国内银行业金融电子化、信息化建设的推进，传统金融业务的处理手段和程序已相继退出，取而代之的是电子化的资金转账系统、数据清算系统、自动柜员系统及银行数据交换中心和数据备份中心等现代化的调拨、转账、清算、支付手段，这就为金融诈骗留下了较大的空间。这些使得金融诈骗成为一种智能化犯罪，犯罪分子不仅智商高而且精通有关的金融业务和法律知识。

其三，犯罪分子往往内外勾结。近年来，金融诈骗犯罪已从原来的单个作案发展到内外勾结的团伙作案，金融机构内部人员参与金融诈骗的犯罪也有所增加，一些重大、特大金融诈骗案件大多与金融机构内部工作人员有关。犯罪分子利用金钱贿赂、女色引诱等手段拉拢、腐蚀金融系统内部职工或领导。加上金融机构内部人员素质不高，利欲熏心，不惜以身试法，与社会上一些不法分子相互勾结进行诈骗活动。

其四，金融诈骗呈现国际化趋势。随着经济全球化的发展，国际经济交往的增多，金融业务的国际化进程加速，国际经贸的频繁合作也为国际金融诈骗团伙提供了更多的可乘之机。国际交通、通信的便捷，国际间的交往频繁，人员往来的方便，给犯罪分子实施金融诈骗提供了方便的条件。同时全球金融市场的不断扩张及国际经济贸易合作的不断加深，为国际金融诈骗团伙提供了更多的作案机会。

在经济体制转轨的过程中，金融领域内的犯罪活动急剧增加，并不断出现一些新的犯罪行为，诈骗犯罪尤其突出。由于对此新型犯罪的控制与防范机制尚未健全，导致一些犯罪分子乘机作案，金融诈骗犯罪案件明显增多，诈骗数额越来越大、涉案面越来越广、社会影响越来越恶劣。金融诈骗不仅侵害国家和人民群众的财产权益，而且扰乱了市场经济秩序，直接威胁到国家金融安全。

因此，对于金融诈骗犯罪的防范和控制不能采取单一的措施，应该综合性、多元化地应对复杂多变的金融诈骗新形势。一方面从法律层面上加强控制机制建设和防范措施；另一方面要加强社会群众防范意识和法制修养，这样才能更加有效地抵御金融诈骗带来的危害。

1979 年，在我国刑法中就有对诈骗犯罪的处罚，但是因为当时的立法条件和经济发展水平等因素的制约，没有明确提出对金融诈骗犯罪行为的处罚。实践证明，仅凭一个笼统的、泛泛的"诈骗罪"，已很难有效制裁金融诈骗犯罪活动。1995 年 6 月 30 日，第八届全国人大通过了《关于惩治破坏金融秩序犯罪的决定》，规定了金融诈骗犯罪问题，明确列举出六种金融诈骗犯罪形式，即集资诈骗、贷款诈骗、票据诈骗、信用证诈骗、信用卡诈骗和保险诈骗，并且将集资诈骗、票据诈骗、信用证诈骗罪的法定最高刑规定为死刑。在 1997 年新刑法分则第三章第五节专门规定了金融诈骗罪，其中增加了金融凭证诈骗罪、有价证券诈骗罪两种新类型的诈骗犯罪。

但是，仅仅依靠刑罚来控制与防范金融诈骗显然是幼稚且不切实际的，尽管法律对这类犯罪行为严惩不贷，但是金融诈骗犯罪不仅没有丝毫减少，相反，在逃避刑罚制裁的进程中不断摸索、前进，并不断通过更为隐蔽的手法继续犯罪。因此，在日常生活中，我们需要提高警惕，加强对金融诈骗的防范意识。

·第八章·

是"馅饼"还是"陷阱"

——每天读点金融陷阱知识

金融全球化带来更大的挑战

经济全球化的过程早已开始,尤其是20世纪80年代以后,特别是进入90年代,世界经济全球化的进程大大加快。经济全球化,有利于资源和生产要素在全球的合理配置,有利于资本和产品经济全球化。

全球性流动,有利于科技在全球性的扩张,有利于促进不发达地区经济的发展,是人类发展进步的表现,是世界经济发展的必然结果。但它对每个国家来说,都是一柄双刃剑,既是机遇,也是挑战。特别是对经济实力薄弱和科学技术比较落后的发展中国家,面对全球性的激烈竞争,所遇到的风险、挑战将更加严峻。目前经济全球化中急需解决的问题是建立公平合理的新的经济秩序,以保证竞争的公平性和有效性。

世界各国、各地区经济,包括生产、流通和消费等领域相互联系、相互依赖、相互渗透,以前那些由于民族、国家、地域等因素所造成的阻碍日益减少,世界经济越来越成为一个不可分割的有机整体。

举例而言,美国波音公司生产的波音客机所需的450万个零部件,来自6个国家的1500家大企业和1.5万家中小企业。波音公司所完成的不过是科技的设计、关键零部件的生产和产品的最终组装而已。据统计,目前全世界有40%的产品是由跨国公司生产的。

世界市场的形成使各国市场逐渐融为一体,并极大地促进了全球贸易的发展。国际贸易的范围不断扩展,世界市场容量越来越大,各国对世界市场的依赖程度也日益增大。

经济全球化是指世界经济活动超越国界，通过对外贸易、资本流动、技术转移、提供服务、相互依存、相互联系而形成的全球范围的有机经济整体。经济全球化是当代世界经济的重要特征之一，也是世界经济发展的重要趋势。

各国金融命脉更加紧密地与国际市场联系在一起。迅速扩展的跨国银行，遍布全球的电脑网络，使全世界巨额资本和庞大的金融衍生品在全球范围内流动。

国际投资中资本流动规模持续扩大。1995 年发达国家对外投资总额达到了2.66 万亿美元，是 1945 年的 130 多倍。资本流向从单向发展为双向，过去只有发达国家输出资本，现在发展中国家也对外输出资本，包括向发达国家输出。

区域性经济合作日益加强。区域经济组织遍及全世界，如欧洲联盟、北美自由贸易区等。许多区域集团内部，都实现了商品、资本、人员和劳务的自由流通，使得区域内能够合理配置资源，优化资源组合，实现规模经济，提高经济效益。

一方面全球化为发展中国家提供了难得的发展机遇，有利于吸引外资，弥补国内建设资金的不足；有利于引进先进技术和设备，实现技术发展的跨越；有利于学习先进管理经验，培养高素质的管理人才；有利于发挥比较优势，开拓国际市场。另一方面，它也不可避免地会给发展中国家带来不利因素和风险。发展中国家的经济和科技水平相对落后，不仅面临着发达国家经济和技术优势的巨大压力，而且国家经济主权和经济安全受到严重挑战。正因如此，世界银行首席经济学家斯蒂格利茨把全球化具有的两重性比喻为"一柄双刃剑"。

1. 在全球化过程中，发展中国家处于不利地位

几百年资本主义、殖民主义统治使世界经济发展面临严峻现实。南北之间即南半球广大发展中国家（约占世界人口的四分之三）与北半球发达国家（约占世界人口的四分之一）之间，也就是穷国和富国之间，在经济发展和人民生活水平上的差距很大。这是世界范围的一种不公平现象。资本主义殖民主义体系崩溃之后，南北差距并未缩小，其原因是西方发达国家依靠国际经济旧秩序，垄断世界商品市场和金融市场，通过压低发展中国家初级产品的进口价格，抬高发达国家制成品和高精尖产品的出口价格，进行不等价交换，并进一步加强了资本输出，从而使南北之间的差距越来越大，由原来的几倍扩大到十几倍、几十倍，甚至上百倍。经济全球化趋势仍然是在国际经济旧秩序没有根本改变的情况下形成和发展的。西方发达国家在资金、技术、人才、管理以及贸易、投资、金融等各个方

面都占有优势。国际经济的"游戏规则"中有符合社会化大生产的一面，但总体上是在西方发达国家主导下制定的，国际经济和金融组织也都控制在美国等西方发达国家手中。这些国家利用这些优势，成为经济全球化的最大受益者。经济全球化由发达国家首先推动并在其中一直起着主导作用，而发展中国家虽然是政治上独立的主权国家，但在国际经济关系中处于受支配的地位，不可避免地带来发展中国家与西方发达国家贫富差距的进一步扩大。

2. 在全球化过程中，发展中国家主要产业乃至整个经济命脉有可能被跨国公司与国际经济组织所控制

经济全球化的主要推动力是跨国公司。根据联合国《1997年投资报告》的统计，目前全世界已有44000个跨国公司母公司和28万个在国外的子公司和附属企业，形成了庞大的全球生产和销售体系。这些跨国公司控制了全世界1/3的生产，掌握了全世界70%的对外直接投资、2/3的世界贸易与70%以上的专利和其他技术转让。我国部分国内市场已经被跨国公司控制，轻工行业如洗涤用品、饮料等，外商投资企业在产量、销量上占了35%～50%；移动通信设备仅美国摩托罗拉天津独资企业一家已占国内市场的90%，国内企业彻底退出竞争，外商一统天下；德国西门子在华39个合资企业中规模最大的北京国际交换系统有限公司的产品今年在中国市场的份额达到23%，全国程控交换机外商占70%的市场。

有的研究者指出，在全球化背景下爆发的亚洲金融危机，给一些发展中国家造成巨大的损失。有的评论认为，从外部因素来说，西方国际垄断资本先是使短期资金大量涌入亚洲国家，使之看作难得的融资而纷纷引进；而当这些国家将资金造成大量不良资产时，西方金融投机家就利用短期资金进行套利，并把资金撤走；到了发生金融危机的国家需要国际援助时，他们又通过自己操纵的国际金融、经济组织提出种种损害受援国的条件，进一步控制这些国家的金融机构和经济命脉。随着经济全球化的发展，当今世界各种全球性和区域性国际组织日趋增多，比如世界银行、国际货币基金组织、关贸总协定和世界贸易组织。他们对国家经济主权的渗透性越来越大，已成为对发展中国家进行强有力经济干预的机构。为了获得更大的国家利益，发展中国家不得不让渡一部分国家经济主权。

3. 在全球化过程中，发展中国家生态环境和可持续发展的矛盾会日益尖锐

经济全球化已经和正在导致一种崭新的全球分工格局的出现：发达国家主要发展知识密集型的高新技术产业和服务业，而把劳动和资源密集型的产业向发展中国家转移。广大发展中国家除了继续作为原材料、初级产品的供应者外，还成为越来越多的工业制成品的生产基地。发展中国家的经济发展和高新技术相对落后，不得不以消耗稀缺自然资源和污染环境为代价，参与国际竞争，争取"后发效应"。在全球化背景下，日趋激烈的综合国力竞争，主要体现在资源的争夺上，这实际上是一场没有硝烟的战争。这场战争的结果，将会进一步强化西方发达国家在高新科技领域的垄断地位，进一步加剧发展中国家的环境污染和生态环境的破坏，影响发展中国家的可持续发展。

进入 21 世纪以来，经济全球化与跨国公司的深入发展，既给世界贸易带来了重大的推动力，也给各国经贸带来了诸多不确定因素，使其出现许多新的特点和新的矛盾。为此，研究和了解这一问题有着一定的现实意义。

漏洞百出的金融现状

如今的金融界危机四伏，各国领导者们需要采取一系列行之有效的措施，来缓和当下日益加剧的全球经济失衡。他们应该深入探究初露端倪的权益噩梦，制定一项全球战略来应对全球危机。领导者们必须改革漏洞百出的金融体系，包括信用评级和配置体系。

2007 年，随着次级抵押贷款还款拖延问题的加剧，金融体系架构使一个本来并不严重的问题演变成了数十年来空前严峻的金融危机。

金融危机以来，世界经济陷入大萧条时代以来最惨重的衰退，国际贸易也遭受重创。世界银行在其 2008 年《世界经济展望报告》中悲观地预测称，2009 年世界经济增长率为 0.9%，全球贸易量将减少 2%。然而现在看来，这样的预测依然是过于乐观。人们并没有意识到情况会比想象更糟。全球贸易正经历第二次世界大战以来持续时间最长、幅度最大的一次下滑。

国际货币基金组织于 2010 年 1 月 26 日发布《世界经济展望》，2009 年世界经济增长率为 -0.8%，其中先进经济体为 -3.2%，新兴和发展经济体为 2.1%。这也意味着 2009 年将这样被铭记在历史中——二战以后人们经历了首次全球经济的负增长。关于世界经济与世界贸易的关系，经济学家们总结出一条规律：若世界经济增长，贸易会增长得更快；若世界经济增长下降，贸易则会以更猛的势头下降。这条规律再一次得到了验证，2009 年世界贸易量（包括货物和服务）相比2008 年下降 12.2%，其中先进经济体进口下降 12.2%，出口下降 12.1%；新兴和发展经济体进口下降 13.5%，出口下降 11.7%。这与金融危机肆虐全球之前国际贸易的空前繁荣形成鲜明对比，以 2000 年到 2007 年为例，这期间世界贸易年均增长幅度约 6%，而同期的世界生产增长率约为 2%。

从世界贸易组织 2009 年 11 月发布的《世界贸易年度报告》中，我们可以了解到现状是多么的不乐观。全球贸易总量（2008 年 10 月到 2009 年 10 月）与上年同一时期相比下降 10%，这意味着，国际贸易规模一下退回到 2005 年的水平。考虑到金融危机后，各主要币种纷纷贬值，这个 10% 的比率恐怕算是保守的。

报告称，截至 2009 年第二季度，制造业产品贸易量比上年同期平均下降 29.9%，其中能源和矿物产品贸易量的减少最为明显，降幅达 55.5%，汽车产品下降 45.8%，办公用品和电信设备下降 22.0%，化工品下降 24.6%，服装与纺织品下降 19.8%。全球服务贸易的数据有限，发达经济体获得的服务贸易数据显示，在金融危机爆发初期，服务受到的消极影响远小于制造业产品，但是年中，这种好景也无法维系，服务贸易开始收缩。美国服务贸易出口比 2008 年同期下降 13%，进口下降 16%。另一个重要的发达经济体欧盟面临的服务贸易形势更严峻，其服务贸易进出口比起上年同期分别下降 22%、20%。

次贷危机正在从金融领域打开一个劫掠财富甚至摧毁一国经济的巨大缺口。从 1994 年 12 月爆发的墨西哥危机，到 1997 年爆发的东南亚金融危机，到 1998 年的俄罗斯金融危机，到 1999 年的巴西经济危机，到 2002 年的阿根廷金融危机，再到 2007 年爆发的越南金融危机，危机一直在频繁发生，这到底是为什么？

有一点是可以确定的，许多国家都在灾难临头时，求救由于美国主导的国际货币基金组织（IMF）等机构，屈辱地接受不平等的条款。当危机过去，这些国家也难以恢复往日的风采。

次贷危机让冰岛不幸成为一个面临政府信用破产、国家经济濒临破产的国家。在最暗淡的时候，冰岛克朗兑欧元在短短的一周时间里就贬值了约 80%！惨烈之至！但冰岛仅仅是一个开始——不仅仅指次贷危机。

次贷危机犹如海啸，最脆弱的部分必然首先被摧毁。冰岛的困局告诉我们，现在，战争的主角、摧毁一国经济主权的工具，已经变成金融而非笨拙的枪炮。同时，摧毁一国经济主权的主角，已经变成尖端的金融人才而非勇猛的大兵。

冰岛虽然是次贷危机中第一个面临国家经济破产风险的国家，但它也仅仅是众多多米诺骨牌中的一块，我们不能确切地知道最后一个会是谁。欧盟正是次贷危机制造者瞄准的目标之一。欧元是当时唯一能够挑战美元的货币。

在全球化的今天，货币已经代替枪炮成为战争的主角，其造成的后果与真正的战争一样血腥和残忍，只是许多人被洗劫后还浑然不觉而已。我们需要认真思索，以透彻地了解和掌握这个时代的黑暗与危机，让更多的人从麻木不仁和被欺骗的状态下觉醒。

次贷危机之下，通货膨胀如噩梦般挥之不去。自2007年下半年开始，国际油价连破70、80、90、100、110、120、130、140美元关口；黄金价格涨势空前，一举突破1000美元/盎司关口；铁矿石价格又暴涨了近一倍……

次贷危机将对未来的世界经济格局产生深远影响，最起码，美国凭借货币霸权"空手套白狼"的游戏已经很难持续，危机将促使美国人财富观念、消费观念发生颠覆性变化，过度的信贷消费已经走到尽头。美国自己需要转型，而美国的转型意味着世界经济的引擎发生变化。次贷危机中，无数财物被掠夺，这些财富的数额令人瞠目结舌。

次贷危机可以说是一个巨大的陷阱，那么，拯救次贷危机的过程中，同样布满重重陷阱。而且，拯救次贷危机可能制造出一个更为可怕的陷阱。美国一边小心翼翼地呵护其实体经济，一边呼吁其他国家拿出真金白银拯救其已经是无底洞的虚拟经济。也许，不久之后人们才会发现，拯救者才是真正要被拯救的，而现在的被拯救者将来会突然站立起来，成为巨人。

通过对次贷危机之后的世界经济形势的上述分析，我们不难得出以下几个结论。

首先，世界上多数国家都面临经济衰退，比起新兴经济体和发展中国家的增长率下降，发达国家境况更为严峻，出现了负增长。

其次，当涉及对外贸易时，无论是发达经济体还是新兴发展经济体，国际贸易规模都遭遇了不同程度的下滑，而且在出口领域，新兴和发展经济体面临的下降幅度稍大。原因在于，这些新兴和发展经济体正是通过国际贸易参与国际分工，融入世界经济体系，实现经济蓬勃发展，几乎每个国家都有较高的外贸依存度。但是，无论是危机前还是危机后，新兴和发展经济体对于世界经济的贡献都与日俱增，危机后更是在全球经济恢复这场战斗中扮演着举足轻重的角色。比如中国，2010年的中国经济被称为"世界经济中流砥柱"。

最后，我们还可以看到，就国际贸易结构而言，制造业产品首当其冲受到金融危机的冲击，贸易量急剧缩减，而服务贸易则有一个缓冲过程。虽然危机对服务贸易的消极影响在年中也渐渐呈现，但是比起制造业产品，下降幅度小很多。

危机极大地动摇了全球化的政治基础，使全球数百万计的中低收入家庭面临严重的生存困难。的确，金融市场最终恢复稳定了，然而根本问题却仍潜藏在表象之下，随时可能再次爆发。我们也必须采取一些方法，使人们更好地理解全球变暖与维持全球贸易体系之间所固有的冲突和紧张局势，并创造一种能够妥善应对主权财富基金投资风险和机遇的可靠方法。除此之外，我们还要保护国际金融的流动性，同轻率的贸易保护主义斗争。

金融机构拿着我们的钱去赚钱

2008年3月，摩根大通以每股10美元的价格正式完成了对贝尔斯登的收购。而在2007年1月，贝尔斯登的股价曾高达每股170美元。贝尔斯登在全球的员工约有14000多名，公司历来鼓励员工持有自己公司的股票，员工持股量达到总股本的1/3。股价大跌使贝尔斯登的员工遭受了巨大的损失，当然，受损的还有广大的投资者。

而雷曼兄弟则因过度投资担保债务凭证，紧跟贝尔斯登也倒下了。雷曼兄弟是以自己购买的住宅和商业房产抵押贷款支持证券作为后盾（它大胆假设房地产市场的价格是永远不会下跌的），因此大量投资担保债务凭证市场。由于雷曼兄弟完全依赖短期贷款做生意，因此它要获取高额利润并及时地连本带息归还贷款，就只有铤而走险了。它以1：35的杠杆率进行投资。也就是说，雷曼兄弟拿自己拥有的1美元，以及从别处借入的35美元进行投资。按这样的比率，只要其资产负债表中的投资总价值下降3%（雷曼兄弟的实际亏损幅度远远大于3%），股东的权益便完全丧失。于是，当房地产市场无情地崩溃后，雷曼兄弟因无力偿还所欠贷款而"寿终正寝"。与贝尔斯登的情况相似，雷曼兄弟持股的员工也遭受重创。

华尔街金融体系是掠夺财富的武器，对冲基金经理、外汇交易员、经纪人和进行投机的炒家是当今的冒险家，大型投资银行是武装起来的船队，经济是他们的海洋，上市公司是为他们掠夺财富服务的船只，而国家则变成了他们的奴仆和监护人。

每到年末，华尔街投资银行便开始清算"战利品"——其发放的红包多少是最能吸引眼球的财经新闻。年景好的时候，各大投资银行报出的红包数额一家比一家高，民众也能够接受："美林 45 万美元的平均奖金""雷曼兄弟平均 50 万美元""摩根斯坦利平均 55 万美元""高盛平均 60 万美元"！当前，金融危机远未结束，高盛则在 2010 年率先高调报出其 31000 名员工的人均入账有望达到 70 万美元的消息，这一收入水平创高盛 136 年历史上的最高纪录！这使大量失业或失去家园的美国民众怒火中烧。

金融危机证明，危险的根源就是资产证券化。然而华尔街投资银行最赚钱的业务，恰恰就是资产证券化和衍生化业务。在这个证券化的过程中，华尔街 2% 的人把垃圾包装成黄金（譬如将次贷证券化）。他们赚得越多，广大投资者的亏损就越大。社会大众的财富就这样神不知鬼不觉地通过移钱大法，被装进自称是"为上帝工作的人"的口袋中。

如果没有金融海啸，那么华尔街发明的金融衍生产品可以说举世无双，美国金融体系的实力不知道要羡煞多少国家，从而促进某些国家极力效仿。而大多数国家都要依靠生产来积累国家财富，这一过程缓慢而且回报率低。如果有人能够不通过生产，而是以接近零的储蓄转到用中国储蓄额的 50% 或者德国储蓄额 20% 所获得的回报，那他还需要生产和储蓄吗？

华尔街的投资银行就是这样无与伦比的金融巫师，它们可以化腐朽为神奇，将国家微不足道的储蓄额用漂亮的包装投放到金融市场上。比如"有毒"的次级债务就吸引了中国及其他各国争相购买，他国的财富就像移钱大法一样，神不知鬼不觉地被挪到了华尔街机构的腰包里。

以高盛为例，高盛在危机最严重的时刻获得数百亿的救助资金，并再一次利用 20～30 倍的高杠杆借到相当于 2 万亿美元的资金，一跃成为当时最有钱的银行，而后又利用这些钱在股票市场崩溃和各类资产处于最低价的时期大量购进资产。随后，美联储和美国财政部以"营救金融体系和国民经济"的名义投入了 23.7 万亿美元的资金，使那些资产重新膨胀。高盛完全是用纳税人的钱以最低价购入资产，从而得以创下盈利纪录。而纳税人却没有得到任何的利益。这就是所谓的"上帝的活儿"。高盛的金融大鳄们面不改色心不跳地将所赚利润的一半——210 多亿美元装进自己的口袋。

为了平息大众愤怒的情绪，高盛表示，公司 30 位级别最高的管理者将不接受 2009 年的现金奖励，而是以股票代替现金。这种换汤不换药的"典范"之举，依然难以平息民愤。殊不知，美国上班族的人均年收入不过是 5 万美元，而单单是华尔街人士平均获得的红包，就接近普通上班族人均年收入的 15 倍；华尔街不仅闯下大祸令全球经济进入衰退，使大量无辜的民众丢掉饭碗，而且在分发"战利品"时丝毫不手软，这种情形能不令人愤怒吗？当金融海啸爆发了，政府为挽救这些金融机构，花费救助资金总共达到近 640 亿美元。如果没有这 640 亿美元的救助资金，高盛就将像其他很多银行那样，绝对活不到今天。

当衍生产品扩大的利润被处于财富金字塔顶端的人掠夺之后，遗留下来的巨大的窟窿将由谁去填补？毫无疑问，当然是纳税人了。他们是处于金字塔最底端的人。据估算，当金融海啸爆发，政府为拯救"两房"花费的资金至少达到 1 万亿美元，平均而言，每一个纳税人必须拿出 6000 美元来为此买单。纳税人中最倒霉的是中产阶层，他们既没有像富豪那样逃税漏税的资本（这需要大量专业人士为之服务），又不甘于像穷人（其基本上不用纳税）那样依赖政府。除去富人和穷人，每一个中产阶层人士可能为拯救"两房"分摊高达上万美元。

警惕，金融衍生品惹的祸

1995 年 2 月 26 日，英国的巴林银行倒闭了，被荷兰的一家银行用 1 英镑的象征性价格买了下来。这件事震惊了全球金融界。在世界银行业历史上，巴林银行的倒闭被很多人看作一个转折点。在西方国家，银行倒闭是常有的事情，但巴林银行的倒闭却出乎意料。巴林银行创建于 1762 年，到 1995 年倒闭，有着 233 年的历史，是英国历史最悠久的批发性商业银行。从英国国王乔治五世开始，巴林银行和英国王室的关系一直很密切；英国和法国皇帝拿破仑打仗时，就是巴林银行给英国政府提供资金的；巴林银行倒闭前，英国女王伊丽莎白二世在它那里开有户头；此外，1997 年去世的英国王妃戴安娜就是巴林银行创建人巴林家族的后代。更让人意外的是巴林银行居然是让一个年仅 28 岁、名叫尼克·利森的员工一个人给搞垮的，而且与衍生金融工具有很大的关系。

那么，28 岁的尼克·利森是怎么利用衍生金融工具，单枪匹马地搞垮一个有着 233 年历史的银行的呢？衍生金融工具又是什么呢？

在巴林银行倒闭后，很多人开始讨论衍生金融工具到底是恶魔还是天使，要不要使用衍生金融工具，怎么控制衍生金融工具的风险？

首先，我们来了解一下什么是衍生金融工具。要知道什么是衍生金融工具，我们得先从金融工具说起。

在金融市场中，人们买卖的不是衣服、食品这些买来马上就可以用的商品，而是具有一定价值的某种权利。"权利"这么抽象的东西怎么买卖呢？怎么把它从一个人手中交给另外一个人呢？我们使用金融工具来买卖这种权利。

金融衍生工具是人类金融史上最令人瞠目结舌的创新之一，有人引用一位花旗交易员的话来讲：投资银行的本质就是炒家，没东西就想出一个东西来炒。

当传统产品的交易佣金越来越低，竞争日益激烈时，投资银行为了生存，不断地突破金融监管以寻求新的盈利模式。在期权理论引发了华尔街的革命后，投资银行借助数学模型和大规模计算机，开发了大量的衍生金融产品和交易模型。所谓金融衍生产品，是指价值依赖于标的资产价值或回报率变动的合约。按照产品的形式，衍生金融品可以分为远期、期货、期权和互换四大类。

国际投资银行通过开展衍生产品业务，为金融机构、跨国公司、基金、政府实体、保险公司和投资者提供套利、风险对冲、衍生品交易等服务。金融专家定期地为客户提供各种金融产品的咨询服务，包括利率、货币、信用、股权及商品衍生产品，并且为对冲交易、衍生类结构性融资安排、综合交易以及回购和证券借贷协议方面提供建议。全球金融市场波动加大充满了不确定因素，仅仅理解资产证券化或结构性融资的基础知识已经远远不够，要想掌握交易中出现的种种问题，需要极高的专业知识和技巧，这种复杂性为投资银行带来了大量的衍生业务。

一份来自 CNN 的报道称，受金融衍生品拖累，巴菲特掌控下的伯克希尔保险公司第二季度财报利润下滑 40%。尽管巴菲特强调公司很少做需要预先抵押的交易，但联邦政府还是要求伯克希尔为所有衍生品合同提供担保。季报报告显示，第二季度公司纯收入 19.7 亿美元，折合 A 股每股 1.195 美元。去年同期公司纯收入为 33 亿美元，合每股 2.123 美元。2007 年，伯克希尔在各项金融衍生品上获得 15 亿美元的增益，2008 年却下滑了 14 亿美元。算下来，这两年公司相当于在原地踏步。金融衍生品在金融体系中扮演了怎样的角色呢？

衍生品的出现挑战着投资银行传统上以服务赚取佣金为主的业务模式。随着投资银行们大量涉足衍生金融品交易，次贷市场和复杂产品投资以及对冲基金这些风险较高的领域，变相投资于高风险的对冲基金，它们逐渐从衍生品交易与经纪业务向买方投资转变，承担的风险也逐步提高。

在对大量金融衍生品交易中，投资银行赚取了巨额利润，高盛和摩根斯坦利两家投行在过去十年里，每年的平均净资产回报率高达20%，远远高于商业银行12%～13%的投资回报率。

投资银行出售金融衍生品的目的是利益最大化，在此前提下，它们往往会出售一些风险巨大的产品，利用客户对其的模糊认识而牟利。根据有关统计，美国抵押债务与其相关的衍生金融产品的比例高达1∶19，即10万亿美元的房屋抵押贷款所衍生出的CDS等高达近200万亿美元。

在这些工具诞生之初，人便担忧这些金融产品的风险。诺贝尔奖获得者莫顿·米勒却认为："与人们广泛理解的相反，衍生工具使世界变成了一个更加安全的地方，而不是危险的地方。"但是，即便像米勒这样的金融专家也大大地低估了金融衍生品所具有的巨大威力。金融衍生品的大量创造，在为投资银行打造了一条新的食物链的同时也打开了潘多拉魔盒，在全球金融危机中，成为投资银行倒闭的根本原因。

巴菲特曾经很形象地把金融衍生品称为"大规模杀伤性武器"，当然我们理解这种说法。但是也有学者认为，金融衍生品只是一种市场投资工具，本身并不是金融危机的罪魁祸首。

铁矿石金融化的涨价阴谋

以宝钢为首的中国钢铁企业同意了巴西淡水河谷铁矿石71.5%的涨幅，新日铁被认为是铁矿石价格暴涨的幕后操纵者，日本钢铁联盟北京代表处的首席代表伊藤仁强调"这是一个市场行为"，而钢铁研究总院的东涛主任则对记者感慨道："归根结底还是一句话：我们现在还无力抵制铁矿石的涨价。"

2004年中国生铁产量2.5亿吨，共消耗了4.6亿吨的铁矿石，其中进口2.7亿吨，国产2.5亿吨，进口依赖度已经超过了50%。2005年预计生铁的产量能够达到3.1亿到3.2亿吨，其中国产铁矿石就算增产30%，进口铁矿石也要再增加5000万吨才能满足生产。届时，中国的铁矿石进口量将占到世界铁矿石商品矿总量的1/5。

尽管中央政府一直在推行针对钢铁行业投资过热的宏观调控政策，但由于各地盲目发展重化工项目的冲动，仅2005年已经建成的钢铁项目的产能就将高达4.1亿吨。这是一个可怕的数字，若全部开足马力生产，仅按铁矿石与钢坯2∶1

的比例推算，那么中国至少还需要再进口近2亿吨的铁矿石，要比2004年翻一番。伊藤仁说："这样的局面对买方很不利。"

一项最新的民意调查显示，日本钢铁企业"阴谋"操作铁矿石价格，给中国钢铁业制造价格陷阱的占到了近七成。这样的指责和情绪并非空穴来风。

日本资源贫乏，石油、煤炭、天然气极少，铀几乎没有，资源大量从海外进口。日本矿产资源不是很丰富，加之资源保护和采矿成本上升等因素影响，很多资源依赖进口，主要资源的进口依存度分别为铁矿石100%、铁矾土100%、铜99.9%、锌89.8%、盐85.9%。

但就是这样一个资源穷国，在铁矿石谈判中，为何中方要一再压低价格，而日本却总是坚定地将资源的价格上涨呢？

2005年2月22日，日本新日铁与巴西淡水河谷公司单方面达成协议，将铁矿石价格涨幅定为71.5%。随后新日铁与另一铁矿石巨头澳大利亚必和必拓公司也达成类似协议，之后中国钢铁企业被迫接受了这一价格。

至2008年2月18日，新日铁又与淡水河谷率先达成了涨价65%的协议，再次逼迫中国企业接受了如此巨大的价格升幅。

日本并不是很在乎，原因在于日本不仅从海外进口矿物资源，而且直接投资矿物资源丰富的国家，使用优秀采矿技术，进行资源开发，这就是日本铁矿石的金融化。

铁矿石金融化主要是指铁矿石交易活动中，以金融关系为纽带，日本钢铁厂与铁矿石厂商形成了一个关系网。

首先是日本的钢铁企业本身在淡水河谷拥有股份，铁矿石价格高低对他们来说不过是一个口袋进一个口袋出。日本钢铁企业与三大矿山巨头存在千丝万缕的关系。日本钢铁企业同时拥有巴西淡水河谷、必和必拓和力拓的股份，表面上看日本接受了比中国钢铁企业要价更高的价格，但它却可以通过持有的股份对冲这一损失，甚至获取更大利益。

30年来，日本钢铁企业通过各种方式，直接或间接地参股了巴西、澳大利亚、加拿大、智利乃至印度的铁矿。在澳大利亚24个主要铁矿中，8家有日本公司作为重要股东，其余16家铁矿也都有日资参股。

通过多年的努力，日本钢铁企业在很大程度上控制了上游资源产品走势。拥有巴西淡水河谷股份的三井物产会多赚一些，然后在铁矿石贸易时让利给新日铁。另外，日本和韩国钢铁企业的很大一部分产品，也都是卖到中国市场，涨价的部分自然也都被转嫁给中国用户了。

其次是日本大型财团中的综合商社与钢铁公司互相持股，结成利益联盟，早早着手海外资源布局。在上世纪六七十年代就抓住良机，低价大举投资海外矿山。30年后的日本，已在全球拥有了大量资源，在上游产业链建立了稳固基础。

提到"新日铁"，就不得不提三井物产，它和新日铁之间存在相互持股和共同投资的关系。在铁矿石上游的资源布局，使整个三井财团获得了更大利益。三井物产的官方网站上显示："从20世纪60年代开始，三井物产株式会社就积极参与投资开发铁矿石资源，长期以来稳定供应铁矿石。2003年收购了世界最大铁矿石生产销售商巴西淡水河谷公司的母公司Valepar公司15%的股份，并且还持续扩大了与澳大利亚力拓公司和必和必拓公司之间共同合作的铁矿石事业。三井物产拥有权益比例的铁矿石控股产量已跃居世界第四位，年开采权益已超过4000万吨。"

日本财团的核心企业——综合商社又在其中扮演最重要的角色，在贸易、投资、金融、人才、情报和物流发挥着综合机能的特殊作用，实际上成为财团内部乃至日本社会实质上的经济总参谋部。在日本企业海外扩张过程中，其综合商社一定是最先进入某一市场的，它的重要职能就在于打通当地"商路"，进而控制"商权"，为制造业企业的进入开路。"日韩式"的综合商社牢牢控制了金融企业、商业和产业，将三者紧密结合。

在掌控大量海外资源的同时，日本钢厂进口的铁矿石主要由当地商社统一负责，而日本则形成了几大商社垄断进口的局面，提供金融支持，在当地投资基础设施建设，逐渐形成伙伴关系。这一切，正是日本企业突破本国"资源穷国"局限的手段和方式。这一国外找矿，入股矿山的做法也给国内企业提供了很好的借鉴意义。对于这一模式，全球规模较大的铁矿石掉期合约经纪公司一位经纪人说，中国断然不能接受指数定价，否则势必被金融公司和三大矿山控制。

如果指数定价得以施行，最大受益者显然是矿山企业，也包括了为了追求利润绞尽脑汁推出各种金融服务的公司。但铁矿石涨价无疑会给广东、广西以及中国其他地区的规划中的临海钢铁工业基地以当头一棒，因为这些基地在规划中的定位就是大进大出，利用当初看来比国内价格还低的铁矿石。现在看来，这样的幻想已经不复存在，而日韩企业一方面有先进的技术，可以提高资源利用率，节约铁矿石成本；另一方面有矿上的股权或长期购买合同，可以有源源不断的相对廉价的铁矿石提供；同时，又掌握国际市场的需求。以此操纵铁矿石涨价，进而控制中国未来的钢铁工业基地。日韩企业的意图已经越来越明确。

事实上，我国在许多大宗商品市场上的话语权争夺有前车之鉴。例如，中国的大豆、有色金属、石油产品等价格就要常年看海外市场的"脸色"。与国际上动辄有着上百年历史的商品交易市场相比，中国的期货市场尚处在"婴儿期"，市场所推出的合约品种数量、规模、覆盖范围都还不能与 CMEGROUP、LME 等传统大佬分庭抗礼。

另外，虽然我国期货交易所的成交规模近些年有了惊人的提升，有些品种在国际商品期货交易量排行中"榜上有名"，但从期货交易的客户结构上看，我国与世界级商品市场还有较大差距。

据统计，2009 年在国内期货市场上，资金量在 100 万以下的中小散户比重超过 80%。而在美国，农产品期货市场的参与主体中有 60% 是从事生产、流通、贸易、加工的现货商。

不过，我国交易所在争夺商品定价权的历程中也做过很多大胆的尝试，如 2009 年上市的钢材期货等品种就是较为成功的案例。有业内人士认为，如果铁矿石指数化交易的趋势已经无法阻挡，只能想办法在下一个环节布防，在金融市场上争夺定价权。

欺骗的根源在于信息不对称

2009 年 6 月，有位股民把中国一位著名的股评家告上法庭，索赔 13 万元，理由是因为听信了股评家收费博客中对股市走向的预言，他在短短一个月内赔了十多万元。

世界顶级炒股大师巴菲特说过：要预测股市走向，跟预测一只鸟从一棵树上起飞后会落到哪棵树的哪根枝条一样困难。另一位投资大师索罗斯也说：上帝也无法预测股市。股市有亿万个操作思路，任何个人都难测到全体的操作动向将导致的市场异动。个人相对于全体，在信息的掌握上构成了不对称。

信息不对称指交易中的各人掌握的资料不同。在社会政治、经济等活动中，一些成员拥有其他成员无法掌握的信息，由此造成信息的不对称。能产生交易关系和契约安排的不公平或者市场效率降低问题。一般而言，卖家比买家拥有更多关于交易物品的信息，但相反的情况也可能存在。前者例子可见于二手车的买卖，卖主对该卖出的车辆比买方了解。后者例子比如医疗保险，买方通常掌握更多信息。

信息不对称会带来很多失误和损失，但对于部分消息灵通的先知先觉者，也会变不利为有利。

1865年，美国南北战争接近尾声。由于战事频繁，美国的猪肉价格非常昂贵。当时有位名叫亚默尔的商人，他从事的正是猪肉供应。亚默尔非常关注战事的发展，他十分注重收集各方面的信息。亚默尔相信自己一旦抓住别人没有发现的商机，一定能够狠赚一笔。

这一天，报纸上的一则新闻吸引住了亚默尔。这则新闻里提到一个神父在南军的营区里遇到几个小孩，小孩们拿了很多的钱问神父怎样可以买到面包和其他吃的东西。这些孩子的父亲是南军的高级军官，军官们给孩子带回来的马肉非常难吃，孩子们已经好几天没有吃面包了，所以才会到处买面包。

这是一篇很普通的报道，但在亚默尔看来，这里面透露出一个重要的信息。南军的高级军官已经开始宰杀马匹，足以说明这场战争马上就要结束。而战争一旦结束，整个美国的经济市场也将恢复正常，那么猪肉的价格必然会出现大幅度的回落。对于亚默尔来说，战争的结束就意味着他发财的机会来临。

亚默尔马上与美国东部的猪肉销售商们签订了一个大胆的销售合同，将自己的猪肉以较低的价格卖给对方，并约定迟几天交货。在当时的市场情况下，亚默尔的这批猪肉价格相当便宜。于是，各地的销售商们纷纷与亚默尔签订合同，亚默尔储备的猪肉很快销售一空。

就在亚默尔的猪肉销售出去后，没过多久，南北战争正式宣告结束。受到战事的影响，各地的猪肉价格一下子暴跌。销售商们不得不低价处理手中积压的猪肉，价格要远低于收购亚默尔的猪肉价钱。亚默尔在这次的行动中，一共赚取了100多万美元的利润，一举奠定了坚实的商业基础。

报纸上一条并不引人注目的小新闻，亚默尔却能从中发现商机，及时捕捉到有用信息，并及时利用，从而使自己在这场商战中大获全胜。

这是一个成功的利用信息不对称抢得商业先机的例子。但在前面说到的股市，先知先觉者只有靠自己的知识、经验和预测能力一时取胜。如果通过不正当手段窥视到上市公司股票的秘密，抢先一步操作，则发生竞争违规，属于被证监会等执法部门处罚的行为。

　　金融市场中的信息不对称意味着投资者可能面临着逆向选择和道德风险等问题，从而阻碍了金融市场的高效运行。风险企业和骗子最急于向失于防范的投资者推销证券，由此导致的逆向选择问题可能导致投资者不愿涉足金融市场。进一步讲，一旦投资者已经购买了某种证券，即已经将贷款投放给某企业，借款人就可能有动机从事风险活动或进行欺诈。这种道德风险问题也可能使得投资者远离金融市场。政府对金融市场的监管可以帮助投资者获取更多的信息，从而减少逆向选择和道德风险等问题，促进金融市场的健康运行。

　　1929年股票市场的大崩溃以及随后暴露的大量欺诈行径，向政界提出了加强金融市场监管的要求，这也最终导致了1933年《证券法》的通过和证券交易委员会（SEC）的建立。证券交易委员会要求企业在发行证券时，必须向公众公布有关它们销售、资产和收益的状况，并对企业大股东（内部人）的交易作出了限制。通过对信息披露的规定和对可能操控证券价格的内部人交易的限制，证券交易委员会希望投资者能够享有更充分的知情权，避免1933年之前金融市场的某些弊端。事实上，证券交易委员会近年来一直特别致力于对内部人交易的查处。

　　随着经济全球化的来临，面对世界性的竞争与挑战，无论是个人还是商业组织，都应重视对外界信息的收集和利用。通过正当途径收集到有用的社会信息，再凭借出色的领悟和判断能力，就能及时预测到新的社会需求，便能在市场竞争中"领先一步"，击败对手。

·第九章·

谁也逃不掉的金融危机

——每天读点金融危机知识

经济大萧条再次降临

华尔街正陷于"百年一遇"的金融危机中，该国这场危机引发经济衰退的可能性正在增大。这是我职业生涯中所见最严重的一次金融危机，可能仍将持续相当长时间，并继续影响美国房地产价格。

——美国联邦储备委员会前主席艾伦·格林斯潘

2008年9月14日，正逢中国中秋节，这是中秋节第一次作为中国的法定节假日，加上周末，连续3天的假期，使得中国人在赏月过佳节的同时，还享受着中华民族举办"百年奥运"所带来的欢乐和荣耀。

此时，大洋彼岸的美利坚却阴云密布，整个国家都笼罩在失落和懊丧中，因为他们不得不接受这样一个事实：美国发生金融危机了，这是自1929年以来"百年不遇"的一次金融危机。

这天距离美国人纪念纽约世贸大楼被炸7周年不到3天，一场灾难——金融危机在纽约上演了：之前贝尔斯登倒下的时候，许多人认为那不过是一场流动性不足的短暂危机，而现在没有人再怀疑，华尔街已经崩溃，建立在华尔街之上的美国金融帝国正摇摇欲坠。

著名经济学家克鲁格曼认为，2008年底经济危机爆发时，其严重程度几乎堪比上个世纪30年代"大萧条"时期的银行业危机：世界贸易、世界工业产值、全球股市等一系列指标下降速度赶上甚至超过了当时。

格林斯潘认为，这场危机将持续成为一股"腐蚀性"力量，直至美国房地产价格稳定下来，危机还将诱发全球一系列经济动荡。他还预测，将有更多大型金融机构在这场危机中倒下。于是，各个国家的政客都行动起来了，为了避免被美国拖下水，各自寻求自保之法。位于太平洋对岸的亚洲，特别是作为美国最大的债权国的中国和日本，也行动起来了。日本积极购买或者兼并美国濒临危机的证券或者金融公司，而中国则采取相对更为谨慎的态度。

与"大萧条"时代所不同的是，在金融危机中，美国经济并未如当时一般直线下滑，而是在经历了糟糕的一年后逐渐开始触底。格林斯潘认为，美国之所以免于重蹈"大萧条"覆辙，是因为政府在两次危机中所扮演的角色截然不同。

首先，在金融危机中，最关键的并非政府有所为，而是政府有所不为：与私人部门不同，联邦政府没有大幅缩减开支。尽管财政收入在经济收缩的时期大幅下降，社会保险、医疗保险、公职人员收入等都得到了应有的保障。而这些方面的支出都对下滑的经济起到了一定的支撑作用，成为政府的"自动稳定器"。而在"大萧条"时代，政府支出占 GDP 总量的比例则相对小得多。尽管危机时期的大笔财政支出会导致政府的财政赤字，但是从避免危机深化的角度来说，赤字反而是一件好事。

其次，政府除了持续发挥其自身的稳定效用之外，还进一步采取措施稳定金融部门，为银行提供救助资金。尽管也许现行的银行救助计划的规模及形式等方面存在缺憾，但是如果没有采取此类措施，情况势必会更加糟糕。在应对本轮危机时，政府没有采取上个世纪 30 年代的放任不管、任由银行系统崩溃的态度，而这正是"大萧条"没有重现的另外一个重要原因。

最后，美国政府在经济刺激计划方面进行了深刻思考，并付出了努力。据预测，如果没有实施经济刺激计划，将有比当时多 100 万的美国人失去就业机会。正是经济刺激计划将美国经济从自由落体式下降的旋涡中拖了出来。

隐藏在这场金融危机背后的秘密是什么？是什么导致了这场金融危机的发生和扩展呢？备受全球投资者瞩目的美国政府"7000 亿美元救市计划"能否挽救金融危机，经济学家各执一词。目前为止，华尔街危机已经演变成一场波及全球的金融风暴。这次金融风暴会持续多久？对中国的影响是什么样的？这场危机是否会把全球经济拖进深渊？

世界是平的，全球化的重要标准之一就是资本和金融在全球的流动性，随着美国金融危机的发生，传导效应和红蝴蝶效应发挥了作用，波及了大西洋对岸的欧洲。欧洲的金融系统也面临着更大的压力，已经步美国的后尘发生了金融危机。

这种传导是否会相应持续下去，谁也无法预测。人们都在问，面对金融危机，谁又会成为下一个倒霉蛋呢？

危机爆发的三大预言成真

金融学家曾经对经济危机作出了三大预言。

预测一：美国还有 4000 家银行要倒闭或被整并。

美国银行执行长刘易斯，2008 年 9 月中旬接受美国 CNBC 专访时表示，美国接近 9000 家的银行中，在未来 5 年，将会有一半倒闭或者被整并。

预测二：大失业潮即将来临。

2009 年底，美国可能有 1200 万人失业。美国财经研究机构预测，2009 年 4 月的失业率会达到 7.1%。高盛证券的预测更悲观，2009 年底，美国失业率将会达到 8%。

以当时美国近 1.55 亿的劳动人口估计，到 2009 年 4 月，将可能有超过 1000 万的美国人失业。最悲观的状况是，2009 年底，美国将有约 1200 万人失业，直逼 20 世纪 30 年代的经济大萧条。

预测三：景气还没到底，最糟状况可能在 2009 年中，欧美经济将零增长或负增长。

多数经济学家都预测，景气最糟的状况将会落在"2008 年底到 2009 年中"。

摩根大通预估，美国经济将在 2008 年第三季开始，到 2009 年第一季出现负增长，尤其以 2008 年第四季衰退 15% 最为严重。摩根大通也预测 2009 年欧元经济将出现 0.4% 的衰退，这将是欧元区成立 10 年以来新低。

席卷全球的金融危机和通货紧缩来了，媒体还在卖力地大肆渲染，在我们眼里，它们就像《伊索寓言》里那个喊着"狼来了"的牧羊少年。美国次贷危机引发的金融危机已蔓延成全球性危机。目前要对这场危机对我国产生的影响作出全面评估还为时尚早，但其中的教训可以为我国改革开放和现代化建设带来一些启示。

此次发生问题的衍生产品与过去传统的股权、期权、期货这些产品有区别，本来人们以为住房贷款这种资产不会太离谱，然而这次恰恰是住房按揭贷款这种标的物很真实的产品出了问题。实际上，在最发达的经济体中，金融的作用呈相对弱化的趋势。很多人都说美国的经济可能要垮台了，但实际上美国的经济实力仍然是世界第一。世界经济论坛当时发布的国家竞争力排名中美国还是排名第一。美国的制造业创造的增加值仍然第一，服务业第一，农业出口量第一。即使是金融出了这么多问题，那么多大银行倒闭，美国有问题的银行 170 多家，但是实体经济受到的伤害还是非常有限。即使就数量而言，出问题的银行也有限，因为美国的银行总数是 7000 多家，资本市场和直接融资仍在运行，商业票据市场仍在发挥功能，所以美国的经济实力仍然不可小觑。

相比于美国，中国主要还是靠要素投入来推动经济增长，靠一定的技术引进和技术模仿来推动经济增长。而美国已经主要是靠科技文化创新来推动经济增长，要素投入对它的影响已经很小，引进技术、模仿别人的影响作用也比较小。由于像美国这样的发达国家对要素投入的依赖性已经很小，所以金融在经济中的地位和影响作用就不如从前了。欧洲和美国的问题是"金融过度"，我们的问题是金融欠缺，服务不足。

金融创新与安全的平衡是市场健康发展的前提。金融衍生品作为金融创新工具，一向为一些发达国家的金融市场所推崇，它在活跃市场交易、拓展市场空间、提高市场效率的同时，也隐含着很大的技术与道德等方面的风险。金融创新与金融安全是相互矛盾制约，又相互促进发展的辩证统一体。处理好金融创新与金融安全的关系，必须注意金融创新的适度性。中国资本市场经过长达一年的低迷、调整，已进入基础整固与价值回归时期，面对来自市场内部的制度、机制等诸多方面的矛盾冲突与国际金融市场的动荡，确保市场健康、稳定的发展是市场发展的客观需要。

信用制度是金融市场的生命线，无论发达成熟的市场，还是新兴发展中的市场，都面临着不断健全和完善信用制度的客观需要，即使在信用制度较为完善的市场上，严重的信用缺失同样会引发系统性金融风险，并造成严重的恶果。所以发展资本市场必须建立系统、完善、有效的信用制度。坚持安全与效率并重，安全优先、风险可控的审慎原则。在资本市场基础制度较薄弱，市场发育不成熟的情况下，更应注重在能够有效控制风险前提下的金融创新，务必防止金融创新的风险失控。对已推出和即将推出的金融创新产品应进行严格的风险监控；对市场发展需要，但自身条件不具备的金融创新产品应充分论证，积极培育，择机推出。只有全面、协调地推进创新，才能从根本上避免金融创新步入"雷区"，引发系统性风险。

每一次危机都是新的，但都是流动性危机。我们看到，美国在本次危机之前和初期，金融市场的流动性都十分充裕，但到了2008年7月就突然紧张起来，以至于后来出现流动性枯竭。

流动性是具有内生性的，来也匆匆，去也匆匆。中国的货币政策调控，也应该掌控节奏，让流动性留有一定的富余空间。随着法定存款准备金水平上调到12%，中国商业银行的超额储备从7%已经下降到当时的1%～2%，流动性富余已经不大。同时，中国其他宏观调控政策也要留有余地，以减少外界因素突然影响对中国意想不到的冲击。

稳步有序地推进资本市场国际化进程。由金融危机引发的全球金融动荡将对现有国际金融格局、金融体系、金融组织等产生不同程度的影响与冲击。在国际金融市场发展情势不明朗的情况下，我们必须审慎推进国际化进程，宁稳勿快。严格审核评估拟设立合资基金管理公司与合资证券公司的外方资产财务状况与经营管理能力；严格审核合格境外机构投资者资质，继续实行严格的投资额度限制，防止外资对资本市场的冲击；鼓励国内规范经营，具有相当竞争实力，有较强投资管理能力与较丰富投资管理经验的合格境内投资者进行一定的海外业务尝试与拓展。在尽可能阻断国际金融风险向我国资本市场蔓延的同时，积极创造条件，推进国内企业、金融机构的海外购并重组，提高中国资本市场的整体竞争力。

金融危机是如何爆发的

仿佛就在一夜之间，拥有85年历史的华尔街第五大投行贝尔斯登贱价出售给摩根大通；拥有94年历史的美林被综合银行美国银行收购；历史最悠久的投行——有158年历史的雷曼宣布破产；有139年历史的高盛和73年历史的摩根斯坦利同时改旗易帜转为银行控股公司。拥有悠久历史的华尔街五大投行就这样轰然倒下，从此成了历史。华尔街对金融衍生产品的滥用就是导致此次"百年一遇"的金融灾难的罪魁祸首。

金融衍生品是由原生资产派生出来的金融工具，金融衍生品一般独立于现实资本运动之外，却能给持有者带来收益，它本身没有价值，具有虚拟性。最初进入这个市场的商业银行与投资银行获得暴利，因此吸引越来越多的参与者介入衍生产品市场。

参与者越来越多，金融产品种类的开发越来越多，包括次贷、商业性抵押债券、信用违约掉期等等，业务规模也就越来越庞大，直到商业银行与投资银行之间的业务深入渗透。业务的相互渗透意味着高风险的相互渗透，造成了"我中有你，你中有我"的局面，这是金融危机影响深远的主要原因之一。

1999年，美国允许商业银行进行混业经营，之后美国政府对银行业的监管逐渐放松。金融行业开始迅速扩张，金融业利润占全部上市公司利润的份额从20年前的5%上升到当前的40%，扩张明显大于其所服务的实体经济，并成为整个经济的支柱。2000年以后，随着房地产行业的逐渐繁荣，与之相关的金融衍生产品开始迅速发展，商业银行也越来越多地介入衍生品的开发与推广中，并为今天的金融危机埋下隐患。

我们可以简单地演示一下金融危机是如何爆发的。

1. 杠杆

许多投资银行为牟取暴利，采用杠杆操作。杠杆是一柄双刃剑，在牛市中，利用杠杆借款可以获得暴利；相反，熊市来临，地产行业出现危机并导致市场转折的时候，杠杆就变成自杀工具。

2.CDS

把杠杆投资拿去做"保险"，这种保险就叫CDS。比如，银行A为了逃避杠杆风险就找到了机构B。A和B约定，B帮A的贷款作为违约保险，A每年付B保险费5千万，连续10年，总共5亿，假如A银行的投资没有违约，那么这笔保险费就直接归B。假如违约，B要为A赔偿，为A承担风险。对于A来说，如果不违约，就可以赚45亿，这里面拿出5亿用来做保险，还能净赚40亿。如果有违约，反正有B来赔付。所以对A而言既规避了风险，还能赚到钱。B经过认真的统计分析，发现违约的情况不到1%。如果做100家的生意，总计可以拿到500亿的保险金，如果其中一家违约，赔偿额最多不过50亿，即使两家违约，还能赚400亿。A、B双方都认为这笔买卖对自己有利，因此双方成交并皆大欢喜。

3.CDS 市场

B做了这笔保险生意并且赚到钱后，C也想分一杯羹，就跑到B处说，只要B将100个CDS卖给他，C可以将每个合同以2亿成交，总共200亿。对于B来说，400亿要10年才能拿到，现在一转手就有200亿，而且没有风险。因此B和C马上就成交了，这样一来，CDS就像股票一样流到了金融市场之上，可以交易和买卖。当C拿到这批CDS之后，并不想等上10年再收取200亿，而是把它挂牌出售，每个CDS标价2.20亿；D看到这个产品，算了一下，认为自己还是有赚头，立即买了下来。一转手，C赚了20亿。从此以后，这些CDS就在市场上反复地炒，以至于CDS的市场总值炒到了何种程度已经没人知道。

4. 次贷

A、B、C、D、E、F……所有的人都在赚大钱，那么这些钱到底是从哪里冒出来的呢？从根本上说，这些钱来自A以及同A相仿的投资人的盈利。而他们的盈利大半来自美国的次级贷款。享受次级贷款的这些人经济实力本来不够买自己的一套住房，但次贷为他们解决了这个问题。越来越多的人参与到房地产市场中，房价持续上涨，尽管次级贷款的利息一般比较高，但是享受次级贷款的人们在此时并不担心贷款利息的问题，只要房子处于升值的过程中，穷人还是赚钱的。此时A很高兴，他的投资在为他赚钱；B也很高兴，市场违约率很低，保险生意可以继续做；后面的C、D、E、F等等都跟着赚钱。

5. 次贷危机

有涨必定有跌，房价涨到一定的程度就涨不上去了。当房价往下跌的时候，原先享受次贷的高额利息要不停地付，终于到了走投无路的一天，把房子甩给了银行。此时违约就发生了。此时A并不感到担心，反正有B做保险。B也不担心，反正保险已经卖给了C。那么现在这份CDS保险在哪里呢？在G手里。G刚从F手里花300亿买下了100个CDS，还没来得及转手，突然接到消息，这批CDS被降级，其中有20个违约，大大超出原先估计的不到1%的违约率。每个违约要支付50亿的保险金，总共支出达1000亿。加上300亿CDS收购费，G的亏损总计达1300亿。尽管G是一个大的金融机构，但也经不起如此巨大的亏损，因此G濒临倒闭。

6. 金融危机

如果G倒闭，那么A花费5亿美元买的保险就泡汤了，更糟糕的是，由于A采用了杠杆原理投资，根据前面的分析，A赔光全部资产也不够还债。这样，从A到G的所有人都会从这连锁危机中损失惨重。

现实中的金融危机远比上述模型要复杂得多，不过，我们也能从模型当中看出金融危机的产生及发展历程。

可以说这次金融危机是五个因素共同发生作用的结果，如果缺一个都不会发生金融危机，或者金融危机不会这么严重。这五个因素，第一个，次贷衍生产品，包括CDU、CTS等等产品。第二个，美国过去十几年都是低利率，特别是九一一事件以后这个政策。第三个，金融机构特别是投资银行杠杆率的监管。第四个，金融机构的风险控制，对资本监管的放松，包括让所有的投资银行业务在过去的五六年之中通过特别是 2001 年、2002 年都陆续进入次贷，追求高风险业务。我们知道次贷是没有信誉保障的人，他的贷款利率高于优质贷款，所以投资银行做这个业务收益大，风险就大。第五个，信贷机制的监管。

真正的金融危机是五个因素共同作用的结果，危机从发生以后，美国、英国包括行业组织都在进行检讨，都在完善监管。通过金融危以后，这个监管机制的完善，资本市场作用，包括在经济中作用，华尔街还有很多的力量。衍生产品纳入监管以后，规避风险、价格信号的功能还会正常发挥。这次危机是多方面的，不仅仅与衍生产品有关。但是，应该说不是衍生产品惹的祸，也是对衍生产品使用不当，是衍生产品基础产品发生了问题。如果金融衍生产品没有受到投资者疯狂的追捧，恐怕也不会有金融危机的局面。

华尔街打着金融创新的旗号，推出各种高风险的金融产品，不断扩张市场，造成泡沫越来越大。当泡沫破灭的那一刻，危机便爆发了。曾经令人瞩目的"华尔街模式"一夜坍塌，令无数财富荡然无存。普通百姓也已经切身感受到金融危机的冲击。因此，对我们来说，要了解金融危机在美国的演变历程，并牢记历史的教训。

狂热的投机：金融危机顽疾难医

一位法国金融家说道："法国人热爱金钱，并不是因为它给人们带来了行动的机会，而是因为它可以保证收入。"让我们看看虚构的法国人与英国人的不同观点，它们产生于 1981 年哈佛与耶鲁的一场争论。

威廉·伯蒂尼恩：英格兰是股票热衷者的圣诞树。贵族只要花几英镑就可以买到一个席位，进入任何一家公司的董事会。而公众不是疯子就是傻子，上帝啊，我从未听说过这种人，除非是比萨拉比亚的农民，或是喀麦隆的黑鬼，他们才真正相信他们的信仰。只要有任何一种听起来完全不可能的业务，他们都会为之尝试。

斯图尔特：英格兰是银行家的世界。从来没有失败过，它遵守了它的诺言。这就是为什么这些投机——你在美国股票市场上是找不到的，每一个汤姆、狄克和哈利都试图大赚一笔——就像在法国一样。

确实，这是不同的。不同国家的人，投机本性可能迥然相异。对某一个国家而言，投机本性在不同的时间里也会有所不同，即在该国情绪高昂时期与压抑时期，投机的程度均不相同。但是，各种形式的投机，都具备的共性就是，它们都会为金融危机的爆发带来巨大的隐患。

金融危机远因是投机行为和信用扩张，近因则是某些不起眼的偶然事件。如一次银行破产、某个人的自杀、一次无关主旨的争吵、一件意想不到的事情的暴露或是拒绝为某些人贷款以及仅仅是看法的改变。这些事情使市场参与者丧失了信心，认为危机即将来临，从而抛出一切可转换为现金的东西，诸如股票、债券、房地产、外汇和商业票据。当所有需要货币的人都找不到货币了，金融领域中的崩溃便会传导到经济中的各个方面，导致总体经济的下降，金融危机的来临。

投机要成为一种"热"，一般都要在货币和信贷扩张的助长下才能加速发展。有时候，正是货币和信贷的最初扩张，才促成了投机的狂潮。远的如举世皆知的郁金香投机，就是当时的银行通过发放私人信贷形成的；近的如1930年代大萧条之前，纽约短期拆借市场扩张所促成的股票市场繁荣。事实上，在所有的从繁荣到危机的过程中，都有货币或者是银行信贷的影子。而且，货币的扩张也不是随机的意外事件，而是一种系统的、内在的扩张。

19世纪50年代，全球经济繁荣的出现源于以下多重因素的影响。第一，新金矿被发现；第二，英国、法国、德国和美国新设立了大量的银行；第三，多家银行在纽约和费城设立清算所，伦敦票据清算所也开始大规模扩张。清算所的出现使得票据清算更加便捷，也使得其成员银行更愿意在交易结算中选择票据作为结算方式。成员银行间的支付差额通过所签发的证明进行结算，又创造了一种新形式的货币。1866年，英国新成立了股份合作制的票据贴现所，通过票据贴现的方式发放了大量贷款，这也带来了英国当时的信贷扩张。而为了用黄金支付法兰西——普鲁士战争赔款，德国新设立大量掮客银行，这种掮客银行后来拓展至奥地利以及奥地利新设立的建设银行，奥地利的建设银行后来也发展至德国，共同导致了19世纪70年代中欧的信贷繁荣即信用膨胀。

那么，问题来了：一旦启动了信贷扩张，规定一个停止扩张的时点是否现实呢？通常当大的金融危机出现，一国的中央银行就会扮演危机中的最后贷款人的角色，来挽救金融危机。

但是，金融危机中的最后贷款人的角色并不好把握。长期来看，货币供应量应该固定不变，但在危机期间它应当是富有弹性的，因为良好的货币政策可以缓解经济过热和市场恐慌，也应该可以消除某些危机。其依据主要是对 1720 年、1873 年和 1882 年的法国危机，以及 1890 年、1921 年和 1929 年的危机的研究。这几次危机中都没有最后贷款人出现，而危机后的萧条持续久远。

但是，将这种观点简单理解为设立一个最后贷款人也是肤浅的。如果市场知道它会得到最后贷款人的支持，就会在下一轮经济高涨时期，较少甚至不愿承担保障货币与资本市场有效运作的责任，最后贷款人的公共产品性会导致市场延迟采取基本的纠正措施、弱化激励作用、丧失自我依赖性。因此，应该由一个"中央银行"提供有弹性的货币。但是，责任究竟落在谁的肩上还不确定。这种不确定性如果不使市场迷失方向的话是有好处的，因为它向市场传递了一个不确定的信息，使市场在这个问题上不得不更多地依靠自救。适度的不确定性，但不能太多，有利于市场建立自我独立性。

众所周知，在经济过热与市场恐慌中，货币因素十分重要。芝加哥学派认为，当局总是愚蠢的，而市场总是聪明的，只有当货币供应量稳定在固定水平或以固定增长率增加时，才能避免经济过热和市场恐慌。然而，现实的悖论是，银行家只把钱借给不想借钱的人。当发生经济崩溃时，银行体系必然受到冲击，除了货币数量的变动外，将导致银行对信贷进行配额控制，这势必造成某些资本运行环节当中的信用骤停和流动性衰竭。

泡沫经济：最绚丽的泡沫还是泡沫

正常情况下，资金的运动应当反映实体资本和实业部门的运动状况。只要金融存在，金融投机必然存在。但如果金融投机交易过度膨胀，同实体资本和实业部门的成长脱离得越来越远，便会造成社会经济的虚假繁荣，形成泡沫经济。

泡沫经济是指虚拟资本过度增长与相关交易持续膨胀日益脱离实物资本的增长和实业部门的成长，金融证券、地产价格飞涨，投机交易极为活跃的经济现象。泡沫经济寓于金融投机，造成社会经济的虚假繁荣，最后必定泡沫破灭，导致社会震荡，甚至经济崩溃。历史上发生过许多次的泡沫经济事件，它们给经济的发展带来了巨大的损害。

17 世纪，荷兰发生郁金香泡沫经济。

18 世纪，英国的南海公司泡沫经济（南海泡沫事件）。这次事件成为泡沫经济的语源。

20世纪20年代，受到第一次世界大战的影响，大量欧洲资金流入美国，导致美国股价飞涨。之后黑色星期二爆发，美国泡沫经济破裂，导致世界性恐慌。

1980年，日本泡沫经济。

1994年，以墨西哥为主的中南美洲泡沫经济。

1997年，东南亚金融危机。

1999—2000年，美国因特网泡沫经济。

2003年，以美国为主的全球房地产泡沫经济。

由于没有实体经济的支持，经过一段时间，泡沫经济都会犹如泡沫那样迅速膨胀又迅速破灭。那么泡沫经济又是如何形成的呢？主要有以下方面的重要原因。

其一，宏观环境宽松，有炒作的资金来源。泡沫经济都是发生在国家对银根放得比较松，经济发展速度比较快的阶段，社会经济表面上呈现一片繁荣，给泡沫经济提供了炒作的资金来源。一些手中握有资金的企业和个人首先想到的是把这些资金投到有保值增值潜力的资源上，这就是泡沫经济成长的社会基础。

其二，社会对泡沫经济的形成和发展缺乏约束机制。对泡沫经济的形成和发展进行约束，关键是对促进经济泡沫成长的各种投机活动进行监督和控制，但在当时，社会还缺乏这种监控的手段。这种投机活动是发生在投机当事人之间的两两交易活动，没有一个中介机构能去监控它。作为投机过程中最关键的一步——货款支付活动，更没有一个监控机制。

其三，金融系统对房地产领域的过度放纵。过度宽松的财政货币政策加剧资金过剩，助长泡沫膨胀；大批公共工程上马增加了对土地的需求，进一步刺激地价上涨，各种因素叠加共振，使地价房价飞涨。宽松的房贷条件和政府失察，最终成为压垮这些"诞生经济奇迹"国家的最后一根稻草。

一本反映日本泡沫经济的书中，讲了一件真实发生的事。唱红了《北国之春》的日本男歌星千昌夫，准备操办婚事时，银行职员上门了。当时，富裕的日本人都流行到夏威夷结婚，但那里还没有专门面向日本人的酒店。银行的人对千昌夫说："你应该去夏威夷投资建个酒店。"千昌夫问："你能借多少？"银行人员说："1000亿（日元）。"千昌夫傻了："我从来没想到过要借这么多钱。"银行人员就说："不，我们一定要借给你1000亿，不要任何担保。"1000亿日元就这样借给了千昌夫。这还没完，第二家银行人员又来了："听说您要在夏威夷建酒店？

你应该再建个高尔夫球场。"结果，千昌夫名下的贷款总额达到了5000亿日元。

进入1990年，这场人类经济史上最大的泡沫经济终于破灭，股价房价暴跌，大量账面资产化为乌有，企业大量倒闭，失业率屡创新高，财政恶化，日本经济陷入长达10多年的低迷状态。

西方谚语说："上帝欲使人灭亡，必先使其疯狂。"20世纪80年代后期，日本的股票市场和土地市场热得发狂。从1985年底到1989年底的4年里，日本股票总市值涨了3倍。土地价格也是接连翻番，到1990年，日本土地总市值是美国土地总市值的5倍，而美国国土面积是日本的25倍！两个市场不断上演着一夜暴富的神话，眼红的人们不断涌进市场，许多企业也无心做实业，纷纷干起了炒股和炒地的行当——全社会都为之疯狂。但泡沫，在1990年3月开始破灭。

灾难与幸福是如此靠近。正当人们还在陶醉之时，从1990年开始，股票价格和土地价格像自由落体一般往下落，许多人的财富转眼间就成了过眼云烟，上万家企业迅速关门倒闭。两个市场的暴跌带来数千亿美元的坏账，仅1995年1月至11月就有36家银行和非银行金融机构倒闭，当年爆发剧烈的挤兑风潮。

日本当年经济崩溃的原因并非允许日元升值，而是其长期严重压低日元汇率。此外，日本在推行强势日元的同时，实行过度宽松货币政策，这才酿成了金融领域的严重泡沫问题。

日本泡沫经济崩溃至今已经过去了整整20年。对发展中国家而言，这是一段不能忘记和忽视的历史事件。就当时的经济环境来看，虽然跟今天相比已经发生了很大的变化，但是，在形成泡沫的激励和社会对待泡沫经济的反应上看，却表现出惊人的相似性。就像当前楼价的一路高歌状况一样，这究竟是"非理性疯狂"的表现，还是泡沫经济的昙花一现，值得我们理性地分析。

危机造成的经济收缩

新华网纽约2011年9月27日电：全球知名投资银行经理、私募基金总裁27日在纽约举行论坛。与会专家普遍认为，目前欧洲债务危机是世界经济面临的主要威胁。此外，危机中深受拖累的欧洲银行因为流动性吃紧而收紧信贷，导致私募基金融资成本上升，投资活动被迫收缩。

有"末日博士"之称的纽约大学商学院教授、鲁比尼全球经济咨询公司创始人努里尔·鲁比尼当天说，目前大多数发达经济体已濒临衰退，而"美国、英国和一些欧元区国家已经陷入经济衰退"。他说，世界经济现在面临的问题不是会否陷入衰退，而是衰退程度的强弱，而决定衰退程度的关键在于欧元区的表现。在鲁比尼看来，如果欧洲不能采取有效措施控制债务问题，造成的后果要比2008年雷曼兄弟公司破产"严重"。

一场金融危机看似呼啸而来，实际上在其形成时期，就已经通过了很多迹象表明了讯息，只是人们往往不是没有发现，便是发现时已无力逆转。在经济出现倒退预警后，利率以及资本市场和金融部门的诸多反应还加快了金融危机到来的速度。这些因素使得金融危机爆发呈现出一股令人谈虎色变的生猛姿态。

最近三年，全球经济政策经历了重大变化。2008年金融海啸席卷全球时，采取经济刺激政策，成为各国应对金融危机的一致主张。一年后，随着危机逐渐缓解，实施退出战略，政策趋向紧缩，成为不少国家的选择。但在2011年，复杂的国际经济环境正迫使世界主要经济体政策开始新的转向。转向的大背景，就是世界经济的主要挑战正在发生易位，即从债务危机和通货膨胀易位给经济"二次衰退"。尽管在易位过程中，可能一种甚至多种挑战交叉并存，给经济带来更严峻的考验。

可以说，现在的世界经济，左边是冰山，右边是火焰。在何去何从之间，一些国家经济政策开始掉头，或在为是否掉头做准备。比如土耳其、巴西央行在2011年8月已先后降息；在发达经济体方面，美联储第三轮量化宽松政策呼之欲出，欧洲央行也暗示会根据经济局势的变化适时调整政策。

在美国和欧洲一些国家，债务危机使得扩张性财政政策难以为继，为避免陷入更严重的信心危机，这些国家不得不削减赤字。而在新兴经济体，应对通胀成了政府的头号任务，央行不得不采取各种措施收紧流动性。

但偏紧的财政和货币政策，让本已就低迷的经济更加不振，债务危机更严重打击民众信心。按照一些西方经济学家的看法，这种趋势如果继续，尽管世界经济不大可能陷入"大萧条"，但却可能陷入新一轮的大收缩。

让我们来看一看，金融危机是从哪几个几方面导致经济收缩的。

1. 利率的上升

有一点可以理解的是，参与风险最高的投资项目的个人和企业恰恰是那些愿意支付最高利率的人。如果信贷资金需求的增加和或是货币供给的减少导致利率攀升到足够高的水平，信用风险较低的项目就不愿意借款，而仍然愿意借款的只能是风险较高的那些项目。由此引起逆向选择问题的增加，使得贷款人不愿意发放贷款。贷款的大规模减少导致投资和总体经济活动的大幅萎缩。

2. 不确定的增加

由于主要金融或非金融企业破产、经济衰退或股票市场震荡，导致金融市场的不确定性突然增加，使得贷款人很难甄别信贷资产的质量。贷款人解决逆向选择问题能力的消弱使得他们不愿意发放贷款，从而导致贷款、投资和总体经济活动的下降。

3. 资产市场的资产负债表效应

由于股票价格是衡量企业净值的重要指标，因此，股票市场下跌意味着企业的净值减少，这会消弱贷款人的放款意愿，由于对面临逆向选择的贷款人的保持减少，贷款人收缩放款，从而引起投资和总产出的下降。此外，股票市场下跌引起的企业净值减少，增加了借款公司参与高风险投资的动力，因此即使投资失败，它们遭受的损失也不多，这进一步消弱了贷款意愿，引起经济活动的收缩。

4. 银行部门

众所周知，银行在金融市场中扮演着十分重要的角色。银行资产负债表的状况对银行贷款有很重要的影响。如果银行的资产负债表恶化引起资本大幅收缩，用于贷款的资源就会减少，银行贷款下降。贷款的减少引起投资支出的下降，从而放慢经济活动。那么，假如争先地出现破产，恐慌会从一个银行传递到另一个银行，引起银行危机。

5. 政府财政失衡

政府财政的失衡也会引起公众对政府债券违约的担忧。如果政府财政出现问题，政府会发现很难向公众出售政府债券，因此政府会强制银行购买，从而使银行的资产负债状况恶化，导致贷款和经济活动的收缩。

要避免陷入经济的大收缩，作为西方经济领头羊的美国和德国，在处理因西方问题导致的危机方面要承担特殊责任。对德国这样的债务风险较小的国家，可能确实需要采取扩张的政策，帮助欧洲国家渡过债务难关，并促使整个欧洲经济向好发展。德国需要让渡自身利益，但也需要把握好度，防范救人不成反殃及自身。

美国的情况可能较为特殊。考虑到美元作为全球主要储备货币的特殊地位，尽管美国已经赤字高悬，但仍有刺激经济的余力。这就要求美国朝野两党抛弃政治斗争，采取一些针对性的刺激经济增进就业的有效措施。当然，美国在扶持自身经济的同时，也须考虑其政策对其他国家的负面影响，否则，其他国家经济因

此不振，美国又焉能独好？

对新兴经济体和欧洲国家来说，当前的首要任务，则是迅速解决当前主要挑战，并为可能政策调整预备空间。对前者而言，应采取各种措施尽快控制通胀上扬，实施经济软着陆；对后者而言，应迅速削减主权债务，恢复市场信心。一旦外部经济环境突然恶化，这些国家即可腾出手来采取新的刺激政策。

在经济全球化的今天，没有任何一个国家能够在全球性金融危机中独善其身，要重构全球金融体系，制定一些基本、关键的原则，以避免金融危机再次上演。在改革全球金融体系时，应保证实现"透明的市场治理"以及对金融机构的"有效监管"，来有效预防和应对金融危机再次横扫全球。

金融危机后，不少国家领导人描述变幻莫测的经济前景时，最常用的句式就是"巨轮正行驶在未知海域"。两年过去了，海域依然未知，风向或已改变。面对即将袭来的更猛烈的风浪，各国决策者须备有更富有弹性的应对措施，否则，多重挑战同时袭来，"第二次大收缩"未必就只是假设。

第四篇

历史篇：解读金融的历史

·第一章·

世界财富是如何转移的

——了解金融中心演变要读的金融学

白银与黄金时代——中国衰落，欧洲崛起

中国历来处在强大的专制主义中央集权的统治之下，官僚体系相当完善，社会具有一种强大内聚力。而且这种状况在中国两千多年的发展中保证了中国社会的稳定。经济学家肯尼迪估计，乾隆十五年（1750 年）时中国的工业产值是法国的 8.2 倍，是英国的 17.3 倍。一直到第二次鸦片战争，英国的工业产值才刚刚赶上中国，而法国才是中国的 40%。1820 年时，中国的 GDP 占世界 GDP 的 32.4%，欧洲占 26.6%，中国经济在当时世界经济中所占的地位，远远超过今日美国在世界经济中的地位。可见，19 世纪鸦片战争之前，中国是世界上最富裕的国家，中国的经济实力在当时的全球化经济体系中，占据着绝对的领导地位。有学者指出，当时中国拥有全世界白银总量的一半以上。

但当封建制度走向衰落时，中国并没有抓住自发萌芽的资本主义新的生产关系的机遇。面对衰落的事实，中国并没有甘于堕落，它也像有着同样境况的日本一样，走上了改革之路。但是日本通过明治维新，钢铁、煤炭、水泥、金属、机械、造船和纺织等重要产业开始逐渐兴起，政治经济都取得了较大的发展。然而，大清政府在与日本类似的复兴之路上，虽然付出了努力，却并未寻得自强之道。

大量数据显示，中国在世界经济中地位的下降，是从鸦片战争后开始的。鸦片战争后半个世纪里，中国 GDP 占世界 GDP 的份额，从绝对领先的 1/3，急速下降到 1/50。

我们在审视鸦片战争这个中国衰落的转折点时，必须学会辩证地看问题。根本在于当时的中国经济缺乏独立性，尤其是金融主权的独立性。中国在旧的世界

经济体系中占据绝对优势后的保守，不愿轻易改变。在工业技术上，中国政府秉持着"造不如买，买不如租"的懒汉思想，使得大量学成回国的留学生得不到重用。鸦片战争之后，英、法、德、美各国金融资本大举进入中国，尤其以汇丰银行为代表的英资银行将中国传统而古老的钱庄、票号打得溃不成军。从镇压太平天国以来，为筹措军费，清廷就开始向西方金融家大举借款。其中最为典型的便是19世纪70年代左宗棠在西北的平叛筹款。清军先后借款6次，借款总额高达1595万两白银，占军费总额的15%。其中4次是向外国金融家借钱，总额为1075万两白银。外国金融家从这次借款中牟取了100%的暴利。此外，创办企业、修建铁路，哪一项都需要举借外债。仅就汇丰银行来说，从1881年到1895年，就借给清廷2022万两白银。通过国债，欧美列强特别是英国逐步渗透入中国金融主权。

正如伏尔泰所言："商人发现东方，只晓得追求财富，而哲学家则发现精神的世界。"当时西方的学者大部分都是汉学家，都有中国专著，最起码也对中国非常了解，即使是当时标新立异的学者，也要从对中国的批判中树立自己的学术合法性及社会影响力。当中国正沉浸在"天朝大国"的喜悦与骄傲时，欧洲正在经历着一场巨大的变革。以1453年土耳其攻陷君士坦丁堡作为标志，欧洲告别中世纪。经历了文艺复兴、宗教改革、启蒙运动为期300多年的思想冲刷。这300多年的变化，恩格斯称之为一次"人类从来没有经历过的最伟大的、进步的变革"，是一个"需要巨人而且产生了巨人"的时代。

文艺复兴之所以具有开辟新时代的意义，是因为它体现了一种富于创造力的"时代精神"。它具有一种把中古时期远远甩在后面的前进冲击力。"……在它的光辉形象面前，中世纪的幽灵消逝了，意大利出现了前所未有的艺术繁荣，这种艺术繁荣好像是古典的再现，以后就再也不曾达到了。"这对近代欧洲的贡献无疑是伟大的，它为近代欧洲的前途发展指明了新方向。从17世纪晚期开始，到18世纪达到高潮，一直延续到19世纪，启蒙运动极大地促进了欧洲精神面貌的变化，它是近代欧洲全面崛起的推动力，为欧洲的崛起提供了强大的智力支持。

除了思想上的支持，欧洲各国经济、军事实力的发展也在为其崛起之路保驾护航。欧洲武器的不断发展确保了欧洲政治的多元化，武装远航商船使西方的海军大国最终取得了控制海洋商路和所有易受海军攻击的社会的有利地位，这意味着欧洲的世界地位大大提高了一步。

经济发展的必然结果就是贸易的扩大，两次工业革命，使得欧洲生产技术逐渐领先于世界其他地区，原来范围内的贸易已不能满足经济发展的需要，因此自然而然地扩大起来。造船技术和武器技术的提高也促使欧洲各国逐渐走上了海外殖民的道路。曾经欧洲人民向往和憧憬的富庶之邦——中国自然就成为欧洲各国贸易扩张的首选之地。欧洲称雄于世界的时代也随之到来。

总的来说，近代中国的衰落是历史的必然，面对历史的变革，当时的清政府不能及时地改变思想，调整政策，以最好的状态来迎接来自国际上的挑战。而欧洲的崛起也不是偶然，它是政治、经济、科技综合作用的结果，这就预示着欧洲在一段时期内主宰全球是历史的必然。历史就像是大国和地区兴衰更替的链条，一环扣一环，有始无终，兴亡无常。因此，研究近代中国衰落和欧洲崛起的历史原因及经验教训，对于今天正在向现代化转型的中国发展是有益的。

黄金成就的霸权——葡萄牙和西班牙

15 世纪，欧洲最早的两个民族国家葡萄牙和西班牙，在国家力量支持下进行航海冒险：在恩里克王子的指挥下，葡萄牙一代代航海家们开辟了从大西洋往南绕过好望角到达印度的航线；在伊莎贝尔女王的资助下，1492 年哥伦布代表西班牙抵达了美洲。

当麦哲伦完成人类第一次环球航行后，原先割裂的世界终于由地理大发现连接成一个完整的世界，世界性大国也就此诞生。葡萄牙和西班牙在相互竞争中瓜分世界，依靠新航线和殖民掠夺建立起势力遍布全球的殖民帝国，并在 16 世纪上半叶达到鼎盛时期，成为第一代世界大国。

对黄金的追求是新航线发现的动因之一。因此，在发现了美洲后，葡萄牙和西班牙的殖民者首要的任务就是掠夺黄金。当时的黄金白银，犹如一个出落得亭亭玉立的少女，吸引着众人的眼球。为了掠夺黄金白银，葡萄牙和西班牙加强了对殖民地的控制，进一步鼓励国内的冒险家发现新大陆，以便不断扩大自己国内黄金的供给，尤其是西班牙。葡萄牙和西班牙作为新航路的开辟者，自然不会放过掠夺金银的大好机会。特别是西班牙，对新大陆的掠夺可谓是登峰造极，掠夺了大量的金银回国，西班牙也因此成为当时的欧洲霸主。

葡萄牙将掠夺回国的大量黄金白银用于国内一些大地主、大贵族的奢侈生活，这也是它为什么拥有大量黄金之后却不能称霸欧洲的重要原因之一。从史料上来看，葡萄牙和西班牙从它们各自所属的殖民地掠夺的黄金白银数量是极其惊人的。

1422 年，葡萄牙首次从境外输入黄金，即用小麦、金属、布匹、床单、珊瑚串珠和白银在非洲换取黄金。此后，葡萄牙从非洲进口的黄金便具有掠夺性质。1500—1520年，非洲平均每年流失黄金700公斤，其中大部分落入葡萄牙人手中。整个16世纪，葡萄牙从非洲掠夺黄金达到270吨以上。经过多年的扩张，葡萄牙国王统治了三个海外帝国：西非的黑人奴隶和黄金帝国；印度洋的香料帝国；南大西洋的巴西黑人奴隶和蔗糖帝国。在当时世界各国之中，没有一个国家，在海外殖民扩张中获得如此巨大的收益，葡萄牙殖民大帝国达到了黄金时代。

　　西班牙是继葡萄牙之后的又一殖民帝国，西班牙本身就是新航线开拓者，因此在海外扩张上有着得天独厚的优势，加上王室政府的支持，西班牙很快就建立了一个繁荣昌盛的殖民大帝国。

　　哥伦布航海之后，西班牙很早就扎根于加勒比海的西印度群岛。1520年，西班牙征服了墨西哥，1530年，征服了秘鲁。其间，他们掠夺了大量的金银运回了西班牙。对因货币不足而束手束脚的欧洲经济来说，从美洲掠夺来的金银如同生命之水般重要。西班牙的经济地位自然上升，经济霸权的确立也成为可能。

　　西班牙也是继葡萄牙之后少数几个从殖民地掠夺大量黄金的国家之一，西班牙人掠夺黄金的手法与葡萄牙人有所不同，葡萄牙人当初掠夺黄金还需通过表面上合法的贸易来进行，而西班牙则抛弃了这层"合法的外衣"，采取了公然掠夺的方法：西班牙人占领殖民地之后，起先是公然抢劫印第安人的金银饰品和寺庙中的金银饰物，然后再将这些贵重金属熔化制成一小块一小块的黄金，以便利于运送；随着殖民统治的不断深入，西班牙人又开始以开发矿藏的形式从殖民地掠夺黄金。哥伦布是当时殖民者当中的一个典型。1495年，他所率领的船队刚到达海地，就开始了公然的掠夺：命令当地14岁以上的成年男女每人每月必须缴纳一定量的金砂，酋长所应缴纳金砂的数量当然远高于普通民众。表面上看起来，哥伦布是为了满足自己的私欲而公然掠夺黄金，但其实早在他起航之前，便受到西班牙国王的"特别照顾"，国王命令他务必重视搜集黄金、白银、珠宝和香料等贵重物品，有了国王做靠山，哥伦布当然敢这样公然抢夺。为了进一步加强西班牙人对殖民地黄金的掠夺，一方面，大量的西班牙人在黄金的刺激之下，申请移民殖民地；另一方面，西班牙国王鼓励国内民众在殖民地开采金矿，但是必须将所取得黄金的2/3上缴国库。在这种政策的刺激之下，大量的西班牙国民涌入非洲、美洲等殖民地，之后便世代繁殖，在殖民地定居下来。今天很多非洲、美洲人的祖先之所以是西班牙人，就是这个原因。

　　黄金的大量涌入，刺激了西班牙国内经济的发展，使得它从当时一个名不见经传的小国，一跃而成为欧洲的霸主。为了从美洲顺利将掠取的黄金运送入国内，西班牙配备了专门的运送黄金的船队。到了16世纪末期，西班牙凭借超强的国力，控制了当时世界黄金开采量的85%，在1521—1544年这短短的十几年间，西班牙人每年从美洲运回国内的黄金和白银总量多达近4万公斤。在占领拉丁美洲的近3个世纪中，西班牙通过掠夺的方法从拉美掠夺了近百万公斤的黄金和上亿公斤的白银，这对当时一般的国家来说简直就是一个天文数字，难怪当时有人说西班牙人几乎每一个国民都富可敌国。

因此说，西班牙之所以能成为当时欧洲的霸主，很大部分与它从新大陆所掠夺的黄金有关。因为西班牙将大量的黄金掠夺回国后，将其中的一小部分用于发展国内的军事和扩大再生产，这为它的强大奠定了坚实的基础。

据统计，在入侵拉丁美洲的300年中，这两个国家共运走黄金250万公斤，白银1亿公斤，可谓是数量惊人。作为最贵重的交换工具，黄金在人们心目中有着至高无上的地位，成了西欧社会各阶层都渴望得到的新的"上帝"，成为该时期社会财富和权力的主要象征。黄金成为衡量一切价值的标准，谁占有了黄金，谁就等于拥有了一切。

第一个世界经济霸主——荷兰

地处西北欧、面积只相当于两个半北京的小国荷兰，人们在海潮出没的湿地和湖泊上，以捕捞鲱鱼起家从事转口贸易。他们设计了造价更为低廉的船只，依靠有利的地理位置和良好的商业信誉，逐渐从中间商变成远洋航行的斗士。日渐富有的荷兰市民从贵族手里买下了城市的自治权，并建立起一个充分保障商人权利的联省共和国。他们成立了世界上最早的联合股份公司——东印度公司，垄断了当时全球贸易的一半；他们建起了世界上第一个股票交易所，资本市场就此诞生；他们率先创办现代银行，发明了沿用至今的信用体系。

金融业成了18世纪荷兰最具活力的部门。与国外有密切联系的阿姆斯特丹银行家，18世纪时把"自己的某些商业利益让给汉堡、伦敦，乃至巴黎"，自己则"形成一个对外封闭的放债人集团"，把17世纪积累下来的资本向外输出。正如威尼斯或热那亚一样，这些食利者退出商业活动，坐享特权，不过依然控制着西欧经济生活的上层活动。

荷兰商人资本大量地投入国内金融领域，而且有增无减。18世纪50年代荷兰放债集团平均每年把 1500 万荷兰盾投入国内各种债券中，1780—1795 年，他们仅向国内公债一项的投入每年平均就达 3700 万盾。由于荷兰的剩余资本存量实在太大，而国内又缺少资金需求，导致了官方利息与民间利息在逐年下降：1640 年荷兰官方利率降至 5%，1672 年降至 3.75%；民间利息在 17 世纪 20 年代为 5%，1723 年后降至 42.5%，这就逼迫荷兰人将投资的目光投向了国外。再加上荷兰资本拥有者对这一时期国外金融机构信任度增加，于是荷兰商人资本更多地是向国外流去。下面是 1782 年荷兰资本投放情况，根据荷兰省督旺代尔·斯皮格尔估计，投放资本共 10 亿阿鲁巴弗罗林，投资项目（单位为百万阿鲁巴弗罗林）：外国贷款 335，其中英国 280，法国 25，其他国家 30；殖民地贷款 140；国内贷款（借给各省、各公司和造船工厂）425……据估计，荷兰公民还持有 5000 万荷兰盾的金银珠宝，只有在一个截获一艘西班牙运宝船就可以取得 1200 万荷兰盾纯利润的时代，才有可能在短期内积累如此巨大的财富。

到 17 世纪中叶，荷兰的全球商业霸权已经牢固地建立起来。此时，东印度公司已经拥有 1.5 万个分支机构，贸易额占到全世界总贸易额的一半，悬挂着荷兰三色旗的 1 万多艘商船游弋在世界的五大洋之上。

在东亚，它们占据了中国的台湾，垄断着日本的对外贸易。

在东南亚，它们把印度尼西亚变成了自己的殖民地。

在非洲，它们从葡萄牙手中夺取了新航线的要塞——好望角。

在大洋洲，它们用荷兰一个省的名字命名了一个国家——新泽兰（后被英国人改成英文"新西兰"）；

在南美洲，它们占领了巴西。

在北美大陆的德得逊河河口，东印度公司建造了新阿姆斯特丹城。今天，这座城市的名字叫作纽约。

随着荷兰经济的不断发展壮大，金融业逐渐成为荷兰最具活力的行业。尤其是在荷兰建成阿姆斯特丹银行之后，国内上到皇帝贵族下到普通商人，纷纷加入借贷者的行列。随着荷兰国内银行业的进一步发展，这些银行家将眼光逐渐投向了世界，不再甘心做国内的"借贷者"。他们有偿地将自己手中的某些商业利益让给世界上诸如汉堡、伦敦以及巴黎等大城市的商人，然后从这些大商人手中收取一定量的利息，通过这种方式，阿姆斯特丹的银行家们形成了一个固定的放债人集团，将上个世纪积累下来的剩余资本疯狂对外输出，自己则退出商业活动，坐享其他商人的利润。

18 世纪前期，荷兰疯狂将剩余资本输入国外的行为给它带来了丰厚的回报：荷兰放债集团投资者每年通过借贷从国外所获取的利息收入便可达 1500 万荷兰盾，随着经济的不断发展，到了 18 世纪后期，这些投资者每年从国外所获取的利息收入高达 30007 万盾。在 1750—1773 年这短短的二十几年之内，阿姆斯特丹这一地区的银行家们每年从国外投资中便能坐享利息额高达 8000 万荷兰盾。从荷兰经济发展的轨迹当中我们可以看出，那种传统的依靠商品资本来刺激经济发展的模式在荷兰再也难以寻其踪迹，取而代之的是一种货币资本，这在当时的世界上是唯一的一个依靠货币资本来刺激国内经济发展的国度。通过不断的资本对外输出，荷兰完成了从一个传统的商业资本主义国家到金融资本主义国家的过渡。从此，世界上出现了第一个金融大帝国。

荷兰从西班牙手中承接了经济的霸权。不过，荷兰的经济条件在确保经济霸权方面有着诸多不利。这个国家没有巨商或金融机构，国际贸易大部分依赖安特卫普（比利时的港口）。而且荷兰的领土几乎都处于低地带。从建于三角洲沼泽地带的这个国家身上很难寻到将来成长为强国的可能性。荷兰人很勤勉，但大部分精力消耗在了与自然的斗争中。

不仅如此，荷兰真正开始涉足世界市场时，就面对着与西班牙和葡萄牙等强国角逐的局面。西班牙和葡萄牙不仅在航线知识方面，在造船技术和国家援助方面都优于荷兰。同时，西班牙和葡萄牙在远洋航海和贸易的相关基础设施上也具备充分的条件，甚至连行政组织也很高效。此外，西班牙和葡萄牙先占据了世界贸易的主要据点，还被誉为世界超级大国。最为重要的是，荷兰与邻近的竞争国家相比，国土狭小，人口稀少。

凭借一系列现代金融和商业制度的创立，17 世纪成为荷兰的世纪。由于国土面积等天然因素，17 世纪末，荷兰逐渐失去左右世界的霸权。但直到今天，荷兰人的生活依然富足，荷兰人开创的商业规则依然在影响世界。

现代中央银行的鼻祖——英格兰银行

英格兰银行是英国的中央银行，它负责召开货币政策委员会，对国家的货币政策负责。

而英格兰银行最初的任务是充当英格兰政府的银行，这个任务至今仍然有效。英格兰银行大楼位于伦敦市的 Threadneedle（针线）大街，因为历史悠久，它又被人称为"针线大街上的老妇人"。

英国的中央银行作为世界上最早形成的中央银行，为各国中央银行体制的鼻祖，1694 年根据英王特许成立，股本 120 万镑，向社会募集。成立之初即取得不超过资本总额的钞票发行权，主要目的是为政府垫款，到 1833 年英格兰银行取得钞票无限法偿的资格。1844 年，英国国会通过《银行特许条例》（《比尔条例》），规定英格兰银行分为发行部与银行部。发行部负责以 1400 万镑的证券及营业上不必要的金属贮藏的总和发行等额的银行券，其他已取得发行权的银行的发行定额也规定下来。

英格兰银行享有在英格兰、威尔士发钞的特权，苏格兰和北爱尔兰由一般商业银行发钞，但以英格兰发行的钞票做准备；作为银行的最后贷款人，保管商业银行的存款准备金，并作为票据的结算银行，对英国的商业银行及其他金融机构进行监管；作为政府的银行，代理国库，稳定英镑币值及代表政府参加一切国际性财政金融机构。因此，英格兰银行具有典型的中央银行的"发行的银行、银行的银行、政府的银行"的特点。

建立英格兰银行的背景，主要是政府需要钱。商人有一些富余的钱，所以他们想把这个钱贷款给政府。然后，他们希望国家建立银行。这个银行就是英格兰银行，享有一定的特权，这就是一种交易。

英国政府用公债向英格兰银行借钱，而英格兰银行用自己发行的货币（英镑）购买英国国债；这个国债是未来税收的凭证，英格兰银行持有国债就意味获得以后政府的税收。英国政府如果要买回流通在外的国债，必须用金币或英格兰银行认同的等值货币（货币能兑换黄金）买回。英格兰银行发行的货币（英镑）的前身是银行券，这些银行券其实就是储户存放在金匠那里保管的金币的收据。由于携带大量金币非常不便，大家就开始用金币的收据进行交易，然后再从金匠那里兑换相应的金币。时间久了，人们觉得没必要总是到金匠那里存取金币，后来这些收据逐渐成了货币，所谓的金本位制就是以黄金为本位币的货币制度。在金本位制下，或每单位的货币价值等同于若干重量的黄金（货币含金量）。因为英格兰银行发行的银行券的流通范围和接受程度都是比较广的，该银行的银行券就被默认为国家货币。所以，英格兰银行购买国债可以用它的银行券，到以后就是被称为英镑的流通货币。可以认为用国家货币能兑换政府公债，前提是可以兑换成黄金的货币或者等价物；用公债只可以到政府那儿领取利息，不可以兑换成黄金或者货币，因为该公债是政府的"永久债务"。

英格兰银行逐渐垄断了全国的货币发行权，至 1928 年成为英国唯一的发行银行。与此同时，英格兰银行凭其日益提高的地位承担商业银行间债权债务关系的划拨冲销、票据交换的最后清偿等业务，在经济繁荣之时接受商业银行的票据再贴现，而在经济危机的打击中则充当商业银行的"最后贷款人"，由此而取得了商业银行的信任，并最终确立了"银行的银行"的地位。随着伦敦成为世界金融中心，因应实际需要，英格兰银行形成了有伸缩性的再贴现政策和公开市场活动等调节措施，成为近代中央银行理论和业务的样板及基础。

1933 年 7 月英格兰银行设立"外汇平准账户"代理国库。1946 之后，英格兰银行被收归国有，仍为中央银行，并隶属财政部，掌握国库、贴现公司、银行及其余的私人客户的账户，承担政府债务的管理工作，其主要任务仍然是按政府要求决定国家金融政策。英格兰银行总行设于伦敦，职能机构分政策和市场、金融结构和监督、业务和服务三个部分，设 15 个局（部）。同时英格兰银行还在伯明翰、布里斯托、利兹、利物浦、曼彻斯特、南安普敦、纽卡斯尔及伦敦法院区设有 8 个分行。

全球经济动力之都——伦敦金融城

在伦敦著名的圣保罗大教堂东侧，有一块被称为"一平方英里"的地方。这里楼群密布，街道狭窄，虽不像纽约曼哈顿那样高楼密集，但稳健、厚重的建筑风格和室内豪华、大气的装饰却有过之而无不及。这里聚集着数以百计的银行及其他金融机构，被看作华尔街在伦敦的翻版。这就是金融城。

公元前后，罗马人在奥古斯都·屋大维的带领下，逐渐建立起一个以罗马为中心的横跨欧、亚、非的庞大罗马帝国。公元 43 年，罗马人首次踏上英伦三岛，随后开始在泰晤士河畔修筑城墙，建立一个取名为伦迪尼乌姆的聚居点，这就是英国首都伦敦最早的雏形。经过 1000 多年的发展，到 16 世纪的时候，伦敦已成为欧洲最大的都市之一。虽然 1665 年的瘟疫和 1666 年的大火给伦敦带来了毁灭性的灾难，但是大火之后的伦敦城很快就在恢复的同时发展壮大起来。目前，伦敦已经成为世界首要的金融中心。

与华尔街齐名的世界三大金融中心之一的"全球经济动力之都"——伦敦金融城，它的面积虽然只有一平方英里，但它为英国贡献了超过 2% 的国民生产总值，伦敦人都习惯称之为"那一平方英里"。

伦敦金融城在历史上一直都是英国政治的钱箱，曾给予英国国王、贵族、教会很多援助，也大体上决定了英国的内政和外交政策。当权者为了拉拢这里的钱商富贾们，就赋予了他们特殊的地位和权力，并让其保留一块专有领地。金融城虽然只是伦敦市 33 个行政区中最小的一个，但金融城却有自己的市长、法庭以及 700 名警察。据说，连英国女王想进城，也必须先征得市长的同意。世界各国元首、政府首脑访问伦敦时大都要到这里做客。

金融城最初只是商人们聚在一起喝咖啡、谈生意的地方。渐渐地，货物运输和保险业在这里发展起来，使之成为英国经济活动的中心。从 18 世纪初开始，金融城逐渐成为英国乃至全球金融市场的中心，并被称为世界的银行，在各类金融服务方面的经验博大精深。

金融城里名流云集，熙熙攘攘，投资银行、保险公司、律师楼和会计事务所等金融机构的各路英豪纷至沓来，最多时城里的人口达 35 万。但到了晚上或周末，各公司关门打烊后，城里就立刻冷清下来，因为这里仅有 7000 常住人口。英格兰银行、伦敦证券交易所和劳埃德保险市场（又名劳合社）是伦敦金融城的重中之重。

劳埃德是世界最早和最大的保险交易市场，它的作用有点儿类似证券交易所，旗下聚集了 71 家保险财团的 762 家保险公司和 2000 名个人保险业者。据史料记载，1688 年，爱德华·劳埃德在一家咖啡馆里，以自己的姓氏命名，成立了一个保险行。当时，这个咖啡馆是船主和商人聚会的地方。从事海外贸易的船主，希望有人为他们的船只和财物保险；富商们则愿意通过承担保险来赌一下财运。于是，劳埃德保险行诞生了。它成了一个由许多自负盈亏的个人保险商和投资者结合成的"劳合社"。300 多年过去了，劳埃德虽然已经成为世界上最大的保险交易市场，但它仍然保留着古老的交易手段。交易大厅被隔成了许多洽谈保险业务的"鸽子笼"似的房间，投保人和保险商在里面进行面对面谈判，双方达成协议后签个字，一笔保险额高达百万美元的生意就完成了，而劳埃德的信誉就是交易安全的保证。

劳埃德虽然只能占到整个保险市场 1% 的份额，但它仍然拥有全世界大约 25% 的海洋保险，而且它是世界主要的再保险中心，因此伦敦城的保险市场仍是国际保险行业的一号种子选手。然而，尽管目前伦敦城内的各类金融市场仍然颇具实力，可是它已经无法找回帝国时代的荣耀了。它在世界金融界的地位已先后被纽约和东京超过，而成为世界金融的第三极。在欧洲它还是第一位的金融中心，但是随着欧洲一体化进程的推进，整个欧洲货币实行一体化，欧共体有可能会将法兰克福选为欧洲银行的所在地。如果真是这样的话，伦敦城的地位将受到更大的威胁，这个黄金铸就的"心脏"将蒙上一层阴影。

伦敦金融城的外汇交易额、黄金交易额、国际贷放总额、外国证券交易额、海事与航空保险业务额以及基金管理总量均居世界第一，名列世界 500 强的企业有 375 家都在金融城设了分公司或办事处，有超过 480 家的外国银行在这里开业经营，全球 20 家顶尖保险公司也都在这里有自己的公司。每天的外汇交易额达 10000 多亿美元，是华尔街的 2 倍，约占全球总交易量的 32%。此外，金融城还管理着全球 4 万多亿美元的金融资产。由此可见，金融城被誉为"全球经济动力之都"，实不为过。伦敦作为国际金融中心的全部概念，几乎都是在金融城得以演绎和体现的。

现代世界经济中，金融的地位极为重要，金融业是否发达是区分发达国家与发展中国家的显著标志。金融业的不断发展能为一个国家的经济从以制造业为主的工业时代迈向以服务业为主的后工业时代创造必要条件。伦敦金融城被世界金融界巨头奉为"全球的力量中心"。了解伦敦金融城的运作与特色对于我国从粗放型商品经济转变为以金融等服务业为重要支柱的集约型现代化经济将会大有裨益。

伦敦金融城曾经无比辉煌，现在也依然闪烁着耀眼的光芒，它为英国的经济作出了巨大的贡献。20 世纪 80 年代里，它每年使英国纯收入税利 20 亿英镑以上，即使在经济衰退的 20 世纪 90 年代初期，失业率居高不下时，伦敦城也为无数人创造了就业机会。1995 年，伦敦城内从事金融业、商业的人员有 70 万，比法兰克福的总人口还要多。但是伦敦城的功与过却是英国人长期争论的问题。

一次大战结束后，由于伦敦城将精力过多地投放到海外的投资中，从而使英国的工业得不到发展所急需的大量资金，这样，美国和德国不仅在钢铁等传统工业上超过了英国，而且在高科技领域领先于英国。1925 年，首相邱吉尔为了保持英镑的地位和维持伦敦城在国际金融上的重要性，采取了严苛的财政预算和紧缩货币政策，结果他的目的暂时达到了，但英国的工业却为此付出了巨大的代价。即经过一个短暂的战后高涨期之后，国内需求持续下降，几个主要产业造船、纺织、钢铁和煤炭都严重地收缩了。然而，即使是这样，还是没能挡住英镑挤兑的命运。

高估的法郎使国家陷入经济泥潭——法国

1924 年 9 月至 1926 年 7 月，政局的不稳定使国内外对法国的信任度更为降低。1925 年初 1 英镑对 90 法郎的汇率，到了 1926 年 4 月中旬已冲至 145 法郎，5 月中旬再次上升至 175 法郎。在不满一年里，法郎的价值下跌了近 50%。因汇率骤增和经济的不稳定，当时的白里安内阁垮台，其后登台的赫里欧内阁仅 4 天也倒台了。白里安内阁垮台的 1926 年 7 月 1 日汇率重新攀至 220 法郎，赫里欧内阁倒台的 7 月 21 日更高至 243 法郎。不过一年半，90 法郎对 1 英镑的汇率几乎攀升了 2.5 倍多。随着物价突然上涨等因素，经济更为不安定，政权再次交替。

德国经济经历了历史上前所未有的过度通货膨胀，处于十分严重的经济困境之中，如此一来，法国便很难获得战争赔偿金，自然深受财政逆差之苦。随之，国内外对法国经济的信任度大减，法郎的价值也持续下跌。法国需要偿还从美国和英国借入的 70 亿美元债务。更何况战争债务大部分为短期状态，债权人对自己的资产短期内可以折现。法郎的价值迅速下跌后，不管是流入法国的外债还是国内资本，都为了规避汇兑损失而大量外流。法国陷入严重的信贷不畅之中，经济困难逐渐加深。经济困难的加深，使国民对政权的信赖跌至谷底。

在赫里欧内阁之后上台的是普恩加来内阁。兼任财务长官的普恩加来的首要工作就是实施减税。这一措施却赢得了资产阶级的信任，流往国外的法国资本又流回了法国，汇率自然下降。1926 年 7 月 21 日冲至 243 法郎的汇率回落至 7 月 25 日的 199 法郎和 7 月 26 日的 190 法郎。法郎的升值使流出国外的逃避资金更多地流回法国，形成了良性循环，法郎的价值更为走高。10 月末，法郎的汇率水平再次开始下降。

汇率的回落使法国的国内产业必须直面价格竞争力的恶化。产业界，特别是汽车产业为了阻止汇率下降，开展了激烈的院外活动，劳动界也予以强烈抗议。经济专家们警告，如果法郎价值升得过高，会诱发如英国一样的通货紧缩，国内产业就会处于全盘崩溃的局面。最终，普恩加来内阁将汇率稳定在了 120 法郎上。经常收支呈现出大规模的顺差记录，对汇率下落的期待逐渐增大。对利差的期待使法国资本，甚至国外资本都开始向法国流动。其间流往国外的法国资本在 1925 年到 1926 年初大部分重返法国。由此，法郎的价值更加攀升。

法郎价值上升之时，英国英镑的价值却在下降。法兰西银行的外汇储备蒙受了汇兑损失，于是开始将持有的英镑换成黄金。法兰西银行和英格兰银行在这一问题上出现了严重对立。英格兰银行为了抑制法兰西银行的外汇投机，要求宣告法郎的价值稳定。可是法兰西银行认为，为了阻止英国的资本流出，应提高利率。法国认为国外资本的流入会有助于国内经济的活化，希望法郎价值更为上扬。

与英国的经济困顿相比，法国因法郎估值相对较低，促进了出口，贸易收支呈现大规模的顺差记录，外汇储备也逐渐积累起来。因此，法国的国内经济与其他国家相比势头良好，连财政收支也记录为顺差。在此国力基础上，法国才能在全世界经济大萧条的重创下相对较好地支撑下来。

世界大萧条蔓延的 20 世纪 20 年代末，法国的经济与 1913 年或 1924 年相比都呈良好状态，而且持续时间更长。外汇储备的骤增令法国不能不担心通货膨胀和随之而来的物价不稳。因此，法国将外汇储备预存在伦敦金融市场，不仅如此，还大规模地购入英镑期货。结果，法兰西银行持有的以现货和期货的外汇总额表示的他国债权总额到 1928 年 5 月时达到了 14.5 亿美元，一个月以后法郎较之稍低一些。由此，法兰西银行在债权市场中具有非常强的影响力。当时法兰西银行和英格兰银行围绕着谁来主导欧洲弱小货币的安定政策这类并不重要的问题争执不下。围绕着政治霸权的这种认识终于造成了法国严重的经济困难，后来又招致被德国占领的悲剧。

首先，外汇资金的海外预存意味着国内所得的海外转移，国内所得的海外转移意味着内需的不振。即使出口状态持续良好时，国内经济也会相对萎靡。不仅如此，法郎的低评价不会无限期地持续下去。出口状态持续良好，外汇储备不断增多，法郎的价值受到了更为沉重的打击。重要的是，价格上处于严重的不利境地。

法郎的估值过高就是如此严重。实际上，1931 年中期法郎对英镑的价值曾发生了猛然上蹿近 40% 的事态。此后法郎的高评价持续了 5 年多，一直到 1936 年末。因此，国际收支不断恶化，外汇储备也逐渐减少。为了使法郎的价值正常化，阻止外汇储备的枯竭，法国理应放弃金本位制，但却步了英国失败的后尘。法国降低了国内物价，并实施了旨在使国际收支好转的通货紧缩政策。

当法国的经济状况积重难返时，德国已经走上了重新武装之路，对此，法国束手无策。即使在经济严重困顿之初的 1930 年，法国的军费支出也较德国高出 3 倍多。希特勒掌权后的 1933 年，法国和德国较接近。可是从法国政权交替频仍的 1935 年开始，德国的军费支出开始超过法国。战争爆发之前的 1938 年，德国的军费支出比法国高出了 8 倍以上。1937 年，德国的军费支出与 1930 年相比增加了 20 倍以上，法国的军费支出反而较前一年减少了。可见，法国在 20 世纪 30 年代一直处于严重的经济困难之中。所有的原因都源于法国汇率政策的失败。

·第二章·

金融主导大国的兴衰史

——了解金融秩序变迁要读的金融学

世界货币的变迁，风水轮流转

随着世界一体化进程的加快和世界各国经济实力的变动，世界政治经济格局也随之发生了巨大的变化。随着传统的殖民主义国家英国的衰落，世界霸主的桂冠落到了后期的资本主义国家——美国手中，世界货币体系也随之发生了翻天覆地的变化。

货币是主权国家的象征，在当今时代，一个主权国家一般都发行了自己的货币，并通过法律赋予该货币在本国范围内流通使用的法定地位。在一国之内，货币主要履行价值尺度、支付手段和储藏手段的职能。当一国货币跨出国家的界限，在其他国家或地区履行货币职能时，该国货币就演变成世界货币，"成为全球统一的支付手段、购买手段和一般财富的绝对社会化身"。

世界货币是实现国际经济贸易联系的工具，它促进了国际经济联系的扩大与发展，从而也促进了资本主义的发展。随着资本主义世界市场的发展，世界各地区在经济上逐渐联结起来。

世界货币应具有一定的基本职能，这些基本职能可以概括为：其一，在国际经济交易中充当贸易货币（结算货币）和计价货币；其二，如果某种货币已经成为国际交易中的重要和主要贸易的计价货币，则它很可能成为其他国家或地区货币当局官方储备的重要资产（储备货币）；其三，当一种货币同时具有了上述职能之后，它就有可能成为选择非自由浮动汇率制度的外国货币当局干预外汇市场时的名义锚（锚货币）。

从英镑到美元的转换，由伦敦到纽约的变迁，金融作为当今世界上最热的词汇之一，诉说着两百年来的世界经济中心的轮回。当今世界的金融格局怎么样？哪些因素促成了世界金融格局的变化呢？

　　19世纪，金、银都曾是世界货币。以后，随着金本位制的普遍建立，黄金遂取得了主导地位。在金本位制下，黄金既在国民经济中发挥国内货币的作用，也在国际关系中发挥世界货币的作用。国际收支的差额用黄金来抵补，构成国际储备货币的也只有黄金。黄金可以自由输出输入，而且一个国家的货币可以按固定比价自由与黄金兑换。

　　由于黄金充当了世界货币，就产生了货币的兑换与汇率以及黄金的国际流通问题。货币兑换成了国际贸易中的必要因素。为了在对外贸易中进行支付，就要将本币与外币相兑换，或用各种货币共同充当世界货币的黄金相交换。由于货币作为世界货币时失去其地方性，都归结为一定的黄金量，因而一国的货币可以用另一国的货币来表现。

　　当金本位制崩溃，黄金非货币化后，人类进入了信用货币时代。19世纪70年代，英国一直拥有世界最大的工业生产能力，是全球最大的贸易国和金融资产的供给者。英国国内银行及海外银行十分发达，形成了巨大的国际贸易结算网络，伦敦成了当时世界上最大的国际金融中心。

　　在近一个世纪的时期内，英镑充当了最重要的国际货币角色：全球贸易中最大的一部分由英镑进行结算，外国资产中绝大部分以英镑计值，最大部分的官方储备是以英镑持有的。英镑在国际货币体系中占据着统治地位，实际上等同于黄金。

　　英国作为一个贸易国家和资本来源地的地位持续下降，英镑开始衰落。1914年一战爆发，英国废除了金本位制，1925年又得以恢复，但高估的英镑损害了英国的出口。随后由于受到世界性经济大萧条的严重打击，英国于1931被迫放弃金本位制，英镑演化成不能兑现的纸币。随着美国经济实力的壮大，美元逐渐取代了英镑的世界货币地位。

　　美国自1776年独立到建立统一的国内货币体系，花了大约一个世纪。美国货币体系逐渐统一的背景是美国国内市场的统一。大约在1870年以后，美国国民收入和生产率就已经超过西欧，到1913年美国已经形成统一的国内市场，并相当于英国、法国和德国的总和。但是，尽管美国经济已经赶上并超过了英国，但在二战之前，美元却始终没有取代英镑的地位。

　　第一次世界大战对美元作为国际货币的崛起发挥了关键作用。战争爆发之后，外国官方机构持有的流动性美元资产大幅度增加，美国国际贷款者地位的形成，各国的外汇管制和欧洲脱离了战前的黄金平价，都促成了美元"作为国际货币的崛起"。从 1914 年到 1973 年，美元是唯一以固定价格兑换黄金的货币。20 世纪 20 年代，它在国际贸易和金融中的使用日益扩大。第二次世界大战使美元上升到了支配地位。

二战以后，美国凭借其经济和军事优势，通过建立以美元为中心的布雷顿森林体系，确立了美元在国际货币金融领域里的霸权地位。《国际货币基金协定》规定美元与黄金挂钩，其他货币与美元挂钩。尽管黄金是布雷顿森林体系建立的官方储备资产，但美元是战后货币体制真正的储备资产，从而使美元取得了"世界货币"的特殊地位。国际货币基金组织的其他成员国将美元等同为黄金，在它们的外汇储备中，大量地保存美元。战后的一段时期，由于各国都需要美国的商品而缺乏美元来支付，美元成为当时世界上独一无二的"硬货币"，致使一段时间内在世界上出现了所谓的"美元荒"。

20 世纪 70 年代初，美元停止兑换黄金，实行浮动汇率，各主要西方货币相继脱离美元，不再同美元保持固定比价，随之美元的国际地位也有所下降。从 1995 年美元连续大幅贬值，其国际主要货币的作用已极大削弱，美元及美元圈的波动，加速了国际金融市场区域化的进程，促使各国货币汇价重组。2005 年美元结算占全球贸易结算的比重为 65% 左右，美元交易量占全球外汇交易总量的 50% 左右；美元仍然是重要的价值储藏手段，2005 年美元在全球外汇储备中的份额达 76% ~ 78%；美元被作为部分国家货币的"名义锚"。

世界货币的变迁先是黄金，后是英镑，现在则是美元，这些变化的背后则暗喻着各国实力变化。进入 20 世纪 80 年代以后，随着欧洲货币一体化进程的加快，德国内部货币的统一，日元的国际影响力的提高，美元的国际地位的绝对优势受到挑战。目前，世界货币正朝着多极化的方向迈进。

英镑霸权的辉煌与衰落

从北京往西大约 8000 公里，就是欧亚大陆的西部终端，从这里划过一道海峡，有一个岛国，国名是大不列颠及北爱尔兰联合王国，我们通常叫它英国。这个面积只有 24 万平方公里的国家，在近代历史上占有非常特殊的地位。在 18 世纪和 19 世纪，它曾经是世界经济发展的领头羊，是第一个迈入现代社会的国家。同时，在世界的货币战争史上，英国也曾占据至关重要的地位。由英格兰银行独家发行的代表英国国家权利的英镑，替代黄金在全球通用。从此，人类史上第一只主权性质的国际储备货币诞生。

在特定的历史条件下，为什么英镑会异军突起？是什么原因撑起当时英镑的霸权地位，又有哪些因素使英镑逐渐退出霸权货币的历史舞台？国内一些知名专家，回顾了首个称霸世界的货币——英镑的兴衰。

黄金作为国内市场上流通的货币，最先采用的是英国，但是最先废除的也是英国。19世纪中期，英国率先完成了工业革命，国内经济得到了突飞猛进的发展，控制了世界上大部分的商品生产和贸易往来。直到19世纪70年代，英国一直拥有世界最大的工业生产能力，是全球最大的贸易国和金融资产的供给者。由于英国国内剩余资本过剩，一些投资者纷纷将手中的剩余资本投资于伦敦金融市场，再加上英国国内银行业十分发达，因此这些导致了伦敦取代荷兰的阿姆斯特丹，成为当时世界上最大的金融中心。

伦敦成为金融中心之后，原来金融市场赖以存在的基础——金本位制度不再适应日益变化的市场发展形势，于是英国政府采取了一种新的流通于全国的货币——英镑。英镑从一确立之时起，便注定会承担着世界货币的功能，因为此时英国已经成为资本主义世界的头号强国，控制了世界上绝大部分的国际贸易。这样，全球贸易中绝大部分都由英镑来进行结算，外国资产中的绝大部分也以英镑来计值。实际上，此时的英镑，就相当于金本位制度取消之前的黄金，在国际货币体系中占据着统治地位。

随着强大的竞争者——美国的出现，德国在19世纪后期统一后也获得了令人瞩目的经济发展，英国可谓是腹背受敌。尤其是随着德国追逐欧洲霸权以来，英国在牵制过程中矛盾升级，最终导致世界大战的爆发。第一次世界大战的爆发使英国背负了巨大的经济负担。

第一次世界大战一结束，英国便为了恢复金本位制于1918年1月成立了康利夫委员会，这个委员会全体一致确定将立足于战前平价回归金本位制。1920年英国的金融产业比较健全，开始实施紧缩政策，结果导致经济下滑，这是为回归金本位而付出的不可避免的费用。信赖金本位制回归的效果，即英镑恢复作为基础货币的地位时体现的经济效果，就要欣然接受这种牺牲。

1920年末不过价值3.4美元的1英镑到1923年春升至4.7美元。英镑的价值上升对出口打击沉重。英国政府为了实现金本位制的回归，大力实施了紧缩政策，直接导致英国国内景气的迅速下降，人均收入从 1921 年 1 月到 1922 年 12 月间下降了 38%，生活费降低了 50%，失业率上升了 15%。

1924 年 2 月劳动党政府接受了康利夫委员会关于英镑货币升值的提案，如此一来，资本的国外流出中断，英镑价值也恢复了稳定。此时，世界景气正在恢复，英国的国内景气也在上升，失业率开始减少。最终，金本位制的回归条件似乎已经形成。

可是，他们根本没有预想到物价下跌会引发多么具有破坏性的恶性循环。物价下跌问题比预想的更为严重。价格下跌的压力使经济萎缩。价格下跌和景气萎缩引发了恶性循环。英国经济就步入了这种恶性循环的过程中。

这一年，强烈主张金本位制回归的温斯顿·丘吉尔担任财政部长官。随之，各国对英镑的货币升值产生了期待，英镑价值自然地开始上升。因之投机之风猖獗，英镑猛增至 4.795 美元。英镑恢复到战前平价的金本位制表明英国要重寻世界金融中心的地位。

英国为了重拾世界金融中心的声望，当务之急就是恢复对英镑的国际性信赖。为此，要让人相信英镑价值的稳定性。英国政府坚信，只有这样，其他国家的资本才会涌入进来，英国才会恢复世界金融中心的地位。可结果却是大失所望。正如前面提及的那样，为了恢复战前的评价，要降低物价和工资，为此，需大力实行高利率政策等紧缩政策，结果会带来通货紧缩的巨大痛苦。

与其他任何国家相比，英国所受的经济打击是十分严重的，更何况英国产业与欧洲其他任何国家相比，其出口比重都要高。制造业的 45% 依存于国外销售，所以英国经济才在其他国家的经济变化面前表现得敏感而脆弱。

战争结束后，各国为了保护国内产业纷纷课以重税。不仅如此，英国与日本和美国为首的其他国家的竞争也日渐激烈。因为种种因素，英国经济不断恶化。

20 世纪 20 年代中期世界经济大致开始恢复，20 世纪 20 年代后期景气良好。可是英国并没有一同分享到经济的好景况，而是直至 20 世纪 20 年代始终没有摆脱经济停滞状态。

为了维持金本位制，到 1931 年 8 月为止，英国还从法国和美国借入准备金。随着黄金等外汇储备日渐减少，英国政府也认识到了无法再继续维持金本位制的事实。这时，英国已经到了黄金储备即将枯竭之际，最终只能放弃金本位制。

不过，阴差阳错，一放弃金本位制，英镑的价值随之大跌，出口产业的竞争力复活，为了维持金本位制而实行的紧缩政策的脚镣也因之解除了。从 1932 年开始，货币政策向膨胀转化。

但金本位制的放弃和随之而来的货币贬值产生的影响更大。维持金本位制就要保持高利率政策；放弃了金本位制，利率随之下降，就会对景气扩大产生积极的影响。

从这些事实我们可以很容易地看出，英国试图夺回世界金融产业的霸权，以及为此以汇率下降（货币升值）为前提、执着于金本位制的所作所为，产生了多么严重的后遗症和副作用。

总之，第一次世界大战之后，英国实施的汇率政策遭到惨败。这令英国经济在 20 世纪 20 年代始终处于举步维艰的境地，只能以放弃金本位制而告终。

英镑作为世界性流通货币在持续了近一个半世纪之后便发生了动摇。充盈的国库和黄金储备、稳定的金融市场再也得不到满足，英国的霸主地位摇摇欲坠，以英镑为中心的世界货币体系也最终崩溃。

20 世纪 50 年代，随着美国经济的进一步发展和英国经济的进一步衰落，以美元为中心的世界货币体系正式确立起来。美元在世界货币体系中霸主地位的确立，正式宣告英镑持续将近一个半世纪的霸主地位退出历史舞台。从此，美元的时代正式来临。

一战期间再次被英国废除的金本位制度

传说 15 世纪中叶，秘鲁利马附近的一个奴隶制国家——印加帝国有着大量的黄金。印加帝国内的所有神庙和宫殿都镶有大量的黄金，很多的普通家庭都收藏着黄金，女人也大都佩戴黄金饰品。

好景不长，印加帝国璀璨的黄金终于引来了侵略者。公元 1525 年，为了把印加帝国的巨量黄金占为己有，西班牙殖民者弗朗西斯科·皮萨罗率领殖民军入侵印加帝国。用了七年，皮萨罗的军队终于攻占了印加帝国，并且挟持了印加帝国的国王阿塔瓦尔帕。皮萨罗要求国王交出 40 万公斤黄金，否则就杀了他。阿塔瓦尔帕被迫答应了皮萨罗的要求，下令国民缴纳黄金。谁知心狠手毒的皮萨罗在收到巨量的黄金后还是把国王阿塔瓦尔帕杀害了。

之后，皮萨罗就攻进了印加帝国的首都库斯科。他以为这样就可以把印加人历来聚敛的黄金全部弄到手了。但这次情况却没有那么乐观。皮萨罗率军占领库斯科之后，到处搜寻黄金。他们费了九牛二虎之力，只在库斯科城近郊的一个洞穴里，发现了一些黄金器皿和用一些金子做成的螃蟹、蛇、鸟等珍贵的物品，就是没有找到传说中巨量的黄金。后来据说，印加人把黄金藏起来了，于是皮萨罗派了大量的人去搜寻，还是没找到。直到1911年，还有一些考古学家前去寻宝，却都一无所获。

对黄金的寻找一直是人类前进的动力之一。哥伦布发现新大陆起初也是为了寻找黄金。

黄金只不过是一种金属，除了装饰之外，没有什么其他重要的用途，可它为什么具有这样强大的魔力呢？这是因为它代表着货币，于是变成了财富的代表。

由于黄金长期扮演着货币的角色，后来产生了以黄金为本位币的货币制度，即金本位制度。在金本位制下，或每单位的货币价值等同于若干重量的黄金（货币含金量）；当不同国家使用金本位时，国家之间的汇率由它们各自货币的含金量之比——铸币平价来决定。金本位制于19世纪中期开始盛行。

英国最早实行金本位制，国家规定纸币与黄金的固定比价，纸币可以自由兑换黄金。1821年英国首先以法律的形式在本国确立了金本位制。英国此时的繁荣和强大鼓励了其他国家效仿，在此后的半个多世纪里，世界各主要工业国相继采用了金本位制，于是黄金成了统一的世界货币。国际货币体系也走入了它的第一个阶段——国际金本位时代。

在历史上，曾有过三种形式的金本位制：金币本位制、金块本位制、金汇兑本位制。其中金币本位制是最典型的形式，就狭义来说，金本位制即指该种货币制度。金币本位制亦称为古典的或纯粹的金本位制，盛行于1880—1914年。自由铸造、自由兑换及黄金自由输出是该货币制度的三大特点。在这种制度下，假如英镑贬值低于5美元的平价，那么将会刺激黄金从英国流到美国，这样的转移将会增加美国的货币供给，而减少英国的货币供给，那么英镑会升值，回到5美元的平价水平。因此，金本位制下，汇率有自动调节的力量，而不能体现出两国货币购买力的差别。只要各国遵循金本位制度的规则，维持货币发行的黄金准备以及货币可自由兑换成黄金，汇率就会保持固定不变。因此，金本位制度决定了一个国家不能控制它的货币政策，因为它的货币供给是由国家之间的黄金流动决定的。虽然正如格林斯潘指出的那样，金本位牢牢地遏制了通货膨胀的泛滥势头。但金本位制度本身的局限性，也决定了它必然随着历史的发展而被淘汰。

典型的国际金本位制主要有以下优点：一是各国货币对内和对外价值稳定；二是黄金自由发挥世界货币的职能，促进了各国商品生产的发展和国际贸易的扩展，促进了资本主义信用事业的发展，也促进了资本输出；三是自动调节国际收支。简言之，促进了资本主义上升阶段世界经济的繁荣和发展。国际金本位制的主要缺点是：一是货币供应受到黄金数量的限制，不能适应经济增长的需要；二是当一国出现国际收支赤字时，往往可能由于黄金输出，货币紧缩，而引起生产停滞和工人失业。

金币本位制是一种稳定的货币制度，对资本主义经济发展和国际贸易的发展起到了积极的促进作用。金本位制下，汇率固定，消除了汇率波动的不确定性，有利于世界贸易的进行；各国央行有固定的黄金价格，从而货币实际价值稳定；没有一个国家拥有特权地位。但是同时，金本位制限制了货币政策应付国内均衡目标的能力，只有货币与黄金挂钩才能保证价格稳定；黄金生产不能持续满足需求，央行无法增加其国际储备；给黄金出口国很大的经济压力。不久，随着各国纷纷发行不兑现的纸币，禁止黄金自由输出，金本位制随之告终。而后，美元渐渐崛起，布雷顿森林体系时代开始到来。

金本位制崩溃，国际货币秩序混乱的开端

在历史上，自从英国于 1816 年率先实行金本位制以后，到 1914 年第一次世界大战以前，主要资本主义国家都实行了金本位制，而且是典型的金本位制——金币本位制。1914 年第一次世界大战爆发后，各国为了筹集庞大的军费，纷纷发行不兑现的纸币，禁止黄金自由输出，金本位制随之告终。

第一次世界大战以后，在 1924—1928 年，资本主义世界曾出现了一个相对稳定的时期，主要资本主义国家的生产都先后恢复到大战前的水平，并有所发展，各国企图恢复金本位制。但是，由于金铸币流通的基础已经遭到削弱，不可能恢复典型的金本位制。当时除美国以外，其他大多数国家只能实行没有金币流通的金本位制，这就是金块本位制和金汇兑本位制。

1929—1933 年，资本主义国家发生了有史以来最严重的经济危机，并引起了深刻的货币信用危机。货币信用危机从美国的证券市场价格猛跌开始，并迅速扩展到欧洲各国。奥地利、德国和英国都发生了银行挤兑风潮，大批银行因之破产

倒闭。1931 年 7 月，德国政府宣布停止偿付外债，实行严格的外汇管制，禁止黄金交易和黄金输出，这标志着德国的金汇兑本位制从此结束。欧洲大陆国家的银行大批倒闭，使各国在短短两个月内就从伦敦提走了将近半数的存款，英国的黄金大量外流，在这种情况下，1931 年 9 月，英国不得不宣布英镑贬值，并被迫最终放弃了金本位制。一些以英镑为基础实行金汇兑本位制的国家，如印度、埃及、马来亚等，也随之放弃了金汇兑本位制。其后，爱尔兰、挪威、瑞典、丹麦、芬兰、加拿大等国实行的各种金本位制都被放弃。

1933 年春，严重的货币信用危机刮回美国，挤兑使大批银行破产。联邦储备银行的黄金储备一个月内减少了 20%。美国政府被迫于 3 月 6 日宣布停止银行券兑现，4 月 19 日又完全禁止银行和私人贮存黄金和输出黄金，5 月政府将美元贬值 41%，并授权联邦储备银行可以用国家债券担保发行通货。这样，美国实行金本位制的历史也到此结束。最后放弃金本位制的是法国、瑞士、意大利、荷兰、比利时等一些欧洲国家。它们直到 1936 年 8—9 月才先后宣布放弃金本位制。至此，金本位制终于成为资本主义货币制度的历史陈迹。

第二次世界大战后，建立了以美元为中心的国际货币体系，这实际上是一种金汇兑本位制，美国国内不流通金币，但允许其他国家政府以美元向其兑换黄金，美元是其他国家的主要储备资产。但其后受美元危机的影响，该制度也逐渐开始动摇，至 1971 年 8 月美国政府停止美元兑换黄金，并先后两次将美元贬值后，这个残缺不全的金汇兑本位制也崩溃了。

金本位制通行了约 100 年，其崩溃的主要原因有：第一，黄金生产量的增长幅度远远低于商品生产增长的幅度，黄金不能满足日益扩大的商品流通需要，这就极大地削弱了金铸币流通的基础。第二，黄金存量在各国的分配不平衡。1913 年末，美、英、德、法、俄五国占有世界黄金存量的三分之二。黄金存量大部分为少数强国所掌握，必然导致金币的自由铸造和自由流通受到破坏，削弱其他国家金币流通的基础。第三，第一次世界大战爆发，黄金被参战国集中用于购买军火，并停止自由输出和银行券兑现，从而最终导致金本位制的崩溃。

金本位制崩溃后，资本主义国家普遍实行了纸币流通的货币制度，各国货币虽然仍规定有含金量，但纸币并不能要求兑现。纸币流通制度的实施，为各国政府过度发行纸币、实行通货膨胀政策打开了方便之门。从此，资本主义国家的货币制度已不再具有相对稳定性。通货膨胀，汇率剧烈波动，使货币金融领域日益陷于动荡和混乱之中。

金本位制度的崩溃，对国际金融乃至世界经济产生了巨大的影响：一方面，为各国普遍货币贬值、推行通货膨胀政策打开了方便之门。这是因为废除金本位制后，各国为了弥补财政赤字或扩军备战，会滥发不兑换的纸币，加速经常性的通货膨胀，不仅使各国货币流通和信用制度遭到破坏，而且加剧了各国出口贸易的萎缩及国际收支的恶化。另一方面，导致汇价的剧烈波动，冲击着世界汇率制度。在金本位制度下，各国货币的对内价值和对外价值大体上是一致的，货币之间的比价比较稳定，汇率制度也有较为坚实的基础。但各国流通纸币后，汇率的决定过程变得复杂了，国际收支状况和通货膨胀引起的供求变化，对汇率起着决定性的作用，从而影响了汇率制度，影响了国际货币金融关系。

布雷顿森林体系——美国霸权的建立

美元霸权是美国构建超级大国的一块基石，国际关系学专家罗伯特·吉尔平将其与核武器的作用并列起来："美国霸权的基础，是美元在国际货币体系中的作用和它的核威慑力量扩大到包括了各个盟国……美国基本上是利用美元的国际地位，解决全球霸权的经济负担。"

英镑作为曾经的世界货币随着英帝国的没落而走下神坛，美元则在美国国力大增的背景下开始崛起。二战后，布雷顿森林体系为美元霸权地位的确立提供了制度保障。

从美国于1900年正式通过金本位法案起，美元开始登上国际舞台，同英镑争夺世界金融霸权，至20世纪50年代后期最终取代英镑霸主地位而独霸天下，时跨近60年。从1900年至1914年即至第一次世界大战开始，美元在国际货币舞台上开始崛起。尽管在这一时期，美国的国民生产总值已超过英国，是世界第一经济大国，但美元未能撼动英镑的世界货币霸主地位。

从1914年至1945年即至第二次世界大战结束，美元逐渐超过英镑的信誉和影响，以《布雷顿森林协定》为标志，美元压倒英镑，初步取得世界货币金融霸主地位。从20世纪40年代中期即第二次世界大战结束至50年代后期。这是美元进一步挤压英镑，最终确立世界货币金融霸主地位的时期。

两次世界大战重创了英国经济，也动摇和摧毁了英镑的霸权地位。美国本土远离战场，经济未遭破坏，而且发了战争横财。到第二次世界大战结束时，美国工业制成品占世界的一半，对外贸易占世界的 1/3 以上，黄金储备约占资本主义的 3/4，并成为世界最大的债权国，从而为美元霸权的建立奠定了坚实的基础。美国以强大的经济实力为后盾，不断打击英镑，抬升美元的国际货币作用，终于在二战结束前夕，建立了以美元为中心的布雷顿森林体系。

布雷顿森林体系以黄金为基础，以美元作为最主要的国际储备货币。美元直接与黄金挂钩，各国货币则与美元挂钩，并可按 35 美元一盎司的官价向美国兑换黄金。在布雷顿森林体系下，美元可以兑换黄金和各国实行可调节的钉住汇率制，是构成这一货币体系的两大支柱，国际货币基金组织则是维持这一体系正常运转的中心机构，它有监督国际汇率、提供国际信贷、协调国际货币关系三大职能。

同时根据《布雷顿森林协定》的有关规定，以黄金—美元为基础的固定汇率制度最终确立。这种固定汇率制度就是实行所谓的"双挂钩"制度，即美元与黄金挂钩、各国货币与美元挂钩的汇率机制。第一，在美元与黄金挂钩的基础上，各成员国的货币与美元挂钩，以美元的含金量作为各国规定货币平价的标准；各国货币对美元的汇率，按照各国货币的含金量确定，或者不规定含金量而只规定对美元的比价，从而间接与黄金挂钩；第二，各国政府有责任维护本国货币汇率的稳定，其对美元汇率波动的范围不得超过货币平价的 ±1%，并且有义务在必要的时候对汇率的波动进行干预；第三，只有当国际收支发生"根本性不平衡"的情况下，才允许货币升值或者贬值；货币平价的任何变动都需要经过基金组织的批准。但是在实际的操作中，在平价 10% 以内的变动可以自行决定；如果在 10%～20% 则需要基金组织的同意，并在 72 小时内作出决定；如果变动的幅度更大，则没有时间的限制。

通过上述规定，我们可以看出：布雷顿森林体系确立了美元在国际货币体系中的领导地位，从而行使世界货币的职能，成为世界最主要的清算货币和储备货币，而各个成员国的货币则都依附于美元。各国中央银行均持有美元储备，彼此以美元划账结算。各国货币虽然不能兑换黄金，但可以通过兑换美元间接地与黄金挂钩。这样，就形成了一种以美元为核心，美元等同于黄金，各国货币钉住美元的新型国际货币体系。

布雷顿森林体系的形成，暂时结束了战前货币金融领域里的混乱局面，维持了战后世界货币体系的正常运转。固定汇率制是布雷顿森林体系的支柱之一，但它不同于金本位下汇率的相对稳定。1929—1933 年的资本主义世界经济危机，引起了货币制度危机，导致金本位制崩溃，国际货币金融关系呈现出一片混乱局面。而以美元为中心的布雷顿森林体系的建立，使国际货币金融关系又有了统一的标准和基础，混乱局面暂时得以稳定。

布雷顿森林体系的形成，在相对稳定的情况下扩大了世界贸易。美国通过赠与、信贷、购买外国商品和劳务等形式，向世界散发了大量美元，客观上起到扩大世界购买力的作用。同时，固定汇率制在很大程度上消除了由于汇率波动而引起的动荡，在一定程度上稳定了主要国家的货币汇率，有利于国际贸易的发展。同时也为国际间融资创造了良好环境，有助于金融业和国际金融市场发展，也为跨国公司的生产国际化创造了良好的条件。

布雷顿森林体系形成后，基金组织和世界银行的活动对世界经济的恢复和发展起了一定的积极作用。一方面，基金组织提供的短期贷款暂时缓和了战后许多国家的收支危机，也促进了支付办法上的稳步自由化，基金组织的贷款业务迅速增加，重点也由欧洲转至亚、非、拉第三世界。另一方面，世界银行提供和组织的长期贷款和投资不同程度地解决了会员国战后恢复和发展经济的资金需要。此外，基金组织和世界银行为世界经济的恢复与发展提供了技术援助，为建立国际经济货币的研究资料及交换资料情报等方面的进步作出了重要贡献。

布雷顿森林体系"巨人"的倒塌

布雷顿森林体系的建立，在战后相当一段时间给国际贸易带来空前发展和全球经济越来越相互依存的时代。布雷顿森林体系虽然推动了世界贸易的增长，却存在着严重的缺陷，并最终导致了布雷顿森林体系的倒塌。

1944 年，第二次世界大战的第二战场刚刚开辟，欧洲战场一片硝烟弥漫。当全世界关注的目光都集聚在这里的时候，来自 44 个盟约国国家的 730 多位代表却齐聚在冷清的美国新罕布什尔州风景优美的布雷顿森林郡的华盛顿山度假宾馆，在此吵得不可开交。50 年后，当时的一个工作人员回忆说："从 7 月 1 日到 19 日，从会议室里不时传来各种语言的陈词、质问和争辩。这伙人每天两眼一睁，吵到熄灯，到激烈处通宵不寐。"

这里究竟发生了什么事，他们在讨论什么？

这些整天争吵不休的人看似聒噪，其实却都大有来头。他们很多都是当时《纽约时报》《泰晤士报》《金融时报》上经常采访的对象，其中著名的有美国财政部长摩根索、美联储的主席艾考斯、参议员托比、经济学家怀特等人。

说这一座小小的华盛顿度假宾馆此时大腕儿云集一点儿也不为过。但是，这些人里最大的腕儿却是一位英国人。当时，人们绝不会想到，此人的肖像不仅将出现在那些最著名的杂志封面上，他的名字还将出现在此后的 60 年中的任何一版的宏观经济学和货币金融学教科书上。他就是对现代政府经济政策影响最大的经济学家，可能也是有史以来对现实经济影响力最重要的经济学家约翰·梅纳德·凯恩斯。此时，凯恩斯已经身患重病，但他依然"冷酷无情地驱使自己和别人工作"，而他当时的主要对手——美国财政部经济学家哈里·怀特也紧张戒备，每天只睡五小时。

这一次聚集了世界大腕儿，足足开了 20 天的会议，终于争吵出一个结果，那就是著名的布雷顿森林体系——世界上第一个全球性的金融货币体制协议，就是在此时诞生的。

1914—1918 年的第一次世界大战在相当程度上摧毁了世界贸易。1929 年的世界经济大萧条使得金本位制度彻底破产。两次世界大战之间的 20 年中，国际货币体系分裂成几个相互竞争的货币集团，各国货币竞相贬值，动荡不定，因为每一经济集团都想以牺牲他人利益为代价，解决自身的国际收支和就业问题，呈现出一种无政府无组织的状态。20 世纪 30 年代世界经济危机和二次大战后，各国的经济政治实力发生了重大变化，美国登上了资本主义世界盟主地位，美元的国际地位因其国际黄金储备的巨大实力而空前稳固。这就使建立一个以美元为支柱的有利于美国对外经济扩张的国际货币体系成为可能。

1944 年，盟国取得第二次世界大战的胜利已成定局，它们在美国新罕布什尔州的布雷顿森林召开会议，商讨战后的世界贸易格局，建立一个新的国际货币体系，以促进战后的世界贸易和经济繁荣。

布雷顿森林体系的一个重要特征是，美国被确立为储备货币国。这与美国雄厚的经济实力是分不开的，但也正因如此，给布雷顿森林体系的瓦解埋下了倒塌的隐患。随着历史的发展，布雷顿森林体系的弊端逐渐暴露。

1971 年 7 月第七次美元危机爆发，尼克松政府于 8 月 15 日宣布实行"新经济政策"，停止履行外国政府或中央银行可用美元向美国兑换黄金的义务。这意味着美元与黄金脱钩，支撑国际货币制度的两大支柱有一根已倒塌。1973 年 3 月，西欧又出现抛售美元，抢购黄金和马克的风潮。3 月 16 日，欧洲共同市场 9 国在巴黎举行会议并达成协议，联邦德国、法国等国家对美元实行"联合浮动"，彼此之间实行固定汇率。

至此，战后支撑国际货币制度的另一支柱，即固定汇率制度也完全垮台。这宣告了布雷顿森林制度的最终解体。

以美元为中心的国际货币制度崩溃的根本原因，是这个制度本身存在着不可解脱的矛盾。在这种制度下，美元作为国际支付手段与国际储备手段，发挥着世界货币的职能。

一方面，美元作为国际支付手段与国际储备手段，要求美元币值稳定，才会在国际支付中被其他国家所普遍接受。而美元币值稳定，不仅要求美国有足够的黄金储备，而且要求美国的国际收支必须保持顺差，从而使黄金不断流入美国而增加其黄金储备。否则，人们在国际支付中就不愿接受美元。另一方面，全世界要获得充足的外汇储备，又要求美国的国际收支保持大量逆差，否则全世界就会面临外汇储备短缺、国际流通渠道出现国际支付手段短缺。但随着美国逆差的增大，美元的黄金保证又会不断减少，美元又将不断贬值。第二次世界大战后从美元短缺到美元泛滥，是这种矛盾发展的必然结果。

随着全球经济一体化的进程，过去美元一统天下的局面不复存在。世界正在向多极化发展，国际货币体系将向各国汇率自由浮动、国际储备多元化、金融自由化、国际化的趋势发展。单一的货币制度越来越难以满足经济飞速发展的需要，这就是布雷顿森林体系倒塌的根本原因。

·第三章·

那些搅动世界的人

——了解国际金融巨头要读的金融学

金融寡头之首——洛克菲勒财团

洛克菲勒家族到底多有钱？1975 年，尼尔森·洛克菲勒在得克萨斯州购买了 1.8 万英亩土地，仅仅是作为"室外活动场地"。在他的另一处山庄，随时待命的各类家政工人，包括清洁工、保安、厨师和园丁等超过 500 人；位于哈伯的一所度假庄园备仆 45 人；尼尔森一所私宅雇仆人 15 人。据不完全统计，洛家仆人已超过 2500 人。洛家人人爱旅行，行踪随意不定，因此所有庄园场所都保持在随时可以使用的完美状态，预备任何一位主人兴之所至大驾光临。而洛克菲勒财团经营的投资资产就更多了：股票类有价值 8500 万美元的加利福尼亚标准公司，7200 万美元的 IBM，另外超过 1000 万美元的公司股票计有大通曼哈顿银行、美孚石油、通用电气、得克萨斯仪器、明尼苏达矿业制造等。

洛克菲勒财团声名显赫，一度成为财富的象征，那么洛克菲勒家族是怎样发迹的呢？

洛克菲勒财团是美国十大财团之一，创始人约翰·洛克菲勒以石油起家。1863 年在克利夫兰开办炼油厂，1870 年以该厂为基础，扩大组成俄亥俄标准（原译美孚）石油公司，很快垄断了美国的石油工业，并以其获得的巨额利润，投资于金融业和制造业，经济实力发展迅猛。资产总额在 1935 年仅 66 亿美元，至 1960 年增至 826 亿美元，25 年中增长了 11.5 倍。其后又继续获得巨大发展，1974 年资产总额增达 3305 亿美元，超过了摩根财团，跃居美国十大财团的首位。美国最大的石油公司有 16 家，其中有 8 家属于洛克菲勒财团。

约翰·洛克菲勒是美国的第一个亿万富翁。他创造了美国历史上声名狼藉但同时也是最强大的公司——标准石油公司。标准石油公司曾经代表了美国的石油工业，而洛克菲勒则在美国工业中扮演了统治者的角色。他的名字同义于财富。他的家族以及家族历代所领导的财团在美国工业、商业、金融业以及政治领域都牢牢地站稳了脚跟。

在世界上的诸多财团中，洛克菲勒财团无疑是最具有实力的一个，位列金融寡头之首。该财团是以洛克菲勒家族的石油垄断为基础，通过不断控制金融机构，把势力范围伸向国民经济各部门的美国最大的垄断集团。

洛克菲勒财团是以银行资本控制工业资本的典型。它拥有一个庞大的金融网，以大通曼哈顿银行为核心，下有纽约化学银行、都会人寿保险公司以及公平人寿保险公司等百余家金融机构。通过这些金融机构，直接或间接控制了许多工矿企业，在冶金、化学、橡胶、汽车、食品、航空运输、电讯事业等各个经济部门以及军火工业中占有重要地位。在它控制下的军火公司有：麦克唐纳·道格拉斯公司、马丁·玛丽埃塔公司、斯佩里·兰德公司和威斯汀豪斯电气公司等。洛克菲勒财团还单独或与其他财团共同控制着联合航空公司、泛美航空公司、美国航空公司、环球航空公司和东方航空公司5家美国最大的航空公司。

1973年能源危机以后，石油输出国组织国家同美国垄断资本展开了针锋相对的斗争，给洛克菲勒财团以沉重打击。该财团采取各种措施挽回这种不利的局面。首先参与美国国内石油的开发，争取国内沿海地区近海油田的租赁权，1976年获得阿拉斯加和大西洋沿岸中部的石油租赁地130万英亩，又与英荷壳牌石油公司共同开发英国北海油田。它还渗入能源工业的其他有关部门。此外，还大力向石油化学工业发展。洛克菲勒财团不但在经济领域里占统治地位，在政府中也安插了一大批代理人，左右着美国政府的内政外交政策。它还通过洛克菲勒基金会、洛克菲勒兄弟基金会等组织，向教育、科学、卫生以至艺术和社会生活各方面渗透，以扩大其影响。

20世纪50年代，美苏冷战正式展开。两国为了击败对方，拉开了近半个世纪的军备竞赛。为避免从冷战转变为热战后自己处于劣势，石油这一战略性物资的重要性就日益凸显，并成为美苏在中东地区剑拔弩张的根本原因。这一时期，美国跨国公司也获得了迅猛发展，尤以石油集团的扩张最显著。美国从艾森豪威尔政府开始，石油财团的代理人就占据了许多重要的政府要位。如果某个财团的代理人在政府中有着明显的优势，那么政府的政策必然要为这个垄断集团的利益服务。从洛克菲勒财团身上我们就可以清楚地知道政府与这些财团之间的密切关系。

洛克菲勒家族的势力还左右着美国的政治，如曾任国务卿的杜勒斯、腊斯克都曾担任过洛克菲勒基金会的董事长；基辛格出任国务卿之前，曾担任纳尔逊·洛克菲勒的外交政策私人顾问；纳尔逊则于1974—1977年担任美国副总统。该家族通过活跃于政治舞台长期左右美国的内政和外交政策。

从洛克菲勒成为美国第一个亿万富翁到现在已经过去了一个多世纪，今天的洛克菲勒家族仍在续写着辉煌的历史。他们没有整天躲在房间里计划如何守住自己的财富，而是积极地参与文化、卫生与慈善事业，怀着强大的负罪感将大量的资金用来建立各种基金，投资大学、医院，让整个社会分享他们的财富。在今天的美国，要完全躲避这个家族的影响几乎是不可能的。毫不夸张地说，洛克菲勒家族在过去150年的发展史就是整个美国历史的一个精确的缩影，并且已经成为美国国家精神的杰出代表。

如今，如果你漫步在纽约的街头，随处可以体味到洛克菲勒家族过往的辉煌：摩根大通银行、洛克菲勒中心、洛克菲勒基金会、现代艺术博物馆，在科学领域位居世界前列的洛克菲勒大学。甚至连青霉素能够普及成通用药品也同洛克菲勒家族大有渊源。老洛克菲勒的遗产依然支配着世界石油产业，他本人也堪称西方石油工业的人格化象征。

洛克菲勒财团在艾森豪威尔政府到肯尼迪政府期间不仅安插代理人直接参与政府权力机构，还利用自己所控制的一些民间智囊组织，为白宫的内外政策出谋划策，积极扩大影响。其中最著名的是洛克菲勒基金会和对外关系协会。1958年前后，洛克菲勒财团抛出了有关美国的政治、军事、外交和经济等方面的三个报告。这些报告都体现了洛克菲勒财团的主张，左右着华盛顿内外政策的决定。洛克菲勒石油财团是对外投资的主要获益者。

历史上最富有的美国人究竟是谁？世界著名财经杂志福布斯给出了答案。福布斯排行榜所引用的个人资产总额均为上榜富豪巅峰期的数据。为了更准确地反映出他们对于美国经济的影响，福布斯对照当时的美国国内生产值，将所有人的个人资产转化为2006年的美元。因此，如果约翰·洛克菲勒今天仍然健在，他的个人资产将达到盖茨的数倍。

事实上，洛克菲勒家族的产业和影响力今天依然完好地保存着。因为虽然标准石油公司最终解体，但是洛克菲勒创建的石油帝国依然完好地经营着，其继承公司——埃克森、美孚、雪佛龙，连同起家于得州的德士古、海湾，英国石油公司和英荷皇家壳牌石油公司并称"石油七姐妹"，成为世界上最大的七家跨国石油公司。1999年埃克森同美孚合并，2001年雪佛龙同德士古合并，而海湾则在上世纪八九十年代将资产售予了雪佛龙和英国石油公司。今天，埃克森—美孚、雪佛龙、英国石油、壳牌和法国的道达尔成为世界最大的五家石油公司。

超越对手——高盛集团

高盛公司成立于1869年，在19世纪90年代到第一次世界大战期间，投资银行业务开始形成，但与商业银行没有区分。高盛公司在此阶段最初从事商业票据交易，创业时只有一个办公人员和一个兼职记账员。创始人马可斯·戈德门每天沿街打折收购商人们的本票，然后在某个约定日期里由原出售本票的商人按票面金额支付现金，其中差额便是马可斯的收入。股票包销业务使高盛成为真正的投资银行，公司从濒临倒闭到迅速膨胀。后来高盛增加贷款、外汇兑换及新兴的股票包销业务，规模虽小，却是已具雏形。而股票包销业务使高盛变成了真正的投资银行。

在1929年，高盛公司还是一个很保守的家族企业，当时公司领袖威迪奥·凯琴斯想把高盛公司由单一的票据业务发展成一个全面的投资银行。他做的第一步就是引入股票业务，成立了高盛股票交易公司，在他狂热的推动下，高盛以每日成立一家信托投资公司的速度，进入并迅速扩张类似今天互助基金的业务，股票发行量短期膨胀1亿美元。公司一度发展得非常快，股票由每股几美元，快速涨到100多美元，最后涨到了200多美元。

高盛集团是一家集投资银行、证券交易和投资管理等业务为一体的国际著名金融机构。它在中国香港、伦敦、法兰克福及东京等地设有地区总部，在全球20多个国家和地区拥有近50个分公司或办事处，2万多名员工。目前公司总资产已达3000多亿美元。高盛集团拥有遍布全球的发达的分支网络。

高盛曾经是华尔街最后一家私人合伙制投资银行。1999年5月最终成功走上了上市之路，成为全球市值最大的投资银行之一。长期以来，高盛一直保持着全球投行市场的领导地位，在全球投资银行业中占有举足轻重的重要地位。

在国际著名《财富》杂志排名的前500家大企业中有300多家是该公司的长

期客户。这些公司包括微软、思科、朗讯科技、IBM、戴尔、惠普、甲骨文、摩托罗拉、西门子、雅虎等各领域的世界顶尖企业。

2006 年，"次贷危机"首先开始在美国市场上出现。2007 年 8 月，危机开始席卷美国、欧盟、日本等世界主要金融市场，给世界金融市场带来了沉重灾难。据美国银行的报告称，"次贷危机"带来的损失超过了 1994 年的墨西哥经济危机、1997 年的亚洲金融危机、2001 年的"9·11 事件恐怖袭击"和阿根廷债务危机。

在这次波及全球的"次贷危机"中遭受损失最严重、最直接的当数金融业。享誉全球的世界顶级大投资银行、商业银行和证券机构于 2007 年第三季度开始纷纷连续公布巨额亏损，引起了全球性的恐慌。美国、日本、欧洲诸国的中央银行纷纷联手挽救市场，美联储也不断向市场注入血液，救市政策接连不断。但是市场并没有预期那么乐观，房市更加萧条，抵押贷款公司接连破产，大金融机构连报亏损，全球股市和房市大幅下跌，世界经济产生了剧烈波动。

华尔街知名投资银行——美林公司是此次危机中损失十分惨重的一家。自 2007 年第三季度以来，美林累计报告与"次贷危机"相关的资产减记已超过 300 亿美元，而其持有的价值数十亿美元的债权抵押证券也在急剧缩水。第四季度，美林公司更是出现了创纪录的 99.1 亿美元的巨额亏损。2008 年的第一季度和第二季度，美林又分别作出了 15 亿美元和 35 亿美元的资产减记，并且两个季度均宣告亏损。至此，美林已经连续四个季度出现亏损。这是该公司 94 年历史中最长时间的亏损记录。

在全球次贷风暴下，瑞士银行、摩根斯坦利、贝尔斯登、雷曼兄弟公司等世界级金融巨头均未能幸免，有的甚至比美林和花旗更为严重。1929 年大萧条中顽强生存下来的贝尔斯登直接因"次贷危机"被摩根大通以极低价格收购，成为在此次危机中垮掉的首家大型银行。

就在华尔街众多金融机构一片狼藉、叫苦连天的时候，高盛却笑逐颜开，独领风骚。2007 年 7 月信贷市场急转直下时，高盛的许多次级债产品已经出手，但美林、花旗、瑞银和贝尔斯登等券商却在大笔吃进。在布兰克芬的领导下，高盛通过逆向投资手法，沽空次贷市场，最终获利高达 40 亿美元。高盛的业绩几乎是"全面开花"。在资产管理方面，其管理的资产全年增加了 1920 亿美元，达到 8680 亿美元；高盛的股价在 2007 年也实现了 5% 的增长幅度。而相比之下，摩根斯坦利、美林、花旗、贝尔斯登等华尔街其他金融巨头的股价则至少下跌了 20%。

高盛之所以在"次贷危机"中有如此成功的表现，主要得益于公司的管理文化。高盛是华尔街金融巨头中最后一个上市的合伙制公司。上市后公司内部依然保持着合伙制时代的优良传统和作风。合伙制被誉为是最好的风险控制机制之一。在这一制度下公司内部会对共同利益进行高度的互相监督，从而使公司的运作风险大大降低。

与高盛形成鲜明对比的是那些大银行。他们的风险管理常常沦为纯粹的合规行为。在这样的文化中，操作风险和内部风险就会大大上升。在高盛集团的科学管理模式下，多数机构董事长和首席执行官的职位没有分离，而董事会的主要成员是非执行董事，他们往往缺乏风险方面的专业知识。高盛董事长和首席执行官分离的双重领导体制则使权利得到了有效制衡，促进相互监督，大大降低了公司的运作风险，最终使高盛在这场"次贷危机"的血雨腥风中大获全胜。

高盛的发展历史可以说就是美国投资银行乃至全球投资银行的发展史。在长期的风雨历练中高盛披荆斩棘，不断壮大，在美国直至全球的资源配置、资金融通、企业扩张等方面发挥了无法比拟的作用。每一次经济格局变动，每一回产业结构升级，每一波企业并购浪潮，幕后往往都有高盛精英们的导演和推动。

战略设计高手——花旗集团

蜚声于全球的花旗集团堪称是国际金融界的成功标本。这一华尔街金融巨头不仅以其从不枯竭的金融创新引领银行业潮流，用其不可一世的经营业绩令同行甘拜下风，而且其呼风唤雨的世界影响力更是令其他国际金融机构望尘莫及。目前，花旗已经成为美国，乃至整个世界的经济晴雨表。

而在对信息极为敏感的股票市场上，花旗已经成为美国金融板块的领头羊，任何关于花旗的信息都可能牵动整个美国金融板块的神经，进而对整个世界的股市走向产生难以估量的连带影响。

花旗银行总部位于美国纽约派克大道 399 号的花旗银行，是华盛顿街最古老的商业银行之一。1812 年，华盛顿政府的第一任财政总监塞缪尔·奥斯古德上校与纽约的一些商人合伙创办了纽约城市银行——今日花旗集团的前身。当时，该银行还是一家在纽约州注册的银行，主要从事一些与拉丁美洲贸易有关的金融业务。1865 年 1 月，纽约城市银行取得了国民银行营业执照，名称也相应改为"纽约国民城市银行"。1955 年 3 月，纽约国民城市银行与"第一国民银行"合并，组建成"纽约第一国民城市银行",1962年又将名称改为"第一国民城市银行",1974年,持股公司的名称改为"花旗公司","第一国民城市银行"也相应地改成了"花旗银行"。1998年4月花旗公司与旅行者集团合并为花旗集团,沿用至今。

全世界,无论是金融从业者,还是其他经济工作人员,甚至就连普通的市井百姓,对花旗银行都不陌生。花旗银行以其悠久的历史、遍布全球的分支网络、周到全面的服务、震撼世界的影响力而享誉全球。目前花旗银行业务已经遍布世界各地,除了本土美国以外,还覆盖到了拉丁美洲、亚太、欧洲、中东和非洲。花旗是全球公认的国际化程度最高、规模最大的银行,多年来一直稳坐世界银行业的头把交椅。

纵观花旗银行的发展历史,在近两个世纪的沧桑岁月里,它经历了多次战争、多次危机和恐慌。它有过一帆风顺,也遭遇过灭顶之灾,是少有的自19世纪初以来能够生存下来的金融机构之一。

花旗目前已经成为当今世界资产规模最大、利润最高、全球连锁性最强、业务门类最齐全的金融服务集团。1998年花旗银行与旅行者集团合并,运用增发新股、定向股权置换等方式进行了大规模的股权运作与扩张。

花旗集团被公认为全球最成功的金融服务集团之一。这不仅要归因于它在全球金融企业排名中的位次,更由于它是全世界国际化程度最高的金融服务连锁机构。客户在任何一个花旗集团的营业点都可得到储蓄、信贷、证券、保险、信托、基金、财务咨询、资产管理等全能式的金融服务。客户关系服务网络是花旗不可估量的一项资源。桑迪·威尔就曾骄傲地说过:"这个网络是我们拥有的唯一具有真正竞争力的优势。不管你到世界哪一个地方,你都可以找到一家花旗的机构为你服务。"

目前,花旗银行在全球六大洲的106个国家拥有4000多个分支机构,27.5万名员工,2亿多个客户账户,经营着129种货币。花旗银行每个员工经营管理的资产为460万美元,整个银行每天的净利润接近5000万美元,人均178美元。

花旗在很多国家都有超过百年的经营历史。作为"世界上最大的赚钱机器",花旗对全球金融业的影响甚至要超过世界上大多数国家的政府。自1812年成立以来,花旗银行以多种形式、以不同的程度参与了美国历史上几乎所有的重大事件。从另一个更宽广的范围来看,在世界上所发生的所有重大事件中,几乎没有哪一件不对花旗银行的一些客户产生重大影响,在成立了两个世纪后的今天,作为世界金融巨无霸，它的一举一动更是对世界经济、政治的稳定和发展产生着深刻的影响。

花旗最引以为自豪的就是它遍布全球的扩张史。曾有人这样评价花旗："凡是有钱可赚的地方，花旗集团都去了；凡是能够赚的钱，它也都赚了。"

海外市场是花旗银行最重要的业务领域，也是它能够获取成功的一个重要因素。花旗银行的海外分支网络完善而庞大，没有任何一家美国银行能够与之相媲美。它在海外的利润占整个集团利润的50%以上，其海外机构的资产与员工则分别占整个集团的56.1%和45.6%。

花旗在欧洲的扩张最为迅速，在英国伦敦、法国巴黎、德国法兰克福、意大利米兰以及欧共体总部布鲁塞尔均设有分行。截至1967年，花旗银行的分支机构已经遍布全欧洲，在每个主要欧洲国家都设立了分行，有的还不止一个。通过这些分支机构，花旗成功地将欧洲纳入了自己的帝国版图之内。

在欧洲之外的其他地方，花旗银行的海外分支机构也在迅速扩张中。在亚洲市场上，20世纪60年代，花旗银行分别在新加坡、印度孟买、中国台湾、中国香港和阿联酋的迪拜开设了分行。在美国"后院"拉丁美洲，花旗银行的分支机构更为密集。花旗通过设立多家分行进一步扩大了它在这些市场上的势力范围和影响力。

花旗银行通过大量兼并当地的银行或非银行金融机构来扩大自己的实力。在阿根廷和洪都拉斯，花旗通过收购当地银行来创建自己的分支机构；在澳大利亚、中国香港和英国，花旗收购的是消费者金融公司；而在加拿大、巴西、委内瑞拉、菲律宾群岛、利比里亚和巴哈马群岛，花旗银行收购的则是其他非银行类金融机构。通过近似疯狂的大规模海外扩张，花旗银行建立起了庞大的海外分支网络，成为无与匹敌的全球化金融集团。

20世纪80年代，花旗公司先后兼并了Diner's Club、加州忠诚储蓄银行、芝加哥第一联邦银行、迈阿密比斯肯联邦银行、华盛顿的国民永久储蓄银行等金融机构。同时，花旗的跨国业务也有了新的进展，其海外分支机构扩展到了芬兰、新西兰等国。1994年，花旗银行俄罗斯分行正式营业，花旗由此成功地将俄罗斯市场纳入自己的帝国版图。1995年，花旗银行于45年后再次来到中国，并于同年在越南和南非设立了自己的分支机构。

英国《银行家》杂志对世界前1000家银行2002年各项指标排名中，花旗集团的盈利总额占1000家银行总盈利2524亿美元中的61%。2003年花旗集团一级资本已达 669 亿美元、总资产 12640 亿美元、利润 1785 亿美元，比上年又分别增长了 134%、152%和 168%。在过去的十年里，花旗集团的股票价格、盈利能力和收入年增长率均超过了两位数，而且盈利增长高于收入增长。更令同行所佩服的是，在经历了 1998 年亚洲金融危机、2001 年阿根廷金融危机和"9·11 恐怖袭击"等一系列重大事件后，这 1000 家大银行的总体盈利水平下挫了 297%，而花旗集团却仍达到了 45%的增长率。由此充分显示了花旗金融体系非凡的抗风险能力。

《华尔街日报》曾对花旗做过这样段描述："当你走进花旗银行总部时，你会不自觉地意识到你已经处于世界权力的顶峰了。它就像一艘全速前进的航空母舰，周围的每一个地方都在颤抖。"

华尔街的拯救者——摩根斯坦利

1837 年 4 月 17 日，是一个永远值得历史铭记的日子，在美国康涅狄格州哈特福的一个富有的商人家庭，诞生了一个后来影响整个美国金融界的传奇人物——约翰·皮尔庞特·摩根。摩根从一出世之时起，便注定会在社会中度过充实而又富裕的一生。因为他父母双方的家族都属于上流社会，在由父母双方这个大家族所组成的大家庭当中，还有不少人是美国政界呼风唤雨的人物。摩根的祖父约瑟夫·摩根是艾德纳保险公司的创始人之一，父亲基诺斯·斯宾塞·摩根也是当地一位有名的富商。尽管摩根的祖父拥有雄厚的资金，摩根的父亲完全可以借助这种巨大的优势登上事业的巅峰，但是他父亲并没有对祖父产生过多的依赖，而是决定脱离约瑟夫·摩根的庇佑，自立门户。刚开始，基诺斯·斯宾塞·摩根所从事的是干菜批发生意，但是这种生意很难有很大的发展潜力。后来，一个偶然的机遇使得当时著名的银行家皮鲍相中了他，于是两人合伙开了一家专门经营美国国债、州债、股票及国外汇兑等金融业务的皮鲍狄公司。从这家公司开始营业之时起，便受到众多投资者的追捧，于是大量的英国闲散资金被投放到了当时极度缺乏资金的美国。基诺斯·斯宾塞·摩根也一举成名，成为一个在英美地区享有盛誉的银行家。

摩根财团形成于 19 世纪末 20 世纪初，是统治美国经济的大垄断资本财团之一，其创始人是 J.P. 摩根。1871 年，J.P. 摩根在其父 I.S. 摩根的资金支持下，与人合伙创办了德雷克塞尔—摩根公司，从事投资与信贷等银行业务。1895 年，德雷克塞尔—摩根公司改名为 J.P. 摩根公司，并以该公司为大本营，向金融业和其他产业部门（如钢铁、铁路以及公用事业等）扩张势力，逐步形成了垄断财团。1912 年，摩根财团控制了 13 家金融机构，合计资产总额达 30.4 亿美元，其中摩根公司的实力最为雄厚，被美国华尔街的金融家们称为"银行的银行"。

在第一次世界大战中，摩根财团大发横财。战后更是以其雄厚的金融资本，渗透到了国民经济各个部门。20 世纪 30 年代，摩根财团所控制的大银行、大企业的资产总额占当时美国八大财团的 50% 以上。

伴随着全球资本市场的兴盛，美国《格拉斯—斯迪格尔法案》所带来的压力与日俱增。无奈之下，摩根财团于 1935 年春天作出了一项重大决定，将摩根银行拆分成两部分：一部分为 J.P. 摩根（摩根大通银行），继续从事传统的商业银行业务；另一部分则被分离出来，成立一家完全独立的投资银行，这就是摩根斯坦利。

有人说，"摩根斯坦利继承了华尔街大佬——摩根财团的大部分贵族血统，代表了金融巨头主导全球金融市场的光荣历史。作为华尔街大佬的继承者，摩根财团所创造的金融神话不可能再次重现，今天它仍然在充满霸气地向着未来前进……

摩根体系的势力发展十分迅速，财团规模急剧扩大，到 1910 年的时候，美国的钢铁事业已基本上为摩根财团所垄断。在铁路方面的六大系统中，有四个较大规模的系统都在摩根控制之下。摩根财团的另一投资热点是公用事业。经过多年不停的兼并和收购，摩根财团已经完全掌控了美国电话电报公司和西方电话电报公司，然后又通过通用电气公司，控制了全国最重要地区的公用事业，如费城的快速交通运输公司、新泽西公共服务公司、尼亚加拉瀑布电力公司等等。

到 1912 年时，摩根财团控制的大公司包括 13 家金融机构、14 家工矿企业、19 家铁路公司和 7 家公用事业单位，资产总额高达 127 亿美元。

1913 年，就其领导的整个摩根财团来说，他们控制的总资产占当时国民生产总值的比例已经接近三分之一，远远超过了洛克菲勒财团。至此，摩根财团终于成为美国最大的垄断者。

美国发生过两次危险的制度失灵——1893—1895 年的黄金恐慌和 1907 年的股市恐慌。黄金恐慌是由国外对美国经济实力的错误认识导致的。在 1893 年华尔街崩溃之后，他们开始大量抛售以黄金为基础的铁路债券，导致美国黄金储备大量外流。随着美国黄金储备急速下降到 1 亿美元这一底线——这是美国官方承诺的恢复硬币支付所需的最低安全储备，各种投机性的债券抛售也开始了。

到了1895年，美国财政部已经因无法满足公众对黄金需求而处于崩溃的边缘。虽然政府在过去几年里向公众提供了黄金债券，但收效欠佳。由于受到国会的牵制，新连任的克利夫兰总统在防止黄金支付中断上已无计可施。

如果黄金支付中断发生，则不仅会导致美国在世界金融市场上的信用骤降，而且会使世界各国股票市场遭受毁灭性打击。当时，美国政府的黄金储备已不足1000万美元，只能满足财政部纽约分部当天的支票的支取业务。在这种情况下，美国财政部最终不得不请求摩根财团提供帮助。

实际上，拯救方案的核心就是承诺维持美元对英镑的汇率，这就要求无论美元在何时出现剧烈波动，摩根都必须进入外汇市场去购进美元或者卖出英镑以维持美元汇率的稳定。这其实就是中央银行的一个典型功能。虽然经历了一些压力，但摩根率领的财团还是成功地解救了这场危机。同时，这次行动也使摩根大发横财。摩根公司伙同华尔街其他银行把政府发行的一批又一批债券抢购一空，然后高价上市出售，转手之间即可获取暴利。

黄金危机的解决让人们看到了处于权力顶峰的摩根的力量，同样，1907年华尔街发生崩盘危机时，人们再次大开眼界：当时已经71岁的摩根凭借自己对金融业炉火纯青的操作和控制，几乎以一己之力挽救了这场崩盘式的危机。

1907年秋天，纽约华尔街金融市场上终于爆发了一场大风暴。很多卷入这一事件的银行和信托公司都出现了危机，公司高层们被迫辞职。这场危机的传播速度之快、破坏力之强超过了人们的预期，许多信托公司已接近破产。人们开始纷纷从信托公司取出存款，挤兑潮随之出现，危机全面爆发了。

纽约市的不少银行也发生了挤兑，而且恐慌蔓延到了股票交易所。金融机构回收贷款使股票市场的现金回流受阻，企业贷款的利率一度达到了100%，股票交易所已面临关闭的困境。

事实上，摩根银行在这场风波中并没有多大危险，因为它的银行没有超额负债。但是，这场危机毕竟是国家危机的蔓延，恐慌会导致证券市场的崩盘。进一步说，如果美国银行体系崩溃，摩根财团最终也逃脱不了厄运。因此，摩根准备全力以赴去解决这场危机。

摩根召集那些信托公司、经纪公司以及清算银行的高层管理人员，帮助他们筹集运转所需的大量资金，借以有效支持已经非常脆弱的信用体系，恢复市场信心。在这一过程中，摩根以专制手段联合纽约银行家携手拯救华尔街的事迹不仅赢得了美国人民的敬佩和爱戴，也赢得了整个欧洲的尊敬。1907年11月6日，在摩根的多方努力下，华尔街股市终于开始上扬，并呈现了良好的发展趋势。

第一财阀——三菱集团

三菱集团已经有100多年的历史，特别是在明治维新以后，三菱集团才开始步入了真正意义上的发展。根据明治政府的增产兴业政策，三菱集团收购了政府管辖的碳业、造船业，进一步扩大了经营范围。

财阀是日本战前金融资本集团的通称。主要是指日本19世纪至20世纪的四大企业集团：三菱商社、三井商社、住友商社及安田商社。在日本，由于金融资本集团是和浓厚的封建家族关系联系在一起的，因而人们习惯于把日本的金融资本集团称为财阀。

20世纪初，随着生产和资本集中的进一步加强，日本形成了以家族为中心的三井、三菱、住友、安田四大财阀。它们以家族资本控制的总公司为核心，通过家族总公司—直系公司—准直系公司的持股关系，控制着各经济部门的直系企业和旁系企业，组成庞大的康采恩。它们往往左手控制着资本主义中最重要的资本，右手控制生产工具，势力非常庞大，通常经营政府特许的行业。

典型的财阀具有几个特质：第一，一定是紧密的家族企业，企业内主要的资源都掌握在少数人身上，而且彼此拥有血缘关系。第二，企业经营的范围广泛，员工众多，而且占国民生产总值相当大的比重。第三，财阀旗下通常都有金融业，方便企业调动资金、非法借贷。第四，企业集团内的交叉持股严重，公司的经营权经过多次交叉持股后，增加了财阀内的紧密度，方便相互借贷，而且财务透明度减少。不过集团内如果有企业经营不善，也经常互相牵连。第五，财阀通常与政府关系良好，经常获准经营政府特许的行业，例如石化重工等，而财阀也会透过政治献金、参选等方式，直接或间接介入政治。

在当今日本的六大财阀中，三菱集团以雄厚的实力位居魁首。它不仅拥有百年以上的悠久历史，而且拥有众多令人眼花缭乱的企业群。三菱集团企业数量之多，以至于若想详细划分三菱集团的企业成员，可以说是一件相当困难的事。

1996 年 4 月 1 日，日本东京银行与三菱银行正式合并，组成了全世界最大的银行——东京三菱银行。2001 年，东京三菱银行又与三菱信托银行合并，进一步增强了自身的金融实力。在日本的六大垄断财团（三菱、三井、住友、安田、芙蓉、第一劝业）中，三菱的综合实力雄踞榜首，而且保留了"三菱军需省"的地位。它的重工、银行和商业集团在日本都是属于一流的。

目前，三菱重工业务涵盖机械、船舶、航空航天、原子能、电力、交通等领域，至 2004 年 4 月 1 日，注册资本金 2656 亿日元，员工人数 34306 人。拥有 9 家海外事务所或代表处，9 家分公司，6 个研究所，9 个事业所。年订货额 21592 亿日元（2003 年 4 月 1 日—2004 年 3 月 31 日），年销售额 19401 亿日元（统计日期同前）。其中，以部门销售额占总销售额比例计算，船舶·海洋部门占 8%，核能部门占 23%，机械和钢结构部门占 20%，航空·宇宙部门占 17%，车辆、机床等产业部门占 29%，其他产业占 3%。

被三菱集团所控制的与三菱有密切关系的企业更是数不胜数，说三菱"富可敌国"，是毫不过分的。三菱集团的第一个显著特征是企业与国家紧密结合。现代资本主义经济中，国家和企业之间具有相当密切的关系，美国、英国、法国、德国等各个国家无不如此，但日本最为突出，最为典型。

20 世纪 60 年代到 70 年代，三菱集团又增添了几十家重要的新型企业，生产业务遍布各个行业。1993 年，三菱集团的总营业额达到 70 万亿日元，占整个国民生产总值的五分之一，其经济实力在日本排名第一，在世界上也是声名显赫的大企业集团，三菱标志已经家喻户晓。

经初步估计，三菱财团在经济支配能力上约占整个日本的 30% 左右。2004 年 8 月，三菱东京集团与日本联合金融控股集团宣布合并，总资产超过 180 万亿日元（约合 1.7 万亿美元），一举超过了全球第一的美国花旗集团与日本第一的瑞穗集团，成为日本和全球金融业的新霸主。三菱东京金融集团是在以三菱银行、三菱信托银行等为核心，不断联合与兼并同业机构的基础上建立和发展起来的。20 世纪 70 年代贸易自由化和资本自由化在日本基本完成后，三菱集团加快了对海外的扩张步伐，在原子能工业、海洋开发、宇宙开发等科学技术上和美国结合得更加紧密。例如三菱集团已经通过合办企业的方式和美国的洛克菲勒财团、芝加哥财团、梅隆财团、摩根财团、加利福尼亚财团等相互勾结，共同参与对世界经济的控制和垄断。至于三菱集团向世界各地的渗透，则更加广泛，其员工以及在海外投资的子公司已经遍布世界各地，三菱的产品和服务也已经渗透到了世界的每个角落。

至今，三菱集团在本质上仍然是日本的第一大财阀，它已经成为日本近代经济发展历史的一个缩影。

庞大的金融帝国——汇丰集团

金融全球化的结果之一，是赢者通吃的现实从一国之内拓展到了全球。原来再有能力的金融财团也只能控制一个或几个地区的市场。可是，今天少数几家跨国金融品牌通吃全球，一夜之间却能跨越五大洲融资到数百亿美元资本，将金融产品销售到世界各个角落，对处于后来者的中国金融机构而言，这种全球新格局显然是个挑战。

汇丰1865年"出生"在香港和上海，尽管主要由英国人拥有并经营，但在中国土生土长，头一个世纪的发展也主要立足于中国。到今天，已经是真正引领全球的标杆金融品牌。它靠的是什么商业模式？什么金融理念？又是如何应对风云莫测的各国政治和经济环境，摸准人类发展的长久趋势？

汇丰集团总部设于伦敦，是全球规模最大的银行及金融机构之一。汇丰集团在欧洲、亚太地区、美洲、中东及非洲76个国家和地区拥有约9500间附属机构。汇丰在伦敦、中国香港、纽约、巴黎及百慕大等证券交易所上市，全球股东约有200000名，分布于100个国家和地区，雇有232000名员工。汇丰银行在全球拥有超过1亿的顾客。

从1865年汇丰银行开始在香港和上海营业，到最终发展成为中国最大的外资银行；从当初500港元起家，到2006年拥有超过15000亿美元的巨额资产；从最初每年纯利润不到50万港元，到2006年纯利润超过150亿美元；从一开始租借别人的楼房经营，到目前在全球77个国家和地区建立起庞大的日不落金融帝国，汇丰集团走过了150多年不平凡的发展道路。

汇丰银行通过以先进科技连接国际网络，以及快速发展的电子商务能力，提供广泛的银行及金融服务：个人金融服务；工商业务；企业银行、投资银行及资本市场；私人银行以及其他业务。2008年度全球企业500强第20位，收入1465亿美元，净利润191.33亿美元。

要想称雄世界，就必须逐鹿美国，这是很多金融财团的战略思想。于是，汇

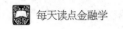

丰再次将目光投向了北美大陆。

1999年5月10日，汇丰宣布了一条令美国金融界震惊的消息：汇丰将以103亿美元的巨额款项，收购美国利宝集团。这是当时汇丰历史上规模最大的一次收购，也是外资收购美国金融机构的最大一宗交易。这次强强联合的收购活动将使汇丰和利宝的银行业务相互补充，使汇丰在美国市场上增加200万名客户，从而极大巩固了汇丰在美国金融体系中的地位。

同一年，汇丰在美国挂牌上市。从此，汇丰股票可以在中国香港、伦敦和纽约三地几乎24小时不间断地交易。2002年8月，汇丰高层在集团业绩发布会上又透露了一个令世界金融界震惊的消息，汇丰已经将收购目光瞄向了美国最大的消费融资公司——美国家庭消费信贷公司。

创立于1878年的美国家庭消费信贷公司是美国最大的消费融资机构，在美国四十多个州拥有1300多家分、支行，5000多万名客户，管理资产总值约8080亿港元，业务遍及消费信贷、信用卡、汽车贷款、信贷保险、物业按揭等方面，在美国消费信贷、信用卡及信贷保险等领域占有领先地位。

美国经济占全球生产总值的三分之一，而消费开支则几乎占美国生产总值的70%。因此，从经济角度来看，美国消费市场是汇丰的必争之地。而若能成功收购美国家庭消费信贷公司，汇丰便可以在北美建立起一个更为强大的金融网络。

2003年3月，汇丰最终成功地收购了美国家庭消费信贷公司，以148亿美元买入美国家庭消费信贷公司，通过发行新股融资支付。根据收购协议，每股美国家庭消费信贷公司股份可换取2.675股汇丰股份。收购并不涉及现金，而它的市盈率只有5至6倍。无论从哪方面讲，这次收购对汇丰控股来说都是百利而无一害。

在亚洲金融风暴之后，汇丰控股就一直注目于新兴市场，物色收购目标。1999年，庞约翰已经先后在亚洲的韩国、南美的阿根廷以及欧洲的马耳他收购金融机构。2000年，汇丰曾成功地收购了美国大通银行巴拿马分行，并且将以前所持有的埃及英国银行40%的股权增至90%（埃及英国银行后改名为埃及汇丰银行），使汇丰在新兴市场的据点进一步得到加强。

2000年5月12日，汇丰银行宣布，正式成立"汇丰驻中国总代表处"，统筹内地业务发展和实施对分支机构的管理。汇丰的中国业务总部从香港迁至上海浦东。此时的汇丰，除了斥资3300万美元购下"汇丰大厦"4.8万平方米楼面及冠名权之外，还斥巨资在北京、大连、广州、天津、厦门等地建立了分支机构。

截至 2007 年 4 月，汇丰已在中国大陆主要城市开设了 17 家分行、49 家支行，拥有近 5000 名员工。同时，汇丰还与四大国有商业银行签署了合作协议，通过中国银行（2000 家分行）、中国建设银行（7700 家分行）、中国工商银行（8800 家分行）和中国农业银行（8000 家分行）遍布全国的分行网络，可以在全国范围内提供广泛的金融服务。

仅 2005 年上半年，汇丰就从交通银行获得了 7 亿元的利润。同时在交通银行 19.9% 的持股比例并不是汇丰的增持上限。双方在协议中还约定，如果监管环境发生变化，汇丰可以在 2008 年之后将持股比例扩大一倍。

然而这一切，对于汇丰来说都只是开始。未来的时间里，汇丰在中国的投资还将延伸到各种非银行金融机构，包括中国极具发展潜力的证券市场：控股平安保险，平稳地增持交行股权、择机控股证券公司、基金管理公司和信托投资公司，最后完成在中国设立金融控股集团的布局，这就是汇丰的"大中国"战略。

·第四章·

影响世界经济的金融事件

——了解世界经济兴衰要读的金融学

黑色星期二——1929 年美国股灾

1929 年 10 月 29 日，股指从之前的 363 最高点骤然下跌了平均 40 个百分点，成千上万的美国人眼睁睁地看着他们一生的积蓄在几天内烟消云散。在这个被称作"黑色星期二"的日子里，纽约证券交易所里所有的人都陷入了抛售股票的旋涡之中，这是美国证券史上最黑暗的一天，是美国历史上影响最大、危害最深的经济事件，影响波及西方国家乃至整个世界。因此，1929 年 10 月 29 日这一天被视为大萧条时期开启的标志性事件，由于正值星期二，所以那一天被称为"黑色星期二"。此后，美国和全球进入了长达 10 年的经济大萧条时期。

很难说清股市繁荣是从什么时候开始的。那个年代普通股价格上涨是有其合理原因的：公司收益良好，并且趋于增加；前景看好；20 世纪 20 年代初，股价偏低，收益增加。1928 年初，繁荣的性质发生了变化：人们为了逃避现实而变得想入非非，无节制的投机行为大量出现。如同在所有的投机时期一样，人们不是努力去认清事实，而是寻找理由编织自己的梦幻世界。

危机已经悄悄降临，人们却没有注意到。1926 年秋，在投机狂潮中被炒得离谱的佛罗里达房地产泡沫首先被刺破了。然而，这丝毫没有给华尔街的疯狂带来多少警醒。从 1928 年开始，股市的上涨进入最后的疯狂。事实上，在 20 世纪 20 年代，美国的许多产业仍然没有从一战后的萧条中恢复过来，股市的过热已经与现实经济的状况完全脱节了。

1928 年 11 月 16 日，胡佛以绝对优势当选总统后的第一天，股市出现了暴涨行情，指数一直不断刷高，股市又进入了新一轮的狂热。《纽约时报》工业股平均价格指数在一个交易日里净涨了 4.5 点，这在当时被认为是不寻常的涨幅，正是总统大选的余热激发了这股热情。11 月 20 日是另一个不寻常的日子，当天股市成交 650.323 万股，略小于第 16 大日成交量，但一直被认为股市的表现其实要疯狂得多。现在大牛市有了一个新口号，那就是"再繁华四年"。

12 月的股市就没那么好了。12 月初，股市再一次出现了严重下挫，而且比 6 月的跌幅更大。12 月 7 日，这个可怕的日子，疲惫迟缓的行情显示器报出了无线电公司股票跌 72 点的消息。当全面萧条似乎就要开始的时候，股市又恢复了平稳。几周紊乱的价格之后，股价再一次上扬。1928 年全年，《纽约时报》工业股 6 月股市却出现了第一次衰退，一股来自西部的"龙卷风"全力席卷了整个华尔街，前三个星期的跌幅几乎达到了 3 月份的全部涨幅。6 月 12 日这天损失尤为惨重，具有里程碑意义。纽约的一家最保守的报纸开始列数当天发生的事件，并且报道称"华尔街的牛市昨日崩溃，爆炸声响彻世界各国"。行情显示器报价已经比实际交易价格慢了近 2 小时。在 5 月曾突破 200 点记录的美国无线电公司股价下跌了 23.5 点。

股市下跌的消息惊动了总统胡佛，他赶紧向新闻界发布讲话："美国商业基础良好，生产和分配并未失去以往的平衡。"有关的政府财政官员也出面力挺股市。但此时人们的神经已经异常脆弱，股市在经过昙花一现的上扬后，就开始了噩梦般的暴跌。

跳楼的不仅是股指，在这场股灾中，数以千计的人跳楼自杀。欧文·费雪这位大经济学家几天之中损失了几百万美元，顷刻间倾家荡产，从此负债累累，直到 1947 年在穷困潦倒中去世。

1929 年股崩发生之后，公众的财产如同被洗劫了一般，迷茫和悲哀最终转化成了怀疑与愤怒，他们将矛头指向了曾经鼓励他们把资金投向股市的银行家们。随后，美国参议院即对股市进行了调查，发现有严重的操纵、欺诈和内幕交易行为。1932 年银行倒闭风潮又暴露出金融界的诸多问题。多年来，西方经济学家对 1929 年大危机爆发的原因提出了许多不同的观点，但是，正如美国经济学家莱维·巴特拉所指出的那样：事实上，发生这场大危机的原因至今仍然困扰着专家们。

从危机开始的时候，人们对危机爆发的原因的猜测就没有停止过。人们在股市面前表现出的疯狂是一个重要原因，除了这个之外，还存在以下两个方面的原因。

第一个原因是内幕交易。按照现在的定义，内幕交易是指内幕人员和以不正当手段获取内幕信息的其他人员违反法律、法规的规定，泄露内幕信息，根据内幕信息买卖证券或者向他人提出买卖证券建议的行为。内幕交易行为人违反了证券市场"公开、公平、公正"的原则，侵犯了投资公众的平等知情权和财产权益。

在这次金融危机中，就存在着内幕交易的行为。其中有两个著名的内幕人士，一个是大通银行的总裁阿尔伯特·威金，另一个是花旗银行的总裁查理斯·米切尔。

第二个方面的原因是基本经济的问题。人们在分析股市行情的时候，经常会用到一个词：基本面。这个词就是基本经济的意思。股市作为经济的晴雨表，总体上受制于基本经济的表现。通常，基本经济形势好的时候，股市会上涨，基本经济形势不好的时候，股市会下跌。

由美国股市的危机，进而引发的经济危机，除了人们本身的狂热之外，在股市的制度建设和基本经济层面存在的问题，同样起到了推波助澜的作用。经济危机的爆发，摧毁了美国人的财富梦想，但是也让他们认识到经济存在的诸多问题，美国开始了变革的道路。

在痛定思痛、总结教训的基础上，从 1933 年开始，罗斯福政府对证券监管体制进行了根本性的改革。建立了一套行之有效的以法律为基础的监管构架，重树了广大投资者对股市的信心，保证了证券市场此后数十年的平稳发展，并为世界上许多国家所仿效。这样，以 1929 年大股灾为契机，一个现代化的、科学的和有效监管的金融体系在美国宣告诞生。经历了大混乱与大崩溃之后，美国股市终于开始迈向理性、公正和透明。此后，经过罗斯福新政和二次大战对经济的刺激，美国股市逐渐恢复元气，到 1954 年终于回到了股灾前的水平。

上世纪 20 年代的美国，既是全民投资发热时代，也是资本市场内幕交易泛滥的时代；既是让人无奈的垄断时代，也是令人欣慰的经济大发展时代。由于这一时代烙刻在各种历史记载中，使我们得以详尽了解 20 年代疯狂繁荣之后的长期萧条，看到萧条时期罗斯福新政以及经济结构的急剧转变。

正所谓福兮祸之所倚，祸兮福之所伏。1929 年的股崩粉碎了美国人的发财梦，却也让他们看到繁荣之下的美国社会隐藏的许多问题；经过灾后重建，美国社会发生了天翻地覆的变化，并最终取代了英国，成为国际经济中的霸主。

引发二战的根本原因——经济萧条

经济大衰退是于 1929 年在美国发生的。当时，美国大部分的股票价格暴跌，股票市场崩溃，很多人在一夜间丧失全部资产，引起了全国的经济大恐慌。大量工厂、银行因此倒闭，全国陷入经济困境。

1929 年 10 月 29 日是美国历史上最黑暗的一天。"黑色星期二"是股票市场崩盘的日子，"经济大萧条"也正式开始。失业率攀升到最高点，1933 年，有四分之一的劳工失业。

1929 年的经济大危机引发了各国严重的政治危机，为摆脱经济危机打起了贸易壁垒战，严重依赖美国的德国与严重依赖外国市场的日本，都无法通过自身内部经济政策的调整来摆脱危机，只能借助原有的军国主义与专制主义传统，建立法西斯专政进行疯狂对外扩张，欧、亚战争策源地形成。

1931 年日本发动九一八事变、1935—1936 年意大利侵略埃塞俄比亚、1936—1939 年德、意武装干涉西班牙、德国吞并奥地利、慕尼黑协定的签订和德国占领捷克斯洛伐克、1939 年 9 月初德国突袭波兰。

美国于 1941 年加入第二次世界大战后，经济大萧条也随之退出。美国与英国、法国和苏联等同盟国共同对抗德国、意大利与日本。这场战争死亡的人数不断增加。在德国于 1945 年 5 月投降之后，欧洲区的战火也随之熄灭。在美国于广岛与长崎投下原子弹，日本也随即在 1945 年 9 月投降。

经济大衰退导致极权主义在德国、日本兴起，而且带给美、英、法等西方国家严重的失业及社会不稳定等问题，致使它们没有能力联合起来阻止极权国家的侵略行动。而罗斯福新政在一定程度上减缓了经济危机对美国经济的严重破坏，促进了社会生产力的恢复。由于经济的恢复，使社会矛盾相对缓和，从而遏制了美国的法西斯势力。

在经济危机的大背景之下，贸易摩擦逐步转化成军事对抗，最终导致第二次世界大战爆发。1929—1933 年的世界经济危机，是两次大战间由和平向战争过渡的重要历史时期。在长达 4 年的危机中，面对经济危机，各国不以世界经济的整体安全为首要目标，而是从狭隘的国家利益出发，采取了损人利己、以图自保的经济政策。

在经济危机中，国家间对市场的争夺，使各国分裂对立程度加深，出现了以某国为核心的集团化对抗。在金融领域，英、美、日等国纷纷宣布本国放弃"金本位"，在贸易战中通过降价用"廉价"商品对别国进行"倾销"。彼此金融联系密切的国家，也如法炮制地组成诸如英镑、美元集团、日元集团等相互对立、封闭的货币集团。类似做法，扩大了经济冲突，最终导致国家集团对抗局面的形成。

世界经济危机对德国打击沉重。危机高峰时的1932年一年中，德国工业产量比1929年下降将近一半。危机期间，德国失业者用废旧物品搭成住房，而统治阶级实行征收新税、削减工资、削减救济金和养老金等政策，力图把危机转嫁到劳动人民的肩上，致使社会矛盾激化。

在经济危机袭击下，法西斯党的影响迅速扩大，最终使希特勒上台成为可能，并将德国带向一条战争不归路。1936年3月，希特勒政府废除《洛迦诺公约》。至此，二战的欧洲战争策源地在德国形成。

危机加快日本侵略步伐，在"大萧条"前的1927年，日本就爆发了金融危机。银行与企业的破产导致日本政局动荡，促使军国主义头目田中义一内阁上台。1929年美国空前的"大萧条"迅速波及日本，外出逃荒、倒毙路旁、全家自杀、卖儿卖女的事件层出不穷。面对经济危机与社会矛盾，日本财阀越来越感到有必要建立"强力政权"，致使以陆军为主力的法西斯势力乘机抬头，利用英美经济危机、中国内乱，加大了入侵中国的步伐。1936年8月，日本决定了"向南部海洋发展"的"国策大纲"；1936年11月，日本同纳粹德国缔结《日德防共协定》。至此，亚洲战争策源地形成。

历史已经证明，巨大经济危机可改变许多国家的面貌，当年的经济危机导致德日法西斯的上台，直接结果就是二战的巨大灾难。

在全球性经济危机推动下酿就的战争——二战成为人类发展史上的最惨痛经历。如今，金融危机在世界各国蔓延，世界大战有可能再次爆发吗？

针对美国兰德公司向美国国防部提出的"7000亿美元救市效果很可能不如拿7000亿美元发动一场战争"的评估报告以及网民热议"美国发动战争转嫁经济危机"的讨论，经济危机的确是爆发二战的重要根源之一，但经济危机的后果不必然就是战争。

从目前看，尽管全球面临经济危机的威胁，但全球一体化下强有力的国际组织、国家紧密协调与国际呼吁合作的"救市"基调，都使集团性对抗与战争思潮没有存在的土壤与根基。但同时，由于经济与政治密不可分，经济危机可能直接导致各国政局不稳，由经济危机引发的局部冲突不可忽视。

"经济危机引发战争"的确是过去的一种研究视角与看法，如帝国主义体系下不可调和的国家矛盾往往是通过侵略或战争最后解决。但是，经济萧条带来的巨大打击仍然不容忽视。我们应该以史为鉴，吸取上世纪的经验和教训，这样才能在经济萧条到来的时候，发挥出政府更强有力的作用！

外债依赖症——拉美债务危机

1982 年 8 月 12 日，墨西哥因外汇储备已下降至危险线以下，无法偿还到期的公共外债本息（268.3 亿美元），不得不宣布无限期关闭全部汇兑市场，暂停偿付外债，并把国内金融机构中的外汇存款一律转换为本国货币。墨西哥的私人财团也趁机纷纷宣布推迟还债。继墨西哥之后，巴西、委内瑞拉、阿根廷、秘鲁和智利等国也相继发生还债困难，纷纷宣布终止或推迟偿还外债。到 1986 年底，拉美发展中国家债务总额飙升到 10350 亿美元，且债务高度集中，短期贷款和浮动利率贷款比重过大，巴西、阿根廷等拉美国家外债负担最为沉重。近 40 个发展中国家要求重新安排债务。

20 世纪 90 年代之前，金融危机通常表现为某种单一形式。比如，20 世纪 60 年代的英镑危机为单纯的货币危机，20 世纪 80 年代的美国储贷协会危机为典型的银行危机。但自 20 世纪 90 年代以来，货币危机、银行危机以及债务危机同时或相继爆发，成为经济危机的一个典型特征。

拉美债务危机的成因源于 20 世纪 70 年代油价暴涨带来的过剩流动性和流入发展中经济体的石油出口国储蓄。在低利率资金的诱惑下，阿根廷、巴西、墨西哥和秘鲁等拉美国家借入了大量以硬通货计价的债务。然而，随着利率上升、资本流向逆转、发展中国家货币面临贬值压力，拉美的负债率上升到不可持续的水平。

作为发展中经济体的代表，拉美地区虽有辉煌，但更多的是债务负担甚至危机。拉美的债务就像一座活火山，虽然在经济正常发展时显得很平静，但一旦世界或本国经济甚至非经济因素稍有动荡，就很可能引爆。不幸的是，由于整个世界经济不景气，而拉美地区又处于还债的高峰期，这座火山真的就从墨西哥开始爆发了，很快蔓延到整个拉美。这场危机史称为 20 世纪 80 年代拉美经济发展中"失去的十年"。

回顾拉美债务危机的过程，我们发现尽管各国谨遵国际货币基金组织的指导，可仍无法依靠自己的力量走出困境，最后只得通过减免债务解决。这是由于从19世纪初开始，美国就通过各种方式榨干了拉美各国的自然资源，并迫使其消费美国的产品，从而使各国患上"债务依赖症"。最终美国通过政策的转换，将吸血的针管成功地插入了拉美的心脏。偿付外债利息，这在国际金融界引起了巨大的震动。随后，巴西、阿根廷等国也相继发生类似的清偿危机，一些小国也程度不同地卷入这场危机中。

拉美债务危机的发展，大致可分为三个阶段：以还债为重点和紧缩调整阶段；以恢复经济增长为重点的"贝克计划"阶段；以减免债务为重点的"布雷迪计划"阶段。拉美债务危机，持续时间特别长，涉及范围特别广，它严重地削弱了发展中国家的经济，破坏了这些国家政局的稳定，并进一步冲击着国际金融秩序的基础，因而这场危机决不像西方国家所说的那样只是少数债务国经济结构不合理、经济管理不善、资金流通不畅的问题，也就是说这场危机不仅仅是一个经济问题，而更大程度上是一个政治问题。

一种处理拉丁美洲债务问题的方法是拒绝债务重组。这种方法认为，解决债务问题的关键就在于为严厉财政调整提供所需的时间，而美国支持下的IMF将提供所需资金。1985年，贝克计划阐述了这一做法，推行私营部门参与自愿性银行贷款重组，延长财政调整时期。其结果是大量债务负担影响了投资，导致了日益增多的资本外逃和增长疲软，债务比例不断上升。这就是众所周知的拉丁美洲"停滞的10年"。

以美国为首的西方发达资本主义国家把债务危机仅仅看成经济问题，认为只要通过适当的经济手段就可以解决问题。而实际上，"贝克计划"与"布雷迪计划"的不同只是形式和侧重点的不同，本质上并没有区别。因此债务危机的解失绝对不是一朝一夕的事情，必须由南北国家一起坐下来通过政治手段予以解决。

直到20世纪90年代，债务重组的参与方才认识到，失去偿债能力的国家需要真正的债务减免，即减少债务名义价值。这就是布雷迪计划，不可转换且无力偿还的银行贷款通过一定折扣变为可转换布雷迪债券，直到2003年拉美才走出债务危机的阴影。

对现代化建设的急于求成，使拉美国家政府在20世纪一直采取赤字财政政策，加之20世纪70年代以来宽松的国际货币环境和拉美国家过度的超前消费，使其患上了"债务依赖症"。在经济发展向好时，大量的私人资本涌入，助长了经济繁荣，但同时又埋下了更多的债务危机的"火种"。一旦经济形势稍有逆转，外资就会迅速撤离，从而导致股市暴跌，货币贬值，而这更加重了经济的困难。在这时，拉美就需要满足国际货币基金组织那些不切实际的痛苦的改革过程，以得到大量的救济资金，从而使自己暂时摆脱危机的困扰。这样，在背上了更沉重的债务负担后，下一个"恶性循环"又开始了。

因此，要彻底解决拉美国家的危机，必须摆脱目前严重依赖外部资金的局面，以戒掉可怕的债务"吸毒"之瘾。而其中的关键就是要建立一条适合自己国家特点的发展道路，形成自我发展、自我循环的国内经济体制。

只有认清这一经济问题的国际政治背景，才能采取切实有效的措施来解决债务危机。换句话说，只有改变旧的国际政治经济秩序，才能从根本上消除债务危机产生的根源，才能维持国际政治秩序和经济秩序的和平与稳定。

世纪豪赌——英镑阻击战

1992 年 9 月，乔治·索罗斯赢得了他有生以来最大的一次赌注——在 1992 年 9 月 16 日短短一夜里，他赚了 9.58 亿美元！有人说这是人类金融史上最大的一笔赌注，这次豪赌的成功使索罗斯得到了"世界上最伟大的投资家"的称号。

1990 年，英国加入西欧国家创立的新货币机制——欧洲汇率体系（ERM）。《马斯特里赫特条约》签署之后，英镑对马克的汇率是 1：2.95，英镑明显被高估了。虽然当时人们都知道以英国的经济实力是无法支撑如此高的汇率水平的，投机者也都知道英镑存在贬值的危险，但是他们都不敢轻举妄动，因为英镑背后不仅仅是英格兰银行，而且是整个欧洲汇率体系成员国。不幸的是，索罗斯不是一般的投机者。

索罗斯敏锐地意识到，英国犯了一个致命错误，欧洲货币汇率机制已无法继续维持。因为欧洲汇率体系存在无法调和的矛盾：由于各国的经济实力以及各自的国家利益的差异，它们的货币政策很难保持协调一致，以致欧洲汇率机制的链条某一环节一旦松动，整个汇率机制就面临崩溃的危险。德国面对国内不断严重的通货膨胀问题不会顾及别国的感受，会采取提高利率的措施来平稳国内经济，这将会为本来就被高估的英镑带来致命打击。英国想指望德国出力来维持自己的汇率水平无疑是一厢情愿。

索罗斯瞄准了这一点，决定把宝压在德国人绝不让步和坚持原则的个性上，他相信处于东德重建阶段经济已严重过热的德国，不会冒着加重本国通货膨胀的危险而降低马克利率去帮助英国。

历史好像就是按照他的设想发展的。在《马斯特里赫特条约》签订后不到一年，几个欧洲国家已很难协调行动。1992年西欧遭受了金融危机，包括英国在内的许多国家经济出现衰退。英国企图降低其利率，然而德国因国内通货膨胀问题不愿意降低利率，他们深惧通货膨胀会再次出现在德国，他们至今对20世纪20年代的经济危机记忆犹新，正是那场通货膨胀导致德国的经济走向崩溃。如果德国不降低利率，其他欧洲国家也不会降低。通过"宫廷政变"上台的梅杰首相并没有足够的魄力和能力来解决这一复杂的经济问题，1992年夏季过后，英国政府只是表示要坚持在这次风暴中求得生存，不让英镑贬值，不脱离汇兑机制。

索罗斯认为，英国经济不可能继续保持汇兑机制，英国政府唯一可行的解决办法就是降低利率，但这将削弱英镑，并迫使英国退出货币汇率机制。同时，在伦敦金融领域内，投机商们正在投机英镑，在最初的几个月里他们已开始占据了相当大的市场份额。

英国政府最不愿看到的情景出现了，1992年7月，德国国内利率不降反升，贴现率升为8.75%，如此高的利息率立即引起外汇市场出现抛售其他货币而抢购马克的风暴。这一行动再一次把英镑推向了贬值的风口浪尖之上。蛰伏了三年的索罗斯也觉得时机已经成熟，可以实践他理论的最高境界了，他建立了100亿美元的仓位卖空英镑，于是一场个人与一国央行之间的世纪豪赌拉开了序幕。

1992年9月10日下午一开盘，索罗斯率先攻城，大量抛售英镑买入马克和美元，并把外汇期货市场的空单一扫而光。他的操作手法非常复杂，简单说来就是：从银行借贷大量英镑，拿到外汇市场上去卖掉，换成德国马克和美元，巨大的卖出压力将迫使英镑贬值。如果计划成功，就可以用比卖出的时候便宜得多的价格再买回英镑，还给银行。"高价卖出，低价买进"之间的差额就是索罗斯的利润。

如果只是索罗斯一个人与英国较量，英国政府也许还有一丝希望，但索罗斯"不是一个人在战斗"，他抛售英镑的行为，迅速吸引了大量的跟风卖盘——全世界的外汇投机者都开始一拥而上疯狂卖出英镑。汹涌的卖空单把英镑汇率一直往下打压。由于德国抛弃英国的消息已经传开，空单的买者寥寥无几，所以大部分游资看到在外汇期货已经没多少利润就转到外汇市场，他们疯狂地抛售英镑买入美元等强势货币。英国政府面对攻城者的猛烈攻势只能硬着头皮防守，不断地买入英镑。收盘时，在英国政府的干预下英镑对马克的汇率稳定在 1 : 2.88 的水平上，比当天最高点下跌了 1.7 个百分点。但是所有的人都知道，这只是第一轮进攻，更强烈的攻势还在后面，而英国政府明知道这是个陷阱却不得不往里面跳，不然会造成英镑汇率的崩溃，这是它们无法承受的。

9 月 11 日，外汇期货市场上英镑对美元只有空盘；而在外汇市场上，更多的机构和资金参与到英镑的狙击中，他们不断地卖出英镑，买入美元和马克，英镑一时间成为众矢之的。

在英国政府的苦苦支撑下，英镑对马克汇率跌了 5 个点。经过几轮的防守，英国政府的护盘资金也消耗殆尽，伦敦如何抵挡国际投机商们潮水般的进攻？英镑的末日眼看就要到来。不出世人所料，1992 年 9 月 15 日一开盘，英国政府已无力再救市，英镑再也支持不住，开始崩溃。

英国退出欧洲货币体系可以说是欧洲统一货币进程中遭遇到的最大挫折，英国受到的打击最大，索罗斯赚到的钱等于从每个英国人手中拿走了 12.5 英镑。至今，英格兰银行也无法原谅索罗斯对其的阻击行为。但是在一般英国公众眼里，索罗斯却是一位伟大的英雄，英国公众以传统的英国方式说，"保佑他，如果他从我们愚蠢的政府手中获得 10 亿美元，他就是一个亿万富翁了"，就连《经济学家》杂志也将其称为"打垮了英格兰银行的人"。

英镑危机可以说是欧洲一体化进程中的一个不大不小的插曲，由于体制运行中出现的机制及政治因素，使得本来运行良好的汇率机制出现了裂缝，于是被国际游资大炒了一把。

研究英镑危机不得不涉及整个欧洲一体。客观地讲，索罗斯确实是金融投资领域的一个天才，他的一言一行确实能起到左右市场的作用。1993 年《商业周刊》将其称为"可以改变市场的人"一点儿都不为过。而一名电视台记者的描述则更加形象：索罗斯投资于黄金，所以大家都认为应该投资黄金，于是黄金价格上涨；索罗斯写文章质疑德国马克的价值，于是马克汇价下跌；索罗斯投资于伦敦的房地产，那里原本低迷的房产价格在一夜之间得以扭转。索罗斯的一举一动，足以影响资本市场的变动。

索罗斯的赌博出了名，《福布斯》杂志对此作了报道。伦敦的《每日电讯》在 10 月双面头版以巨大的黑体大标题做了报道，标题是：《由于英镑暴跌，我获利 10 亿美金》。

世界最大的金融丑闻——住友期铜事件

早在16世纪时，住友家族因在四国岛上开创并经营一座铜矿而日益发展壮大，成为日本官方指定的供铜商，主要服务于当时日本一些极具实力的名门望族，其中包括在1603—1868年统治日本长达200多年的德川幕府。当时，该家族的掌门人自豪地宣称，住友商社是全球最大的铜出口商。

19世纪中叶，日本市场逐步对西方开放，住友商社也更为广泛地在冶钢及炼钢等领域发展起来。到20世纪初，住友家族已经迅速发展成为日本第三大金融财阀。

20世纪30年代及第二次世界大战期间，一些颇具政治影响力的垄断集团成为日本军国主义的主要追随者，住友财团也不例外。在此期间，住友财团的家族集中化更加明显，该财团的大部分产业都集中到了住友家族手中。到1937年，住友家族的第16代传人已经掌握了财团股本总额的90%之多。

发生在上世纪90年代末的"住友期铜事件"被称为世界上最大的金融丑闻。其实该事件并不复杂，可以简单地总结为"住友交易员滨中泰男企图操纵期铜价格，而最终被阻击"这么简单的一句话。

但是，这个事件的背后还是有很多需要我们思考的东西：作为叱咤期铜市场20余载的交易员为什么会犯下如此大的错误，难道他不懂得期货市场规避风险的方法吗？伦敦金属期货交易所——世界上影响力最大的金属期货交易所，它的管理体制为什么一直被人们所诟病，它在这件事中又扮演了一个什么样的角色呢？有人评论说，伦敦金属期货交易所是"金融大鳄"聚集的"沼泽地"，那么这些"大鳄"在这个零和博弈的市场上是通过何种手法来获取超额利润的呢？期货是一个以小博大的投资方式，在变幻莫测的市场面前，前人在不断的操作过程中也总结了一系列的经验，这些经验真的有用吗？

1996年6月14日，住友商社宣布：该公司有色金属交易部首席交易员滨中泰男从事的国际期铜交易，造成了至少18亿美元的巨额损失。此举当时被称为"前无古人"的世界最大的金融丑闻，成为期货市场的典型案例。那么滨中泰男是何许人也？他的操作手法又是怎样的呢？

1970年，滨中泰男加盟住友商社，自此以后他在国际铜市上连续征战了20年。在这20年中，通过其自己的努力逐渐得到圈内人士的认可。

滨中泰男所带领的住友商社有色金属交易部曾控制着全球铜交易量的 5% 之多。在"控制现货的就是（期货）庄家"的期货市场，这一战绩足以使得他能够在交易中要风得风，要雨得雨。"锤子"是从滨中泰男的英译名称 yasuohamanaka 演绎而来的，因为滨中泰男在英语中的读音与"锤子"十分类似，主要是因为它正反映了滨中泰男在交易中所具有的锤子一般坚硬的性格。这种性格促使其取得重大的成功，但或许也正是这种性格把他推向万劫不复的深渊。

此次事件全面爆发于 1996 年 6 月，整个事件却持续了近 10 年。早在 1991 年，住友商社首席交易员滨中泰男在伦敦金属期货交易所铜市场上就有伪造交易记录、操纵市场价格的迹象，但是由于伦敦金属期货交易所的特殊性，这些行为并没有得到及时的处理。直到 1994 年和 1995 年，由于控制了许多交割仓库的库存，导致伦敦金属期货交易所铜价从最初的 1600 美元/吨单边上扬，最高达到 3082 美元/吨的高位。到 1995 年下半年，随着铜产量的大幅增加，越来越多的卖空者加入抛售者的行列，其中不乏一些国际知名的金融大鳄，使得伦敦铜价从高点一度跌至 1995 年 5 月份的 2720 美元/吨左右。但是，自信的滨中泰男继续投入几十亿多头头寸，利用他驾轻就熟的逼空手法开始操纵铜价，又将铜价在七八月份拉升至 3000 美元以上。

人算不如天算。1995 年 10—11 月，有人开始意识到期铜各月合约之间价差的不合理状态，美国商品期货交易委员会开始对住友商社在美国国债和铜期货市场的异常交易情况进行调查，在美国的通报与压力下，伦敦金属交易所也开始了调查。

虽然经过滨中泰男的最后挣扎，使得铜价在 1996 年 5 月份维持在 2700 美元以上，但是，随着调查的深入，市场有关滨中泰男将被迫辞职的谣言四处流传，被滨中泰男一度逼到悬崖边的金融大鳄们终于发动了强有力的反击，伦敦铜价从 1995 年 5 月份 2720 美元/吨高位一路狂泄至 6 月份 1700 美元/吨左右。短短一个多月，跌幅超过 1000 美元。事件发生后，按照当时的价格计算，住友商社的亏损额约在 19 亿美元，但是，接踵而来的恐慌性抛盘打击，更使住友商社的多头头寸亏损扩大至 40 亿美元。

滨中泰男于 1998 年被东京法院以欺诈罪与伪造罪判处入狱 8 年，成为历史上受罚最重的个人交易员。整个事件并没有因为滨中泰男的锒铛入狱而终结，在随后的处理过程中住友商社起诉了瑞银和大通曼哈顿银行，称它们为该公司前首席铜交易员滨中泰男未经授权的交易提供融资。住友商社当时在诉讼中称，大通曼哈顿银行和瑞银通过安排贷款帮助滨中泰男隐藏亏损，因而他得以操纵市场。最终，2006 年，在晚于大通曼哈顿银行赔偿住友 1.25 亿美元 4 年之后，瑞银赔偿 8700 万美元，与住友达成庭外和解。至此，这场沸沸扬扬持续了 10 年的丑闻事件终于"尘埃落定"。

发生在国际金融市场上的一场场闹剧并没有因为该事件的结束而落幕，而是呈现出"你方唱罢我登场"的热闹场面，"前无古人"并不代表着"后无来者"，在这之后又出现了"株冶锌事件""铝价操纵案"以及我国的"刘其兵事件"等影响较大的期货操纵案。

通过分析这些案例可以发现一些共同点：第一，这些案件的发生都与温和的监管方式及松散的规则，以及市场的不透明及监督无力是分不开的；第二，案件中频频出现大金融机构的身影，这些所谓的"金融大鳄"利用其雄厚的资金实力和熟练的操作手法一次又一次地把那些妄图操纵市场的"英雄"挑下马；第三，所有事件中都有"不守规矩"的所谓"英雄人物"存在，人性贪婪和自负的一面在这里表现得淋漓尽致。

期货交易以其"以小博大"的特点引来很多投资和投机者，但是，要想在这个市场生存下去却需要对其进行深入的研究，做到"知己知彼，百战不殆"。

双头鹰的梦魇——俄罗斯金融危机

1998 年 8 月 17 日，俄罗斯联邦政府宣布卢布贬值，并推迟所有外债偿还期，不仅导致大量投资俄罗斯政府国债的投机资本损失惨重，而且致使国际商业银行的大量金融债权难以收回，引发俄罗斯债务危机。俄罗斯从 1997 年 10 月到 1998 年 8 月经历了由三次金融大风波构成的金融危机。其特点是，金融大波动的间隔越来越短，规模越来越大，程度越来越深，最终导致两届政府的垮台，甚至波及全球，产生全球效应。这是很值得深思的一个问题。

俄罗斯严重的财政、债务危机突然暴露在世人面前，引起投资者的心理恐慌。其实，俄罗斯自 1992 年以来一直存在财政赤字，由于政府采取发行国债、举借外债、拖延支付等所谓"软赤字"办法加以弥补，再加上偿付债息不包括在预算支出内，因此公布的财政赤字不高（除 1994 年赤字占 GDP10.7% 外，其余年份均在 3% ～

4.6%），民众不甚了解其实际严重程度（实际在8%～10%），1998年大笔债务陆续到期，拖欠需要偿还，新政府要承担偿债任务，责任重大，才公布了财政债务危机的严重情况。

可以说俄罗斯金融危机与其他金融危机的表现大体相同，都是债市、股市和汇市连环波动，相互影响，致使金融市场瘫痪，金融资产大幅缩水，货币迅速贬值。但是，值得注意的是俄罗斯金融危机不是长期经济过热的结果，而是过冷的结果。比如，东南亚国家基本都是在经济高速增长、长期经济过热的情况下，被国际投机资本操纵而发生金融危机的。而俄罗斯则在经济连年下降、投资锐减的条件下爆发金融危机，这是值得我们深思的地方。

俄罗斯经济经过1992—1996年连续5年负增长后，1997年出现稳定迹象，1997年GDP增长在改革以来首次出现正数（0.4%）。正当人们乐观地认为俄罗斯的经济形势开始好转，准备迎接1998年"经济回升年"的时候，这一增长势头很快消失，出现了比较严重的经济危机，政府不得不把这一年改为"严重危机年"。自1997年10月以来，俄罗斯发生了三次较大的金融危机：1997年10—11月、1998年5月和1998年7—8月，而且一次比一次严重。尤其是1998年8月发生的危机，给俄金融市场造成巨大动荡，使俄经济处于崩溃边缘，并迅速波及欧美一些国家，引起世界的关注。

1998年5月27日，俄罗斯金融市场出现"黑色星期三"。这一天美元与卢布的汇率飙升至1美元兑6.2010～6.2030卢布，超过了俄央行"浮动走廊"的上限6.1880卢布/美元。国债收益率暴涨60%～80%，股票指数暴跌10.5%。因卢布跌幅太大，俄股市和外汇市场采用跌停板机制，在莫斯科外汇兑换处或是限量兑换美元，或是停止兑换业务。为防止金融市场崩溃，俄中央银行不得不将再贴现率从50%提高到150%。同时俄政府也采取了加强税收等增收节支措施，致使卢布兑美元汇率止跌回升。

从1998年7月下旬到8月13日，反映100种股票价格的"俄罗斯交易系统——国际文传电讯"综合指数下跌55%，跌破该交易系统3年前开业的起点。从8月17日—9月4日，俄罗斯的股市、债市和汇市基本上陷于停盘交易状态，银行已无力应付居民提款兑美元，整个金融体系和经济运行几乎陷于瘫痪。政府在8月17日宣布外债延期偿付90天，并重组部分内债，将短期债务重组为长期债务。这实际上宣布了卢布贬值以及政府对内外债务丧失清偿力。这导致股市、汇市、债市一片阴霾，由此带来俄罗斯的企业和银行倒闭、物价飞涨、经济衰退。

俄罗斯从 1997 年 10 月到 1998 年 8 月经历的三次金融大风波的根本原因是长期推行货币主义政策，导致生产萎缩，经济虚弱，财政拮据，一直靠出卖资源、举借内外债支撑。但具体诱因则有所不同。第一次大波动主要是外来的，由东亚金融危机波及之故；第二、三次则主要是俄政府的政策失误，引起对政府的不信任所致，国际金融炒家染指俄金融市场也是产生全球效应的一个重要原因。

面对上述不断发生的金融市场动荡，俄罗斯政府当时采取的对策主要有以下三条。

其一，保卢布，办法是提高利率。央行将贴现率由当年 5 月 19 日的 30% 不断上调至 5 月 27 日的 150%。短短 8 天，提高了 4 倍。6 月 4 日起曾降至 60%，但不久又上调至 110%。同时抛售美元干预汇率，外汇储备由年初的 200 亿美元减少到 150 亿美元。

其二，以货抵债，俄罗斯首先用这种方式成功解决了对捷克的债务。俄罗斯对捷克的债务绝大部分是前苏联时期遗留下来的，共计 36 亿美元，至 2002 年初还有 11 亿美元尚未还清。自 1994 年起，俄罗斯主要用商品偿还债务利息，2002 年开始偿还债务本金。同年 2 月，俄罗斯与捷克签署了俄罗斯用商品偿还捷克债务的初步协定，俄罗斯用价值 2.1 亿美元的商品偿还所欠捷克的部分债务。用以还债的商品主要是用于核检测的专门设备、核燃料、冶金产品、电力、零部件及军用器材。

其三，债务互换。2000 年 2 月 14 日，经过长达 18 个月的谈判，俄罗斯政府终于与伦敦俱乐部的国际商业银行们达成债务重新结构化协议。该协议是债务重组和债务互换的混合体。协议规定，西方国际商业银行将免去从前苏联以来的俄罗斯政府所累计欠下的 320 亿美元债务中的 36.5%，余下的债务将进行两次转换，一是将承债主体由部分国有的 VneshekonomBank 转换为俄联邦政府，二是将债务本身转换成 30 年期的欧元债券，并有 7 年的宽限期。

俄罗斯的金融危机早已过去了，但是国际金融市场始终都不安定，这场危机的教训，值得我们借鉴。经济改革和发展需要一个稳定的政治局面，政治稳定是发展经济的前提。一个稳定的政治形势和一个稳定的政府，才能制定稳定的政治和经济政策。人们在稳定的政治和经济政策下，才可以安心从事商业活动，创造社会财富。反观俄罗斯的情况，我们看到的是整个政治形势非常混乱。从苏联解体后，俄罗斯的政治就处于一片混乱中。外国投资者对政府很不信任，导致资金大量外逃，金融形势恶化。另外，每个国家都要实行适合本国国情的发展制度，在他国取得成功的经验在本国不一定成功，照搬他国的经验必然会导致失败。根据本国的实际情况逐步建立对外开放的政策，完善本国经济结构，减少对外资的依赖，增强对金融危机的预见性是维持本国经济长久、持续、健康稳定发展的必要条件。

·第五章·

公司兼并背后的资本力量

——了解金融与产业博弈要读的金融学

早期的美国铁路大兼并

1889 年 2 月，J.P. 摩根在麦迪逊大街 219 号——他的寓所中宴请了美、英、法等国投资银行的代表，以及全美国主要铁路的所有人。这是一次银行界与铁路界的群英会，摩根是这次会议的主席。

《纽约时报》针对这次会议做了如下报道："据称，这次秘密会议是因为去年生效的《州际通商法》而召开的紧急会议。但事实却不然，其实这是投资金融家商议促成铁路企业联合的阴谋会议。纽约方面的投资银行家在这次会议中获得胜利，而四大铁路及芝加哥至路易斯安那以西新兴铁路的所有人却惨遭失败。此后，自我毁灭的削价竞争将全面停止，而投资银行家将完全成为那些面临倒闭关门却仍然互不相让的铁路企业的主人。"

这次会议在美国的商业发展史上占有一席之地，美国的历史学家将这次会议称为"历史性的摩根会议"，它是美国的铁路业实现"摩根化"的标志。从此以后，美国的各家铁路的经营模式都成为"摩根化"模式，也就是所谓的"美国经营摩根化"。

到 1900 年，摩根控制了 17.3 万公里的铁路，他的竞争对手哈里曼只控制了 3.2 万公里，另一个竞争对手顾尔德只有 2.8 万公里，摩根占有绝对的优势，成为当之无愧的铁路大王。

在摩根高价收购的整个策略中，当时很多人认为风险太大，很可能会步科克的后尘，陷入破产境地。但事实证明摩根的策略是对的。

首先，摩根的大量投资是针对促进铁路发展这一目的，他并非为了投机。所以摩根并没有把投资本身能带来多少短期利益作为投资多少的标准，而是以投资多少才能促使这些铁路恢复正常运行为根据。

其次，由于树立了产业的收益才是未来银行界财源的真正后盾的观念，摩根并不想单靠这一次投资短期获利，他可以把一部分利益送与卖方，所以他才开出了打败所有竞争对手的高价。摩根认为这次投资的巨大利益是在购买之后才能获得的，因此他立刻派手下干将史宾塞与柯士达对铁路业进行整顿，加强管理，从铁路的运营中得到投资补偿。

最后，最重要的原因是，摩根始终认为，"谁掌握未来经济的支柱，谁才是未来金融界的真正霸主"，为此他努力一搏。

在摩根看来，铁路、钢铁和石油是当时美国的未来支柱产业，于是他把第一个目标就设定在铁路业。而之前科克的失败，让摩根看到旧的华尔街投资模式的弊端。那时的华尔街投资模式，与其说是投资于产业部门，不如说是投机于产业部门。他们的投资并非意在促进产业部门的发展，而是希望利用强大的宣传媒介扩大影响，达到尽可能多的发行巨额股票的目的，以便从中获利。这种只注重短期利益的投机冒险行为必然会使长期利益受到损害，最终使金融业自身的发展难以为继。

在整个铁路兼并的过程中，大量资金的注入使得铁路业的整合对于金融资本的依赖表现得相当突出。同其他行业一样，要想拯救破产的铁路公司，扩大自己的势力，首要的因素是有充足的资金。虽然摩根本人实力雄厚，但是，这次需要的资金量巨大，摩根需要寻找帮手，美国的金融中心——华尔街的兴趣也开始转向铁路投机。银行家为铁路融资这种模式成为美国铁路业发展历史上的重要特点。

1901 年 5 月 4 日，希尔给摩根发去一封电报，表明一个由银行家和铁路运营商组成的联盟正密谋在公开市场上购买太平洋铁路公司 50% 以上的股票。摩根随即作出决定："立即购买 15 万股北太平洋公司的普通股！"

1901 年 5 月 6 日，大批摩根－希尔集团的经纪人涌入伦敦和纽约的各个股票交易所，购买所有能买到的北太平洋股票。

1901 年的 5 月 7 日到 8 日，其他股票开始暴跌，那些北太平洋股票的短期投机商抛售了所有股票以获取资金回补，然而，到了第二天，5 月 9 日——股票史上的"蓝色星期四"，北太平洋股票价格居然跳到近似荒谬的程度，每股 1000 美元！纽约的股票投机商们冷静下来，终于认识到：他们已经被牢牢地逼近了死胡同，他们放空的 10 万多股北太平洋股票，再也买不回来了。

摩根在业界的优势地位和倨傲态度使其在华尔街同行中颇受非议，甚至遭到嫉恨，以花旗银行为首的各大财团之所以给哈里曼撑腰，除了获利的因素外，还希望能借此打压摩根的嚣张气焰。希尔日后总结说，在针对摩根的突然袭击中，参与暗算的人中更多的是银行家，而不是铁路运营商。

总的来说，通过太平洋铁路的股票保卫战，摩根财团进一步巩固了自己在美国铁路业中的地位。1910年，美国铁路又合并为6大系统，其中4个较大规模的系统在摩根财团的控制和影响范围之内。

资本家之所以热衷于兼并，主要是为了实现自己的垄断地位。垄断的好处就在于它能使企业在低风险的状态下获得巨额利润。而在兼并过程中，金融家手中大量资本将起到决定性的作用。而且，随着金融工具的不断创新和金融业自身的快速发展，这种资本力量的强大作用将以更加震撼的方式彰显出来。因此，金融家有能力帮助并控制产业资本以形成更大的垄断力量。反之，产业资本的不断发展壮大又构成金融资本的主要来源。

在J.P.摩根的推动下，全美的铁路公司实现了前所未有的大兼并，运输成本降低，恶性竞争也迅速减少，整个铁路的运营效率获得极大的提高。摩根的经营思想与管理方式成为华尔街纷纷效仿的模式，其影响力至今尚存。摩根的经营模式逐渐成了美国铁路的标准经营模式，金融资本家直接介入企业的经营管理，帮助企业制定经营策略、发展规划，应对企业的财务危机。金融资本和产业资本紧密地结合在一起，创造出了更高的生产效率和资本利润，改变了美国的商业模式。这次摩根对铁路的大整合，标志着美国经济由重视开发的初创阶段，进入了重视经营管理的现代阶段。这一历史性的大并购，使得曾因经济危机一下子跌至谷底的铁路运费再度被提高。摩根的成功介入消除了铁路各企业之间的竞争，纽约、芝加哥等地的运费涨了20倍。

标准石油的兼并之路

洛克菲勒有句名言："当红色蔷薇花含苞待放的时候，只有剪除周围的别枝繁叶，才可以在日后一枝独秀，绽放出妩媚的花朵。"这就是他有名的"蔷薇花开"战略。正是在此战略的指导下，洛克菲勒带领着他的标准石油开始了消除异己的兼并之旅。

1870 年 1 月，标准石油公司创立，它是洛克菲勒创立的第一个股份公司。标准石油公司创立之后，洛克菲勒开始了他的兼并之路。1871 年，标准石油公司通过和铁路部门的合作，控制运输价格，使许多炼油商纷纷崩溃，他一边把这些公司收编到自己的旗下，一边进一步控制全美国的零售商，使自己成为一个初级的垄断者。到 1877 年，标准石油公司已经扫平了产油区、费城和匹兹堡的所有竞争对手，只是在纽约还有零零落落的几家独立经营的炼油商在负隅顽抗。在美国绝大多数产油区，到处飘扬着标准石油公司的旗帜。1878 年 4 月，佛拉格勒在写给友人的信里就特别提到，在美国炼油业 3600 万桶的年产量中，标准石油公司就占到了 3300 万桶。到了 1888 年，全国生产出来的石油，有 95％是由标准石油公司提炼的。至此，标准石油公司已按洛克菲勒的计划，进展到了一个"唯我独尊"的阶段——不管炼油商或产油商余党如何强烈抗议，甚至借助立法机构采取行动，都无法阻挡它"侵略"的步伐。

　　随着兼并和垄断的不断发展，洛克菲勒开始思考怎样才能让这些被吞并的公司合法受制于标准石油公司。在一个年轻律师的帮助下，他建立了以标准石油公司为核心的更高更有效的垄断组织形式——托拉斯。托拉斯是一种彻底的中央集权制，增设一个炼油厂或废除一个炼油厂均在他们的掌握之中，在这里他们拥有至高无上的权力，而标准石油公司是这个权力机构的权力中心，洛克菲勒便是这个中心的帝王。洛克菲勒谋划了十年的垄断蓝图终于随着他的托拉斯而实现了。

　　托拉斯的建立，更方便了标准石油的兼并，已经掌控了石油下游产业的洛克菲勒开始进入石油产业的上游开采领域，最终完成了整个石油链条的整合，建立了石油业横向和纵向一体化的结合体，洛克菲勒勾画了多年的垄断蓝图，终于随着他的托拉斯而实现了。这种高级垄断形式，给美国商界带来了一股猛烈的雄风。如果说洛克菲勒当年历尽艰辛、呕心沥血地营造他的托拉斯帝国，是为了满足他对垄断利润的追求的话，那么，出乎意料的结果则是，他创造的托拉斯垄断形式，竟从此改变了美国的发展史和资本主义世界发展史，其意义和影响远远大于其带来的经济效益。在美孚托拉斯的带领下，托拉斯进入美国的各行各业中，南方的棉花托拉斯、中西部的畜牧托拉斯、威士忌托拉斯等纷纷出现。它们对美国经济产生了巨大的影响，美国历史上独特的垄断时代就此拉开了序幕。

　　在标准石油公司的兼并过程中，银行发挥了巨大的作用。特别是在石油行业出现危机的时候，只有得到银行支持公司才能躲过危机，并壮大自己的势力。洛克菲勒认为，只靠企业自身的积累，是不可能满足对资金的需求的。只有拥有属于自己的银行，才可能有充足的资金，有专业的金融人才，这些是在企业扩张中不可或缺的。洛克菲勒在自己的扩张中，一直和银行业保持良好的关系，也得到了银行的大力支持，但是他还没有专属于自己的银行。向其他银行借贷，难免会泄露自己的商业秘密，而且他担心自己的公司会被银行控制，因此，他迫切地想找到一个自己的银行。

在很多重要时刻，都是金融资本的注入帮他实现了垄断，这使洛克菲勒更加深刻地意识到银行的重要性，工业集团单纯依靠内部资本是很难实现大规模资本合并的，垄断帝国要想获得更大的发展，必须得到金融资本的支持。

当时著名的投资银行家除摩根外还有两位，一位是第一国家银行的总裁贝克，他已经和摩根形成了坚定的同盟；另一位是詹姆斯·史蒂尔曼，他和洛克菲勒兄弟有密切的关系。在相处的过程中，洛克菲勒兄弟发现史蒂尔曼在投资银行方面有着突出的才能，于是决定扶持其成为一名有影响力的银行家，为标准石油公司未来的发展奠定金融基础。

史蒂尔曼利用标准石油公司的资金购买了花旗银行的股票，因此成了花旗的高级管理人员。1891年，史蒂尔曼成为花旗银行的总裁。为了进一步加强双方的关系，洛克菲勒财团通过家族婚姻达到了对花旗银行实际控制的目的，从此，洛克菲勒家族控制了花旗银行，使得财团的发展有了坚实的后盾。

在金融资本的支持下，洛克菲勒财团得到了更为迅速的发展，它不仅是美国的石油工业霸主，还成为世界最大的石油垄断财团，在七家国际石油垄断组织中，洛克菲勒财团的资产和原油生产量占七家公司总额的一半以上。

纵观洛克菲勒的整个疯狂兼并过程，我们不难发现，洛克菲勒的成功在于他能非常巧妙地将金融资本与产业资本结合起来，许多银行拥有标准石油的股份，一直与洛克菲勒保持良好的合作关系。洛克菲勒利用金融资本的强大力量，为他的工业帝国的建立扫平了障碍。庞大的托拉斯的建立过程，表面上看是标准石油公司在上演一幕幕精彩的兼并战，但实际上，是幕后的金融资本在发挥它摧枯拉朽的巨大能量。

家喻户晓的卡内基钢铁并购案

在一次演讲中，卡内基选定的接班人——查尔斯·施瓦布，提到了一种新的有关企业合并的理论，不同于传统的横向合并，他设想了一种纵向的企业合并。在这种合并中，上游产品生产商和下游产品生产商联合起来，成立新的公司，这个公司可以从购买原材料开始，在公司内部直接生产出最终的产品，并不需要和外部企业合作，这样可以大大提高生产效率。

摩根也仔细聆听了施瓦布的这次演讲，施瓦布关于企业应纵向发展的想法与他不谋而合。这时的摩根已经垄断了美国的铁路行业，而且，他一直都有进一步的扩张计划，钢铁是建设铁路的重要原料，摩根一直打算自己建设钢铁厂，无奈卡内基在钢铁业的势力太过强大，他没有实力和卡内基竞争。作为金融霸主，他有足够的实力收购卡内基的钢铁厂，而施瓦布的这次演讲似乎透着一种暗示，又让摩根看到了与卡内基钢铁公司合并的希望。

1901年4月1日，仅仅在施瓦布演讲后的第八个星期，卡内基钢铁公司正式被摩根兼并，组建成美国钢铁公司。交易完成的速度充分显示了摩根财团对巨额资本的控制能力，美国钢铁公司的创建是那个时代一起无与伦比的大交易。1899年共进行了1200次并购，总额为22.63亿美元，平均每起并购不到200万美元。1901年也是一个并购丰收之年，除了该并购案，另外还发生了422起并购，其总金额为20.53亿美元。刨去美国钢铁公司的交易金额，可以看出其他交易都显得微不足道。因此从任何角度来看，这次钢铁业并购都是一座历史的丰碑——有史以来最大的一笔交易。

随着卡内基的出局，摩根的新帝国浮出了水面，美国钢铁公司已成为世界最大的企业，首家资本市值突破10亿美元的公司，超过了标准石油公司而成为世界第一。美国钢铁公司的第一份年报成为美国企业财务史上的一座里程碑，因为以前的公司年报从没有报告过数十亿美元的数字。该公司的长期资产达13.25亿美元，流动资产为2.148亿美元，总债务为15.64亿美元，其中10.18亿美元是股票资产（股东权益），优先股和普通股几乎各占一半。优先股的持有者达25000人，而普通股的持有人为17000人。第一年的营运净收益为1.08亿美元，其中5600万美元用于红利派发。整个公司共雇用了168000人。其下属企业包括170家子公司，其中不仅有炼钢厂和铁矿，而且其名下有100多艘轮船，人们当时称它为"大钢厂"。

另外，摩根财团还在这次巨额交易中赚取了丰厚的承销费用，作为华尔街金融霸主的摩根绝不会让自己主导的大并购交易落入其他投资银行之手，由摩根组织的辛迪加在这笔交易中获得了巨额的承销费用，总额高达惊人的5000万美元，这是前所未有的，很多人认为，摩根是在借机敛财。按照当时的工资水平，5000

万美元可以雇用 20000 名农工干一年的农活了。摩根财团在其中具有双重身份，是它创造和组织了此次交易，同时它又在其中充当承销者。

虽然承销业务在当时的华尔街十分普遍，但是摩根的此次交易具有非同寻常的意义。

首先，他使承销业务进入一个超大型交易的新天地，并因此而赚取了巨额的承销费用。

其次，摩根财团在此次交易中并不是像通常投资银行所做的那样，单纯以顾问、中介的身份出现，它更重要的身份是并购者，是交易的参与方。也就是说，摩根财团在其中具有双重身份，它创造和组织了此次交易，同时它又在其中充当承销者。人们认为，摩根又为华尔街的银行开辟了一块利润丰厚的新领地——创造和组织并购。

美国钢铁公司成立后，原材料问题很快就摆到了摩根的面前。洛克菲勒的梅瑟比矿山在明尼苏达的五大湖畔，是全美最大的铁矿山，藏量 5000 万吨，可以满足全美 60% 的需求。矿石的质量优良，居美国之冠。

摩根找洛克菲勒商谈购买矿山一事，洛克菲勒早已料到摩根会有此举，但狡猾的洛克菲勒并没有立刻答复，而是一边声称将这桩交易交给他的儿子处理，一边摸摸摩根的底。摩根只好又与小洛克菲勒继续谈判，经过双方的一番较量之后，洛克菲勒终于确定了出售条件，他开出了 7500 万美元的天价，并要求必须以美国钢铁公司的股票支付。摩根并没有还价，交易就此成功。因为摩根相信，洛克菲勒虽然在他的钢铁垄断帝国中插了一脚，但他仍然拥有绝对的控股权，他的地位绝不会被动摇。最后，洛克菲勒以 7500 万美元的天价出售矿山，交易成功。

洛克菲勒矿山的购买使美国钢铁公司的垄断地位进一步得到了巩固。就这样，摩根凭借其强大的金融实力，实现了对钢铁产业的"摩根化"，这对整个美国未来的经济发展都具有重大意义。

20 世纪初的美国经济延续了 19 世纪后期的走势，以铁路和钢铁工业为代表的大规模基础设施建设仍然是其产业发展的主要动力，而且仍处于扩展阶段。这种建设需要大量的资金，而美国当时的本土储蓄却无力提供这些资金。因此，欧洲，特别是当时的主要资金周转必须仰赖银行家，尤其是经济萧条期。这一切，使资金融入者——华尔街，即纽约的投资银行家，相对于企业乃至美国政府，处于一种强势地位。

摩根收购卡内基钢铁公司之后的几年，美国钢铁公司在摩根的带领下继续收购，一举吞并了700多家相关的钢铁企业。公司鼎盛时期，董事会控制了全美五分之三的钢铁生产，可以决定近17万钢铁工人的命运。

这次交易不仅为摩根的垄断梦想的实现铺平了道路，而且给他的财团带来了丰厚的利润，摩根借此进入了美国钢铁业——一个未来的支柱产业，垄断了美国的钢铁业，和他的铁路公司一起，控制着美国的经济。他可以从美国钢铁业今后的发展中获得最大的收益。通过整合钢铁和铁路，摩根可以降低内部成本，提高效益，也可以说是增加了收入。

反垄断法与垄断势力的较量

曾经的美国国务卿威廉·施沃德认为，"镀金时代"的政治已经把政府变成了一个股份公司。谁在公司里的股份最多，谁就拥有绝对的权力。显然，股份最多的不会是普通民众，而是金融垄断寡头们。可以说，在"镀金时代"的美国政府其实已经成为金融寡头们攫取垄断利润的得力助手。

美洲糖业加工公司通过股票置换的方式收购了费城4家加工厂，从而控制了美国98%的精糖生产。联邦政府的起诉书指控上述企业收购合同构成了设置行业限制性合并，并指控被告的此种缔约行为构成具有限制州际和国际贸易性质的兼并与合谋行为，违反了1890年国会通过的《谢尔曼法》第二条。控方要求撤销股票转让协议、将股票退还给出让方，并要求禁止今后进一步履行上述各项协议，禁止进一步违反上述法律。巡回法院在听取了各方的陈述意见并考察了各方提供的证据资料之后，拒绝支持控方的诉求，并撤销了指控。控方遂上诉至巡回上诉法院乃至联邦最高法院。首席大法官富勒代表8名大法官表述了联邦最高法院的多数意见，巡回上诉法院认为该判决无误，并维持原判。

从美国内战刚一结束到20世纪初的这一时期成为美国的"镀金时代"。在那个年代，像约翰·洛克菲勒、安德鲁·卡内基以及J.P.摩根的工业和金融巨子们率先将拥有巨大权力和影响力的企业带进了美国商界。他们的企业通过大规模的并购控制了美国的重要资源和支柱产业，又通过金融资本与产业资本的紧密结合，将垄断的势力推向了极致。他们控制着美国的经济、政治、文化及社会的许多方面，形成了强大的权力中心。

"镀金时代"的另一个重要特征就是贫者越贫、富者越富。当洛克菲勒和摩根成为美国第一批亿万富翁的时候，绝大多数美国人，包括数以百万计的贫困移民和产业工人为了养家糊口每天必须工作长达 12 小时。对于大多数美国人来说，这是一个遭受剥削和压榨的时代，在都市里，贫民窟的规模不断扩大，新的垄断集权在蔓延，而政治的腐败则让整整一代美国人失去了对民主的希望。

当时，资本主义国家的社会矛盾不断加剧，而垄断寡头们仍贪婪地扩大着他们的势力范围，企图控制更多的产业部门，按照这样的发展趋势，美国的社会财富最终将集中在像 J.P.摩根、洛克菲勒这样的极少数人的手中，贫富差距达到极点，社会矛盾也将激化。

托拉斯这一独特的垄断形式的出现，演绎了大鱼吃小鱼的故事，独立的中小企业沦为巨子、寡头的美味佳肴。诞生于自由竞争之中的垄断侵害了自由竞争本身。弱小的群体寄希望于政府的保护，美国最高法院再次走上了前台。它在北方证券公司诉美国一案中的判决，多少遏制了垄断蔓延的势头。

1906 年 11 月，老罗斯福当局起诉了标准石油公司。他们控告标准石油的罪名有很多：如用削价为武器，消灭掉无数的石油业者，然后他们再大幅度地提高价格，牟取垄断暴利；在竞争中制造出假的竞争公司，然后再用这些假的制造公司摧毁真正的竞争公司；为一些听他们话的公司提供回扣，以打击那些不听话的公司，从而达到控制的目的；在顾客心中制造恐惧，让顾客害怕竞争者的产品等等。

作为回应，标准石油雇用了大批的优秀的律师，与政府当局展开了律师战。在这个过程中 400 多个证人出庭做过证，法庭甚至做了 1.5 万张纸的记录。诉讼持续了两年之后，1909 年，法官们得出了一致的意见：这些搞石油生意的人都是有罪的。

此结果一出，标准石油立即提出上诉，要求重审。就这样，诉讼程序又延长了漫长的两年，1911 年 5 月，复审法庭的判决也下来了。判决认为标准石油已经触犯了反垄断法，它必须在六个月之内自行解体。

至此，《谢尔曼法》终于得到了实施，后来，美国国会还通过了新的反托拉斯法，建立了专门的反垄断机构——联邦贸易委员会和司法部的反托拉斯局。像政府的权力会导致腐败一样，工商界的权力也会导致腐败——垄断，政府有责任限制垄断，以维护自由竞争的市场秩序。终于，美国人确立起了一种信念。

资本主义到今天还依然存在，美国也没有发生大规模的无产阶级革命，原因就在于社会矛盾在 20 世纪初期以后逐渐得到了缓和。老罗斯福总统与金融寡头们的一系列反垄断的斗争，不仅使许多财团进一步扩大垄断范围的梦想破灭了，而且对各产业的垄断企业进行了拆分。这很大程度上阻碍了垄断寡头的疯狂扩张和贫富差距的进一步扩大。

1911 年 7 月，标准石油的领导层决定，将标准石油分为 38 块，每一块是一个独立的公司。至此，辉煌一时的"镀金时代"结束了，各大财团也不得不结束它们"明目张胆"的吞并和收购行为，转而采用更温和、隐蔽的方式聚敛财富。

在标准石油公司的拆分过程中，新泽西标准石油的那块分得最大，几乎占了原标准石油公司的 50%，后来改名为埃克森公司，仍然在世界石油公司中名列第一；次之是纽约标准石油公司，分得原标准石油的 9%，改名为莫比尔公司；再次之是加州标准石油公司改名为雪佛龙公司。这三家公司后来均成为垄断国际石油的"石油七姐妹"成员。

标准石油公司的拆分并没有互相竞争，反而因为公司分开后，权力下放，促进了这些分公司的快速成长。许多家标准石油子公司的股票成为华尔街最热门的股票。短短几个月，这些标准石油子公司的股票价格平均上涨了一倍多，最高的居然上涨了七倍。

在喧嚣的"镀金时代"，公司帝国的崛起削弱了民主体制的基础。然而由于很难与商界划清界限，因此改革者和"新政"的倡导者们仅仅部分恢复了民主体制的正常运作，消除了某些令人发指的腐败行径，而且重新缔造了一个不再任由商界摆布的民主党。正是因为反垄断与新政的实施，才使金融垄断寡头对社会的控制在达到其极限之前得到控制，资本主义社会也才没有像列宁所预言的那样，在社会矛盾的不断激化下灭亡。但资本巨鳄们并没有放弃他们控制社会、垄断商业、聚集巨额财富的追求，只不过换了一种更隐蔽、更温柔的途径和方法。因此，公司兼并仍然在他们的控制下不断发生。

迅速扩张的大宇集团

1982 年，大宇实业创业 15 周年之时，已经成为韩国的第三财阀，与现代、三星并驾齐驱。当年大宇已经拥有 24 个企业，对外出口业绩连续 4 年保持韩国第一。

1983 年大宇的销售额为 46614 亿韩元，对韩国的出口贡献率达到 1.9%。与此同时，大宇的总资本也达到了 41159 亿韩元，资产规模在现代、三星之后列第三位，资本金达到了 4921 亿韩元，自有资本总计 8009 亿韩元，三年纯利 745 亿韩元。

1984 年 6 月 18 日，在瑞典首都斯德哥尔摩召开的第 28 届国际商会定期大会上，瑞典国王卡尔十六世古斯塔夫亲手把国际企业家金质奖牌佩戴在金宇中的胸前。这个奖项每三年才评选一次，每次只有一人才能获此殊荣。金宇中获奖后，世界各国的报纸杂志竞相报道他的事迹，介绍了大宇集团，将它称为韩国"经济飞跃的缩影"。这充分证明大宇从此开辟了韩国企业国际化的新时代。

大宇集团董事长金宇中以一生的精力，创造了大宇集团的辉煌业绩。大宇公司跻身世界 500 强企业，成为涉足机械、汽车、造船、化学、家电、电子、贸易、金融等各行业的大财阀企业，成为遍布亚洲、欧洲、非洲、美洲的世界性跨国公司。1997 年美国《幸福》杂志公布的全球 500 强企业排名，大宇集团排名第 18，销售额为 715 亿美元，资产总额为 448 亿美元。

纵观大宇的整个发展历程，金宇中之所以能让大宇企业实现如此快速的发展和超大规模的兼并，最主要的是金宇中在金融业拥有大量的股份，为企业的兼并提供了有利的资金支持。

当时，大宇集团主要有两种筹资渠道：一是由银行介入的间接融资，二是由证券市场筹集的直接融资。尽管由证券市场筹集的资金逐年增加，但其比例一直小于银行贷款。因此，银行贷款对于大宇实业来说，如同肌体的血液一样重要。银行贷款有保证，企业就有活力，否则企业的运转就会中断。

1973 年 9 月，大宇实业买下了东洋证券的部分股份，开始投身于证券业。东洋证券创建于 1970 年 9 月，当时拥有资本 5000 万韩元，后发展到 1.5 亿韩元，在釜山设有办事处。根据韩国《证券交易法》规定的七种经营活动，它只能从事有价证券业务。由于经营困难，东洋证券濒临倒闭。

1976 年 4 月，大宇实业又买下了忠北银行的 65% 的股份，成为忠北银行的最大股东。不久，通过投标，大宇又买下了第一银行的 10% 的股份，成为第一银行的大股东。

1976 年 7 月，大宇和英国金融会社合作，经营韩国综合金融。综合金融会社业务范围很广，除办理短期金融、外汇支付、设备资金的融通、有价证券的发行等国内各种金融业务外，还能筹措国外资本。而大宇公司对外资的依赖程度很大，因此，综合会社对于大宇来说作用十分显著，这也是金宇中千方百计地争取和英国金融会社合作的原因。

1979 年末，韩国当局实行了强制紧缩的金融政策，一些没有参与金融业的企业集团都出现了资金周转困难，就连现代、三星这样的超大型企业也不能幸免。大宇集团由于拥有自己的短期融资金融公司，同时又是几个大银行的股东，平安地渡过了资金难关。尝到了甜头的大宇集团决定进一步发展金融业。

1980 年 9 月，金宇中向美洲银行提出成立合资银行——韩美合作银行的建议。美洲银行是世界上的大银行，当时拥有 116 亿美元的资本，存款总额达 864 亿美元，贷款总额 625 亿美元，在美国就有 1200 家分行，在海外设有分行 120 多家，1967 年在韩国汉城（今首尔）成立了汉城银行，1977 年又成立了釜山分行。如果能和这种大银行合作，对大宇在金融业的发展有重大的推动作用。为此，经过多方努力，同年 10 月，美洲银行方面同意成立韩美合作银行。

1983 年，东洋证券又兼并了证券界的霸主——三宝证券，从而成为韩国最大的证券会社。

1983 年 3 月 16 日，韩美合作银行在汉城正式成立，最初出资 300 亿韩元，合资的比例是 50：50。

大宇在短短的十几年内，依托其控制下的证券公司和银行筹集资本大范围地兼并企业，它的触角涉及了旅游业、造船业、炼油业、汽车制造业、旅游业和电子家电公司等。大宇实业这一不分业别、不分规模的蚕食鲸吞，也曾受到韩国工商界的强烈谴责。因为被大宇吃掉的中小企业，都是在韩国经济中具有特殊性的企业。

大宇在不到 20 年里，成功地使其经济实力渗透到金融部门，使工业资本和银行资本融为一体，形成了具有银行、短期融资会社、证券会社、保险会社等各种金融会社的大型企业集团。大宇集团在金融部门所占的股份是：第一银行 16.7%，忠北银行 41.4%，汉城食品银行 2.5%，韩美合作银行 9%，东洋短期融资会社 24%，韩国综合社金融会社 8%，东洋证券会社 36.7%，大韩教育保险 24%。

大宇集团在金融界取得如此辉煌的成绩，与金宇中本人非常重视发挥金融的作用分不开。大宇集团的资金管理相当出色，而财务结构又特别科学，因此，韩国财界和金融界把金宇中称为"金融界的鬼才"。

正是因为掌握了金融业的大量股份，大宇集团在进行兼并的时候比其他集团拥有更多更稳定的资本支持，金宇中也赢得了"接收财阀"和"经营天才"的称号。这正是金宇中取得成功的关键所在。

1999年11月，由于东南亚金融危机以及本身的国度负债，大宇集团宣告破产。我们说，大宇集团成立后发展如此之快，兼并力度如此之大，很大程度上得益于韩国政府的支持以及其所掌握的强大的金融力量。但最后大宇集团的迅速倒闭最重要的原因也正是来自金宇中对资本力量的滥用。在韩国政府提出"五大企业集团进行自律结构调整"方针后，其他集团使大宇错误地估计了形势，贻误了结构调整的时机。因此，可以说大宇集团"成于资本，毁于资本"，这为现今企业发展过程中对资本力量的正确运用敲响了警钟。

财团控制下的通用汽车公司

因为市民银行的贷款支持，杜兰特成功地控制了别克公司，之后，杜兰特首先以375万美元的代价将自己控制的别克汽车并入"通用"。在以后的两年里，狂热和野心促使杜兰特发疯似的猛干，打了一系列漂亮的兼并战，先后吞并了奥斯摩比、奥克兰、凯迪拉克等大汽车公司和5个较小的汽车公司，3个卡车制造公司，10个汽车零部件公司，还有一个汽车销售公司——加拿大麦克拉夫林汽车公司。

1916年10月13日，杜兰特在特拉华州成立了通用汽车有限公司，并以新通用公司的股票调换原通用公司的股票，取得了后者的全部股权。1917年8月1日，新"通用"完全取代了老"通用"，原通用公司解散。通用汽车由原来的"控股公司"改为"事业单位"。以前，作为子公司而独立经营的别克公司等，逐步作为各个"事业部"并入通用汽车公司。其目的是完全、直接地控制各子公司的全部财产和各种权利，以便把整个公司的一切活动有机地衔接起来。

第一次世界大战以后，军需用品急剧萎缩，美国出现经济恐慌。在这场危机面前，杜兰特感觉回天乏力，1920年辞去了通用汽车总裁职务。正在通用汽车急需资金支持的时候，摩根财团和杜邦财团联手接管了通用汽车。此时杜邦财团在通用的股份已由最初的23%上升到了37%。

从此，杜邦财团开始了对通用汽车长达半个世纪的控股经历。通用汽车不仅为杜邦财团带来了巨额的股利收益，还成为杜邦产品的主要购买方之一。因此，杜邦集团千方百计地维护着这种控股关系。直到1957年，美国最高法院认定：

杜邦公司对通用汽车公司股票的控制及由此产生的它对通用汽车公司购买竞争厂家的人造革和汽车喷漆的限制权力，将会造成这一市场的垄断化趋势。因此，1962 年，芝加哥联邦地区法院要求杜邦公司撤出其在通用汽车的全部股份。于是，美国最大的化学公司与最大的汽车公司之间持续了半个世纪之久的联营关系最终结束了。尽管如此，杜邦家族成员仍以个人股东的名义在通用汽车持有大量股份，据估计，在 20 世纪 70 年代初占到该公司已发行股票的 17.25％，因此杜邦家族仍保持其对通用汽车的强大的影响力。

面对 20 世纪 30 年代的这场危机，斯隆在杜邦的支持下，历经 5 年对通用公司进行了重组。这场改革使通用汽车从"少年时代"过渡到"成年时代"。通用汽车成为美国，乃至全世界最大的汽车制造业公司。

在摩根财团和杜邦财团的支持下，这一时期的通用公司还在向国外扩展。1925 年，它以 257.33 万美元购买了伏克斯豪尔公司，开始在英国制造汽车。1926 年在澳大利亚成立了通用汽车澳大利亚分公司，开始在该国建设装配厂和部署经销机构。1929 年通用汽车又以 333.62 万美元取得了德国亚当·奥佩公司的所有权。1932 年收买了澳大利亚的霍尔登汽车公司，并把它与原来的澳大利亚分公司合并为通用—霍尔登汽车公司。在第二次世界大战期间，通用汽车又因迅速由民用改为军用而发了大财。当时，美国 1/4 左右的坦克、装甲车、飞机，1/2 左右的子弹和步枪，2/3 的重型载重汽车都是通用汽车公司生产的。

1984 年底，通用公司以 25.5 亿美元兼并了电子数据系统公司（EDS），依托 EDS 的高新技术，通用汽车的电脑化发展得很快，不仅用电脑控制自动化生产线，而且避免了大量的文卷和报表，使公司的决策迅速准确。

不仅如此，通用汽车公司还和日本最大的电子计算机公司——富士通合作建立了通用汽车公司（GMF），专门为汽车制造商和其他工业部门研制机器人。1984 年，GMF 已经成为美国工业机器人制造行业最大的企业。

但是，对于通用汽车来说，最重要的一次对高科技企业的兼并，则是在华尔街投资银行摩根斯坦利的牵头下对休斯飞机公司的兼并。

休斯飞机公司是美国卫星工业最大的组织，它一直为美国国防部研究各种导弹、卫星及其他高精尖的精密电子仪器。1985 年，由于财政和税务方面的问题，掌握休斯飞机公司的霍华德·休斯医学协会决定将其拍卖，拍卖牵头人正是摩根斯坦利投资银行。

摩根家族一直掌握着通用汽车公司的大量股票，其实际控制下的摩根斯坦利投资银行想方设法地帮助通用汽车公司获得休斯飞机公司的所有权，最终通用汽车公司以50亿美元的代价买下了该公司。

在罗杰的带领下，通用汽车先于其他企业意识到高新技术对现代工业尤其是汽车制造业的深刻影响。更可贵的是，通用汽车没有停留在评估观望阶段，而是大刀阔斧，大步向前。至少在高新技术的应用与经营方面，它把其他国内外同行远远甩在了后面。

通过对电子数据系统公司和休斯飞机公司的兼并，使得公司的核心经营业务得到加强。GMF向通用汽车公司提供了使其未来的工厂实现自动化的优势，并使其自身成为美国最大的机器人制造商。EDS将使公司彻底实现管理现代化和计算机化，并使通用汽车公司在计算机软件方面成为市场的领先者。休斯飞机公司将提供世界汽车制造商所需要的卫星和系统工程，使通用公司立足于美国最大的电子行业巨头之林和国防工程承包商之列。

通用汽车公司在摩根财团和杜邦财团的支持下，继续着其扩大经营规模的兼并之路。在它以后的发展历程中，兼并活动在一直不停地进行，而在每次兼并的背后都有强大的金融财阀的支持，应该说没有这些金融财阀的支持，就没有通用汽车的今天。

从杜兰特成为全美最大马车生产商，到控制别克汽车公司，再到他在通用汽车的大起大落的过程中，弗林特银行、摩根财团、杜邦财团等大财团起到了至关重要的作用。通用汽车的兼并之路离不开资本的支持。

·第六章·

金融圣地的荣耀、贪婪与毁灭

——了解华尔街往事要读的金融学

谁人不识华尔街——由一面墙而得名的华尔街

海蒂·格林被人们称为华尔街女巫，号称美国最有钱的女人。1865 年左右，她从父亲那里继承了一笔遗产，她就来到了华尔街开始投资，她的巨额财富都是从华尔街靠投资股市挣来的，她是一个勤勉的投资者，但她对金钱的酷爱近乎病态，为了不引起税务人员的注意，她总是穿着肮脏、零乱的衣服，海蒂·格林正是华尔街历史上典型的格朗台式的守财奴。1916 年她死时留下的财产足足有一亿美元，换算成今天的财富价值相当于 230 亿美元，足以列世界富豪榜前十名。

海蒂·格林曾经说过，投资其实没有什么难的，就是低买高卖，只要你认真地去选择股票，认真地去研究上市公司的财务报表。随着华尔街的发展，和海蒂·格林一类的人就演变成为美国的信贷投资银行和信贷基金经理，他们变成了真正的专业人士。他们在寻求自己利益的同时，市场上实现了优胜劣汰，客观上推动了社会资源的配置，推动了经济的发展。

如果你曾经身处过华尔街，感受过那里的气息，那么你可能会发现，在这里，每天早晨 7 点到晚上 12 点，每个金融机构的办公楼里，灯光都不会熄灭，电脑也不会关闭。在所有人都已安然入睡的时候，外汇交易员正在全神贯注地进行着某个遥远市场的大宗交易；在所有人还没有起床的时候，分析师们却正端着浓浓的咖啡，在去往例行晨会的途中；在每一个该与家人欢度的周末里，投资银行家们可能正坐在三万英尺高的飞机上，奔赴某一个新兴国家。对他们来说，这不仅仅是工作，更是一种生活，是每一个身处华尔街的人都该有的精神风貌。不止一

个人曾经大呼——"我对这一切都上了瘾！"

然而，就是这个一些人为之着魔，而另一些人又嗤之以鼻的华尔街，它不过就是一面墙的名字。它位于纽约市曼哈顿区南部，从百老汇路延伸到东河，全长不过三分之一英里，宽仅11米，英文名叫Wall Street。如果你不了解华尔街的历史，那么它只是17世纪荷兰人为了保护自己的财富而在新阿姆斯特丹的北面修建的一道城市围墙，是一条既狭窄又短的街道，从百老汇到东河也仅经过7个街段。

虽然这面围墙早已经被拆除，但是"华尔街"的名字却被保留了下来。当年荷兰殖民者为保护自己的财富而筑起这片土墙时，可能从未想过它会有今日的辉煌。在全长仅三分之一英里的弯曲街道上，两旁耸立着摩天大楼，集聚着美国大垄断组织和金融机构。纽约证券交易所、咖啡、棉花等商品交易所以及摩根、洛克菲勒、杜邦等大财团开设的银行、保险、铁路、航运、采矿、制造业等公司的总管理处都集中在这里。因此，华尔街已成为美国垄断资本的代名词。

从起初的一道墙，到现在的"美国的金融中心"，这是华尔街的历史，也恰恰是整个纽约的历史，华尔街墙的建立与消失，都在着力塑造着纽约这座城市的性格。

1783年美国独立战争胜利后，北美13个殖民地摆脱了英国的统治，建立起自己的国家——美利坚合众国。经过100多年的发展，到1900年，新兴的美国取代了英国，成为世界上最强大的经济体。纽约取代了伦敦，成为全球新的金融中心。华尔街的银行家们也超越了伦敦的罗斯柴尔德家族，建立起新的金融帝国。

现在的华尔街有两处标志性的景观，一个就是在与百老汇的交界处，抬头就可以看到著名的三位一体教堂，早在华尔街还是一堵破烂不堪的城墙的时候，它就已经是这附近的标志性建筑，始终屹立在这里，见证华尔街的起起落落。另一个就是华尔街的铜牛雕像，身长近5米，重达6300公斤。它一直是美国资本主义最为重要的象征之一。1987年纽约股市崩盘，这给美国人带来一场巨大的沉痛。由此，意大利艺术家狄摩迪卡有了创作的灵感，他不惜卖掉了家乡西西里祖传农场的一部分，共筹得资金36万美元，终于在1989年的一个午夜，在纽约证券交易所外竖起了这座举世闻名的铜牛塑像，宣称它是"美国人力量与勇气"的象征。

发生在纽约的这一切绝非偶然，偶然中孕育着必然，其他的城市都以各自的历史或者文化，以及其他活动而闻名，但纽约却以贸易而著称。纽约的发展，来自荷兰移民带来的股份制公司、股票交易所和货币汇兑银行，来自英国移民从伦敦带来的国债、跨国银行和中央银行。这些现代金融的种子在这片充满商机的肥沃土地上生根发芽，以其旺盛的生命力，最终将纽约塑造成了一座资本之城。

华尔街是一个人才会集的中心，精英人才的不断涌入，在加重竞争残酷性的同时，也在不断激发着华尔街的活力和创新意识。让工作更富有效率，获得更多财富一直是华尔街追求的目标。

虽然，地理上的华尔街非常小，而在真正的意义上，华尔街是美国的资本市场乃至金融服务业的代名词。毫无疑问，现在当我们说起华尔街，是指这个真正意义上的华尔街，它早已远远超越了这条小街，也超越了纽约市最繁华的市区——包括华尔街在内的纽约金融服务区，而发展成为一条遍布美国全国的金融服务网络。在世界经济一体化的今天，华尔街已经跨越了国界，扩展到全球的各个角落。所以，真正意义上的华尔街，不仅包括每天在华尔街上忙忙碌碌的几十万人，也包括远在佛罗里达的基金经理、加州"硅谷"的风险投资家或美国投资银行在伦敦的交易员，等等。事实上，作为美国金融服务业的总称，华尔街实际上已经代表了一个自成体系的金融帝国。

对于世界上的大多数人来说，无论相隔多远，人们在精神上仍属于同一条街道——在这条街道上，所罗门兄弟曾经提着篮子向证券经纪人推销债券，摩根曾经召开拯救美国金融危机的秘密会议，年轻的文伯格曾经战战兢兢地敲响高盛公司的大门，米尔肯曾经向整个世界散发他的垃圾债券……这些人物已经成为过去，在华尔街几百年的历史中，又会有新一批银行家、分析师、交易员、经纪人或基金经理等等进入这条大街，随时制造最新的金融神话。这就是华尔街。

今天赚的给我，明天赔的归你——华尔街的五大投资银行

在不同的国家和地区，投资银行有着不同的称谓：在美国被称为"投资银行"、在英国被称为"商人银行"，在其他国家和地区则被称为"证券公司"。

在资本市场中，一般情况可以通过两种方式筹集资金：间接融资与直接融资。在间接融资中，资金需求方以商业银行为中介向资金供给方筹集资金；而在直接融资中，资金需求方则是在投资银行的协助下向资金供给方筹集资金。商业银行的主要业务是"存、贷、汇"，或者说是"表内业务"，其主要收入是利息差；而投资银行的主要业务是证券承销、证券交易与金融咨询，或者说是"表外业务"，其主要收入则是收费。

投资银行是金融史上重要的创新，尤其是美国投资银行业发展迅猛，极大地

促进了美国资本市场的发展壮大，并对美国企业国际化提供了强大支持。美国能够产出如此众多有影响力的跨国公司，与华尔街投资银行密不可分。

投资银行以其强大的赢利能力而为世人所瞩目，以公司并购业务为例，19世纪80年代以来，美国至少经历了4次公司并购浪潮。在最近的一次浪潮中，公司并购的标的额动辄数以十亿美元、百亿美元计，有的甚至超过千亿美元。这就为投资银行提供了相当可观的收入来源。

随着资本市场的发展，投行大鳄们不再固守经纪、承销、财务顾问的佣金赚辛苦钱，而是将主要利润来源从挣佣金转成赚差价。他们坚信，市场已经不再为不承担风险的人买单。对投资银行而言，不承担足够的风险就是最大的风险。金融衍生产品正迎合了这一需求。投行大鳄们不会想到，最终自己会倒在他们所发明的金融创新工具，即不断衍生、再衍生的投资品上面。

随着高级、新型金融工具的使用，华尔街爆炸似的膨胀。这些独立投行不惜血本地加大投入高风险高收益的交易和投资业务，以求快赚多发，杠杆比例（承担的风险与股本之比）达到了滥用地步。美林的杠杆率从2003年的15倍飙升至2007年的28倍。摩根斯坦利的杠杆率攀升至33倍，高盛也达到28倍。而2008年初贝尔斯登33倍和雷曼兄弟32倍的杠杆率让人咂舌。

1. 贝尔斯登公司

贝尔斯登公司成立于1923年，总部位于纽约。它是美国华尔街第五大投资银行，是一家全球领先的金融服务公司，曾为全世界的政府、企业、机构和个人提供过优质服务。公司主要业务涵盖机构股票和债券、固定收益、投资银行业务、全球清算服务、资产管理以及个人银行服务。除美国本土外，在伦敦、东京、柏林、米兰、新加坡、北京等地均设有分支机构，全球员工逾万人。在其存在的85年里创造了连续83年赢利的纪录。以经纪业务为主的贝尔斯登是华尔街的内勤，从事各家银行间的交易和结算。

在2007年次贷危机爆发之初，贝尔斯登旗下的两只基金成为华尔街金融机构中首批遭到冲击而被迫清盘的基金。曾有人预言次贷危机会导致华尔街的金融机构破产，现在看来这并非耸人听闻。有分析人士认为，贝尔斯登事件是美国次贷危机的必然结果，暴露出美国经济现阶段的弊端，次贷危机很有可能会继续蔓延。几乎没有人怀疑，贝尔斯登的悲剧将会继续上演。果然，2008年3月16日，美国第五大投资银行贝尔斯登被摩根大通收购。

2. 雷曼兄弟公司

雷曼兄弟成长史可以说是美国近代金融史的一部缩影，其破产一定是美国金融史上一个极具指标意义的事件。不管雷曼兄弟将来会怎样，但它过去是辉煌的，这是一家值得同行尊重的、伟大的公司。

雷曼兄弟公司成立迄今 158 年，历经了美国内战、两次世界大战、经济大萧条、9·11 事件和一次收购，一直屹立不倒，曾被纽约大学金融教授罗伊·史密斯形容为"有 19 条命的猫"。

但是 2008 年 9 月 16 日，雷曼兄弟公司还是被迫正式申请破产保护，尽管公司总裁拒绝司法破产，并推出一系列"振兴拯救计划"，但大势已去，雷曼股票一日内重挫 94%，其在法国、英国等地的分支机构纷纷被政府监督，在日本的子公司干脆被勒令破产。这一次"有 19 条命的不死猫"也难逃魂魄消散的命运了。2008 年 9 月 15 日，美国第四大投资银行雷曼兄弟向美国破产法院申请破产保护。

3. 美林证券

美林证券是世界领先的财务管理和顾问公司之一，创立于 1914 年 1 月 7 日。美林通过提供一系列的金融服务来满足个人以及机构投资客户的需要，是全球规模最大的财富管理公司之一，在全球有超过 700 个办公室及 15700 名财务顾问，旗下所管理的客户资产总值达 1.7 万亿美元。

但是，在金融危机的冲刷下，它最终没有逃过一劫。2008 年 9 月 15 日，在美国纽约，美林证券首席执行官约翰·赛恩与美国银行首席执行官肯尼斯·刘易斯在新闻发布会上握手。美国第三大证券公司美林证券被美国银行宣布以每股约 29 美元、合计约 500 亿美元的价格收购。

4. 高盛和摩根斯坦利

美国联邦储备委员会于 2011 年 9 月 21 日晚宣布，批准美国金融危机发生后至今幸存的最后两大投资银行高盛和摩根斯坦利提出的转为银行控股公司的请求。至此，华尔街五大投资银行格局被彻底打破，美国金融机构正面临 20 世纪 30 年代经济大萧条以来最大规模的重组。

高盛和摩根斯坦利作出寻求美联储批准转变身份的决定，反映出当前美国金融危机中的又一个剧烈的变化。转变身份后，高盛和摩根斯坦利不仅能够设立商业银行分支机构吸收存款，还可以与其他商业银行一样永久享受从美联储获得紧急贷款的权利。成为银行控股公司将有助于高盛和摩根斯坦利两家公司组织自己的资产，它们也会在被收购、合并，或是收购有受保险存款的中小型公司中处于更有利地位。

独立投行不仅要面对同业之间自相残杀，还要面对商业银行的侵入。在利益和竞争面前，独立投行们要么成为一把"斧头"，要么就会成为一块任人宰割的"华尔街的肉"，这就是被斯特兰奇称为"疯狂的金钱"或被勒特韦克称为"涡轮资本主义"的华尔街游戏新规。

至此，美国纽约五大投行全部成为历史。随着五大投行的相继倒闭、出售或是改制，现代华尔街引以为傲和赖以立足的独立投行业务模式已走到尽头，也标志着自20世纪30年代美国立法将投行从传统银行业务分离以来，华尔街一个时代宣告落幕，将迎来一场金融体系结构的根本性变革，包括金融机构运行模式、金融市场激励机制和金融机构监管。

镀金时代，资本无眠——华尔街的资本流动

纽约坐落于美国东海岸，是美国最大的城市，下辖5个区，拥有1800万人口。曼哈顿区是纽约的市中心，纽约的主要商业、贸易、金融、保险公司大都分布在这个面积不足60平方公里的岛屿上。

在华尔街，一直流传着这样一个故事：老师问学生，是谁创造了世界？学生答：上帝在公元前2004年创造了世界，但是在公元1901年，世界又被摩根先生重组了一回。

1901年3月，已经65岁的钢铁大王卡耐基通过助手得知，摩根曾经向他透露想购买卡耐基的公司，价钱由卡耐基决定。

经过24小时的思考，第二天卡耐基在一张纸条上写下了他想要的价钱：4.8亿美元。

很快这张纸条到了摩根手里，摩根看了一眼这个价格，说：我接受。

据说，摩根买下卡耐基的一部分股权，递给他支票的时候对他说：恭喜你，卡耐基先生，你现在是世界上最富有的人了。

很快，就在短短12周内，摩根就收购了很多其他各式公司，将美国钢铁公司以14亿美元的价格资本化。在当时来说，即使美国政府每年的花费也只有5亿美元，所以，那是一笔巨大的资金。

全世界最大的城市之一，这是对现在的纽约最简单直白的定义，在超过850万的市区人口中，有1/3是外来移民。不同肤色、不同语言、不同国籍的人们会

相聚在这里，只为了同一个理想，那就是获得更多的财富。

经过 300 多年的发展，纽约从一个小渔村成为一个国际大都会；华尔街也由一条泥泞的小路成为资本通衢。如今的纽约，拥有全球最大的证券交易所，如今的华尔街，也控制了全球 40% 的金融资产。这条只有几百米的街道正是美国资本市场和经济实力的象征，它影响和牵动着全球资本市场和全球经济。

19 世纪，华尔街先后出现了摩根的金融帝国、约翰·洛克菲勒的石油托拉斯和卡耐基的钢铁城市。华尔街在创造了财富神化的同时，悬殊的贫富差距也将当时美国社会矛盾推向了极致，这就是美国历史上的镀金时代。

纽合组织执行总裁凯西·王尔德这样说过："纽约是美国联系世界的纽带，代表美国通往世界的门户。我们的企业在很大程度上是通过华尔街的金融服务业将美国带到了全球，它们也吸引了大批国外企业到美国来投资。华尔街和银行业的纳税几乎相当于我们这个城市的总税收。"

继摩根之后，美国掀起了一个并购狂潮。每年有 3000 家中小公司消失，大公司控制了美国大部分市场。1910 年，美国托拉斯组织达到 800 家。当时有 72 家大公司分别控制了各自市场份额的 40%，有 42 家大公司甚至控制了市场的 70%。托拉斯成为美国经济的统治力量，掌握国家的经济命脉，而幕后操手就是华尔街。

以土地为代表的自然资源为主导的生产方式向以资本为主导的生产方式的转变，是第一次产业革命带来的巨大改变。从某种意义上来说，金融已经成为整个经济的主导，资本的地位也越来越凸显出来。

在整个金融的资本运转过程中，华尔街已经超越了它的地理概念，将金融之网撒向全球，世界的任何一个角落都有可能成为华尔街的金融机构，成为华尔街人，它完全成了一种精神归属。依靠美国强大经济实力而崛起的华尔街，已经不单单是在驾驭美国经济的兴衰。作为世界金融中心，华尔街这张资本之网已经辐射到了全球所有的商业领域，与全球经济紧密编制在了一起。现在，来自全球的 7000 多家公司选择在华尔街上市交易，这其中包括了 490 多家世界 500 强企业。

在过去的 123 年中，时间向我们证实了，一个品牌的成长，只要你用心地经营，那么它绝对有可能为你创造始终一致的金融效益，在股市中也就会有很好的表现，华尔街为很多人创造了很多机会。华尔街改变了很多人的命运，不分时代、不分背景。在通往理想和欲望的道路上，华尔街以其神奇的魔力，一次又一次在有序和无序的循环中不断地重新建构着整个经济，既标刻着繁华，也遭遇着危机。

在华尔街，很多公司通过融资服务得到了创业或者企业发展所需要的资金。因为它，太多人的梦想得以实现。在这里，资本无眠，每天有很多人忙忙碌碌、跑来跑去，不管是在高盛、摩根大通，还是大大小小的华尔街公司，因为他们的忙碌，每年赚到的钱少则几十亿，多则几百亿美元。

如何让进入华尔街的资金更加有效地投资到上市公司的股票或者各类债券，以及其他金融产品上？这就需要有一道桥梁，即投资银行。在华尔街上的那些投资银行，经过岁月的洗礼，在一次又一次的胜利和挫折中积累了非常好的信用。因此，很多有钱人、投资者，他们愿意把几百万美元、几千万美元，甚至几亿美元的钱，都委托给华尔街这些投资银行。2008 年以前，华尔街的投资银行只有十余家，它们被称为"华尔街的巨人"。这其中包括了高盛、美林、摩根斯坦利、摩根大通、雷曼兄弟等这些耳熟能详的名字。

华尔街依靠其筹集资金和分担风险的能力，在不断吸引着美国本土之外的公司。目前在华尔街上市的国外公司有 1000 多家，这其中包括了 2009 年位列 500 强之首的荷兰壳牌公司。

如今，每年从境外进入美国的资金将近 1 万亿美元，其中很大一部分进入了华尔街。华尔街的资金不仅来源于全球各地的养老基金、大学基金等各类基金。同时，华尔街也在吸纳着包括美国本土在内的世界各国银行、保险等金融机构的资金。这个以华尔街为中心的庞大的资金网已经将全球无数金融投资机构网罗其中，而且网络末端已经触及了无数家庭和个人的经济利益。

但是，正是由于投资银行和投资者对财富的狂热追求，最终导致了 2008 年华尔街金融风暴。处于风暴中心的投资银行遭到重创，这个连接华尔街资金与上市公司的桥梁在自身出现断裂的同时，也破坏了华尔街在全球布下的金融之网，华尔街金融风暴迅速演变成了席卷全球的金融危机。华尔街差不多每二十年就会面临一次危机，当这一代人已经遗忘了上一次暴跌的教训时，另一次危机又悄然来临。金融危机之后，纽约人又开始加快世贸中心的重建，这也是一种信心的建立，他们在整装待发，继续迎接下一次胜利的到来。

马克·吐温曾经这样描绘这个时代：表面繁荣，掩盖着腐败的风气、道德的沦丧及其他潜在的危机。在很多人看来这是一个"黄金时代"，但只不过是个内里虚空、矛盾重重的"镀金时代"。

美国"栽了一个大跟斗"——华尔街惊天变局

2008年9月15日—20日，短短的6天，无疑是震撼世界的一周。近200年来逐渐形成的华尔街金融版图，正遭遇"地毯式"的剧变。破产和另类并购是本周华尔街的关键词。有着158年辉煌历史的雷曼兄弟公司轰然倒下，美林集团易主美国银行，摩根斯坦利也寻求合并，保险巨头美国国际集团（AIG）终获政府援手，美国最大储蓄银行——华盛顿互惠银行也在为避免破产苦寻买主……还有更多"涉雷""涉贷"的坏消息在路上。曾经春风得意，制造着财富繁荣和资本神话的华尔街金融机构，又向全球输出着恐慌。

格林斯潘称，"这是百年一遇的危机"。或许这将是全球经济史上最严重的一场危机，但当人类克服危机，实现由感性认识到理性认识的飞跃时，这或许也将成为人类重新认识现代经济，尤其是现代金融体系的最重要枢纽。

2008年，贝尔斯登倒塌、雷曼兄弟垮台、美林卖身、AIG告急……这一切都预示着美国的金融危机似乎真的来了。从雷曼破产到美国政府出台巨额救市方案，在短短五个交易日内，华尔街可谓经历了大悲大喜。

在次贷危机之初，受影响的公司只限于那些直接涉足建屋及次级贷款业务的公司，如北岩银行、美国国家金融服务公司等。2008年7月11日，全美最大的受押公司瓦解。虽然联邦政府接管了房利美和房地美，但危机仍然继续加剧。

然后，危机开始影响到那些与房地产无关的普通信贷，而且进而影响到那些与抵押贷款没有直接关系的大型金融机构。在这些机构拥有的资产里，大多都是从那些与房屋按揭关联的收益所取得的。对于这些以信用贷款为主要标的的证券，或称信用衍生性商品，原本是用来确保这些金融机构免于倒闭的风险。然而由于次级房屋信贷危机的发生，使得受到这些信用衍生性商品冲击的成员增加了，包括雷曼兄弟、美国国际集团、美林证券和HBOS。而其他的公司开始面临压力，包括美国最大的存款及借贷公司华盛顿互惠银行，并影响到大型投资银行摩根斯坦利和高盛证券。

这是一个类似多米诺骨牌效应的危机传导。我们不妨来回顾一下次贷危机是如何烧到华尔街投资银行的：

第一波：引发放贷机构收回房产。

第二波：所有非政府债券资信下降。

第三波：通过杠杆放大百倍对冲基金。

第四波：日元、瑞士法郎等套利交易砍仓。

第五波：美国及其他国家消费者信心受挫。

第六波：套息交易恐慌性结利。

第七波：金融机构、投资银行纷纷落马……

从金融损失的情况来看，这次的情况堪比1929年大萧条。当年，面对当时美国最严重的危机，时任美国总统的罗斯福说过："我们最大的恐惧就是恐惧本身。"而这次金融危机的复杂性与传播速度可谓前所未有。这无疑让人们对金融市场失去了信心，信心的缺失又回复给投资银行，造成了毁灭性打击。

有专家指出，次贷危机不是传统意义上的经济危机，而是一次资产价格泡沫破灭的危机。所谓资产价格泡沫，就是资产的价值与价格离得太远。这里有一个常识的判断，泡沫是非常脆弱的，泡沫的破灭几乎是不费吹灰之力的。事实上，华尔街金融巨头贝尔斯登、雷曼兄弟、美林证券，已经在虚拟经济的泡沫中灰飞烟灭。

这次美国华尔街爆发的次贷危机的泡沫，包含很多内容，从信用泡沫—产品泡沫—资金泡沫—价格泡沫—市值泡沫，形成一条长长的泡沫链。

抵押贷款是一个信用产品，信用产品应该贷给有信用的人。但是，次级贷款把一个信用产品贷给了一些低信用，甚至没有信用的群体。眼花缭乱的产品泡沫以及伴随的价格泡沫，创造了一个巨大的市值泡沫，超过美国4.3万亿美元的国债市值两倍。

一旦泡沫破灭，瞬息之间，数万亿美元甚至数十万亿美元的虚拟财富消失，化为乌有，引发全球金融危机。次贷危机从新世纪抵押贷款公司的关闭开始次贷违约，沿着次贷产品的证券化产品、结构化产品、保险互换产品、债券保险、债券市场、信用卡证券化产品、消费信贷证券化产品直至债券保险公司，都深陷危机。贝尔斯登倒闭，把危机的严重程度提高到红色警报，几乎所有金融公司都陷入了次贷危机的旋涡。

受次贷影响，英国北岩银行发生了百年不遇的挤兑行为，最后英国政府对其实施了国家收购。因为直接持有大量次贷衍生产品，欧洲成为重灾区。虽然欧洲央行的大规模注资，使欧洲所有金融机构有了喘息的机会，但是因次贷危机的延伸影响，本来滞后美国一年的欧洲经济已经开始面对衰退，日本经济也重返了负增长之途。

全球经济危机一触即发，几乎华尔街以及全球金融市场没有什么东西可以买，证券投资资本大规模撤出华尔街和其他国际金融市场，进入商品市场，以前所未有的速度迅速推高了石油、粮食价格，全球通货膨胀急剧恶化，超过 70 个发展中国家通胀超过两位数，美国的通胀已达 5.6%，欧洲的通胀大大超过警戒线，使美联储和欧洲央行都面临经济放缓与通胀的双重困境。

在美国政府一系列政策的刺激下，19 日开盘，三大股指即大幅攀升了 3% 以上。美国证券监管委员会当天清晨发布了一份紧急命令，暂时禁止对 799 家金融机构的股票做空。高盛和摩根斯坦利的涨幅均超过了 20%。经过一周前所未有的动刀，华尔街市场迎来了短暂的整修。政府的大量援助，让这一周的大起大落很快成为历史，穿梭在华尔街的那些财富追求者，又要开始新一轮的资本追逐。

主流经济学家们普遍同意，如果资金流动性危机不解除，那么全球性衰退将终成定局。2009 年 4 月 13 日，经济学权威克鲁曼在演讲中说，如果各国政府目前的做法依然不变，甚至认为金融海啸已经近尾声，那么很快史上最惨烈的大萧条即将来袭，因为不管股市反弹与否、数据降幅缩小与否、银行业状况好坏，整体世界经济下坠中并且工作数量持续下坠是不可扭转的既定事实。

狩猎华尔街——谁在抄底华尔街

华尔街不仅是纽约，也是整个美国的经济引擎，而对于整个世界经济来说，华尔街就像是一个润滑剂。正是由于它的这种重要地位，世界各国都想进军华尔街。而它又是一个隐形炸弹，美国几百年的历史中，发生了几次经济危机，而人们总是会将这样的金融泡沫归咎于它。

2008 年 9 月 15 日—20 日，走过 300 年伟大历程的华尔街，经历了极为震撼的一周。对于世界各国来说，这正是一个千载难逢的大好机会。历经金融风暴的冲刷，华尔街遍体鳞伤，那些曾经显赫一时、所向披靡的巨头，从雷曼到高盛，均在顷刻之间沦为猎物。

然而，瞄准华尔街的，不仅有巴菲特这些幸存的美国本土金融资本，更有来自日本、新加坡、中东、欧洲的狩猎者，大家都开始张弓搭箭，准备进攻。

2008 年 9 月 20 日，美国纽约法院经过长达 8 小时的听证后宣布，雷曼可以将其投资银行业务和贸易投资业务出售给巴克莱银行。随后，雷曼旗下的各大洲业务也成了各国金融集团的美食。9 月 22 日，日本最大的证券集团野村控股，夺得了雷曼兄弟亚洲区的整体业务。同一天，日本金融业又出手了，日本最大的金融集团——三菱日联金融集团宣布将出资收购美国第二大券商摩根斯坦利 20% 的普通股，从而成为摩根斯坦利的最大股东。

9 月 23 日，野村控股集团正式宣布将接手雷曼欧洲业务，至此，野村集团在 24 小时内已接连与雷曼兄弟公司达成包括收购亚洲太平洋地区和欧洲及中东地区业务在内的两项协议。

9 月 23 日，美国投资家沃伦·巴菲特领导的伯克希尔·哈撒韦公司宣布，将以 50 亿美元购买高盛集团优先股。并且，他们还获得了今后五年内任意时间购买 50 亿美元高盛普通股的认购权等等。

9 月 25 日晚，美国联邦存款保险公司宣布，美国第三大银行——摩根大通公司以 19 亿美元收购了陷入困境的美国最大的存贷款机构——华盛顿互惠银行。

事实上，对华尔街的狩猎从 2007 年次贷危机发生之初就开始了。2007 年 12 月，阿联酋主权财富基金阿布扎比投资局向花旗注资 75 亿美元，收购其 4.9% 的股权。继阿联酋阿布扎比投资局买下花旗高达 75 亿美元的股份之后，新加坡政府投资公司等 7 家投资机构联手向花旗注资了 145 亿美元。2007 年 12 月 19 日，中国国家投资公司宣布向摩根斯坦利注资 50 亿美元，中投公司将购买摩根斯坦利发行的 2010 年 8 月期后须转为普通股的可转换股权单位，股权单位全部转换后，中投公司将持有摩根斯坦利不超过 9.9% 的股份。2008 年 1 月，科威特投资局也向花旗集团和美林分别投资 30 亿美元和 20 亿美元等等。

一时间，华尔街著名投行几乎半数为新兴国家的投资者所有。但是，更为凶猛的猎手还没有出现，在这场危机降临之际，却突然神秘失踪了，在公开的媒体上，几乎再也找不到它们的踪影，这一度让整个西方世界颤栗不已。它们就是从中东的阿布扎比到俄罗斯的主权财富基金。这些来自石油美元和贸易顺差的主权财富基金，曾像逛超市般疯狂买入西方国家的各类资产，将西方资本市场搅得严重不安。根据美国财政部的估计，主权财富基金总额在 1.5 万亿～2.5 万亿美元，它们不但规模庞大，而且发展速度惊人。

2007 年还对华尔街充满浓厚兴趣的基金，在华尔街最需要的时候选择了沉默。不禁让人们产生疑问：到底是因为来不及反应，还是另有企图呢？

然而，来自华尔街的猜测却认为，这次金融危机，可能就和这些突然沉默的主权财富基金有关，甚至有人怀疑，做空华尔街的主力，多半就来自这些行事诡秘的"吞金巨兽"。

在这次金融危机的冲击下，可以说，日本金融公司在亚洲市场成为最大的赢家。先是野村证券，后是三菱日联，一夜间，大半个华尔街出现了日本投资者的身影。日本公司在经历了国内经济低潮的洗礼后，正逐步成为为华尔街"改头换面"的救助者，并在跨国境的业界重组中扮演者重要角色。

日本最大的券商野村证券CEO渡边健一毫不掩饰地说，这次美国金融危机是"一辈子才有一次的黄金机会"。

日本人这一连串"组合拳"，让人想起了20世纪80年代的情景。那时日本商人涌入经济停滞不前的美国，采购美国公司股份。而20多年后的华尔街仿佛是历史重演。当时，美国经济停滞不前，手头宽裕的日本企业如潮水般涌入美国，在纽约收购美国的地标性建筑，在好莱坞将美国知名的电影公司揽入怀中，此外在金融、钢铁、石油及纺织等领域也有颇多斩获。美国人一时惊呼：整个美国都要被日本买走了！

对于中国这样正在崛起的新兴大国，我们必须认识到，我国金融业的发展最缺乏的不是资金，也不是市场，而是人才，特别是具有国际视野和经历的中高端管理和实务人才。

在世界各国纷纷狩猎华尔街的时候，我们也必须认识到此次金融风暴无疑是一个绝好机遇。据报道，随着雷曼兄弟、美林和AIG等机构相继陷入绝境，华尔街已有近4万名金融从业人员面临下岗，其中相当一部分是华人金融高管；而在伦敦金融城，同样有数以万计的金融从业人员失去工作。因此，中国应当抓住机会，走在其他亚洲国家的前面，积极招揽高端人才，而不是与日本去比拼抄底金融资产。

从一条默默无闻的泥泞小街到左右世界的金融帝国，华尔街走过了300多年的伟大历程。这300多年来，美国经济的发展，就仿佛是建造了一幢金融体系的高楼，但是这栋漂亮的大楼因为美国联邦体系的"见死不救"而出现了严重的问题。面对这样的问题，当务之急是救火，让火势不要蔓延。华尔街具有300多年的历史，在最近的200多年中，差不多每20年华尔街就会经历一次金融危机，因此，我们可以断定，这一次救火华尔街的成功概率也是非常高的，但是这样的援助必须是要能够大刀阔斧地改革它。

现在，危机已经基本过去，华尔街又在慢慢遗忘这一番"围攻"的伤痛，并重新开始新的财富之旅。

赌场里面人人都是投机客——华尔街的罪与罚

华尔街不仅是国际金融中心的象征，更是世界财富的聚集地。这里有全世界最大的金融机构，有最富活力的创新产品。它已经不仅仅是一个简单的地理位置，它的金融触角早已伸向世界各个角落，进入人们的生活之中。然而，2008 年的次贷危机让"活跃"过度的华尔街品尝到了苦涩，华尔街，变身为一场金融灾害的"风暴眼"。

早在 2003 年，有"当代最成功投资者"之称的沃伦·巴菲特就曾经警告过，华尔街的种种高风险金融衍生品已经成为金融领域的"大规模杀伤性武器"，但是没人引以为戒。

直到美国时间 9 月 21 日，高盛和摩根斯坦利获得了银行牌照，这标志着由独立投行主导的华尔街已经轰然倒塌。次贷危机让华尔街的五大投行两家倒闭，一家被银行收购，而另两家则获得了商业银行牌照。以高杠杆率获得高回报的华尔街投行尝到了急速陷入泥沼的苦果。

雷曼兄弟公司是 2006 年美国次贷证券产品的最大认购方，占有 11% 的市场份额。2007 年，华尔街不少机构因为投资次贷产品不当而蒙受损失，但雷曼兄弟仍然盈利 41 亿美元；2008 年以来，公司对外公布的获利情况一直良好。为了维持获利成长，雷曼兄弟巨额借贷，其债务总额相当于其资产的 35 倍，这一比例大大超出其同行。这意味着，在繁荣的牛市，雷曼兄弟公司只需坐等收钱，只要举债所进行的投资获得 1% 的利润，企业自身就能获得 35% 的利润。反之，其承受的风险也开始日益增加。当熊市来临，公司的投资利润只需下降 1 到 2 个百分点，就会遭遇生存危机。

在美国，卖空的历史几乎和纽约市场一样久远。原始意义上的"卖空"，即投资者从券商或大股东处借的股票，在市场上抛出，然后在一定的时间内从二级市场买回，从抛和购的差价中获利的一种方法。但到了后来，美国证交会允许了一些更大胆的措施：净卖空。即不需要介入股票的卖空，并放弃"提价交易规则"，使得投资者在股价下挫时可以连续做空。

出现了溃败征兆的雷曼兄弟在这两点的影响下，快速被对冲基金完成致命一击。股价从 20 美元跌到 2 美分，对冲基金用来不到两个月，信心丧失造成了更多的投资人抛出持有的债券，雷曼兄弟在售卖无望之余只能宣布申请破产。

之后，如果不是美国证交会的暂时禁令，可能还会有更多的金融机构遭受类似的待遇。正是因为美国证交会禁止做空799只金融股的宣布，使得风雨飘摇中的金融机构股价暂时稳定。

在危机爆发前，次级按揭贷款在美国市场中就早已出现，华尔街打着金融创新的旗号，推出各种高风险的金融产品，不断扩张市场，使得一些与次级抵押贷款相关的住宅抵押贷款债券（MBS）、抵押担保债券（CMO）、担保债务凭证（CDO）等衍生品一直受到市场的追捧。但其实人们对这些金融衍生工具并不了解，没有人知道它们到底是什么样的情况？基础性的资产在哪儿？它们的风险又在哪儿？

一些信用程度较低、收入水平不高的民众，通过次级按揭贷款获得房屋抵押贷款，与之相对应的，申请贷款者要支付相对较高的利率。然而次级抵押贷款的申请者们，他们也许失业，也许从事低收入工作，也许曾经有不良信用记录，虽然他们支付了超过正常水平的利率，但向这种信用程度并不好的客户提供稳定现金流的风险是很大的。

可是，在高利润的诱惑下，房贷公司还是一再松懈贷款标准，从而给楼市埋下巨大的隐患，最终酝酿成席卷全美的次贷风波。这一危机的背后，不仅有次抵押贷款，还有五花八门的金融衍生品：付息按揭贷款、只付息抵押贷款（每期只付利息，本金最后一次性还清）、无收入核查贷款（贷款者申请时无须出具任何收入证明材料）等，它们被通称为"无证明贷款"，或者干脆俗称为"说谎者的贷款"。

在普通的美国人看来，投资楼市似乎是零风险高利润的最佳选择，几乎所有人相信这样的投资方式，同样，几乎所有人都不曾为还不起房贷而担忧，因为他们都相信分析师所说的"房价增值"，即使还不起贷款，手中的房子也会越来越值钱。因此，当房市泡沫破灭时，房屋贬值，购房者无法将手中的房子以高价出售，也无力还贷。

次贷危机的爆发，也和格林斯潘时代美联储所采取的货币政策有着密切的关系，它让这场资本游戏彻底演变为一场豪赌。中国社科院金融研究所金融市场研究室主任曹红辉指出，2001年后，美联储实行低利率政策，同时美国房价强劲上升，次贷规模迅速扩大，从2003年的4000亿美元增至2005年的14000亿美元，加上房地产非理性繁荣和MBS、CDO等证券投资热情高涨。这既造成了繁荣，也孕育了危机。

无论是次贷还是其他金融衍生品，并不是金融危机的症结点，也不是金融危机的源头。因此，我们不禁要问：究竟是谁导演了这场金融海啸，究竟应该谁来对目前的状况负责？

很大一部分人认为，华尔街的银行家并不是唯一的有罪者。美国政府对金融家的纵容和放松管制，对资本流动的毫无限制，让金融家逐渐成为美国经济最大的力量。无论金融家制造出什么产品，政府都有责任来监控产品的质量和金融家的行为。可是，在美国，次贷发放，不要首付、不要任何收入证明，对这些明显不合理的行为，政府并没有起到监管的作用。

我们都清楚，这场灾难并没有唯一的有罪者，正如曾任 IMF 首席经济学家，现为哈佛大学教授的罗格弗说所说："费解的金融品、迟钝的监管者、神经质的投资者，这就是 21 世纪第一场金融危机所包含的全部内容。"

复旦大学经济学院院长孙立坚教授分析认为，这场危机背后存在"四大元凶"。除了过度消费的投资者、腰包鼓鼓的金融从业者、睁只眼闭只眼的监管者这三点和罗格弗较为相似外，他还提出了第四个元凶——百依百顺的亚洲国家。

孙立坚教授说："其实要说到责任，如果亚洲国家把自己国家金融市场搞好，把内需带动起来，没有那么多出口，无法为美国提供那么多流动性，那么美国无限制的金融创新又从何说起呢？"他认为，正是亚洲国家的传统经济增长模式，给了美国实施宽松的货币政策且输送流动性的无限动机，让其有足够的流动性来放大杠杆交易，从而造成了世界经济的严重失衡。

·第七章·

财富精英的角斗场

——了解世界著名的证券交易所要读的金融学

纽约证券交易所

1792 年 5 月 17 日，24 位证券交易商在华尔街 68 号门口的一棵梧桐树下签订了一个协定，史称"梧桐树协议"。他们商定，以后每周用几个上午在这棵树下聚会，规则有三条：只在会员间进行交易，不准外人参加，交易按规定收取佣金。一般都将这个根本不起眼的事件，作为纽约股票交易所诞生之日。而这三条规则也成为后来交易所的基本规则。当天按照这个规则进行交易的，是美利坚银行的股票。这家银行就算纽约证券交易所的第一家上市公司。

直到 1817 年，在这里交易的证券经纪人成立了第一个正式的交易组织——纽约证券交易委员会，也租了一座房子，到屋子里面交易。纽约交易所开始登堂入室。1865 年，纽约交易所建起了自己的大楼。而坐落在纽约市华尔街 11 号的大楼是纽约证券交易所从 1903 年启用的。交易所内设有主厅、蓝厅、"车房"等 3 个股票交易厅和 1 个债券交易厅，是证券经纪人聚集和互相交易的场所，共设有 16 个交易厅，每个交易厅有 16～20 个交易柜台，均装备有现代化办公设备和通讯设施。交易所经营对象主要为股票，其次为各种国内外债券。除节假日外，交易时间每周 5 天，每天 5 小时。自 20 世纪 20 年代起，它一直是国际金融中心，这里股票行市的暴涨与暴跌，都会在其他资本主义国家的股票市场产生连锁反应，引起波动。现在它还是纽约市最受欢迎的旅游名胜之一。

截至 1999 年 2 月，在交易所上市的公司已超过 3000 家，其中包括来自 48 个国家的 385 家外国公司，在全球资本市场上筹措资金超过 10 万亿。另外，美国政府、公司和外国政府、公司及国际银行的数千种债券也在交易所上市交易。纽约证券交易所因为历史较为悠久，因此市场较成熟，上市条件也较为严格，像那些还没有赚钱就想上市筹资的公司是无法进入纽约证交所的，而历史悠久的财星五百大企业大多在纽约证交所挂牌，像卖洗发精的娇生，卖壮阳药威而钢的辉瑞制药，做快迅服务的优比速和联邦快迅等大公司都是纽约证券交易所的成员。

纽约证券交易所（New York Stock Exchange，NYSE），是上市公司总市值第一（2009 年数据），IPO 数量及市值第一（2009 年数据），交易量第二（2008 年数据）的交易所。2005 年 4 月末，NYSE 收购全电子证券交易所，成为一个盈利性机构。纽约证券交易所的总部位于美国纽约州纽约市百老汇大街 18 号，在华尔街的拐角南侧。2006 年 6 月 1 日，纽约证券交易所宣布与泛欧证券交易所合并组成纽约证交所—泛欧证交所公司。

20 世纪 20 年代，纽约股票交易所战胜了所有挑战者，成为美国首屈一指的交易所，成交量占美国上市证券交易的 75%。20 世纪 90 年代，纽约证券交易所经历了又一次辉煌，上市公司股份达到 20 亿股，而 1886 年时仅为 100 万股。纽约证交所目前有上千会员，美国著名的投资银行都在证交所场内拥有自己的经纪人。截至 2012 年，有来自全球的 2800 家公司在纽约证券交易所挂牌交易，总市值达 13.5 万亿美元。

证券交易所共有 1366 个交易席位，这样的席位行市可是非常高，因为它使你可以直接买卖股票，无须通过中间人。据说交易席位市价最高时达到 62.5 万美元，这一纪录是 1929 年创下的。

交易所工作人员的人事体系相当复杂。简单地说，工作人员可分为两类：一类为经纪人，他们是交易所的"战斗主力"。经纪人又分为内部经纪人、佣金经纪人和自营经纪人。另一类是交易专员，他们既是拍卖人和经纪人交易指令的承办人，也扮演着确保市场正常运转的"交警"角色，同时，他们还承担着确保市场流动性的做市商的职能。在纽约证交所，可以看到经纪人在场内以走动叫喊的方式找寻最佳买主或卖主，他们本身不左右价格，买方与卖方是一种直接交易的模式，投资人可经由电视画面看到经纪人精彩的手语战。而在纳斯达克，则看不到这样的场面，取而代之的是冷冰冰的电脑屏幕，投资人买卖股票只能通过电话交谈或是利用电脑下单，交易员可随意开价，买卖双方无从得知他的成本。纽交所曾在电视上播映过一个广告，口号为：我们不仅是一个交易所，更重要的是，我们代表了一种做生意的方式。

纽约证券交易所是世界上最大的证券交易所，在这里挂牌上市通常意味着企业规模达到国际水准。当然，企业要想进入可不容易。需要满足许多非常苛刻的要求，而且要交不少钱。初始费用为36800美元，再加上每100万股还要交一定的费用。

作为世界性的证券交易场所，纽约证交所也接受外国公司挂牌上市，上市条件较美国国内公司更为严格，主要包括：一是最低公众持股数量和业务记录公司最少要有2000名股东（每名股东拥有100股以上）；或2200名股东（最近6个月月平均交易量为10万股）；或500名股东（最近12个月月平均交易量为100万股）；至少有110万股的股数在市面上为投资者所拥有（公众股110万股）。二是最低市值公众股市场价值为4000万美金；有形资产净值为4000万美金。三是盈利要求上市前两年，每年税前收益为200万美金，最近一年税前收益为250万美金；或三年必须全部盈利，税前收益总计为650万美金，最近一年最低税前收益为450万美金；或最近一个会计年度市值总额不低于5亿美金且收入达到2亿美金的公司：三年调整后净收益合计2500万美金（每年报告中必须是正数）。四是上市企业类型主要面向成熟企业。五是采用会计准则为美国一般公认会计原则。六是公司注册和业务地点无具体规定。七是公司经营业务信息披露规定要遵守交易所的年报、季报和中期报告制度。八是其他因素对公司的管理和操作有多项要求；详细说明公司所属行业的相对稳定性，公司在该行业中的地位，公司产品的市场情况。

纽约证券交易所每半小时公布一次指数的变动情况。虽然纽约证券交易所编制股票价格指数的时间不长，但它可以全面及时地反映其股票市场活动的综合状况，因而较为受投资者欢迎。在二百多年的发展过程中，纽约证券交易所为美国经济的发展、社会化大生产的顺利进行、现代市场经济体制的构建起到了举足轻重的作用。

东京证券交易所

2005年12月8日上午，在日本瑞穗证券公司发生了一桩"乌龙指"丑闻。一位交易员不可思议地将客户的"以61万日元卖出1股J-COM公司股票"指令打为"以每股1日元卖出61万股J-COM公司股票"。瑞穗证券是日本四大金融集团之一瑞穗金融集团下属的公司。

随后，瑞穗的错单全部成交。由于J-COM公司实际发行股票数量只有1.45万股，瑞穗证券必须不断买卖J-COM公司股票，以使大量被认可的购股交易得以完成：J-COM股价立即出现上蹿下跳，随后引发的投资者抛售银行类股票使日经指数重挫超过 300 点，瑞穗证券因此损失超过 40 亿日元。

东京证券交易所（Tokyo Stock Exchange，TSE）随后表示，事情是因瑞穗的人为疏失所造成。但是，经过查证后的结果，却使 TSE 脸面尽失：瑞穗在卖出 300 点时已发现失误，曾四度在电脑系统上取消下单，但是系统不予回应。瑞穗认为，如果当时交易所电脑系统正常反应，损失至少可以减少到 20 亿日元以内。

随后 11 日傍晚，TSE 在紧急召开的记者招待会上，就此向有关方面表示道歉。TSE 同时表示，他们将会同证券交易系统的生产厂商富士通公司尽早查明具体原因，避免类似事故再次发生，努力维护市场信誉。这是这家全球第二大证券交易所有史以来发生的最大丑闻。

这是关于东京证券交易所的一则小新闻。东京证券交易所是日本最大的证交所，那么它的运营状况如何呢？

东京证券交易所是日本的证券交易所之一，简称东证，总部位于东京都中央区日本桥兜町。其事业体分为"株式会社东京证券交易所"及"东京证券交易所自主规制法人"等两个法人。东京证券交易所与大阪证券交易所、名古屋证券交易所并列为日本三大证券交易所，其市场规模位居世界前三，同时也是日本最重要的经济中枢。

东京证券交易所发展的历史虽然不长，但却是世界上最大的证券交易中心之一，日本最大的证券交易所。它的股票交易量最大，占日本全国交易量的 80% 以上。如果按上市的股票市场价格计算，它已超过伦敦证券交易所，成为仅次于纽约证券交易所的世界第二大证券市场。

东京证券交易所的股票有两种方式。第一种是在股票交易大厅里对第一部的 250 种大宗股票和外国股票进行的交易。交易大厅中有六个"U"形交易台，其中五个为国内股票交易台，一个为外国股票交易台，站在台外边的是正式会员公司派驻的交易员。站在台里边的是中介人会员。交易时，正式会员公司的交易员根据场外公司传来的指令，向台里边的中介人会员征询，谈判买卖。中介人会员的任务是把各正式会员移交的买卖委托，按交易规则加以撮合，使买卖成交，成交结果由计算机储存处理。

第二种方式是通过电脑成交。除在第一部交易的股票外，所有的上市股票都是用这种方式成交。各会员公司通过电脑的指令输入装置向交易所内的中央处理机发出指令，通过电脑的交易室内的专用终端装置，由交易所经纪人按照显示的报价情况加以撮合成交。

东京证券交易所外国公司上市标准如下：

东京证交所有 4 个市场：市场 1 部、市场 2 部、外国部和创业板，后两个市场对外国公司开放。外国部上市标准如下。

上市股票数 2 万交易单位以上、成立 3 年以上。

日本国内股东数：海外已上市 1000 人以上，海外未上市 2000 人以上。

利润额：申请前两年 1 亿日元以上，申请前一年 4 亿日元以上；上市时市价总值 20 亿日元以上。

创业板上市标准：有高度成长性；在日本上市时公开发行量超 1000 交易单位；日本国内股东数，新股东超过 300 人；上市市价总值超 10 亿日元。

东京证券交易所虽然是全球第二大的证券交易所，但是却不是一个大的国际融资中心，在东京证交所上市的海外企业相当少，基本上以日本的企业为主，而纽约等其他国际性的证券交易所，则有相当大数量的外国企业。

目前东京交易所正向着以下几方面的趋势发展。

其一，交易业务国际化。20 世纪 70 年代以来，日本经济实力大增，成为世界经济强国。为适应日本经济结构和经济发展的国际化需要，日本证券市场的国际化成为必然趋势。为此，日本政府全面放宽外汇管制，降低税率，以鼓励外国资金进入日本证券市场，使国际资本在东京证券市场的活动日益频繁。1988 年，日本政府允许外国资本在东京进入场外交易；1989 年，又允许外国证券公司进入东京证券交易所，使东京证券交易所在国际上的地位大大提高。

其二，市场管理自由化。1975 年以后，日本政府逐步放宽对银行和证券公司的管制，允许银行参与证券业务。1987 年 6 月，大藏省允许都市银行、地方银行、长期信用银行、信托银行、信用金库、信用组合从事股票信用买卖业务，使证券市场管理趋向自由化。

其三，证券投资机构化。战后一段时期，个人投资者一直是推动证券交易的主体。但近年来，日本机构投资者购买股票、债券的比重逐年增加。1987 年，机构投资者所占比重已达 50.5%，大大超过了个人投资者。随着证券市场上竞争日益激烈和风险不断增大，机构投资者的地位将进一步上升，逐步取代个人投资者成为证券交易的主体。

伴随着日本经济发展速度的放慢，一方面要求大量的公共投资以刺激经济发展；另一方面由于税收减少，公共投资缺乏资金来源，为了填补这一投资缺口，日本政府势必逐年增加国债发行量，促进债券市场以国债为中心进一步扩大。

香港证券交易所

2006 年，继交通银行和建设银行在香港上市之后，中国银行和工商银行也登陆香港股市。这些大型内地红筹股在香港的上市，给香港股市注入了新的动力。特别是工商银行在内地、香港共筹集资金 191 亿美元，刷新全球首次公开募股的纪录，同时也令香港去年全年首次公开招股集资额超过 3000 亿港元，超越纽约成为全球排名第二的证券市场。

香港交易及结算所有限公司（简称港交所，英文名称为 Hong Kong Exchanges and Clearing Limited）是一家控股公司，全资拥有香港联合交易所有限公司、香港期货交易所有限公司和香港中央结算有限公司三家附属公司。主要业务是拥有及经营香港唯一的股票交易所与期货交易所，以及其有关的结算所。主席为夏佳理，行政总裁为周文耀。目前香港交易所是唯一经营香港股市的机构，在未得财政司司长同意下，任何个人或机构不得持有港交所超过 5% 的股份。2006 年 9 月 11 日，港交所成为恒生指数成份股。以市值计算，眼下香港交易所在亚洲排名第 2 位；以融资金额计算，香港交易所在全球排名第 3 位，亚洲排名第 1 位。

作为一个成熟的国际化市场，香港交易所衍生产品交易较为活跃，产品品种齐全，可满足投资者交易、对冲、套期保值等各项需求。香港目前有期货及期权产品四类。一是股市指数产品系列。包括：恒生指数期货及期权、小型恒指期货、中国外资自由投资指数期货。二是股票类产品。包括：29 只股票期货、31 只股票期权、20 只国际股票期货和 20 只期权。三是利率产品。包括：1 个月港元利率期货、3 个月港元利率期货、3 年期外汇基金债券期货。四是外汇产品。包括：日元、英镑、欧元的日转期汇。

在交易所交易的期权包括 3 个股票指数的期权，即恒生指数期权、小型恒生指数期权、H 股指数期权，以及 37 个指定股票的期权（每个类别期权均包含最高至 7 个不同结算日期的产品，短期期权为现月、下 2 个月及之后的 3 个季月，长期期权为之后 6 个月和 12 个月）。

1973—1974 年的股市暴跌，充分暴露了香港证券市场四会并存局面所引致的各种弊端，1986 年 3 月 27 日，四家交易所正式合并组成香港联合交易所。4 月 2 日，联交所开业，并开始享有在香港建立、经营和维护证券市场的专营权。

1980 年，香港联合交易所有限公司注册成立，经过多年筹备，1986 年 4 月 2 日，四会正式合并，联合交易所开始运作，并成为香港唯一的证券交易所。香港证券市场进入一个新时代。联交所交易大堂设于香港交易广场，采用电脑辅助交易系统进行证券买卖。1986年9月22日，联交所获接纳成为国际证券交易所联合会的正式成员。

经历过多次牛市、股灾，与1998年亚洲金融风暴，香港证券市场渐趋成熟。1999年，当时的财政司司长曾荫权公布，为香港证券及期货市场进行全面改革，以提高香港的竞争力及迎接市场全球化所带来的挑战。建议把香港联合交易所（香港联交所）与香港期货交易所（香港期交所）实行股份化，并与香港中央结算有限公司合并，由单一控股公司香港交易及结算所有限公司（香港交易所即港交所）拥有，当时联交所共有570家会员公司；2000年3月6日，三家机构完成合并，香港交易所于2000年6月27日以介绍形式在联交所上市。

在各地金融市场迈向全球化，市场与市场参与者之间的旧有界限日趋模糊之际，香港交易所为监管规条注入灵活性，并积极支持创设崭新的产品和服务。香港交易所将致力履行本身职权，确保市场公平和有秩序地运作，以及审慎管理风险。无论任何时候，香港交易所都会以公众利益，特别是以投资大众的利益为做事的依据。香港交易所的组织结构，再加上香港证券及期货事务监察委员会的有效监管，令香港市场的运作更趋完善。

目前，集资市场的监管机制已由传统的以监管机构评审为本逐渐转向以披露为本。监管的宗旨在于确保全面公平地披露所有重要事实，让投资者可在充分获悉有关资料的情况下，作出有根据的投资决定。

香港交易所是中国企业筹集国际资金的最有效渠道，香港与其他证券市场的伙伴关系和相互合作对中国也更具意义。综观全球金融市场的发展趋势，香港交易所的发展潜力无可限量。重新整合后的香港交易所的市场架构拥有庞大的资源作为后盾，能够确保香港维持其最重要的市场地位，为市场使用者提供主要对冲与风险管理设施，同时亦提供资金促进中国经济的发展。与此同时，香港在不断向前迈进的精神的推动下，将会发展成为资金高度流通、交易成本低廉的国际主要市场。

伦敦证券交易所

伦敦证券交易所是世界第三大交易中心，也是世界上历史最悠久的证券交易所之一。但又有谁想到它最初是在一个咖啡馆起家的呢？

它的前身为17世纪末交易街的露天市场，是当时买卖政府债券的"皇家交易所"。1760年因吵闹行为被皇家交易所开除的150名经纪人在乔纳森咖啡馆成立了一个俱乐部，买卖股票。1773年俱乐部会员投票决定改名为证券交易所。1802年，交易所获得英国政府正式批准。最初主要交易政府债券，之后公司债券和矿山、运河股票陆续上市交易。此后，在英国其他地方也出现过证券交易所。高峰时期达30余家。1967年，英国各地交易所组成了7个区域性的证券交易所。1973年，伦敦证券交易所与设在英国格拉斯哥、利物浦、曼彻斯特、伯明翰和都柏林等地的交易所合并成大不列颠及爱尔兰证券交易所。各地证券交易所于20世纪80年代后期停止运作。1995年12月，该交易所分为两个独立的部分，一部分归属爱尔兰共和国，另一部分归属英国，即现在的伦敦证券交易所。

伦敦证券交易所（London Stock Exchange，LSE，简称"伦敦证交所"）是世界四大证券交易所之一。作为世界上最国际化的金融中心，伦敦不仅是欧洲债券及外汇交易领域的全球领先者，还受理超过三分之二的国际股票承销业务。伦敦的规模与位置，意味着它为世界各地的公司及投资者提供了一个通往欧洲的理想门户。在保持伦敦的领先地位方面，伦敦证券交易所扮演着中心角色。伦敦证交所运作世界上国际最强的股票市场，其外国股票的交易超过其他任何证交所。

作为世界第三大证券交易中心，伦敦证券交易所是世界上历史最悠久的证券交易所。伦敦证券交易所曾为当时英国经济的兴旺立下汗马功劳，但随着英国国内和世界经济形势的变化，其浓重的保守色彩，特别是沿袭的陈规陋习严重阻碍了英国证券市场的发展，影响了市场竞争力。在这一形势下，伦敦证券交易所于1986年10月进行了重大改革：允许批发商与经纪人兼营，证券交易全部实现电脑化，与纽约、东京交易所联机，实现24小时全球交易。这些改革措施使英国证券市场发生了根本性的变化，巩固了其在国际证券市场中的地位。

作为世界上最国际化的金融中心，伦敦证交所运作国际性最强的股票市场，其外国股票的交易超过其他任何证交所。伦敦证券交易所的上市标准如下：一是公司一般须有三年的经营记录，并须呈报最近三年的总审计账目。如没有三年经营记录，某些科技产业公司、投资实体、矿产公司以及承担重大基建项目的公司，只要能满足伦敦证券交易所《上市细则》中的有关标准，亦可上市。二是公司的经营管理层应能显示出为其公司经营记录所承担的责任。三是公司呈报的财务报告一般须按国际或英美现行的会计及审计标准编制，并按上述标准独立审计。四是公司在本国交易所的注册资本应超过70万英镑，至少有25%的股份为社会公众持有。实际上，如想通过伦敦证交所进行国际募股，其总股本一般要求不少于2500万英镑。五是公司须按伦敦证券交易所规范要求（包括欧共体法令和1986年版金融服务法）编制上市说明书，发起人需使用英语发布有关信息。发行债券一般指通过伦敦证券交易所发行欧洲债券，其要求明显低于股票发行要求。因为债券的市场行情变化一般不取决于发行人的经营表现，而更多的是受利率和通货变动的影响。

外国公司在伦敦证交所上市，一方面打通了全球资本和国际投资界的门户，另一方面必须接受在伦敦上市所带来的责任和义务。这些责任和义务中有一些是伦敦证交所《批准交易规则》和英国上市管理署《上市细则》针对所有上市公司的监管要求。其他则是市场机制本身对上市公司提出的要求和期望，比如分析师、投资者和媒体会关注市场上的每一家公司，并对其表现作出判断。与这些群体的沟通过程，如今通常被称为投资者关系。

来自63个国家和地区的大约500家外国公司在伦敦上市和交易。2000年，伦敦的外国证券交易总额达到约5亿美元。世界上没有其他证交所可与此等数字媲美或在为国际发行者服务方面有如此悠久的历史。超过550家外国银行和170家全球证券公司在伦敦设有办事处，伦敦可为来自世界各地的发行者提供它们的专业技术服务。

伦敦的外国股票交易额始终高于其他市场。这反映了外国公司在伦敦证交所业务中的中心地位——在伦敦证交所交易的外国股票远远超出英国本土的股票，这种情形是独一无二的。在伦敦，外国股票的平均日交易额达到195亿美元，远远高于其他任何主要证交所。伦敦市场的规模、威望和全球操作，意味着在这里上市和交易的外国公司可获得全球瞩目和覆盖。

英国在伦敦上市交易的外国公司来自许多重大行业，从电信、高科技、宇航、到公用事业、消费品、零售、银行、制造业、以及资源开发，其中有不少上市公司是世界各国国有企业民营化的结果。伦敦市场对外国公司的深入了解还有助于为外国公司带来更大的稳定性。在国际经济发生动荡的时期，经验丰富的伦敦投资者能够保持中至远期的眼光，相对而言他们不会因为惊慌失措而抛售所持股。

巴黎证券交易所

2008年8月25日，在国际奥委会全体委员的投票选举中，在莫斯科、纽约和马德里先后出局后，在第四轮投票中，巴黎败给了伦敦，再一次无缘于第30届奥运会。这一消息无疑让市民很受伤。

可不凑巧的是在伦敦胜出消息传出的瞬间，巴黎交易所股票价格随之下跌，CAC40种股票的价格指数下降到4282.75点。建筑业和旅游业股票受到重创。法国酒店集团阿科尔股票指数跌幅1.3%，跌至40.23欧元。万喜和布伊格两家建筑公司的股票也分别下跌至69.25欧元和34.70欧元。这真是雪上加霜，屋漏偏逢连夜雨，让巴黎市民不仅伤心而且伤财啊！

巴黎证券交易所(Paris Bourse/Paris Stock Exchange)是法国最大的证券交易所，1724年正式建立，其经纪人由法国财政经济部指定，共有99人，其中巴黎71人，外省28人。证券经纪人的工作是接受客户买卖证券的委托，掌握买卖双方供求数量和要求的价格幅度，代客户进行买卖，从中收取佣金。

巴黎证券交易所内的证券价格由供求关系决定，官方牌价由交易所业务委员会听取经纪人同业工会的意见后公布。法国从1961年开始，所有交易所实行"单一价格"。巴黎证券交易所发行全国性、国际性和外国证券，7家外省交易所经营地区证券买卖，并划分了各自的管辖区，但有时一种证券也同时在几个证券交易所买卖，标价统一。巴黎所买卖的证券，在官方牌价表上约有经济部门的1300个发行者，其中180多个来自外国。交易所和客户是证券持有者，除其本国法人如保险公司、退休金金库、存款及信用金库、可变资本投资公司、共同投资基金、银行、工业发展局和地区发展公司外，外国人（含外国企业）也持有各种证券。交易所在进行现货交易的同时也进行期货交易，期货交易的绝大部分在巴黎所进行。此外，不属于官方牌价表上的一切证券可以进行场外交易，但只能是即期买卖。

巴黎证券交易所的组织机构主要包括以下几个方面：一是经纪人公会，由法国7家交易所的经纪人组成，属私人机构。二是交易所业务委员会，1967年成立，系国家机构，主席由部长理事会任命，另加国库司的一个成员作为政府特派员参加该委员会。其职责是对有关重大问题（如建立或撤销交易所、修改现行法律章程）提出意见和建议，对一些技术性的问题作出决定。如确定期货交易所需要的保证金数额、决定佣金费率；在征求同业公会的意见后，对准许证券列入官方牌价表或注销上市的证券作出最后决定；向共和国总统递交日报和年报。巴黎证券交易所在世界各大交易所中，次于纽约、东京和伦敦，名列第四。

巴黎证券交易所是法国唯一的全国性的证券交易所。长期以来，巴黎证交所一直以债券交易为主。不过20世纪80年代以来，法国实行了一系列金融改革政策，巴黎证交所的股票和债券发行量大大增加。

巴黎证券交易所以往一直由法国财政部直接管理，1967 年以后改由证券交易业务委员会管理。该委员会作为国家机构，对交易所的交易活动进行监督，并对重大问题作出决定。

1986 年，巴黎证交所开办了金融期货市场，它以债券为主要对象，并从事长期和短期的所有金融商品的交易。自 1991 年 5 月起，巴黎证券市场的结算交割作业全部纳入了电脑系统，交易效率得到了很大的提高。

澳洲证券交易所

北京时间 5 月 4 日上午消息，据外电报道，澳大利亚宣布批准 Chi-XGlobal 在澳大利亚设立第二家证券交易所，为 Chi-XGlobal 成为澳洲的首家外资证交所运营商铺平了道路。

澳大利亚金融服务部部长薛顿与财政部长斯万发表电邮声明称："澳大利亚政府今天发放运营许可证，允许其在澳洲设立第二家证券交易所。澳洲金融市场的竞争对于促进交易所创新、降低市场从业者的交易费用十分重要。"

澳洲证券投资委员会在 3 月宣布了在澳洲设立新证券交易所的审批时间表，以求促进市场竞争并打破澳洲证券交易所在当地股票交易市场的近乎垄断地位。这也是澳大利亚女总理吉拉德领导的工党政府拟将澳大利亚打造成亚太地区金融服务枢纽计划的一部分。

澳大利亚证券交易所（Australian Stock Exchange，ASX）全称澳大利亚证券交易有限公司。澳大利亚证券交易所是根据澳大利亚国会立法《澳大利亚证券交易及国家保证金法案》注册后，于 1987 年 4 月 1 日开业。澳大利亚实际上只有澳大利亚证券交易有限公司一家证交所，其他 6 个州的证券交易所均是其全资子公司。澳大利亚证券有限公司是一个律师管理机构，公司在悉尼设立了一个全国性的秘书处。公司受全国公司和证券委员会监督管理，其最高决策机构是公司董事会。董事会成员包括个人及成员组织，他们一般被称为股票经纪人。ASX 董事会有十位选举产生的股票经纪人董事，加上由这十名董事任命并经公司年会批准的四位非成员董事。澳大利亚证券交易所的会员可以分为两类：自然人会员和公司会员。自然人会员必须组成合伙组织，会员费为：公司会员 25 万澳元，自然人会员 2.5 万澳元。会员申请者必须在申请表中填写有关申请者资金来源，在本行业的经历等。1990年，澳大利亚证交所有95个公司会员。

澳大利亚证券交易所的主要作用是为证券及其相关产品提供并维护一个公正、有效、信息通畅、有国际竞争性的市场，保证投资者及各个公司在产品市场上的信心。澳大利亚证券交易所的主要活动包括提供交易系统、结算清算系统及证券市场调节的管理。澳大利亚证券交易所制定了一系列行为和程序规则，对其成员的活动进行监控，这些都已经写在《澳大利亚证券交易所交易规则》中。任何上市公司都必须遵循《澳大利亚证券交易所上市规则》。

所有的上市公司都已经得到在澳大利亚证券交易所正式上市的许可。申请正式上市的公司必须符合《澳大利亚证券交易所上市规则》中的先决条件。申请时，公司必须向澳大利亚证券交易所提供所需的文件，证明符合《澳大利亚证券交易所上市规则》，并缴纳上市费。澳大利亚证券交易所上市过程可以分为以下四个不同阶段。

一是呈交前阶段：呈交公司招股说明书前的阶段。

二是注册前阶段：呈交招股说明书与招股说明书注册之间这一阶段。

三是注册后阶段：招股说明书注册后到全国上市委员会考虑研究公司申请上市前这一阶段。

四是挂牌前阶段：全国上市委员会考虑申请后到公司证券正式挂牌前这一阶段。

澳大利亚证券交易有限公司各证交所的正式交易时间是：从10月份的最后一个星期六到3月份的最后一个星期六实行夏时制，交易时间为每星期一至星期五，上午10点至中午12点15分，下午2点至3点15分。佩思证交所在下午5点15分到5点45分也营业。从3月份的最后一个星期六至10月份最后一个星期六实行标准时间，阿得雷德、霍巴特、墨尔本和悉尼4个证交所的交易时间为每星期一至星期五，上午9点至11点15分，下午1点至2点15分。布里斯班证交所交易时间为每星期一至星期五，上午10点至中午12点15分，下午2点至3点15分。佩思证交所交易时间为每星期一至星期五，上午10点至中午12点15分，下午2点至3点15分，下午5点至5点30分。

澳大利亚的股票种类很多，主要有：普通股、延期派息股、优先股、优先普通股以及分摊股，最常见的是普通股。在澳大利亚证券交易所上市的公司的经营规模、性质、股东和公司结构都各有千秋。澳大利亚证券市场最重要的投资者是机构投资者，如退休基金、养老基金以及人寿保险公司等。近年来，来自美、英等国的投资者也大量增加。

第五篇
热点篇：与金融大事面对面

第一章

当今经济形势下的货币战争

——了解诸元之战要读的金融学

"棒杀"欧元：做空、再做空

欧洲是对美国的巨大威胁。美国的政治家、战略家，多届美国政府的幕僚布热津斯基多次说过：美元是美国全球战略最重要的支柱之一。欧元想抢班夺权，盘踞于美国的大财团们绝不会轻易放弃美元这个抽血的机器。于是，欧元还没有诞生，美国就开始操纵"金融部队"——对冲基金和投资银行等金融机构，开始了对欧元的打击。对于美国来说，一个势力均衡的欧洲、不统一的欧洲，才能让美国在欧洲获得最大的利益。欧元一旦建立起来，势必对美元体系的霸权产生严重的动摇作用。伦敦—华尔街轴心与德法同盟之间的货币冲突日趋激烈。

无论做多与做空，美国资本的力量牢牢地控制着世界。国际银行家们的梦想就是如何打垮马克和尚未成形的欧元构想，决不能让新德国重建成功。1990 年，英国政府居然不顾伦敦金融城的反对，悍然加入欧洲货币兑换体系（ERM），眼看欧元体系逐渐成形，日后必然会成为伦敦—华尔街轴心的重大隐患，国际银行家于是策划各个击破的打法，欲将欧元体系绞杀在摇篮之中。

欧洲从 1992 年决定欧元启动，到 1995 年欧元启动进入关键阶段，当时为了顺利推出欧元，就要把每个国家的公共赤字都降下来，以达到启动欧元的标准，整个欧盟国家的货币都在紧缩当中。

在 1995—1997 年，欧洲货币对美元却是大幅度贬值，如德国马克贬值了25%，法国法郎贬值了 30%。这背后就是以美国财团为主的做空力量在搞鬼。那些美国大财团很清楚地认识到，如果欧元取代了美元，那么整个世界经济食物链就要被改写，他们的统治地位就会消失，这是美国资本所无法容忍的。于是，从那个时候开始，美国资本就开始对欧元有计划地做空。

第一步是英美经济学界对欧元的唱空。虽然英国是欧盟国家，但是英国没有加入欧元，这恐怕跟英国依附于美国有关。这帮英美经济学家就是美国财团控制的舆论武器，你想想，如果大家都看好欧元，那么美国财团为了自身利益做空欧元是那么容易的事吗？所以，通常大庄家——美国财团在操作前，都会事先通过舆论宣传武器进行所谓符合逻辑的宣传攻势，由那些学术权威出面，才能引导游资做空欧元，起到事半功倍的作用。

任何事物都不会完美无缺，他们首先攻击的就是欧元区的软肋——固定汇率制度。对于欧元的固定汇率制度，欧洲人颇为自豪，他们认为欧元的成功还有一层深远的重大意义，就是在浮动汇率似乎逐渐成为世界潮流的时代，欧元反其道而行之，成为支持固定汇率之中流砥柱，亦可能成为未来真正世界货币之先驱。

什么是固定汇率制度呢？比如，1欧元等于40.3399比利时法郎，1欧元等于1.95583德国马克等。这个兑换标准是固定的，这就叫固定汇率。欧盟的固定汇率被英美经济学界视为非常愚蠢的做法，因为英美经济学界认为浮动汇率才是符合经济运行规律的。经济学家保罗·克鲁格曼先生就有著名的"三悖论"：货币政策独立、固定汇率和资本账户开放三者不能同时成立。比如，欧元区如果实行固定汇率和资本账户开放，那么就没有办法实现货币政策的独立。而这也正是导致现在欧元区债务问题难以解决的重要原因之一。所以，英美经济学界认定：欧元区如果无法控制各国的独立货币政策，那么必须放弃固定汇率制度。

展开舆论宣传攻势的同时，美国财团就开始发动对欧元的做空行动了。1995—1999年，美国互联网蓬勃发展，经济有了新的动力支撑，很多资金看好美国的经济。但欧洲经济被英美经济学家唱空之后，很多资金都对欧元的前景持怀疑的态度，究竟未来欧元是强势还是弱势，大家都不确定，再加上欧洲财政紧缩，机会比较少，在美国财团的带领下资本纷纷撤出欧洲，投向美国的互联网等新兴行业。这就顺理成章地造成欧元的持续贬值。而做空并不意味着一定赔钱，虽然美国股市泡沫四起，但美国财团早就布局，也就成为最大的赢家。资本撤离，欧元持续贬值，缺乏流动性，真的是雪上加霜。

美国财团使出了最厉害的第三招：战争。1999年1月欧元启动，1999年3月24日北约就发动了对南联盟的空中打击，科索沃战争爆发。战争一打起来，欧洲人还当了美国的帮凶，欧元就跟着一直往下掉。

如果欧元长期处于低位，而美元还处于高位，这对美国的经济复苏很不利，因为欧元、美元不正常的比价，使得美国的出口没法复苏，同时进口大量增加，美国逆差增加，美国国内工商业持续低迷。于是美国财团们在互联网热潮大赚了一笔之后，选择了美元的贬值之路，以发行美元来刺激美国的经济复苏。其实对于美国财团来说，世界仍控制在他们的手中，无论做多与做空，他们用资本的力量牢牢地控制着世界。

华尔街一直在慢慢地卖空欧元，建立空头仓位。三个月中，索罗斯们已经吸纳了足够的空头持仓。这其中还利用欧盟可能要救援的消息来做反弹，洗掉了看空的散户。

到了 2009 年 12 月，美联储的货币基数增速忽然从 11 月的 4.29％降到了0.19％。于是 2009 年 12 月 3 日，华尔街开始发力往下砸盘，轰轰烈烈的第一次狙击欧元就这样开始了。

第二次建仓则又是另外一种情况。美联储提前几个月就放出风来，说本·伯南克又要撒钱了，二次量化宽松的规模至少有 5000 亿美元，经济学家、财政金融官员都在激烈地讨论。

欧元闻讯大涨。到了 10 月份，欧元又涨不动了，于是华尔街又在建空仓。到 11 月 3 日，二次量化宽松的方案公布了，6000 亿美元的规模，超过了市场预期。于是欧元突破盘整上冲，很多人跟着就追买进去了。2010 年 11 月 5 日，对冲基金发威，将欧元砸出一根大阴线来。

最近两次狙击欧元的时机很有特点，都是在年底 11、12 月发动攻击。这样有两个好处：一是年底投资者套现的欲望比较强，发现形势不好，容易跟风抛售；二是银行年底的回笼资金也会让机构投资者更倾向于抛售。另外，年底开始狙击，可以让这些国家的年终财政数据比较难看，有利于以后几个月的攻击。

美元、欧元、人民币、日元的四角关系

到目前为止，这个世界仍然在美国大财团的掌控之中，在世界经济的整个大棋局中，美元、欧元、人民币、日元构成了一个四角关系，也构成了国际货币生态系统里重要的四大家族。

虽然美元已经多到这个世界快无法承受了，虽然美元也深陷危机，但美国依然是老大。美元不仅自己遭受到了危机，即使把危机转嫁出去，也只是把世界拖入深渊，然后在浑水摸鱼中，凤凰涅槃般重新获得领先的地位。

次贷危机引发投机日元回流，造成日元持续升值，日本买的美国国债造成了数十万亿日元的巨大损失。欧元会回到历史的低点附近，贬值的欧元，混乱的欧洲，是硬币的正反两面。欧日之间的麻烦可能会把中国卷进来，美国可能会导演中欧日互相攻击。

对于美、欧、日、中四种货币在整个世界中的关系，进行以下分析。

1. 欧洲债务危机中，欧元与美元的关系

欧元与美元是一对冤家，它们两者每一次对抗都是美国财团步步走在前面，无论美元升值还是贬值，美国财团都处于有利地位，是货币战争的常胜将军。

美元的大量发行，不断贬值充斥全球市场，美元贬值造成欧元升值，同时也造成石油、铁矿石等大宗商品的炒作。而欧洲对于石油、天然气的高依赖性，让欧洲在货币升值的前提下，依然出现了高通胀。由于欧洲经济还是以高端制造业为主，持续的欧元升值让欧洲的制造业出口越来越困难，进口越来越多，经济萎靡不振。高通胀与低增长并存，让欧洲经济遭受双重打击。最后美国次贷危机引发全球危机，需求全都下降，给欧洲经济一个致命性的打击。

欧洲经济遭到轮番打击，政府不得不做见不得人的勾当，最终引发了欧债危机。欧洲金融体系杠杆比例比华尔街还要高，欧洲银行的贷款额甚至超出存款额，欧洲投资次贷衍生品远远超过美国，这也是对欧洲经济的致命伤害。

欧元不断贬值，虽然短期造成国内经济不景气，但长期来说对于欧洲的制造业出口是有利的。通过欧元贬值，大量发行欧元，让债务缩减，同时欧债危机造成欧元贬值，购买力下降，带动全球石油等大宗商品需求减少，价格下降。通缩中，欧元贬值，出口增加，未来欧洲经济会缓慢复苏，但丧失了与美国在货币领域的竞争力。

2. 欧元与日元的关系

与欧洲经济类似，遭受了日元升值的打击，国内高通胀与低增长并存。此次次贷危机后，投资美国市场的日元大量回流，这种回流进一步加深了日本经济的负担，为日本经济的复苏蒙上了巨大通胀的阴影。同时，日本手中的巨额美国国债，支撑了美国的过度消费，形成一个日美之间的货币循环，这次却因为美元的巨大贬值，缩水达到数十万亿日元。

所谓名义汇率，就是政府表面上规定的汇率牌价。实际汇率是指按照实际购买力计算的汇率水平。原来1美元=100日元，结果日元升值了，1美元=80日元，那么按照名义汇率的话，假设一辆日本制造的汽车，价值100万日元，原来出口

要 1 万美元，现在出口就需要 1.25 万美元，因此，日本的车自然就不好卖了。

一方面因为日元名义汇率提高以后，可以通过多发票子来购买很多国外的资源，另一方面，国内的物价水平上涨之后，使得同样的东西在日本国内要比国外卖得贵一些，这就造成中国人不愿意把手里的日元拿到日本消费，而是愿意换成美元去美国消费，也减少了日本国内的通货膨胀。

次贷危机爆发后，美国房价持续下降，借出的日元投机资金回流，不断买入日元，卖出美元，日元升值，美元贬值，这样日本持有的美国国债就相当于贬值了，据说达到了数十万亿日元。同时，欧元对于美元的贬值，美元对日元的贬值，也加深了欧元对日元的进一步贬值，欧洲货币竞争力进一步提升，也造成了对于日本国内以出口立国经济模式的打击。

3. 人民币与美元、日元、欧元的关系

作为世界的制造工厂，中国这些年的迅速崛起让世界刮目相看，由于次贷危机的发生，使人民币升值的压力一下子大了起来。美国人、日本人、欧洲人都在说人民币要升值。虽然都要求人民币升值，但是他们的想法却各有不同。

近年来，中国对外贸易一直处于顺差，这种顺差有一部分恐怕是国际热钱借贸易之名，流入国内市场，这其实就很难保证中国的资本账户不对外开放，同时 QFII 虽然不多，但也是一部分外资。另外中国大型国企在中国香港上市，如果未来继续做空其他亚洲市场，港币贬值，港股下跌，同样也会造成国内的热钱撤离。

美国之所以施压人民币升值，是认为中国实行的"盯住美元汇率"政策，使美元贬值的积极效用没能全面发挥，只是"极大地增强了中国企业的出口竞争力，刺激了中国产品的出口"，尤其是 2002 年美元贬值的同时，美国外贸逆差却创出了 4352 亿美元的历史峰值，对华贸易逆差达到 1031 亿美元。实际上美国外贸逆差剧增的原因不在于中国的人民币汇率政策本身，而是美国产业结构调整、对外直接投资扩大、个人消费支出的增长以及美元贬值的 J 曲线效应等多种因素综合作用的结果。

美国最重要的利益是美元。在经济萎靡不振的时期，大家都要赚美元，那么必须打击竞争对手。要求人民币升值，降低中国产品的国际竞争力，打击中国的出口，让中国经济发展速度放缓。

美国虽然也不希望中国强大，但是美国的想法与欧日有点儿不太一样。因为，现在欧洲已经被摆平了，欧元处于贬值的状态，暂时不会出事，这就让美国有了休养生息的时间。但是日本的债务负担非常重，未来日本经济放缓，肯定影响美

国在东亚的战略布局，如果中国趁机崛起，显然会在东亚取代美国，成为经济的核心，这就会对美国形成挑战，直接威胁美元在东亚的地位。

所以，美、欧、日都在等着，都在压迫人民币升值，野心昭然若揭。其中最可悲的就是日本，当年用原子弹炸日本的是美国，逼迫日元升值的是美国，让日本的美国国债打了水漂的是美国，甚至搞垮丰田的也是美国，可日本还要给美国做打手，逼迫人民币升值。

汇率大战，窥视中国金融市场为哪般

华尔街搞货币战争的手法是比较强硬的。如果某国家不从，华尔街就会用"武力"相威胁，如当初华尔街拿苏联恐吓西德和日本，拿朝鲜恐吓韩国。对于一些"乖"国家，华尔街就会用一些政治理念和一些利益诱惑来使它就范，对待俄罗斯，华尔街喜欢讲"市场经济"和"普世价值"，并加以经济上的援助、加入 G8 等进行诱惑。然后国际货币基金组织就会出面，组织西方国家来对它进行休克疗法的"治疗"。同样，对于东亚国家，最后也会面临这样的"治疗"。

在对中国的货币战争中，华尔街基本上还是采用这个套路。但由于中国的特殊情况，华尔街的手法有了一些改变。但威胁利诱仍不在话下，要么人民币升值，要么就进行贸易制裁，然而在对外发展过程中，中国人始终保持清醒的头脑，深知美国人葫芦里卖的什么药。

我国理论界的实证研究表明，改革开放以来人民币汇率的每一次波动，都对我国的进出口贸易、外商直接投资、经济增长率带来不同程度的影响。具体数据是：人民币实际汇率每贬值 1%，我国国内生产总值上升 0.9%；人民币实际汇率每上升 1%，经济增长速度下降 0.12%。这表明，两者的当期效应都不是十分显著，但长远效应还是显而易见的。

人民币的升值会使得外商的投资成本增加，也有可能会使得我国吸收的外国直接投资减少；人民币的升值还会使得对外投资成本降低，并且使得出口面临困境，使得国内的工作机会外流，从而导致本国的产业空洞化。

华尔街经过多年努力，在中国培养了不少思想上亲美的群体，经济上也培养了一些买办，也能在一定程度上影响经济政策。但这些人在中国并不占主流，还不足以让政府制定有利于华尔街抢掠的政策。

其实，我们应该认识到，华尔街要想成功地进行货币战争是需要一定条件的。

首先，要有能够影响目标国政府的政策制定；其次，目标国的财政收支需要出现严重问题，一般是负债严重；最后，目标国资本市场要有严重的泡沫。只要目标国出现社会不稳定的状况，事情也就达到他们的要求了。

当然，这些条件都符合的国家并不多，但华尔街凭借其超强的能力，一贯是有条件要上，没有条件创造条件也要上。虽然华尔街不能让中国制定有利于他们狙击人民币的政策，但随着中国经济的发展，负债率超过平均水平也属于情理之中，2008 以后中国的股市一直较为低迷，所以泡沫很少，而楼市的泡沫很大，中国政府也在努力挤压楼市泡沫。

华尔街狙击完欧元后，使得很多资金流向东亚，如果人民币持续升值，那就会有大量热钱进入中国市场，从而起到吹大泡沫的作用。

其实，美国人清楚人民币升值后对美国来说逆差还是会存在，因为劳动密集型工业产品需要大量的进口，即使不从中国进口也要从其他国家进口。在美国，劳动密集型工业所产生的就业机会也只能提供给偷渡客，这种高强度、低工资的工作，美国公民是不屑去做的。

我们回头看看过去几次美国对别国货币升值的问题，别国的货币升值从来没让美国的贸易逆差减少过，也没有让美国国内的就业机会增加。在货币升值的问题上，美国政府、国会都是给华尔街打工的，在义务地帮老板赚钱。每次逼迫别国货币升值，美国老百姓都没得到什么好处，倒是华尔街赚了大钱。但是，美国政府也是能够得到一定的好处的，例如，如果这次华尔街赚了钱，它也肯定会想办法帮助奥巴马推行他庞大的经济复苏计划。

随着中国政治经济的发展，国际地位的不断提高，人民币升值早已经成为必然的趋势，否则也不符合中国的利益。近几年，在我国大量的外汇储备中，很多都不是我们出口赚的钱，而是国际游资。它们都是看到了人民币的升值前景，因此大量涌入中国兑换人民币。人民银行为了防止人民币汇率被大幅推高，只好自己把这些外汇买了下来。这些外商换了人民币后再存到商业银行里去。商业银行增加这么多存款，就扩大贷款规模，这样就形成了乘数效应。后来，这样的钱越来越多，国内通货膨胀也越来越严重。因为这些购买外汇的钱等于是增发的人民币，如果人民币一直不升值，那么外汇增加多少，人民币就要增发多少。如果中国允许推高物价，从而用通货膨胀的方式使人民币贬值，就会引起严重的社会问题。到了最后，央行终于招架不住，被迫放弃跟美元的联系汇率，开始升值了。2005 年 7 月 21 日，中国央行宣布从即日起，我国开始实行以参考一篮子货币进行调节、有管理的浮动汇率制度。人民币的汇率不再只盯住美元，形成了更富弹性的人民币汇率机制。

人民币升值会使得外币相对贬值，从而使得中央银行持有的外汇储备的价值减少，目前我国持有的外汇储备在 2 万亿美元之上，且其中以美元国债居多，外汇储备贬值的损失就更为严重。同时，本币的升值也会吸引外资的流入，使得外汇储备增加。

面对人民币的缓慢升值，美国实在有点儿等不及了，恨不得人民币马上大幅升值。事实上，美国有些议员非要逼人民币立刻升值 20% 不可，除了为了中期选举外，还有就是华尔街的部分热钱一直在赌人民币升值。而这些热钱是有借贷成本的，每一天的利息都不少，自然等不起。中国这样做，肯定让这些投机客很恼火。中国不愿让这些热钱大赚便宜，于是总是搞些假动作，等热钱外流后再升值。

如果当时这种快进快出赌人民币升值的大多是小基金和小公司，那还不至于让美国国会这么兴师动众。关键在于现在背后的强大庄家是整个华尔街。欧元战争还没打完，就要对付亚洲。东亚的经济龙头是中国，如果人民币一直稳着，其他亚洲国家就觉得有盼头。只有迫使人民币大幅升值，吹大资产泡沫后再一下子打下去，这样才能让其他亚洲国家恐慌和绝望，这样华尔街的钱才好顺利地退出东亚。

美国金融核弹轰炸下的日本经济

克林顿时代的美国财政部长萨莫斯说过："一个以日本为顶峰的亚洲经济区造成了大多数美国人的恐惧，他们认为日本对美国所构成的威胁甚至超过了苏联。"

东亚国家的经济在二战以后的迅速崛起，给伦敦华尔街的银行家们敲响了警钟。日本作为亚洲最先起飞的经济体，无论是经济增长的质量、工业产品出口竞争力、还是财富积累的速度和规模，都迅速达到让国际银行家惊恐的程度。一切可能阻挠和破坏由他们主导的世界政府和世界统一货币的任何潜在竞争对手，都必须严加防范。

二战后的日本以模仿西方产品设计起家，20 世纪 60 年代日本就已经开始在汽车工业中大规模使用工业机器人，将人工失误率降到几乎为零。20 世纪 70 年代的石油危机使得美国生产的 8 缸耗油轿车很快就被日本物美价廉的省油车打得落花流水，使得美国在低技术含量的汽车工业中，逐渐丧失了抵抗日本车进攻的能力。20 世纪 80 年代以后，日本的电子工业突飞猛进，索尼、日立、东芝等一大批电子企业的快速发展，很快就掌握了除中央处理器之外的几乎所有集成电路和计算机芯片的制造技术，在工业机器人和廉价劳动力的优势之下，重创了美国电子和计算机硬件行业。这引起了美国的极大恐慌，美国的产业工人开始担心日本的机器人会最终会抢走自己的饭碗。

当整个日本沉浸在一片"日本可以说不"的喜悦之时，国际银行家们早就为日本金融准备了一场绞杀战。

1985 年 9 月，美英日德法 5 国财长在纽约广场宾馆签署了"广场协议"，让美元对其他主要货币"有控制"地贬值，日本银行在美国财长贝克的高压之下，被迫同意升值。在"广场协议"签订后的几个月之内，日元对美元就由 250 日元比 1 美元，升值到 149 日元兑换 1 美元。

1987 年 10 月，纽约股市崩盘。美国财政部长贝克又向日本首相中曾根施加压力，让日本银行下调利率，通过这种方法，使得美国股市看起来比日本股市更有吸引力一些，以吸引东京市场的资金流向美国。在贝克的威胁下，中曾根屈服了，很快日元利率跌到仅有 2.5%，日本银行系统开始出现流动性泛滥，大量廉价资本涌向股市和房地产，东京的股票年成长率高达 40%，房地产甚至超过 90%，一个巨大的金融泡沫开始成形。

在如此之短的时间内，货币兑换发生剧烈变化，1988 年，世界前 10 名规模最大的银行被日本包揽。此时，东京股票市场已经在 3 年之内涨了 300%，房地产更达到令人瞠目的程度，东京一个地区的房地产总盘子以美元计算，超过了当时美国全国的房地产总值。日本的金融系统已经到了岌岌可危的地步。

1982 年，美国芝加哥商业交易所"研制"成功了股票指数期货。它本是用来抢夺纽约证券交易所生意的工具，当人们在芝加哥买卖对纽约股票指数信心时，不必再向纽约股票交易商支付佣金。股票指数无非就是一组上市公司的清单，经过加权计算得出的数据，而股票指数期货就是赌这个清单上的公司的未来股票价格走势，买卖双方都不拥有，也不打算拥有这些股票本身。正是动用了这一金融武器，才给了日本金融系统致命的一击。

在东京的股票市场上，保险公司是一个非常重要的投资者。当摩根斯坦利和所罗门兄弟公司等一批投资银行深入日本时，"股指认沽期权"当时在日本闻所未闻，而他们手握大量现金四处寻找这样潜在的目标。至今已无法统计到底有多少这样的金融衍生合同在股市暴跌之前成交，这就像是一种无人察觉的"金融病毒"。

1989年12月29日，日本股市达到了历史巅峰，日经指数冲到了38915点，大批的股指沽空期权开始发威。

1990年1月12日，美国交易所拿出了"日经指数认沽权证"这一撒手锏，高盛公司从日本保险业手中买到的股指期权被转卖给丹麦王国，丹麦王国将其卖给权证的购买者，并承诺在日经指数走低时支付收益给"日经指数认沽权证"的拥有者。

高盛公司借用丹麦王国的信誉，对高盛手中的日经指数期权销售起着超级加强的作用，使得该权证在美国立刻热卖，大量美国投资银行纷纷效仿。日本股市再也吃不住劲了，"日经指数认沽权证"上市热销不到一个月就全面土崩瓦解了。从1990年算起，日本经济陷入了长达十几年的衰退，日本股市暴跌了70%，房地产连续14年下跌。

威廉·恩格在评价日本在金融的溃败时是这样说的："世界上没有一个国家比美国从前的敌人——日本更加忠实和积极地支持里根时代的财政赤字和巨额花销的政策了。甚至连德国都不曾那样对华盛顿的要求无条件满足过。而在日本人看来，东京忠诚和慷慨地购买美国国债、房地产和其他资产，最终换来的报偿竟是世界历史上最具破坏性的金融灾难。"

1990年至2000年，日本经济年均增长率仅为1.75%，大大低于同期美国经济增长水平。据日本政府预测，2001年度日本名义和实际GDP增长率，分别为-2.4%和-0.9%，2002年度分别为-1%和零增长，经济形势空前严峻。

与日本企业相似，我国国有企业也存在着管理制度不适应时代要求、缺乏活力的问题。要推动国有企业改革，加快建立现代企业制度，提高微观经济的活力。我国实施积极财政政策要吸取日本的经验教训，做到既能充分发挥积极财政政策的效果，又能防止陷入债务过度扩张的陷阱。要正确把握宏观经济走势，相机抉择财政政策的取向和力度。注意防止把财政资金投入从启动投资需求的带头者、引导者地位拖至主力军地位。加快研究解决制约我国经济发展的深层次问题，要将扩大内需同调整经济结构、深化经济体制改革、增加就业、改善人民生活、促进可持续发展结合起来。要加快金融改革，注重发挥货币政策及其他宏观调控手段的作用。日本的教训告诉我们，一定要坚决转变政府管理观念，处理好政府与市场、企业的关系，减少对微观经济活动的直接干预，防止对市场行为的扭曲。要积极推进政府职能转变，进一步减少政府对企业活动的直接干预。

东亚，理想的货币战争对象

二战之后，东亚国家和地区创造的"东亚奇迹"引起了世人的瞩目。正当人们为东亚模式大唱赞歌的时候，1997 年东亚金融危机爆发了。这场危机沉重打击了东亚人民对东亚发展模式的信心。美国联邦储备委员会主席格林斯潘甚至断言：东亚模式已不再奏效，只有美国风格的自由市场系统才是成功的。

当在墨西哥发生的金融危机余波未平，1997 年 7 月以后，肇始于泰国的金融危机像病毒一样在东亚国家和地区中广为蔓延。先是从泰国传染到东南亚各国，形成东南亚金融危机；再又冲击中国的台湾和香港，后又跨越香港和台湾而波及韩国，形成东亚金融危机。所到之处，币值连创新低，股市巨幅波动。几十年来东亚人民所创造的"东亚奇迹"面临着严峻的考验。

当日本陷入衰退后，由于长期的低利率，货币供应充足，大量的闲置资金从股市和房市中流出，转向东亚其他国家和地区。因为中国制造业的崛起，当地的工业已经有所萎缩，不是合适的投资方向。这些钱过来后还是主攻股市和房地产，倒也在一定程度上促进了当地的虚假繁荣。随着日元的升值，原来的低息日元贷款成了高利贷。于是受援国就要求日本减免债务，或者用美元还债。而日本从来都是对弱者只赚便宜不吃亏的主，自然断然拒绝了这一要求。

这些东亚国家大多采取联系汇率制，也就是说他们的货币都是盯死美元的。联系汇率制是非常容易被狙击的。华尔街 1992 年狙击欧洲货币时，也是因为抓住了当时西欧国家间的联系汇率制这个弱点。当热钱大量涌入的时候，为了保持联系汇率，防止本币升值，所在国货币当局就会出面，大量抛出本币，买入外币。这样一来，就等于这个国家大量发行了很多货币。这些增发的货币和热钱一起流向市场，时间长了就会造成严重的通货膨胀，产生大量的金融泡沫，给货币狙击手们巨大的机会。

一开始，泰国拿出自家的 320 亿美元外汇储备来跟华尔街对打，大败而归。日本资金见势不好，马上撤回国内，但这样做引起了更大的灾难。要是上世纪 80 年代，这些国家和地区还可以向日本银行求助，但从 1990 年起，日本大银行破产了好几家，剩下的也家家都有巨额坏账，不可能给东亚各国政府任何支持了。除了中国外，东亚国家借贷无门。

由于人民币咬着牙不贬值，还在香港跟华尔街坚决抵抗，最后逼退国际炒家。美国人也觉得再打下去会出问题，不如见好就收，也给东亚剩口气，等它们缓过来以后再抢。于是国际货币基金组织开始出场清理，东亚各受害国被迫接受了种种苛刻的条件，这为日后美国热钱的进出提供了更多的方便。

1996年，东亚国家（不含中国、日本）的项目账户上经常有330亿美元的赤字。随着热钱的进入，这些国家1998—1999年有了870亿美元的外汇结余。到了2002年，这些外汇结余达到了2000亿美元。这些钱大部分都用来买美国国债，也就是说又流回了美国国内。

东亚金融危机有两个明显的特点：一是"起病急，病情重"。如泰国，从泰铢暴跌到发生经济萧条仅几个月；二是"传染快，范围大"。泰国的货币危机迅速蔓延到马来西亚、菲律宾和印尼，形成"金融风暴圈"，旋即冲击中国香港、新加坡、中国台湾，再转向东亚的韩国、日本，除人民币与港币外，所有东亚国家（地区）的货币均遭贬值。在极短时间内，一个地区有那么多经济体的货币同时下跌，这在世界上都是罕见的。

中国在亚洲金融危机中的积极贡献是有目共睹的。雷曼公司副总裁罗伯特·霍马茨说，在缓解亚洲金融危机中，中国的表现很负责任，发挥了重要的稳定和建设性作用。中国设法维护人民币汇率，在危机之初就向泰国提供了10亿美元紧急援助，并在地区和国际努力方面也积极合作。如果人民币也贬值，那就会对其他国家的货币造成更大冲击。这些事实显示，中国在国际上的地位得到了加强，但仍然不能低估中国经济面临的挑战，如失业问题、银行体制改革和国有企业改革。中国这个拥有12亿多人口的大国，正在从农业经济向工业经济、服务经济转变，过去的封闭式经济也在加快国际化。这个发展的进程不会一帆风顺，也不是一日之功，中国需要谨记这次东亚经济危机的经验教训，避免这样的危机再次发生。

日元国际化，有利也有弊

20世纪70年代后期，日本经济异军突起，成为国际货币基金组织的第八条款国，从而开始了日元的国际化进程之路。一国货币的国际化，离不开本国经济实力的支撑。在1998年的东亚金融危机之前，日元国际化的进程加速，为日元在国际市场上的自由流动创造了有利的条件。

进入20世纪80年代，日本的经济地位不断上升，成为当时仅次于美国的第二大经济体。日元国际化也开始进入了快速发展阶段，从日元的可自由兑换，到开放资本项目。1980年12月，日本大藏省颁布了新的《外汇法》，实现了日元的可自由兑换。紧接其后，日本加速了金融自由化改革。1984年对外汇交易的两个规则做了修订，其中包括了外币期货交易中的"实际需求原则"，也就是说，任何人都可以进行外汇期货交易，而不受任何实体贸易的限制。第二个是"外币换为日元原则"。企业可以自由将外币换成日元，也可以将在欧洲日元市场上筹集的资本全部带回日本。此后，日本政府又在东京创设离岸金融市场，开放境外金融市场这些改革举措为日元在国际市场上的自由流通创造了条件，有力推动了日元的国际化。

就对日本本国经济的影响来看，日元国际化后，作为一种世界流通的货币，对本国经济有着双重的影响，既有有利影响也有不利影响。

首先，日元国际化有助于日本经济的稳定增长。使日本在国际商业、国际金融和国际投资舞台上能够自由活动，加强其经济活动的主动性和经济安全保障。

其次，日元国际化促进了日本金融业的发展。由于日元国际化的迅速推进，日本国内日元市场不断扩大，外国金融机构纷纷涌入，这使日本从提供银行服务或其他金融服务中取得利益。

但日元国际化不仅仅对日本经济产生了积极作用，在很多方面也产生了不利的影响。主要表现在以下方面。

首先，日元的国际化，境内利率逐步与国际市场上的利率挂钩，随着汇率的波动，外国人手中持有的日元会迅速转换成其他货币，大量的资金会在日本外汇市场上兴风作浪，尤其在日元面临外在压力不得已升值的情况下，不少外国投资者会进一步增加对日本房地产业的投资，以图在日元升值时获得更大的利益。因此，日元国际化会加剧外汇市场的动荡，干扰货币管理当局有关政策的顺利实施。

其次，日元迅速国际化，境外日元急剧增加，对日元币值的稳定也会产生不利影响。20世纪末，欧洲货币市场有相当600多亿美元的境外日元，加上各国官方外汇储备中的日元，日本的境外日元已超过1000亿美元。这是一条巨大的资金游龙，如果日元的国际地位提得过高，日元很可能重蹈美元的覆辙：一方面，过多的日元流向国外，一遇风吹草动，难免发生抛售日元现象，甚至酿成日元危机；另一方面，若日元汇价波动频繁，则可能影响国内价格的稳定。

另外，日元成为世界流通的货币后，对世界经济也产生了重要影响，正所谓"有利也有弊"，日元国际化对世界经济的影响也分为有利影响和不利影响。

其一，有利影响。

首先，日元国际化有利于世界经济的稳定。1999年创立的欧元以将近10年的实践显示出它具有稳定国际货币体系的作用。同样，日元的国际化亦将有助于国际货币秩序的稳定。因为日元的国际化要求日元汇价保持基本稳定，这有助于使国际金融领域向有序化状态发展。随着日元国际化的迅速推进，将提供更多的国际流动资金，以弥补国际储备货币的不足，起到润滑世界经济的作用，使国际货币关系向多中心方向发展，以适应目前世界经济发展的多样化、集团化、区域化的需要。

其次，有利于在亚太地区形成"日元经济圈"。20世纪60年代以来，亚太地区是世界上经济增长最快的地区。随着经济的快速增长，它们对资金的需求会日益扩大，日本则处于提供这种资金的最佳位置。尤其是东京离岸金融市场的设立，使亚太地区国家中央银行的外汇储备和外国企业闲置资金都有可能被吸引到该市场。在这种情况下，东京离岸市场将如同一个不停工作的心脏，日元、美元、欧洲货币单位将像血液一样由这个心脏不断地泵出，最终导致"日元经济圈"的形成。

最后，日元的国际化将促进国际贸易、国际金融、国际投资的进一步扩大，有利于国际储备的多元化。20世纪80年代以来，随着日本金融自由化和日元国际化，日本的短期资金市场及债券市场都有了很大发展。目前，日元已经以它较高的国际信誉和较稳定的币值受到国际贸易和国际投资机构的青睐，它将被越来越广泛地用于国际经济活动中，这不仅会大大促进亚太地区之间的国际分工、相互投资和国际贸易，而且有利于整个国际贸易和国际投资的扩大。日元在各国官方外汇储备中的份额也大大增加，这在相当大程度上增强了国际储备分散化和多元化的趋势，有利于国际利率和汇率的一体化和均衡化。

其二，不利影响。日元国际化将会引起美元、欧元和日元三个货币中心之间新的角逐，使目前美国、西欧、日本之间的贸易摩擦向金融领域转化和深化，从而增大了发达国家间货币政策协调的难度。同时日元国际化将使亚太地区的一些国家在国际金融方面加深了对日本的依赖性。

1997年东亚金融危机后，欧元的诞生给日元带来了巨大的压力，同时日本经济泡沫的破灭大大影响了日本的经济实力，日本转而追寻以区域金融合作为基础的日元国际化新战略。

尽管日元的国际化已经推行了30年，但是在全球范围内，日元并没有能够实现其结算货币、储备货币、交易货币的国际化功能。这一点从日元与美元、欧元的数据对比上就可以看出。随着欧元的兴起、日本经济的急速滑坡，日元国际化的进程在进入2000年后不进则退。我们也可以看到，美元在国际市场上依旧占据着主导地位，而日元不仅与美元，即使与欧元也还有着相当大的差距。尤其是在日本经济地位下滑的背景之下，日元的国际化之路还有很长的距离。

·第二章·

昔日可买一房，今日只抵一瓶酒

——了解通货膨胀要读的金融学

通货膨胀：钱为什么越来越不值钱了

2007 年 6 月康师傅等高价方便面率先提价后，从 7 月 26 日开始，以华龙、白象等为首的中低价方便面价格也整体上调，方便面平均涨价两三毛钱。

康师傅"五连包"涨了 1 元，单袋涨了 0.2 元。根据统一的调价通知，该品牌单袋方便面从 1.3 元涨到 1.6 元，"五连包"和单袋的涨幅分别达到 14% 和 9%。

此轮涨价与成本增长有关。自 2006 年以来，方便面原材料的价格不断上涨，持续到 2007 年上半年，仍无下降趋势。其中，棕榈油从去年均价 4200 元 / 吨，猛增到现在的 8000 元 / 吨，仅此一项，方便面成本即上升 11.12%。而面粉价格上涨也影响到方便面成本使其上升 1.72%。此外，辣椒、马铃薯、淀粉等主要原材料价格都在上涨，综合估算，方便面因原料价格的上涨而导致的成本增加在 13% 以上，有的企业原料成本则上扬 20%。

你会发现，手中的钱还是那么多，甚至比原来多了不少，可是却不经用了。这到底是怎么回事儿？为什么你的钱会越来越不值钱了？要解释这个问题还要从通货膨胀说起。

英国经济学家哈耶克认为，要找出通货膨胀的真正原因，就必须先对通货膨胀的概念进行界定，分清什么是通货膨胀，什么不是通货膨胀。他认为物价上涨是否具有通货膨胀性，关键看其原因何在。如果通货膨胀是货币数量过度增加而引起的，那么货币数量过多是形成通货膨胀的唯一原因。

有个聪明的穷人 A 想挣钱，他在海边捡了一颗石子，说这颗石子值 100 万，想把它卖给了 B，B 知道自己所有的钱加一起也没有 100 万，怎么办，于是向银行借，银行也没有这么多钱，于是把印钞机打开，印了这 100 万，借给了 B 买了这颗石子。

然后 B 开始转卖这颗石子，100 万卖给了 C，由于 A 把钱花了，所以岛上的钱多了，所以这 100 万可以筹集到，多买些产品就有了。但当 C 把这颗石子以 200 万转让出去的时候，钱庄只能又印了 100 万，就这样钞票越印越多。可是当这颗石子不停地流动时，大家并不觉得岛上的钱多，产品价格还是原来的那样。可是当这颗石子不流通或流通得慢时，大家觉得钱多了。可是如果当持有石子的人把它扔到大海里，那就等于岛上凭空多出 N 多个 100 万来，怎么办，央行最害怕的就是这颗石子没了。它没了岛上产品的价格就会飞涨，就会通货膨胀。那么持有石子的人就绑架了岛上的经济。

通货膨胀指在纸币流通条件下，因货币供给大于货币实际需求，也即现实购买力大于产出供给，导致货币贬值而引起的一段时间内物价持续而普遍地上涨的现象。其实质是社会总需求大于社会总供给。

因此，通货膨胀只有在纸币流通的条件下才会出现，在金银货币流通的条件下不会出现此种现象。

因为金银货币本身具有价值，作为贮藏手段的职能，可以自发地调节流通中的货币量，使它同商品流通所需要的货币量相适应。而在纸币流通的条件下，因为纸币本身不具有价值，它只是代表金银货币的符号，不能作为贮藏手段，因此，纸币的发行量如果超过了商品流通所需要的数量，就会贬值。例如，商品流通中所需要的金银货币量不变，而纸币发行量超过了金银货币量的一倍，单位纸币就只能代表单位金银货币价值量的 1/2。在这种情况下，如果用纸币来计量物价，物价就上涨了一倍，这就是通常所说的货币贬值。此时，流通中的纸币量比流通中所需要的金银货币量增加了一倍，这就是通货膨胀。

在经济学中，通货膨胀主要是指价格和工资的普遍上涨，在经济运行中出现的全面、持续的物价上涨的现象。纸币发行量超过流通中实际需要的货币量，是导致通货膨胀的主要原因之一。纸币发行量超过流通中实际需要的货币量，也就是货币供给率高于经济规模的增长率，是导致通货膨胀的主要原因。那么一般在什么样的情况下，纸币的发行量会超过实际需要的货币量呢？

首先是外贸顺差。因为外贸出口企业出口商品换回来的美元都要上交给央行，然后由政府返还人民币给企业，那么企业挣了很多的外汇，央行就得加印很多人民币给他们，纸币印得多了，但是国内商品流通量还是不变，那么就可能引发通货膨胀。

其次是投资过热。在发展中国家，为了使投资拉动经济发展，政府会加大对基础设施建设的投入，那么就有可能印更多的纸币。通货膨胀的实质就是社会总需求大于社会总供给，通常是由经济运行总层面中出现的问题引起的。

其实在我们的社会生活中还有一类隐蔽的通货膨胀，就是指社会经济中存在着通货膨胀的压力或潜在的价格上升危机，但由于政府实施了严格的价格管制政策，使通货膨胀并没有真正发生。但是，一旦政府解除或放松这种管制措施，经济社会就会发生通货膨胀。

当发生通货膨胀，就意味着手里的钱开始不值钱，但是大家也不用一提到"通货膨胀"即谈虎色变。一些经济学家认为，当物价上涨率达到2.5%时，叫作不知不觉的通货膨胀。他们认为，在经济发展过程中，搞一点温和的通货膨胀可以刺激经济的增长，因为提高物价可以使厂商多得一点利润，以刺激厂商投资的积极性。同时，温和的通货膨胀不会引起社会太大的动乱。温和的通货膨胀即将物价上涨控制在1%～2%，至多5%以内，则能像润滑油一样刺激经济的发展，这就是所谓的"润滑油政策"。

从宏观上来讲，普通老百姓对抑制通货膨胀无能为力，必须依靠政府进行调控。政府必须出台相关的经济政策和措施，例如上调存贷款利率，提高金融机构的存款准备金率，实行从紧的货币政策，包括限价调控等。对于我们普通人而言，应该有合理的措施来抵消通货膨胀对财产的侵蚀，如进行实物投资、减少货币的流入等，以减少通货膨胀带来的压力和损失。

通胀预期：临渴掘井还是未雨绸缪

2010年，当中央政府表示希望将CPI控制在3%的时候，社会舆论就开始炒作3%的所谓"红线"，而到了2011年，外界又开始炒作4%的通货膨胀预期。

在我国的CPI统计框架中，33%的权重是食品。2010年2月CPI上涨27%，其中食品上涨62%、住房价格上涨3%，这两个加起来拉动CPI增长1.3个百分点。而在食品类商品中，猪肉价格又占据了较大的比重，因此，CPI涨幅不仅与食品供应量变化关系较大，与猪肉的关系更是密不可分，具有"猪周期"的特征。

CPI3％的涨幅曾经被当作判断通胀是否来临的一道"红线"，CPI 低于 3％还忧虑通货膨胀简直就是杞人忧天。而从数据上看，尽管 2010 年下半年以来一路回升，但到 2011 年 3 月份，CPI 同比涨幅 2.4％，一季度为 2.2％，仍在红线范围之内。因此，面对我们口中的通胀压力，国家统计局的判断是"总体上基本稳定"。而我们对于通胀的感受，却显然没有这么"稳定"。据中国人民银行对中国银行储户的问卷调查显示，储户对未来物价上涨预期指数高达 73.4％，已连续四个季度上升。

为什么现在人们感到恐惧？因为全民都在炒作通胀预期。

通胀预期是一种较为简便的算法，是把前面几年的通货膨胀率相加，再除以年限，实际上就是一个算术平均数。是指人们已经估计到通货膨胀要来，预先打算做好准备要避免通胀给自己造成损害，然而防范通胀的措施本身就会造成资产价格的上升，即对通胀的预期本身就会加快通胀的到来，准备得越充分通胀越严重。

1987 年夏天出现的抢购商品潮，2007 年的股票市场疯涨和房地产价格的大幅上扬，都是通胀预期推动价格飙升的具体案例。同时，通胀预期可能引发甚至加剧经济波动，因为通胀预期对人们的经济行为会产生很大的影响，而这些影响又会使人们作出一些难以理解的行为。

通胀预期是导致通胀的重要原因，但通胀预期往往比通胀本身更可怕。一旦消费者和投资者形成强烈的通胀预期，就会改变其消费和投资行为，从而加剧通胀，并可能造成通胀螺旋式的上升。比如，如果消费者和投资者认为某些产品和资产（地产、股票、大宗商品等）价格会上升，且上升的速度快于存款利率的提升，就会将存款从银行提出，去购买这些产品或资产，以达到保值或对冲通胀的目的。这种预期导致的对产品和资产的需求会导致此类资产价格加速上涨。而这些产品或资产的价格一旦形成上涨趋势，会进一步加剧通胀预期，从而进一步加大购买需求，导致通胀的螺旋式上升。

从一定意义上讲，通胀预期是一种心理预期，不是真正的通胀，但它却能影响人们的消费行为和投资者的市场行为，引导市场供求关系发生重大变化，推动形成实际通胀，进而影响经济和社会稳定。因此，管理通胀预期不能有丝毫松懈和麻痹。

心理预期是影响通货膨胀的主要非经济因素，对通货膨胀起着推波助澜的作用。

具体来看，通胀预期推升通胀压力需要通过两条路径。

一是从投资需求的角度。投资者的通胀预期会使其扩大投资，推动资产价格上涨，进而从源头开始影响最终消费品和服务的价格。

二是从消费需求的角度。消费者的通胀预期会增加消费，消费需求的冲击引起物价上行。可以看出，通胀预期与通胀之间存在自增强效应和放大效应，两者相互鼓励，通胀预期通过传导机制增强通胀的压力，而物价的大幅上涨又会进一步放大通货膨胀预期，加剧通胀的上行压力。所以说管理好通胀预期是当前我国宏观调控的重大任务之一。社会各主体应主动适应政策环境的变化，改变非理性预期，管理好自身的资产和负债，有效配置资金和风险，共同营造良好的经济金融环境。政府利用宏观政策管理通胀预期的手段主要有以下几个方面。

其一，管好通胀预期，应努力消除或减少引起通胀的体制性因素。

继续深化投融资体制改革，关注地方投资的扩张，增强区域政府投融资的透明度，防止出现区域性财政风险。防止和减少各地对金融机构正常经营活动的干预，有效防范金融风险。

其二，应努力增强经济发展的内生性。

继续增加农产品的有效供给，尤其是扶持粮食、生猪、油料、奶业、禽类的生产，同时加强对农产品流通的管理和规范。特别是应注重用经济和法律的手段管好市场，制止哄抬价格、串通涨价、散布涨价谣言等违法行为，保持市场的正常秩序和消费者的理性决策。重视收入分配改革，逐步提高居民收入在国民收入分配中的比重，提高劳动报酬在初次分配中的比重，使低收入群体不因价格上涨而降低生活水平。

其三，应保持融资总量的适度增长。

既要密切关注融资总量的增长，又要积极促进融资结构的调整，推进中国经济资本化的进程，推进利率市场化改革，完善宏观调控机制。应密切关注经济金融发展趋势，把握好不同宏观政策目标的均衡，合理选择政策工具，调控市场中的流动性，保持货币信贷的合理增长。建立更加审慎的金融管理制度，适时调节和防范风险。加强对国际资本流动的监测和管理，防止短期资本的冲击。同时，继续深化金融改革，积极推动金融转型，促进发展方式转变。

当前，我国经济继续保持平稳快速增长，国内外对中国经济增长的信心增强，但与此同时，也面临物价上行的压力。在此背景下，中央强调要更加注重稳定物价总水平，管理好通胀预期，防止经济出现大的波动。政府治理通胀预期的主要手段是实行紧缩性的财政政策，即主要通过削减政府支出和增加财政收入来抑制通货膨胀。

综上所述，管理好通胀预期是当前我国宏观调控的重大任务之一。

货币发行：钞票印得太多必然会贬值

李老头和几个老朋友在一起打麻将。与以往不同的是，以前5张牌一局，现在变成了10张牌。每输一局就是输50块钱，相应地每张牌代表10块钱。现在既然是10张牌，每张牌就只是代表5块钱了。李老头有些不开心，5张牌多好，一张牌可以代表10块钱。现在10张牌了，一张牌只代表5块钱，心理上总有失落感。所以李老头不自觉就说了句：好端端干嘛增加牌数，搞得我每张牌都贬值了！

像故事中的牌一样，当总牌数增加的时候，每张牌所代表的钱数就减少了；在经济体中，如果钞票发行太多，则钞票就会贬值，越来越不值钱了。一般性通货膨胀为货币的市值或购买力下降，而货币贬值为两经济体间之币值相对性降低。前者用于形容全国性的币值，而后者用于形容国际市场上的附加价值。纸币流通规律表明，纸币发行量不能超过它象征性地代表的金银货币量，一旦超过了这个量，纸币就会贬值，物价就会上涨，从而出现通货膨胀。

在金融和经济学中，我们所说的钞票，或者是钱，被叫作货币。货币是商品交换产生之后才产生的，是一种交换媒介。在出现货币之前，人们主要是以物易物的交换，比如一头猪换两袋大米，或者一只羊换两把刀。在物物交换的世界里不会发生通货膨胀的问题，但是物物交换也存在很多问题。比如说，物品不利于携带，一个人要出远门，他不能牵着一群羊或者背着成袋的大米，难以负重。另外，假如一个人只有一把刀，那么他想换别人的羊就很麻烦，总不能让别人把羊宰掉分给他一半，那另外半只羊就不好处理了。正是由于物物交换的许多弊端，逐渐出现了稳定的充当交换物的商品。金属货币大量使用，最理想的就是金银，因为它们容易切割，又容易分清成色和重量，且便于携带，比其他物品具备更多地充当交换媒介的条件。随着经济的发展，更加便携的纸币、电子货币等出现，更大大促进了人们日常的交易。

纸币的出现无疑是货币史上的重要发明，但是不同于金属货币的是，金属本身也是商品，也具有价值，纸币却只是交易媒介，本身并无价值，只是货币符号。因此，为了保证纸币可以随时随地正常充当交换媒介使用，就必须有信用担保，并且要有足额的金属货币，以保证纸币能顺利兑换成等价的金属货币。国家政府信用是最高的信用，因此后来货币就统一由中央银行发行，政府信用担保。但是说到底，政府信用如何，到底有没有足量等价的黄金或者金属货币的保证是无人做证的，货币的发行和政策的制定一般由中央银行说了算，真实情况如何并不为人所知。尤其是现在，各种电子货币大量使用，货币的价值更多地取决于政府信用了。如果政府为了短期或者站在纯政府利益的角度增发货币，则很可能引起流通中货币增加，货币贬值的结果。

　　货币是由一国中央银行发行，有经济发行和财政发行的区别。经济发行是指为了满足商品流通而发行的货币，这种发行流通中货币量与商品总量是平衡的，符合经济发展的需要；财政发行是为了满足财政的需要，弥补财政赤字。流通中的货币量是央行发行的货币量再减去回流到央行的货币量，简单地说就是一直在市场上循环流通的货币。回流到央行的货币怎么解释呢？很简单，就是央行回笼的货币，比如发行债券，则居民将手中的货币换成债券，央行回收这部分货币，不再让其进入流通，流通中的货币量就减少了。

　　货币发行过多会引起货币贬值很容易理解。比如一个经济体里有总产品 Y，货币量为 M，则每单位的货币量所购得的实物产品为 Y/M，现在货币发行量增多，也就是分母 M 增大，那么在分子不变的情况下整个分数 Y/M 的数值就会变小，也就是增加货币量后每单位货币所代表的实物产品减少，相同的钱只能买到更少的产品，也就是货币贬值了。

　　中央银行可以通过三种方式来调节货币的供给量，即改变再贴现率、调整基准存款准备金率和公开市场操作。通常来讲，调整基准存款准备金率对货币流通量影响太过激烈，改变再贴现率也有很大的弊端，所以比较常用的是公开市场操作。如果要加大货币流通量，政府就回购债券，将货币流通到居民手中，居民又拿货币去投资和消费。如果要减少货币供给量，则政府就发行债券，将居民手中的钱回笼，退出市场流通。

　　如果一个政府为了转嫁危机或者获取财富，从而增加货币发行量，使货币贬值，造成通货膨胀，以此敛取财富。同样地，某些世界货币也一样，它们通过增发一定货币，造成纸币贬值，从而敛取全球范围内的财富。比如看这么一个故事：

一个美国人用 10 万美元换成 80 万元人民币，在中国上学和游玩。这期间除了上学之外，他还游遍了中国的名山大川，美好河山尽收眼底。学完以后，他准备回国。此时他花去了近 16 万元，还剩 64 万余元。他又将这笔钱换成美元，此时美元贬值人民币升值，他用 64 万元人民币又换回了近 10 万美元。于是美国人欢乐地回国了，因为不考虑利息和时间成本，他等于是白在中国游学几年！

所以在国际国内道理都通用，货币发行量过多，超过流通中的需求则必然导致货币贬值，广大居民利益受损，而短期内货币发行者则可以获利。但是，货币是由信用担保的，长时间的贬值必然引起信用危机，货币制度也会遭受严峻挑战，如果不加以限制，最终不是导致经济崩溃就是政府崩溃。

历史上也并不是没有先例，解放前国统区就出现过这种大危机，最终共产党赶走了国民党，但是经济还是个大烂摊子，百废俱兴，重新建立起货币制度经济才逐步恢复正常。这里联系到一个有趣的问题，为什么中国不发行大面额钞票呢，比如说 500 面额，或者 1000 面额？解放前的国统区曾发行大量大面额金圆券，最高出现 100 万元 1 张，甚至被百姓拒用。一般情况下，人们出门不会带很多现金在身上，有储值卡或者信用卡即可。一方面大面额钞票更容易出现假钞，另一方面发行大面额钞票主观上会让人增强通胀的预期，很有可能让通货膨胀进一步恶化。

通货膨胀率：怎样衡量货币贬值了多少

通货膨胀程度到底如何，在实际生活中很难去准确衡量。因为经济体里面涉及的商品种类千千万万，没有人能完全统计得清楚。但是就没有办法衡量通货膨胀了吗？当然也不是，既然通货膨胀就是一定时间内物价持续明显上涨的现象，那么显然可以通过价格指数来计算通货膨胀率。

那么通货膨胀率是什么呢？打个比方，如果用气球的体积来表示物价水平，那么在吹气球的过程中气球体积变化的快慢，就是气球膨胀的速度，就是我们所讲的通货膨胀率，即物价上升的幅度。在国内的基础经济学教材上用这样一个公式来表示通货膨胀率：

通货膨胀率 $\pi = (p-p_0)/p_0$

其中 p 表示当期价格，p_0 表示上一期的价格。

通常情况下用三个大家非常熟悉的指标来表示通货膨胀率。

1. 消费者物价指数（CPI）

提到 CPI 没有人觉得陌生，因为它与人们的日常生活息息相关，也是人们茶余饭后关心的问题。消费者价格指数指的是普通家庭对常用商品支出的价格变化，也就是同样一组商品，今天需要花费的钱和过去需要花费多少钱的一个比率。国家每隔一段时间都会公布一次消费者价格指数，如月度 CPI、季度 CPI 及年度 CPI 等。CPI 是国家统计局根据编制的"一篮子"物品的价格统计出来的，篮子里的物品并不是永久不变，而是根据人们生活消费的变化而变化。比如随着时代的发展，有些物品如同火柴逐渐淡出人们的生活，而有些物品如同汽车逐渐走入寻常家庭，于是这些物品都是要根据时代的变化而变化，得出最贴近生活的数据。

CPI 的测算标准是很重要的，曾经美国就出现过商务部和劳工统计局所统计的 CPI 差别相当大的结果。其误差的主要原因就在于当时两个部门在统计 CPI 时所选择的规则并不相同，人们消费结构变化，不断有新产品的发明使用，商务部根据变化采取了新的测算标准，而劳工统计局并没来得及调整，因此就得出了不一样的结果。

消费者价格指数如今是全球各国都通用的一个指数，因为消费品价格基本上是商品的最终价格，能够比较切实地反映出流通中商品对货币的需要量。

2. 生产者价格指数（PPI）

与消费者物价指数相对应的是生产者价格指数。消费者物价指数衡量的主要是最终商品和劳务价格变动情况，生产者价格指数则主要反映生产资料价格的变化，也就是商品生产成本的变化。

为什么有了消费者价格指数，还要有生产者价格指数呢？两者有很重要的关联关系。生产者价格指数主要反映的是生产资料价格的变动，消费者价格指数主要衡量最终消费品价格的变动，但是大家都知道，商家永远只可能转移成本而不可能自己承担成本的，所有生产资料价格的变动都会最终反映到消费品价格上，因此生产者价格指数对预测未来价格变化很重要，这就是其得到重视的主要原因之一。

正常情况下，PPI 和 CPI 的趋势是一样的，PPI 上涨势必会导致 CPI 上涨，CPI 上涨对 PPI 也会有促进上涨的作用，但是同一个季度或者同一个观察期内消费者价格指数和生产者价格指数也可能呈现不一致的情况，比如说 PPI 倒挂，就是有时候 CPI 明明是在降的，但是 PPI 却在上涨。这是怎么回事儿呢？其实也不难理解。因为本期生产资料价格的上涨要到下期才能反映到消费品身上，并不是立即显现的，商品生产的过程有一定的时间差。这里需要注意的问题是当出现这种倒挂时，并不能放心地认为消费者价格指数降下来了，不会有通胀的危险，而是要提高警惕：既然这期PPI在上涨，那么CPI的上涨也不远了，所以要做好防范和准备应对的工作。

3. 零售物价指数（RPI）

零售物价指数指以现金，包括信用卡等形式来支付的零售商品的价格变化情况。零售物价指数与城乡居民的生活支出以及对国家财政收入都有重大关联，直接影响居民购买力和市场需求平衡，是对经济活动进行观察的一个有力武器。

在我国，零售物价指数主要有：零售商品议价指数、零售商品品牌指数以及全社会零售物价总指数和集市贸易价格指数。在美国，商务部每个月都会对全国性企业进行抽样调查，除不包括服务业消费之外，超市里销售的物品和药品等等商品都是调查对象。

零售物价指数是市场价格变动的基本标志，当个人消费增加，社会需求增加，在供给来不及变动的情况下物价上升，导致零售物价指数也上升，随之而来的必然是通货膨胀的压力，为缓和通货膨胀政府需要紧缩银根，利率趋于上升，于是相应汇率也会发生变化，因此许多外汇市场分析人员十分注重这个指数。

消费者物价指数和零售物价指数有何区别呢？消费者价格指数是测量一定时期内城市个人和家庭所消费的商品与劳务的价格变动情况，而零售物价指数则是包括城市和农村居民零售商品的价格变动情况。

通胀的分类：价格上升有多快

从2008年开始，不少上班族发现，虽然每月工资没少，但好像越来越不够花，工资怎么缩水了？与此同时，各种涨声响成一片：粮价涨了，油价涨了，猪肉价涨了，房价更是涨得离谱……这是怎么回事儿呢？一切都是由通货膨胀引起的。

通货膨胀是货币相对贬值的意思。简单地说，是指在短期内钱不值钱了，一定数额的钱不能再买同样多的东西了。比如在以前，8元钱能买1斤猪肉，可是现在却需要13元才能买1斤猪肉。当你环顾四周发现，所有商品的价格都在上涨时，那么，通货膨胀就真的发生了。通货膨胀会对人们的生活产生不利影响，因为辛辛苦苦赚来的钱变得不值钱了——尽管在通货膨胀时，人们往往赚得更多。

通货膨胀可以分为好几类，而且不同的通货膨胀对人们生活以及社会经济的影响也不相同。如果从价格上升的速度加以区分的时候，通货膨胀可以分为以下4种类型。

1. 爬行的通货膨胀

这种通货膨胀率始终比较稳定，一般保持在 2%～3%。有的经济学家认为，当物价上涨率达到 2.5% 时，才叫作不知不觉的通货膨胀，低于 2.5% 都不能算是通货膨胀。

这种温和的通货膨胀不会引起社会的动乱，相反，还会对社会有利，因为物价提高可以使厂商多得利润，可以刺激社会投资的积极性。因此，对社会经济的发展有"润滑"作用。

2. 飞奔的通货膨胀

疾驰的或飞奔的通货膨胀亦称为奔腾的通货膨胀、急剧的通货膨胀。它是一种不稳定的、迅速恶化的、加速的通货膨胀。在这种通货膨胀发生时，通货膨胀率较高（一般达到两位数以上），所以在这种通货膨胀发生时，人们对货币的信心产生动摇，经济社会动荡，所以这是一种较危险的通货膨胀。

3. 超速的通货膨胀

这是一种通货膨胀率非常高的通货膨胀，一般会达到三位数以上，且失去控制。其结果是导致社会物价持续飞速上涨，货币大幅度贬值，人们对货币彻底失去信心。这时整个社会金融体系处于一片混乱之中，正常的社会经济关系遭到破坏，最后容易导致社会崩溃、政府垮台。这种通货膨胀在经济发展史上是很少见的，通常发生于战争或社会大动乱之后。迄今为止，世界上发生过 3 次这种通货膨胀。第一次发生在 1923 年的德国，当时第一次世界大战刚结束，德国的物价在一个月内上涨了 2500%，一马克的价值下降到仅及战前价值的一万亿分之一。第二次发生在 1946 年的匈牙利，第二次世界大战结束后，匈牙利的一个潘戈价值只相当于战前的八十多万分之一。第三次发生在中国，从 1937 年 6 月到 1949 年 5 月，伪法币的发行量增加了 1445 亿倍，同期物价指数上涨了 36807 亿倍。

4. 受抑制的通货膨胀

由于政府对社会经济中存在的通货膨胀压力或潜在的价格上升危机实施了严格的价格管制政策，所以通货膨胀并没有真正发生。当政府一旦松手，通货膨胀就会发生，因此又被称为隐蔽的通货膨胀。

从宏观上来讲，抑制通货膨胀我们普通老百姓无能为力，主要是依靠政府进行调控，出台相关的经济政策和措施，例如上调存贷款利率，提高金融机构的存款准备金率，实行从紧的货币政策，包括限价调控令、严禁哄抬商品价格等。从微观上来说，老百姓自身也可以采取一些措施，以应对通货膨胀。首先，可以努力工作，多赚钱，减少开支，以减轻通货膨胀的压力。其次，可以通过各种理财工具来抵消通货膨胀对财产的侵蚀，但需要针对不同程度的通货膨胀考虑选择投资理财的工具。

温和通货膨胀一般是经济最健康的时期。这时一般利率还不高，经济景气良好。应当充分利用你的资金，分享经济增长的成果，最可取的方法是将资金都投入市场上。此时，无论股市、房产市场还是做实业投资都很不错。一般不要购买债券特别是长期的债券。要注意的是，对手中持有的资产，哪怕已经有了不错的收益，也不要轻易出售，因为更大的收益在后面。

当通货膨胀达到5%～10%的较高水平，通常这时经济处于非常繁荣的阶段，常常是股市和房地产市场高涨的时期。这时政府往往会出台一些政策来调控经济运行，所以投资股市、房市应小心为妙。

在更高的通货膨胀情况下，经济明显已经过热，政府必然会出台一些更加严厉的调控政策，经济软着陆的机会不大，基本上经济紧接着会有一段衰退期，因此这时一定要离开股市。这时财务成本较高，不要贷款买房，也不要投资房产。因为这时的利率较高，所以不妨买进一些长期债券，还要买些保险。

当出现了恶性的通货膨胀的时候，任何金融资产都没有价值，甚至实物资产如房产、企业等都不能要，因为经济必将陷入长期的萧条，甚至出现动乱。对于普通老百姓来说，最好的方法是多选择黄金、收藏等保值物品，以减少损失。

综上所述，通货膨胀的原因有很多种，也比较复杂，比如物价指数提高、经济过热、大宗商品交易价格上升、政治因素等。对于我们普通人来说，关键是如何应对，以减少通货膨胀带来的压力和损失。

·第三章·

资产价格泡沫的国际传播

——了解资产泡沫要读的金融学

泡沫的产生：风起青蘋之末

我们在倒啤酒的时候有这种经验，明明是倒了满满一杯，但泡沫下去以后杯中酒却所剩无几。如果把这充满泡沫的酒当作幸福的寄托，那么这句话就最恰当不过：幸福就像泡沫，脆弱而易消逝。是的，泡沫是酒杯里的酒，只是酒杯的虚假繁荣。

泡沫意味着缺少实体的支撑，泡沫经济则因为虚拟资本过度增长，与虚拟资本相关的交易持续膨胀最终逐渐脱离实物资本的增长，造成经济的虚假繁荣，最终当泡沫破灭时会导致经济崩溃，甚至社会动荡。

1986年12月到1991年2月，这是日本战后的第二次经济大发展时期。随着大量投机活动的全面展开，日本的经济在周边国家一片萧条的背景下开始飞速发展，似乎在瞬间，一个普通的发展中的国家就变成了遍地黄金的富裕之地。1989年日本迎来了投机经济的最高峰，资产价格仍然一路飙升，但是因为泡沫资产价格上升过快而无法得到实体经济的支撑，最终开始出现危机。1991年日本泡沫经济开始正式破裂，日本的经济像一座建立在泡沫上的高楼大厦，在泡沫破裂的瞬间崩塌。

泡沫经济从形成到破裂有一个过程，从1986年12月到1989年高峰之前，都是形成和繁荣阶段，直到高峰之后则开始走下坡路，最终泡沫破裂。因此泡沫经济可分为三个阶段：形成阶段、膨胀阶段以及破灭阶段。

泡沫状态是由于一种或一系列资产在一个连续的过程中陡然涨价，在价格上升的过程中不断引发人们的上涨预期，于是更多的买主又被吸引，更多的买主加入之后更加助推了这种资产的上涨趋势，于是人们在这种疯狂的涨势下很容易丧失判断力，忽略了资产本身的盈利能力，而所有眼光都压在了通过这种资产谋利的方面。然而，没有足够实体支撑的经济是不可能一直持续上涨升值的，随着涨势的逆转，价格最终会下滑甚至暴跌，最后便是金融危机甚至发展成为经济危机。

说到底，泡沫经济的根源在于极度鼓吹虚拟经济，导致虚拟经济对实体经济偏离，虚拟资本的膨胀导致现实经济所能够产生的虚拟价值远低于虚拟资本，最终无法得到支撑而造成经济崩溃。

所谓现实资本，就是以生产要素形式和商品形式存在的实物形态的资本，比如钢铁厂生产出钢铁，织布厂生产出布匹，玩具厂生产出玩具，那些产品是我们能够实实在在看得见摸得着的东西。

与现实资本相对，虚拟资本则主要是以有价证券的形式存在的，如同股票、债券、不动产抵押单等。人们在进行股票债券交易的时候，交易者持相关账户进行交易，虽然是与众多数字打交道，但并未能接触实物产品。

在实物经济的世界里，是不会产生泡沫的。这很容易理解，因为双方是以实物形态为媒介，是等价交换，并未产生不合实物的价值符号。而虚拟资本的运作则不同，它们可以产生大量的超过实体经济的资本。所以一般认为，泡沫经济总是起源于金融领域。

然而，经济是一个整体，尤其是全球经济如此紧密相连的今天，不仅各行各业联系紧密，各个国家的经济联系也非常紧密。不同行业和不同经济体之间的渗透力是相当高的，任何一个环节出现问题都有可能引发全局性的问题。

随着雷曼兄弟破产、美财政部和美联储接管"两房"以及美林"委身"美银，AIG告急等一系列事件的爆发，震惊美国乃至震惊全世界的美国金融危机爆发。这次危机起因于商业银行的次级贷款，在商业银行放出次级贷款之后，又将其转手卖给投资银行，投资银行又将其打包卖给全世界，于是引发了世界性的金融危机。

2008年金融危机印象最深刻的是沿海很多外贸企业破产，很多人失业，导致了一度的返乡潮。随着美国金融危机的影响，中国也迎来了股市的暴跌，2007年股市的大好景象如今只能是刻在股市历史上的一道风景线，让人们记忆深刻的应该是从6000点到3000点的弧线。

由此看来，泡沫经济前期主要是经济的繁荣期，这段时间里大家的感觉都是美好的，因为人人都会从繁荣的经济中获利，大家都感觉自己的资产更多，幸福感更重。股市的利好给投资者带来更多收益，房产市场的景气能让地产投资者更有信心，从事房产经营或者使房东们收入更加稳定，投资者也更乐意投资。金融衍生品会越来越多、越来越丰富，交易也越来越频繁，与此相对应，信用的透支也会越来越严重。然后，这背后确实存在着巨大的陷阱和深层危机。

当股市泡沫破裂，股价大幅振动并下跌，痛失资金的仍是投资者；当房地产动荡，地产泡沫破裂，曾一度居高不下的房价突然下跌，房产投资者们将迎来残酷的寒冬。无论是股市还是地产，无论是其他金融衍生品交易还是任何一个借贷或者保险信用环节发生问题，最终整个大盘必定会受到牵连和影响。而且，以往的泡沫经济现象表明，泡沫经济持续的时间越长，发展的程度越高，牵连的资本体或者行业越广，则泡沫破灭以后对经济、对社会的危害越大、越持久、越深刻。

滚滚而来的资金和资产泡沫

经济泡沫问题古已有之，只是于今为烈。17世纪荷兰的"郁金香狂热"、18世纪法国的"密西西比泡沫"和英国的"南海泡沫"，只要是接触过世界经济史的人都是耳熟能详的。中国古代历史上很少有经济泡沫的记录，如果不是进行严格范畴的界定，那么"洛阳纸贵"也可能是一种经济泡沫。资本主义与市场经济视经济投机为正常理性的行为，因此将经济泡沫无论在广度、频度、烈度上都不断推向新的极致，以致我们今日之生活近乎与泡沫为伍。经济泡沫形形色色，当下人们最为关注的是房市与股市的疯狂，这就是资产泡沫。

在世界经济史上，一国往往因为经济政策不当而导致资产泡沫，而资产泡沫最后引致金融危机的事情屡见不鲜。资产泡沫最容易在股票市场与房地产市场生成，最典型的是日本资产泡沫和金融危机。

1985年，日本土地资产总值是176万亿日元，到1989年达到521万亿日元，四年上升近两倍。东京地价上涨尤为严重，1990年其商业区地价是1985年的2.7倍，住宅区地价是1985年的2.3倍。在地价飙涨的同时，股市价格也急剧上升。日经225股价指数在1985年为13083点，到1989年已上升至38916点，四年上升同样近两倍。"日本奇迹"泡沫巨大，最终幻灭的后果也严重而持久。20年后，日经平均指数还在1万点徘徊，是当年高峰的1/4，日本六个最大城市的平均住宅地价也只是20年前的1/3。

当今世界，凡是以房地产推动经济增长、促进社会繁荣的国家，最后几乎都未能逃过资产泡沫膨胀与金融危机的命运，似乎必然要遭受"摩天楼魔咒"。通常在一国经济上扬过程中，该国政治家或企业家一般豪情万丈，大家都通过兴建摩天大厦来"宣扬国威"。远有1908年纽约胜家大厦、1931年帝国大厦及1974年芝加哥的威利斯大厦；近有1997年落成的吉隆坡双子塔、2004年启用的台北101。这些摩天大厦建成之日，通常差不多也就是泡沫经济破灭、金融危机爆发之时。有经济学家做了苦心研究，发觉"摩天楼魔咒"的灵验程度还不低。舞会有曲终人散之时，色彩斑斓的泡沫也有最终爆破的一天，真所谓"眼见他起朱楼，眼见他宴宾客，眼见他楼塌了"，一个个试图要刺破青天的摩天楼由此往往成为见证轻狂岁月的标志。

1997—1998年的东南亚金融危机，资产泡沫也扮演了重要角色。20世纪90年代后，菲律宾和马来西亚房地产价格在最高和最低时的比率达到了3倍和2倍，泰国和印度尼西亚房地产最高和最低价格的比率分别为1.25和1.32倍，相对较小，但这两个国家房地产的空置率却远较马来西亚高，分别达到了15%和10%，1997年以后不动产供给过剩的现象更加严重。空置率居高不下是房地产泡沫形成的一个显著标志，因为投资者购买房产并非使用，而是套利。

就当前的情况来看，短期国际资本涌入新兴经济体将助长其已经初步形成的资产价格泡沫风险。美欧日等主要发达国家经大幅降息后，利率仍然保持接近于零的低位，而新兴经济体利率均高于发达国家，过多的流动性在全球涌动，特别是欧美发达国家重启第二轮量化宽松政策后，套利资金重新大规模涌入新兴经济体，一些新兴经济体成为短期国际资本（俗称国际游资或热钱）觊觎的对象，包括股市、楼市在内的资产泡沫再一次被急剧放大。

就世界经济史来看，资产泡沫越大，爆破时破坏力也就越大。对于资产泡沫的产生，结果不外乎流动性催生出来的，政治家或金融家吹出来的，还有投资者跟出来的。一个超级资产泡沫的诞生通常都是伴随着宽松的货币政策环境，正是宽松的货币政策，产生过多流动性（就是容易得的钱，是投机资金，是游资），累起泡沫的土壤，播下泡沫的种子。金融资本总是不断争取自己的最大自由，最好不受任何约束与监管，而监管缺失的金融投机则成为资产泡沫酵母。如此，金融投机在低成本资金、高财务杠杆、高债务的基础上，迅速做大一个个资产泡沫。当然，在这个对知识崇拜的时代，经济泡沫的不断膨胀少不了经济学家的帮腔，他们不断撰文表示，资产泡沫有利于激发"财富效应"，如楼价与股价上涨有助于消费者增加开支，股价上升有助企业融资与再投资，更加有利于经济增长。

在资本向新兴经济体大量流动的过程中，有几个特点需要格外引起关注：第一，当前资本流动中有大量短期投机资本（俗称的"国际游资"或"国际热钱"），这为宏观经济管理带来了政策挑战。由于新兴经济体处于复苏的先行者地位，经济增长的前景以及利率上行的可能性引致投机资本的流入，增加了政策管理的难度。第二，银行资本在收缩中。与2007年相比，私人信贷从2008年开始下降，其中2009年借贷为净流出，这与国际银行的去杠杆化有关，2010年估计将下降73%。目前，这种收缩的状况还在保持，特别是小型与信用级别较低的公司的借贷难度加大。第三，新兴经济体内部的资本流动在增加。新兴经济体在2007年的经常性账户盈余成为持有发达经济体大量债权的原因。由于美元汇率的不稳定以及国债收益率的波动，导致当前持有发达经济体资产的收益在下降。

理性繁荣和非理性繁荣

在人类对市场进行了或理论或抒情的狂轰滥炸式的描述后，理性和非理性的边界似乎已经模糊了。找到边界也许并不比格林斯潘在上世纪90年代的决策简单多少，他深邃地洞见了市场的非理性繁荣特质，却不愿用更强硬的货币政策来浇灭市场的热情，不管格林斯潘是不是预见到了这一幕，希勒所预言的泡沫破裂最终还是发生了。

我们一直以殚精竭虑的努力，来试图描绘呼唤金融和市场的理性繁荣。当然，也包括记录非理性繁荣的征候。

在我们的梦中，和金融市场相关的理性繁荣大致有这样一些面容：相信市场的力量，也恰当适时地弥补市场失灵；坚定推进结构改革，也精心设计选择最可行的方案；有战略、勇气、魄力和胸怀，也审时度势，并不冒进；充满远见，高瞻远瞩，也脚踏实地选择最优路径；着力于基础架构的建设，也动态敏锐地捕捉瞬息万变的信息以修正决策和对策……

在经济学不断自我完善的旅途上，"完全理性"已经逐渐被"有限理性"所取代。不过，由于可获信息的有限性与人类情感和行为的缺陷，最为"市场化"的金融市场确实给有限理性的铺陈留下了很多的局限，尤其是当个人、机构的"有限理性"最终聚合为市场的整体理性时，完美的市场模型往往失灵，套利限制就是一个最典型的例子。不过，当人们说起"非理性繁荣"，更多的含义是说价格已远被高估，泡沫已被吹起。人类历史上无数次市场泡沫的堆积和破裂给理性和非理性的争论留下了这样的注解：只要是泡沫，就必然会破裂，这个总会回到均衡点的神奇功能可能才是市场的最大理性。

赚钱之心，人无不有；赚钱之术，人有不有。在中国现今的股市中，庄家有庄家的能耐，散户有散户的招数，这早就不是什么秘密，但结局却总是有亏有盈。可是既然如此，为什么总是有人要甘愿冒赔掉本钱的风险，也要拿出他那一点儿菲薄的收入去股市里"跟庄"呢？无论是机构投资者还是个体投资者，都难以摆脱各种"非理性"因素的影响。即使投资者是在追求一种理性的目标，往往也是难以实现的。亏了想翻本，赚了的还想赚得更多，市场就这样被自我放大、自我增强起来。于是，"社会传染病"也就由此而生。

当人们无法利用掌握的信息进行理性判断时，他们就会依据这些行为模式行事。例如：

在美国的南加利福尼亚，当时人们从全美国四面八方聚集到那儿参与住房的投机。整个美国的报纸长篇地赞美加利福尼亚宜人的气候、美丽的景色以及加利福尼亚人式的生活方式。早晨起来你开始观光，在你到达的第一个街区就会看到在建的大楼，并且随着你的旅程的延续，你看到的会更多。那首老歌总是在你的脑海里萦绕："我的眼睛看到了主的荣耀。"你十分自然地想用"我的眼睛看到了繁荣的奇妙"来替代。

"这是怎么回事儿啊？"你问。我们回答："繁荣。""那么，什么是繁荣呢？"你再问。我们将同样的询问抛向了生活在各个领域中的几十个人，但没有一个人能给我们一个答案。有人告诉我们这是这个国家前所未有的金融及经济现象。我们问这种现象是否可以持续，得到的回答是，正如它不请自来一样，也有可能不辞而别。

从这些发表在19世纪80年代繁荣时期的美国各地报纸上的文章来看，当时的繁荣感觉上是全国性的，因为全国各地几乎每个人都在谈论这件事，而且来自其他州的许多人都涌入南加利福尼亚并参与其中。但没有任何证据表明出现过全国性的事件，人们也不会认为这种繁荣会传递到他们的城市。与这次繁荣有关的文章总是强调这是加利福尼亚的繁荣，对该地区罕见美景和宜人气候的追捧也推动了这次繁荣。

疑惑仍然没有能够完全消除。加利福尼亚是一个广大的地区，宜人的气候遍布该地区的大部分地方，而且在 19 世纪 80 年代，还存在着相当数量的可以用来建造住房的农场和尚未开发的土地资源。但令很多人大惑不解的是，只有加利福尼亚的城市成为独一无二、令人神往的地方，因此也让那里的房子拥有了独特的价值，而且这种价值一直保持到了现在。

那么我们将怎样证明在 19 世纪 80 年代，花如此高的价钱在那里买下一栋房子的合理性？因为就在距离他们房子不远的地方，花同样的钱，可以买到一处很大的农场。从某些方面看，他们的选择当然是正确的：南加利福尼亚城市区今天的地位仍然非常重要——这些地区扮演着社交、文化和经济活动中心区的角色。如果要说当时他们有什么没想到的话，那只是他们没想到 19 世纪 80 年代以后的住房价格竟然会如此之高，如此之快。人们把价格突然上升的原因归于在美国范围内非常意外地发现了像加利福尼亚这样的城市的重要地位，而没有将此归结到繁荣的心理影响方面。正如我们所看到的，确实有一些人好像也知道繁荣的心理学反应。但更多人并不清楚这一点，而且他们本身也没有足够的智慧来对人性的本质作出判断，甚至没能意识到他们其实已经被卷入了一个非常特别的市场心理旋涡之中。这里所说的"他们"就是指那些购买了房产，推动了繁荣的人。

每一场繁荣都需要有一个故事——一个能让人深信不疑的故事，一个能说明价格的上涨是合理的而不是暂时失常的故事。当然，推高市场的整个过程时间那么长，也不是所有人都对这样的故事一直深信不疑。

这种对泡沫真实属性理解上出现的缺失，根本不可能让人们对所接收到的信息作出理性的反应，因为这些芸芸众生在当时的情形下正自我陶醉在观念传染的心情故事之中。这个用来证明泡沫合理性，而且对某些人来说听起来似懂非懂的故事被慢慢地扩散，通过观念传染向四处传播。在一个新泡沫形成的过程中，伴随着把住房描绘成每个人都可以投入的最好的投资项目这个说法，它的传染率很高就是再自然不过的事了。

所以不要轻信现实中的繁荣景象，它完全有可能是非理性且难以持久的。

资产泡沫与银行危机

2001 年 6 月，英国中央银行公布了一份研究报告，开宗明义地概述了目前全球银行业发生的危机。在过去的 1/4 个世纪里，与在此之前的 25 年相比已迥然不同，许多银行危机在全世界陆续出现。

银行业是金融业的主体，在一国社会经济生活中具有非常重要的地位，也关系到广大的民众。银行业危机的影响之大也非一般行业危机可比，它可能会波及一国的社会、经济、政治等方方面面。引发银行危机的往往是商业银行的支付困难，即资产流动性缺乏，而不是资不抵债。只要银行能够保持资产充分的流动性，就可能在资不抵债、技术上处于破产而实际上并未破产的状态下维持其存续和运营。

20 世纪 90 年代以来，世界金融业呈现出起伏动荡的态势。银行危机具有多米诺骨牌效应。因为资产配置是商业银行等金融机构的主要经营业务，各金融机构之间因资产配置而形成复杂的债权债务联系，使得资产配置风险具有很强的传染性。当资产泡沫破灭的时候，银行也会破产。则单个或局部的金融困难就会演变成全局性的金融动荡。

1929 年到 1933 年，美国大约有三分之一的银行倒闭。不同于今日的是，当时并没有存款保险，所以当银行倒闭以后，储户的存款也随之遭受损失，而政府也没有钱来补偿在倒闭银行里损失的存款。另外值得一提的是，存在这些倒闭银行中的绝大多数存款是在繁荣时期赚来的，而这种繁荣也是在信贷宽松的情况下形成的。如果信用扩张的速度没那么快，那么经济的增长就会趋缓，存款获得的回报自然就变少了。换句话说，这些在银行破产中毁于一旦的存款，绝大多数是在破产前的经济泡沫中创造的。

一旦银行倒闭、存款消失，货币供给就会随着存款基础的崩溃而一蹶不振。这么多财富在银行体系中被毁灭，或者说货币供给急剧下降，正是让经济大萧条变得如此严重和持久的原因。

对此，政府必须审慎地对银行进行监管。美国通过了许多相关法案，成立联邦存款保险公司向大众提供存款保险。法律制定者都相信，存款保险可以增强公众对银行体系的信任，进而降低银行挤兑和倒闭的可能性。在银行倒闭的事件中，存款保险能够缓解其对货币供给以及经济造成的负面影响。

如果要让储户避免受到银行的拖累，政府付出的代价将非常高。对某些国家来说，这些财政成本甚至高达国内生产总值的 55%。从 1980 年起，若干国家还经历过两次或两次以上的银行危机，如阿根廷、印度尼西亚、马来西亚、菲律宾、泰国及土耳其等国。许多危机至今还在持续，如阿根廷所发生的银行危机到现在还十分严重。该国政府已经受到严重的债务拖累，无法筹措到足够的资金来偿还公众的存款。储户在辛苦赚得的积蓄受损后，通常都会以暴力回应，因此在 2001 年阿根廷政府就因流血冲突不断而垮台，政治陷入极不稳定的状态。

　　以史为鉴，美国的金融部门很可能会受到经济危机的严重打击。资产证券化或许会把商业银行的风险降至最低。可是，由于 20 世纪 90 年代过度扩张造成的弊病，很可能在未来对金融业造成严重损害。不管这些危机是出自保险业、政府支持的企业还是银行业，政府出于政治的需要都会被迫支出庞大的资金来收拾残局。

　　从美国未来 5 年的发展形势来看，财政赤字会随着税收的减少和财政刺激计划支出的不断增加而日益恶化。在这种情况下，政府救助金融业所付出的代价必定越来越大。前景不容乐观，尤其是考虑到政府在社会保障方面的资金补足后，就更没有轻松的理由了。

　　美国政府采取的观点是必须对银行谨慎地加以规范和监控，这样才能避免银行破产。换句话说，在任何一家银行的倒闭事件中，政府的政策就是干预，把银行储户损失的钱重新归还给他们，以预防银行倒闭的风潮波及其他银行，引起储户的恐慌，避免货币供给紧缩对经济造成损害。

　　目前，在国际货币基金组织的影响下，近 30 年来经历过银行危机的绝大多数国家都以政府财力做后盾，贷款给储户以弥补储蓄损失。不论在银行倒闭前是否存在正式的存款保险制度，各国通常都会执行这一政策。一般来说，如果银行出现危机，而且过去没有正式的存款保险制度，政府就会宣布银行体系的所有存款都会受到政府的担保。多数国家都会这么做以预防银行体系陷入更大的危机，进而防止对银行部门、货币供给及整个经济造成进一步损害。另外，政府在对所有储户提供担保的同时，也承担起相应的义务，对储户在银行倒闭时遭受的损失提供补偿。

　　但是，我们也应该理性地认识到，目前仍然存在各种理由表明银行危机还会不断发生，而且程度也会越来越严重。因为最近几年，当美国经常账户赤字像气球一般膨胀到史无前例的程度时，国际收支的不稳定性还将恶化。只要从美国流出的美元继续在全球泛滥，那么新一轮的资产价格泡沫就一定会如期发生。

房地产崩塌及衍生品泡沫破裂

Ruty 毕业于英国剑桥大学，五年前涉足房地产业。在过去的几年中，由于房地产市场异常红火，房价扶摇直上，贷款政策也异常宽松。在此期间，Ruty 在新泽西州先后对多处房地产进行投资，装修之后再高价转手。但是当房地产市场进入熊市，房屋价格大幅下滑，她已经不再赚钱。她现在持有四套房产，两处是在新泽西，一处在佛罗里达，另外一处在纽约布鲁克林。由于面临按月还贷的压力，这些房产随时都有可能被银行收走。在新泽西出租的房产建于 2002 年，当时的开发商在底层的车库后面又连了一层带厨房和卧室的一居室公寓。这样本来供两房家庭住的公寓可以出租给三户人家。但是最近市政府忽然禁止出租这所谓的第三套公寓，违规者罚款 4000 美元，而且租客必须搬出。由于这个原因，Ruty 的租金收入下降为原来的 2/3，只有 2600 美元，而这栋房产的月供是 4000 美元。纽约布鲁克林的豪宅是 Ruty 最喜欢的，两年前她以 93.5 万美元的价格买下这处房产，装修又花掉 6 万美元。在房地产最红火的时候，这栋房子的价格曾经达到 120 万美元，但也仅仅是曾经而已。Ruty 表示即使卖了这幢房子也不能还清债务。

当时，美国房价上涨不是普涨，各个州之间差异较大，暴涨狂升的主要是大城市的产权公寓以及部分地区的家庭别墅。特殊地区和特殊类型的房屋的暴涨是拉动美国整体房价上扬的重要因素。纽约、芝加哥、旧金山、波士顿等大城市最近几年豪华公寓的价格上涨幅度都在 100% 以上，纽约曼哈顿地区豪华公寓平均价格上涨幅度达到 153%，其中一些新开发区域的公寓价格更是暴涨 318%，而数量是豪华公寓好几倍的合作公寓售价在四年里仅上涨了 36%。夏威夷州、加利福尼亚州、佛罗里达州等风景旅游区集中的八个州 2005 年房价涨幅均超过 20%，而位于南大西洋的北卡罗来纳州、佐治亚州、南卡罗来纳州以及西弗吉尼亚州涨幅不超过 10%。

美国的次贷危机开始于房价下跌，然而房价下跌仅仅是次贷危机的导火索，或者说是压死骆驼的最后一根稻草，并不是次贷危机的根本原因，次贷危机从本质上讲是一种泡沫的破裂。

泡沫就像一个幽灵，在最近 30 年游荡在地球村，骚扰着不同的人家，几乎当今世界所有主要的经济体都曾吃过它的苦头。泡沫破裂的故事在当今世界经济中可谓愈演愈烈，正如现任美联储主席伯南克所言："从 20 世纪 80 年代起，主要工业国家均经历了股票和房地产价格'泡沫兴起—泡沫破灭'的多个显著周期，全球金融体系不稳定性明显的增加。"

在次贷危机之前，人类历史上有九大著名的泡沫，最早的当属17世纪的荷兰郁金香泡沫。"房地产泡沫"就是资产泡沫的一种，它是以房地产为载体的泡沫经济。一般是指由房地产投机引起的房地产价格脱离市场基础价格的持续上涨现象。通常表现为在经济繁荣期，地价飞涨形成泡沫景气，但到达顶峰状态后，市场需求量急剧下降，房价大跌，泡沫也随之破灭。因为建筑产品系劳动产品，其价格相对比较稳定、比较容易判别，所以房地产泡沫实质上是指地价泡沫。地价泡沫则是指土地价格超过其市场基础决定的合理价格而持续上涨。

根据经济学的解释，房地产泡沫是由于虚拟需求的过度膨胀导致价格水平相对于理论价格的非平稳上涨。泡沫过度膨胀的后果是预期的逆转、房屋的高空置率和房价的暴跌，即泡沫破裂，它的本质是不可持续性。

房地产泡沫的存在意味着投资于房地产有更高的投资回报率。在泡沫膨胀期间，大量的资金集聚于房地产行业，投机活动猖獗。而一旦这个泡沫破灭，经济和社会结构就会失衡，而且极易带来金融危机、生产和消费危机以及政治和社会危机。

就像历史上所有的泡沫一样，是泡沫就有破灭的那一天，只是或早或迟的问题。从2004年开始，美联储开始不断调高基准利率，次级房贷的利率也不断水涨船高，低收入家庭承担的利息越来越重，还款的压力越来越大，终于开始不堪重负——很多低收入的家庭开始选择违约。从2004年开始，次级按揭贷款的违约率不断攀升，次级贷款"高风险"的一面开始显露出来，而且人们渐渐发现次级贷款的违约率比当初预想的要高得多！这个信号传导到次级债券市场便是"次级债券的基础资产出现了问题——流入资产池的现金流将大大低于预期"。一时间，次级债券的价格暴跌，接着是发行次级债券的贝尔斯登等公司的股票价格暴跌，然后是投资者对整个美国经济前景的担忧，继而是美国整个金融市场的大动荡，巨大的房地产泡沫一瞬间破灭并且消失在空气中。

·第四章·

谁在"爆炒"股票市场

——了解股指背后的热钱要读的金融学

"野狼群"来自何方

在弱肉强食、狡诈冷酷的金融市场，只有像狼那样善于伪装、善于"猎捕"，才不会被其他的强者猎食。在当今水深火热的国际金融市场，热钱狼群是真正的强者。它们的正式名字叫"对冲基金"，是一种新的投资模式的代名词，起源于上世纪60年代初的美国，是基于最新的投资理论和极其复杂的金融市场操作技巧，充分利用各种金融衍生品，进行高风险、追求高效益的投资模式。

热钱野狼是怎样产生和出现的呢？

自20世纪60年代在中美洲的加勒比海诞生以来，对冲基金在那个只有阳光、海滩、烧烤的地方享受着美好的日子，过着没有监管者，没有规矩，只有"狼族"的无拘无束的生活，它们的一切行为都不受任何国际机构的任何监管。它们常年隐藏在暗处，其投资操作神秘不定，显露于明处的目标，往往使得它们几乎每次都是战无不胜。

这其中最著名的例子便是乔治·索罗斯，在这个拥有美国籍的犹太货币投资家身上，充分体现了犹太商人的精明和狡猾。他是一个不折不扣的"金融天才"。从1969年建立"量子基金"至今，他创下了一个又一个财富奇迹，平均每年35%的综合成长率，让所有的投资专家都望尘莫及。他成为美国金融界真正的一匹"领头狼"。但是他的成功不是一蹴而就的，而是从前辈的经验和残酷的国际金融市场中历练出来的。一场又一场的金融风暴，使这些投资家练就了严格的行为准则和极其敏捷的行动力，形成了真正的"热钱野狼群"。

乔治的父亲是一名律师，他对乔治的影响是巨大的，从小就使乔治懂得了自尊自重、坚强自信。童年时代的乔治在各方面表现都很好，是各种活动的常胜将军，但是这种生活没有持续多久，随着纳粹的侵略，乔治一家人开始了逃亡生涯。正是这段最艰难的日子，锻炼了乔治的狼性生存法则，使他从生死危难中学会了生存的技巧，这些经验对他以后的投机生涯有很大的帮助。

17岁的乔治来到伦敦，对伦敦的美好想象彻底破灭了。伦敦很美好，但那是富人的世界，并不是穷人的。他只能靠打零工维持生计。为了改变自己的命运，乔治考入了伦敦经济学院。毕业后，由于一次偶然的机会，进入了银行，他的金融生涯也由此拉开了序幕。乔治非常喜欢这个工作，并且很快就成为一名在黄金股票套汇方面很有专长的交易员。这时伦敦已经不能满足日渐成长的乔治，他决定到世界最大的金融中心——纽约去闯一闯。于是，他带着仅有的5000美元来到了纽约。在朋友的帮助下，他进入了梅叶公司，专事于黄金和股票的套利商。经过调查，他发现，由于安联股票和不动产业务上涨，其股票售价与资产价值相比大打折扣，于是他建议人们购买安联公司的股票，当时，只有摩根担保公司和德雷福斯购买了大量安联公司股票，其他人并不相信。事实证明乔治是正确的，安联股票的价值翻了三倍，乔治也成了知名人物。随后，他在知名的大公司做过分析员、研究部主管，但是乔治并不满足于这样的成就，他成立了自己的公司。多年的历练，乔治已经成为华尔街的名人。

热钱军团的"野狼"们是在过去二三百年来残酷的国际金融市场中历练出来的精英中的精英，在他们的祖父、父亲和他们自己的一场场血与火的生死大战中，已经形成了极为强大冷酷的神经，极为严格的行为准则和极其敏捷的行动力，并成为狼的基因代代相传。

你不要不服气，因为狼们都是经历这个过程的，他们在投资者的每一个成长阶段，都有过同样的经验和教训，因而面对每个市场信号和舆论时，他们对散户的每种心理反应和操作行为都了如指掌。所以，现在"羊群"和牧羊人首先要做的第一件事就是学习，了解狼性，了解热钱之性，从而群策群力找到对付狼的方法，否则永远只能是狼的猎物。

第二次大战时，世界资本的狼王军团之间正惨烈地厮杀。在推动国际经济和金融一体化后，那些聪明的狼开始考虑合作，组成越来越大的热钱军团，开始对全世界的"羊群"进行打劫，在这些羊群中就包括中国的香港。香港在"野狼群"

的洗劫中,经济几近崩溃,要不是在中国政府的经济支持下,帮助香港全力阻击"野狼群",香港所遭遇的这场洗劫在所难免。之后,这场对新兴国家市场的"洗礼",逐渐指向发展迅速的中国,一场巨大的热钱战役已经瞄准中国市场。野狼军团早已做好全面部署,随时准备向中国挺进。对于这些野狼群,他们可以说是无所畏惧,如果说有的话,那就是当时任美联储主席的格林斯潘。

在市场中摸爬滚打30年的格林斯潘,是最了解狼性的人,但格林斯潘的话从来都是模棱两可的,其中意味深长,难以琢磨已经成为他多年来在金融界一贯的说话风格。尽管如此,依然没有人敢忽略他说的每一句话。这个精明的老头儿对金融界的影响是任何人都不能忽视的,于是他的每一句话,大家都竖着耳朵以期望能够听出其中的意思,他不会给狼任何明确的撕咬的目标和机会。对付这些具有高度警觉的"狼群",他有着自己的一套方法,那群"狼"一打盹,就立刻制造声响,震醒他们,让他们永远得不到安眠。时间长了,就使"狼群"在疑神疑鬼中神经衰弱。然而只有格林斯潘才能够制止"狼群",因为他手中握有世界上最强大的"打狼棒"——世界主要交易和储备货币的汇率及利率的决定权。

在美国,因为有着格林斯潘的影响,使得每次热钱行动都和美联储和美国财政部保持高度默契。当"狼来了"的声音不断在中国回响时,"野狼群"已经面向中国,蓄势待发,提防热钱在中国兴风作浪的部署迫在眉睫。

暴风雨前的宁静:热钱掣肘

中国外汇储备猛增,凶猛的热钱正在涌入中国。一般来说,某个国家或地区的经济形势在符合下列两个条件时就会导致国际间热钱大规模流入:首先是短期利率正处在波段高点,或还在持续走高;其次是短期内本币汇率蓄势待发,并且伴有强烈的升值预期。中国及其他亚洲国家和地区恰好满足上述条件。面对重重防线,热钱又是如何进入中国的呢?

"热钱"是一些商家为追求高回报,低风险,在国际金融市场上迅速流动的短期投机性资金。换言之,投机商博彩的筹码就是"热钱"。而中国现行的固定汇率制度和美元的持续贬值造就了热钱进出的套利机会。

从2009年开始,热钱流入中国就有加速情况,但当时海外银行普遍处于"惜贷"状况,因此当时全球流动性并未得到完全释放,还处于蛰伏状态。随着经济复苏与乐观情绪蔓延，这种状况出现逆转。中国现在所面对的才是真正的海外热钱冲击。同时，由于热钱对人民币升值预期，股市和楼市上升的预期，这种预期产生了一种推动作用，这些领域也成为它的主要瞄准的对象和目标。

目前热钱流入中国的渠道有 30～40 种之多，其中贸易信贷、短期信贷、FDI 以及地下钱庄等构成了热钱流入中国的主要渠道。第一，虚假的贸易信贷。在这一渠道中，国内企业与国外的投资者可联手通过虚高报价、预收货款、伪造供货合同等方式，把境外的资金引入国内。第二，外商投资进行增资扩股。外商投资企业在原有注册资金基础上，以"扩大生产规模""增加投资项目"等理由申请增资，资金进来后实则游走他处套利。在结汇套利以后要撤出时，只需另寻借口撤消原项目合同，这样热钱的进出都很容易。第三，收入转移。通过不同地区间进行汇款等货币转换方式进行跨地区操作，从而使大量热钱"自由进出"。第四，地下钱庄。地下钱庄是外资进出最为快捷的方式。假设你在香港或者境外某地把钱打到当地某一个指定的账户，被确认后，内地的地下钱庄自然就会帮你开户，把你的外币转成人民币，根本就不需要有外币进来。此外，货柜车夹带现金以及赡家款等都是热钱的流通渠道。

甄别热钱以及确定热钱的数目大小并非易事。因为热钱并非一成不变，而且流动隐秘，一些长期资本在一定情况下也可以转化为短期资本，短期资本可以转化为热钱，关键在于经济和金融环境是否会导致资金从投资走向投机，从投机走向逃离。

"热钱"不得不防，热钱大量进入，会加大外汇占款规模，影响货币政策正常操作，扰乱金融体系的正常运行，加剧国内通货膨胀的压力。泰国在 1997 年前奉行高利率政策，大量"热钱"涌入；泰铢贬值后，"热钱"迅速逃逸，使泰国的经济大厦轰然倒塌。

对于以赚取人民币升值、房价上涨等超值收益的境外资本而言，中国房地产市场无疑具有相当大的吸引力。权威部门官员曾表示，外资进入我国房地产市场，由于方式隐蔽，在账面上的表现似乎并不明显。但是通过对典型案例的解剖来看，确实有违规信贷资金进入房地产领域。

中央出台楼市"组合拳"，全面打压了房价过快上涨，但楼市调控采取的对三套房停贷和上调首付款比例等方式，压缩的是房贷，并没有压缩可以全款买房的游资。在这样的预期下，游资购买房屋则会把预期透支并转嫁给开发商。

这样的地产调控使得开发商的资金异常紧张，造成民间融资利率暴增，游资在房地产领域的作为是给开发商放高利贷，而这样的放贷还隐藏在买方里面以此确保资金的安全和高利贷的利益，因为高利贷虽非法但是对于购房的消费者却是大力保护的。因此这次调控游资不是撤离房市而是大举进入房地产，借着调控的资金紧缺谋取更高的利息收入。每一次的调控都是高利贷游资赚钱的好机会。

中国金融行业的贷款门槛非常高，尤其是商业流通领域的贷款，企业要进行贷款需要完善的资料就能有几百页，而繁复的审贷工作，使完成最正常的程序也要一个月以上。但对外贸企业来说，接到订单后就必须立即投入紧张的生产，而短期内对资金的需求，能够在短时间内放款的只有游资的高利贷是可行的路径。

游资的放款主要根据的是信用，在快速贷款需求下实际上就算有抵押物也是难以抵押操作的，因为即使是你拿着房产证要证实证件的真伪办理抵押登记的时间也不允许。游资实际上是中国金融市场唯一的信用贷款者，对于资金不足的外贸企业而言，正规的渠道根本不可能取得贷款，游资则成为最好的解决办法。

游资通过控制供销实际控制了商品，这样的行为起到廉价囤积大宗商品的目的，真正的储存商品往往费用很高，但通过对渠道进行控制却可以达到以低成本博高利润的目的。

截至 2010 年 11 月 15 日，国内商品期货市场收盘，郑商所棉花期货主力合约 1105 已经连续四天大幅暴跌，收盘价格已经较 11 月 10 日创出的历史高位 33720 元每吨跌落 5600 元，跌幅超过 16%。与棉花同命相连的白糖期货同样从较高位下跌 15% 以上，尽管"棉花糖"联袂冲击历史新高的行情已告一段落。但游资的炒作等因素直接导致棉花和白糖价格翻番，并带来 CPI 的上涨，从而加剧通胀等因素。从 2009 年 10 月份开始，棉花涨价就势不可当。2009 年 10 月份棉花价格 12000 元一吨，而现在每吨棉花的价格近 24000 元，1 年之间价格已经翻番。一年多前白糖市价一度维持在 2700 元 / 吨的水平，2009 年底突破 5000 元 / 吨。目前，糖价相较去年同期上涨 70% 以上。

中投顾问食品行业研究员周思然认为，各种农产品一路飙涨，导火线是南方干旱及北方低温等天气灾害引发的减产问题，而游资则利用一些农副产品季节性强、地域性显著、产量小等特点进行炒作，进而推高价格。

"燃烧"的钱，最终会灼伤经济

热钱具有高收益性与风险性、高信息化与敏感性、高流动性与短期性和投资的高虚拟性与投机性的特征。海外大量的投机资金会以各种方式向新兴国家或地区输入大量资金，人为制造或做大经济泡沫，在泡沫行将破裂的关键时刻迅速撤资，获取丰厚回报，转嫁危机，影响输入国的经济稳定。

首先是热钱进来对经济造成推波助澜的虚假繁荣。从我国目前的情况看，热钱在赌人民币升值预期的同时，乘机在其他市场如房地产市场、债券市场、股票市场以及其他市场不断寻找套利机会。

其次是热钱大量进入，加大外汇占款规模，影响货币政策正常操作，扰乱金融体系的正常运行，加剧国内通货膨胀的压力。2004 年全年基础货币投放达到6600 多亿元人民币，按照测算大约 1000 亿美元的热钱流入，就有 8000 多亿元人民币，因此，仅仅热钱流入就超过了全年的基础货币投放额。这迫使央行在公开市场大量运用央行票据强行冲销，仅 2004 年央行就发行了近 1.5 万亿元票据对冲，这大大增加了央行的操作成本，同时也使得我国货币政策主动性不断下降，货币政策效果大打折扣，增加了通货膨胀的压力。

再次是热钱流入，人为加大了人民币对外升值的压力。我国现行的汇率体系以及美元持续贬值，才能吸引热钱进来。因此，只要人民币升值预期不变，随着流入热钱的增多，人民币升值的压力就会越大。

最后是热钱的流出，也同样会使经济剧烈波动。随着美联储的连续升息，美元利率提高增强美元吸引力，加上对人民币升值预期不确定性增加，如果热钱大规模迅速流出，就会使一些投机气氛较大的市场价格大幅波动，如房地产价格迅速回落、债券价格以及股票市场大幅震荡等。

海外"热钱"的逐利行为，不仅会进一步加剧我国国际收支不平衡的状况，也会使我国流动性过剩的问题更加恶化，增加中国资本市场的不确定因素，甚至可能引发金融风险。

由于目前中国经济前景仍然看好，可以预期海外"热钱"的涌入将不是一个短期行为，其中的风险将会逐渐积累。当前要构筑好国内经济安全的"防火墙"，不能任由境外投机资本侵蚀我国经济安全，干扰国内经济稳定。

政府工作报告在论述从紧的货币政策时，已明确指出要"加强跨境资本流动监管"。看好国门，就决不能允许国际短期资本（一年及以内）"说来就来，想走就走"。急需加强监管、加大打击非法跨境汇兑力度，制定可操作的有效方案，及时查堵海外"热钱"的流入通道。监管层要非常坚决地对国际游资进行严格管制，多个部门协调、共同合作，加大对国际资本流入的控制。

近年来海外"热钱"在投机中国的同时，还伴随着一边"唱空"一边"抄底"的"惯用手段"。无论在楼市还是在股市，都能找到一些生动的案例。对于这种投机"双簧"，应密切关注和研判这一动向，在参考这些论调的同时，应该保持独立的判断，不可人为地为海外"热钱"创造"抄底"的机会。

热钱对经济造成的影响，一方面会对进入地区的经济发展起到刺激投资的正面作用；另一方面太多的热钱将会给该国带来通货膨胀、汇率剧烈波动、泡沫迅速扩张等负面影响。当热钱套利机会变小，如本币币值上升时，热钱就会迅速撤出，从而引起本国金融市场的剧烈动荡。这方面，亚洲金融危机可谓是前车之鉴。

近年来，借助美元贬值趋势、国际政治局势动荡、油价和大宗资源品价格高企，主要由私人资本构成的热钱所从事的投机活动愈演愈烈。

国际投机资本的流动具有极强的投机性、无序性和破坏性。目前，美国有1万多只共同基金拥有近4万亿美元资产，8000多只对冲基金拥有近1万亿美元资产，"迄今为止，不少新兴市场国家均被美国投机基金所攻击，使这些国家陷入严重的经济金融危机"。而后，国际垄断资本还会收拾残局，廉价收购金融机构。亚洲金融危机后，危机爆发国金融机构和企业倒闭、破产成为普遍现象。国际垄断资本得以低价收购东南亚国家的金融机构和企业，而后者此时已无讨价还价余地。可以说，近30年来，每一次金融危机发生后，热钱都得到了长足的迅猛发展。

世界银行年度报告2006年《全球发展金融》指出，尽管油价高企、全球利率上调、全球国际收支不平衡日益严重形成了种种不确定性，但流向发展中国家的私人资本流量仍然出现急剧上扬。2005年流向发展中国家的私人资本净流量达到破纪录的4910亿美元，驱动因素是私有化、企业并购、外债再融资以及投资者对亚洲和拉美地区本币证券市场的强烈兴趣。世界银行首席经济学家、主管发展经济学的副行长弗朗索瓦布吉尼翁警告说："这将对发达国家和发展中国家如何保持经济增长和金融稳定构成了难以应付的挑战。"

尤其是对于热钱中最具代表性的投机资本——对冲基金，香港署理行政长官许仕仁在出席"第31届国际证券事务监察委员会组织周年大会"时，对此表示了强烈担心，"过去数年，大量流动资金流入新兴市场包括经济增长最快的亚洲市场，从而获取较高的投资回报。一旦低利率周期结束，资金流向新兴市场的趋势亦会急剧逆转"。在他看来，经过金融风暴之后，尽管市场监管已经有所改善，但衍生工具及对冲基金对市场的影响仍然值得关注，"自亚洲金融危机后，对冲基金的资产已增大到 1.5 万亿美元"。

而且，热钱的危险性和复杂性不仅在于它强烈的逐利色彩。事实上它还是国际垄断资本在金融全球化过程中大肆扩张的重要手段，比如美国金融霸权中，进行资本对外扩张、实现其高额垄断利润的重要方式，就是热钱组成的投机资本的冲击。

热钱加速流入中国

美国量化宽松政策导致全球流动性泛滥，热钱加速流入新兴经济体，而人民币加息和升值预期更吸引热钱重返中国。

截至目前，中国唯一获得官方委托调查地下钱庄活动的学者黎友焕，通过对全国 100 个地下钱庄的监测，发现 6500 亿热钱通过五大路径暗度陈仓 30% 或流入股市。30%！即便是对于一直跟踪地下钱庄的黎友焕，这也是一个惊人的数字。据他监测，11 月短短 15 天内，通过地下钱庄流入国内的热钱，比 10 月整个月暴增 30%。事实上，监测数字的变化从 8 月开始。黎友焕的记录中，9 月热钱流入比 8 月增加了 17% ～ 18%，10 月比 9 月又增加了 23% ～ 24%，理财周报推测 11 月，如果按照现在的热钱流速，很有可能比 10 月翻倍。

一般来讲，通过地下钱庄流入内地的热钱几乎都来自香港地区。在有关部门的统计中，目前囤积在香港蓄势待入的热钱，可能已经高达 6500 亿港元。而这仅仅是数月以来，热钱大潮中的一小部分。

香港称热钱为黑钱，来路去向都不明。

"我们的工资都是发人民币现金的，公司私底下会有大量的现金运到东莞。"一个不愿透露姓名的外贸公司工作人员透露。货币走私是两地最原始的方式，最早的是书包里夹带现金，到后来的大卡车偷运人民币，从此种方式进入大陆的资金较小。如果是大资金的话，就通过私人汇兑店了。记者从很熟悉汇兑店的人士处得知，深圳关口有很多看似小门面的汇兑店，只要有账号就可以将外币转成人民币，并不受金额限制。

虽然在香港地下钱庄是合法的，但是大陆的地下钱庄被国家取缔，大笔的热钱用这种方式运往大陆安全性并不高，于是衍生出经营项目方式将资金打入大陆。

长年在苏丹做贸易生意的李先生，他在上海、广州、深圳多处开了分公司。除了一些贸易生意外，有大部分原因是人民币升值，将苏丹的资金转到国内来做其他投资。在他广州分公司的名下，有十几套房产都在该公司名下，买房的钱就是从国外转进国内的资金。项目的方式有很多种，比如长期在香港做资本运作的马先生，以披着增资扩股的外衣进入大陆，外管部门是不会拒绝的。所以大陆有些濒临破产的企业也可以轻易将数以亿计的资金带入中国。

这些方法用得安全是因为资金都通过银行系统，只要外商手续齐全，很难查到汇入的资金是否属于热钱范畴。一位在外资行办理结算业务的资深工作人员透露，很多家外资行包括中资行都在大量做跨境贸易人民币业务，银行都想在这里面分一杯羹，因为跨境贸易人民币业务里面能给银行带来较大的利润，大有操作的空间。热钱给银行带来高利润催使其他更可怕的可能，甚至某些银行直接帮国内的大企业在香港开账户，这种情况并不新鲜。

高筑墙能挡住热钱洪流吗

国内打击非法集资和游资的力度加大，而人民币升值的压力加大，造成的空间也在加大，这样海外热钱与国内游资的互惠操作就更加流行。而热钱游资成规模后的出境就比个人资金容易得多，经常的手段就是在对外的经常贸易项目下进行交易，把正常外贸应得的利润在国内以人民币现金支付，让国内外贸企业老板也可以避税，然后就是大家看到的中国出口商品的利润奇低，地下钱庄在浙江表现得异常活跃，黑钱成为游资洗钱出境的中介。

由于国内的灰色问题，很多游资赚取的钱基本上是要在国外洗白的，同时由于境外的热钱要到境内炒作人民币的升值，而热钱入境以后赚钱的方式也与游资类似，这样它们就存在对冲的利益需求，可以非常方便地进行与各种对冲基金运作类似的对冲，即国内的游资利润直接以现金给了海外热钱的所有者，而海外的热钱直接把美元汇到游资操盘者的海外账户中，这样的货币对冲没有经过国际外汇清算系统，中国的外汇监管部门根本看不到外汇进出，由于游资经常是集中了大量的个人资金有诸多的私人账户，从而使得大额的热钱资金隐匿于众多的游资人群中难以发现和监管。

据香港《文汇报》报道，约 6500 亿港元的"热钱"正流入香港，英国最著名的投资基金经理安东尼·波顿已于今年 4 月创立了"富达中国特殊情况信托基金"，并募集 4.6 亿英镑资金进军香港；而"金融大鳄"索罗斯在亚洲的首个办公室也已落户香港，而这些热钱无不窥视着中国大陆金融政策的一举一动，随时准备伺机而入。

而中国已经着手打击热钱的进入，宏观调控的政策，就要弱化市场过度的投机性的利益导向；另外，利用管理部门的手段严厉打击违法违规的热钱。世界银行发表的《东亚与太平洋地区经济半年报》中警告，庞大的资金流入令股票市场、物业价格和其他资产价值受到刺激而飙升。热钱涌入将造成资产泡沫危机，有关当局应慎防亚太区再次爆发类似 1997 年的金融风暴。

对于防止游资炒作现象现在可以采取几个方面的措施：第一，不允许炒作群众基本生活必需品，如粮油蛋等；第二，政府要进一步完善制度。游资能炒作的产品肯定是供小于求的产品，比如炒作大蒜，是因为减产了，棉花也存在供需缺口；第三，建立一个专门的机制。应该对游资的动向有一个监控，严格制止他们再进入实体经济，特别是居民的生活必需品市场炒作，要建立专门的机制来防范。

2010 年，国家住建部和外汇管理局联合发布《关于进一步规范境外机构和个人购房管理的通知》，规定境外个人在境内只能购买一套用于自住的住房；在境内设立分支、代表机构的境外机构只能在注册城市购买办公所需的非住宅房屋。

至此，"热钱"警报全面拉响，监管部门也比之前更加"严阵以待"。为应对打击"热钱"违规流入，外汇局发布了《关于加强外汇业务管理有关问题的通知》。《通知》中对"外汇流入"做了比以往更加严格的监管规定，尤其还加大了对违规行为的处罚力度。

防范热钱的对策正在不断地完善当中，在一定程度上也必将起到阻碍热钱洪流的作用。

消除人民币升值预期，降低热钱套利空间。热钱流动的最大动机是为了追逐国际市场上汇率变动利益差额，因此，只有降低人民币升值的心理预期，才能阻止这种投机性资金的流动。一是要进一步完善汇率形成机制，在保证人民币汇率基本稳定的前提下，扩大汇率的浮动空间，破坏热钱对人民币的无风险预期；二是协调利率政策与汇率政策，减少本外币的利差，降低国际游资的获利空间；三是在对外贸易中追求国际收支的动态平衡，降低进口贸易中的各种壁垒，缓解汇率升值的国际压力。

完善相关政策，减少热钱投机漏洞。首先，应该调整外商投资的优惠政策，取消外商企业在我国的超国民待遇，规范外资登记注册、项目审批、注销清算等程序，严格把好各个外资运作流程，杜绝违规操作。其次，要将地方政府招商引资的考核标准由量的多少转化到质的优劣上，预防热钱通过盲目引进外资的漏洞流入。最后，要完善外汇管理政策，对大额长期预收货款、延期付汇、外汇应收应付款的管理进行完善，将其全额纳入备案管理范畴。

加强联合监管，建立热钱预警机制。热钱的监测管理是一项需要各部门联动配合的工作，加强工商、海关、税务、外汇、公安等部门的密切配合，改进对货物贸易、服务贸易、外商直接投资、个人等渠道资金流入监管，继续严格控制短期外债增长，严厉打击地下钱庄和违规进入股市楼市的行为，为宏观调控和结构调整争取时间和空间。完善国际收支统计监测预警机制，对国际资本流动冲击做到早发现、早预警、早反馈，并针对可能出现的形势逆转，提前制定应急措施，不断增强对扩大开放过程中防范国际经济风险的能力。

加强我国金融体系建设，强化应用外资的能力。在国际经济金融动荡，不少国家面临形势逆转的环境下，国际资本持续流入我国既是挑战也是机遇。积极培育创新金融工具，健全完善金融市场，增强资本市场消化外资的能力，将热钱转化为国家经济发展的资源，把对国际热钱的被动防御变成主动防御将是更有效的办法。

·第五章·

全球经济衰退滞缓到何时

——了解世界经济大势要读的金融学

为什么美国的经济波动会给全球带来影响

美国是世界上规模最大、实力最强的经济体。一旦美国经济出现问题，那些依赖于美国源源不绝的消费需求、为美国提供从原材料到最终消费品等种种商品的国家也就无法独善其身。

19世纪，大英帝国是主宰世界经济的超级大国，每一次它都被卷入金融危机，接着对原材料和制成品的需求直线下降，其贸易伙伴都会因此遭受间接损失。20世纪，美国继承了英国的主导地位，在危机的前夕，美国的GDP占到全世界的四分之一。考虑到美国存在7000亿美元的经常项目逆差，它在全球经济中占据的实际份额更大。当美国陷入了严重的经济萧条时，世界各国都难以幸免，包括墨西哥、加拿大、中国、日本、韩国、新加坡、马来西亚、泰国和菲律宾等等。中国的处境尤为困难，因为我国近年来经济增长主要依赖对美国的出口贸易。数以千计的中国工厂倒闭，雇员从城市返回农村地区，地球的另一端也陷入了灾难。

回顾19世纪50年代以来全球经济发展史，我们就可以清楚地看到，自从美国成为世界第一经济大国和推行国际贸易自由化以来，每每美国经济只要有个风吹草动，全世界经济就会跟着打哆嗦。这次随美国经济严重衰退而来的，同样是世界经济无法逃脱一场剧烈而痛苦的经济放缓。这种美国和世界经济一荣俱荣，一损俱损的现象是不争的事实。

这种动态作用在金融危机时期会导致严重后果。在世界经济强国爆发的某个金融问题可能顷刻间演变为一场毁灭性的全球性金融危机。在全球性金融中心出现的股票市场崩盘、大型银行倒闭或者是其他意想不到的崩溃事件，都可能演变为一场全国性的恐慌，接着蔓延成世界性的灾难。无论是在 19 世纪的英国，还是之后的美国，这种情景已经多次出现过。

当美国被 2006 年末至 2007 年的次贷危机击垮时，传统观念认为，世界上其他国家可以与这个深陷金融危机泥潭的超级大国"互不相干"。这种观点最初是由高盛的分析师提出的，后来变成了人们的共识：巴西、俄罗斯、印度和中国等国家经济的蓬勃发展取决于其国内需求，这些国家可以安然无恙地渡过次贷危机。这些世界新兴经济体可以逃脱历史的诅咒。

而事实恰恰相反，危机冲击了大陆上的每一个国家，包括巴西、俄罗斯、印度和中国。有时，这种共同承担的痛苦是一个全球相互依赖的问题：危机通过各种各样的渠道逐步蔓延开来，传播到其他国家经济中的健康领域。但是，传播这个词并不能充分地解释金融危机，尽管它常常被人们提及。危机从一个经济出现问题的强国蔓延到其他经济正常运行的国家，这个过程并不是一个简单的疾病传播过程。一旦受到经济危机的冲击，其他那些长期实施内生性泡沫刺激政策的国家已经不堪一击了。的确，最初看起来似乎仅仅是美国人自己的问题，但是事实上其波及面达到了让人无法相信的程度。

这是因为：第一，美国一直是世界经济发展的领头羊，美国的国民生产总值在以往的一百多年里，一直占全球国民生产总值的 30% 以上。因此美国经济出现衰退，必然较大影响世界经济发展。

第二，美国推行贸易自由化政策，引导世界走上了全球经济一体化的道路，其他国家同美国经济紧密挂钩，相互依存。因此，通过贸易渠道、金融渠道、货币渠道、投资渠道、信心与政策渠道会把美国经济和金融的负面冲击传导到全世界。

第三，美元作为世界货币，各国都把它作为外汇储备，美国经济发展危机，美元贬值，各国的财富大量缩水，造成经济损失。

那么美国衰退对他国经济、金融和股票市场发生传染效应的渠道到底是怎样的？

其一，金融传导。美国次贷市场崩溃、雷曼兄弟公司及其他几大金融机构的破产，不仅给美国的金融市场造成了广泛和严重的金融危机，而且通过这些跨国公司传导到欧洲、澳大利亚和世界其他地方。这种金融传染的根源在于，约有一半的美国证券化金融工具是卖给外国投资者的。这就是为什么在拉斯维加斯、凤凰城和克里夫兰由抵押贷款违约所导致的金融损失会在欧洲、澳大利亚甚至挪威的小村庄暴露出来。因为来自全球各地的投资者购买了这批有高度风险的证券祸害。结果就是我们在欧洲和其他地方目睹了紧跟着就出现的金融风暴。金融传染是通过股市发生的，美国股市暴跌，紧接着就是亚洲和欧洲股市开盘暴跌。

其二，进出口贸易传导。实体经济传染主要是通过直接贸易纽带而发生的。如果美国发生经济衰退，由此而来的私人消费、公司资本支出和生产就会减少，从而导致美国消费品、资本品、中间产品和原材料进口的减少。美国的进口即别国的出口，因此其他国家出口的收缩，便导致它们的经济增长率降低。例如美国衰退所导致的私人消费的萎缩会直接影响到中国对美国的消费品出口，中国的大批出口企业就要压缩生产，职工下岗。

其三，美元进一步贬值的全球通缩效应。美国经济放缓以及随之而来的美元利率下调已经导致美元对其他主要货币的大幅贬值。尽管弱势美元能够提升美国出口竞争力，但这对向美国出口的国家来说却是坏消息，它们的货币对美元升值，其产品在美国市场上会因涨价而削弱其出口竞争力，直接影响出口国经济发展。

总而言之，上述所有渠道都意味着美国衰退将对全球经济增长和金融市场产生痛苦影响。遇上好年景，贸易全球化和金融纽带会大力促进经济增长；但在坏年头里它们也会把美国等大国的负面冲击传导到全世界。国际金融体系和全球贸易犹如一张网络，当危机来临，任何一个国家都无法独善其身，如果低估了危机的危险性与传播速度，那么它很可能会使得一国的金融危机演变成了全球性的经济危机。

究竟谁才是导致全球经济失衡的罪魁祸首

全球不平衡会引发"犯罪"的事实是毫无争议的，每个人都一致认为全球不平衡现象日趋严重。美国和其他一些发达国家入不敷出，而其他大部分国家，如中国、东亚新兴市场国家、石油输出国家、许多拉丁美洲国家以及德国和欧洲的少数国家则刚好相反。然而，至于谁才是全球失衡的罪魁祸首？谁应该受到惩罚？答案却莫衷一是。

关于全球经济失衡的争论很容易让人想起黑泽明的经典电影《罗生门》中的情节。在这部传奇影片中，在森林里发生了一起恐怖的凶杀案，每个当事人都从自己的角度讲述了事情的经过，承认了犯罪事实，但是说法各异，谁才是真正的罪犯呢？

全球经济失衡是指美国与以中国为代表的发展中国家之间的经常收支的不均衡状态。其原因之一为美元的流动性过剩，从而引起其价值下降。所谓全球经济失衡是指这样一种现象：一国拥有大量贸易赤字，而与该国贸易赤字相对应的贸易盈余则集中在其他一些国家。2005年2月23日，国际货币基金组织总裁拉托在题为《纠正全球经济失衡——避免相互指责》的演讲中正式使用了这一名词。并指出当前全球经济失衡的主要表现是：美国经常账户赤字庞大、债务增长迅速，而日本、中国和亚洲其他主要新兴市场国家对美国持有大量贸易盈余。

美国作为当今主要国际储备资产的供给国，其国际收支与其他国家的美元储备资产之间具有一定的对应关系，世界各国对美元储备资产需求的增加可能导致美国国际收支逆差的增加；美国国际收支逆差的增加，也可能导致其他国家储备资产被动增加。因此，要理解当今全球经济失衡就有必要分析当今国际储备货币的供求状况。

国家持有外汇储备的主要原因是对付无法预测和临时的国际收支不平衡，因此储备需求理论认为合理的国际储备规模应该由一个国家基于储备用完情况下产生的宏观经济调控成本和持有储备的机会成本的平衡来决定。

近年来世界国际储备总量增长很快，但世界各国储备倾向的发展却很不平衡。从储备与进口的比率看，发达经济体的储备倾向自20世纪80年代中期以来比较稳定，近年来还有下降的趋势。而新兴市场国家无论是从储备与进口的比率或储备与短期债务的比率，其储备增长倾向非常快，其中亚洲新兴市场国家最为突出。而发展中国家的储备增长倾向有所增长，但不如新兴市场国家突出。

发展中国家，尤其是新兴市场经济国家在经历了一系列货币金融危机以后，加强了国际储备。但应该看到，这对他们而言，是在经济开放过程中应对动荡不定的国际经济环境的一种不得已的选择。发展中国家由于资本相对稀缺，其投资的边际生产率往往很高，所以其高储备的机会成本十分高昂。

正是由于美国在国际储备货币供给中的垄断地位和发展中国家、尤其是新兴市场国家对国际储备的强烈需求，使美国的经常项目逆差与亚洲国家经常项目的顺差和国际储备的大量累积相对应，从而导致国际社会所关注的全球经济失衡问题。

事实上，在美国经常账户赤字不断走高的过程中。尤其是2001年以来，其他一些因素扮演了更为重要的角色。为了克服经济衰退，布什政府向国会提交的大规模减税政策使美国的财政赤字激增。从上个世纪 90 年代开始，美国政府债台高筑，开始大规模发行国债，并被中国和其他新兴市场所购买。在这个过程中，这些国家的罪过仅是购买了那些债券；相反，美国的罪过则是有意实施了加速经常账户赤字的政策。

美国的经常账户赤字不断刷新纪录，而在这一过程中，美联储也同样难辞其咎。2001 年以后，美联储实施宽松货币政策，大量发行基础货币，而对金融系统的监管却又鲜有作为。

这些政策而非"全球储蓄过剩"创造了房地产市场的繁荣，致使美国储蓄率下降，住宅投资率上升。虽然国外储蓄为美国房地产提供了资金融通，但起初却是美联储创造了这种不可持续的繁荣，并吸引了这些国外资金。

上个世纪 90 年代，美国经常账户赤字的上升主要是因为网络泡沫和相应的股市繁荣吸引了国外资本流入，这反过来又促使美国人储蓄更少、消费更多，进一步助推赤字扩大。泡沫破灭之后，赤字规模本应下降，但事实却恰恰相反，布什政府主导的、不计后果的财政政策使赤字继续飙升。

2004 年之后，松懈的联邦监管助长了难以持续的房地产泡沫，美国经常账户收支持续恶化，储蓄率继续下降，国外投资者疯抢各种各样的抵押贷款衍生证券。直到 2007 年之后，房地产泡沫破灭，进口下降，家庭储蓄增加，美国的经常账户赤字才最终下降。另外，石油价格的下降也进一步促使赤字规模的收缩。过去几十年来，正是美国所实施的政策带来了这个恶果。轻率的税收减免政策，漫不经心地放纵房地产泡沫，最终使美国自掘坟墓。

从长期看，解决全球经济失衡的根本途径在于减少世界各国对美元储备资产的需求，但这是以美元霸权削弱为条件的，它必将遭到美国政府的反对。而美国目前所主张的解决全球经济失衡的措施不利于问题的根本解决，从长期看还会进一步加剧全球经济失衡。因此，对全球经济失衡问题的解决将是一个漫长、充满矛盾和摩擦的过程，具体措施的选择将因不同时期国际经济格局的变化而不同。我国作为当时一个经济还相对落后的发展中国家，明智的选择是力所能及地参与国际经济协调与合作的同时，尽最大努力保持国内经济快速、健康发展。

风暴过后重创的美国经济

"一只南美洲亚马孙河流域热带雨林中的蝴蝶，偶尔扇动几下翅膀，可以在两周以后引起美国得克萨斯州的一场龙卷风。"这是美国气象学家爱德华·罗伦兹 1963 年在一篇提交纽约科学院的论文中所提到的著名的"蝴蝶效应"。

随后的 30 年后，一场声势浩大的全球性灾难又一次印证了这一理论。2008 年 9 月 15 日，由于陷于严重的财务危机，美国第四大投资银行雷曼兄弟宣告破产，成为华尔街金融风暴全面爆发的导火索。此次金融危机波及的不仅仅是美国，在经济全球化趋势演变下，华尔街金融风暴对欧洲乃至世界的经济都产生了巨大的破坏力。

追究其原因，这次华尔街金融危机的爆发和美国近几十年来过于宽松的金融监管制度密切相关。长期以来，美国金融体系发展的一个重要特征就是虚拟经济的发展速度和规模远大于实体经济。

从 20 世纪 80 年代起，美国开始鼓励华尔街的金融精英人士进行金融创新，房地产市场的贷款证券化就是金融创新的主流之一，金融衍生品和资产证券化产品被大量使用，越来越多的与住房贷款相关的证券化等金融衍生品被不断开发，种类和规模都达到了空前的饱和状态。20 世纪 90 年代中后期至今股票市值与 GDP 的比例达 130%，债券市值占 GDP 的比例达 150%，股票市场和债券市场与实体经济呈现明显的脱离状态。而金融衍生品就更加严重，2000 年金融衍生品的交易量已是美国 GDP 的 8 倍。从 2003 年到 2007 年，华尔街信用类金融衍生品的金额从不到 3 万亿美元猛增到 60 万亿美元，其中大部分由美国五大银行控制，摩根大通占有 30 万亿美元，美国银行和花旗银行各有 10 万多亿美元。在这一系列的创新过程中，潜在的风险被无限放大，因为美国每天的流动资金绝大部分都在金融市场上进行着投资、投机等行为，极少用在实体经济上。而虚拟经济的发展过程中极容易产生系统性风险，问题一旦爆发就会导致意想不到的灾难，金融危机便由此引发。

2008 年华尔街金融风暴爆发后，美国的经济遭受前所未有的打击，甚至引发经济的衰退，美国终于现出了其虚拟经济的原形。在科技的不断更新和世界经济全球化的推动下，美国为了维持现有的国际地位，不得不使其付出更大的代价。除了 2008 年华尔街金融风暴的影响外，美国一直遭受世界反美力量的困扰，10 年前的"9·11 恐怖袭击事件"依然清晰在目。近年来，美国为了维护自己的利益，以作为对恐怖分子残暴行径的反击，美国发动了耗时超过一战与二战的阿富汗、伊拉克两场战争。与此同时，昔日的霸主美国开始重新认识世界并开始寻求各国政府的响应和声援，掀起了一场全球性的"反恐"行动。

最终萨达姆和塔利班政权先后被推翻，作为"基地"组织精神教父的本·拉登也被终结，其核心成员亦被剿灭殆尽。美国从"9·11事件"之后全球性反恐格局中，显示出其强大的控制力。但"9·11事件"带给美国经济的转变同样引人注目。由于"9·11事件"，一方面，美国政府将大量精力投入到反恐和中东战争布局，使得美国本应在网络经济泡沫破灭之后及时启动的经济与产业变革被拖延了10年，其后实施的挽救经济措施毫无起色；另一方面，""9·11事件"使美国耗费了大量的经济资源，仅阿富汗和伊拉克战争，美国就支出了高达3万亿美元的军费，导致美国政府赤字持续飙升，债务危机空前严重，并将如今的美国推向几近破产的边缘。

由于财政状况的恶化以及经济实力因反恐而大大透支，美国的国家信用遭遇到了空前的质疑，其综合国力和竞争实力日渐衰微，崛起的俄罗斯又加入了美国竞争的行列，由此削弱了美国在全球经济舞台上的影响力与话语权。

历数美国经济危机，目前无论从持续的时间上，还是从衰退程度上都超过美国第二次世界大战以来所发生两次最大的经济衰退。

1973—1974年和1981—1982年两次经济危机持续的时间都在16个月，目前的经济衰退将至少持续19个月以上；1973—1974年经济衰退4%以上，1981—1982年经济衰退6%以上，而目前的经济衰退预计在8%以上。更有悲观的观点认为，美国本次经济衰退的时间可能是36个月，而不是19个月，是前两次经济衰退时间的3～4倍。2009年，美国实际GDP将下降到-2.2%，预计年实际GDP也仅达到1.5%。

近来，影响美国经济中的重要因素接连出现负面迹象，先是失业率重回9.2%的高位，再是制造业、消费增长等多种重要经济指标大幅下挫，使得人们日益担忧经济二次衰退即将来临。

由于投资者对美国乃至世界经济前景等多方面的担忧，导致纽约股市经历了自2008年金融危机以来的最大跌幅。连续下挫的8个交易日，使得标准普尔500家股指重挫10.8%，道琼斯指数一周内暴跌5.8%，其中美国国会通过债务上限法案后，股市不但没有出现明显上涨，反而使道琼斯指数在8月4日一天暴跌513点，跌幅高达4.31%，让全世界资本市场震惊。与此同时，在标准普尔和美国财政部门争执的情况下，标普于当地时间8月5日周五晚间，决定把美国的债务评级从AAA下调为AA+，使美国失去了保有70年之久的AAA评级，此举也意味着美国今后借债成本将上升，而且世界各国的美债持有者的资产安全受到威胁。

股市及标准普尔的举动，不但反映了投资者对美国经济前景的担忧，更表明人们对美国主要政党把党派争斗置于国家经济利益之上的恐慌。

从美国债务形势未来发展趋势看，英国颇具权威性的《金融时报》社评称，美债闹剧并未因上限议案的通过而落幕。实际上，美国两党围绕预算的政治争斗不但仍将继续下去，且将面临更加恶劣的政治环境和经济氛围。

《金融时报》社评同时呼吁美国："美国总统和国会中的两党领袖都应该冷静下来想一想。全世界刚刚见证了一场严重的治理失误。如果美国不能修补其政治中的漏洞，美国自身乃至整个世界，都将面临一条死路。"

同年8月7日，西方七国集团及二十国集团经济决策者们在周末分别举行紧急电话会议，共商避免金融危机突然降临的应对策略。如果效果难以预料，世界金融乃至经济将又一次开启危险旅程。

飓风之下重挫的欧洲经济

2009年12月，全球三大评级公司下调希腊主权评级，希腊的债务危机随即愈演愈烈，金融界普遍认为希腊经济体系小，发生债务危机影响不会扩大。但随着事态的发展，欧洲其他国家也开始陷入危机，包括比利时这些外界认为经济较稳健的国家及欧元区内经济实力较强的西班牙，都预报未来3年预算赤字居高不下，希腊已非危机主角，整个欧盟都受到债务危机困扰。德国等欧元区的龙头国都开始感受到危机的影响，因为欧元大幅下跌，加上欧洲股市暴挫，整个欧元区正面对成立11年以来最严峻的考验。

2009年10月，希腊新任首相乔治·帕潘德里欧宣布，其前任隐瞒了大量的财政赤字，随即引发市场恐慌。截至同年12月，三大评级机构纷纷下调了希腊的主权债务评级，投资者在抛售希腊国债的同时，爱尔兰、葡萄牙、西班牙等国的主权债券收益率也大幅上升，欧洲债务危机全面爆发。

此次欧洲经济危机主要表现在：一是欧元区主权债务危机。希腊当时国家负债为 7500 亿欧元，相当于中国人民币 65000 多亿元，约等于 2009 年中国 GDP 的近 1/4。除了希腊之外，欧盟的其他国家——葡萄牙、爱尔兰、西班牙以及欧元区最大债务国意大利，这次欧元区危机国总债务将超过 38000 亿欧元（其中希腊 2360 亿，爱尔兰 8670 亿元，西班牙 11000 亿，葡萄牙 2860 亿，意大利 14000 亿），与中国 2009 年的 GDP 相当。主权债务危机严重挫伤欧元及欧洲经济，也冲击了其他国家出口贸易，在全球经济处于低谷的时刻进一步加重了经济复苏的难度。

二是货币信用危机。2009 年底，希腊债务危机爆发之初，欧盟认为，希腊是由于不遵守欧盟在稳定与增长公约设定的财政赤字和公共债务上限而出现债务危机的，希腊必须本身为此买单，并付诸相应的紧缩和改革政策。实际上欧盟当时为防止道德风险的发生，履行的是"不救援"条款。但意想不到的是，希腊危机和欧洲债务风险已经蔓延到了全球金融市场，并导致 5 月第一周出现了罕见的全球金融市场动荡。

目前，欧债问题在紧缩、援助、再紧缩、再援助的循环中愈演愈烈。

2011 年 6 月，意大利政府债务问题使危机再度升级。在欧元区 17 国中，以葡萄牙、爱尔兰、意大利、希腊与西班牙等 5 个国家的债务问题最为严重。

鉴于金融市场已经"失控"，欧盟在极短的时间内再次和国际货币基金组织出台了一系列救援计划，涉及资金高达 7500 亿欧元，已经超出了市场的预期。一则显示欧盟对危机救援的决心，二则隐含地认为欧洲债务问题的严重性。但是，这个救援方案并没有很好地解决希腊和欧洲的债务危机。2011 年 7 月不得不进行针对希腊的第二轮救援计划，欧元区国家将向希腊提供 1090 亿欧元的融资，另外私人部门提供 370 亿欧元。这次救援的总规模也远超出市场的预期。希腊债务问题的严重性更甚一步。

此时的欧洲正处在双重危机下。

国债危机刚刚开始发酵，银行危机又紧随而来。美国信用评级机构纷纷下调法国两家银行和意大利的信用评级，这对欧洲来说无疑是雪上加霜。

2011 年 9 月 14 日，穆迪投资者服务公司下调了法国兴业银行与法国农业信贷银行的评级，表示将延续并观望对法国巴黎银行的评级。评级下调的原因是这三家银行持有规模较大的希腊主权债务。

9月20日，标普下调了意大利的信用评级，将主权评级从A+下调至A，并将评级前景设为负面。标普同时也下调了意大利的经济增速预期，认为意大利的经济增长前景和脆弱的政府不能有效削减意大利的政府债务规模，从而导致意大利的负债水平高于此前预期。标普的理由很简单：意大利近期通过的540亿财政紧缩方案不足以改变标普的决定。

9月26日，在对意大利债务和7家意大利银行进行评分降级后，标普又将11处意大利A+级大区和省市地区评分降到了A级。据报道，此次标普降级涉及11处地区中包括米兰、博洛尼亚、热那亚等意大利主要大城市。

此举对与其有关联的德国和法国，还有持有大量欧元区成员国国债的很多银行来说，蕴含着众多风险。首先，欧洲银行彼此之间滋生的不信任情绪，会令它们的融资能力受限，并面临潜在的信心缺失风险；一旦欧洲银行爆发流动性危机，银行体系和金融市场的动荡将迫使银行进一步减少对企业私人部门的贷款，这反过来又会恶化欧元区债务问题，加大政府减少预算赤字的难度，使其陷入更深的偿债困境。

一旦欧洲危机蔓延，可能一举击溃西方经济复苏的市场信心，也可能通过贸易渠道影响新兴经济体的发展，后果将不堪设想。

而当下，全球政经界人士关注点都聚焦在希腊是否会在国债上违约的问题上，如果希腊违约对欧洲第三大经济体意大利的债务危机会带来什么样的后果。

若希腊最终出现违约，其产生的多米诺骨牌效应将同时重击葡萄牙、西班牙与意大利。就意大利目前的债务总量而言，要是出现类似希腊的困局，连现有的EFSF也未必能拯救得了。

瑞银证券经济学家拉里·哈瑟韦对希腊如果违约表明看法：由此所致的持有债券的损失不仅仅会危及希腊的银行，也会置其他有相似的债券持有情况的银行于险境。其经济影响可能扩散至欧洲经济。此后主权违约将在欧洲整个金融行业掀起波澜。

另外，欧洲各银行所持有的希腊债券，若其违约，将面临全部4000亿欧元以上的亏损，如果再加上前期对希腊的两轮救助，希腊退出的成本，仅欧元区承担规模将超过6000亿欧元以上。

重要的是希腊退出欧元区带来的示范效应，可能进一步导致欧元及欧元区经济的不稳定，对全球经济贸易会产生剧烈不利影响。

如今，在债台高筑的局面下，"欧洲5国"要想自救，就必须削减财政开支并增加税收。尽管在正常的经济状况下不会带来太大问题，但如今欧洲国家经济疲软，财政紧缩无异于紧缩经济，也可能使欧洲成员国陷入财政紧缩和经济低迷的恶性循环之中。

危机重压中的日本经济

直到 1997 年亚洲金融危机时日本经济已经渐渐缓和，但 2000 年 IT 泡沫破灭又经历一次大打击。连带上世纪 70 年代的石油危机，1989 的经济泡沫，1997 亚洲经济危机，2000 的 IT 泡沫以及 2008 年金融风暴，日本至少已经经历了五次较大的经济危机。其中最惨的时刻是 1989 年从经济高峰跌下来的那次，之后日本开始处理不良债券，并延续了十年之久。

实际上，日本经济自 2007 年 10 月后就进入了经济衰退阶段，而在 2008 年 9 月之后美国此次爆发的次贷危机给日本经济带来了沉重打击。

影响一，日本的金融业受到严重冲击。相关数据显示，日本四大银行（三菱 UFJ、瑞穗金融集团、三井住友和住友信托银行）2007—2008 财年次贷相关亏损预计达 47 亿美元，约占其预期利润的近 30%。美国次贷危机给日本银行界带来的影响不断扩大。

曾成功进军美国 RMBS 业务领域的日本最大的证券商野村控股株式会社也表示，受美国次贷危机影响，该公司去年第三季度利润下滑 71%，净收入也大幅下跌至 226 亿日元。

影响二，汽车行业是日本重要的经济支柱之一，金融危机也同样影响了日本的汽车行业。日本汽车业三大巨头丰田、本田和日产公司相继宣布，受全球金融危机的影响，汽车销售市场低迷不振，导致 2009 年 1 月份汽车产量锐减。

已经取代了美国通用汽车全球销量第一宝座的丰田公司在一份声明中说，其 1 月份全球汽车生产量比去年同期下降了 39.1%。仅为 48.8 万辆。其中丰田在日本本土的汽车产量下滑了 34.6%，海外工厂的产量降低了 44.2%。该公司日前证实，丰田汽车 2008 年出现亏损，预计亏损 500 亿日元。这将是丰田汽车 46 年来首次亏损。丰田汽车公司副社长木下光男表示，上一次丰田汽车出现经营亏损，是因为第二次世界大战。这一次则因为金融危机，目前丰田汽车在北美和欧洲市场的销量大幅减少。

影响三，金融危机也冲击了日本的电器行业。由于日本、欧洲和美国等主要经济体经济衰退，导致消费者削减开支，为了抵御全球经济危机所导致的巨额亏损，松下预计截至 3 月份的当前财年将净亏损 3800 亿日元（约合 42 亿美元）。松下财务主管上野山实表示，该公司计划在 2009 年 3 月底之前关闭 27 家工厂，裁员 1.5 万人，预计至 2010 年该数字会进一步增加。

NEC 公司与日立公司在 2009 年 1 月 30 日下调了 2008 年业绩预期。受半导体业务下滑与日元升值影响，NEC 预计将净亏损 2900 亿日元（约合 219 亿元人民币），并宣布将在 2010 年 3 月底前在集团内裁员 2 万余人，其中正式员工与非正式员工各裁员 1 万人以上。另外，日本的东芝与索尼等电机企业也出现了巨额亏损，纷纷宣布裁员。

影响四，受全球金融危机影响，2008 年底以来外部需求低迷，日本出口遭受重大打击。

日本财务省发布的最新统计报告显示，日本 2008 年经常项目顺差较前一年下降 34.3%，其中商品和服务贸易顺差下降 81.7%。2008 年全年日本经常项目顺差为 16.28 万亿日元（1 美元约合 92 日元），较 2007 年下降 34.3%。商品和服务贸易顺差为 1.8 万亿日元，较前年骤降 81.7%。去年日本商品贸易出口额为 77 万亿日元，较前年减少 3%；进口额为 73 万亿日元，增长 8.8%；商品贸易顺差为 4 万亿日元，比前年减少 67.3%。

影响五，日本工薪阶层的薪金普遍下降，失业率升高。据日本媒体的不完全统计，日本工薪族的月薪和年终奖金持续几年连续下滑。统计显示，金融危机使普通的工薪阶层薪水缩水 5% 至 25% 不等，临时雇佣者的时给也有所下调。2008 年 12 月，失业率已经升至 4.4%，攀升到 40 年最高水平。

影响六，受金融危机影响，也改变了日本普通高中生报考大学的观念，在选择志愿时他们变得更为务实。"学费和考试费低廉、就近选择大学就读、减少报考大学数量即所谓"便宜""离家近""志愿少"成为他们的报考标准。

日本自金融危机经济遭受重创后，可谓一波未平，一波又起。之后的地震和海啸使得受灾地区的工业生产暂时停顿，核泄漏事件进一步影响了日本国内的消费和投资信心。日本经济自 2010 年 4 季度起已经连续三个季度负增长。

在地震发生前，日本经济便处在衰退的边缘。2009 年，日本经济萎缩 5%，创二战后最大降幅，这也是世界发达国家中最为严重的。尽管在 2010 年，日本经济实现 4% 的强劲增长，然而在下半年，日本经济又出现停滞迹象。因为日本国内民众的购买欲望已大幅下降，到了 12 月份，日本 GDP 实际下滑了 0.3%。

关于日本债务问题，在日本信用 Aa2 等级被穆迪评级公司列入负面观察名单之后不久，8 月 24 日，穆迪又将日本主权信用等级下调至 Aa3 级。本评级下调的原因是政府财政赤字和主权债务过高以及政府首相频繁更迭等。

时间追溯到 1990 年以前，日本经济发展主要是靠银行借贷支撑，但此后日本金融危机发生，银行借贷停滞，政府为了托住经济增长，开始大量发债投入公共基础设施建设，尤其是在利率近乎为零的背景下，政府几乎可以无成本借债，这也促使日本国债数额骤增。

日本政府支出不断增长、债务规模越来越大还有一个十分重要的原因就是老龄化社会迫使政府社会福利性开支大幅上涨。

就是在这样的背景下，日本债务水平早在 15 年前就已经越过占比 GDP60% 的安全线。尤其是近几年，美国金融危机之下，日本政府救市，加之 2011 年大地震的影响，都毫无疑问地进一步增加了政府开支，这使得日本国债水平一举突破 200%。

目前，日本央行已经采取了其他央行没有采取的果断的放宽货币政策的措施，并以此阻止日元的急速升值。虽然如此，日本经济现状和前景仍十分严峻。

·第六章·

当今世界摆脱不了的债务危机

——了解欧债要读的金融学

欧债危机带来的启示

2009年1月希腊财政部长宣布，其2009年财政赤字对GDP比将为12.7%，而不是原来所预测的6%。市场开始出现恐慌，希腊国债的价格急剧上升。2010年第一季度，希腊国债与GDP之比达到115%。2010年4月希腊政府宣布如果在5月之前得不到救援贷款，它将无法为即将到期的200亿欧元国债再融资。由于担心希腊政府对其总额为3000亿美元到4000亿美元的国债违约，投资者开始大规模抛售希腊国债。投资者抛售希腊国债（更遑论购买希腊国债），使得希腊政府难于通过发新债还旧债，希腊主权债务危机终于爆发。主要依赖希腊政府债券为抵押进行融资的希腊银行，无法从其他地方得到资金，只能依靠廉价的欧洲央行贷款，货币市场流动性短缺也骤然加剧。希腊主权债务危机的传染效应出现：西班牙、爱尔兰、葡萄牙和意大利等国（PIIGS——"欧洲五国"）同时遭受信用危机，受影响国家的GDP占欧元区GDP的37%左右；欧洲资金外逃，货币市场流动性短缺，利息率上升，欧元贬值。

在此情况下，欧盟、欧洲中央银行和IMF紧急出台7500亿欧元的救援措施。欧洲中央银行在国债市场上购买私人投资者抛售的希腊国债，以防止国债价格下跌、收益率攀升。欧洲央行资产负债表上的"垃圾"债券不断增加。与此同时，欧洲中央银行增加了对银行的短期贷款、放松了贷款的抵押条件，以缓解货币市场上的流动性短缺。在稳定金融市场的同时，同美国不同，欧盟国家并未采取扩张性财政政策。反之，不仅希腊等国开始实行财政紧缩政策，德国等财政状况良好的国家也准备实行财政紧缩。欧盟区的货币政策在全球金融危机发生后即采取了非常宽松的货币政策，但在此次欧洲主权债危机中，欧洲中央银行似乎并不打算效仿美国采取数量宽松政策，也并未修改 2% 的通货膨胀率目标。

希腊之所以爆发主权债务危机，缘于财政赤字过高，但这并不是现在才出现的问题，而是缘于以下几个方面的问题。

其一，在希腊的高福利制度下，希腊人得以维持高消费、重享受的生活方式。"百万富翁过亿万富翁那样的生活"，加之希腊税收征管不善，导致严重的偷税漏税，使得希腊的财政状况一直比较糟糕。

其二，希腊等国家在加入欧盟时，由于资本自由流动与固定汇率，使得大量资金流入，公私债务大量增加，不但存在大量财政赤字，而且存在大量经常项目逆差。

其三，希腊劳动市场僵硬，与德国的劳动生产率差距不断扩大，但无法通过劳动力的自由流动缩小差异。

其四，马约关于财政赤字的规定未得到严格遵守，欧盟也因一体化和主权的矛盾，没有形成有效的监管机制。

其五，受全球金融、经济衰退的影响，希腊问题雪上加霜。

其六，造假账，严重的财政困难被暂时掩盖，丧失了及早采取措施的机会。

当希腊财政出现问题后，它没有有效的政策手段，德国等其他国家迟迟不肯施以援手，也更加重了市场对希腊前景的担忧，从而助推了希腊主权债务危机的爆发。

有问题的绝不仅仅是希腊。欧盟统计数据显示，欧元区平均预算赤字占 GDP 的比例高达 6.9%，除希腊以外，爱尔兰、西班牙的这一比例都超过了 10%。欧盟《稳定与增长公约》规定，各成员国赤字不得超过其国内生产总值的 3%，公共债务不得超过国内生产总值的 60%。但根据欧盟数据，2009 年和 2010 年，欧盟 27 个成员国中只有瑞典和爱沙尼亚达标。这类问题也存在于许多欧元区国家和 OECD 国家。

意大利、西班牙的主权债务评级先后被下调，而法国 AAA 评级也遭到穆迪的预警，关于欧债危机蔓延的市场担忧情绪再度燃起。如果蔓延趋势得不到控制，这些主要的欧元区经济体一旦陷入危机，后果将不堪设想。

国际评级机构穆迪 10 月 18 日将西班牙主权信用评级下调至 A1，同时维持其评级前景为负面。而此前，惠誉、标普已经先后下调该国评级。10月7日，惠誉将西班牙的长期主权信用评级由"AA＋"下调至"AA－"，评级展望为负面。国际评级机构标准普尔10月13日将西班牙主权信用评级下调一档，至AA－级。

而除了西班牙外，欧盟的主要经济体法国的情况似乎也并不乐观。由于全球显现经济和财政危机，法国财政动力减弱，债务状况恶化，新债务可能继续出现，"法国政府的AAA信用评级稳定前景承受压力"。

希腊危机的阴影尚未散去，欧洲债务危机蔓延的态势似乎变得严峻起来。尽管评级机构今年已经多次下调欧洲国家的评级，但是，西班牙、意大利和法国这样的经济体一旦陷入泥潭之中，后果将不堪设想。

除"欧洲五国"外，事实上还有很多国家的财政状况并不乐观，但是各个国家的调整机制不一样，比如英国和美国，它们可以实行货币贬值、通胀上升。为避免危机的进一步恶化，导致灾难性后果发生，5月10日，欧洲紧急出台总额达7500亿欧元的救助机制，这是欧洲有史以来最大规模的救援行动。其中4400亿欧元是欧元区政府承诺提供的贷款。

现在推行的救助政策，已经把欧洲央行逼到了角落里。假如欧洲央行停止救市，是否会使高负债率的国家债券价格跌至谷底？欧洲央行本身也可能陷入危险。欧洲央行的资金，目前约700亿欧元，其中大部分是投到了欧元区国家的中央银行。救助危机将使央行的资金受到严重影响甚至完全用尽。每年年底，德国央行通常会将其利润转到联邦政府。但未来几年，利润可能会因和希腊债券挂钩而减少，这对德国央行的信心也会产生非常不利的影响。

在欧盟这样的经济体中，如果没有财政转移支付，德国越强，欧元区其他国家越弱，欧元越要出问题，这就存在一个悖论。所以，德国如果自扫门前雪，只是解决自己的问题的话，是把欧元害了，也把德国自己害了。

危机可以导致欧元区的解体和欧元的消失。但是，危机也可能会导致欧元区一体化进程的深化，不但有统一货币，而且有统一或近乎统一的财政，类似于美国联邦和各州的财政关系。此前，欧盟和欧元区扩张速度太快，很多体制机制并不完善，未来是否可以引入退出或除名机制，以免陷入无路可走的境地。未来，还应进一步打破各种要素流动的障碍，如劳动力的流动，以推动劳动生产率的趋同。

欧洲债务危机的预判与对策

我们认为，欧洲债务危机本质是世界上最发达国家的局部主权债务危机。打个比方，就好像是世界上最富人家发生的局部火灾，虽然这个火灾有蔓延的可能性，但是由于富人家中有足够的资源可以用于灭火，因此只要行动起来，消灭这个局部火灾是一件相对容易的事情。本次欧洲债务危机也是如此，由于世界上最发达国家总体上有巨大的经济金融资源，而且有国际货币的印钞权，他们既有能力又有政治意愿解决这一问题。美联储主席伯南克在中美经济对话期间也曾经表示，欧洲债务危机的本质是政治问题，经济金融上没有大的问题。

之所以认为欧洲债务危机是局部的债务危机，主要是因为危机发生在欧元区最小的几个经济体。

例如这次危机的起源国希腊，其 GDP 总量只占欧元区的 2.65%、欧盟的 2.0% 和世界的 0.43%；加上被公认为危机相对比较严重的爱尔兰和葡萄牙两国的 GDP，也仅占欧元区的 6.3%、欧盟的 4.7% 和世界的 1.07%；即便是当前受到世界关注的潜在主权债务危机发生国 PIIGS 五国的 GDP 合计，也仅占欧元区的 34.95%、欧盟的 26.6% 和世界的 5.84%。

从表面上看，欧洲各国的债务和财政数据是非常可怕的，但是，仔细推敲，这些国家的问题并不都如表面般严重，我们认为这轮局部主权债务危机的特点主要体现在三个方面：一是这是一场信心的危机，还没有成为实质性的灾难；二是这是一场暂时的危机，动态来看不会持续恶化；三是这是一场影响可控的危机，潜在的危机发生国之间有所差别，问题最严重的都是欧洲小国，而且通过跨境持有债务进行扩散的传播机制在可控范围之内。

为什么我们认为这次欧洲债务危机的本质是信心的危机？

首先，从分析中可以看到，欧洲各主要国家的债务水平长期以来就维持在类似的高位，这一方面是因为欧美发达国家长期坚持赤字财政政策的后果，另一方面则是因为这些国家所拥有的经济实力，导致它们发行的国债一直为国内居民和世界各国看好，具有较好的市场需求，因此才有能力维持如此高位的债务水平。

实际上，金融危机之前，PIIGS 国家的债务水平均有所下降，但随着金融危机的到来，各国实施积极的财政刺激政策，国家债务重新开始上升。这些在经济发展阶段受到市场欢迎的国债，由于金融危机的原因，暂时丧失了稳定经济的保障，市场信心逆转，人们开始担心主权债务的风险问题。通过对历史上出现的历次金融危机进行分析，可以发现，这些发生在私人部门的危机，最终导致主权债务出现问题的概率是很高的。虽然这本身并不可怕，但是当前这些国家受到了国际评级机构的质疑，使其陷入了债务危机的旋涡之中，难以自拔。

如果这些国家的经济随着世界经济的恢复而摆脱困境，它们所执行的财政刺激方案得以顺利退出，则其债务水平应该也会随之下降。只要这些出现问题的国家能够在欧洲大国和美国、日本等国的支持和担保下，恢复人们对其债务的信心，这场危机就很有可能迎刃而解。

其次，必须看到，这些国家的财政盈余 / 赤字情况实际上也具有周期性，我们认为这次危机是欧洲经济恢复期间的暂时危机。只要这些国家的经济状况能够逐步恢复，其财政赤字也必将随之有所缩减。而根据中国社科院经济所宏观分析课题组（2010）的分析，世界经济复苏向好的趋势已经非常明显，欧元区整体的经济走势也是比较好的。

欧债危机迟迟未获得解决，影响的因素有很多。一些机构指出，财政改革的不利和经济增长的放缓是主要原因，而欧盟对希腊迟迟未拿出有效统一的救助方案也使得欧债复杂化。穆迪在调降西班牙债务评级时指出，对西班牙和欧盟应对债务危机的举措表示失望，自 2011 年 7 月下旬穆迪将西班牙列为观察名单以来，西班牙和欧盟并未采取任何"可靠"措施有效解决当前的债务问题，市场对欧元区政治决策和经济增长前景依然缺乏信心。而之前评级机构在对欧洲国家的评级进行预警或下调时，都指出了对这些国家经济增长的担忧。

另外，一些分析人士认为，欧洲银行业"系统性风险"的增加也不利于欧债危机的解决。欧洲核心国与边缘国之间一直存在着极强的债务链关系。由于西欧等国是其他国家主权债务的债权国，欧债危机直接暴露了西欧各国银行输出资本的风险。欧洲银行业持有的欧洲主权债务风险敞口极大，前期的"区域规模效应"，正演变为"系统性风险效应"。

在对欧洲债务危机的本质及其救助措施进行深入分析的基础上，我们对欧洲债务危机未来可能的演变进行预判。我们认为欧洲债务危机最有可能的演变是通过三步走的方式达到最终的化解。

第一步是欧美等国政府继续携手合作、加强援助，对当前出现的危机进行救助。

第二步则是希腊、葡萄牙、西班牙等危机发生国将会被迫进行财政重组，在承诺削减政府开支的同时，想方设法增加财政税收，以改变他们的财政赤字状况。

第三步就是这些危机发生国在欧美大国的援助之下，逐步实现经济的复苏，并随之带来财政状况的改善。

通过这三个步骤，特别是前两个步骤，我们认为，人们对这些国家的信心将在短期内有所改善，资本市场会在一年之内有所稳定，欧洲债务危机将逐步离我们远去。而随着危机的解除，欧洲诸国经济经逐步恢复，进而使得欧洲的财政状况进一步改善，欧元区的经济随之进入稳步发展阶段。

欧洲债务危机的进展、救援与改革

2008 年 10 月，在美国金融危机的冲击下，北欧小国冰岛的主权债务问题爆发。由于银行业的过度膨胀导致资产负债表失衡，冰岛陷入了难以偿还债务的困境中，欧洲债务问题开始以资产负债危机的形式出现。其后，中东欧国家面临着类似的问题，欧洲国家的债务问题出现蔓延的端倪。特别是 2009 年底，希腊由于财政收支赤字问题日益严重，国际三大评级机构先后调低希腊的主权信用评级，希腊债务危机爆发。随后，国际评级机构对葡萄牙、意大利、爱尔兰及西班牙等国（与希腊一起，被称为"PIIGS"的欧洲五国）的主权信用评级提出警告或者负面评价，欧洲债务问题"普遍性"逐步显现。

随即欧洲债务问题不断蔓延，严重影响了金融市场、市场预期和经济复苏，已经成为未来金融稳定性、全球经济复苏和欧盟一体化进程的一个重大不确定性。欧洲债务问题从希腊一个国家逐步演化为若干个国家的问题，而且存在进一步深化的可能性，已经引发了全球对整个欧洲的担忧，同时也警醒了诸多负债较重的经济体。欧洲债务问题暴露了欧洲一体化进程中的某些制度性缺陷，如果不能实行及时而恰当的政策和改革加以应对，债务问题可能深刻地影响欧盟和欧元区的未来发展轨迹。

截至 2010 年上半年，冰岛、中东欧诸国和希腊、葡萄牙、西班牙、意大利和英国等先后出现了债务问题或债务压力不断累积。欧盟 27 个成员国中有 20 国财政赤字 GDP 占比超过 3% 的安全警戒线。财政赤字和公共债务在欧洲已经成为一个普遍的问题，由于欧洲国家的一部分债务被外国投资者持有，欧洲债务问题又引起了全球金融市场的恐慌。截至 2010 年 5 月中旬，欧洲债务危机大致可以分为 3 个阶段。第一阶段是以冰岛和中东欧国家为代表的由于资产负债表问题导致的主权债务危机；第二阶段是以希腊及"欧洲五国"为代表、包括英国等在内的财政收支问题导致的传统债务危机，及其对外负债导致的主权债务危机；第三阶段是以欧盟和国际货币基金组织筹划并实施救援，即是危机救援阶段。

1. 资产负债表问题导致的债务危机

资产负债表问题实际上可以分为两种类型。第一种类型是冰岛的"外向型"债务危机。2008 年 10 月，在全球过度扩张的冰岛金融业（资产规模为 GDP 的 9 倍多）陷入困境。三大银行资不抵债，被冰岛政府接管，银行债务升级为主权债务。根据美联社的数据，当时冰岛政府外债规模高达 800 亿美元，为其 2007 年 GDP 的 400％左右，人均负债 25 万美元；金融业外债更是高达 1383 亿美元（AP，2008）。从技术上讲，冰岛已经破产。为了应对危机，冰岛采取了较为严厉的紧缩政策，被迫放弃固定汇率制度，截至 2008 年 11 月底，冰岛克朗兑欧元大幅贬值超过 70％。2009 年，冰岛陷入严重衰退，GDP 同比下降超过 8％。

资产负债表问题导致的债务问题的第二种形式是中东欧国家"外来型"债务问题。2009 年初，国际评级机构穆迪调低了乌克兰的评级，并认为东欧的形势在不断恶化，这触发了中东欧国家的债务问题。IMF 警告，中东欧经济规模远超过冰岛，其债务问题存在引发金融危机"第二波"的风险。2000 年后，绝大多数中东欧国家的商业银行被以西欧银行为主的外资控制，2008 年底外资占比在 54％～97％。中东欧拥有约 1.7 万亿美元的外汇债务，而且 2/3 贷款为外币贷款。中东欧国家应对危机主要依靠外部的援助，IMF、世界银行以及欧盟等提供了支持，使得中东欧的局势有所缓和，并在 2009 年实现了初步复苏。

2. 欧洲债务危机的爆发

欧洲债务问题的第二阶段是希腊、西班牙和葡萄牙等国的"传统型"债务危机，这是欧洲债务问题普遍性的根本意义所在，也是欧洲债务问题的本质体现。2009 年 5 月希腊就遇到了债务问题，欧盟强力声援后，局势得到一定的缓解。但是半年后希腊财政赤字并未改善，其财政赤字 GDP 占比升至 12.7％，公共债务 GDP 占比高达 113％，国际评级机构惠誉将其主权信用评级调低，希腊债务问题爆发。与冰岛和中东欧不一样的是，希腊的债务问题是传统的收支结构问题，意大利、西班牙、葡萄牙等也出现了传统型债务问题。

5 月 10 日凌晨，欧盟成员国财政部长会议在布鲁塞尔达成的总额 7500 亿欧元的救助计划。该救助计划将形成总计 7500 亿欧元的信贷池，供债务困难的国家申请使用，其资金由三部分组成，其中 4400 亿欧元将由欧元区国家根据相互间协议提供担保，为期3年；600亿欧元将以欧盟《里斯本条约》相关条款为基础，由欧盟委员会从金融市场上筹集；此外，IMF将提供2500亿欧元。

虽然这项救助机制的效果目前尚难判断，但从这些计划的主要执行国：德国和法国的角度出发，我们认为，出于政治和经济利益的考虑，德国和法国必然不会坐视欧元区整体出现严重的债务危机，进而导致欧元退出历史舞台的，而一定会不遗余力地予以营救。欧元区各国政府领导人在宣布达成7500亿欧元救助机制的同时，还承诺各国政府将把公共财政融资整合作为优先考虑事项。其中西班牙、葡萄牙、意大利和希腊等国都已经明确提出今后一段时间内的财政赤字削减计划，争取在2013年、2014年左右将财政赤字率控制在3%以内。

由于这次危机发生在经济上最发达的国家，而当今世界有大量的储备是在发展中国家，如中国、印度等。这些国家，特别是中国，一方面，由于自身经济发展面临产能过剩问题，投资没有去处，在国内大量的外汇储备没有合适的投资渠道。这些国家相比短期的外汇投资收益而言，更担心的是像欧洲这样的贸易经济体的经济下滑。另一方面，出于这些国家经济、政治利益的考虑，他们愿意参与到IMF、欧洲人或者美国人组织的营救欧洲债务危机的方案之中。和刚刚过去的世界金融危机不一样，世界金融危机首先发生在企业和金融机构，如雷曼兄弟等，没有国家出面组织，中国等国的外汇储备插不上手，而这次则是发生在主权债务上的危机，国际组织或具体的国家将很可能组织和发动救助。

为了应对欧洲债务危机，到目前为止，欧洲各国采取的措施是非常明确的，即首先着眼于短期稳定，通过财政的办法提供担保，以提升人们对欧元区的信心，从而给危机发生国提供足够的应对和改革的时间。接下来，则是想方设法来促进危机发生国的财政改革。对于希腊、葡萄牙、爱尔兰和西班牙等财政赤字过高的国家，只有通过财政改革，削减因应对金融危机而大幅上升的财政赤字，才有可能真正完全地摆脱债务危机的威胁。欧洲主要还是进行财政方面的援助，援助的效果已经有所显现，短期内人们对欧元区的信心已有所提升。

国家遭遇破产该如何挽回

"国家破产"更像是一个形容词，以体现一国经济形势之危急；而不是一个动词，并不预示着一个国家马上就会吹灯拔蜡、改换门庭。

有经济学家认为，所谓的国家破产实际上也就是对于一个国家经济状况的一种描述。首先，就是出现大量的财政赤字、对外贸易赤字；其次，就是出现大量外债；最后，该国家没有偿还外债的能力，同时也没有改善国内经济状况的办法。在这种情况下，就可以说这个国家要破产了。

以冰岛为例，冰岛这个北欧岛国人口32万，人均GDP却是世界第四，2007年被联合国评为"最适宜居住的国家"。然而一夜之间，这个天堂里的国家便坠入了地狱，现在的冰岛人民不得不面对9倍于GDP的银行负债重担。

2008年10月6日，冰岛总理哈尔德通过电视讲话，对全体国民发出警报："同胞们，这是一个真真切切的危险。在最糟的情况下，冰岛的国民经济将和银行一同卷进旋涡，结果会是国家的破产。"此时，他面对的冰岛不再是这个世界最美丽干净、金融高度发达的天堂，而是一个外债超过1383亿美元、本国货币大幅贬值的黑色乌托邦，昔日在全世界过得最幸福的冰岛人生活在国家破产、朝不保夕的恐惧中。

冰岛人口只有32万，过去仅靠渔业支撑，但是在20世纪90年代，全世界进入一个连续10余年高速增长的黄金年代。冰岛的银行体系此时迅速萌芽并以疯狂的速度扩张。它们在全球各地成立分行，发放了大量的贷款，银行因此成为冰岛经济的最强支柱。截至2008年6月30日，冰岛三大银行的资产规模总计达到14.4万亿克朗，约合1280亿美元。与之相比，2007年冰岛的国内生产总值（CDP）仅为1.3万亿克朗。

银行资产的大量累积，让冰岛人尝到了甜头，这个小国人均GDP占到世界第四，美丽洁净的环境、优厚的福利政策让这里成为一方世人向往的"幸福乐土"。但是当金融危机袭来时，这个国家才发现他们原来正是巴菲特所说的"裸泳者"。总理哈尔德承认，由于冰岛银行产业几乎完全暴露在全球金融业震荡波中，冰岛面临"国家破产"。

破产如同一场噩梦，与企业如影随形，那些资不抵债者最终会在《破产法》的框架内或者拍卖变现或者资产重组以获新生，而旧有商号如一块随风飘摇的破布很快在人们的记忆中消失得无影无踪。可我们从来没有听说过哪个国家会破产。但这种现象现在却真实地出现了，冰岛由于金融危机的冲击，严重地资不抵债，濒临破产。

理论上濒临"国家破产"的冰岛会不会破产呢？答案是肯定不会。理由有很多，其中最重要的一条是，国家有别于企业的最显著特点是"国家主权神圣不可侵犯"。

在结束了帝国殖民时代之后，这一原则日益成为国际共识，成为大小贫富悬殊国家之间交往的原则。所以，对于那些贫困国家，尽管外债缠身，理论上足够"破产"几百次，但是并没有被拍卖掉，这些穷国也没有随之在国际政治版图上消失，沦落为其他债券国家的"新殖民地"。反过来说，倘若国际间有"国家破产"的"市场空间"，那么，美国仅举华尔街上的一个个富可敌国的金融大佬之力，就可以用经济手段，兵不血刃地将一个个破产小国收入囊中，如此一来，世界就依然是"强权政治"的天下。显然，让"国家破产"成为可能，就意味着对弱肉强食的霸权政治放行，最终破坏基于历史、文化、民族、宗教等渊源而形成的民族国家之间的脆弱国际平衡。

当然，国家破产的概念不是特别严格，从理论上说，一个经济单位，小到家庭，大到国家，如果资不抵债就是陷入了破产的境地。但是国家和其他单位不同，国家手上第一有苛税权，第二有发钞票的权力，第三有举债权，有这三权在就使得他不可能实际地破产。

早在2000年，国际货币基金组织的第一执行总裁克鲁格尔女士曾提出过一个解决机制：将国际货币基金组织的地位放在国家破产解决程序的核心地位。但是很明显，这一方案遭到了所有国家的反对。两年后，国际货币基金组织再次提出一个改进后的方案，该条款从法律上允许债权人中的一个"绝大多数集体"（占债权人总量的60%～70%）进行债务重组，同时该重组须将其余的债权人包括在内，而国际货币基金组织只起到监督和最后仲裁的作用。

为了应对当年的阿根廷债务危机，阿根廷当年的债务危机与现在所说的"国家破产"几乎相同，美国政府也提出过相应的解决方案，但实际上也没有起到任何作用。

有经济学专家认为，要挽救国家破产的危局，就必须从国内、国际多方面寻求解决的办法和渠道：第一，是国际求助。比如冰岛向俄罗斯寻求贷款，从国外获得帮助来缓解自己的压力；第二，就是通过谈判解决债务问题。比如上一次拉美国家的债务危机，通过国际谈判，对那些无法偿还的债务通过免除、延期等措施，这也是一种缓解危机的办法；第三，就是要发动国内民众共渡难关。只有国际、国内多方面共同努力和配合，才能真正起到挽救的效果。

从某种意义上来说，冰岛的国土主要就是由一座大火山构成的，由几百万年前的熔岩组成。这些熔岩来自远古的海底，布满气孔。在没有树木的平原上，这些熔岩就像海绵一样，每年吸收几百英寸的降雨，并且在地底下将其加热。破产后的冰岛，如何重新出发，这不仅是冰岛本国，也是世界各国共同关注的问题。

欧洲债务危机的救援风险

希腊、西班牙、葡萄牙等国家的债务问题"已经不是一个国家的问题，而是整个欧洲的问题"，甚至是全球性问题。达沃斯2010年度世界经济论坛就认为，下一次危机最有可能就是主权债务危机，债务问题已经成为全球的重要关注。虽然，欧洲债务问题短期内可能难以演化为系统性的债务危机，但是，欧洲债务问题将深刻影响金融市场、市场预期和经济复苏，将是未来全球经济的一个重大不确定性问题。

欧洲债务问题已经成为欧盟的普遍性问题，如果任其发展和恶化，最后存在引发崩溃式危机的可能性。根据目前的判断，引发债务危机的可能性不大，欧盟不可能也不允许让希腊债务危机大范围扩散，甚至引发欧洲债务危机。因为如果风险蔓延至其他易受冲击的国家，以及由于欧洲银行大量持有周边国家债务，就会导致欧元区内爆。

国际清算银行的数据显示，希腊、葡萄牙和西班牙90%的外债（包括公司债和主权债）是由以德国和法国为主的其他欧洲国家银行持有的。鉴于违约可能存在引发系统性风险，欧元区和欧盟不会让希腊和其他成员国出现违约的情况，即欧元区和欧盟存在必然的隐性救援。值得注意的是，欧元区的隐性危机虽然无可避免，但在财政领域形成了道德风险，而这正是欧洲央行应该通过加快实施退出策略来极力抵御的。欧元区和欧盟必须引起足够警惕，采取相关的政策措施，防患于未然，而且欧洲针对债务问题的改革必须是深刻的，希腊和欧洲债务问题的解决和后续改革必定是一个痛苦的过程。

为摆脱欧债危机，欧盟针对债务问题的救援经历了一个相对长期和不断升级的过程。2009年底，希腊债务危机爆发之初，欧盟认为，希腊是由于不遵守欧盟在《稳定与增长公约》设定的财政赤字和公共债务上限而出现债务危机的，希腊本身必须为此买单。实际上欧盟当时贯彻的是"不救援"条款，以防止道德风险的发生。

"欧洲金融稳定基金"：2010年由欧盟与国际货币基金组织共同建立EFSF，作为一项临时性的救援机制向需要金融援助的欧元区成员国提供救助贷款。截止日期是2013年6月。设计规模为4400亿欧元，但实际只有2500亿欧元可以使用，剩余的资金在一定程度上只能作为储备，以此保证评级机构的信用评级保持在 AAA 的水平。

"欧洲金融稳定基金"扩容方案：目前通过的扩容方案将使可用资金规模扩大到 4400 亿欧元，而保证金资本将扩大到 7800 亿欧元。扩容后的欧洲金融稳定基金将能够用于购买成员国主权债务，同时也可以为欧元区银行注资。

"欧洲稳定机制"：该机制将援助资金规模扩大到了 5000 亿欧元，同时将稳定机制永久化。原本计划于 2013 年开始实施，但欧盟委员会主席巴罗佐近期提出准备将该机制实施时间提前到 2012 年上半年。

欧盟和国际货币基金组织推出的 7500 亿欧元救援计划远远超出了市场的预期，一则显示欧盟对危机救援的决心，二则隐含地预示着欧洲债务问题的严重性，但是，市场对欧洲债务危机的救援方案反应较为积极和乐观。其后，欧洲金融市场开始出现止跌迹象，欧元也在 5 月中下旬开始走平略升。欧盟采取共同的帮扶机制，以 27 个成员国的联盟提供了一种独特的欧盟经济社会合作模式，来熨平欧盟受到的不确定性的冲击，受到了市场和政治界的较大认同。但是，欧盟的救援计划具有潜在的三大风险。

一是市场风险，尤其是欧洲中央银行，由于其对成员国国债的认购是不设上限的，这就意味着欧洲央行可能被迫购买超过其风险承受能力的风险资产。而如果这些风险资产价格下跌（比如，投机者做空这些金融资产，这种可能性是存在的，不过德国已经在 5 月 19 日宣布禁止卖空令），那欧洲央行将产生巨大的损失。当然，这也意味着欧洲央行将本来分散于成员国的风险集中在自己身上，是一种风险集中的行为。

二是政治风险，欧盟各国政府需要最多兑现 5000 亿欧元的资金，由于欧盟成员国目前的经济和财政状况都比较差，英国已经明确表示不会加入资金援助的行列，主要的救援责任将集中在德国和法国等欧盟核心成员国身上。这可能遭遇政治阻碍，甚至在成员国内部发生较为明显的矛盾，比如德国国内对援助方案就存在明显的分歧，而法国和德国在援助框架和执行上也存在一定的分歧。

三是道德风险，由于欧盟和国际货币基金组织的贷款资金远远超过市场的预期，也超过了"欧洲五国"在 2010 年债务展期的现实需求，这就意味着成员国的融资需求基本能够得到满足，而且欧盟的"不救援"条款可能不会实行，最后可能导致债务出现问题的成员国在紧缩支出和去赤字的过程中行为不力，最后产生道德风险。

目前，欧盟和国际货币基金组织出台的方案中没有涉及债务重组的内容，而且欧盟认为不存在债务重组的问题。但是，发生债务问题的成员国最后重组其债务的可能性还是存在的。但是，这种做法会给债权人带来较大的损失，因为很多国际金融机构都持有欧洲国家的主权债券。据标准普尔的研究，如果采取债务重组，希腊政府债券（总值约为 2650 亿欧元）将跌至票面价值的 30%，如果其他国家也进行债务重组，可能会使金融机构的资产负债表再度恶化，金融体系出现新的巨大动荡。欧盟应在债务重组问题上做好预案。

·第七章·

谁控制了石油，谁就控制了世界

——了解石油纷争要读的金融学

黑金，牵动世界各国的神经

自 1867 年人类进入石油时代至今，石油对世界各国的重要性怎么说都不为过。没有任何一种物资像石油这样左右着世界各国及国际间的政治、经济、军事和外交。石油在对人类社会近一个半世纪的控制过程中，人们用各种称谓来概括石油的重要作用，诸如"工业的血液""经济的命脉""外交的武器""国防的保障"等。石油对世界各国神经的控制主要表现在经济、军事和外交上。

现在的美国是从国外进口很多原本是由其自身生产的商品，但这并不意味着美国经济对石油的依赖性已经降低。事实上，由于现在需要更多的能源来运输进口商品，美国经济比先前更容易受到油价的影响。虽然国外的石油消耗并不会直接影响到美国的 GDP，但却影响到我们所购买的任何商品，不管它是产自国内还是由国外进口。

比如说，1980 年在康涅狄格州的纽黑文购买一双鞋，或许就是在附近哈特福德的工厂生产的。由于生产这双鞋所需的石油是在国内消耗的，所以被直接计算在了美国的 GDP 中。然而，在今天，我们所购买的这双鞋或许是在中国生产的，所以生产过程中所消耗的石油现在并没有计算在美国的 GDP 内。相反地，其成本则通过鞋的价格间接转移到了美国的消费者身上。由此可见，石油的成本是隐藏在了进口商品的价格之中。

然而，由于鞋是在中国生产的，所以还需要绕经太平洋运到美国，而现在在运输过程中所消耗的石油同 1980 年相比早已不可同日而语。此外，这些船只空返中国所需的额外成本也间接地转移到了美国消费者身上。这些鞋运抵位于加利福尼亚的港口之后，还需要用卡车运到 3000 英里之外的东海岸。显然，在国内运输期间所消耗的石油——这当然是计算在美国 GDP 之内的——也远非1980 年能比，因为当时那些鞋的运输距离还不足 100 英里。

日益增长的非能源密集型产业，尤其是金融服务业将确保整个经济远离高昂的能源成本，美国从没有像现在一样如此依赖石油。油价的高企最终将导致利率的提高，而利率的提高又将对美国经济产生致命的影响。因此，我们绝不能忽视石油对一国经济发展所起的重要作用。

1. 石油是经济的命脉

稳定的石油供应是一个国家经济、社会得以正常运转的最基本条件。石油是经济赖以运转的血液，石油首先为国民经济提供能源支持，石油是当今世界第一大能源来源，如果没有石油，地球上的交通将陷于停顿，工农业将无法正常运转，整个国民经济将陷入瘫痪状态，人类整个社会系统将面临崩溃，甚至引发社会动乱，从而危及国家安全；石油同时还是上百种化工产品的化工原料，这些产品包括工业原材料、提供给农业的化肥等生产资料和人们生活中的各种日用品，由此可见，石油已经成为现代社会最基本的生产、生活资料，是当今文明社会得以存续的最基本物资之一。

石油也是影响经济周期的重要因素，1973 年和 1978 年的两次石油危机，结束了西方世界经济高速增长时期，由此进入"滞胀"时期。

石油危机对国民经济的打击是非常可怕的。1973 年第一次石油危机使美国经济"缩水" 1/3，通货膨胀率从 3.4% 上升到 12.2%，失业率从 4.9% 上升到 8.5%；20 世纪 80 年代初的第二次石油危机则使美、英的 GDP 负增长率分别为 0.2% 和2.4%。在我国，由于前几次石油危机爆发时经济对外开放程度还不高，因而影响不大。但随着我国经济与世界市场联系的日益紧密，我国对石油的敏感度越来越高。以现在中国每天进口 200 万桶石油计算，如果国际油价每桶上涨 5 美元，那么中国每天就要多支付 1000 万美元，直接导致国内生产总值（GDP）下降 0.4～0.5个百分点，石油对我国经济的重要性已被提高到战略高度加以重视。

2. 石油是最基本的军事战略物资

随着石油时代的到来，人类进入机械化战争时代。机械化战争打的是"钢铁"，真正拼的却是"石油"。获取稳定可靠的石油供应以保证战争机器的正常运转是克敌制胜的前提条件，有时甚至是生死攸关的问题。机械化时代的战争几乎都是围绕石油展开的。

上世纪初英国"日不落"帝国的建立正是得益于英国海军在世界上率先使用石油取代煤炭作为战争燃料。石油比煤炭更为高效、清洁，而且便于携带和运输，所以在上世纪初自英国开始，石油逐步取代煤炭，成为维持战争机器运转的最基本燃料。

在第一次世界大战中，协约国依靠对殖民地石油资源的牢牢控制，保证了战争机器有充足的石油供应，从而为最终获得战争的胜利提供了坚实的物质基础。当时的法国总理克里孟梭感慨于石油之于战争的重要性，说："石油就像血液一样重要。"

在第二次世界大战中，石油成为决定战争胜败的最为重要的筹码。德国正是凭借罗马尼亚丰富的石油资源，以机械化的闪电速度奇袭横扫欧洲大陆的。日本进攻东南亚，目的也是获取战争的战略资源——石油，到战争后期，德、日的石油供应几乎告罄，飞机、坦克都因缺乏石油而几近瘫痪，处于被动挨打的境地，并导致了轴心国集团的最后失败，从某种程度上可以说，德、日因石油的匮乏而输掉了战争。

英国著名经济学家 E.F. 舒尔茨说："能源是无可替代的，现代生活完全是架构于能源之上。虽然能源可以像任何其他货物一样买卖，但并不只是一种货物而已，而是一切货物的先决条件，是和空气、水和土地同等的要素。"舒尔茨此言说明了能源对现代社会生活的重要性，石油是当今能源的主要组成部分，能源的重要性实际上也就是石油的重要性。可以说，控制了黑金石油就控制了世界各国的神经。

因此，对于石油进口国来说，确保石油价格合理稳定与确保稳定的石油供应同等重要。只有在合理价格水平上的稳定供应，才能确保经济的平稳持续运转和人民生活水平的逐步提高。

石油变局：石油产品的金融化

自20世纪90年代中期以来，国际上一些大银行、投资基金和其他金融投资者，通过远期商品交易，以一种非常隐蔽的方式来决定商品价格。目前世界上 2/3 的原油价格是在伦敦国际原油交易市场以下赌注的方式决定的。金融集团可以操纵石油价格的起落，而参与投机的各大金融资本主要来自西方国家。高油价对石油出口国有利，但最大的受益者依然是西方工业大国的石油寡头和金融投机商。欧佩克作为控制石油供给的卡特尔，自 1960 年成立以来，一直是国际石油市场的主角和稳定器。而当今国际油市已由昔日的少数寡头市场变为相对大范围的垄断竞争市场，生产与供应日益呈现多元化、分散化趋势。据国际能源机构统计，1993年欧佩克石油产量占世界石油产量的 55%，而目前只占 1/3 左右，其影响力已难显昔日雄风。

石油金融化是指借助金融的支持，使得石油企业可以实现产业资本和金融资本的融通，更好地帮助石油企业在国际市场上实现套期保值、价格锁定和规避经营风险。

石油本来是一种普普通通的商品，但在今天的国际石油市场已经不再是身穿黑色的晚礼服，而是身着金光灿灿的盛装登上舞台。石油贸易发展的新趋势主要表现在以下几个方面。

（1）全球经济发展的区域结构变化将推动国际石油贸易持续快速增长。这是因为：一方面，国际石油贸易的区域分布格局和石油在世界能源结构中的主导地位在可以预见的未来不会发生根本性变化，但随着一些新兴经济体的高速增长和对石油消费需求规模的扩大，供需地域不平衡的矛盾会更加突出，国际石油贸易规模会持续增长；另一方面，与石油贸易量逐步扩大和石油贸易日渐活跃相伴随的是贸易主体的多元化和贸易方式的多样化，国际石油贸易将成为石油公司盈利活动的重要组成部分。

（2）石油贸易方式不断向多样化、体系化方向演变。主要表现为：一方面石油实货交易中心的规模化、功能化日益突出，形成了包括现货合同、远期合同、中长期合同等在内的体系化交易方式；另一方面石油纸货交易规模增长迅速，尤其是石油期货在整个石油市场交易体系中的作用越来越大。随着金融市场、金融工程技术和信息技术的发展，套利交易、现金交割以及期货转现货、期货转掉期和差价合约等新的衍生工具在石油交易活动中的应用日益广泛。

（3）国际石油贸易基准油价格形成过程中的金融属性日益突出。尽管现货市场仍是形成国际石油贸易基准油价格的基础，但期货市场具有价格发现功能，并能大大增加交易的流动性，通过标的原油品种的交易，对世界原油价格变化起到了主导作用。金融属性在世界原油价格形成过程中的作用日益突出，石油价格金融化在一定程度上助推了油价涨势。

（4）亚洲交易中心地位的竞争将日趋激烈，同时以重酸为特征的基准油可能会成为三大基准油之一，亚洲有望成为全球三大原油定价中心之一。随着国际石油市场中重质高硫原油市场份额的不断增加，建立一个有别于西得克萨斯中质油和布伦特油能反映重质高硫原油市场供求关系的、相对独立的石油市场交易机制和价格形成机制已经成为当务之急。而围绕这一新的定价中心的争夺将成为各国竞争的焦点。

市场上石油的价格，不仅是石油现货市场的反应，而且更取决于期货市场价格的变化，也就是所谓的石油金融化。石油一旦穿金装，就将失去原来的商品性，成为投资客和金融大鳄们操纵的物品。

当前国际石油市场运行状态表明，投资基金是操纵国际油市的主要势力，近几年来，股票投资收益低于大宗商品期货交易，大型银行、对冲基金和其他投机资金不断涌入石油期货市场，使原油期货成为一种金融投机工具。

在全球金融危机和流动性过剩的推动下，随着投机交易量的增加，炒作的放大效应十分明显，全球石油价格的波动将会一直延续到石油资源枯竭的那一天，但上涨的趋势是毋庸置疑的。当石油价格上涨到一定高度的时候，一系列原本掩盖的问题将逐渐浮出水面。国际油价上涨动荡，不仅导致了相关煤炭、粮食价格的全面上涨，推高了全球的通货膨胀，而且引发了金融市场的震荡，给全球金融市场的稳定造成了极大的威胁。

专家认为，操纵国际石油市场价格的主要是两股势力：一股势力是控制着世界上大部分石油资源的国际大型跨国石油公司，这些跨国公司经常利用其强大的资本实力人为地抬高和压低计价期内的期货市场价格；另一股势力就是投资基金，以往国际石油期货市场一天变化0.5美元/桶已经属于比较大的波动，而近两年来，一天涨跌2美元/桶也不稀奇，这与基金在其中的作用密不可分。显然在国际流动性过剩、国际原油供应偏紧、石油金融化的背景下，石油价格蹦极跳的主要玩家是这些操控石油价格的资本力量。

随着经济金融市场的全球化，资源价格的波动也受到全球范围内流动性过剩带来的影响。由于全球金融市场上资本的流动性过剩，金融市场上的投资者将这些流动性过剩中的一部分资本转移到了当今的石油市场。当全球经济的强劲增长造成需求供给平衡比较紧张的时候，来自金融投资者的需求将快速推高相关商品的价格，并从中牟取暴利。由此可以看出，石油供需的变动对国际资

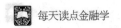

本流动的影响越来越明显。石油蜕变为金融产品，同时也逐步蜕变为一种战略武器和外交工具。

石油危机：世界陷入对石油的依赖陷阱

2008年，西班牙大货车司机举行大罢工，声称高油价给他们造成巨大损失。如果罢工持续下去，西班牙的果蔬业每天将因此损失2400万欧元；法国渔业部部长则表示，将拨巨款补贴渔民因高油价造成的经济损失。这一切都像多米诺骨牌一样从油价开始层层递进，对于高油价的声讨在欧美地区愈演愈烈。

2008年，不少欧洲国家提出"第三次石油危机已拉开序幕"的观点。英国首相布朗此前曾表示，由于需求不断增加，而供应持续偏紧，世界或将面临"第三次石油危机"。而6月12日，国外媒体引用国际能源署执行总裁田中伸男的话，再次抛出"第三次石油危机论"。

世界各国对石油需求的增加是客观事实，但油价高企很大一部分需归因投机资金推动，油价上涨被投机行为放大了，从而带来全球性恐慌。国务院发展研究中心产业部研究员杨建龙向记者表示："与其说这是石油危机，倒不如说是金融危机来得更贴切，因为它更多地表现出了金融性质。"

能源价格上涨的起因是美国次贷危机后，美国政府采取持续的降息政策导致全球流动性泛滥。投机资金抛弃美元资产，纷纷进入商品市场进行避险，这样的投机导致油价被越炒越高。

石油危机为世界经济或各国经济受到石油价格的变化所产生的经济危机。1960年12月石油输出国组织（OPEC）成立，主要成员包括伊朗、伊拉克、科威特、沙特阿拉伯和南美洲的委内瑞拉等国，而石油输出国组织也成为世界上控制石油价格的关键组织。迄今被公认的三次石油危机，分别发生在1973年、1979年和1990年。

历史上，全球发生过三次较为严重的石油危机。

第一次危机（1973年）：1973年10月第四次中东战争爆发，为打击以色列及其支持者，石油输出国组织的阿拉伯成员国当年12月宣布收回石油标价权，并将其囤积的原油价格从每桶3.011美元提高到10.651美元，使油价猛然上涨了两倍多，从而触发了第二次世界大战之后最严重的全球经济危机。持续三年的石油危机对发达国家的经济造成了严重的冲击。在这场危机中，美国的工业生产下降了14%，日本的工业生产下降了20%以上，所有的工业化国家的经济增长都明显放慢。

第二次危机（1979年）：1978年底，世界第二大石油出口国伊朗的政局发生剧烈变化，伊朗亲美的温和派国王巴列维下台，引发第二次石油危机。此时又爆发了两伊战争，全球石油产量受到影响，从每天580万桶骤降到100万桶以下。随着产量的剧减，油价在1979年开始暴涨，从每桶13美元猛增至1980年的34美元。这种状态持续了半年多，此次危机成为上世纪70年代末西方经济全面衰退的一个主要原因。

第三次危机（1990年）：1990年8月初伊拉克攻占科威特以后，伊拉克遭受国际经济制裁，使得伊拉克的原油供应中断，国际油价因而急升至42美元的高点。美国、英国经济加速陷入衰退，全球GDP增长率在1991年跌破2%。国际能源机构启动了紧急计划，每天将250万桶的储备原油投放市场，以沙特阿拉伯为首的欧佩克也迅速增加产量，很快稳定了世界石油价格。

此外，2003年国际油价也曾暴涨过，原因是以色列与巴勒斯坦发生暴力冲突，中东局势紧张，造成油价暴涨。几次石油危机对全球经济造成严重冲击。

回顾过去发生过的石油危机，也曾带来积极的一面，首先危机引发了世界能源市场长远的结构性变化，迫使主要进口国积极寻找替代能源，开发节能技术。比如居高不下的汽油价格促使厂家推出更多高能效的汽车：1990年美国汽车每加仑汽油的平均行驶里程较1973年增长了40%。另外刺激了非欧佩克国家石油产量的增长，提高生产率。欧佩克的份额已经从原来的80%逐步降低到后来的40%左右。但是由于产品的推陈出新、替代能源的发现往往需要相当长时间，因此高油价仍然是经济增长的一大风险。

欧美国家虽然出现了消费需求萎缩，股市大幅下挫，GDP开始衰退，通胀加剧等现象，而油价对它们的影响也是较为明显的，但这些国家并没有发展到承受不住油价物价上涨的程度，种种针对性的措施正在执行中。对于新兴经济体来说，油价的影响也不大。虽然中印等国的成品油管制制度正面临高油价的挑战，但中国近几个月并不会对成品油价格进行大幅度调整，毕竟油价的上涨还没有扭转新兴经济体高速发展的趋势。

当然，危机是有可能产生的，因为目前石油对于世界经济的影响比粮食来得更深更广。从当前的国际石油价格走势来看，石油价格上升到150美元的可能性很大，但如果油价冲出 200 美元，发生危机的可能性将大幅上升。因此，认清国际石油形势，提高经济体对石油价格的承受力是预防石油危机发生的关键。

谁是操控国际油价的幕后黑手

1998 年，国际石油价格处于低谷，在 10 美元一线徘徊。其时，美国石油巨头雪佛龙安慰它的投资人说："别怕，只要油价高过 10 美元，就有得赚。"即使最有想象力的人，彼时也难以想象，仅仅在十年后，国际油价居然从 1998 年的 10 美元涨到 2008 年最高时的 147 美元，涨幅高达 13.7 倍。之后又在 2008 年底迅速回落到 40 美元 / 桶。国际油价的大起大落，谁才是幕后推手？

毫无疑问，在今天的能源链中，石油是最为关键的一环。它不仅是目前人类社会维持运转的主要燃料，而且原油价格也在很大程度上牵动着其他能源的价格。石油甚至可以改变一个国家的命运，石油让阿联酋在短短的几十年里，从原始的游牧文明一跃成为人均 GDP 排名世界前 20 的发达国家；靠着石油，俄罗斯的经济从苏联解体的打击中恢复过来；因为石油，萨达姆的伊拉克政权走向了崩溃。

很不幸的是，石油同时也是世界上消耗最快的资源。根据最乐观的估计，当我们的祖先开始直立行走时，地壳里蕴藏了 22000 亿桶石油，而仅仅在过去的 100 年里，我们就耗光了一半。"石油顶峰"正在步步逼近，如果在那一天到来之前，我们不做些什么的话，或许整个人类文明都将走向末路。想想小岛上的故事，这绝不是危言耸听。但在开始行动之前，我们必须明白，在今天的体系中，到底是谁掌握了国际原油市场的话语权？

以前，提起国际原油市场，我们会想到著名的托拉斯组织欧佩克。根据经济学原理，由于垄断了全世界 60% 以上的石油供给，欧佩克可以通过增产和减产轻而易举地控制国际油价。事实上，在进入 21 世纪以前，欧佩克也的确起到了这样的作用。

然而，随着国际期货市场的不断发展，我们惊奇地发现，欧佩克对国际油价的影响力已经变得越来越有限，今天的国际原油价格已经不再由传统的供求关系决定。

世界上主要有三大原油期货交易所：伦敦洲际期货交易所、纽约商品交易所和迪拜商品交易所。其中，纽约商品交易所形成的西得克萨斯中质原油期货指数和伦敦洲际期货交易所形成的北海布伦特原油的期货指数决定着全球原油的现货价格，而迪拜商品交易所的阿曼原油期货指数则更多的是跟随上述两个指数发生变动的。

布伦特原油期货价格已成为全球原油现货市场和远期原油合约最主要的定价依据。布伦特原油期货价格由一家私人原油行业刊物普氏能源资讯发布。布伦特原油价格被主要原油生产国采用，包括俄罗斯和尼日利亚，与此同时，欧洲和亚洲的原油交易也参照布伦特原油价格进行。西得克萨斯中质原油期货价格历史上主要作为美国原油现货交易的基准价格，同时也对成品油价格起着决定作用。

原油期货定价机制貌似正规和完善，其实存在着严重的漏洞。由于监管不力，由几大投行控制的巨额投机资本涌入了原油市场。事实上，国际油价的控制权已经从欧佩克转移到了华尔街。我们都知道，原油的价格一直是以美元为计价单位的，美元的升值贬值与国际油价直接挂钩，而由于在外汇市场上的地位，美元的走势在很大程度上又是由华尔街投行左右的。因此，从现代期货市场建立以来，华尔街一直对油价有着很强的话语权，不过华尔街彻底取得国际原油定价权更为重要的原因是美国政府在金融监管上的严重失误。

随着石油期货市场的建立和发展，石油利益集团已从传统的石油开采、加工炼制企业扩大到从事石油衍生投机交易的一些华尔街投资银行。正是因为看中了石油的巨大利益，越来越多有实力的机构加入石油行业中来。而且新进入的这些利益集团，已经不再从事比较费力的石油开发和炼油工作，而是直接进入石油期货市场炒作石油期货。在石油金融市场上挣钱比石油开采和炼油更加容易，更加刺激。它们通过各种方式，包括通过代理人操纵国家机器控制主要石油产地、在热点地区制造紧张局势、联手进行石油衍生交易投机等手段，控制世界石油资源和操纵石油价格。在他们的推波助澜下，国际石油价格大起大落，剧烈波动。美国著名的投资银行和商业银行：高盛、花旗、摩根斯坦利、摩根大通已经成为世界石油期货的四大玩家，它们利用在金融市场的话语权，引导市场预期，从中牟取暴利。

根据业内人士透露，JP摩根大通、高盛集团、巴克莱银行及摩根斯坦利控制了石油商品掉期交易头寸的约70%。这些投行进入掉期市场，通过与航空公司及对冲基金进行掉期交易，从油价波动中获取暴利，以弥补期货市场的损失。这些大型金融机构正是2008年国际原油价格剧烈波动的主要推手。

以高盛为代表的华尔街的能源炒家凭借着对选举资金的解囊相助游说美国国

会，他们的政客包括"安然先生"前参议员格拉姆。格拉姆在2000年引入了商品期货现代化法，这部法案也被称为"安然法"，因为它放宽了对金融部门的管制，使得安然当时操纵美国能源期货市场的行为变得合法化。在格拉姆和他的华盛顿同党的帮助下，华尔街，特别是高盛、花旗、摩根大通从操控国际油价中捞到了巨大好处。他们甚至得以让洲际交易所设于伦敦的子公司伦敦国际石油交易所在交易西得克萨斯州中质原油时免于向日用品期货贸易委员会做任何申报。

从2000年开始，不论在能源交易，还是金、银等其他大宗商品的交易上，美国都不再对期货的持有人、持仓量、保证金数量、期权持有量、未平仓合约等信息进行披露，而这些信息的披露对于构建一个透明、公正的期货市场至关重要。2006年，日用品期货贸易委员会作出了另一项补充性的决策，移除了对石油期货定价剩余的控制，这导致了今天石油现货价格的大幅攀升。实际上，当时能源期货交易市场在场外交易的"虚拟石油"已经和由供求关系决定的在现货市场上交易的"真实石油"脱离了关系。曾经被伦敦能源交易的内部人士告知，全球最通用商品指数——高盛商品指数的发布者高盛公司以及两三家像花旗、摩根大通和摩根斯坦利这样的银行联合石油巨头英国石油公司（BP）操纵着世界石油价格。

华尔街不仅是全球金融中心，也是全球石油期货交易的中心，全球石油价格是涨还是跌，不仅与供给和需求有关，更要看华尔街的眼色。随着石油期货的出现和发展，石油与金融已经紧紧地联系在一起了。众多金融投资机构的进入，使国际原油期货市场的操作日趋金融化，石油衍生品的交易量已经脱离了实物供给量与需求量，而且在其价格波动的背后，活跃着大量国际金融资本，这些国际金融资本很大程度上决定着国际石油市场的走势。

石油价格：国际资本做空A股的工具

A股崩盘，与国内外流动性过剩转为国内外流动性枯竭、与有关国际资本操纵A股有关。一个市场主体全输的崩盘游戏，为什么能没完没了地玩下去？答案只有一个，一定有强势利益集团从A股崩盘中获得暴利。在一个没有做空机制的市场大规模持续做空，有巨大风险，如何实现做空套利？

一个惊人的事实是：市场没完没了的下跌与中石油没完没了的下跌密切相关。2007年11月5日，中石油上市开盘价48.6元，同日上证指数开盘点位5748点。

2008 年 10 月 28 日，中石油创上市最低价 9.71 元，同日上证指数创见顶以来最低点 1664。中石油上市一年最大跌幅 80%，同期上证指数最大跌幅逾 73%。中石油上市后上证指数下跌 4000 点，中石油至少直接"贡献"1000 点。也就是说，若无中石油上市，那么 A 股 1664 大底的指数应为 2664 之上，那么是谁在肆无忌弹地利用中石油这个"空军司令"做空 A 股？2008 年媒体上广为流传的一个荒诞说法就是，中石油套牢百万散户。不错，上交所 TOPVIEW 数据曾经显示，中石油有 180 万个账户投资者。这 180 万个账户的持有者究竟是个人投资者，还是境外热钱？2008 年 11 月 5 日中石油上市首日 48.6 元集合竞价，居然有 100 亿资金抢走两亿股，可谓真正的大手笔。散户岂能集中如此大的资金在如此高的价位一口吞入两亿股？这些难道真的是百万散户所为？

过去，美国能源期货都是在美国监管严格的交易所进行的，像纽约商品期货交易所，这些交易所接受商品期货交易委员会的全面监督，包括实时监测：以发现和阻止价格操纵和欺诈交易。然而，近年来一种形式和结构与期货合约相似的合约（互换合约）交易量大幅上升，这些衍生品在 OTC 电子市场交易，不受任何监管。

这一举动为国际金融炒家操纵原油价格大开绿灯，使他们可以利用伦敦洲际期货交易所从事西得克萨斯中质原油期货合约交易，西得克萨斯中质原油是一种完全在美国生产和销售的原油。也就是说，在 OTC 期货交易中，美国的炒家可以通过伦敦的洲际期货交易所对美国汽油和原油期货进行交易，不只是准期货合约，连一般的原油期货交易也可以完全避开商品期货交易委员会的监管。

2006 年 1 月，原油期货价格为每桶 59 美元，到 2008 年 7 月 11 日创下了 147 美元的纪录，这样的价格波动显然不是消费增长和欧佩克减产的问题，而是洲际期货市场上不受监管的原油期货交易大行其道所致。国际金融炒家在国际原油市场达到了呼风唤雨的程度，原油价格走势已与真实供求关系无关。

根据统计数据，2008 年全球有 8500 多家基金的 9000 多亿美元以石油价格为炒作主题。2008 年 12 月 18 日，欧佩克宣布每天减少原油产量 220 万桶，但纽约商品交易所 1 月份交货的轻质原油期货价格却报以 8% 的暴跌，收于每桶 40.06 美元。虽然金融危机对全球最大的原油消费国美国的金融业造成重创，但全世界对原油的需求并没有大幅下降，而国际油价却已暴跌超过 70%。2009 年世界经济经历了最初的衰退后，渐渐转暖，市场的信心通过投资者也传递到了石油。2009

年12月，国际原油价格由年初的约40美元一桶涨至75美元一桶，然而2010年5月的最新数据显示，由于担心希腊主权危机进一步加剧并渐渐波及欧元区其他国家最终阻碍欧洲经济复苏，大量资金纷纷撤离股市、大宗商品市场。大宗商品诸如金属、能源、农产品等纷纷出现大幅价格下降，而国际原油则在一周之内下跌了10美元。

自2006年1月至2008年7月，这一轮国际能源价格的暴涨，大金融机构、对冲基金、养老基金和其他投资者注入能源商品期货市场的资金已达数百亿美元，由于期货投资有16倍的杠杆作用，原油期货合约面值已达数千亿美元。能源期货市场的新增投资并不是来自能源的生产者和消费者，而是来自企图通过能源价格波动获利的投机者。

投机者大量购买原油期货合约和原油相关的衍生品，结果创造了额外的原油需求，导致国际油价一度持续飙升。据统计，2007年纽约商品期货交易所的期货合约交易量为3.53亿张，其中1.5亿张是对西得克萨斯中质原油的交易。每张原油期货合约代表1000桶原油，对西得克萨斯中质原油的期货和衍生品的年交易量将高达1500亿桶，而美国得克萨斯原油年产量仅为3.65亿桶，真正出于套期保值的商业交易者仅占总交易额的0.2%，其余99.8%为以投机为目的的非商业交易者。另外，世界原油年产量约为310亿桶，仅纽约商品交易所的原油期货和期权交易量就是世界原油产量的5倍。更可怕的是，由于不受美国商品期货交易委员会的监管，以洲际交易所为代表的OTC电子交易所没有定期披露相关信息的义务，那里已经成了金融炒家的乐园，所以真正的问题也许会比我们看到的严重许多。

原油投机交易的主力是以高盛、摩根斯坦利为代表的金融大鳄，其他的基金和投资者则扮演着散户的角色，因此，OTC电子交易所原油衍生品交易量只有高盛这些大机构清楚。这些投机商利用内部信息经常对原油价格趋势进行"先知"般的预言。高盛先是于2005年3月国际油价在每桶42美元之际预言国际油价两年后会达到每桶105美元，后来国际油价果然在2008年1月突破100美元大关，并保持了强劲的上涨势头。高盛又于2008年5月5日（当天国际油价收于每桶119.97美元）作出国际油价在未来两年内将达到每桶150～200美元的惊人预言。仅两个月之后，国际油价果真达到了每桶147.27美元的历史巅峰，距每桶150美元仅一步之遥。在这之后不久，又发生了著名的"深南电对赌高盛"事件。

2008 年底，深圳南山热电公司与高盛子公司杰润订立石油衍生品合约，从 2009 年 1 月 1 日到 2009 年 12 月，如果油价在 62 美元一桶以上，高盛每个月付给深南电 30 万美金，但如果油价跌到 62 美元以下，每跌 1 美元，深南电就要付给高盛 40 万美元。

相信深南电在当时一定觉得这是无风险利润，因为油价一路处在涨势，而且当时的价格一直处于每桶 120 美元左右，高于约定的油价一倍。不过，令人震惊的事情发生了，合约订立后，油价一路狂跌，到 2009 年 3 月已经逼近 40 美元一桶，跌幅达 70%，深南电甚至面临破产的危险。他们肯定没有想到，油价是高盛决定的，所以高盛敢跟你赌 62 美元，那油价一定跌穿 62 美元。

· 第八章 ·

粮安天下，维护粮食安全
——了解全球粮食危机要读的金融学

高需求、高粮价的时代

联合国粮农组织曾预测，到 2050 年世界粮食产量必须增加 70%，才能满足全球届时可能高达 91 亿人口的需求。而根据美国农业部的报告，2009—2010 年度世界谷物产量预计比上年度下降 1.52% 至 21.97 亿吨，需求量较上年度提高 1.73% 达到 21.84 亿吨，当年谷物产量仅略比需求量高 0.59%，而上年度产量比需求量高 3.9%。

紧迫的需求必然造成价格的攀升，虽然从 2009 下半年开始全球粮食价格趋于稳定，甚至出现短时间的下降趋势。然而从 2006—2008 年以来，全球粮食价格的持续暴涨，对世界粮食安全造成的冲击还在持续。世界粮农组织在 2009 年 12 月份公布的食品价格指数（由谷物、油籽、奶制品、肉和食糖构成）显示，全球粮食价格依然上涨。该价格指数在 2009 年 11 月份达到了 2008 年 9 月以来最高的平均 168 点。虽然这一数字比 2008 年 6 月粮食危机的峰值低 21%，但在 2007—2008 年度达到最高点之前，该指数从未超过 120 点，而且多数时间都低于 100 点。可见，未来粮价上涨的趋势不可逆转，高需求、高粮价时代势不可当。

近年来，一些西方政客和学者热衷于将世界粮食危机归咎于中国，称这场危机的主要原因是中国人消费的牛肉越来越多，而生产牛肉需要消耗更多的粮食，更有甚者，将"成百万中国人、印度人和非洲人生活水平提高"作为粮食价格上涨的重要原因。可悲的是，这种极为荒谬的逻辑也成为一些西方主流媒体的"依据"，推波助澜，狂热炒作。

为了应对高粮价，确保国内的粮食安全和社会生活稳定，许多国家都采取了相应的策略。像中国和阿根廷，通过对出口水稻和小麦强制性征税或实施配额的方法来避免本国的粮食短缺。

2007—2008 年的那场粮食危机令大家回顾起来仍然心有余悸。联合国粮农组织公布的数据显示，全球基本农产品价格指数 2006 年上升了 8%，2007 年上升了24%，而 2008 年前 3 个月又同比上升了 53%。世界银行也发表报告称，2006 年到2008 年国际市场小麦价格上涨了 181%，食品价格整体上涨了 83%。泰国是世界最大的大米出口国，泰国米价 2008 年 1 月初在 383 美元左右，而到了 4 月底已经涨了近两倍，达到了每吨 1000 美元以上的历史高点。

联合国秘书长潘基文称："粮价高涨，使已经取得的发展成果倒退。"在一些国家，粮食危机甚至引发了动乱，威胁到国家政局的稳定，使人民的境遇雪上加霜。柬埔寨、埃及、印度、印尼和越南则干脆禁止水稻出口。2008 年 5 月 2日，作为全球最大大米出口国之一的泰国政府抛出一项提议，打算联合其他 4 个出口大米的东盟成员国成立类似石油输出国组织（OPEC）的"大米输出国组织"（OREC），以确保自身利益。不过，这一提议遭到同属东盟的全球最大大米进口国之一的菲律宾反对。

造成此次世界粮食价格危机的主要原因是什么呢？

第一，世界石油价格不断上涨，突破历史水平，极大提高了农业生产的成本，造成农业生产所必需的肥料和柴油价格的上扬以及运输成本的大幅增长。

第二，不利气候因素造成主要粮食生产国减产，出口量大幅下降。作为世界粮食主要出口国的澳大利亚连续数年遭受干旱气候，小麦出口锐减，仅 2007 年的出口量就减少 400 万吨。同年，乌克兰小麦出口也减少 300 万吨。此外，孟加拉国遭受台风袭击，造成大米减产 300 万吨。

第三，由于世界石油价格的居高不下，美国、欧盟和巴西等国将大量原本出口的玉米、菜籽、棕榈油转用于生产生物燃料，在很大程度上改变了这些传统农业出口大国的农业生产格局并降低了出口。美国 20% 的玉米已被用于生物燃料生产，欧盟 65% 的油菜籽、东盟 35% 的棕榈油被用于生物燃料生产。这些政策的变化不仅造成了食物供给的减少，更引起了市场对于稳定供给的担忧和恐慌，进一步加剧了粮食价格上涨预期。

第四，美联储的不断降息、房地产市场低迷等都释放了大量的投资资本进入大宗商品期货市场，由于市场预期国际农产品价格将维持高位，自去年11月以来，已有400多亿美元进入国际农产品期货市场投机炒作。亚洲开发银行数据显示，在过去一年内，国际小麦的出口价格就增长了130%、大米价格增长98%、燕麦价格上扬38%。世界大量的粮食储备被掌握在实力雄厚的国际基金炒家手中。

第五，由于粮食价格在短时间内持续上涨，导致一些传统的粮食纯进口国，如印度尼西亚、菲律宾等加速粮食进口，以确保国内粮食供给；另外，一些出口国采取的出口限制措施也进一步加剧了供给短缺和市场恐慌。

第六，长期以来，发达国家的巨额农业补贴严重扭曲了贸易，人为压低了国际农产品价格，致使发展中国家的中小粮食生产者和农民不得不放弃农业生产，转而生产其他经济作物，致使许多中小发展中国家的粮食自给能力严重不足，大量依赖进口来维持国内粮食供应。同时，多年来，自由贸易比较优势理论的传播也钝化了许多发展中国家发展自身农业生产的愿望，天真地认为世界粮食供应永远是充足的，可以完全依赖便宜的进口来替代国内生产，这也是许多国家对这次危机的爆发和持续准备不足的潜在原因。

粮食危机是多种因素综合作用的结果，其中包括与粮食相关的供给、需求方面的因素，如极端天气对粮食生产的影响、人口增长、耕地减少、生物能源等；也包括非粮食方面因素的影响，如政治因素的作用、投机资本的炒作、高油价的推动等。这场粮食危机已经转化为一场粮食战争，在这个战场上没有硝烟，只有各种力量在幕后你争我夺。而且，这场战争也不可避免地影响到全球的粮食安全。

2008年的那场粮食危机已然过去，但它的阴影并没有远离我们。我们现在就像是坐在火山口上，如果再不正视粮食问题，不解决好粮食问题，席卷全球数十亿人口的粮食危机就可能卷土重来，不知又将会有多少生命因饥饿而终结，其所引起的社会动荡又将如何平复。我们应抓紧时间找到全球粮食问题的症结所在，对症下药，防止悲剧再次发生。

重视粮食生产，应对全球粮食危机

20世纪90年代，美国在巴西、阿根廷等南美地区大力推广转基因大豆的种植。美国雄厚资金的助力加上转基因大豆易于生长的特性，使得美国、巴西、阿根廷一举成为世界上大豆产量最大的三个国家。2005年，中国成为世界上最大的大豆进口国，进口达2659万吨，占全球进口量的1/3。2007年，中国进口大豆3400万吨，占全球进口量的 1/2。

为什么会出现这种情况呢？中美两国的大豆之争与美国的转基因大豆不无关系。

与传统大豆相比，转基因大豆的出油率更高，而且在美国的农业补贴政策下，转基因大豆价格较国内也更低。2004 年 2 月 20 日，美国孟山都公司开发的转基因大豆获得中国农业部发放的为期三年的进口许可，从而为美国大豆作为原料进入中国的榨油厂打开了一条通路。20 世纪 50 年代前，中国是世界上最大的大豆生产国和出口国，但是随着国外转基因大豆潮水般涌入中国，情况发生了变化。为了降低成本，提高产出，转基因大豆自然成为众油商的首选。

但这种情况却对我国农业的健康发展埋下了隐患：一方面，我国大豆的高对外依存度使我们失去了定价权，也失去了主动权；另一方面，转基因大豆对我国传统大豆种植体系的大力冲击很可能导致我国传统大豆种植业濒临崩溃，我国的农业安全将受到严重威胁。

在金融危机的背景下，粮食问题也显得愈加重要。"国以农为本，民以食为天"，农业和粮食的经济地位可想而知，经济发展和社会进步的基础必须建立在人们不饿肚子的前提下。而 2008 年国际粮食危机为中国敲响了警钟，随着下半年金融危机的蔓延，粮食危机不被人关注，然而全球粮食危机依然存在。我国对粮食生产的高度重视，促使我国粮食生产和消费都未出现危机迹象。但在金融危机的冲击下，农产品价格有可能进一步下跌，这也成为我国爆发粮食危机的不确定因素。

2008 年中国粮食总产量达到创纪录的 10570 亿斤，是 40 年来第一次实现粮食总产连续 5 年增加。连续 5 年增产，似乎使国人有理由对应对全球粮食危机，有个乐观而明朗的态度。但是，应该看到，危机的引发因素都还存在，潜在的粮食生产危机是我们面临的重大危机。吃饭是人的第一需要，粮食问题是关系国计民生的大问题，在国际金融危机的情境下，更应该注意粮食安全问题。

改革开放后我国农村实行家庭联产承包责任制，这个体制的好处是大大激发了农民种粮的积极性，弱点就是抗风险能力差。农民所拥有的生产规模通常非常小，我们通常说的"一亩三分田"，其实随着人口的增长，很多地方的人均耕地已经不足一亩。在缺乏保护、组织的情况下，农民们面临着比制造业和服务业更大的市场风险，而且他们还承担着二、三产业部门极少具有的自然风险。因此，在双重风险袭击下的农业，就变成了一个弱质部门。因此，存在隐性的粮食生产危机。

由于美国金融危机的冲击，我国主要商品价格都出现了下跌趋势，农产品价格是最先出现下跌的。这样，农民种粮的收益势必会进一步降低，农民种粮的积极性将继续遭到打击，职业农民不断流失，土地撂荒严重。在多数农产品处于供求平衡状态下，外部不确定因素对农产品价格的影响作用大，市场波动使从事农业生产的风险明显增加。部分农产品价格暴跌、农民增产不增收问题可能更加突出。

要满足人们日益增长的粮食需求，保障粮食安全，主要的思路是不断提高粮食生产能力。因此，国家出台了免征农业税、最低收购价政策、最严格的耕地保护政策、建立粮食储备体系、加强粮食市场监管等一系列保护粮食生产能力和粮食安全的政策措施，对保障我国粮食安全起到了极其重要的作用。

我国每年要消耗粮食 10600 亿斤，这是一个庞大的数字，是世界消费总量的 1/4，目前世界粮食总贸易量不到我国消费量的 2/5。有人说，只要中国经济发展好了，可以从国外买粮食。但是世界上有哪个国家能提供如此多的粮食？如果中国的粮食出现问题，没有任何一个国家能拯救中国。

因此，必须实行最严格的耕地保护制度和最严格的节约用地制度。18 亿亩耕地的红线绝对不能触碰，从严控制城乡建设用地总规模，从规划、标准、市场配置、评价考核等方面全面建立和落实节约用地制度。

"无农不稳，无粮则乱"是我国几千年历史积累下来的政治智慧，我国作为世界上最大的粮食生产和消费国，目前粮食生产的基础并不稳固。另外，美国正挥舞着它的粮食大棒无声无息地潜入众多国家，以实现其经济甚至政治目的。随着人们消费水平和消费观念的不断转变，对粮食质量和品种的要求也会越来越高。粮食消费趋势也会不断变化，因此，我们必须保持清醒的头脑，客观深入地分析现实的情况，认真分析当前及今后一段时期内适应粮食消费趋势的措施，进而采取相应的对策，确保我国的粮食安全，维护经济的安全。

警惕美国的"粮食武器"

如果你控制了石油，你就控制了所有的国家；如果你控制了粮食，你就控制了所有的人。

——美国前国务卿基辛格

美国前国务卿亨利·基辛格，就把粮食、石油、地缘政治作为外交政策的核心。他的一句名言被人们广泛引用："如果你控制了石油，你就控制了所有国家；如果你控制了粮食，你就控制了所有的人。"粮食成为主导世界格局最有效的武器之一，制造粮荒具有更广泛的杀伤力和影响力，是任何武器都无法比拟的。

　　美国农业部原部长约翰·布洛克说过："粮食是一件武器，用法就是把各国系在我们身上，他们就不会捣乱。"20世纪80年代，当时苏联粮食歉收，再加上美国对苏联实行粮食禁运，迫使苏联在国际粮食市场大量采购。这时美国使用粮食武器出了狠毒的一招，他们通过法令在国内减少1/3的小麦耕种面积，促使国际市场粮食价格上涨。后来，由于苏联的解体符合西方国家的愿望，西方议员阿德·梅尔科特毫不犹豫地说："苏联需要多少粮食我们都可以提供。"

　　美国在粮食的援助政策上都打上了"和平"的旗号，例如"粮食换和平"计划等等。其实，这都是为美国的政治利益服务的。在2007年到2008年这场世界粮食危机中，可以清楚地看到，美国利用自己在粮食市场上的垄断地位，打击发展中国家脆弱的农业生产体系，维持其霸主地位，从中谋取全球性政治和经济利益。粮食作为资源战争的武器已不是什么新发现，西方国家企图用粮食作为武器控制世界，以粮食作为武器，在现实生活中和国际关系中是世人所共知的事实。

　　美国政府一方面用巨额的财政补贴维持着大面积的休耕土地，另一方面用巨额的财政补贴收购粮食用于出口，以保持其持续的粮食生产能力，控制世界粮食市场的垄断地位。美国即使在农业连年丰收后大量剩余的情况下，也会对外声称由于来自国内粮农的压力，必须增加出口补贴，粮食逐渐演变成了美国资源战争的"核武器"。

　　美国政府从1995到2002年，共提供农业补贴为1140亿美元，粮食利润的1/3来自政府的补贴。2002年5月，美国总统布什批准通过的"新农民法案"，计划今后10年内，为农业和畜牧业提供1900亿美元补贴，比旧的农业法规定的补贴增加了80%。

　　非洲联盟委员会主席科纳雷说："富国对农业的补贴是发展的障碍，它削弱我们的经济，让我们的农民变得越来越穷。"美国等西方发达国家一直倡导自由贸易，可就农业补贴问题的谈判，从10多年前"乌拉圭回合"到今天的"多哈回合"，始终不能取得任何进展。

美国用粮食作为武器，维持其霸主地位、从中谋取全球性政治和经济利益。美国等少数西方国家一直都把操纵粮价作为转嫁经济危机或打击新兴经济体的有效武器。美国农业称霸全球的法宝，是一直奉行的粮食补贴政策。

美国粮食的根本问题是生产过剩和居民消费能力不足，这一问题必将导致其国内的粮食价格低廉，从而影响广大农民的收入与利益。因此，为了维护美国农民的利益，美国的粮食政策一直以价格支持和鼓励出口为重要内容。价格支持为美国国内的粮食限定了最低保护价格，有效防止了"谷贱伤农"；而鼓励出口的政策为美国大量的剩余粮食找到了出路，创汇的同时缓解了国内的压力。美国政府对粮食出口采取的鼓励政策主要包括保护性关税、出口补贴和出口信贷等，通过这一系列农业补贴及出口促进政策，美国实现了粮食的70%用于出口，美国已经成为世界上输出农产品最多的国家。

出口促进政策及高度机械化的农业生产，使美国的农产品在国际市场上大量低价倾销，摧毁了许多发展中国家的粮食生产，使许多发展中国家成为粮食净进口国，从而为粮食危机埋下了伏笔。

除了利用粮食补贴政策敲开欠发达国家的大门，对其进行低价粮食倾销之外，美国还采取了进一步的策略——高价收购中美洲、非洲等地的单一农产品，这一招真可谓阴险至极。为什么这样说呢？因为面对高价诱惑，这些国家的农民自然都会选择放弃粮食作物的耕种，转而种植咖啡、香蕉、甘蔗等能"卖个好价钱"的经济作物，再用钱去购买"低价"的美国粮食。长此以往，这些国家必将逐渐丧失其农业独立性，需彻底依靠对美国的粮食进口，一步一步走进美国的埋伏。

粮食问题从来不是一个单纯的经济问题，它更是一个重大的战略问题。粮食作为一种战略物资，它的作用已经不再是填饱人们的肚子那么简单。在一些国家手里，粮食的角色正在发生转变，渐渐成为它们重要的谋求经济利益、政治利益的工具，而美国正是这类国家的典型代表。美国以粮食为载体和工具，利用其粮食补贴政策、转基因粮食和对其他国家的粮食援助与粮食禁运，在世界范围内倾销"美国食品"，企图影响甚至控制别国的粮食体系。

这是一个不得不引起我们警惕的、非常严重的问题。农业是立国之本，粮食是人类生存的基础，同时也是一国重要的战略物资。一个国家如果不能保证一定比例的粮食自给率，就犹如被别人扼住了喉咙，国际粮食市场的风吹草动都可能使你喘不上气来，在国内产生牵一发而动全身的"多米诺效应"。一旦粮食价格上涨或粮食出口国对粮食出口采取限制措施，这些国家的人民就很可能将面临着饥饿等社会问题，甚至造成国内的政治动荡，这也正是我们在 2008 年那场世界粮食危机中所看到的情境。

但在经济全球化的今天，操纵价格是一把双刃剑，这次石油和粮食的涨价确实引起了全球范围的经济衰退和社会动荡，但它绝对没有达到打击新经济体的目的，反而使美国自身陷入了更深的、结构性的经济危机中去，颇似玩火自焚。

跨国粮商垄断世界粮食交易

这些集团通过无缝的纵向联合，控制了从基因到超市货架的整个粮食体系，而这个利益集团通过政治献金和直接派出政府代表控制、经济控制和大量的广告宣传，已经捕获了政府、市场和消费者。

——美国密苏里大学农业社会系教授赫佛南

现代世界经济的发展离不开跨国企业，粮食产业领域也不例外。跨国粮商在世界范围内的拓展就像一把双刃剑，在促进经济全球化的同时，也对各国的粮食安全带来了威胁。中国市场作为世界经济新的增长点，对它的分析在一定程度上具有代表意义。

目前掌握全球粮食运销的是 4 家跨国公司、世界五百强企业，业内称之为四大粮商。这四个占据世界粮食交易主要份额的粮食集团行事低调，关于它们的新闻并不算多，但是它们对于世界粮食环境的作用却没有人能够小视，美国前国务卿基辛格曾告诫世人：控制了粮食，就控制了人类。要说四大粮商控制了人类，多少有些像开玩笑，但是对于粮食的控制却是不争的事实，了解它们对于我国粮食产业的发展有着不可或缺的总结性效应。

下面我通过对 ABCD 四大跨国粮商的介绍分析，以及跨国粮商对中国市场的争夺，希望能够帮助大家透过生活中琳琅满目的商品的表面，发现其背后隐藏的跨国企业的身影，深究市场中各方利益的争夺拉锯战。

ABCD 何许人也？

ABCD 四大粮商，即美国 ADM、美国邦吉、美国嘉吉和法国路易达孚，根据首字母人们习惯上简称它们为 ABCD。它们垄断了世界粮食交易量的 80%，是当今世界最有名的四大粮商，也是四家百年跨国粮商。四大粮商的经营范围遍及从粮食种植到仓储、运输再到加工、销售的各个环节，并辅之以金融等支持性服务，而其产品更是囊括了谷物、油料、食品、饲料、生物燃料等门类。除了 ABCD 四大粮商之外，美国孟山都也是赫赫有名的农业巨头之一。孟山都致力于种子和农业基因技术研究，当前世界上绝大多数的转基因作物研发的相关技术都已经被孟山都等少数公司控制。显然，寡头垄断的格局在世界农粮领域已经形成，这些企业的经营目标不是利润，而是攫取高额的垄断利润。

面对主要的外部利益相关者，这些跨国粮商已经完全占据了主动地位，《环球财经》杂志的编辑鲍迪克在 2008 年 7 月发表的题为《粮食政治》的文章中，引用了美国密苏里大学农业社会系教授赫佛南的观点：不同粮食生产者之间兼并、接管和联盟，组建了更为集中的粮食产业集团。

美国农业部的数据显示，2010 财年上半年，美国对中国的农产品出口达到106 亿美元，增长近 30 亿美元。中国成为美国农产品的第一大出口市场。由于看好"中国机会"，美国的跨国公司已经开始投入巨资进行战略布局。据英国《金融时报》报道，美国、日本及韩国几家企业组建的合资公司，正投资两亿美元在美国西海岸兴建全球规模最大的粮食出口基地，该出口基地的目标是中国等亚洲市场。

美国企业眼中的"中国机会"对中国意味着什么？首先是中国的粮食安全将受到挑战。一是外国农产品的进口无疑会对中国农民和企业造成冲击，因为美国并不满足于目前的对华农产品贸易顺差，他们还野心勃勃地盯着中国大宗农产品市场。目前美国国际贸易委员会正就一项申诉进行调查，针对的就是中国的粮食进口仅限于几种产品。二是跨国粮商在中国粮食产业链上的投资布局。据调查，丰益国际和 ADM、邦吉、嘉吉、路易达孚（简称 ABCD）四大跨国粮商都把中国作为企业扩张的重要目标，逐步在中国国内建立了上下游完整的粮食产业链。

中国作为世界新兴的高速增长市场，自然成为各跨国粮商的必争之地。邦吉在中国经营三家大豆加工企业，并且在上海成立了贸易公司从事大豆进口业务，并将中国国内的玉米、小麦进行出口。ADM 在中国设立了动物饲料加工厂，并成立了贸易公司从事卵磷脂、黄原胶、酸化剂等特种食品成分的销售。嘉吉在中国的业务范围更是广泛，包括农业服务、嘉吉农业供应链、嘉吉食品配料和系统、嘉吉动物营养、嘉吉金融服务、嘉吉能源、运输及工业贸易等，在北京、上海、香港、天津、南京、镇江、武汉、成都、佛山等大中城市成立了多家涉及饲料、玉米工业、生物工程、食品、油籽、贸易等业务内容的公司。路易达孚是第一个向中国出口棉花的国家。中国加入 WTO 后，也成立了有农业贸易权的第一家国外跨国企业，在中国从事棉花、糖、油籽压榨等谷物和油脂业务以及进出口贸易业务。

通过上面对 ABCD 四大粮商在中国的发展情况我们可以看到，这四家企业尤其是嘉吉，已经在中国的农粮市场领域拓展了很深的势力范围，留给我国企业的机会又剩几何呢？国内的农粮企业如何应对这些实力强劲的跨国粮商对中国市场的冲击，我国政府如何在遵守市场经济运行原则以及 WTO 规则的前提下对这些跨国粮商实施有效的监控，以保证我国的粮食安全，是我们现在、今后必须面对的非常严峻的问题。

我们可以看到，国际粮商巨头凭借其资本、品牌、技术等优势，从原料供应、仓储物流、生产加工到市场渠道各个环节，在全球范围内进行扩展，对我国国内的农粮市场也造成了全链条冲击。这些跨国粮商在给我们带来资金、技术、品质的同时，也对我国的中小企业造成了毁灭性的打击。除了像中粮这样实力雄厚的国企还能与之较量一番外，很多企业被迫关闭或被收购兼并，我国的粮食安全也受到了威胁。

相信这样的情况并不是只在中国存在，很多新兴国家在市场逐步开放过程中，必然会面对国外成熟的跨国企业对国内市场的侵袭。在市场经济的背景下，在全球化进程不可逆转的情况下，新兴市场国家如何在开放市场的同时保护国内脆弱的经济体，维护自身的粮食安全、经济独立，是每个国家都必须认真思考的问题。

生物能源战略加剧世界粮食危机

目前农产品出口占美国农业总销售量的比例高达 25%。各国农业受美国廉价农产品冲击，很多已经崩塌。1995 年以前，中国一直是大豆净出口国，此后美国靠巨额财政补贴生产的大豆进入中国市场。2000 年，中国大豆年进口量首次突破 1000 万吨，成为世界上最大的大豆进口国。此后几年，中国的大豆进口额连续攀升，而中国大豆生产却没有补贴，这种不公平竞争的结果使中国农民生产大豆越多，赔得也越多。结果本土的大豆生产逐步萎缩，2006 年黑龙江省大豆种植面积比 2005 年减少了 25%，而 2007 年大豆种植面积比 2005 年减少 40% 左右。

最近 10 多年里，中国大豆产量由原来的世界第一退居为继美国、巴西和阿根廷之后的世界第四。每多进口 100 万吨大豆，就可能造成 130 万农民"失业"。

能源政策在石油能源和生物能源之间的变动主控了工业品和粮食品之间的价格战。失业农民离开土地进入廉价工业品生产线，开始为美国织布制鞋，几千万双鞋才能换回一架波音飞机。美国低价买入这些包含了大量资源、能源和劳动力的工业品，把污染和通胀留给了中国。

一般工业品从投资到生产、到市场再到有回报，基本上都是 2～3 年的周期，而农业周期大都是 1 年。如果农产品和工业产品之间竞争，显然工业品会被动，转向成本大。如果存在着补贴，那么这个补贴成本也大于农业补贴。正是看到这一点，美国的生物能源战略是胜多败少。但是如果大家是恶性竞争，工业品减少供应，那么 2～3 年后工业品价格必然上升，反报一箭之仇。

2007 年 12 月 18 日，美国众议院通过了自 1975 年以来的首个能源法案，该法案要求减少石油进口，大幅增加乙醇等生物燃料的添加比例，实质是把出口的粮食转化为乙醇燃料。由于粮食是生活的必需品，美国又是世界上最主要的粮食生产出口国，这一变化对世界发生了重大影响。

粮食被大量用于生物能源，那么粮食价格肯定上涨，粮食价格上涨肯定会引起与工业品价格的竞争。农产品价格的上涨，必然会吸引更多的资金投向农业，这样工业品的价格也必然会提高。为此美国采取两手策略：先是大量买入工业品，库存增加以防工业品涨价；同时廉价出口粮食，把各国农业挤垮，进一步让农业上的主动权掌握在自己手中。

为了实现能源独立的目的，也为了得到"更加容易获取"的能源，美国在这两份能源法案中大力鼓吹其"生物能源计划"，即利用植物来提炼乙醇、柴油等动力燃料。有些读者这时可能会说，这不是一个很好的主意嘛，生物能源既清洁、又自主，还实现了可持续。的确，我们鼓励发展新型能源，倡导使用清洁能源，但问题在于，美国生物能源计划中用来提炼乙醇、柴油等物资的"植物"绝大部分是玉米等粮食。美国作为世界上最大的粮食生产国，用部分玉米去提炼乙醇对他们自然不是什么问题，但美国同时也是世界上最大的粮食出口国，其将本来用于出口的粮食拿去提炼乙醇，这对世界将意味着什么？

在这一轮涨价之中，许多国家都露出了自己最脆弱的一面。2007 年 11 月份，中国居民消费价格总水平比上年同期上涨 6.9%。其中，城市上涨 6.6%，农村上涨 7.6%；食品价格上涨 18.2%，连续第四个月物价涨幅超过 6%。这显然是 2007 年底世界粮食价格上涨传导过来的影响。

亚洲各国也存在类似的问题。由于工业化占地导致耕地的消失，日本谷物的生产水平从顶峰下降了 33%，韩国下降了 31%，中国台湾地区下降了 19%。在过去的 37 年间，日本粮食产量由 1589 万吨下降到 985 万吨，包括饲料在内的粮食自给率由 77% 下降到目前的 27%，下降了 50 个百分点。2003 年韩国粮食自给率只达到 26.9%。这与 2002 年（30.4%）相比下降了将近 4 个百分点，世界粮食进口的头号大国并不是拥有 13 亿人口的中国，而是仅 1 亿多人口的日本，排在第二的是不及中国人口 4% 的韩国。

美国是粮食生产大国，当别人好不容易发展起来一点工业规模的时候，美国又利用自己的优势发展生物燃料，一下子导致世界农产品价格暴涨，直击新兴工业国的软肋。

目前，全世界大约有 15 亿人每天只能花费 1 美元，其中一半以上是用来购买食物的。如果食物价格上涨 50% ~ 80%，很多人将会陷于饥饿之中。

尽管乙醇生产是赔本生意且实际上也无法满足其能源自足的目标，但美国政府仍然全力推动乙醇生产。这是因为乙醇战略对美国维持超级强国地位有利。美国是世界第一农业大国，有大量土地可以用来生产农产品，把多余的粮食转化为燃料有利于减少美国对中东石油的依赖，该战略对美国总体有利，但却伤害到缺粮的国家。提高农产品价格虽也造成美国通胀，但却可降低美国的农业补贴，从而降低美国政府的高额赤字。

粮食涨价对粮食进口国伤害更大。美国先大量购入低端工业产品，诱使亚洲忙于生产衣服、鞋子、电视。用低价农产品挤垮亚洲农业，然后在能源自足的借口下把粮食转化为燃料，减少出口，导致农产品价格暴涨，从而打击新兴工业国的经济。

多家国际机构研究显示，发达国家对生物燃料需求扩大，是近来全球粮价上涨的主要原因之一。国际货币基金组织研究显示，最近一轮粮价飙升，近 15% ~ 30% 的涨幅由生物燃料需求扩大造成。难怪联合国粮食及农业组织专家猛烈抨击生物燃料导致全球粮食价格猛涨，将粮食转化燃油行为视为 "反人类罪"。同时，对生物能源作物的种植必定会挤占原本种植粮食作物的土地，这样势必造成生物能源 "与人争粮、与粮争地" 的恶性局面。

2007 年国家出台《可再生能源中长期发展规划》，指出到 2010 年我国计划增加非粮燃料乙醇年利用量200万吨，乙醇汽油销售量达到3020万吨，达到全国汽油销售量的50%以上。

可见，我国鼓励发展生物能源，而且有针对性地大力鼓励非粮燃料乙醇，限制粮食乙醇。这样在发挥生物能源清洁、可再生的优势下，又不会对我国及世界的粮食消费造成压力，有效缓解了粮食问题的蔓延。我国这一政策倾向，说明我国政府对世界粮食问题有比较清醒的认识，也勇于承担起一个国家应负的责任。

·第九章·

读懂全球楼市，房价何去何从

——了解房产投资要读的金融学

全球房地产概况

1997年的金融风暴之后，亚洲各大房地产市场重创之余，侥幸逃过全面崩盘的劫难。但令人忧心忡忡的全球不景气，恐将使亚洲的房地产市场重拾昔日梦魇。

在本节的开始，我们不妨先来看看其他主要国家的房地产市场现状。

当次贷危机来袭时，非常依赖金融服务业的英国经济顿时遭到重创，持续上升的失业率、被挫败的消费者信心，都直接打击了房地产市场，因购房者付不起按揭而被银行收回的房屋大幅上升，房价也是一落千丈。根据高盛公司的数据，英国房价从2007年夏季的顶峰到2009年8月，下降幅度约为30%。直到2009年9月，英国楼市终于出现了回升的迹象，房价较上月涨0.5%，同比增长2%。这是一年多以来英国房价首次同比上升。不仅如此，房屋的交易量也在稳步上升，截至9月已达到57579套，比2008年同期高出9%。不过，此次的复苏被认为十分脆弱，经济学家分析，英国房价将至少继续下滑10%，而整个房地产市场要到2017年才能恢复正常。

2001年，美国办公室空置率第二季跳升到10.8%，创4年来新高。许多办公大楼的屋主或开发商为了把空置的办公室租出去，纷纷采用送跑车甚至国外旅游的花招给地产经纪人，希望他们多加把劲。开出送跑车和南太平洋旅游这么优厚的条件，都是因为许多大企业（如朗讯、花旗集团等）获利跌到10年低点而削减开支。上一次美国业主提供这么优厚的条件给地产经纪人是在20世纪90年代初期。当时房屋供过于求，加上经济衰退，美国的办公室空置率高达15%。

2009年初以来，俄罗斯所有大城市的住房价格均大幅下滑。莫斯科和圣彼得堡两地的跌幅均达到20%，其他城市房价跌幅也大多在10%以上，部分核心地段的高档公寓价格跌幅甚至超过50%。这种下跌主要是源于金融危机给俄罗斯经济带来的负面影响，大跌之下，房地产投资者的信心遭到了严重打击，很多人都开始将资金转向股市或外汇市场。

更糟糕的是，俄罗斯70%以上的住房建设资金都来自预售，但由于俄银行的住房贷款利率始终居高不下，而且市场对房价继续下跌的预期明显，大多数购房者都愿意采取观望的态度，所以几乎全国所有的楼盘销售都陷入停顿。根据俄罗斯官方公布的信息，由于财务上的困难，全国在建的楼盘已有1/3被迫冻结。

为激活楼市，俄罗斯总统梅德韦杰夫已经制定出了完成俄罗斯住房抵押贷款长期发展战略，俄政府的目标是让50%的俄罗斯购房者能获得按揭。梅德韦杰夫认为，俄罗斯将在2～3年后恢复到金融危机前12%～14%的按揭利率水平。但他同时也表示，只有当按揭利率降到6%～7%时，大部分民众才可以接受。由于通货膨胀速度过快，目前俄罗斯的住房贷款按揭利率已经高达18.7%～20.6%，这显然是百姓难以承受的。

尽管通货紧缩、失业率创新高及股市又跌至16年来最低位，但有很多日本中产阶级仍未感到手头拮据。地价连续9年下跌，使东京住宅用地价格跌至1991年高峰期的一半。医生、律师、企业家现在都乐于看见自己有能力入住在市中心新建的豪华住宅。

上世纪80年代后期，日本曾出现了严重的房地产泡沫，甚至是世界上空前的房地产泡沫。1990年，仅东京的地价就相当于美国全国的土地价格。后来，房地产泡沫破灭，导致了日本经济十多年的萎靡不振，很多曾经无限风光的房地产投资者都血本无归。

日本政府希望将房价维持在这样一个水平：一个工作10～15年的普通职员，可以用他的积蓄购房。如果以这个标准来衡量，北京普通职员人均年薪6万，如果每年攒3.5万，那么北京房价就应在35万～52.5万，这个价格范围就是属于政府的控制范围。不过，即便是如此低廉的房价，很多日本人也并不买账，大多数人还是更愿意采用租的方式生活，加上日本对房屋的继承要征收遗产税，每年还要征收较高的固定资产税等，使炒房成了一个亏本买卖，自然也就没人愿意干了。

如今中国的疯狂房价，已经成为曾深受房地产泡沫之害的日本人调侃的对象。在日本的房地产论坛上，有人发帖子这样说道：在1990年以前，日本已经通过"国民收入倍增计划"，使民众积累了很多财富，而且社会保障机制完善，所以虽然承受了严重的经济衰退，但国民的生活质量仍然能够保证。中国的房地产泡沫比日本还严重，而且国民收入水平极低，请问：一旦泡沫破裂，中国的老百姓能承受得起吗？

各国政府的房地产政策

住房保障体系的建立，最重要的是国家有决心承担重任。

——新加坡规划之父刘太格

根据马斯洛的需求层级理论，人的需求可以分为五个层次：生理需求、安全需求、社交需求、尊重需求和自我实现需求。而对于住房的需求基本属于第一和第二个层次，是人类为了能够满足生存条件和维持起码的人身安全所产生的最为朴素的需求。房地产，特别是住宅型的房地产，是与人类的这种需求紧密相连的，它关乎着整个社会的稳定。正是由于房地产的这种特性，几乎每一个国家都会把调控房地产市场作为政府工作的核心和重点，所出台的房地产政策多如牛毛，但是这些政策的导向是一致的，那就是：保持房地产市场的稳定，增强居民住房分配的公平性，抑制投机，减少空置住房，使人人都能安居。

住房问题关系国计民生，既是经济问题，更是影响社会稳定的重要民生问题。房价过高、上涨过快，加大了居民通过市场解决住房问题的难度，增加了金融风险，不利于社会经济协调发展。各地区、各有关部门必须充分认识房价过快上涨的危害性，认真落实中央制定的房地产市场调控政策，采取坚决的措施，遏制房价过快上涨，促进民生改善和经济发展。

房地产外国投资者协会的一项调查表明，由于美国房地产价格高涨，外国投资者计划将其在美国投资占全球范围投资总额的比例，并将减少的部分转向日本、东欧和澳大利亚市场。美国房地产市场的投资者大部分来自德国、荷兰以及澳大利亚。他们认为低水平的利率和激烈的竞争已将美国房地产价格推升到创纪录的历史高位。

为了保证普通居民的住房，美国各地方政府都规定了一些主要针对自住房屋的减免税事项，如减少税基或低估财产价值，个人所得税抵免或现金补偿等。

如果在加州购买一套20万～30万美元的普通住宅用于自住，几乎不用付一分钱的物业税，但是如果用于投机，每年都需要缴纳接近市值3%的物业税。如此算来，投资房地产的资本升值作用被大大弱化了，房子三年可能升值20%，但房产税就要缴10%，囤积房子的风险很大，精明的"炒房团"可不会傻到这个份上。当房价上升有压力时，投资者难以支撑房产税了，就会一起出来卖房，造成市场供应增大，进一步给市场造成更大压力，使房价继续下降。

通过这种方式，既鼓励了消费，又抑制了投机，保持了住房作为消费品保证民生的地位，成功地将房价控制在了较为合理的范围。即便是在次贷危机中，泡沫中的美国房地产依然是主要作为消费品的，只是由于不合理的房贷模式导致了整个系统的崩溃。

韩国财经部2005年宣布，从当年初起大幅提高房屋销售资本收益税。韩国财经部在一份声明中说，拥有3处或3处以上住房的房主在出售住房时所得收益的60%将作为资本收益税上缴，而目前此项税率在9%～70%。这项计划在2003年下半年首次对外公布，同时宣布的还有一系列其他税项提高项目以及对交易作出的更严格的规定。

在韩国，"炒房"的主力军同样是富豪和权贵阶层，他们拥有大量资本却找不到很好的保值方式，盲目的刺激政策造成了畸形的房地产市场，终于使得这些资本有了一个合适的出口。开发商、官员和媒体串通一气，忽悠着中等收入者也纷纷跟进。本来是用作保证民生的住房变成了一种类似股票、期货的金融工具，泡沫也就由此产生了。

韩国政府对于高房价已经坚决说不，而且所用之手段也不可谓不狠，可结果依然让人难以乐观。腐败是阻碍政策贯彻执行的绊脚石，而且韩国政府始终没能建立更多合理的投资渠道，此外，韩国政府还计划新建卫星城分流人口，以解决普通城镇居民住房难的问题。总统府先是出面安抚民心，表示将制定"如宪法般难以更改的房地产制度"，以稳定房价，维护多数人的利益，这至少让韩国人民看到了希望。

房地产既能拉动经济，也能摧毁经济，日本和中国香港房地产泡沫崩溃的惨剧依然历历在目，而更让韩国政府担心的是已经沸腾的民怨可能导致的政治危机。因此，韩国政府在严厉的问责制度下，开始对高房价宣战，而且不惜痛下杀手。随后从税收和贷款政策等各方面，采取严厉的措施抑制房地产投机。

相比之下，我国政府2010年开始出台的房地产新政如"营业税全额征收""央企退出房地产市场"以及近期出台的"新国十条"等等，虽然号称"重拳出击"，但仍然无法起到让人民满意的效果。

不过，就现在的状况而言，在全国范围内征收物业税的难度的确很大。尽管部分地区号称已经"空转"物业税多年，但因我国尚不具有像美国、中国香港特区那样完善的税收系统，贸然开征难保不会适得其反。2010年5月5日，住房和城乡建设部政策研究中心副主任王珏林就曾于接受采访时表示，虽然物业税是管理房地产行业的一个很好的措施，但中国短期内很难在全国推行西方的物业税模式。

房市过山车，一个危险的"游戏"

2007年，中国的房地产市场经历了全国性的普遍上涨，根据国家统计局的数据，2007年12月份，商品住宅价格上涨了17%，而2006年同期上涨的幅度仅为4.1%。全国各地的地价上涨速度也是屡创纪录新高，许多新购土地的楼板价格甚至比周边新房的价格还要高。2008年，房地产市场产生了明显的变化，多年来房地产交易量和交易额首次出现了负增长的现象，虽然房价仍在继续上涨，但是增长幅度明显趋于缓和。并且在许多省市地区，住宅的价格也从近期的高点出现了明显回落。许多房地产商面对这种快速冷却的市场，为了能更多地吸引购房者，都或明或暗地采取了打折促销的措施，这些都与2007年房地产商不断推高房价形成了鲜明的对比。而此时不仅新房市场笼罩着一团阴影，二手房市场受到的影响也很大。据不完全统计，2008年至2009年杭州大约有200家房产中介所关闭，而上海的中介行业也在不断地"缩水"。

中国的经济受美国"次贷"危机的影响，损失是巨大的。更重要的是，中国大部分的资金按照追逐利润的经济规律也都在向房地产业流动。由于房地产业的极度膨胀，中国制造业所面临的困难也是巨大的。因此，中国经济困难主要仍是内部经济的不平衡造成的，而不应过多地归因于美国的"次贷"危机对中国经济的影响。

目前，虽然社会对房子的需求量很大，但是过高的房价让很多人"望房兴叹"。据统计，房价与收入的比值竟然达到7.1，而这些又意味着什么呢？也就说如果一个家庭每个月收入的1/3用来还房贷，那么他们需要21年才能还完房贷的本金，而在当前利率水平的情况下，整个房贷的利息支出差不多等同于本金。也就说，这个家庭要用 40 年才能连本带息地还清房贷。这个负担显然已经到了普通居民承受能力的边缘！而那些房价与收入的比值超过 10 的城市居民，按照上面的方法计算的话，完全还清房贷则需要 50 年以上，相信这已经是普通家庭难以承受的重担了。

正是由于这一原因，在房价与收入的比值一路走高的同时，中国城镇居民的购房能力和意愿也越来越低。根据中国人民银行的调查，计划在未来 3 个月购房的居民比例在过去 4 年来不断下降，这在一定程度上表明购房负担的加重降低了居民的购房意向和有效需求。

面对房价的下滑，有人担忧中国会出现类似美国的"次贷危机"，引发银行体系的大面积坏账，进而影响中国金融体系的安全，因此，建议中国政府抓紧采取措施稳定房地产市场，避免房价暴跌。但也有人认为房地产行业对中国经济的影响并不大，政府没有必要去"救市"，而是应该完全由市场决定房价的走势。然而，中国房价的"过山车"现象对我国经济的影响有哪些呢？

1. 房价下调不会带来"次贷危机"

美国之所以会产生"次贷危机"，主要原因就在于过去多年美国房地产按揭市场的特殊运行模式。而在中国，即便二手房价格出现回落，也不会出现类似的"次贷危机"。所以房价下跌虽然有可能引发个别借款人断供的现象，导致银行不良贷款有所上升，但应该不会对商业银行整体的按揭贷款质量产生太大的影响（目前房屋抵押贷款占我国金融机构贷款总额的 10.3%）。同时，中国银行体系目前基本上没有基于国内房地产抵押贷款的金融衍生产品，因此不会产生类似美国"次贷危机"的多米诺骨牌效应。

2. 房地产市场对经济的影响

房地产市场的表现不仅影响到金融稳定，同时也对整个宏观经济和就业产生深远影响。因此，房地产行业的健康发展对中国经济的发展起着至关重要的作用。

房地产产业已然成为我国经济的支柱产业之一。这不仅体现在房地产在固定投资和就业等方面，此外，房地产的投资与消费也是带动相关产业发展的引擎。比如，房地产消费会带动相关的家具、家电，甚至交通通讯等行业的消费与投资，而房地产投资则会带动钢材、水泥，装修材料等行业的需求与投资。

3. 房价下调对银行资产质量的影响有限

商业银行的房地产贷款出现的违约现象除了银行按揭贷款的压力之外，开发商资金链的断裂与房地产市场的冷却也是其中的原因。如果中国的房价出现下跌现象，会不会像美国一样导致大范围房地产开发商的倒闭，从而引发商业银行的不良投资大幅度上升呢？这些在中国来看，发生的可能性并不大。

首先，当前的房价水平，使大部分的房地产商仍然处于盈利状态，并且房地产企业的高利润率一直是近年来公众所攻击的目标。就很多房地产企业来说，只有当前房价的下跌水平超过 15%～20% 的时候，才有可能产生亏损。而当前全国的平均房价仅仅从它的峰值下跌了很小的幅度，因此房地产企业还有一个相当大的利润缓冲区间。其次，即使房价的下跌超过了 20%，使得一些企业出现了亏损，但是并不代表企业就一定会破产倒闭。

如果中国政府无法为市场降温而导致房地产泡沫破裂，那么不良贷款将会激增，隐藏的房地产风险要比我们看到的多很多。面对房地产市场的变化莫测，目前出现了很多研究和预测，主要是关于我国房地产市场未来的前景、房价下跌的程度以及房地产市场的衰退对中国经济及金融体系的影响等。比如说，有观点认为中国房地产市场的调整需要 10 年，调整幅度将达到 50%。也有观点认为，中国房地产市场的"黄金十年"已经结束，接下来将是长期的回调。

历史上的房地产泡沫

这个地球上凡是靠房地产拉动经济的国家结局都是崩盘，尤其当房地产和金融紧密结合成为一种金融衍生工具时，不崩盘那简直就不是经济。

——著名经济学家、中国人民大学教授黄卫平

美国著名经济学家查尔斯·P.金德伯格认为：房地产泡沫可理解为房地产价格在一个连续的过程中的持续上涨，这种价格的上涨使人们产生价格会进一步上涨的预期，并不断吸引新的买者——随着价格的不断上涨与投机资本的持续增加，房地产的价格远远高于与之对应的实体价格，由此导致房地产泡沫。泡沫过度膨胀的后果是预期的逆转、高空置率和价格的暴跌，即泡沫破裂，它的本质是不可持续性。回顾人类历史上几次著名的房地产泡沫，有助于有关人士引以为戒，以免追悔莫及。

最早可考证的房地产泡沫是发生于 1923—1926 年的美国佛罗里达房地产泡沫，这次房地产投机狂潮曾引发了华尔街股市大崩溃，并导致了以美国为首的 20 世纪 30 年代的全球经济大危机，最终导致了第二次世界大战的爆发。从 20 世纪

70年代开始积累，到90年代初期破裂的日本地价泡沫，是历史上影响时间最长的房地产泡沫，从1991年地价泡沫破灭到现在，日本经济始终没有走出萧条的阴影，甚至被比喻为二战后日本的又一次"战败"。

1. 美国"次贷"

从2008年底到现在，在各种媒体铺天盖地的宣传之下，"次贷危机"这个词几乎传遍了地球的每一个角落，连菜市场卖菜的大妈都能侃上两句。那么，什么是次贷危机呢？

在美国，次级贷款的借贷人可以在没有资金，即"零首付"的情况下购房，银行对申请人的收入的审核也非常宽松，有些时候甚至无须提供收入证明。这样就导致了大量不具有足够还款能力的人在诱惑下纷纷申请次贷按揭购房。

从2006年开始，美国楼市开始出现下滑，房价开始下跌，次级贷款多米诺骨牌随之倒塌，无数家庭无法偿还贷款，大量的违约房产被银行收回，却只能以低价拍卖。随后，美国政府不得不暂时接管"两房"，风暴席卷了整个华尔街，拥有100多年历史的美国第三大投行雷曼兄弟倒闭，花旗、AIG、摩根斯坦利等金融巨鳄也被曝出巨亏。这就是席卷全球的次贷危机。

由次贷危机引发的金融海啸对全世界经济产生了重大影响，而且这种影响仍在蔓延，消费不足，进出口需求下降，美元贬值，通胀预期，金融市场震荡，能源和大宗商品价格波动。没人能估算出这次危机到底造成了多大损失，也没人能预测它还会持续多久。用前美联储主席格林斯潘的话说，这场可怕的风暴是百年一遇的。

2. 日本"沉没"

20世纪80年代的日本，由于发行股票和债券融资的成本低于银行贷款利率，各大企业纷纷选择证券直接融资方式，导致银行的贷款业务量急剧下降。为此，日本的银行家们不得不绞尽脑汁，利用超低利率拼命发放贷款，以扩大营业份额。而在这一时期，日本的房地产业迅速增长，正处于行业发展周期中资金需求最旺盛的阶段。于是，银行像疯子一般向房地产企业放贷。

随着大量资金涌入房地产行业，日本地价开始疯狂飙升。在20世纪80年代末，日本的土地财富已经占到国家财富总额的约70%，而同期的美国仅占25%。然而，房价、地价会永远上涨的神话并没有持续多久。由于价格过高，不仅普通居民无力购买住房，许多工厂企业也难以添置厂房或租用办公楼，所以很多中小企业都选择将本应扩大生产的资金投入房地产，进一步吹大了泡沫。

为了抑制这种状况，日本政府不得不决定提高利率，进行宏观调控。1991年，日本不动产市场开始垮塌，巨大的地产泡沫自东京开始破裂，迅速蔓延至日本全境。当年，六大城市的房地产价格就下降了约20%，并且在此后的十几年当中，住宅用地和商业用地的价格连续呈下降趋势，累计跌幅已达70%以上，时至今日依然未见起色。

1991年日本房地产泡沫的破灭，结束了日本经济高速发展的光辉岁月，日本开始了漫长的经济衰退期。

3. 香港"负翁"

90年代的香港与现在的北京、上海十分相似，由于对土地的稀缺性预期过高，富裕阶层习惯于用剩余货币购置房产以求保值，加之宽松的抵押贷款政策，香港的房地产业出现了空前繁荣的局面。据香港著名的研究机构仲量联行统计，从1984年香港房地产市场复苏算起，到1997年7月的13年半期间，香港住宅价格上升了3倍，已逐渐与市场的实际承受能力脱节。在巅峰时期，港岛黄金地段的房价在每平米10万~20万港元，这个数字在十几年前无疑是疯狂的。

大量的资金从银行体系流入房地产，加速了泡沫的形成。房产已从居住用途转变为投资工具，而且被普遍看涨，在这一时期，整个香港对"炒房"的热情已经到了走火入魔的地步。以1997年4月前后为例，当月送交土地注册处登记的楼宇买卖合约共25572宗，比前一年同期9606宗增加了近两倍。

从1997年至2003年的5年里，香港楼价下跌了70%左右，房地产和股市总市值共损失约8万亿港元，甚至高于同期香港的GDP。这一轮周期性上涨历时13年，下跌过程达6年，导致大量负资产（指持有物业的市场价值已经跌至按揭金额以下）人士产生，给香港经济带来了严重的负面影响。

4. 海南"赌盘"

不得不说，海南的楼市，是世界房地产市场上的一朵奇葩。

2010年1月4日，国务院提出了要将海南建设成国际旅游岛的计划。顷刻之间，全国人民就像之前不知道有海南岛一样，蜂拥而至。据报道，国际旅游岛概念抛出5天后，海南楼盘的成交量就已经相当于2008年全年的总和，其中岛外客户占到80%以上。本来只是平稳上行的海南房价突然开始一天一涨，不到一个月就翻了一番。

但是好景不长，2010年正月十五以后，三亚湾畔排队抢房的胜景繁华不在，甚至显得有些落寞。除了三亚本地楼盘项目销售中心之外，更多的是聚集着来自琼海、五指山、文昌、保亭等地的楼盘售楼处，但都显得很冷清，偶有三三两两的人前来看房，依然是南腔北调，一些店面甚至还关着门。

仅在三个月之内，海南楼市从急剧井喷转向有价无市，再到全面下跌。官方表态也从此前的无泡沫转向泡沫说，海南房地产"赌盘"的走势变得更加扑朔迷离。这场赌局绝对没有这么容易结束，或许这只是"庄家"诱空的伎俩。但联想1993年海南的房地产泡沫和此后积压10多年的烂尾房，奉劝大家，如果觉得输不起，最好别玩赌博这种游戏。

解读中国房地产发展史的五个阶段

供需不平衡导致了商品的价格大幅度的与其本身价值相背离。现实生活中，我们经常会遇见某种商品风靡一时、价格成倍上涨的现象。

20世纪90年代摩托车曾风靡一时，在有利可图的情况下很多厂商投资生产摩托车；当摩托车市场饱和，利润率下降时，厂商又纷纷转产汽车或进入其他行业。影响厂商供给的另外一个重要因素就是产品的成本。当一种物品的生产成本相对于市场价格而言较低的时候，生产者大量提供该物品就有利可图。例如，20世纪70年代，石油价格急剧上升，提高了制造商的能源开销，从而提高了其生产成本，进而降低了其产品的供给。

商品的供不应求，必然会导致该商品的价格上涨。房子供不应求，相对于需求来说，房子供给不足，从而导致房价持续增长。但是从客观经济规律来看，房价并不会一直居高不下，房价的起伏也是遵循一定经济规律的。从中国来看，房产的发展史大致经历了五个阶段。

第一阶段：理论突破与试点起步阶段。1978年理论界提出了住房商品化、土地产权等观点。1980年9月北京市住房统建办公室率先挂牌，成立了北京市城市开发总公司，拉开了房地产综合开发的序幕。1982年国务院在四个城市进行售房试点。1984年广东、重庆开始征收土地使用费。1987至1991年是中国房地产市场的起步阶段。1987年11月26日，深圳市政府首次公开招标出让住房用地。1990年上海市房改方案出台，开始建立住房公积金制度。1991年开始，国务院先后批复了24个省市的房改总体方案。

第二阶段：非理性炒作与调整推进阶段。1992年房改全面启动，住房公积金制度全面推行。1993年"安居工程"开始启动。1992年后，房地产业急剧快速增长，月投资最高增幅曾高达 146.9%。房地产市场在局部地区一度呈现混乱局面，在个别地区出现较为明显的房地产泡沫。1993 年底宏观经济调控后，房地产业投资增长率普遍大幅回落。房地产市场在经历一段时间的低迷之后开始复苏。

第三阶段：相对稳定协调发展阶段。随着住房制度改革不断深化和居民收入水平的提高，住房成为新的消费热点。1998 以后，随着住房实物分配制度的取消和按揭政策的实施，房地产投资进入平稳快速发展时期，房地产业成为经济的支柱产业之一。

第四阶段：价格持续上扬，多项调控措施出台的新阶段。2003 年以来，房屋价格持续上扬，大部分城市房屋销售价格上涨明显。随后出台了多项针对房地产行业的调控政策。

第五阶段：房产泡沫将破。中国的房地产处于持续上扬的阶段已久，它在客观上给社会造成了一系列重大影响。中国的房地产已经使中国央行发行了太多的人民币，如果房价下降，等于把石子投进了海里，那么多印出来的钱会使中国产品价格飞涨，会导致严重的通货膨胀。看似房价与石子毫不相干，可是它们的属性是一样的，就是价格和价值严重的背离。实际上，如果房地产崩盘，受害最大的并不是中国的商业银行，而是整个中国经济体系。

2009 年 9 月，经济学家在"中国地产金融年会 2009 区域巡回峰会"上，剖析房价上涨是因为"丈母娘需求"。小两口快结婚了，却一直不买房，于是丈母娘把女婿找来"探讨"，这下小女婿坐不住了，只好清仓、典当，筹钱买房，这就是"特刚需求"。这种"特刚需求"不是个别现象，目前在京沪杭和深圳等地，这种"需求"在持续，改善性需求、投资性需求都在持续，长远来看，中国房价还会缓慢上涨。

经常有人调侃说，估计很多"丈母娘"还没搞清楚状况，突然就被推到了房市的最前沿，买不起房的，因为结婚被逼买房的，都向"丈母娘"开炮吧。熟悉房地产专家"雷言骇语"的朋友，恐怕都已经发现，"丈母娘炒房论"并非独创，而是沿袭了万通集团主席冯仑的"未婚女青年推动房价上涨"的理论，并将其"发扬光大"。

把国家统计局公布的 2009 年前 10 个月和前 11 个月的两张"商品房销售面积和销售额增长情况"表格放在一起，把销售面积和销售额相减，可以得出 2009 年 11 月商品房销售面积和销售额。在全国层面，这两个数字是 8834.4 万平方米和 4458 亿元。然后，再用表上提供的增长率数据反推并计算出 2008 年 11 月全国商品房销售面积和销售额，分别是 4429.5 万平方米和 1671 亿元。这样，我们可以计算出 2008 年 11 月和 2009 年 11 月全国商品房销售价格，分别是 3772 元 / 平方米和 5046 元 / 平方米，2009 年 11 月全国商品房销售价格比 2008 年 11 月上涨了 33.8%。

按照同样方法计算出来的 2009 年 11 月的地区数字显示：东部地区商品房销售价格同比上涨 33.4%，涨幅与全国平均水平相当；中部地区单月同比涨幅为 44.7%，远高于全国平均水平；西部地区同比涨幅 28%，低于全国平均水平。这和区域经济增长率在过去一年里的差异是一致的。此外，东部地区的北京、天津和上海三个直辖市 2009 年 11 月的商品房销售价格同比分别上涨了 64%、44.8% 和 55%，涨幅十分显著。

影响房价过度上涨的主要原因是需求与供给之间的矛盾。在经济学中，供给是指生产者有出售的愿望和供应的能力。例如，当房价在一万块的时候，开发商愿意盖多少套房子；而按照他的生产能力，他最终又能提供多少套房子。

构成需求的因素有两个：一是购买欲望，二是购买能力。例如，当房价一路飙升，几万块钱只够买一平方米的时候，有多少人买得起房子；在一定的时期内，有多少人需要买房子，如结婚的需求、工作变动买房的需求等。购房者因为结婚、投资、居住等需求，需要购买房子；另外，他还要负担得起首付、利息……

经济学家巴曙松说：当前房价上涨过快最主要的问题还是供给与需求问题。开发商开发的房子过少，2009 年金融危机爆发以后，很多开发商不敢拿地，不愿意拿地盖房子，而当前，80 后一代又需要买房结婚，供给的严重不足和丈母娘需求过旺导致房价高期。

·第十章·

贪婪、恐惧、对金融活动的影响

——了解行为金融学的挑战

热衷鲜花的狂热投机商们

"整个国家都沉醉于这一骗人的幻想之中，这一幻想就是人们对郁金香花的热情永远不会褪去；而当人们了解到，就连外国也被这种热情感染了之后，就不由得相信，世界的财富将会集中在苏德尔海岸边，贫困在荷兰只会成为一个传说。"

——约翰·弗朗西斯对郁金香投机热的描述

历史上总是有这样的时期，在这段时期里整个国家甚至是整个大洲都被卷入了一场汹涌湍急的投机浪潮之中。这种投机热看起来就像是突如其来的大瘟疫或是霍乱一样具有传染性。一个叫作迈斯纳的人于1811年在他的著作《投机科学——献给思考着的商人们》中这样写道："投机商是这样一种人，他们在对成功的可能性进行粗略估计后就大胆地从事活动，而这种活动的出路被笼罩在前景的一片黑暗之中，它成功与否还取决于未来的发展。"然而正是这种"前景的黑暗"使得投机活动乐趣无穷。每个人都可以在幻想获取巨额利润的时候为自己建造一座空中楼阁。

1554年，一个名叫布斯贝克的人在土耳其的亚德里亚·诺泊尔看到了一种他以前不认识的花——郁金香，这种花非常招他喜欢。后来郁金香被布斯贝克带到了中欧，在那里，尤其是在荷兰，郁金香受到了人们热情的欢迎。如今，没有人清楚地知道，最终是什么引起了这个巨大的投机热潮。在那个动荡的年代里，在小小的荷兰，那些追求巨大财富的商人在身体力行效仿奢侈的贵族生活方式，拥有一个栽种着精美讲究的花卉的花园也成了礼仪上的要求。于是乎，人们不仅希望在极其漂亮的房屋和精心挑选的衣物上更胜一筹，更试图通过高贵华丽的郁金香花坛来相互攀比。郁金香一下子成了最流行的花卉。

于是，人们逐渐开始哄抬郁金香的价格，这一哄抬价格的行为在经济史上被称为"郁金香热"。从 1634 年开始，人们便对这种不引人注目的花球进行了投机活动。为了使贸易更加专业化，郁金香花球依照其重量，即"盎司"被销售出去。在大型拍卖会上，人们用称量金子的小秤来计算珍贵的郁金香花球，然后再把它们卖给报价最高的人。机智狡猾的商人们很容易将交易所投机活动所使用的技巧方法又转用到郁金香花的贸易上来。

人们闪电般地将乡村旅馆转变成了热闹忙碌的郁金香花交易所，在交易所里几乎所有的公民都加入这个令人狂喜的投机活动中来了。与其他抽象的股票和证券不同的是，这种郁金香花的游戏对于每个人来说都是直观和易于掌握的。这很快唤起了最广泛的群众阶层对郁金香贸易的兴趣，人们不难看到郁金香的"行情"在上扬，这又不断吸引新的买家前来，因为他们都希望尽可能不用工作而尽快致富。没过多久，人们就不再用郁金香花球来装点用于陶冶情操的雅致的花坛了，而是只把它作为投机活动的对象。报纸上也出现了所谓的郁金香证券行情版。据说一个荷兰小城市在投机时期就兑换了价值 1000 万古尔登的郁金香。这当然不是一笔小数目，因为当时东印度公司在交易所里的股票也就这么多，而且它是那时最强大的殖民主义托拉斯。

整个荷兰都像是失去控制了。1637 年，阿尔克马尔小城为小镇上的蜂房拍卖了 120 多株郁金香花球。但是当货物一批一批被拍卖出去后，那些手头已经没钱了的人开始慌乱起来。于是乎，人们报出的价格开始有了起伏，报价的高低完全取决于出价者手头货币的多少了。最早竞拍成功的人又以能够获些利润的价格将手头的郁金香花球转卖给旁边的人，以便能马上慰藉他们先前大意的行为，并且重新又加入买货人的行列里来。

郁金香的游戏逐渐波及了国家的其他正常贸易领域。商人们削价抛售商品，以便能够用赚取的利润来购买郁金香花球，甚至连最贫穷的人也都聚集在俱乐部周围，为的是能够用仅有的那么一点儿可怜的钱买到一株花球。和以往一样，人们在这种投机时期里的乐观情绪是没有止境的。

正像投机热突然爆发一样，这种热潮也一下子冷却了下来。起初，只是几个有些疑虑的人抱着试试看的想法将他们的郁金香换成了货币。据说后来拍卖场的报价人不能获得预期的收益了。人们对郁金香的需求明显减少。之后，这个消息就像火一样蔓延开来。货物的供给量迅速上升，在被改成郁金香交易所的旅馆里，人们开始惊慌失措起来。这时候，有细心的人才忽然问到这样的价格是否合理。而那些利用贷款进行投机活动的人受到的打击尤其严重。在郁金香花球价格持续下降的时候，他们又不得不偿还债务和到期的利息。在以前还能带来丰硕成果的郁金香交易如今仅仅在几天之内就崩溃了。

被排挤到角落里的投机商们也开始慌乱不安起来。专业郁金香商人们还组织了大型宣传活动，他们一点儿一点儿地证明郁金香还具有多么大的价值。人们饶有兴趣地听着，几个郁金香贩子甚至还重新找到了希望，但是这一切并没有使价格有一丁点儿进展。郁金香还是郁金香，是简简单单的花园里的花朵。所以，一个从前拥有昂贵的郁金香花球的人在很久以后走过他的花坛时肯定还会怒气冲冲，因为郁金香在他的花坛里不再是一种财产投资了，而只是供路人赏心怡目的花朵。

整个国家不得不长时间地忍受这场崩溃带来的阵痛，因为许多商人的乐观心情一下子没有了，许多小商贩比以前还要贫穷。甚至在这场投机活动最后波及的伦敦和巴黎，人们的情绪也降到了冰点。有意思的是，这一切并不是由于投机活动的对象——郁金香花引起的，它更多地取决于投机者们的幻想。正是他们对快速致富的渴望导致了行情上涨，而他们却从未真正思考所有这一切发生的原因。这种情形在郁金香身上显现得尤为突出，因为购买郁金香的人在投机热中给这种花所定的价格显然与它本身的价值不符。首先是投机商们一下子来了兴致，其次为他们制造梦幻的这一材料即郁金香便在相当长的时间内一直持续涨价，直到它过分地超出了所有理智的使用目的。一个小小的碰击就足以使象征这一行情的整座大厦坍塌，而这种小小的碰击简直不胜枚举。

是什么让我们成了理性的傻子

人们的作决策过程，就是一个通过他们决策的互动以及所有人决策与价格之间的互动，逐渐用价格制度试验不同的分工网络，一步一步通过社会试验，了解对全社会有利的组织信息。在这个过程中，价格制度只能逐步向人们传递抽象的信息，而不能传递具体的私人信息。

例如，当木材价格上涨时，房屋建筑商了解到从他自己的利益而言，最优决策应该减少木材的使用量而增加其他材料的使用量。但他并不可能知道木材涨价是由于森林起火，还是由于人们对木材家具更喜爱产生的。而这种与他自己利益有关的信息就包含了所有人自利决策交互作用对全社会福利影响的信息，尽管个人并没有能理解这全社会福利信息的理性。换言之，在这个社会用价格制度做社会试验，逐步获得社会理性的过程中，个人的理性是极其有限的。个人面对根本的不确定性，往往无法作出决策。从某种意义上来看，这种不作出决策的行为也是一种建立在理性前提下的选择。

春秋时期，有人跑到晋国的范氏家里想偷点东西，看见院子里吊着一口大钟，心里高兴极了，想把这口精美的大钟背回自己家去。可是钟又大又重，怎么也挪不动。他想来想去，只有一个办法，那就是把钟敲碎，然后再分别搬回家。

小偷找来一把大锤，拼命朝钟砸去，但是钟发出了巨大的声响。小偷苦思冥想，终于想到一个好办法：使劲捂住自己的耳朵。他立刻找来两个布团，把耳朵塞住，于是又砸起钟来。钟声响亮，传到很远的地方。人们听到后把小偷捉住了。

这则故事讽刺小偷的愚笨。其实小偷仍旧是一个理性的经济人，他精于算计：要把大钟偷回家，就必须把大钟砸碎，但砸钟会发出声响，必须阻止钟声的传播，他选择了堵住自己的耳朵。可以说，小偷的行为不失理性，但他却是一个理性的傻瓜。为什么小偷是一个理性人，却还被视作傻瓜？因为他并不是一个完全理性人，他只是一个有限理性人。

有限理性的概念最初是阿罗提出的，他认为有限理性就是人的行为"是有意识的，理性的，但这种理性又是有限的"。现实生活中有限理性的例子也很常见。例如，人们往往有这样的心理：一套餐具的件数再多，但只要有一件破损的，人们就会认为整套餐具都是次品，理应价廉；而件数再少，只要全部完好，就成为理所应当的合格品，当然应当高价。可以说，这是理性人的不理性，即有限理性。

在生活中，我们因为有限理性而对得失的判断屡屡失误，事实上我们都做了理性的傻瓜。

工人体育场将上演一场由罗大佑、周华健等众多明星参加的演唱会，票价很高，需要800元，这是你梦寐以求的演唱会，机会不容错过，因此很早就买到了演唱会的门票。演唱会的晚上，你正兴冲冲地准备出门，却发现门票没了。要想参加这场音乐会，必须重新掏一次腰包，那么你会再买一次门票吗？假设是另一种情况：同样是这场演唱会，票价也是800元。但是这次你没有提前买票，你打算到了工人体育场后再买。刚要从家里出发的时候，你发现自己不知什么时候把刚买的价值800元的MP4给弄丢了。这个时候，你还会花800元去买这场演唱会的门票吗？

与在第一种情况下选择再买演唱会门票的人相比，在第二种情况下选择仍旧购买演唱会门票的人绝对不会少。客观来讲，这两种情况是没有区别的，都是要再花800元去买一张演唱会的票，只不过是买票的原因不一样。在第一种情况下，你是因为丢了一张票而损失了800元，这时你需要重新再买一张，而在第二种情况下，你是因为丢了800元的MP4而损失了800元，而这和你原来的购票计划是没有联系的，并不会因此影响你的购票计划。

为什么会出现这种有限理性的情况呢？第一个原因就是环境是复杂的。在非个人交换形式中，人们面临的是一个复杂的、不确定的世界，而且交易越多，不确定性就越大，信息也就越不完全。第二个原因是人对环境的判断和认识是有限的，人不可能无所不知。因此，经济学家认为人们在决定过程中寻找的并非"最大"或"最优"的标准，而只是"满意"的标准。第三个原因是人的抉择受非逻辑行为影响。帕累托曾提出人类社会存在着"非逻辑行为"。这些行为涉及价值观、信仰和感情领域，本能和机械地遵从于习惯。在现实生活中逻辑行为与非逻辑行为几乎是混杂在一起的。只有在那些重要但是有限的行为中才最大可能地保持选择的理性。

理性人的主观意愿就是最大限度地为自己谋福利，但能不能谋到福利是另一回事儿。以最少的成本获得最大的收益是经济人的理性选择，但由于人对事物的计算能力和认识能力是有限的，因而人们的理性往往表现为有限理性了。

20世纪40年代，西蒙详尽而深刻地指出了新古典经济学理论的不现实之处，分析了它的两个致命弱点：假定目前状况与未来变化具有必然的一致性；假定全部可供选择的"备选方案"和"策略"的可能结果都是已知的。而事实上这些都是不可能的。西蒙的分析结论使整个新古典经济学理论和管理学理论失去了存在的基础。

西蒙指出传统经济理论假定了一种"经济人"。他们具有"经济"特征，具备所处环境的知识即使不是绝对完备，至少也相当丰富和透彻；他们还具有一个很有条理的、稳定的偏好体系，并拥有很强的计算能力，靠此能力计算出在他们的备选行动方案中，哪个可以达到尺寸上的最高点。

在某城市郊区有个足球场，有一次足球场举行一个重要的比赛，大家都想去看。到足球场有好几条路，其中有一条是最近的。王波选择了走最近的这条路，但发现其他人也都选择走这条路，于是这条路非常拥堵，因此在路上所花的时间远远多于自己的预期。好不容易来到了足球场，精彩的比赛让人大开眼界，可惜前排有人站起来，影响了自己的观看效果，王波也选择站起来，这样他能看得清晰一些，但导致他后排的人也都选择站起来看。最后的结果是所有人都在站着看比赛。

王波无疑是个理性的经济人，但是当大家都是理性经济人的时候，便会不断出现理性合成谬误的状况。同样的道理，如果人人都是理性经济人，从个体来看所作出的选择或决策无疑是理性的，但人人都基于同样的考虑作出相同的选择或决策时，就会发生理性合成谬误的情况。

人们要得到决策所需的所有信息就必须去试所有不同的角点。在试验中肯定会有风险存在，从这点来说，破产企业家的贡献不见得低于成功的企业家。成功在很大程度上是可遇而不可求的事，如果人人都要等到有十足把握才开始行动的话，则人们永远不能获得决策所需的信息。如果有相当一部分人在没有十足把握时就去尝试，其中大部分当然不是最优结构，而失败者就提供了有关最优结构的信息，使成功的组织得以被人模仿和发展。所以，看看经济发达的美国，我们可以看到其也是破产率最高的国家之一。这说明有很多企业家冒风险在尝试，因此，成功的组织出现的概率就会上升。由此也证明了一个在金融投资当中最常听到的道理——高风险往往伴随着高收益。因此，是选择做最理性的傻子还是疯狂的冒险家，这就需要决策者自己来判断。

行为金融的困境：恐慌害死熊

随着市场经济的发展进步，行为金融学逐渐受到专家学者和投资者的普遍青睐。传统金融理论以法玛的"有效市场假说"为基础，他认为投资者是理性的，市场是有效率的，市场上各种资产价格已经接近合理性，投资者之间的交易是随机性的，投资者只能作出长期投资决策而不能获得短期超额利润。在 20 世纪 70 年代以前，"有效市场假说"得到了大量实证结果的支持，但在随后的几十年中，在资本市场上发生许多异常现象完全不能用已经存在的方法和理论来解释。比如，按照常理，资本市场价格下跌，风险基本上已经被释放，投资变得相对安全和更有价值性，这个时候发出买入信号，人们理应购买，结果反而是拼命卖出。人们总是在商场打折的时候进行疯狂抢购，但在股市里越是超跌的股票越是充满了恐慌，反而追涨跟风的人更多。

行为金融学运用心理学、社会学、行为学来研究金融活动中人们的决策行为，否定了传统金融理论中的理性人假定，认为人通常是非理性的，因其在认知过程中的偏差、情绪偏好等心理方面的原因，使投资者无法理性地作出无偏评估。由于行为金融学对市场异常现象的良好解释而受到人们的极大关注。

行为金融学从投资人的行为、心理特征来分析、解释资本市场上的某些变化原理和现象。比如，为什么股价跌了反而卖的人多、买的人少？这是因为人有一种从众心理，大家总认为大多数人是对的，既然大多数人都采取了卖出的行动，那么作为个体他也愿意卖出。这是人而且是许多动物固有的心理特征。再如，投资界普遍存在一个现象：当一只股票上涨时，持有者特别愿意卖出获利了结，但当这只股票跌了10%时，就不愿意卖出。行为金融学研究发现，这是因为人们有一种损失厌恶的心理特征，不愿意接受损失的事实。在这种情况下，哪怕投资人明知道企业的基本面有问题，也不愿意卖出，而对"将来能够涨上去"抱以侥幸，并以此来麻痹自己。

行为金融学就是以人的心理特征和行为特征为出发点来研究、解释股市变化的现象。

传统金融学是把股市当死物研究，很多现象解释不了。行为金融学历史地承认了股市是活物，其很多变化和过程是由人的心理因素决定的，承认股市变化在很多情况下不是纯客观的，而是与参与者的心理特征和行为特征有关。股市在很大程度上是人性的反映，股市中的很多现象都不符合科学的原理和既定的逻辑。

过去的理论假设资本市场参与者都是程式化、理性的行为，完全遵循利益的原则。实际上，每次股市大跌或个股价格大跌时都会出现"羊群效应"：一看到别人都在抛售，投资者会不顾一切、不问任何原因就条件反射式地卖出，这就是人的心理和人性的自然反映。这时，人不是在做理性的决定而是一种下意识的条件反射，人的主观情绪结构就是先由情绪支配，再由理性支配的。确切来说，股市在相当大的程度上也是心理博弈。巴菲特说的"别人恐惧我贪婪，别人贪婪我恐惧"就是心理博弈。

纠正了以往资本市场金融理论的基础性错误，这就是行为金融学的重要价值。

然而，行为金融学产生于国外，它也有一些方法论和根本的缺陷。目前行为金融学主要是探求人类心理有哪些共性的规律性特征，并且用这些人类基础的客观心理特征来分析解释股市的现象。它的不足是发现了问题，但没有解决问题。它发现了人的心理特征是股市变化的决定性原因，也发现了一系列人类共有的具体心理特征，并且总结出了这种具体心理特征对投资成败的影响，但是它没有指出投资者应如何克服这些不利于投资的固有的心理特征。

也就是说，行为金融学发现、提出、总结了人类有"羊群效应"和从众等心理特征，并且也认识到其危害严重，但是并没有更进一步指出人类应该怎样避免这种危害，可以用哪些具体的方法和手段来解决这些问题。

行为金融学与传统金融学一样，也是研究证券市场投资策略的理论，只不过行为金融学强调的是投资者要结合心理学注重心态和情绪的变化，因为人的思维、心理因素才是最重要的，这种因素是会随时间和环境的改变而改变，传统金融学没有结合人的心理因素进行有效分析。

行为心理学的主要理论有期望理论、后悔理论、非理性因素与过度反应理论、过度自信理论。

期望理论是指人们对相同情境的反应取决于他是盈利状态还是亏损状态。比如：投资者在亏损一美元时的痛苦的强烈程度是在获利一美元时高兴程度的两倍。具体如下：

某只股票现在是20元，一位投资者是22元买入的，而另一位投资者是18元买入的，当股价产生变化时，这两位投资者的反应是极为不同的。当股价上涨时，18元买入的投资者会坚定地持有，因为对于他来说，只是利润的扩大化；而对于22元的投资者来说，只是意味着亏损的减少，其坚定持有的信心不强。由于厌恶亏损，他极有可能在解套之时卖出股票；而当股价下跌之时，两者的反应恰好相反。18元买入的投资者会急于兑现利润，因为他害怕利润会化为乌有，同时，由于厌恶亏损可能发生，会极早获利了结。但对于22元买入的投资者来说，持股不卖或是继续买入可能是最好的策略，因为割肉出局意味着实现亏损，这是投资者最不愿看到的结果。

后悔理论是指投资者在投资过程中常出现后悔的心理状态。由于人们在投资判断和决策上容易出现错误，而当出现这种失误操作时，人们通常感到非常难过和悲哀。所以，投资者在投资过程中，为了避免后悔心态的出现，经常会表现出一种优柔寡断的性格特点。投资者在决定是否卖出一只股票时，往往受到买入时的成本比现价高或是低的情绪影响，由于害怕后悔所以想方设法尽量避免后悔的发生。

非理性因素与过度反应理论是指投资者面临股市的涨跌时非理性因素占据主导，通常是对于最近的经验考虑过多，并从中推导出最近的趋势，而很少考虑其与长期平均数的偏离程度，由此产生认知偏差。另外投资者会对利空消息过于敏感，而对利好消息麻木。因而，市场也就形成了所谓的过度反应现象。

过度自信理论是指人们对自己的判断能力过于自信。投资者趋向于认为别人的投资决策都是非理性的，而自己的决定是理性的，是在根据优势的信息基础上进行操作的。事实并非如此，过度自信来源于投资者对概率事件的错误估计，人们对于小概率事件发生的可能性产生过高的估计，认为其总是可能发生的，这也是各种博彩行为的心理依据；而对于中等偏高程度的概率性事件，易产生过低的估计；但对于90％以上的概率性事件，则认为肯定会发生。这是过度自信产生的一个主要原因。此外，参加投资活动会让投资者产生一种控制错觉，控制错觉也是产生过度自信的一个重要原因。

本质上行为金融学与传统金融学并没有很大的差异，唯一的差别就是行为金融学利用的工具主要是与投资者行为有关的心理学理论。

犯罪是过度的物质激励在作祟

苏比躺在麦迪生广场的那条长凳上，辗转反侧。每当雁群在夜空引吭高鸣时，每当没有穿海豹皮大衣的女人跟丈夫亲热时，每当苏比躺在街心公园长凳上辗转反侧时，你就知道冬天迫在眉睫了。

苏比明白，为了抵御寒冬，布莱克威尔岛监狱是他衷心企求的。在那整整三个月不愁食宿，伙伴们意气相投，也没有"北风"老儿和警察老爷来纠缠不清，在苏比看来，人生的乐趣也莫过于此了。

于是，苏比打定主意实施自己的入狱计划。

他先是想在哪家豪华的餐馆饱餐一顿，然后声明自己身无分文，这样就可以把自己交到警察手里。然而，侍者嫌弃他裤子和皮鞋过于破旧，没让他进门。

在马路拐角上有一家铺子，灯火通明，大玻璃橱窗很惹眼。苏比捡起块鹅卵石往大玻璃上砸去。人们从拐角上跑来，苏比站定了不动，笑着等警察抓他走。

警察认为他连个证人都算不上，没人会这么蠢，转而去追一个赶车的人去了。

接着，苏比想通过调戏一个衣着简朴颇讨人喜欢的年轻女子来引起不远处的警察注意。

"啊哈，我说，贝蒂丽亚！你不是说要到我院子里去玩吗？"

"可不是吗，迈克，"她兴致勃勃地说，"不过你先得破费给我买杯猫尿。要不是那巡警老盯着，我早就要跟你搭腔了。"没想到她竟反过来勾引起了苏比。

最后，苏比只好游荡在教堂旁，结果他因为闲荡的罪名被捕了。

第二天早上，警察局法庭上的推事宣判道："布莱克威尔岛，三个月。"

流浪汉苏比在冬季来临时，为了解决自己的温暖与食宿问题，才不得不一次又一次地实施自己的犯罪行为。人们为什么要犯罪，如故事中的苏比一样，很大一部分原因是物质激励在作怪。

什么是激励呢？简单地说，就是当外界环境变化时，人们在重新比较成本和收益之后，会相应改变自己的行为，这些促使人们改变行为的因素就是激励。人们会对激励做出反应。例如，2007年猪肉价格上涨时，养猪场决定投入更多的资金养更多的猪，因为养猪的收益提高了。增加养猪量就是养猪收益的激励。

媒体报道，日本在押犯人有10%是老年人，而大多数人的犯罪根源是对社会福利保障不满。可见，物质是人生存的基本前提，物质的短缺会直接诱发犯罪。其实，在日常生活中我们每天奔波劳累，目的只有一个，即最大限度地占有物质资料。犯罪不过是人在物质资料短缺的情况下的一种极端表现。

三国时期，有一年，曹操率领部队去讨伐对手。当时正值夏季，天气炎热，到中午时分，士兵们汗流浃背，部队行军的速度明显慢了下来，有些体弱的士兵甚至出现昏厥的症状。

曹操看着行军的速度越来越慢，担心贻误战机，心里很是着急。可是，由于部队一直缺乏饮水，速度很难加快。于是，曹操叫来向导，悄悄问他："这附近可有水源？"向导摇头道："水源在山谷的那头，还得翻过这个山头，路程可不近。"曹操知道，士兵们很可能支撑不了那么久。他看着前边的树林，沉思了一会儿，对向导说："你什么也别说，我有办法。"

曹操纵马赶到队伍的最前面，用马鞭指着前方说："士兵们，去年我曾征战路过此地。前面有一大片梅林，那里的梅子又大又好吃，我们加紧赶路，翻过这个山头就能看到梅林了！"

此言一出，士兵们精神大振。想到梅子带来的酸甜感觉，士兵们受到了极大的激励，部队的步伐不由得加快了许多。

曹操能够三分天下，与他的驭人之术，尤其是激励手段不无关系。美国哈佛大学的教授威廉·詹姆斯通过研究发现，在缺乏激励的环境里，人们的潜力只发挥出五分之一，而在良好的激励环境中，同样的一个人可以发挥出其潜力的五分之四，甚至百分之百。可见，无论在什么样的环境里，一个人要想获得成功，就必然离不开激励。

人们为什么喜欢嗑瓜子，而且一旦嗑起来就会持续下去，这也是源于激励：每嗑开一颗瓜子，人们马上就会享受到一粒香香的瓜子仁。这是对嗑瓜子人的即时回报，在这种即时回报的激励下，人们会继续嗑下一颗瓜子。一盘瓜子嗑起来，不一会儿就有一堆瓜子壳产生，这也会使人们产生明显的成就感。

士兵因为有激励而士气大涨，犯罪则是过度的物质激励在作祟。这告诉我们，在制定一项制度时，我们不仅应该考虑制度激励的正面影响，而且要考虑到制度激励的负面影响。只有最大化其正面影响，最小化其负面影响，这项制度才是科学的。

贪婪、恐惧、过度自信对金融活动的影响

投资是最能表现人性的活动，人性的许多缺点在投资中表现得非常明显，这些缺点让大多数投资者陷入深渊，只有认识并改掉这些毛病，投资者才不会落入陷阱。

弱点一：大意、贪婪

有一个农夫要进城卖驴和山羊。山羊的脖子上系着一个小铃铛。三个小偷看见了，第一个小偷说："我能把羊偷来，还叫农夫发现不了。"第二个小偷说："我能从农夫手里把驴偷走。"第三个小偷说："这都不难，我能把农夫身上的衣服全部偷来。"

于是，第一个小偷悄悄地走近山羊，把铃铛解了下来，拴到了驴尾巴上，然后把羊牵走了。由于大意，农夫并未发现，继续他的山路之行。但在拐弯处，农夫才发现山羊不见了，就急忙四处寻找。

这时第二个小偷走到农夫面前，问他在找什么，农夫说他丢了一只山羊。小

偷说："我见到你的山羊了，刚才有一个人牵着一只山羊向那片树林里走去了，现在赶过去还能抓住他。"农夫恳求小偷帮他牵着驴，自己去追山羊。第二个小偷趁机把驴牵走了。

农夫从树林里回来一看，驴子也不见了，就在路上一边走一边哭。走着走着，他看见池塘边坐着一个人，也在哭。农夫问他发生了什么事？那人说："人家让我把一口袋金子送到城里去，我实在是太累了，在池塘边坐着休息，睡着了，睡梦中把那口袋推到水里去了。"农夫问他为什么不下去把口袋捞上来。那人说："因为我不会游泳，我怕水，谁要把这一口袋金子捞上来。我就送他二十锭金子。"

农夫大喜，心想："正因为别人偷走了我的山羊和驴子，上帝才赐给我幸福。"于是，他脱下衣服，潜到水里，可是他无论如何也找不到那一口袋金子。当他从水里爬上来时，发现衣服不见了。原来是第三个小偷把他的衣服偷走了。

这农夫表现的正是典型的投资者弱点：大意、贪婪。人们常说苍蝇不叮无缝的蛋，设计陷阱的骗子们通过歪门邪道欺骗投资者固然可恨，但投资者自身的因素也是他们落入陷阱的内因。正确认识自己，看看你是不是这个进城的农夫呢？

弱点二：粗心大意，自食恶果

2005 年 12 月 13 日，广东机场集团公告称其无偿派发的 2.4 万份白云机场认沽权证于同年 12 月 23 日起挂牌交易，存续期为 2005 年 12 月 23 日至 2006 年 12 月 22 日。2006 年 3 月 20 日、12 月 13 日、12 月 14 日，广东机场集团先后三次发布公告，提示该认沽权证的最后交易日为 2006 年 12 月 15 日（星期五），从 2006 年 12 月 18 日（星期一）起停止交易。2006 年 12 月 15 日，投资者陈某先后四次买卖该权证，至当日收盘时手中持有 43600 份，总值为 13734 元。他本来准备在 12 月 22 日前伺机卖出，却得知 12 月 15 日已是最后交易日，损失过万。此后，陈某以信息披露不当、监管不力等为由将广东省机场管理集团公司、广州白云国际机场股份有限公司，以及上海证券交易所三方告上法庭，要求对其损失承担连带赔偿责任。经过一审、二审，法院都认定被告不存在过错。

这个案例中由于陈某粗心大意，其后果只能自负。事实上，投资的人更需要细心，否则会因为粗心而损失惨重。

弱点三：轻信别人

陷阱并不可怕，避免落入陷阱，也没有我们想象的那么难，要想规避投资陷阱，切忌轻信别人。在当下的投资市场当中，各种虚假信息，投资陷阱层出不穷。目前，国家法律上已经严禁利用内幕消息炒股。内幕消息给投资者带来投机机会的同时，也带来了更大的不可控制的投资风险，特别是对于一些刚刚进入股市的新股民来说更是如此。因此，增强个人的投资能力，改变自身的弱点，才能使你更好地回避投资的种种陷阱，在投资中获益。

　　总之，投资的过程，不仅是智慧的较量，还是一场人性的较量。只有克服人性中的粗心、贪婪等劣性，才能在投资中一帆风顺，赢得更多的财富。